本书系国家社科基金重点课题项目成果

批准号为：16AFX012

龙宗智　韩　旭　张　斌著

万　毅　周洪波　罗维鹏

XINGSHI TINGSHEN ZHENGJU DIAOCHA
GUIZE YANJIU

刑事庭审证据调查规则研究

中国政法大学出版社

2021·北京

图书在版编目（CIP）数据

刑事庭审证据调查规则研究/龙宗智等著. —北京：中国政法大学出版社，2021.8
ISBN 978-7-5764-0084-7

Ⅰ.①刑… Ⅱ.①龙… Ⅲ.①刑事诉讼－审判－证据－调查研究－中国 Ⅳ.①D925.213.4

中国版本图书馆 CIP 数据核字 (2021) 第 178415 号

出　版　者　　中国政法大学出版社

地　　　址　　北京市海淀区西土城路 25 号

邮寄地址　　北京 100088 信箱 8034 分箱　邮编 100088

网　　　址　　http://www.cuplpress.com (网络实名：中国政法大学出版社)

电　　　话　　010-58908586(编辑部) 58908334(邮购部)

编辑邮箱　　zhengfadch@126.com

承　　　印　　北京中科印刷有限公司

开　　　本　　720mm×960mm　　1/16

印　　　张　　33

字　　　数　　560 千字

版　　　次　　2021 年 8 月第 1 版

印　　　次　　2021 年 8 月第 1 次印刷

定　　　价　　149.00 元

本书是同名国家社会科学基金重点项目的研究成果。本书的设置及研究的目的是落实党的十八届四中全会通过的《中共中央关于全面推进依法治国若干重大问题的决定》所提出的"以审判为中心"的诉讼制度改革任务，"保证庭审在查明事实、认定证据、保护诉权、公正裁判中发挥决定性作用"，从而实现"庭审实质化"，尤其是证据调查的实质化和有效性。

在本课题研究过程中，最高人民法院制定并于2018年实施了包括《法庭调查规程》在内的"三项规程"，这是完善庭审证据调查规则的重要举措。但如何根据审判案件的不同情况，理解、适用和落实"三项规程"的相关规定，则尚需探讨；而且有争议案件的庭审证据调查是高度技术性的操作。"三项规程"尚未回答一些具体的庭审证据调查规范和操作方法问题，已有的部分规范尚待进一步完善；一些专业性、特殊性很强的审判，如在有关环境污染、知识产权、未成年人刑事案件的审判中，证据调查规则如何建立与适用，亦需专门研究。加之2018年我国《刑事诉讼法》又一次修改，设立了认罪认罚从宽程序以及缺席审判等新的诉讼程序，尤其是认罪认罚从宽程序对我国刑事诉讼结构和运行机制产生了重大影响，这些案件的庭审证据调查是新的研究课题。因此，本课题所作的研究正是针对目前刑事审判实践与庭审改革中的突出问题和新问题进行深入探讨。

本课题研究，分为由教授们指导、法院法官和实务研究者承担的实证研究，以及由多位教授在年轻学者协助下进行的综合研究两个部分。前者主要以成都市中级人民法院及其下属基层人民法院作为最高人民法院确定的庭审实质化改革试点法院的进程中产生的一千多个实际案例进行分析研究，从而形成刑事庭审证据调查规则实证研究书稿出版，作为项目中期成果；后者则是教授们在实证研究的基础上进行法理分析与规范研究，形成本专著，作为课题结项成果。课题组在研究中注意将法律解释与法理分析建立在实证研究的基础上，注意在当前实践操作中的现实需要和现实可能性，注意把握国家刑事诉讼程序改革的脉动。尤其注意适应"以审判为中心"及"庭审实质化"改革对庭审证据调查规则完善的要求。既关照过去，又前瞻未来，注重现实的司法适用和制度完善，从而比较全面、系统、深入地研究了我国刑事庭审证据调查规则的构建、完善和适用问题。

本书总体上以争议案件的庭审证据调查为研究对象，共设二十章，分别研究了刑事证据调查规则的二十个专题。这些专题从逻辑构造上可以划分为若干部分：

第一部分，关于调查准备和庭审证据调查安排（证据调查的逻辑）。分析了庭审实质化对证据调查准备充分性的要求、作为庭审准备主要作业平台的庭前会议所存在的问题，探讨了证据展示、证据整理以及争点归纳的方式与方法。而就庭审证据调查安排，以调查的有效性与有序性为目的，回答了"为何安排""谁来安排""何时安排""如何安排"等问题。重点关注庭审证据调查如何安排问题，对举证主体顺序、证据出示顺序、证据出示方式和要求等进行了分析。在实证研究的基础上提出了简化出示与重点出示的区分条件和处理方法，并提出了证据调查逻辑多样化的意见。

第二部分，是如何对各类证据进行庭审调查。这是庭审证据调查的主体，涉及本书的九个专题。这些不同类别的证据调查又可依大类划分为四种类型。

第一，对普通人证，即被告人、被害人和证人的调查。这是庭审证据调查的难点，也是庭审实质化改革的重点。本书首先梳理了制度框架，分析了相关实证资料，针对实践中存在的问题，提出应适当、灵活地处理被告人调查时机，提出尊重被告人的程序选择权，并完善口供认证规则等观点。建议和论证解决被害人调查中作证人与当事人身份冲突的实践难题。对单位犯罪的诉讼代表人，则应注意不混淆其身份与作证性质。一般证人调查，可适度借鉴对抗制诉讼中的交叉询问和诱导询问禁止规则，但应当适应中国庭审要求，更为灵活，使调查规则趋于原则化。本书专题研究《法庭调查规程》实施后的对质询问问题，针对实践中存在的问题，建议细化和完善对质询问的操作规则。主张适当把握对质询问的启动条件和适用方法，支持控辩双方对质询问，改善对质模式。保障被告人"对质权"，同时避免被告人参与对质的负面效应。防止被害人的当事人身份影响对质的客观性，同时防止对质造成对被害人的"二次伤害"。

　　第二，对物证、书证、笔录类证据的调查。研究以鉴真为重点，分析了这些证据在调查方式设置与施行以及举证、质证和认证中存在的问题，提出了改善法庭证据调查的若干建议。鉴于这些类别证据的庭审调查效果，通常是由庭前取证情况所决定的，因此必须完善相关的证据搜集、保管、使用和认证制度，本书据此针对物证、书证和不同类型的笔录证据提出了较为具体的建议。本书还专题研究了"示意证据"的法庭调查。现场平面示意图、方位示意图、资金走向图、人物关系图、模拟动画以及3D打印、VR新技术用于法庭演示等作为"示意证据"，在实践中经常被使用，但法律规制尚显不足。本书分析了示意证据的性质与特点，探讨了在庭审实质化背景下，法庭对示意证据展开证据调查的基本原则以及举证、质证和认证的具体规则，以有效发挥示意证据对案件证据事实的解说功能。同时对示意证据的审查判断以及相关的证据排除规则进行了分析。

　　第三，对专业性特殊人证的调查。即对鉴定意见证据以及出庭的鉴定人和非鉴定专家（有专门知识的人）的法庭调查。本书关注鉴定人和"有专门知识的人"出庭问题。分析了鉴定人目前的出庭状况以及出庭率较低的原因，提出了完善出庭制度的具体建议。对鉴定人出庭后的调查方式，以及视频出庭等问题，提出了规制意见。同时对书面鉴定意见的调查以及检验报告法庭调查的实践把握进行了分析，并就其制度完善提出了建议。本书专题分析了有专门知识的人出庭问题。建议首先应明确身份定位，将其区分为专家辅助人和专家证人两种诉讼角色，分别适用不同的调查规则，并提出了具体的操作和制度完善建议。

　　第四，对视听电子类证据的调查。视听资料、电子数据的证据作用日益显著，其法庭证据调查也遇到了一些新的问题。本书分析了这些科技证据的特点，通过部分实际数据，分析了这些证据在各类案件审判中应用的情况，提出法庭调查视听电子类证据的目的和要求，并以相关规范和司法实践为据，提出了举证、质证的规则与方法以及认证的基本要求。并在此基础上提出了完善相关制度的建议。

　　第三部分，研究了证据调查基本制度中的某些重要专项制度。包括非法证据排除的法庭调查，以及诉讼异议的提出和裁断制度。就非法证据调查而言，首先分析了调查程序启动规则，即"相关线索与材料"的提供规则和审查规则。继而分析法庭调查的听审规则，对法庭举证责任分配、录音录像资料的获取与播放、通知侦查人员到庭说明情况、辩方质证与发问，以及延期审理与调查核实等问题作了具体分析。而后分析了非法证据调查后的裁判规则、标准和时机。最后分析了一些特殊问题，如证人证言、被害人陈述的参照适用，非法物证、书证的排除，以及监察证据的法庭调查问题等。分析过程中均对这些问题提出了具体的制度完善建议。刑事庭审证据调查中的诉讼异议制度，在控辩型庭审中必须设置，但我国研究相对不足，制度不够完善，实践中问题频发。本书探讨了典型个案中的异议提出与处理，深入研究了异议制度的缘由、根据、意义、实践状况、存在的问题及其原因，提出了在现有规则基础上，借鉴国外异议制度，完善适合中国刑事庭审证据调查需要的异议提出和裁断的具体建议。

第四部分，对特殊类型刑事案件的证据调查进行了专题研究。为适应法律修改以及专业化审判的要求，本书专题研究了认罪认罚从宽案件，未成年人、环境污染、知识产权等特殊类型刑事案件，以及缺席审判案件的庭审证据调查问题。着眼于这些案件庭审调查的特殊性，观察司法运作，分析了实际问题，提出了采取适应此类审判需要的特殊性调查规则与方法。如就认罪认罚案件审判中的自愿性审查的内容和方法，以及使用速裁、简易和普通程序审理此类案件的证据调查特点与特殊方法，对未成年人刑事案件中社会调查报告、无合适成年人在场时的作证，以及年龄证据的调查等，对环境污染刑事案件中的行刑证据转化、环境监测证据以及环境污染鉴定的调查和使用，对知识产权案件中抽样取证规则的应用等，提出了操作意见和改革建议。对刑事缺席审判这一新的审判制度，尝试探讨了两种类型的刑事缺席审判制度的程序完善，以及法庭调查中的程序补偿和程序救济问题。

第五部分，研究了刑事二审程序和刑事再审程序中的证据调查。探讨如何制定和实施更能体现审级特点，适应"庭审实质化"要求，内容更丰富的庭审证据调查规则和方法。就二审证据调查而言，对二审证据调查模式、证据调查准备、一审庭审笔录在二审中如何调查、"新证据"调查、人证出庭必要性及二审非法证据排除等问题进行了深入探讨。就再审证据调查，则首先分析了基本制度框架和再审的条件与特点，分析了再审事实审理中的两个突出矛盾，即"仅对争议证据举证质证，还是组织证据群展开举证质证"，"证据调查以诉讼案卷为基础，还是以裁判文书为基础"，并提出了应对方法。而后针对再审案件庭审实质化的实现方式、再审程序适用"三项规程"，以及再审证据调查的程序制度完善问题进行了探讨，提出了操作改善与制度完善的建议。

　　本书可以说是国内第一部全面、系统地专门研究刑事庭审证据调查的专著。全书贯穿"庭审实质化"的红线，力图解决实现庭审实质化和有效性的具体路径和方法问题。具体而言，本书立足审判实践，分析现实问题，提出现实对策，对法官、检察官、律师执行最高人民法院规程，改善司法操作发挥启示和指导的作用。本书针对现有规范的细化和完善问题提出了意见，针对庭审实践中需要规范却规制不足的问题提出了建议，针对法律变革导致刑事庭审证据调查产生的新问题提出了程序制度完善的意见，应当可以为有关机关在制定和完善相关规则时提供参考，也可以促使司法人员注意发挥司法智慧解决相关的实践问题。

　　不能否认，在"以审判为中心"主题下的"庭审实质化"改革是一项系统工程，决非仅靠细化和完善庭审证据调查规则就能够完成。如果从外部关系上不能克服"司法一体化"弊端而实现"审判中心"，从诉讼机制上不能解决"案卷笔录中心主义"而实现"庭审中心"，各种在操作规范和操作技术上的努力，其效益将受到极大的限制。也许，这些方面所存在的问题，正是对研究此一主题的意义和价值的客观限制。

　　另一方面也应承认，本书各章系不同教授、学者分别撰写，各部分内容的研究方法与学术水平有一定区别，因此仍然存在学术价值不平衡的状况。而且部分研究尚需深入，如证据调查中的诉讼异议及其处置问题，实践中问题不少，但无论是理论研究，还是制度规范都不充分。本书对此问题做了一定的研究，包括比较研究，但也还未能针对实践中的不同情况，提出更为细致可行的操作和制度完善方案。又如认罪认罚从宽问题，这是2018年《刑事诉讼法》修改后产生的新的重要的制度问题，原研究计划中并不包含，是在研究过程中新增的内容，但此项制度的实施涉及的问题较多，而且可以说在一定程度上改变了中国的刑事审判模式。对不同类型认罪认罚从宽案件的证据调查，仍然需要进一步展开研究。

龙宗智

2021年3月

写作说明

本项目研究由龙宗智教授主持，多名研究者参与，各章写作分工如下：

万毅博士（四川大学法学院教授、博士生导师）：第一章、第二章、第十五章、第十六章、第十七章、第十九章；

周洪波博士（西南民族大学法学院教授、院长）：第三章、第四章；

韩旭博士（四川大学法学院教授、博士生导师）第六章、第七章、第八章、第九章、第十三章、第十八章，罗维鹏、万旭协助写作；

张斌博士（四川大学法学院教授、博士生导师）：第十章、十二章；

罗维鹏博士（西南财经大学法学院教师）：第十一章；

郝廷婷（成都市中级人民法院法官、研究室副主任）：第十四章；

龙宗智博士（四川大学法学院教授、博士生导师）：第五章、第二十章及全书统稿。

本书由龙宗智教授统稿修改。各章写作内容，尊重各研究者的学术立场和观点，除少数问题协商处理外，统稿者不按照自己的观点来统一研究内容。

为行文统一和方便阅读，本书将常用法律、司法解释等作了缩略表达，具体见下表：

全称	简称
《中华人民共和国刑事诉讼法》	《刑事诉讼法》
《人民法院办理刑事案件庭前会议规程（试行）》	《庭前会议规程》
《关于适用〈中华人民共和国刑事诉讼法〉的解释》	《刑事诉讼法司法解释》
《关于民事诉讼证据的若干规定》	《民事证据规定》
《人民法院办理刑事案件排除非法证据规程（试行）》	《排非规程》

全称	简称
《中华人民共和国监察法》	《监察法》
《人民法院办理刑事案件第一审普通程序法庭调查规程（试行）》	《法庭调查规程》
《人民检察院公诉人出庭举证质证工作指引》	《出庭指引》
《人民检察院刑事诉讼规则》	《刑事诉讼规则》
《关于办理死刑案件审查判断证据若干问题的规定》	《死刑案件证据规定》
《公安机关办理刑事案件程序规定》	《公安规定》
《中华人民共和国人民法院法庭规则》	《法庭规则》
《关于办理网络犯罪案件适用刑事诉讼程序若干问题的意见》	《网络犯罪若干意见》
《关于办理刑事案件收集提取和审查判断电子数据若干问题的规定》	《电子数据若干规定》
《公安机关办理刑事案件电子数据取证规则》	《电子数据取证规则》
《关于办理刑事案件排除非法证据若干问题的规定》	《2010 非法证据排除规定》
《关于办理刑事案件严格排除非法证据若干问题的规定》	《2017 严格排非规定》
《关于推进以审判为中心的刑事诉讼制度改革的意见》	《2016 改革意见》
《关于全面推进以审判为中心的刑事诉讼制度改革的实施意见》	《高法实施意见》
《关于适用认罪认罚从宽制度的指导意见》	《指导意见》
《关于办理环境污染刑事案件有关问题座谈会纪要》	《纪要》
《关于办理环境污染刑事案件适用法律若干问题的解释》	《环境污染刑事案件解释》
《关于办理侵犯知识产权刑事案件适用法律若干问题的意见》	《意见》
《中华人民共和国监察法实施条例》	《监察法实施条例》

目 录
CONTENTS

第一章

庭前证据调查准备[*]

所谓庭审"虚化"和"形式化",主要不是指庭审中控辩双方辩论对抗不激烈,而是指法庭调查阶段的虚化,即庭审不对事实认定起决定性作用。实践中具体表现为"一体两面":庭前的"阅卷中心主义"和庭审中的"笔录(宣读)中心主义",即法官在庭前通过核阅在案卷证,已经从事实上对本案事实的认定形成内心确信,庭审不过是为了验证法官的心证。由于法官对在案证据和事实已经"了然于胸",因此庭审中的法庭调查被要求尽量简化,主要是宣读各类书面笔录包括人证笔录和侦查取证笔录,人证不必出庭,实物证据也不需要全面、规范地举示。显然,在这种办案模式下,认定案件事实、决定案件结果的关键阶段已经不是庭审而是庭前。换言之,尚未开庭,甚至在侦查阶段,案件结果就已经被确定,而庭审则完全丧失了其应有的功能和价值。正基于此,庭审实质化改革强调的是庭审证据调查程序的实质化,即推动完善庭审中的证据调查程序,使其真正发挥认定案件事实的功能,确保事实认定在法庭,切实防范冤假错案的发生。

然而,倡导和推行庭审实质化,又必然拉长庭审时间,大幅增加法官的在庭工作量,占用法官更多的时间和精力,进而降低庭审效率。尤其是在当前我国法院普遍面临"案多人少"的人案矛盾,庭审实质化的推进势必会在一定程度上激化法院既有的人案矛盾,进而影响法院系统整体的工作绩效。亦因此,推行庭审实质化改革切忌"单兵突进",为防止实质化改革后的庭审演变为冗长的"牙科手术式"审判,就必须在推行庭审实质化改革的同时构

---

* 本章实证调研部分,得到了四川大学博士研究生宋东、刘亦峰,硕士研究生陈嘉一、史晓云、高建梅和张悦的协助,特此致谢。

建起相关的配套机制，以实现庭审程序的"繁简分流"：一方面，根据"疑案慎断、明案速判"的原则，将实行实质化审理的案件类型限定为"疑案"，即我们通常所称的疑难、重大、复杂案件；而对于"明案"，即争议不大、证据和事实清楚的简单案件，则实行简化审理。上述程序分流之目的，旨在通过"二元化"审理机制，引导法院合理分配审判资源，让法官把主要精力用于解决"疑案"，[1]确保"疑案"的审判质效。另一方面，对于实质化审理的案件，也不能要求法院详略不分、平均用力、一律"慎断"，而是要实现程序上的"二次分流"，即根据控辩双方对在案证据和事实是否存在争议再次进行分类。开庭审理时重点审理双方争议较大的证据和事实问题，对于那些无争议或争议不大的证据和事实则简化审理。换言之，"二次分流"之目的，在于引导整个庭审始终围绕案件的争点、焦点问题高效运行，保证整个庭审重点突出、详略得当，实现审判资源的合理配置。但从技术上而言，要确保庭审是争点审、焦点审，合议庭（法官）就必须在正式开庭审理之前做好准备工作，提前整理拟在庭审调查的证据和事实，了解情况并听取双方的意见，引导双方明确并固定争点。因此，庭前证据调查准备，可以说是推进庭审实质化改革必备的一项前置性工作机制。

此外，庭审的重要功能之一是准确查明案件事实，而充分、有效的庭前证据调查准备，可以帮助控辩双方对各自的证据体系进行梳理，引导双方形成逻辑分明、条理清晰的举证和质证思路，这有助于控辩双方在庭审证据调查环节顺利履行自身职能，也有利于庭审证据调查程序高效而有序地推进。同时，对于法官而言，控辩双方在证据调查环节的有效举证和质证活动，能够更加清晰地还原案件事实，完整演绎案件发生、发展的内在逻辑，这显然有助于法官准确查明和认定案件事实，降低法官的错判风险。

第一节　庭前证据调查准备的作业平台：庭前会议

庭前证据调查准备，作为一套在法官主持下的诉讼工作机制，内含了控辩审三方互动合作及对抗而形成的一系列的诉讼行为。因此，庭前证据调查

---

[1]　疑案，因其重大、复杂、疑难，容易引发公众关注。疑案的办理质效，直接关系到公众对刑事审判工作公信力的认知和判断。

准备工作的顺利完成高度依赖于一个规范化的作业平台，在我国现行刑事诉讼机制中，这个规范化作业平台就是庭前会议。庭前会议，是 2012 年《刑事诉讼法》修正时创设的一项程序制度。最高人民法院于 2018 年实施的《庭前会议规程》以及 2021 年修订的《刑事诉讼法司法解释》又对该程序进行了完善，其中《刑事诉讼法司法解释》第 226 条规定："案件具有下列情形之一的，人民法院可以决定召开庭前会议：（一）证据材料较多、案情重大复杂的；（二）控辩双方对事实、证据存在较大争议的；（三）社会影响重大的；（四）需要召开庭前会议的其他情形。"由于《刑事诉讼法司法解释》第 230 条规定，"庭前会议由审判长主持，合议庭其他审判员也可以主持庭前会议"，且"召开庭前会议应当通知公诉人、辩护人到场"，因此，庭前会议实际上具有了类似于庭审的三方构造，这就使得庭前会议具备了控辩审三方进行良性互动的结构基础，可以成为法官协同控辩双方完成庭前证据调查准备工作的有效作业平台。这也正是立法者创设庭前会议制度的初衷和目的之一。《刑事诉讼法司法解释》第 228 条第 1 款规定："庭前会议可以就下列事项向控辩双方了解情况，听取意见：（一）是否对案件管辖有异议；（二）是否申请有关人员回避；（三）是否申请不公开审理；（四）是否申请排除非法证据；（五）是否提供新的证据材料；（六）是否申请重新鉴定或者勘验；（七）是否申请收集、调取证明被告人无罪或者罪轻的证据材料；（八）是否申请证人、鉴定人、有专门知识的人、调查人员、侦查人员或者其他人员出庭，是否对出庭人员名单有异议；（九）是否对涉案财物的权属情况和人民检察院的处理建议有异议；（十）与审判相关的其他问题。"

据此，庭前会议的工作方式是"了解情况、听取意见"，具有三项功能：一是处理回避、出庭证人名单、非法证据排除等可能导致庭审中断的事项；二是组织控辩双方展示证据；三是归纳争议焦点。庭前会议的上述三项功能，在理论上可以概括为"过滤"和"分流"，即，一方面，通过庭前会议预先处理可能导致庭审中断的程序性事项，这就相当于一种过滤机制，确保庭审能够集中持续审理案件的实体问题；另一方面，通过庭前会议组织双方展示证据、归纳争点，可以将全案证据分流为"有争议的证据"和"无争议的证据"，并将案件的事实认定和法律适用分流为"争议焦点"和"非争议焦点"。这就提前为庭审证据调查做好了准备：对于无争议的证据，庭审时举证、质证可以简化；对于控辩双方没有争议或者达成一致意见的事项，可以在庭审中简化审理。由此可见，庭前会议分流之主要目的，就在于为庭审证据调查作准备，确保庭审围绕控辩双方有争议的证据材料和争议焦点来重点审理，确保实质化的庭审是争点审、焦点审。为此，庭前会议中的证据展示、证据整理和争点归纳等主要工作实际上都具有为庭审证据调查作准备的性质。

然而，令人意外的是，随着庭审实质化改革在司法实务中的渐次推进，庭前会议制度在司法实务中的运转效果似乎并不尽如人意，与立法者的预期之间存在着一些差距。以最高人民法院授权的试点改革法院——成都市中级人民法院的统计数据为例，自 2015 年 2 月开始启动庭审实质化改革至 2017 年 12 月为止，成都市中级人民法院共召开庭审实质化改革示范庭审理刑事案件 1130 件。其中，召开了庭前会议的案件有 637 件，庭前会议的适用率为 56.4%，召开多次庭前会议的案件比例则不到 1%。单从统计数据上看，56.4%的案件比例似乎并不能算低，但实际上，成都市中级人民法院召开庭审实质化示范庭审理的刑事案件，都是事先经过精心挑选、被认为是适合采用庭审实质化审理的案件，主要是一些疑难、重大、复杂案件。这些案件按照《刑事诉讼法司法解释》第 226 条的规定，本就应当召开庭前会议进行庭前证据调查准备，然而实务中却有将近一半的案件未召开庭前会议。这反过来说明庭前会议在实务中的适用比例确实不高。同时，根据笔者针对庭前会议适用情况而对成都市基层人民法院刑事审判庭的走访、了解，由于基层人民法院管辖的刑事案件类型多为危险驾驶、零包贩毒以及"两抢一盗"，审理上多适用"两简"程序（即简易程序和普通程序简化审）。这些案件的证据材料不多、案情简单、控辩双方对事实证据几乎不存在争议，原则上并不适合采用庭审实质化审理。因而，实践中基层人民法院很少甚至是几乎从不会召开庭前会议。

国内其他地方法院推行庭审实质化改革以来的统计数据以及部分科研机构的统计数据，也从另一个侧面印证庭前会议实施效果不佳并非成都市的个案。例如，江苏省 2013 年 1 月至 10 月的刑事案件庭前会议召开率仅有 0.36%。[1]中国政法大学诉讼法研究院于 2015 年 1 月至 6 月对北京、无锡、盐城三地部分人民法院及人民检察院进行调研，在问及对本单位刑事庭前会议制度实践效果的评价上，多数受访法官及检察官选择了"不好"或是"一

---

[1] 杨宇冠等："非法证据排除与庭前会议实践调研"，载《国家检察官学院学报》2014 年第 3 期。

般"选项，只有不到四成的受访者认为庭前会议的开展效果"好"。[1]

对于庭前会议在实践中运行效果不佳的原因，有观点将其归纳为"考核指标不采纳、领导不提倡、法官不愿意、公诉人不主动、辩护人不积极"。[2]笔者认为，其实可以细分为主客观多个方面的原因：

第一，主观上，控辩审三方对庭前会议的过滤和分流功能均认识不足。这也就是实务界对于召开庭前会议"领导不提倡、法官不愿意、公诉人不主动、辩护人不积极"的根本原因所在。对于法院和法官而言，如前所述，当前我国法院系统普遍面临"案多人少"的人案矛盾，尤其以基层人民法院为甚，基层人民法院的刑事审判庭法官员额配比不足、[3]员额法官办案压力较大，[4]不得不想方设法节省庭上作业时间，加上部分法官对于庭前会议的分流和过滤功能缺乏正确认知，认为召开庭前会议跟开庭一样耗费时间和精力，还不能涉及实体问题，其效果如同隔靴搔痒，不如绕开庭前会议而"一步到庭"；对于公诉人而言，虽然《刑事诉讼法司法解释》第227条规定，"控辩双方可以申请人民法院召开庭前会议"，但实际情况是员额检察官与法官的工作状态类似、心态接近，[5]故一般亦不会主动申请召开庭前会议；至于辩护人，则内心非常复杂，既想在庭前会议中通过证据展示，全面了解控方的证据体系和举证思路，掌握控方的攻击方向和"弹药储备"，以便更好地准备庭审辩护，但往往又有自己的"小算盘"，不大愿意公开自己的重要证据和辩护思路，因为只有关键证据留待庭审中出示才能达到辩护人心中的最佳庭审效果。正因为如此，辩护人对于庭前会议的召开通常也不会表现得很积极。

---

〔1〕　陈蔚远："论我国刑事庭前会议制度的完善"，福州大学2017年硕士学位论文。

〔2〕　黄常明、陈玮煌："我国庭前会议制度的适用考察及思考"，载《中国刑事法杂志》2013年第10期。

〔3〕　近年来，由于民商事案件发案率逐年递增，法官员额不断向民商事审判岗位倾斜，以至于刑事审判庭员额法官的配比严重不足。据四川省高级人民法院刑一庭日前的一次调查统计，全省2/3基层人民法院的刑庭只有1名员额法官。

〔4〕　这种办案压力，不仅来自年度办案总数的要求，还有结案率、发改率、上诉率等各种考核指标的压力。此外，我国实务中并未严格贯彻集中审理原则，一名员额法官手上可能同时在承办多个案件，这些案件的审判期限相近，都要求员额法官在审限内结案。因此，实务中员额法官不得不"腾挪闪躲"，到处挤占时间。

〔5〕　实务中基层人民法院的受案量差别很大，但一般来说，受案量大的法院，检察院的受案量也大。

第二，客观上，我国司法实践中确实存在一些阻碍庭前会议召开的因素。例如，对于有多名被告人、辩护人的案件，法官普遍感觉协调庭前会议的召开日期很困难，虽多方迁就往往仍难以保证所有辩护人都能按时参加，而《庭前会议规程》第3条规定，辩护人不能参加则不能召开庭前会议，最终只能不了了之。[1]

另外，如果存在案件被害人较多，[2]当事人及其家属情绪不稳定、可能引发上访的情况，法官往往也会因为顾虑案件的外部因素如"维稳"风险及法庭秩序等，最终选择不召开庭前会议。实践中这些因素的客观存在进一步消减了法官召开庭前会议的积极性，并压缩了庭前会议适用的空间。

庭前会议是庭前证据调查准备的作业平台，庭前会议在实践中运行效果不佳，势必影响到庭前证据调查准备工作的开展，进而影响庭审证据调查的效率和质量，危及庭审实质化改革以及以审判为中心的诉讼制度改革。笔者认为，庭前会议的"过滤"和"分流"对于庭审实质化改革的整体推进，具有重要且不可替代的作用，是庭审实质化改革的重要程序配套机制。当前实践中庭前会议的作用被严重低估，其低适用率映射出的实际上是庭审实质化改革在司法实践中尴尬前行、运行不佳的真实状况。

为推进庭审实质化改革的深入进行，笔者认为，应当明确庭前会议作为实行实质化庭审的前置程序的地位，即，凡是法官在庭前阅卷中发现"证据材料较多、案情疑难复杂、社会影响重大或者控辩双方对事实证据存在较大争议等情形"的案件，原则上都应当召开庭前会议，为庭审证据调查做好准备。这里最关键的是涉及如何对《刑事诉讼法司法解释》第226条进行理解和解释的问题，该条文规定："案件具有下列情形之一的，人民法院可以决定召开庭前会议：（一）证据材料较多、案情重大复杂的；（二）控辩双方对事实、证据存在较大争议的；（三）社会影响重大的；（四）需要召开庭前会议的其他情形。"对于该条文中的"可以"一词，目前实务界的解释是，"可以"一词表示裁量，意即（人民法院）既"可以"（召开庭前会议）也"可以不"（召开庭前会议），具体则完全由法官自由裁量决定。这正是当前实务

---

〔1〕 当然，理论上法官可分多次召开庭前会议，以满足不同辩护人的时间安排，但多次召开庭前会议，法官耗时费力，宁做他选。

〔2〕 被害人本来无须参加庭前会议，但被害人可能同时是附带民事诉讼当事人，而根据《庭前会议规程》的规定，要进行附带民事调解，应当通知附带民事诉讼当事人到场。

中庭前会议适用率不高的重要原因之一。因为，如此解释"可以"一词之含义，无异于赋予法官自由裁量权，即使应当召开庭前会议而未召开，亦属法官之职责权限，无须承担任何法律责任。笔者认为，上述解释方法及其结论有待商榷。公法中的"可以"一词，通常表示"授权"，但公法上的授权，对于公权力机关而言，既是职权，又是职责。作为职权，意味着公权力机关有履职行权的资格；而作为职责，则意味着公权力机关有履职的义务。因此，对于《刑事诉讼法司法解释》第 226 条的规定，应当解释为只要法官在庭前阅卷中发现案件具备法定的"证据材料较多、案情疑难复杂、社会影响重大或者控辩双方对事实证据存在较大争议等情形"这一条件，那么就应当召开庭前会议，这是法官的职责所在。据此，可以将庭前会议塑造为实质化庭审的必经前置程序，切实推进庭审实质化往争点审、焦点审方向发展，保障庭审实质化改革的效果。当然，鉴于实践中情况的复杂性，笔者同样也建议对《刑事诉讼法司法解释》第 226 条进行修改，明确规定如果召开庭前会议确实存在客观上的困难，可能延宕、拖延庭审进行的，例外允许不召开庭前会议。至于对于辩护人较多或者被害人较多的案件，法官可以根据案件具体情况，或者通过视频方式召开庭前会议，或者分批次召开庭前会议，或者要求确实不能到场的辩护人提交书面答辩状和详细的证据目录，以便法官据此整理证据、归纳争点，为庭审证据调查作准备。其实，《刑事诉讼法司法解释》对于实践中的复杂情况已有充分预判，其第 231 条第 2 款规定："根据案件情况，庭前会议可以采用视频等方式进行。"《庭前会议规程》第 6 条规定："根据案件情况，庭前会议可以在开庭审理前多次召开；休庭后，可以在再次开庭前召开庭前会议。"

第二节 庭前证据调查准备的基础和内容：证据展示、证据整理与争点归纳

法官在庭前为庭审作准备，首先需要"摸清底牌"，即全案证据的基本情况。尤其是哪些证据拟在法庭调查时出示？控辩双方对在案证据的意见又是什么？虽然检察机关在提起公诉时，已经将全案卷证移送至人民法院，承办法官可以通过阅卷知悉控方的证据体系。但仍有不足，因为，一方面，案卷中的所有证据，控方未必都会在庭审证据调查时一一出示。对于法官而言，

重点想了解的是控方拟在庭审中出示哪些证据，以便有针对性地提前做好准备；另一方面，辩方收集的证据并不在控方移送的案卷材料之中，对于辩方手中究竟握有哪些证据材料，哪些拟在庭审调查时出示，法官从为庭审证据调查做准备的角度也需要提前知悉、做到心中有数。

然而，开示证据并非证据展示制度设立的主要目的，因为我国历来奉行的辩方庭前阅卷制度已基本解决了庭前辩护方的证据知悉权问题。至于法官，由于2012年《刑事诉讼法》修改恢复了起诉全案卷宗移送制度，法官在庭前也能够基本掌握和洞悉全案证据。因而，在我国司法实务中，法官组织控辩双方进行证据展示的主要目的，并不是通过控辩双方开示证据而知悉证据，更多是为了在开示证据的基础上通过听取双方的意见进行证据整理和争点归纳，以确保庭审围绕争点和焦点问题集中、持续、高效地进行。对此，《刑事诉讼法司法解释》第229条规定："庭前会议中，审判人员可以询问控辩双方对证据材料有无异议，对有异议的证据，应当在庭审时重点调查；无异议的，庭审时举证、质证可以简化。"此外，在证据展示环节，控辩双方还可以借助这一平台申请调取新证据，以确保开庭前证据能够全部到案。

基于此，证据展示在实务中实际上具有三项功能：①直接功能：开示证据，即，进行证据展示的直接目的和功能是为了开示证据。②间接功能：证据整理和争点归纳，即证据展示的间接目的和功能是便于法官在展示证据的基础上整理证据、归纳争点。③附属功能：调取新证据，即在证据展示程序中控辩双方可以申请调取新证据。由于调取新证据并非证据展示程序中必经之环节，带有或然性，且属于附带于证据展示程序而展开之诉讼行为，因而，笔者称之为证据展示程序之附属功能，或许不够准确，但足以与其他功能相区别。

一、直接功能：开示证据

司法实务中，庭前会议证据展示程序的流程一般如下：控辩双方在法官主持下先后宣读证据目录，并简要说明所展示证据的种类、来源及拟证明对象，以便对方及法官更为清晰地理解证据使用之方法与目的。由于在刑事诉讼中控方通常掌握绝大多数证据，且其起诉指控之对象即为辩方进行辩护防御的对象和前提，因此，实务中在展示证据的顺序安排上，一般是控方先于辩方，即控方先行展示证据，然后再由辩方展示证据。[1]在操作层面上，由于实质化庭审的案件证据数量往往较多，控辩双方一般会事先制作并提交证据目录，然后按照证据目录所载证据之序号依次展示证据，并分别交代证据的名称、来源及拟证明之对象和内容。

笔者认为，上述证据展示之流程设计有些过于僵化。根据案件类型不同、在案证据的情况不同等，都有可能需要其他更为高效的证据展示流程。举例而言，实务中证据展示的顺序还应当适当考虑证据的重要性及其对程序走向的影响。根据《庭前会议规程》第 18 条之规定，召开庭前会议前，人民检察院应当将全部证据材料移送人民法院。被告人及其辩护人应当将收集的有关被告人不在犯罪现场、未达到刑事责任年龄、属于依法不负刑事责任的精神病人等证明被告人无罪或者依法不负刑事责任的全部证据材料提交人民法院。据此，辩护人对于有关犯罪嫌疑人不在犯罪现场、未达刑事责任年龄、属于依法不负刑事责任的精神病人的证据，负有"及时告知和提交义务"。由于上述证据皆属关系被告人无罪或依法不负刑事责任的重要、关键性证据，直接影响甚至决定案件的实体结果和程序走向，因此，如果辩方握有上述证据，可以考虑在证据展示时由辩方先行展示上述关键证据。之所以如此设计流程，是因为上述证据对控方的证据锁链具有较大"杀伤力"。可以说，这类证据一旦"坐实"，则控方的证据锁链即"不攻自破"，之后控方是否还有必要展示其证据都成了问题。对此，《刑事诉讼法司法解释》第 232 条规定："人民法院在庭前会议中听取控辩双方对案件事实、证据材料的意见后，对明显事实不清、证据不足的案件，可以建议人民检察院补充材料或者撤回起诉。建议撤回起诉的案件，人民检察院不同意的，开庭审理后，没有新的事实和理由，一般不准许撤回起诉。"据此，一旦辩方先行展示的关键证据，导致控方的证据锁链"崩裂"，案件出现明显事实不清、证据不足的情形，法官就可以建议检方补充材料或撤回起诉，程序走向可能出现转向甚至终止（撤回起诉），若检方撤诉，则后续程序自可节省而被告人亦可减轻讼累。因此，根据"重要者优先"的原则，可以考虑由辩方先行展示上述关键证据。

证据展示的主体依法当然应当是控辩双方，殆无疑义。法官则居中主持，

---

〔1〕 郭彦主编：《理性　实践　规则——刑事庭审实质化改革的成都样本》，人民法院出版社 2016 年版，第 215 页。

· 009 ·

组织、引导、督促控辩双方积极、全面、正确履行展示义务，并对证据展示的结果进行确认、固定。但要注意的是，实务中还存在大量的刑事附带民事诉讼案件，而按照《刑事诉讼法》的规定，附带民事诉讼的当事人双方也是举证责任之主体，负有向法庭举证之责任，加上附带民事诉讼与刑事诉讼原则上应一并审理，故庭审证据调查环节，附带民事诉讼当事人也将参与举证和质证。基于此，法官在庭前证据调查准备中，显然亦应当将附带民事诉讼的当事人及其代理人列为证据展示的主体，要求其在庭前会议中对其拟在庭审中出示的证据进行证据展示，以便为庭审证据调查预先做好充分准备。因此，实务操作中除了控辩审三方外，实际上要求进行证据展示的，还包括附带民事诉讼的当事人及其代理人。

对于证据展示的内容，基于证据展示之目的系为庭审证据调查作准备，因此，原则上应当以控辩双方以及附带民事诉讼当事人及其代理人拟在庭审中出示的证据为限。当然，基于检察官之客观公正义务，检方不能仅仅展示证明被告人有罪及罪重之证据，对于被告人有利之无罪及罪轻证据，亦应当一并予以展示。问题是，除了客观公正义务对于检方的约束外，机制上如何保障上述目的实现？为此，2012 年《刑事诉讼法》第 41 条曾经以赋予被告方申请调取证据权的方式构建了一套强制开示证据的程序。对此，《庭前会议规程》明确规定，被告人及其辩护人可以在庭前会议中行使该权利，以强制控方开示有利于被告人之证据。据此，若被告人及其辩护人认为公安机关、人民检察院在侦查、审查起诉期间收集但未随案移送的证明被告人无罪或者罪轻的证据材料，可以依据《庭前会议规程》第 16 条向人民法院书面申请调取上述证据。对于被告人及其辩护人能够提供相关线索或者材料的，人民法院应当通知人民检察院在收到调取决定书后 3 日内移交。此外，《庭前会议规程》为了弥补被告方在取证能力方面的不足，还规定被告人及其辩护人因客观原因而不能自行收集、调取证据的，也可以书面形式申请人民法院调查、收集，并说明理由，写明需要收集、调取证据材料的内容或者需要调查问题的提纲。人民法院经审查认为有关证据材料可能影响定罪量刑的，应当准许；认为有关证据材料与案件无关或者明显重复、没有必要的，可以不予准许。

另一方面，辩方的证据展示范围不应局限于三种法定证据，而应包括辩方拟在庭审中出示的所有证据。根据《刑事诉讼法》第 42 条之规定，辩护人对于有关犯罪嫌疑人不在犯罪现场、未达到刑事责任年龄、属于依法不负刑事责任的精神病人的证据负有"及时告知和提交义务"。显然，上述三种证据应当在庭前会议中予以展示，这是辩护人的特别法定义务。然而，除了这三种证据之外，《刑事诉讼法》并未规定辩护人向控方开示其他证据的一般性义务，实践中部分辩护人正是据此公然拒绝在证据展示时开示相关证据。实务中部分律师参与庭前会议不积极的原因也在于此，因为他们不想在庭审前过早地向控方公开自己的"王牌"和"底牌"，而是希望将自己的"王牌"和"底牌"留待庭审时再出示，以追求所谓的庭审效果。但这种"证据突袭"的观念，并不能真正改变诉讼的结果，而且实质上不利于被告人权利保障。因为，一旦辩方实施证据突袭，控方势必以需要时间对该证据进行答辩准备为由申请休庭，庭审将被迫中断，而被告人则将被继续羁押，这无疑会增加被告人的讼累。同时，这种证据突袭也与庭审实质化改革的目的相悖，因为庭审频频中断，将导致庭审无谓延宕，效率必然降低。因此，在庭审实质化改革过程中，部分试点法院从证据展示之目的是为庭审证据调查作准备这一角度出发，扩大了辩方展示证据的范围，要求除了法定的三种证据之外，辩方应当将其拟在庭审中出示的所有证据均在庭前会议中予以展示，以便法官能够更为充分地为庭审证据调查预作准备。

二、间接功能 I：证据整理

实务中，证据展示与证据整理往往是同步进行的。[1] 由于法官庭前已经阅卷，对全案证据已经知悉，因此，法官在组织双方进行证据展示时，重点并不在知悉证据而是整理证据。亦因此，法官往往会在控辩双方展示证据的同时，一边要求展示证据一方说明证据的种类、来源以及拟证明的对象和内容，一边征求另一方对该证据的意见，并据此整理证据、归纳双方争点。对此，《刑事诉讼法司法解释》第 233 条第 1 款规定："对召开庭前会议的案件，可以在开庭时告知庭前会议情况。对庭前会议中达成一致意见的事项，法庭在向控辩双方核实后，可以当庭予以确认；未达成一致意见的事项，法庭可以归纳控辩双方争议焦点，听取控辩双方意见，依法作出处理。"据此，证据整理即法官在听取控辩双方对在案证据的意见、梳理存在争议的证据的活动。

---

〔1〕　实务中存在两种模式：一种模式是一边进行证据展示，法官一边进行证据整理；另一种模式是法官在控辩双方将证据展示完毕后，再针对重点证据进行证据整理。

但是，对于何谓"梳理存在争议的证据"？如何"梳理"？"梳理"什么？相关司法解释缺乏明确的界定，以致理论上和实务中对此都存在一定的争议。

实务中一般认为，证据整理的对象主要包括证据的种类、来源及拟证明的对象和内容。具体而言：

（1）梳理证据种类。即，以八种法定的证据种类为标准，对在案所有证据分别进行归类，目的是通过对在案证据的分门别类，明确庭审时证据调查的不同方法。我国《刑事诉讼法》明文列举了八种证据种类。根据我国独有的"证据种类合法性"理论，唯有上述八种证据，才是合法的证据，故实务中所有的证据材料，都必须归入八种证据种类之列，方可作为合法的证据在庭审中出示。而不在八种之列的证据材料，则不得作为呈堂证据出示，更不得作为定案根据。基于此，法官在庭前会议中对证据进行整理，首先关注的问题就是证据的准确归类，即能否以及如何将在案证据分别归入八种法定证据种类，这是其一。其二，之所以对证据进行分类，还因为不同种类的证据往往对应不同的调查方法。例如，人证的调查方式是询问，而书证的调查方法则是宣读。原则上只有采用法定的调查方法进行调查后，该证据才能被作为定案的根据。亦因此，法官在庭前会议中对证据的种类进行梳理，目的是为明确将来庭审证据调查时应当对在案证据各采用何种调查方法展开调查。

站在实务的角度，在庭前证据调查准备时梳理证据种类是非常重要且必要的。原因在于：①证据的名称本来应当是识别证据种类的重要标准。例如，《现场勘验笔录》一眼可知系笔录类证据，因为该证据的名称中即含有"笔录"二字，据此即可将其归入笔录类证据的范畴。但我国司法实务中证据的名称使用长期以来并不规范、统一，有时单凭证据的名称往往无法对证据进行准确归类。例如，交通肇事罪案中经常会制作《车辆技术检验报告》，该证据名为"检验报告"，似乎不在法定的八种证据种类之列，但从该证据的内容看，当属鉴定意见无疑，自应将其归入鉴定意见的范畴、在庭审中按照鉴定意见的法定调查方法对其展开调查。②司法实务中还涉及行政执法证据、监察证据与刑事证据的衔接适用问题。2012年《刑事诉讼法》和2018年《监察法》均明文肯定了行政执法证据和监察证据可以不经过转化而直接作为刑事诉讼证据使用，但行政执法证据和监察证据的名称往往与刑事诉讼证据的通用名称有较大差异，在将其作为刑事诉讼证据使用之前，首先就必须梳理其证据种类，并对其进行准确归类。例如，工商行政执法中经常使用《现场笔录》这一证据种类，但该证据种类并不见于《刑事诉讼法》。那么，一旦将该证据作为刑诉证据使用，该按照何种证据种类进行法庭调查呢？是按照笔录类证据调查，还是按照书证调查？这就需要在庭前证据调查准备时事先予以明确。

对于无法准确归入八种证据种类或者对方对其归类提出异议的证据材料，法院在实务中一般会采取多种方式来处理：①建议撤回该证据或以其他证据来替代。例如，控方将《到案经过说明》归为书证并用于证明被告人并非主动投案，而辩方对此提出异议，认为《到案经过说明》并非法定八种证据种类，法官遂建议控方改为通知办案警察出庭作证。②建议对证据种类进行转换。例如，在职务犯罪案件中，控方往往将被告人的自白书、悔罪书归为被告人口供，但有的自白书、悔罪书没有被告人亲笔签名，故辩方提出异议，认为该自白书、悔罪书并非被告人之口供。此种情形下，法官往往会建议控方将该自白书、悔罪书转换为书证使用。

（2）梳理证据形式。我国《刑事诉讼法》对特定证据种类有较为严格的形式（包括格式）方面的要求，不具备合法形式的证据，属于瑕疵证据。根据《刑事诉讼法》和相关司法解释的要求，瑕疵证据不得直接作为定案根据，而必须进行补正或作出合理解释。实务中法官之所以在庭前对证据的形式进行梳理，目的是防止庭审中一旦控辩双方对证据的形式瑕疵提出异议，对方即需要对证据进行补正或作出合理解释，庭审可能将被迫中断，从而影响庭审效率。故庭前证据调查准备时，可以借整理证据之机，事先对证据的形式进行梳理，预作防范。若发现证据的形式存在瑕疵，即可以提前要求对方进行补正或者作出合理解释，把问题解决在庭审前。例如，案卷中的被告人供述笔录，只有一名侦查人员作为提审人签名，不符合两人提审并签名的法定格式要求，证据形式上显然存在瑕疵。对此，在控方展示完该证据后，辩方可以针对该证据的合法性提出异议，而法官则可以要求控方进行补正或作出合理解释。这一做法也是作为庭审实质化改革试点单位的成都市中级人民法院在改革过程中总结、提炼出的经验之一，由成都市中级人民法院牵头，联合成都市人民检察院、成都市司法局制定的《刑事诉讼举证规则（试行）》（以下简称《举证规则》）第12条规定："当事人及其辩护人、诉讼代理人在庭前会议中对证据的合法性提出异议，人民检察院应当在开庭前对证据予以补正、解释、说明。"

（3）梳理证据来源。在证据学理上，证据的来源往往关系到证据本身的客观性和真实性，尤其是物证、书证等实物证据。根据相关司法解释，缺乏明确、合法来源的物证、书证，属于来源不明的证据，不得直接作为定案根据，而必须经过补正或作出合理解释。在庭前证据调查准备时梳理证据来源，性质上属于查漏补缺，目的是阻止来源不明、明显带有瑕疵的证据贸然进入庭审程序，防止庭审因为补正瑕疵证据而被迫中断。正基于此，在证据展示之后，控辩双方对于列入证据目录而又没有说明合法来源的证据，可以要求对方予以补正或作出合理解释。这一要求是对控辩双方而言的，这意味着不仅控方的证据需要证明合法来源，辩方提交的证据也必须证明合法来源。由于司法实务中辩方经常忽略这一点，因此成都市《举证规则》第 5 条专门规定："被告人、辩护人可以根据事实和法律，提出证明被告人无罪、罪轻或者从轻、减轻、免除其刑事责任的证据，并对材料收集的过程加以证明。"即，一方面肯定辩方有举证的权利，可以向法庭提交有利于被告人的证据，但另一方面又要求其必须对证据材料收集的过程加以证明，即证明其证据材料的合法来源。

（4）梳理证据拟证明的对象和内容。实务中适用实质化审理的案件，控辩双方提交的证据数量往往较多，而各个证据的证明对象又可能各不相同。为提高庭审举证、质证和认证的效率，实务中法官往往会要求控辩双方在展示证据的同时对每个证据拟证明的对象和内容略作说明。之所以如此操作，是因为由在案证据构筑的案件事实犹如一座迷宫，而法官查明案件事实的过程，则如同穿越这座迷宫。其中，纵横交错的证据，代表着迷宫中的不同路径，而每个证据拟证明的对象和内容，则象征着路口的路标和指示牌。试想，如果岔路口无路标、指示牌，法官就可能迷失在错综复杂的路口，即使最终费尽心力走出了迷宫，效率也难免极为低下。因此，实务中法官梳理证据的拟证明对象和内容，就如同在迷宫的每个岔路口设置路标和指示牌，使法官对每一个证据运用的方向和目的有所了解，进而把握控辩双方的证明思路和证据锁链的构成，从而为庭审调查做好充分的准备。

实务中，法官梳理完证据的拟证明对象和内容之后，对于控辩双方证据运用不当的，即路标设置错误的（例如，证据与证明对象之间明显错位，该证据显然不能用来证明特定的案件事实），法官往往会通过行使释明权，提醒其注意并校正。

（5）梳理人证出庭名单。控辩双方的证据目录中列有人证的，究竟哪些人证需要出庭作证，可能成为双方关注的焦点。对此，法官需要在听取双方意见的基础上，梳理人证出庭名单，这也是庭前证据调查准备工作的一项重要内容。对此，《庭前会议规程》第17条第1款规定，控辩双方申请证人、鉴定人、侦查人员、有专门知识的人出庭，应当说明理由。人民法院经审查认为理由成立的，应当通知有关人员出庭。实务中，由于主要人证皆为控方证据，因而，人民法院在梳理人证名单时，往往会以控方提供的出庭人证名单为基础，征求辩方意见。辩方可以对该名单提出异议，也可以申请不在名单中的其他人证出庭，但应当说明理由。理由成立的，人民法院可限期准予变更，或不通知出庭。理由不成立的，人民法院应送达出庭通知书。

证据整理是庭前证据准备工作的核心内容，其主要功能可概括为三个方面：①筛查。即，从法官角度讲，借助证据整理，对控辩双方拟在庭审中出示的证据进行全面筛查、查漏补缺。②规范。即，从控辩双方的角度而言，经由法官的证据整理，其证据个体以及整个证据体系中的瑕疵可以得到补正或合理解释，证据运用更加规范。③评估。即，对于控辩审三方而言，经过证据整理，三方对于在案证据的基本情况都会有一个全面的了解和判断，据此可以评估并预判后续庭审的结果。因此，经过证据整理，控辩审三方对于案件的走向可能会有新的认识和判断。对于法官而言，《刑事诉讼法司法解释》第232条规定："人民法院在庭前会议中听取控辩双方对案件事实、证据材料的意见后，对明显事实不清、证据不足的案件，可以建议人民检察院补充材料或者撤回起诉。建议撤回起诉的案件，人民检察院不同意的，开庭审理后，没有新的事实和理由，一般不准许撤回起诉。"即，法官经过证据整理后有权建议控方补充材料或撤诉，一旦控方撤诉，则该案程序可能就此终止；对于控方而言，实务中经过证据整理，控方可以及时发现己方证据体系的问题，从而采取相应的补救措施，或者及时补充证据材料，提高起诉质量，或者基于客观公正义务，在案件确实存在明显事实不清、证据不足的情形时，主动撤回起诉，减少被告人讼累；对于辩方而言，经过证据整理往往可以更有针对性地调整己方的辩护方向，从而完善己方的辩护策略。

对于证据整理，理论界和实务界一直存在较大的争议。反对观点认为，目前实践中的证据整理活动并没有明确的法律依据，且证据整理的实务操作模式有混淆庭审质证之嫌。例如，法官在证据展示后听取控辩双方发表意见，无异于组织双方发表质证意见、进行证据答辩。而对证据种类和证据形式的整理，事实上法官已经在进行证据的合法性调查，这与庭审中的证据合法性调查并没有本质区别。法官在庭前只能为庭审证据调查作程序上的准备，一旦涉及证据"三性"问题，即应留待庭审处理，法官在庭前以证据整理为名、行质证之实，以听取意见为名、行答辩之实，皆属僭越立法。对于上述观点，该如何评价呢？

（1）证据整理是否具有合理性？究竟法官应不应该在庭前进行证据整理？这是首先需要回答的问题。对此笔者持支持态度，主要理由即在于确保庭审的质效。第一，从法理合理性角度讲，庭前证据整理实质就是庭审证据调查的预备和准备工作，而之所以需要在庭前为庭审证据调查做准备，就是因为只有在庭前完成对于案件争点和焦点问题的归纳、整理，才能保证庭审能够集中审理案件的争点问题和焦点问题，确保庭审高效运行。而要在庭前归纳、整理案件的争点和焦点，法官就必须在庭前对在案证据进行整理。第二，从现实合理性角度讲，我国司法实务中侦查取证的规范性反映到证据层面就是在案卷证存在大量瑕疵。若这些瑕疵证据不经过滤就直接提交于法庭，在庭审调查中就极易遭到质疑而被迫休庭、一再进行补正，为此庭审将被迫中断而延宕。因此，一个现实的选择就是在庭前证据整理中彻底解决这些证据的瑕疵问题，能补正或作出合理解释的，先行补正或作合理解释；不能补正或作合理解释的，则建议控方撤回该证据，不让证据"带病上庭"，以免庭审中断，影响庭审顺畅运行。

（2）实务中为何会混同证据整理与证据调查？虽然证据整理的制度设计是合理的，但在实务操作层面上却极容易"走形"而演变、混同于证据调查。笔者认为，其中的原因在于：第一，规则的缺漏。证据整理的法律依据是《刑事诉讼法司法解释》第233条，但正如前所述，该条文仅概括性授权法官进行证据整理，即听取控辩双方意见后梳理存在争议的证据，但并未明确规定证据如何进行整理。由于法律规则给法官的实务操作留下了比较大的弹性空间，法官在实务中就会基于自身办案的需要而自行将这一弹性空间填满，然而规则留下的空间实在过大，一不留神就可能逾距。第二，法官的心态。案多人少的现实迫使法官必须尽量控制每个案件的"坐"庭时间。对于法官而言，庭前会议虽然名为会议，但在工作方式和工作量上与开庭无异，都需要法官出庭并主持，耗费的时间和精力并无区别。因此，对于法官而言，既然召开了庭前会议，那么就尽量在庭前会议中解决一些实质性问题，这样可以为后续开庭节省时间、精力。如此一来，无形中庭前会议与庭审之间的界限就可能被跨越，而庭前会议也演变为了"庭审前的庭审"。基于上述分析，我们不能否认，实践中确实有部分法官可能混淆了证据整理与证据调查之间的界限与差异，而将证据整理演变为了证据调查。最典型的就是部分法官在证据整理时往往会直接询问辩护律师对于控方证据"三性"的意见，而辩护律师则不太愿意对此发表意见，因为，对证据"三性"发表意见无异于质证，对辩护律师而言，如果在庭前会议中提前发表了质证意见，那在庭审质证环节中又说些什么呢？当然，庭审中再重复说一遍也不是不可以，但提前发表质证意见等于提前公布、公开自己的辩护思路，这会让控方对辩方的战略、战术包括主攻方向和攻击重点提前有所防备并预先准备，从而使辩方错失制胜良机，正是这一点让部分辩护律师难以接受。由此可见，混同问题确实存在。

（3）问题怎么解决？如何正确区别与界分证据整理与证据调查？这是笔者讨论至此不能回避的问题。法官在庭前对证据进行整理，是否真如反对观点所主张的法官听取意见就是组织控辩双方发表质证意见，而梳理证据的种类和形式要件等，就是在调查证据的合法性？证据整理与证据调查之间究竟有无界限、界限又在哪里？

对此，笔者将其归结为三点：

（1）表态而不论证。对于法官而言，在证据整理的基础上还要归纳控辩双方的争点，因此，在证据整理环节禁止法官要求控辩双方对证据发表意见，是"不可能的任务"，因为，双方不发表意见，法官就无从判断双方对于事实和证据是否存在争议，也就无从归纳双方的争点。尤其是对于证据而言，所谓发表意见，不围绕证据的"三性"问题，还能针对证据的什么问题发表意见呢？禁止法官在证据整理中组织和听取控辩双方对证据"三性"问题发表意见，岂非强人所难？其实，问题的关键并非控辩双方是否发表意见，而是发表意见的方式和尺度。从法官归纳争点的角度讲，控辩双方发表意见，只需要表明态度即可，而无须加以论证，因为，一旦展开论证，就已经是在发表质证意见了。简而言之，双方只需表明"有"或"无"异议即可，并不需要论证为何"有"以及如何"无"，此即笔者所谓的"表态而不论证"。例如，对于控方展示的某证据，法官会就证据"三性"询问辩方的意见，辩方只需回答有或无异议即可，无须进一步立证并论证。当然，实务中情况比较复杂，有时控辩双方可能对对方主张的事实和提出的证据理解不到位，表态可能与其所主张的其他事实或所举之证据相左，此时法官可能会通过追问"为什么""怎么会"等问题，并要求控辩双方简要作答予以解释，但这种情形属于法官释明或澄清义务的要求和体现，并非组织双方发表质证意见，回答方亦只需要解释清楚其具体观点、表明立场即可，同样无须展开论证。

（2）查漏而不辨真。对于证据种类明显不在法定八种证据之列的、证据形式上存在明显瑕疵的，以及缺乏合法来源的证据，法官在进行证据整理时能否要求举证方对证据予以补充、补正、解释或说明？上述活动是否已经构成庭审中的证据调查和质证？对于该问题，笔者认为，所谓证据调查和质证，对象都是证据的"三性"问题：真实性、关联性和合法性，其目的都旨在通过审查证据来判断该证据能不能证明案件事实。从证据整理实务来看，法官对证据种类、证据形式、证据来源的梳理，针对的都是控辩双方证据体系中的一些明显错漏，如证据归类错误或无法归类、证据形式上存在明显瑕疵以及证据缺乏合法来源等，其目的旨在查漏补缺、规范证据的外在形式，至于该证据能否证明案件事实，则完全没有涉及。换言之，证据整理只是修补证据的明显错漏，至于该证据是否真实、是否能够证明案件事实，法官在所不问。因此，不能将上述证据整理行为解释为是在调查证据或质证。例如，控方在证据目录上列明了物证，但却没有列入《现场勘验笔录》《提取笔录》或《搜查、扣押笔录》，这就使得该物证明显缺乏合法来源。法官在证据整理时发现了这一情况，即建议控方补充提交上述来源性证据。至于控方是否补充提交上述证据，以及该补充的证据究竟能否证明物证的来源合法性以及物证本身的客观性、真实性，法官则不再予以深究、追问，而是留待庭审质证时再予以处理。再如，讯问笔录上只有一名侦查人员签名，法官在证据整理时发现该证据存在瑕疵后，即建议控方对此予以补正或作出合理解释，至于控方进行补正或作出合理解释后，该证据之瑕疵是否即得到修补、该证据是否即转化为了合法证据，法官不再予以审查，留待庭审质证时再行调查确认。由此可见，法官在庭前的证据整理只是对证据在种类、形式和来源上的一些明显瑕疵进行查漏补缺，而非对证据的"三性"问题进行实质性审查，因此，不存在混淆证据整理与证据调查之虞，此即笔者所谓"查漏而不辨真"。

（3）说明而不证明。法官在庭前证据整理中为便于梳理证据，往往会要求控辩双方对证据拟证明的对象和内容略作说明。有人认为，这是在建立证据与待证事实之间的关联性，已经属于举证和质证的范畴。对此，笔者认为，该观点完全混淆了说明和证明的区别。所谓"说明"（证据拟证明的对象和内容），是指举证方应当明确交代所提交之证据拟证明的具体对象和内容。此处所谓的"说明"，实为"指明"，即明确指出该证据所证明的案件事实即可，而不需要阐明具体的理由和依据。与之相反，在庭审证据调查时，举证方若需要举证证明某一案件事实，必须详细阐明其理由和依据，以建立证据与待证事实之间的关联性。例如，一起故意杀人案中，控方在庭前会议中展示了一把菜刀，并说明该匕首是本案杀人凶器，意即该物证是用来证明被告人有持刀杀人事实的，至此即可、点到为止。但在庭审调查中，控方要用该菜刀来证明被告人杀人，首先，必须证明该菜刀系从杀人现场所提取，为此控方需要出示并宣读《现场勘验笔录》《提取笔录》；其次，要证明该菜刀上同时有被害人的血迹和被告人的指纹，为此控方需要出示《提取笔录》和《鉴定意见》并申请鉴定人出庭陈述；最后，还需要证明菜刀来源，为此控方需要出示并宣读便利店服务员的《证人证言笔录》以及对被告人照片进行辨认的《辨认笔录》，等等。由上述分析可见，庭前证据整理环节对证据拟证明对象和内容的梳理，并不同于庭审的举证和质证，举证方只需要交代、指明该证据拟证明的具体对象和内容即可，至于该证据最终能不能证明该证明对象和内容，在所不问，此即笔者所谓"说明而不证明"。

笔者认为，理论上和实务中对证据整理制度的质疑，并非对证据整理制度本身的合法性、合理性存疑，实乃部分法官实务操作不当所致。因此，相对理性的做法并非完全否定证据整理的实践，而是检讨实务操作本身的方式与尺度，坚持"表态而不论证""查漏而不辨真""说明而不证明"的三原则，规范证据整理活动。

三、间接功能Ⅱ：归纳争点

庭前会议中法官进行证据整理后即应当以此基础归纳案件争点，以便庭审时以争点为庭审实质化审理的重点。但要注意的是，一个案件中的所有争点并不都限于事实和证据争点，关于法律适用，控辩双方也会产生分歧并形成争点。因此，法官在庭前归纳争点，并不能仅仅依靠证据整理，还应当仔细核阅控方起诉书和辩方答辩状中提出的意见和观点。

有学者主张将刑事诉讼中的争议点分为两类：一是"主要争点"，即与被告人定罪、量刑直接相关的争议事项；二是"附带争点"，即与定罪量刑没有直接关系的争议事项，如证据可采性（大陆法系为证据能力），物证和文书证据是否为原件、原物等。[1] 上述分类标准有利于明确庭审重点，因为主要争点事关被告人定罪量刑，毫无疑问应当成为庭审的重中之重。然而，也不宜将上述分类标准予以固化，因为，实践中两者有时是表里关系，难以区分。例如，表面上双方的争点可能是物证的来源合法性，属附带争点，但由于该物证系证明被告人到过案发现场的唯一物证，一旦该物证因为来源不明而被排除，那么被告人就可能被判无罪。因而，双方的实质争点其实是犯罪行为事实是否系被告人所为，这又属于主要争点。

正因为各个争点之间往往存在着一定的逻辑关联性，相互牵连、相互影响，实不宜以争点的作用大小和地位高低为标准对其进行分类，而应按照实务中争点自然形成之状态与形式径直将其划分为：证据争点、事实争点和法律争点。所谓证据争点，即针对证据"三性"问题的争议焦点，既可能是对证据的真实性存有争议，也可能是对证据的关联性存有争议，还可能是对证据的合法性存有争议；所谓事实争点，即针对案件的某一构成要件事实有争议，既可能是主体身份资格，也可能是行为事实，还可能是犯罪后果；所谓法律争点，即法律解释和适用上的争议，即可能涉及定罪（罪名），也可能涉及量刑。基于此，实务中法官在庭前会议中进行争点归纳时，可以直接从双方有争议的证据、事实和法律适用三个方面去提炼、归纳双方的分歧点和争议点。

也有观点认为，在职权主义诉讼结构下，法官具有查明真相的职责，无论是主要争点还是附带争点，与定罪量刑有关的要件事实都属于审判对象。由于不承认当事人对诉讼标的的处分权，故在职权主义诉讼结构之下只有"审判对象"的概念，没有"争点"的概念。[2] 这种观点并没错，但这并不意味着"争点"这个起源于当事人主义诉讼结构的概念与我国的职权诉讼主义诉讼结构之间不能兼容，而是意味着同一个概念在不同诉讼结构下所发挥的作用和功能可能有所不同，其引发的法律效果相应地也有所区别。以我国

---

〔1〕 魏晓娜："定位与实效：庭前会议功能再审视——以文献研究为起点的分析"，载《北大法律评论》2016年第1期。

〔2〕 魏晓娜："定位与实效：庭前会议功能再审视——以文献研究为起点的分析"，载《北大法律评论》2016年第1期。

为例，虽然整体上的刑事诉讼结构仍属于职权主义，但同样可以引入"争点"这一概念，作为庭审实质化改革进行程序过滤和分流的支点，只不过其在程序法上产生的法律效果有所不同：从功能上来看，之所以在庭前归纳"争点"，是为了明确庭审的重点，即庭审中将以庭前归纳之"争点"为审理重点，全程围绕"争点"来展开实质化审理，对于非争点则简化审理，以此实现庭审的集中、持续和高效进行；从法律效果来看，当事人主义诉讼结构下的"争点"概念与我国职权主义诉讼结构下的"审判对象"概念实现了有机融合但又有区别。换言之，"争点"也是审判对象，只不过因为"争点"概念的引入而将审判对象一分为二，并与争点与非争点遥相对应，即，争点是重点审判的对象，而非争点是简化审判的对象。要注意的是，所谓简化审判并非不审判，这是与当事人主义诉讼的重要区别。当事人主义诉讼尊重当事人对诉讼标的的处分权，因此，当事人自认的事实，可以直接认定而无需审理。但在我国职权主义诉讼结构下，控辩双方一致同意而无争议之事实与证据，庭审仍然需要加以审理，只不过简化其审理程序和方式而已。对此，《刑事诉讼法司法解释》第 229 条明确规定："庭前会议中，审判人员可以询问控辩双方对证据材料有无异议，对有异议的证据，应当在庭审时重点调查；无异议的，庭审时举证、质证可以简化。"

从实践操作层面观察，归纳争点在我国庭前会议中的运用率并不高。以成都市两级人民法院庭审实质化改革中选取的 1130 件示范案件为例，在召开庭前会议的案件中，法官进行争点归纳的占比为 34.54%。分析其中的原因不难发现，实践中部分法官还不习惯在控辩双方尚未举证、发表质证意见的情况下就归纳、整理争点，或者说尚缺乏在这种对抗不充分以及意见表达不完整的情况下归纳、整理争点的技巧与能力，因而仍然习惯于在法庭调查阶段待控辩双方举证、质证完毕之后再行归纳争点。同时，根据笔者的走访、座谈，实践中还有部分法官是因为担心争点整理失当或错误，导致庭审中部分事实漏审漏判而被追责，故而对庭前归纳争点采取回避或敷衍的态度；另有部分案件中法官虽然按照改革的指导性意见在庭前对争点进行了归纳，但在庭审中却并不围绕争点审理，而是按照老办法开庭，个中原因也在于此。即使是在庭前会议中进行了争点归纳的案件，具体情况也并不能令人满意：一是部分案件的争点归纳不够准确，导致庭审偏题；二是部分案件在庭前归纳争点后，在庭审中又出现了变化，对此，法官往往感到应对能力和经验不足，该重新归纳争点的没有及时进行归纳。这些情况表明，庭前归纳争点对于庭审实质化的意义，部分法官的认识还需加强。同时，法官在争点归纳方面的技巧和能力也有待提高。

四、附属功能：调取新证据

在证据展示环节，控辩双方仍可申请调取新证据，这仍是为庭审证据调查作准备。希望在庭前即确保新证据能够提交到案，以免庭审中因为调取新证据而中断，导致庭审延宕。根据《庭前会议规程》的相关规定，在庭前会议中，控辩双方可以调取以下新证据：①申请重新鉴定或者勘验；②申请调取公安机关、人民检察院在侦查、审查起诉期间收集但未随案移送的证明被告人无罪或者罪轻的证据材料；③申请向证人或有关单位、个人收集、调取证据材料；④申请证人、鉴定人、侦查人员、有专门知识的人出庭。其中，第②项和第③项为被告人及其辩护人特有之权利，其余则为控辩双方所共享。实务操作中，控辩双方申请调取新证据，一般是安排在证据展示环节提出。为了保证开庭审理不受影响，新证据应当在开庭前及时提交到案。

然而调查研究发现，司法实务中关于调取新证据的规定有待完善。一方面，根据笔者对成都市基层人民法院刑事审判实践的调查，基层刑事案件多为"两简"案件，在案证据数量较少，案情相对简单，实践中辩方几乎没有申请调取新证据的；另一方面，中级人民法院管辖的案件（包括一审、二审）案情相对复杂，证据争议亦较大，实务中确实有案例是辩方在庭前申请调取新证据的，然而成功者寥寥。对于这一结果，辩方感到失望，矛头直指法院。因为，实务中对于辩方的申请，法院要么以"理由不成立"或"无必要性"为由不予准许，要么就是发出了调取证据通知却再无下文；而法院对此亦感无奈，实践中法院即使发出调取证据的通知，但对方亦可置之不理或口头答应却迟迟不予提交。

客观地说，上述问题的产生并不是因为法律或司法解释在制度设计层面上存在问题，而是因为实务操作层面上出了问题：一是实务中对于申请调取新证据的"理由"和"必要性"等启动标准把握过严，与立法目的不相符，导致权利空转。从法律解释角度看，除非辩方的申请理由明显不具有正当性或者显然无必要性，否则，法院均应当准许。毕竟，新证据是否重要、必要，是否足以影响定罪量刑，还需要经过庭审证据调查方可认定，解释上不宜把关过严，从而将新证据贸然阻挡在庭审之外；二是对拒不依法移交和提交证据的单位、个人无法进行有效制裁与制约。应当说，法律和司法解释的规定是相当明确的，有关单位和个人在接到法院的调取通知后即负有及时向法院移交或提交证据之法定义务，应当在法定或指定期间内将相关证据移交或提交到法院。若违反上述义务、拒不提交，实际已经构成妨碍执行公务（罪）。然则在我国现行体制下，敢于公然或隐然违反法定义务、拒不依法提交的单位和个人，相较于法院而言往往都居于强势地位，这就使得实践中法院难以依法启动程序追究其法律责任。由于现有体制之制约，该问题显然无法在既有程序框架内谋求解决，而必须另谋他途。实际上，从诉讼心理学角度分析，上述单位和个人之所以甘冒风险拒不移交或提交证据，实乃该证据明显对其不利，若依法提交，恐影响案件结果、损害其利益。基于此，不妨考虑借鉴最高人民法院《民事证据规定》第 95 条之规定设立举证妨碍推定规则，即"一方当事人控制证据无正当理由拒不提交，对待证事实负有举证责任的当事人主张该证据的内容不利于控制人的，人民法院可以认定该主张成立"。实际上，从诉讼法理上讲，《民事证据规定》第 95 条之规定本就可以直接解释适用于刑事诉讼程序。这是因为，从刑事诉讼法的法律渊源来讲，除了宪法之外，民事诉讼法亦构成刑事诉讼法的正式法律渊源之一。因此，对于刑事诉讼法在立法上的漏洞，可以直接援引民事诉讼法的相关规定来进行填充。对于刑事诉讼法而言，虽然制度上举证妨碍推定规则缺位，但完全可以直接援引《民事证据规定》第 95 条之规定来填充刑事诉讼法的这一漏洞，用举证妨碍推定规则来解决有关单位和个人拒不提交证据的情况。

第三节 庭前证据调查准备的重要专项：非法证据排除

庭审中非法证据排除（以下简称"排非"）程序的启动，被称为"审判中的审判"，是庭审中的重要专门事项，也是难点所在，一旦处置不当，既可能影响庭审效率，也可能影响庭审效果。因而，实有必要在庭审前利用庭前会议对此预作安排，从而为庭审铺平道路或奠定一定的基础。

《庭前会议规程》第 8 条第 2 款规定："被告人及其辩护人在开庭审理前申请排除非法证据的，人民法院应当在召开庭前会议三日前，将申请书及相关线索或者材料的复制件送交人民检察院。"《刑事诉讼法司法解释》第 228 条规定："庭前会议可以就下列事项向控辩双方了解情况，听取意见……（四）是否申请排除非法证据……"据此，被告人及其辩护人有权在庭前会议中提出排非申请，而主持庭前会议的法官也可以就排非事项向控辩双方"了解情况、听取意见"。这表明，《庭前会议规程》授权法官在庭前会议中处置一定的排非事项。但与庭审中的排非程序相比，其间的区别与限度何在？

就庭前会议中处置排非事项的流程，《刑事诉讼法司法解释》第131条规定："在庭前会议中，人民检察院可以撤回有关证据。撤回的证据，没有新的理由，不得在庭审中出示。当事人及其辩护人、诉讼代理人可以撤回排除非法证据的申请。撤回申请后，没有新的线索或者材料，不得再次对有关证据提出排除申请。"第132条规定："当事人及其辩护人、诉讼代理人在开庭审理前未申请排除非法证据，在庭审过程中提出申请的，应当说明理由。人民法院经审查，对证据收集的合法性有疑问的，应当进行调查；没有疑问的，驳回申请。驳回排除非法证据的申请后，当事人及其辩护人、诉讼代理人没有新的线索或者材料，以相同理由再次提出申请的，人民法院不再审查。"第133条规定："控辩双方在庭前会议中对证据收集是否合法未达成一致意见，人民法院对证据收集的合法性有疑问的，应当在庭审中进行调查；对证据收集的合法性没有疑问，且无新的线索或者材料表明可能存在非法取证的，可以决定不再进行调查并说明理由。"

据此，对于庭前会议中的排非事项之处置基本采取的是一种"合意排非"+"两步走"的模式。

所谓"合意排非"，即由控辩双方针对"排非"事项达成一致意见后，主动、自行处理"排非"事项，具体途径有二：一是控方撤回证据，即控方认可辩方"排非"申请有理而主动撤回有关证据，撤回的证据，如果不提供新的理由，则不得在庭审中出示；二是辩方撤回申请，即辩方提出"排非"申请后，人民检察院通过出示有关证据材料等方式，有针对性地对证据收集的合法性作出说明，该说明能够排除非法取证的情形，辩方对此表示认可，故主动、自行撤回"排非"申请。撤回申请后，没有新的线索或者材料，不得再次对有关证据提出排除申请。"合意排非"事实上具有终结"排非"事项的效果，亦是《庭前会议规程》所提倡的一种在庭前会议中处置"排非"事项的方式。采取"合意排非"模式的主要原因也是其主要优势，是采取所谓控辩双方协商后合意的方式，在尊重双方程序处分权的名义下，处置了排非事项，从而可以回避法官在庭前会议中究竟能不能调查证据的合法性这一争议较大的问题。

所谓"两步走"，即通过庭前会议和庭审两个阶段，分成两步来解决"排非"事项：第一步，是在庭前会议中尽量促成控辩双方协商，通过双方达成一致意见的方式来"合意排非"；第二步，控辩双方在庭前会议中对证据收集的合法性未达成一致意见的，人民法院应当在庭审中启动排非程序，在庭审调查环节解决排非事项。但公诉人提供的相关证据材料确实、充分，能够排除非法取证情形，且没有新的线索或者材料表明可能存在非法取证的，庭审调查举证、质证可以简化。"两步走"模式的最大优势在于，即使第一步无法在庭前会议中促成控辩双方达成"排非"合意，也可以为第二步即庭审调查排非奠定基础、做好准备。因为，通过第一步，法官在庭前会议中已经对控辩双方在排非问题上的基本立场和证据情况有所了解，因而可以在庭审调查环节更为从容地安排排非程序。尤其是对于公诉人提供的相关证据材料确实、充分，能够排除非法取证情形，且没有新的线索或者材料表明可能存在非法取证的，庭审调查举证、质证可以简化，这就为庭审的集中、持续、高效进行提供了保障。

对于在庭前会议中能否排非的问题，理论界和实务界一直以来争议较大。赞成论者认为，在庭审中排非问题良多，既延宕庭审、降低效率，又容易造成庭审跑题（偏离主题）、减损庭审效果，因而主张排非调查前移至庭前会议，庭审调查时不再处理排非事项。但反对论者则认为，排非属于对证据"三性"之调查，属于质证的范畴。如果在庭前会议中排非，无疑是将质证前移，这是对庭审的架空，违反庭审实质化改革的宗旨。正因为赞成和反对的声音僵持不下，《庭前会议规程》遂采取了一种过渡性也是相对合理的方案，即"合意排非"+"两步走"模式。

对于这一问题，笔者认为，从庭审中心主义的角度出发，庭前会议中确实不能进行涉及案件实体事实的实质性审理活动。但问题在于，证据的合法性调查包括"排非"调查，究竟是否属于关涉案件实体事实的实质性审理活动？不无疑义。例如，在法院开庭审理一起故意杀人案之前，辩护人提出被告人的有罪供述系刑讯逼供所致，因此申请排除该供述。在该案中，争点证据是被告人的供述，争点是供述证据的合法性，但该案的实体事实是被告人是否实施了被指控的行为，至于该案有罪供述究竟是否系刑讯逼供所得，属于证据如何形成、收集等程序面的问题，与"被告人是否实施了被指控的行为"——这一案件的实体事实并不直接相关，法庭在调查该供述的合法性时，亦不会涉及案件事实本身。因此，在庭前会议中对供述的合法性进行调查，并不构成对案件实体事实的实质性审理，也就不违背和抵触庭审中心主义的基本要求。

在我国，法庭组织控辩双方对证据的"三性"展开质辩的过程，通称为"质证"。因此，我国司法实务中的质证活动，在内容和对象上指向的就是证据的"三性"，学理上称之为"三性质证"模式。对证据三性的质辩活动，从控辩双方的角度而言，是质证，而从法官的角度来说，组织控辩双方进行质证，则是一种证据调查活动，因此，"三性质证"模式同时也是我国刑事庭审基本的证据调查模式。"三性质证"模式因其内容简单、明了，技术上便于操作，故自其创设以来便相沿成习，业已成为我国司法实务中公认的质证和证据调查的基本模式和不二方法，理论上和实务中皆少有反思，更殊有质疑。但从证据法理上讲，在证据的"三性"中，合法性与证据的证据能力相关，系证据的形式资格要件，属于证据程序面的问题；而真实性和关联性，则与证据的证明力有关，系证据的实质价值，属于证据的内容和实体面的问题。众所周知，证据能力与证明力是两个内涵完全不同的概念，证据的形式资格要件和证据的实质价值以及证据的程序和证据实体则是证据内外不同构造的反映。由此，证据的合法性与证据的真实性、关联性其实应当分属两个不同的逻辑层面和范畴，不宜混为一谈。在程序上，证据能力的调查应当先于证明力的调查，因为，证据能力关系到一个证据材料是否具备作为证据使用的资格问题，是需要先行调查、解决的问题，在逻辑顺序和层次上具有优先性；只有先行调查并肯定证据在形式上具有证据能力之后，才能进一步调查该证据对于案件事实的实质证明价值即证明力。换言之，对证据合法性的调查与对证据真实性、关联性的调查，应当区分为两个不同的层次进行；在逻辑顺序上，对证据合法性的调查应当先于对证据真实性、关联性的调查，而不能将两者置于同一个层面甚至混为一体，以所谓"三性"为名笼统进行集中、平行式调查。

由此可见，只要破除"三性质证"的观念窠臼，不再坚持对证据的"三性"进行静态的平行式调查，改采动态的"合法性与真实性、关联性"的分层、递进式调查模式，在庭前会议中排非其实并无任何程序和证据法理上的障碍。基于此，被告人及其辩护人申请排除非法证据，应当在开庭审理前提出，人民法院可以在庭前会议中启动排非程序予以调查，解决了证据的合法性争议后，在庭审中再调查证据的真实性和关联性。在庭审期间才发现非法取证的相关线索或者材料的，被告人及其辩护人可以随时向法庭申请排非。法庭决定对证据收集的合法性进行调查的，原则上应当先行当庭调查，其目的仍然是先行解决证据的合法性、明确证据的证据能力和资格，然后再调查证据的证明力。但为了防止庭审过分迟延，也可以在法庭调查结束前进行调查，在法庭作出是否排除有关证据的决定前，不得对有关证据宣读、质证。

第二章

庭审证据调查安排[*]

世人皆聚讼于我国传统庭审程序之"形式化"弊端,而殊少注意到,庭审程序"形式化"之背后是传统庭审程序的无序化。此诚为实现庭审实质化改革之一大阻碍。君不见,庭审实务中究竟何种证据先出示、何者后出示,系先出示物证抑或先出示人证,向无定论,往往委诸举证各方任意行事,既无规则,亦无规律,导致大的庭审阶段有序而小的庭审细节无序,整个庭审形式上有序、实则无序,影响庭审效率及效果。实际上,从原理上讲,庭审的诸多功能与价值的实现,尤其是庭审效率和效果,首先依赖于庭审的有序化进行。庭审的无序将直接导致庭审功能紊乱、价值落空,降低庭审效率、减损庭审效果。是故,现代刑事诉讼法往往通过程序的法定化来确保庭审的有序化。以我国刑事诉讼法为例,现行《刑事诉讼法》下设专章专节数十个条文对第一审、第二审等程序之流程作出了详尽规定,目的之一正是希望以法定化的程序流程来确保庭审的有序化进行,进而确保庭审诸项功能与价值目标的实现。

第一节　为何安排

证据调查,乃庭审之重要内容,故证据调查之进行亦必须遵循有序化之原则,由刑事诉讼法对证据调查之基本流程作出明确规定。然而,正如法谚有谓"法律不理会琐碎之事",需要经由刑事诉讼法而法定化的程序,是关系

---

　　[*] 本章实证调研部分,得到了四川大学博士研究生赵亮,硕士研究生唐建力、张兵和雷娜的协助,特此致谢。

到被告人之基本权利保障与庭审有序化进行的重要程序环节，如我国《刑事诉讼法》将整个庭审区分为法庭调查和法庭辩论两大阶段，并规定流程上必须先进行法庭调查后展开法庭辩论。之所以需由刑事诉讼法对此作出明文规定，是因为该流程之设置系庭审程序之基本架构，且关系被告人辩护权之有效行使，事关重大、份属重要，不立法则容易起纷争而导致庭审失范。但除此之外，影响庭审包括证据调查有序化进行的因素还有很多，并不能巨细无遗皆经由刑事诉讼法而法定化。例如，前文列举的证据出示之顺序，虽然可能影响庭审效率，然并无关庭审公正之实现，亦不影响被告人之基本权利保障，故并不宜由刑事诉讼法作出明文规定。

　　然而，这并不意味着这类问题就不重要，恰恰相反，庭审调查中证据出示之方式、顺序等具体如何安排，直接关系到庭审的效率和效果。因为，一方面，审判资源的有限性决定了实质化后的庭审必定是高效率的争点审、焦点审，即围绕案件的有效争点展开有针对性的举证、质证和认证，而这就依赖于庭前进行科学、合理的庭审证据调查安排。如果庭前对证据出示的方式、顺序等证据调查活动安排不当，则易使庭审"脱靶""脱轨"，偏离争点和焦点而做"无用功"，进而造成庭审延宕、效率低下。正因为如此，庭审证据调查安排实乃推进庭审实质化改革不可或缺之一环；另一方面，庭前进行科学、合理的证据调查安排，才能引导控辩双方在庭审举证时做到逻辑清晰、条理分明，从而有助于法官准确查明案件事实、作出正确的判决。同时，逻辑清晰、条理分明的有序庭审能够凸显证据和法律的逻辑力量，从心理上慑服被告人，提高服判率。与此相反，杂乱无章、东拉西扯的举证，可能割裂各个证据之间的有机联系、割裂案件的整体事实，造成事实的"碎片化"和证据锁链的脱节、掉链，无形中增大了法官在事实认定上的困难与错判风险，更会挫伤被告人及其辩护人对庭审的观感，影响庭审效果。正因为如此，虽然立法上并未对庭审证据调查具体应当如何安排作出明确的规定，但司法实务中仍然高度重视相关工作，部分实务部门在立法缺位的情况下主动以制定规范性文件的方式自发予以补漏。例如，最高人民检察院于2018年7月印发了《出庭指引》，对公诉人出庭作业相关工作规范包括举证方式、证据出示顺序等作了较为详细的指导性规定。此外，部分地方司法机关在推行庭审实质化改革的过程中也逐渐意识到庭审证据调查安排工作的重要性，从而自发总结改革经验、提炼操作规则并以规范性文件的形式予以固定。例如，作为最高人民法院庭审实质化改革试点单位之一的成都市中级人民法院于2019年联合成都市人民检察院、成都市司法局制发了《举证规则》，对举证期限、举证方顺序、证据出示顺序、证据出示要求等涉及庭审证据调查安排的诸多事项作出了具体规定，从而使庭审证据调查安排工作更加规范、合理。

此外，从长远来看，庭审实质化的真正有效运作，依赖于具有丰富职业经验和高超诉讼技能的控辩审三方。证据出示的方式、顺序等，在性质上属于诉讼技能的范畴，是否能够妥当安排证据出示的方式、顺序等，是判断和衡量一名法官、检察官或辩护律师职业技能和能力的重要标准。是故，研究和总结庭审证据调查安排的实务经验，提炼证据调查安排的规律和规则，设计庭审证据调查安排的最优流程，是提升控辩审三方诉讼技能，推动和完善庭审实质化改革的必要举措。

第二节 谁来安排

如前所述，庭审证据调查安排关系到庭审效率及效果，是故，控辩审三方实际上都希望主导庭审证据调查安排，亦因此，实践中控辩审三方在庭审证据调查安排的诸多事项上事实上存在着一种隐形的博弈：

对于检察官而言，由于其在出庭前已就庭审中的证据调查事项如举证方式与证据出示顺序等做好预案，其内心当然希望庭审证据调查最好按照其预案进行，一气呵成，避免出现各种"意外"、打乱其节奏、影响其庭审表现，进而挫伤庭审效果。

对于辩方（主要是辩护律师）而言，虽然其取证能力有限，造成其在庭审实务中几乎无证可举，但仍希望能够影响庭审证据调查安排。因为，其一，庭审决定采用何种方式举证等，确实可能影响辩护权行使的效果。例如，在大多数案件中，辩护律师显然更希望法庭采取逐一式举证方式、"一证一举一质"，因为这有利于辩护律师针对每一个证据全面、充分地发表质证意见；其二，以此可以打乱控方的庭前部署、影响控方的庭审表现，甚至期待控方乱中出错，这对于经验丰富的辩护律师而言，乃不失为一种心理战术和辩护策略。尤其是在我国刑事审判实务中，辩护律师在案件实体（定罪量刑）辩护上的发挥空间实在有限，更多辩护律师转而致力于程序辩护和证据辩护，追求所谓的庭审效果，甚至是戏剧性效果。[1]辩护策略上则更多采取不合作的对抗式辩护，包括在庭审证据调查安排上采取"寸土必争、寸土不让"的过激态度。

对于主持庭审的法官而言，由于庭审证据调查安排的结果关乎庭审效率和效果，故法官更希望庭审中的证据调查安排能够按照他认为的最高效且最有利于发现案件事实真相的方式和方法来进行。

一般情况下，即使在庭审证据调查安排上存在分歧和争议，但法律职业共同体所形塑的具有高度同质性的价值观念和问题意识，以及对庭审高效、公正进行的共同目标和追求，会促使控辩审三方经过充分协商后达成一致意见。但在某些特殊情况下，利益和立场的各异，甚至个人性格的差异，都可能造成控辩审三方协商无果、陷入僵局，甚至因此引发控辩冲突、控审冲突。在这种情况下，制度设计上就必须考虑生成一个终局决策机制，塑造一个有权决定争议的主体，在三方出现争议又无法协商解决之际，委托该主体作出终局性决定。

以人证的调查顺序为例，有学者提出控辩审三方在人证调查顺序的决定上均享有权利，不过控辩双方仅对己方人证的举示顺序享有决定权，并且要听从法官的意见，法官则对整个庭审人证调查的顺序享有引导权。这一观点看似全面、合理，实则不痛不痒、不解决问题，因为决定权和引导权的区分，并不能真正有效解决控辩审三方在人证调查顺序上出现不同意见时究竟"谁说了算"的问题。按照上述观点，控辩双方仅对己方人证的举示顺序享有决定权，同时又要听从法官的意见，那么实务中控辩双方一旦对对方决定的人证举证顺序有异议，甚至是法官对该举证顺序有异议，最终又该由谁来敲定庭审中人证举证的顺序呢？不得而知。

笔者认为，作为庭审证据调查安排对象和内容的诸事项，如举证方式、证据出示顺序等，均属如何使用证据的问题，而非调查证据的实体内容（如关联性、真实性），因而其在性质上应属于审判中的程序性事项，且关系到庭审能否有序进行，故应受法官诉讼指挥权之覆盖，实乃法官诉讼指挥权作用

---

[1]　对于部分辩护律师的这种辩护策略，笔者戏称之为"表演性"辩护，即其辩护之目的已经不在于说服法官，而是通过在法庭上的卖力"表演"取悦当事人。其在法庭上的表演方式，包括：不合作、顶撞法官、攻击检察官、喊冤抱屈，甚至闹庭。

之对象与范围。所谓诉讼指挥权，"乃为使诉讼之能流畅迅速，且适正地进行及整理，法院获承认之审理上之主宰权"。换言之，"所谓诉讼指挥权，指的是法官为了让当事人之间的攻击防御活动能够充实而顺利地展开，实现既公正又迅速的程序进行，在法律规定的程序框架内行使主宰、操作诉讼的种种具体权限"。[1]诉讼指挥权，包含两项特征：一是仅处置审判中的程序性事项，且该事项关系到审判的顺利进行；二是该权力本质上系审判长之职权，特定情形下，审判长可授权合议庭法官代为行使。据此，既然庭审证据调查安排的对象和内容在性质上属于关系到庭审顺利进行的程序性事项，那么自然应当由手握诉讼指挥权之审判长来予以主宰、处置。换言之，庭审证据调查安排属于审判长的职权，控辩双方可以就此提出建议、发表意见，但若产生争议，则由审判长行使终局决定权，此诚如德国学者罗科信所言："审判程序及证据调查，原则上由审理法院之审判长指挥之。"[2]当然，在特定情形下，审判长依法亦可授权合议庭其他法官代行该权力。在我国审判实务中，审判长有可能并非本案承办人，那么此时审判长可基于对承办法官办案权和办案责任的尊重，授权作为合议庭成员的承办法官代行该权力。例如，庭前会议是进行庭审证据调查安排的重要环节，但主持庭前会议的往往是承办法官而非审判长，此时承办法官在进行庭审证据调查安排时就需要事先获得审判长的授权。

因此，庭审证据调查安排实为法官之职权，控辩双方虽可提出建议、发表意见，但仍应得到法官的最终确认。对此，《出庭指引》第10条第1款前半段明确规定："公诉人应当通过参加庭前会议，及时掌握辩护方提供的证据，全面了解被告人及其辩护人对证据的主要异议，并在审判人员主持下，就案件的争议焦点、证据的出示方式等进行沟通，确定举证顺序、方式。"其第20条第2款也规定："公诉人可以按照与辩护方协商并经法庭许可确定的举证顺序进行举证。"上述规定中的所谓"在审判人员主持下……确定""经法庭许可确定"等用语，均表明庭审证据调查安排实乃法官之职权。当然，鉴于庭审证据调查安排隶属于诉讼指挥权的范畴，这里的"审判人员""法庭"，应当特指主持庭审的审判员、审判长或经审判长授权的合议庭法官。

---

〔1〕 王亚新：《对抗与判定：日本民事诉讼的基本结构》，清华大学出版社2002年版，第160页。

〔2〕 ［德］克劳思·罗科信：《刑事诉讼法》（第24版），吴丽琪译，法律出版社2003年版，第395页。

另一方面，法官据有庭审证据调查安排的终局决定权，并不意味着法官在该事项上即可恣意妄为、任意裁断。实务操作中法官在进行庭审证据调查安排时仍应恪守客观中立之立场，尊重控方提出的证据目录和举证（提纲）方案，并征求被告方的意见，综合考量庭审之实际需要和必要性，审慎决断。例如，在庭前会议中，法官主持控辩双方确定庭审举证顺序、方式。控方于是首先向法庭提交了证据目录和举证方案，但此时辩护律师突然提出，申请控方证据目录中未列入但卷宗中存有证人证言笔录的一证人出庭作证，而控方则对此明确表示反对。此时，法官自应充分考量该证人之作用（是否关系定罪量刑之关键证人、重要证人）及审判之必要性而为决定。

第三节　何时安排

所谓庭审证据调查安排，即由法官对庭审中证据调查拟如何进行作出事先安排，故庭审证据调查安排的相关活动原则上应当在法院正式开庭之前完成。从实务操作层面而言，要顺利完成庭审证据调查安排，应当以全案证据已经提交到案为前提，因此，为了保障并便于法院对庭审证据调查顺利作出安排，控辩双方应当尽早（至迟开庭前）向法院提交证据。为了督促控辩双方尽早向法院提交证据，制度设计上就必须为控辩双方设定举证期限，即控辩双方向法院提交证据的截止时间，逾期未提交之证据，不得再向法院提交，亦不得作为证据在庭审中出示，更不得作为定案之依据。

一般而言，人民检察院、自诉人在起诉案件的同时就应当向人民法院提交证据。但当事人及其辩护人、诉讼代理人，应当在何时向法院提交证据，刑事诉讼法没有明文规定。换言之，制度设计上辩方举证期限缺位。对此，实务中各地人民法院只能自行规定，但各地做法又不一致，如有的规定在法院开庭前 5 日提交，有的规定为 3 日，缺乏统一标准，以致操作略显混乱。为解决这一立法疏漏问题，成都市《举证规则》第 6 条设定了辩方的举证期限，明确要求当事人及其辩护人、诉讼代理人应在收到起诉书副本之日起 15 日内向人民法院提交证据，并至迟在开庭 3 日前提交完毕，法律另有规定或特殊情况除外。由此将辩方举证期限统一设定为收到起诉书副本之日起 15 日内，并至迟在开庭前 3 日提交完毕。但是这一规定存在一个技术问题，因为《刑事诉讼法》第 187 条第 1 款规定："人民法院决定开庭审判后，应当确定合议庭的组成人员，将人民检察院的起诉书副本至迟在开庭十日以前送达被告人及其辩护人。"据此，法定的送达期限是开庭前 10 日，辩方收到起诉书副本之日起 10 日法院可能就要开庭，而在开庭之前法院就必须对庭审证据调查作出安排，换言之，10 日之内证据就必须提交到案，那么，辩方又何来 15 日的举证期限呢？[1] 或许正因为如此，《举证规则》同时又设定了一个提交完毕的期限即开庭前 3 日。但这种条文设计模式过于冗长且令人费解，极不科学。因此，笔者建议，今后最好还是由最高人民法院通过司法解释将辩方的举证期限明确规定为当事人及其辩护人、诉讼代理人收到起诉书副本之日起至确定的开庭期日前 3 日止。[2]

此外，实务中辩方还可能依据《刑事诉讼法》第 41 条和第 43 条[3] 之规定向人民法院申请调取证据，该行为也可能影响证据提交到案的时间，从而影响到庭审证据调查之安排。是故，为保证庭审证据调查安排的顺利进行，制度上也应当设定辩方申请调取证据的期限，否则可能延宕、拖沓庭审证据调查安排的进行。但刑事诉讼法和相关司法解释均未虑及于此，存在明显漏洞。对此，成都市《举证规则》第 7 条补充性规定，被告人、辩护人应当在收到起诉书副本之日起 15 日内，并至迟在开庭 10 日前，以书面形式向人民法院提出调取申请，并提供相应的线索或材料。第 8 条又规定，当事人及其辩护人、诉讼代理人因客观原因不能自行收集、调取证据，可以书面形式至迟在开庭 5 日前申请人民法院调查、收集，并说明理由，写明需要收集、调取证据材料的内容或者需要调查问题的提纲。应该说，上述期限之设定并没有明确的法律或法理依据，只是在法律和司法解释缺位的情况下，地方司法机关为了便于实务操作而自行制定之标准，目的在于统一实务操作，能用即可，无须深究。然而，举证期限之设定，重在明确截止时间，但成都市《举

---

〔1〕 当然，现实中部分法院由于案多人少，往往在送达起诉书副本后迟迟不开庭，以至于其期间确实可能超过 15 日。但这并非法定状态甚至并非常态，显然不能作为制度设计的基础和依据。

〔2〕 这一举证期限可能是动态的，具体期间取决于法院确定的开庭期日。但如此设计举证期限，有一个好处就是督促法院尽早确定开庭期日。

〔3〕 我国《刑事诉讼法》第 41 条规定："辩护人认为在侦查、审查起诉期间公安机关、人民检察院收集的证明犯罪嫌疑人、被告人无罪或者罪轻的证据材料未提交的，有权申请人民检察院、人民法院调取。"第 43 条第 1 款规定："辩护律师经证人或者其他有关单位和个人同意，可以向他们收集与本案有关的材料，也可以申请人民检察院、人民法院收集、调取证据，或者申请人民法院通知证人出庭作证。"

证规则》第 7 条却同步规定辩方只能在收到起诉书副本之日起 15 日内方可向人民法院提出申请。换言之，辩方在收到起诉书副本之前无权提出申请，此殊为不妥，因为，《刑事诉讼法》第 41 条并无此限制性内容，如此规定实有违举证期限设定之初衷，并不当限缩了辩方的申请权，值得检讨。

同时，根据《刑事诉讼法》第 187 条之规定，人民法院在开庭前可以召集控辩双方召开庭前会议。《庭前会议规程》第 2 条进一步规定："庭前会议中，人民法院可以就与审判相关的问题了解情况，听取意见，依法处理回避、出庭证人名单、非法证据排除等可能导致庭审中断的事项，组织控辩双方展示证据，归纳争议焦点，开展附带民事调解。"根据上述规定，法官可以在庭前会议中组织双方进行证据展示、确定出庭证人名单并据此整理争点，为开庭做好准备，这就意味着庭前会议实际上成为法官确定并安排庭审证据调查的最佳环节。据此，实务中主持庭前会议的法官可以在组织控辩双方展示证据、归纳争点后即安排、确定举证方式、证据出示顺序等庭审证据调查事项。

然而，在庭前会议中进行庭审证据调查安排，前提是在庭前会议召开之前，控辩双方都能够向法院提交证据，保证证据提交到案。但刑事诉讼法并未规定控辩双方在庭前会议召开前向法院提交证据的举证期限。《庭前会议规程》第 8 条第 1 款虽然规定"人民法院应当根据案件情况，综合控辩双方意见，确定庭前会议需要处理的事项，并在召开庭前会议三日前，将会议的时间、地点、人员和事项等通知参会人员。通知情况应当记录在案"，但并未明确控辩双方向庭前会议提交证据的举证期限。此诚又为一小缺漏，且缺漏虽小，却可能影响程序的可操作性。因此，成都市《举证规则》第 10 条第 1 款自行补充规定为："当事人及其辩护人、诉讼代理人应当在召开庭前会议 3 日前提交证据材料，人民法院收到证据材料后应当通知人民检察院查阅、摘抄、复制。"第 11 条规定："当事人及其辩护人、诉讼代理人在庭前会议中申请提交新证据，人民法院经审查认为确有必要的，可以限期提交。"该规定弥补了立法和司法解释的缺漏，增强并确保了在庭前会议中进行庭审证据调查安排的可操作性，值得肯定。

另外，关于排非问题的庭审证据调查安排，历来是实务中的一个难题。根据《刑事诉讼法》第 187 条之规定，人民法院可以在庭前会议中就排非等问题听取意见、了解情况，从而为开庭进行排非调查作准备。但实务中究竟如何操作，尤其是如何针对排非问题展开庭审证据调查安排，立法并未规定。

对此，《庭前会议规程》第 14 条作了补充性规定，给出了解决问题的具体路径。具体而言，该规定对于庭审证据调查安排工作有以下影响：

第一，控辩双方在庭前会议中达成排非合意的，相关证据即不再成为庭审证据调查安排的对象。一方面，控辩双方对证据收集的合法性达成一致意见，认可确实存在非法取证情形的，人民检察院可以撤回有关证据，一旦撤回证据，没有新的理由，不得在庭审中出示，亦不再列入证据目录或举证提纲，不再成为庭审证据调查安排的对象和内容。另一方面，若控辩双方达成一致意见，认为不存在非法取证情形的，被告人及其辩护人可以撤回排除非法证据的申请，一旦撤回该申请，没有新的线索或者材料，不得再次对有关证据提出排除申请。换言之，辩方撤回排非申请后，法官在对庭审证据调查事项进行安排时，即不再将排非问题列为庭审证据调查的对象和内容，法庭调查阶段也将不再对该排非事项进行审查。

第二，控辩双方在庭前会议中对证据收集的合法性未达成一致意见的，人民法院应当开展庭审调查，亦即，主持庭审证据调查安排的法官应当将排非问题，列为（安排为）庭审证据调查的内容和事项。那么，具体如何安排呢？《刑事诉讼法司法解释》第 134 条规定："庭审期间，法庭决定对证据收集的合法性进行调查的，应当先行当庭调查。但为防止庭审过分迟延，也可以在法庭调查结束前调查。"据此，法官在对庭审证据调查进行安排时，对于排非事项有两种选择：一是安排法庭调查一开始就先行当庭调查证据的合法性；二是安排在法庭调查的最后，即，对于被申请排除的证据和其他犯罪事实没有关联等情形，为防止庭审过分延迟，可以先调查其他犯罪事实，再对证据收集的合法性进行调查。从实践效果来看，安排先行当庭调查，容易延宕庭审且庭审效果不佳，[1] 因而实务中更倾向于将证据收集的合法性问题安排在法庭调查的最后进行。

第三，对于控辩双方在庭前会议中虽然未能达成一致意见，但公诉人提供的相关证据材料确实、充分，能够排除非法取证情形，且没有新的线索或者材料表明可能存在非法取证的，可安排庭审调查举证、质证时予以简化。

---

〔1〕 从庭审实质化改革以来的经验看，先行当庭调查排非问题，控辩双方容易陷入情绪化对抗，法官不容易把控庭审节奏，确实容易拖延庭审。另外，先行当庭调查排非问题，容易跑题，即导致庭审偏离被告人是否有罪、该如何量刑这一主题，变审判被告为审判警察甚至是审判检察官，庭审效果不好。

换言之，上述情形下，法官在进行庭审证据调查安排时，应当允许控方在举证时在证据出示方式和要求上予以简化。

第四，笔者想指出的是，正如前文已经述及的，庭审证据调查安排实乃推进庭审实质化改革不可或缺之一环，其重要性不言而喻。然而，要加强庭审证据调查安排工作，在制度配套上，一是设置举证期限，否则无法确保全案证据在开庭之前及时提交到案，也就无法按时进行庭审证据调查的安排。当前即使无法通过《刑事诉讼法》修改设立举证主体各方的举证期限，至少也应当通过司法解释予以明确。成都市等地方司法机关之所以自行制定《举证规则》等规范性文件明确举证期限，正是因为立法和司法解释的缺位。二是重视庭前会议功能的发挥，如前所述，庭前会议实乃进行庭审证据调查安排的最佳程序环节，经由庭前会议中控辩双方的证据展示和法官对双方争点之整理，在双方充分协商的基础上顺势确定庭审证据调查安排的方案，一气呵成、流畅迅速。然而，当前由于多种原因，实务中庭前会议的适用情况并不理想，存在着适用率低、效果不佳等问题。要加强庭审证据调查安排工作，就必须重视庭前会议的功能发挥，提升其适用比率和效果。

第四节　如何安排Ⅰ：举证顺序

庭审证据调查安排，是就庭审中的证据调查活动预先作出安排，但庭审中的证据调查活动，在外延上几乎可以涵括从举证、质证到认证的所有环节和事项，这在实务操作中显然是不可能做到的，因此，笔者所讨论的庭审证据调查安排，在对象和内容方面实际上具有以下几个特点：①是"非法定化"的程序性事项，即法律没有明确规定的程序性事项。法律有明确规定和要求的事项，应当严格按照法律规定进行操作，只有法律没有明确规定的事项，才能由法官依据诉讼指挥权作出安排。例如，关于人证如何出示的问题，《刑事诉讼法》已经规定，人证必须出庭作证，那么，法官就无法就人证如何出示作出安排，法官只能安排人证出庭作证的顺序。②是关系到控辩审三方利益，可能影响庭审顺利推进的重要事项。庭审证据调查安排，作为一种庭审预案，虽说应当尽可能周到、详尽，但也绝不可能事无巨细，需要列入预案的，只能是重要的程序性事项，即关系到控辩审三方利益，需要三方协商确定，而又可能影响庭审顺利推进的重要事项。有的事项虽然也属于庭审证据调查的内容，但其并非重要事项，故亦不需要事先作出安排。例如，公诉人和辩护人在当庭询问己方证人时的发问方式，即究竟是采取自然陈述式抑或一问一答式，这显然也属于证据调查的范畴即证据出示的要求，但该事项仅仅关系到控辩双方自身调查证据的有效性，与其余两方利益无关，亦无需与其协商确定，且不影响庭审顺利推进，故该事项无需纳入庭审证据调查安排的对象和范围。③主要是举证活动及其相关事项。在证据法理上，举证、质证和认证相互依存并高度关联。举证是质证和认证的基础，在某种意义上讲，举证的方式、顺序等实际上决定了质证与认证的方式、顺序。例如，公诉人采用逐一式举证、一证一举，那么，相应地，质证原则上就应当"一证一质"，而认证原则上也应当"一证一认"。[1]因此，原则上庭审证据调查安排主要针对举证行为即可，没有必要再就质证和认证事项一并作出安排。同时，认证本属于法官依职权独立进行之活动，无需与控辩双方协商，亦就无须事先作出安排。基于上述认识，笔者将研究的对象限定为举证安排最主要之两个问题：举证顺序（包括举证方之顺序与证据出示之顺序）与举证方式。

但在正式论述之前，尚有一个前提问题需要辨明。曾有观点认为，庭审证据调查安排存在人证中心主义与分段式证据调查两种模式的区别。对抗制审判是以人证调查一以贯之，即以交叉询问作为整个庭审的证据调查方式。对于人证采用交叉询问，而对于物证书证，因其必须通过人来持有、搜集以及保管，因此物证调查也通过庭审对持有、搜集、保管人的交叉询问来展开。所以，人证调查作为一条红线贯穿庭审，交叉询问可以适用于全部证据调查。但是我国目前的情况则不同，由于没有确立传闻证据规则，人证可能以书面形式提交法庭，而使得交叉询问（或控辩询问）难以贯彻，且物证、书证、鉴定结论、勘验笔录均为独立证据形式，说明其搜集情况可以用搜查笔录、提取笔录等书面形式的证据材料，即以书证实现相关证据材料与案件的衔接。这就形成了分段式证据调查，即讯问被告人、被害人陈述、证人证言调查、物证书证出示、勘验检查笔录、鉴定结论、视听资料出示均可能成为相对独立的证据调查阶段。[2]按照该观点，庭审证据调查安排即举证方式与举证顺

---

〔1〕 我国庭审实务中法官很少进行当庭认证，更谈不上"一证一认"，但这种做法是否符合证据法原理，值得探讨。当然，这已经是另外一个话题了。

〔2〕 龙宗智："我国刑事庭审中人证调查的几个问题——以'交叉询问'问题为中心"，载《政法论坛》2008年第5期。

序，与一国的诉讼结构和证据制度密切相关。上述见解不可谓不深刻，在学界影响深远。然而，仍有两个相关问题值得进一步商榷：

（1）人证中心或者人证贯穿主义是否真实存在？或者说，奉行人证中心主义或人证贯穿主义，是否即否定了物证、书证、鉴定意见、勘验笔录等作为独立证据形式进行庭审调查的必要性？笔者认为，在对抗制审判下要求物证、书证的持有人、搜集人、保管人出庭接受交叉询问，并未否定物证、书证的独立证据形式和地位，因为，物证、书证的持有人、搜集人、保管人出庭接受交叉询问，目的是对物证、书证等进行"验真"，即确保物证、书证来源的客观性、真实性、合法性。根据对抗制审判的要求，"验真"是物证、书证得以作为证据出示的前提，只有经过"验真"的物证、书证才能作为证据在法庭上出示，但"验真"本身并不能覆盖或取代法庭对物证、书证的调查，"验真"之后的物证、书证仍将按照独立证据形式向法庭出示并接受调查。例如，物证在"验真"之后，仍需当庭出示并接受勘验，而书证在"验真"之后仍需当庭予以宣读。因此，不能因为物证、书证需要人证"验真"即否定物证、书证作为独立证据形式的地位。

（2）所谓分段式证据调查模式的界定，乍看合理，实则难以成立。因为，该观点所谓的分段式调查实为分类式调查，即按照不同证据种类分别展开调查，由此形成貌似相互独立的一个个"小"的环节或阶段。但从法理上讲，针对不同种类的证据分别采用不同的方法展开调查，这不正是庭审证据调查的题中之意吗？所差异、区别者，唯分类之标准及证据种类之多少而已。实际上，无论是在对抗制审判下还是在我国庭审中，只要不同种类的证据材料作为呈堂证供在法庭上出示，都将作为独立的证据形式按照特定的调查方法进行调查。在这个意义上，所有的法庭调查都是分类式调查亦即分段式调查。只不过，我国刑事诉讼法上的证据种类较多，当控方选择以证据类型为单位分组出示证据时，往往给人以法庭调查程序被切割成多个"小"阶段、前后相继的印象，但如前所述，这只是形式而非实质。此外，理论上学者亦并不赞同实务中控方单纯以证据种类为分类标准的分组举证方式。

由上述分析可知，无论何种诉讼结构和证据制度，举证顺序、举证方式等庭审证据调查安排问题，皆为其庭审实务中之重要课题，不应轻忽之。实际上，即使是在对抗制审判下，人证、物证仍然存在举证顺序上的先后次序问题。基于此，笔者将首先讨论庭审中的举证顺序问题，包括举证主体之顺序以及证据出示之顺序。

一、举证主体之顺序

刑事庭审过程中，可能会存在多个诉讼法律关系主体需要向法庭举证，那么，多个诉讼法律关系主体向法庭举证的先后次序该如何确定，这是庭审证据调查安排首先需要解决的问题。

举证，作为一种诉讼法律行为，其法律渊源既可能是法律赋予诉讼法律关系主体之举证责任，也可能是法律授予诉讼法律关系主体的诉讼权利。根据《刑事诉讼法》第 51 条之规定："公诉案件中被告人有罪的举证责任由人民检察院承担，自诉案件中被告人有罪的举证责任由自诉人承担。"据此，法律赋予人民检察院、自诉人证明被告人有罪的举证责任，人民检察院和自诉人也因此成为需要向法庭举证的诉讼法律关系主体。同时，《刑事诉讼法》第 11 条规定："……被告人有权获得辩护，人民法院有义务保证被告人获得辩护。"第 14 条第 1 款规定："人民法院、人民检察院和公安机关应当保障犯罪嫌疑人、被告人和其他诉讼参与人依法享有的辩护权和其他诉讼权利。"第 33 条规定："犯罪嫌疑人、被告人除自己行使辩护权以外，还可以委托一至二人作为辩护人……"第 37 条规定："辩护人的责任是根据事实和法律，提出犯罪嫌疑人、被告人无罪、罪轻或者减轻、免除其刑事责任的材料和意见，维护犯罪嫌疑人、被告人的诉讼权利和其他合法权益。"根据上述法条，被告人及其辩护人均享有辩护权。基于辩护权，被告人及其辩护人有权向法庭提出被告人无罪、罪轻或者减轻、免除其刑事责任的证据材料，被告人及其辩护人也因此成为有权向法庭举证的诉讼法律关系主体。此外，《刑事诉讼法司法解释》第 188 条规定："附带民事诉讼当事人对自己提出的主张，有责任提供证据。"根据该司法解释之规定，附带民事诉讼的原被告双方均应当对自己提出的主张承担举证责任，亦因此而成为需要向法庭举证的诉讼法律关系主体。由此，在刑事庭审中可能存在的举证主体就包括人民检察院、自诉人、被告人、辩护人、附带民事诉讼原被告双方。问题是，上述举证主体在法庭之上究竟该依循何种先后顺序进行举证呢？这正是庭审证据调查安排首先要解决的问题，否则，庭审中人人将争先举证，庭审亦将因此陷入混乱无序的状态。

对于上述举证主体举证之先后顺序问题，《刑事诉讼法》没有明文规定，《刑事诉讼法司法解释》第 246 条第 2 款对庭审中物证、书证等证据的举证主体顺序作了明确规定："在控诉方举证后，被告人及其法定代理人、辩护人可以提请法庭通知证人、鉴定人、有专门知识的人、调查人员、侦查人员或者其他人员出庭，或者出示证据。"但该规定仅适用于人证之外的物证、书证等证据的举证活动，且只对控辩双方的举证顺序作了规定，并未涉及自诉人、附带民事诉讼原被告双方。成都市司法机关在推进庭审实质化改革的过程中也曾经一度因为法无明文规定而深受困扰，最终在几经尝试后将其经验总结、提炼为《举证规则》第 21 条："举证应按照公诉人、刑事附带民事原告及其代理人、被告人及其辩护人、刑事附带民事被告人及其代理人的顺序进行。"据此，包括附带民事诉讼原被告双方在内的举证主体的举证顺序，都得到了规范和确立。对于这一规定及其所确立的举证方顺序，笔者评述如下：

第一，就公诉案件而言，人民检察院系刑事审判程序的发动者、指控方，且《刑事诉讼法》明文规定证明被告人有罪的举证责任由人民检察院承担，因此，由出庭支持起诉的公诉人在第一顺位举证，即控方先举证，殆无疑义。同理，在自诉案件中，自诉人也是刑事审判程序的发动者和指控人，且《刑事诉讼法》明文规定自诉案件中被告人有罪的举证责任由自诉人承担，因而，就自诉案件而言，庭审中举证的第一顺位应为自诉人，此仍遵循了控方先举证之原理。

第二，附带民事诉讼，本质上仍为民事诉讼，贯彻的是"谁主张、谁举证"的举证责任分配原则，故作为附带民事诉讼程序的启动者和起诉方，附带民事诉讼的原告人及其代理人应当先于附带民事诉讼的被告人及其代理人而为举证。且，附带民事诉讼之原告人，履行的是告诉的诉讼职能，该诉讼职能在性质和功能上与刑事诉讼中的公诉职能相当，二者同为广义上的"大控方"。因此，附带民事诉讼的原告人及其代理人应当先于履行辩护职能的刑事被告人而举证。同时，《刑事诉讼法》第 104 条规定："附带民事诉讼应当同刑事案件一并审判，只有为了防止刑事案件审判的过分迟延，才可以在刑事案件审判后，由同一审判组织继续审理附带民事诉讼。"据此，附带民事诉讼的审理应当与刑事案件的审理合并进行。所谓合并审理，即共用一个庭审程序，这也就意味着公诉人与附带民事诉讼的原告人应当在同一个法庭调查程序中举证。那么，两者之间孰先孰后呢？从法理上讲，既曰"附带"，即民事诉讼是附着于刑事诉讼之上的，两者之间应当是"刑主民从""先刑后民"的关系，故公诉人应当先于附带民事诉讼原告人及其代理人而为举证，亦因此，公诉人仍应为第一顺位之举证主体，而附带民事诉讼的原告人及其代理人则为第二顺位之举证主体。

第三，关于被害人之举证权问题。我国《刑事诉讼法》明确将被害人列为"当事人"之一，并赋予其广泛的参与诉讼的权利。但关于在公诉案件中被害人及其代理人是否享有独立向法庭举证的权利，《刑事诉讼法》并未明文规定，实务中一般持否定态度，认为被害人若持有证据，完全可以交由公诉人代为举证，实无肯定被害人及其代理人举证权之必要。或许正是基于此种考虑，成都市《举证规则》第21条并未将被害人列入举证主体之范围。但笔者认为，一方面，司法实务中被害人的利益诉求与观念认识未必与公诉方完全一致；另一方面，在一些特殊类型案件中如侵犯知识产权刑事案件中，被害方在证据收集和举示方面可能较之公诉人更为专业亦更有优势，而这对于查明案件事实真相无疑是有积极意义的。因此，实务中完全可以考虑赋予被害人及其代理人举证权，允许其在公诉人举证之后的第二顺位向法庭举证。基于此，建议将举证方顺序调整为："举证应按照公诉人（自诉人）、被害人、刑事附带民事原告人及其代理人、被告人及其辩护人、刑事附带民事被告人及其代理人的顺序进行。"

需要加以特别注意的是排非程序的举证顺序。如前所述，一旦控辩双方在庭前会议中无法达成一致意见，则法官必须预先安排好庭审中非法证据调查程序，主要是决定在法庭调查的哪一个环节对非法证据展开调查，除此之外，还应当事先对非法证据调查程序中双方的举证主体顺序做好安排。根据《刑事诉讼法》第58条第2款和第59条的规定，非法证据调查程序中的举证主体顺序应当安排如下：先由被告人及其辩护人说明排非的申请及相关线索或者材料后，公诉人提供证明证据收集合法性的证据材料。即先由被告人及其辩护人向法庭举示非法取证的相关线索或者材料，再由公诉人向法庭举示证明证据收集合法性的证据材料。

二、证据出示之顺序

证据出示的方式，并无法涵括证据出示之顺序，因为，无论是逐一式举证、分组式举证还是批量式举证，只要存在多个或多种证据，就必然面临着在庭审中应当先出示何种证据的难题。因此，证据出示的顺序，也是庭审证据调查安排时要重点关注的内容。

依据《刑事诉讼法》第 50 条之规定，刑事证据分为八种类型，但是各种类型的证据在庭审时该以何种顺序依次出示，《刑事诉讼法》并未规定。有人认为，《刑事诉讼法》第 50 条既然依次列举了八种证据种类并标明了序号，那就意味实务中可以根据《刑事诉讼法》对八种证据种类的排序来依次出示证据。[1]笔者认为，不能将《刑事诉讼法》第 50 条解释为是对于庭审中证据出示顺序的强行要求和硬性规定。事实上，从立法目的考察，《刑事诉讼法》第 50 条除了为防止"口供中心主义"，而将"犯罪嫌疑人、被告人供述与辩解"这一证据种类在顺序上刻意置后，同时为凸显物证的重要性而将其置顶外，对其他种类证据的排序，并无任何内在的逻辑性可言。因此，如果强行要求以法定证据种类的排序来作为庭审中证据出示的顺序，是没有法理依据和逻辑合理性的。

从实务角度观察，安排证据出示的顺序，实际包含两种情形：

1. 以"组"为单位的证据出示顺序

所谓以"组"为单位的证据出示顺序，是指当举证主体采取分组式举证时，哪一组证据先出示？哪一组后出示？逐一式举证和批量式举证不存在这个问题，但当采取分组式举证时，由于在案证据被分为了不同的组别，那么就必然面对哪一组证据先出示而哪一组后出示的选择。对此，《出庭指引》第 20 条第 1 款规定："……一般先出示定罪证据，后出示量刑证据；先出示主要证据，后出示次要证据。"按照上述要求，应当先将全案证据分为"定罪证据"与"量刑证据"，庭审举证时先出示定罪证据、后出示量刑证据；或者将全案证据分为"主要证据"与"次要证据"，庭审举证时先出示主要证据、后出示次要证据。应该说，上述规定对实务操作是有一定指导意义的。首先，我国经过近年来的庭审实质化改革，法庭量刑程序已经具有相对独立性，将证据分为定罪证据和量刑证据而分组出示，确实有其合理性。同时，在逻辑关系上，定罪在先、量刑在后，只有当被告人的犯罪事实被证明成立时，才能考虑对其量刑的问题。因此，法庭举证时应当先出示定罪证据，后出示量刑证据。其次，各个证据的价值即证明力在客观上存在差异，据此可将证据分为主要证据和次要证据，并在法庭举证时先出示主要证据，可以率先奠定证据锁链的"基本盘"，起到"定海神针"的作用，减少被告人的侥幸心理

---

[1]　实务中，部分检察官即采用此种模式举证，公安机关组卷时也习惯采用这一模式。

和抵赖行径，保障庭审效果的实现。

值得注意的是，成都市《举证规则》第22条在最高人民检察院《出庭指引》的基础上进一步将以"组"为单位的证据出示顺序归纳为以下三项基本原则：①先出示定罪证据，后出示量刑证据；②先出示无争议证据，后出示有争议证据；③对于指控的犯罪事实，按照具体案由予以区分。其他犯罪事实可以按照案件来源、犯罪后果、犯罪起因、犯罪发生过程、涉案物品去向的顺序进行举证。上述规定，除了第①项原则与最高人民检察院《出庭指引》的内容重合外，第②项和第③项原则在实务中同样极具指导意义。

第一，根据是否存在争点，将在案证据分为"无争议的证据和有争议的证据"两组，要求先出示无争议的证据组、后出示有争议的证据组，这与庭审实质化改革的目的完全一致。如前所述，庭审实质化改革并非对全案证据和事实平均用力，一律进行实质化审理。所谓实质化审理，只能针对案件双方争议的焦点进行集中审理。因而，庭审实质化的前提是繁简分流，即对于无争议的证据和事实简化审理，而对有争议的证据和事实则坚持实质审理。因此，庭审中对于无争议的证据组先行出示，而将有争议的证据组押后出示，可以使法庭在对无争议的证据迅速、简化调查之后，将主要的时间和精力集中于对有争议的证据的实质化调查，这有利于法庭把控整个庭审节奏，合理分配时间与精力。

第二，根据案件发生、发展的逻辑顺序，将在案证据按照案件来源、犯罪后果、犯罪起因、犯罪发生过程、涉案物品去向等不同证明对象分为若干组，并按上述逻辑顺序依次出示各组证据，这种证据出示顺序被称为"案情发展模式"，即按照案情发展的顺序和证明案情的进程来依次出示各组证据。这也是成都市司法机关在推进庭审实质化改革过程中积累、总结、贡献的一项有益经验。从法理上讲，法庭举证之目的在于说服法官支持举证方所主张的事实，因此，证据调查的顺序应当要有利于法庭查明案情、形成心证。在推行庭审实质化改革的大背景下，由于合议庭主要成员庭前不阅卷，[1]举证

---

〔1〕 成都市中级人民法院推行的庭审实质化改革中曾有一项重要的程序屏蔽机制，即为了避免合议庭因为庭前单方面接触控方卷宗而"先入为主"形成有罪预断，禁止合议庭主要成员包括审判长庭前阅卷。原本的设想是禁止合议庭全体成员庭前阅卷，但考虑到承办法官个人能力的差异，有的承办法官庭前不阅卷，不了解案件的基本情况和重点、难点，无法保证其庭审时有针对性地展开法庭调查。所以，最后又开了一道"口子"，允许承办法官庭前阅卷，但禁止合议庭其他成员庭前阅卷。

方按照案情的发展顺序和证明案情的进程来举证，将全部证据演绎为案件事实，便于合议庭更精准地掌握案情发生、发展的全程全貌；而且，按照案情的发展顺序和证明案情的进程来举证，使得证明对象具有同一性的多个证据可以先后、接续出示，这就使得在同一个事实争点上往往会有多个不同种类的证据相互印证，增强了质证的针对性和有效性，并有利于法官认定事实。

在成都市司法机关提出的案情发展模式的基础上，笔者构想了一种更具操作性的证据分类标准和证据出示顺序，即根据案情发生、发展的时间顺序，将在案证据略分为"事前证据""事中证据"和"事后证据"，并以此为序在法庭上对其依次进行出示。所谓"事前证据"，即犯罪行为发生、实施之前的，用于证明案件起因、案件来源、作案动机以及犯罪预备行为等要素的证据；所谓"事中证据"，是指用于证明犯罪行为实施过程（如犯罪主体、行为次数、时间、地点、数额等）和犯罪结果的证据；所谓"事后证据"，则是指用于证明犯罪行为所造成的影响、被告人的到案情况、案件侦破过程以及涉案财物去向等的证据。从事前证据，到事中证据再到事后证据，基本可以运用证据演绎案件发生、发展的全过程，依循这一顺序出示证据，逻辑清晰、条理清楚、要素齐全、争点突出，便于质证、认证。

2. 以"个"为单位的证据出示顺序

上述关于以"组"为单位的证据出示顺序规定，并不能完全解决证据出示的顺序问题。这是因为，无论哪一组证据先出示，每一组证据中仍然包含了多个或多种证据。例如，定罪证据组中可能既有物证、书证，也有人证，那么问题就来了，究竟是先出示物证、书证，还是先出示人证呢？这正是以"个"为单位的证据出示顺序要解决的问题。这一问题也正是当前司法解释和规范性文件所遗漏的问题。对此，实务中的认识和做法不一。以成都市司法机关为例，在推行庭审实质化改革的过程中，成都市司法机关曾尝试多种证据出示顺序，包括采取所谓人证调查前置式，即先出示人证、再出示实物证据。但实践证明这种顺序安排有利有弊，但总体而言效果并不好。在庭审实质化改革背景下出庭的人证都是案件的关键人证或者说重要人证，因而，出庭人证的陈述内容通常会涉及争点事实。在法庭调查阶段一开始就集中调查人证，便于法官尽快了解和掌握案情，明确审理的重点和思路，且由于开庭前期时间较为充裕、可控性强，先集中调查人证，可节约人证候庭的时间并可以有效分配庭审时间、控制庭审节奏。但问题在于，一开始就出示并调查人证，对于控辩双方在质证时提出的一些细节性问题或意见，法官可能不明白控辩双方发问的目的和意指，一头雾水。此外，在其他证据尚未经举证出示之前，法官亦无法结合其他证据针对部分关键事实向人证发问，进而影响到法官对全案证据和案件事实的查明。因而，在安排以"个"为单位的证据出示顺序时，最佳方案应当是先出示物证、书证等实物证据，然后再出示人证。之所以应当先出示物证、书证等实物证据，是因为经验表明，"物证经常能传达对物体最生动的印象，因此应当是查明案件真相过程中首选的证据种类"。[1]庭审举证时先出示实物证据，可以向法官传递关于证据和事实的具体形象，并使其产生生动的印象，从而初步勾勒出案情的基本概况，然后再出示人证加以印证，通过人证出庭作证对案情进行充实和细化，以此增强法官的内心确信，从而有利于法官心证之顺利形成。

第五节　如何安排Ⅱ：举证方式

一、证据出示之方式

所谓举证方式，是指对于全部在案证据，究竟以何种方式、模式向法庭举证。由于举证方采用何种方式举证，直接关系到质证、认证的效果，所以，举证方的举证方式应当在庭审证据调查安排环节事先予以明确。需要指出的是，从理论上讲，由于控辩双方在庭审中各自据守控诉和防御之立场，基于各自利益及立场之不同，控辩双方自会选择对己方最有利的举证方式，自然而然就会形成控方举证方式与辩方举证方式的差异。但实际上，在我国司法实践中，由于辩方的取证能力有限，其在庭前能够收集、调取的证据数量也相对有限，实务中辩方除了能够"零星"地向法庭举示个别书证、人证外，更多是根据控方开示的在案证据重新组织、形成自己的证据锁链，例如，实务中辩护律师经常申请法庭通知控方证人出庭作证。从现实的角度出发，笔者所讨论的证据出示方式，其实更多是指控方的举证方式，即控方选择以何种方式向法庭出示在案证据。

实务中常见的控方出示证据的方式包括逐一式举证、分组式举证以及批

---

[1]　[德]托马斯·魏根特：《德国刑事诉讼程序》，岳礼玲、温小洁译，中国政法大学出版社2004年版，第183页。

量式举证。从法理上讲，这三种证据出示方式各有利弊。逐一式举证是举证方式的理想状态，因为，"一证一举"，方能做到"一质一认"，如此最有利于对证据进行全面审查和评价。但这种举证方式的弊端也很明显，就是效率低下，尤其是对于案情复杂、证据数量大的案件，逐一举证、一证一举一质一认，将使庭审变成"牙科手术式"的诉讼，冗长而迟延。因此，实务中往往只是对案件中的重要证据、关键证据采用逐一式举证方式。

（1）逐一式举证，即"一证一举"，具体而言，即将在案证据按照一定之顺序逐一地向法庭出示。所谓分组式举证，即"一组一举"，指举证方按照一定的标准如罪名、被告人人数、证据种类等对全案证据事先进行分类、组合后，以"组"为单位向法庭出示。所谓批量式举证，即"一案一举"，亦称为"打包式举证"，指举证方将与本案犯罪事实有关的全部证据，一次性地向法庭进行举证。

（2）分组式举证，是目前庭审实战中，公诉人最熟悉也最常规的举证方式。分组式举证的原理是证据类型化，即按照不同标准和需求对全案证据进行分类并分组，进而以"组"为单位向法庭出示证据。至于具体的分类或分组标准，实务中则是"八仙过海、各显神通"，有的以罪名为标准。例如，对于一人犯数罪的案件，公诉人通常会以各个罪名为标准来对证据分类，进而在庭审中以罪名为标准来分组出示；对于同一罪名但由多笔（次）犯罪事实所构成者，公诉人也有的习惯按照每一笔（次）犯罪事实为标准来进行分组举证；共同犯罪案件中则习惯以被告人为标准，将同一被告人的所有犯罪证据列为一组出示。当然，实践中也存在"二次"甚至"三次"分类、分组的做法，即穿插使用多种分类标准组合示证。例如，对于数人共犯一罪或数人共犯数罪的共同犯罪案件，公诉人往往会先以被告人为标准进行证据分组，然后再以该名被告人所犯多项罪名为基础进行分组。客观地评价，分组式举证的方法论优势是非常明显的，因为分组即意味着逻辑化、条理化，分组的结果往往意味着每一组证据都有一个相对集中的主题（证明对象），而主题集中则更容易凝聚争点和焦点，从而增加质证的实效性。但其缺点也有，这就是有的证据如证人往往具有多重证明价值，可以同时证明多个构成要件事实，但分组举证却可能导致该证据多次被重复使用，如证人可能被迫多次出庭作证，甚至使有的"王牌"证据如直接证据可能在一次次分类中损耗了证明价值，变得不那么突出和重要。

（3）批量式举证，毋庸多言，其价值基础在于集约化作业产生规模效益，因为，批量举证本质上是一种"集约化""大单位"的举证作业方式，能够产生规模效益。同时，批量举证意味着批量质证与批量认证，全程提高庭审效率，成为其题中之意。显然，这种举证方式较之其他举证方式尤其是精细化的逐一式举证，效率优势是非常明显的。但是，集约化、大单位作业在产生规模效益的同时，也难免百密一疏，忽略了对"小单位"，即单个证据的全面审查和评价，影响证据调查的精细度和精密度，实务中可能对辩护权的充分有效行使产生消极影响。

正因为上述三种举证方式各有利弊，实战中对于举证方式的选择，采取的是灵活多样的"战术"，即根据案件的类型和案情分别采用不同的举证方式，而无成规。同时，由于实践中案件情况的复杂性，公诉人及其他举证主体可能需要根据证明对象的不同而综合采用多种举证方式。例如，对于单个案件中双方无争议或争议不大的事实，往往采用批量式举证，而对于重要的、关键性证据则采取逐一式举证；对于一人犯数罪、数人犯数罪的案件，则往往需要先采用分组式举证，在此基础上再根据证明对象是否存在争点选择采用批量式举证或逐一式举证。实践表明，综合采用多种举证方式，形成所谓混合式举证，才是庭审举证活动的制胜之道。

当然，实践中具体应当采用何种举证方式，类属于诉讼技能的范畴，应当由举证方根据具体案情和在案证据体系来选择、决定，刑事诉讼法没有，显然也不可能对此作出明确的规定。但是，如前所述，举证方式的选择采用，关系到庭审效率及效果，因而，实务中控辩审三方对于庭审中举证方式的安排实际非常重视，尤其是依法承担举证责任的检察机关，更是对庭审举证方式倾注了更多的心力进行总结、研究和安排。例如，对控方庭审举证方式，《出庭指引》第20条第1款规定："举证顺序应当以有利于证明公诉主张为目的，公诉人可以根据案件的不同种类、特点和庭审实际情况，合理安排和调整举证顺序。一般先出示定罪证据，后出示量刑证据；先出示主要证据，后出示次要证据。"第21条规定："根据案件的具体情况和证据状况，结合被告人的认罪态度，举证可以采用分组举证或者逐一举证的方式。案情复杂、同案被告人多、证据数量较多的案件，一般采用分组举证为主、逐一举证为辅的方式。对证据进行分组时，应当遵循证据之间的内在逻辑关系，可以将证明方向一致或者证明内容相近的证据归为一组；也可以按照证据种类进行分组，并注意各组证据在证明内容上的层次和递进关系。"第 22 条第 1 款规定：
"对于可能影响定罪量刑的关键证据和控辩双方存在争议的证据，应当单独
举证。"

　　客观而言，《出庭指引》的上述规定是符合诉讼规律的，对于举证主体尤
其是检察官的公诉工作而言具有重要的参考价值和指引作用。但另一方面，
正如《出庭指引》自身所表述的，制定《出庭指引》是以"有利于证明公诉
主张为目的"。因此，它对举证方式的规定，完全是站在控方的立场和角
度，服务于控方的公诉目的。亦因此，法官在对庭审举证方式进行事先安
排时，虽然应当尊重控方提出的举证方式，但又不可能照单全收。实践中，
法官在尊重控方关于举证方式的意见的基础上，还应当综合考虑和平衡以
下因素：

　　（1）前程序之必要性。例如，分组式举证和批量式举证，都会出现多个
证据同时出示的情况，这对于被告方辩护权的充分有效行使是一个挑战，因
为若无充分时间进行辩护准备，法庭上被告方很难对控方成组、成批出示的
多个证据，进行及时、充分、有效的质证。正基于此，实务中除了被告人认
罪认罚的案件、简易程序案件和速裁程序案件之外，控方采用分组式举证和
批量式举证的，原则上全案证据应当在庭前会议中进行过证据展示。

　　（2）征求辩方意见。如前所述，批量式举证，可能会对辩方辩护权的充
分有效行使产生消极影响。基于此，若控方提出庭审中拟采用批量式举证方
式，法官应当先征求辩方的意见，若被告方表示反对，又有正当理由的，则
法官应当商请控方改变庭审举证方式，若无正当理由，则法官可以不予采纳。

　　（3）法官自身心证形成之需要。《出庭指引》第 21 条明确提出公诉人在
采用分组式举证时可以按照证据种类进行分组，这一规定值得商榷。实践表
明，按照法定证据种类分组举证，弊大于利。因为，主张按照证据种类分组
举证，是认为证据种类一致则质证方式一致，可以提高举证、质证效率，但
实际上证据种类虽相同，其证明对象却不一定相同，将证明对象各异的多个
证据强行捏合、杂糅在一起出示，将使得主题分散、事实错乱。从法官心证
形成的角度而言，这种分组式举证容易导致法官在证据调查时"一头雾
水"、不明就里、不着要点，扰乱法官心证之形成。因此，法官在进行庭审
证据调查安排时，对于举证方式还应当考虑如何才能有利于自身心证之
形成。

必须指出的是，这种以证据种类为标准进行分组的观点，在实践中曾有深刻教训。例如，在成都市司法机关推行庭审实质化改革的过程中，曾经一度采用所谓"人证集中型出示模式"，即将案件中的所有人证（包括控辩双方的人证）编为一组，集中进行出示，人证逐个出庭、集中进行调查。当时之所以考虑将所有人证编为一组、集中进行出示，主要是考虑到人证作为同一类证据，其调查方法具有同一性且采用相同的调查技巧，即人证在调查方法上均采用控辩双方发问（交叉询问或轮替询问）的方式进行调查，费时耗力，将所有的人证编为一组、集中出庭，有利于控辩审三方集中精力有针对性地对人证展开调查；同时，人证调查方法的技巧性、策略性较强，人证集中出庭，控辩双方才能在不断的反复询问、来回拉锯中"渐入佳境"，并在思维惯性的作用下延续这种"工作状态"，进而有利于提高人证调查的质量。然而，这一改革的效果却令人失望。其经验教训在于：人证的证据种类虽相同，但各自的证明对象却不同，强行将所有人证编为一组、集中出示，犹如一盘"大杂烩"，在人证各说各话的同时，案情也被扯得支离破碎。

二、证据出示之要求

一份证据，该当具备哪些条件、以何种形式提交于法庭，这是证据出示的要求，也是庭审证据调查安排时应当予以明确的内容。实务中关于证据出示的要求，历来存在着摘要式举证和详尽式举证两种模式。所谓摘要式举证，是指举证方只宣读证据的名称而不演示、宣读或播放证据的具体内容，或者只对证据的具体内容进行摘要式演示、宣读或播放；所谓详尽式举证，是指举证方全面、详细演示、宣读或播放证据材料的全部内容。比较而言，摘要式举证的优势在于可以节约庭审时间，提高庭审效率，缺点是并未展示证据全貌，不利于对方质证和法庭认证；与之相反，详尽式举证虽有利于展示证据全貌，但却耗时耗力，容易拖延庭审。

为客观翔实反映实务中摘要式举证和详尽式举证的运用情况，笔者根据成都市司法机关在庭审实质化改革中公布的部分案卷材料统计了两组对比数据，[1] 如下表 2-1 和表 2-2：

---

[1] 该数据来源于成都市两级人民法院从 2018 年 1 月到 2018 年 5 月公开的 275 个庭审实质化案件的案卷材料。

表2-1　控方具体证据举证程式表[1]

证据类型	举证数量（份）	摘要式举证数量（份）	详尽式举证数量（份）
被告人供述	1857	1828	29
证人证言	1546	1498	48
证人出庭作证	291（人）	0	291（人）
被害人陈述	481	456	25
情况说明	413	299	114
勘验、检查、辨认等笔录	831	794	37
鉴定意见	204	169	35
书证	2265	2217	48
物证	421	352	69
电子数据、视听资料	304	220	84
总计	8613	7833	780

表2-2　辩方具体证据举证程式表

证据类型	举证数量（份）	摘要式举证数量（份）	详尽式举证数量（份）
证人证言	32	14	18
证人出庭作证	61（人）	0	61（人）
书证	221	152	69
电子数据、视听资料	25	22	3
总计	339	188	151

　　根据表2-1和表2-2的统计数据，我们可以初步得出以下结论：

　　（1）无论是控方还是辩方，在庭审举证时采用摘要式举证的比例均超过详尽式举证。同时，无论控方还是辩方，除了因为证人出庭作证无法适用摘要式举证之外，其他七种证据种类或多或少都采取了摘要式举证。这表明，摘要式举证事实上已经成为实务中主要的乃至基本的举证要求。在与部分参

---

　　[1]　引自许世强："'三项规程'试行背景下庭审举证安排的问题检视与完善建议"，载《全国法院第三十届学术讨论会论文集》。作者系本项目分课题组成员。

与庭审实质化改革的主审法官座谈时，他们表示，其中的原因在于，庭审中控方出示的证据基本都在案卷中，而承办法官庭前已经阅卷，对于证据的基本内容早已了然于胸，而辩方出示的证据也在庭前会议中进行过证据展示，或在开庭前已经提交到法庭，承办法官亦已经有所了解。故庭审时控辩双方均无须再详尽出示所有证据，法庭调查时承办法官重点关注的也只是对方的质证意见。

（2）辩方采取详尽式举证的比例远高于控方。如表 2-1 和表 2-2 所示，在详尽式举证的适用比例上，辩方为 44.5%，控方则为 9%，前者远高于后者。其中的原因可能在于，实务中控方的证据数量较大，若对所有证据皆一一采取详尽式举证，既耗时费力，又无必要，所以主要采取摘要式举证；而辩方能够举示的证据数量本来就不多，仅有的少量证据就显得"敝帚自珍"，更愿意采用详尽式举证。

摘要式举证在实务中的高比例运用，尤其是控方大量采用摘要式举证，潜藏着某种隐忧，可能冲击庭审实质化改革的成果。例如，在前述各种举证方式中，逐一式举证是最精细、精密的举证方式，最能全面保障被告方的辩护权，但是，如果控方在庭审举证时虽然采用逐一式举证方式，但在具体举示证据内容时，却大量采用摘要式举证，而很少全面、详尽地展示相关证据的具体内容。这显然就在实质上架空了逐一式举证方式的功能优势，而不利于被告方全面质证，对于辩护权保障极度不利。

（3）辩方对于详尽式举证的高比例适用，也可能会不当减损庭审的效率。前文数据已经表明，辩方在庭审中运用详尽式举证的比例远高于控方。但通过对辩方所举证据的进一步考察，却发现辩方以详尽式举证所举示的证据并非都是本案的争议性证据，其中也包括了部分无争议的证据。对于无争议的证据，本应当简化调查，采取详尽式举证只会大幅增加举证时间，影响庭审效率。

实际上，究竟是采用摘要式举证还是详尽式举证，应当以证据本身是否具有争议为标准，对于无争议的证据或争议不大的证据，自然可以采用摘要式举证，而对于有争议的证据，原则上则应当采用详尽式举证。上述原则应当在进行庭审证据调查安排时事先予以明确。

第三章

当事人陈述调查

　　刑事诉讼中的当事人是指因与案件有直接利害关系而参加刑事诉讼的人员。在公诉案件中，主要的刑事诉讼当事人是指被告人和被害人。在刑事诉讼中，当事人无疑最为了解案件情况，其陈述是非常重要的证据来源，但另一方面，其与案件具有直接利害关系，在陈述时掩盖对其不利的事实也是一种常见的心理。这样一来，容易出现的证据困境就是：当事人的非利己性陈述，一般都被认为具有极强的真实性，但却不容易在和平的程序环境中获得；当事人的利己性陈述极为常见，但因其与案件具有利害关系，却不容易让人相信。针对这种证据困境，有效的庭审证据调查制度应当具有的功能是：一方面，有助于引出真实的非利己性当事人陈述；另一方面，有助于使利己性的当事人陈述"露出马脚"。

　　可以说，正是因为缺乏有效的当事人庭审调查制度设计，导致庭审常常流于形式，案件事实的认定依赖于书面材料。所以，中国刑事司法实践中常常出现的窘境是：①犯罪嫌疑人、被告人的非利己性的陈述对定罪发挥了极为重要的作用，但常常都是来自于侦查阶段，其自愿性往往让人怀疑，进而也给其真实性投上了阴影；②利己性的陈述，无论是犯罪嫌疑人、被告人的陈述，还是被害人的陈述，都很难单独发挥证明作用（在法官眼里常常被视为需要证明的事实主张而不是证据），而更多地依赖于当事人陈述之外的其他证据来进行证明。尤其是在对某一证明对象仅存在着两方当事人一对一的冲突性利己陈述时，使得裁判者在事实认定上甚感棘手。

　　在一定程度上可以说，中国刑事庭审实质化改革的核心内容之一就是对庭审当事人调查制度的合理设计，当事人陈述这种证据类型所面临的困境和中国刑事司法在这方面所遭遇的窘境，提升当事人陈述在事实认定中的证据作用。笔者将在对中国刑事庭审实质化改革进行实证研究的基础上，分析其存在的问题，以及还需推进的改革方向。本章的实证研究对象是以成都市法院的刑事审判为样本，对此需要说明的是：首先，之所以以此为研究对象，既是因为实证材料获取方便，更是因为成都市法院的刑事庭审实质化改革在全国法院中走在最前头，其司法实践更能凸显刑事庭审实质化改革的可能性和其中存在的困难；其次，成都市法院的刑事庭审实质化改革从 2015 年 2 月启动以来，一直都在推进中，但本章仅选取了 2015 年至 2017 年审理的案件作为研究范围，主要考虑的是这一期间的案件基本上都已经审结，且案卷材料比较齐全，能够满足问题分析的需要。本章分析研究刑事庭审对被告人和被害人的证据调查问题，同时就代表被告单位出庭的诉讼代表人及其相关证据调查问题一并进行分析研究。

第一节　刑事庭审实质化背景下的当事人调查制度与实践

一、庭审当事人调查的制度规范及其特征

目前，关于庭审当事人调查的规范文本主要有《刑事诉讼法》《刑事诉讼法司法解释》和《法庭调查规程》等。

《刑事诉讼法》中对当事人进行庭审调查的主要规范包括：第 187 条第 2 款规定："在开庭以前，审判人员可以召集公诉人、当事人和辩护人、诉讼代理人，对回避、出庭证人名单、非法证据排除等与审判相关的问题，了解情况，听取意见。"第 191 条规定："公诉人在法庭上宣读起诉书后，被告人、被害人可以就起诉书指控的犯罪进行陈述，公诉人可以讯问被告人。被害人、附带民事诉讼的原告人和辩护人、诉讼代理人，经审判长许可，可以向被告人发问。审判人员可以讯问被告人。"第 195 条规定："公诉人、辩护人应当向法庭出示物证，让当事人辨认，对未到庭的证人的证言笔录、鉴定人的鉴定意见、勘验笔录和其他作为证据的文书，应当当庭宣读。审判人员应当听取公诉人、当事人和辩护人、诉讼代理人的意见。"第 198 条规定："法庭审理过程中，对与定罪、量刑有关的事实、证据都应当进行调查、辩论。经审判长许可，公诉人、当事人和辩护人、诉讼代理人可以对证据和案件情况发表意见并且可以互相辩论。审判长在宣布辩论终结后，被告人有最后陈述的权利。"

在《刑事诉讼法司法解释》中，当事人庭审调查的主要规范包括：第96条规定："审查被告人供述和辩解，应当结合控辩双方提供的所有证据以及被告人的全部供述和辩解进行。被告人庭审中翻供，但不能合理说明翻供原因或者其辩解与全案证据矛盾，而其庭前供述与其他证据相互印证的，可以采信其庭前供述。被告人庭前供述和辩解存在反复，但庭审中供认，且与其他证据相互印证的，可以采信其庭审供述；被告人庭前供述和辩解存在反复，庭审中不供认，且无其他证据与庭前供述印证的，不得采信其庭前供述。"第241条规定："在审判长主持下，被告人、被害人可以就起诉书指控的犯罪事实分别陈述。"第242条规定："在审判长主持下，公诉人可以就起诉书指控的犯罪事实讯问被告人。经审判长准许，被害人及其法定代理人、诉讼代理人可以就公诉人讯问的犯罪事实补充发问；附带民事诉讼原告人及其法定代理人、诉讼代理人可以就附带民事部分的事实向被告人发问；被告人的法定代理人、辩护人，附带民事诉讼被告人及其法定代理人、诉讼代理人可以在控诉方、附带民事诉讼原告方就某一问题讯问、发问完毕后向被告人发问。根据案件情况，就证据问题对被告人的讯问、发问可以在举证、质证环节进行。"第243条规定："讯问同案审理的被告人，应当分别进行。"第244条规定："经审判长准许，控辩双方可以向被害人、附带民事诉讼原告人发问。"第245条规定："必要时，审判人员可以讯问被告人，也可以向被害人、附带民事诉讼当事人发问。"第277条规定："审判期间，合议庭发现被告人可能有自首、坦白、立功等法定量刑情节，而人民检察院移送的案卷中没有相关证据材料的，应当通知人民检察院在指定时间内移送。审判期间，被告人提出新的立功线索的，人民法院可以建议人民检察院补充侦查。"第278条第1款规定："对被告人认罪的案件，在确认被告人了解起诉书指控的犯罪事实和罪名，自愿认罪且知悉认罪的法律后果后，法庭调查可以主要围绕量刑和其他有争议的问题进行。"第288条规定："被告人在最后陈述中提出新的事实、证据，合议庭认为可能影响正确裁判的，应当恢复法庭调查；被告人提出新的辩解理由，合议庭认为可能影响正确裁判的，应当恢复法庭辩论。"

《法庭调查规程》对当事人庭审调查的主要规范包括：第7条规定："公诉人宣读起诉书后，审判长应当询问被告人对起诉指控的犯罪事实是否有异议，并听取其供述和辩解。经审判长准许，公诉人可以就起诉书指控的犯罪事实讯问被告人，也可以先出示有关证据，再就有关犯罪事实讯问被告人。

经审判长准许，被害人及其法定代理人、诉讼代理人可以就公诉人讯问的犯罪事实补充发问；附带民事诉讼原告人及其法定代理人、诉讼代理人可以就附带民事部分的事实向被告人发问；被告人及其法定代理人、诉讼代理人可以在控诉一方就某一问题讯问完毕后向被告人发问，有多名被告人的案件，辩护人对被告人的发问，应当在审判长主持下，先由被告人本人的辩护人进行，再由其他被告人的辩护人进行。"第8条规定："有多名被告人的案件，讯问各名被告人应当分别进行。同案被告人供述之间存在实质性差异的，法庭可以传唤有关被告人到庭对质。审判长可以分别讯问被告人，就供述的实质性差异进行调查核实。经审判长准许，控辩双方可以向被告人讯问、发问，审判长认为有必要的，可以准许被告人之间相互发问。"第9条第2款规定："对被告人发问完毕后，其他证据出示前，在审判长主持下，被害人可以就起诉收指控的犯罪事实作出陈述，经审判长准许，控辩双方可以在被害人陈述后向被害人发问。"第10条规定："为核实被告人是否自愿认罪，解决案件事实证据存在的疑问，审判人员可以讯问被告人，也可以向被害人、附带民事诉讼原告人发问。"第11条规定："被告人庭前不认罪，当庭又认罪的，法庭核实被告人认罪的自愿性和真实性后，可以重点围绕量刑事实、证据进行调查。被告人认罪后又当庭反悔的，法庭应当调查核实反悔的理由，并对与定罪和量刑有关的事实、证据进行全面调查。"第27条第1款规定："对被告人、被害人、鉴定人、侦查人员、有专门知识的人的讯问、发问，参照适用证人的有关规定。"第35条规定："被告人当庭供述与庭前供述的实质性内容一致的，可以不再出示庭前供述；当庭供述与庭前供述存在实质性差异的，可以出示、宣读庭前供述中存在实质性差异的内容。"第53条规定："被告人的当庭供述与庭前供述、自书材料存在矛盾，被告人能够作出合理解释，并与相关证据印证的，应当采信其当庭供述；不能作出合理解释，而其庭前供述、自书材料与相关证据印证的，可以采信其庭前供述、自书材料。"

从前述规范文本来看，现有规范的基本特征是：

（1）《刑事诉讼法》只是确立了当事人调查的基本结构。在法庭调查的庭前准备中当事人可以发表意见；法庭调查以当事人调查开始，有学者认为由此确立了以当事人调查为重心的证据调查模式；当事人调查以"陈述+控辩双方讯问或询问+法官讯问或询问"的方式展开；当事人调查中，当事人有辩认物证、参加质证和参与辩论等诉讼权利，被告人有最后陈述的权利。需要注意的是，1996 年《刑事诉讼法》完成被害人当事人化改革，使被害人具有了当事人和作证人的双重身份。

（2）《刑事诉讼法司法解释》细化和补充了庭审调查规则。包括明确了被告人庭审前和庭审中的陈述不一致的采证规则；补充了在被告人有多起犯罪事实和有多名被告人的情形下应当分别进行调查的原则；确立了同案被告人之间的对质制度；规定了在一定情况下的控方补证责任，如检察院对被告人有坦白、自首、立功的事实应当提供证据，也可以补充侦查；明确了被告人认罪案件的庭审调查重点；补充规定了在一定情况下的程序回转。2021 年修改颁布的《刑事诉讼法司法解释》规定了就证据问题对被告人的讯问、发问，可以灵活处理，即在举证、质证环节也可进行。

（3）《法庭调查规程》完善了庭审调查规则。该规程是对 2012 年《刑事诉讼法司法解释》中相关庭审调查程序规范的完善。如打破了《刑事诉讼法》所确立的以当事人调查开头的证据调查模式，在当事人陈述与其他证据的调查顺序安排上允许根据需要灵活处理；界定了对质询问的条件、方法，扩大了对质范围，允许被告与证人、被害人对质；进一步明确了对当事人的庭审调查方法，建立了被害人代表出庭制度等。该规程关于被告人调查的灵活处置方式已经被 2021 年《刑事诉讼法司法解释》所吸收，其余内容与《刑事诉讼法司法解释》不相抵触，因此仍然具有执行效力。

二、刑事庭审实质化背景下当事人调查的司法实践

（一）被告人陈述调查

1. 对被告人的讯问

（1）讯问时机。讯问大多在宣读起诉书后举证之前。从表 3-1 可以看出，对被告人的讯问是法庭调查的重要方式，庭审讯问均在公诉人宣读起诉书后有序展开，在举证、质证环节的讯问有 59 件，占总数的 6.7%。庭审讯问由法官主持，由公诉人首先发问，其次由被害人及其诉讼代理人发问，其后由辩护人首次发问，再次由公诉人、辩护人等诉讼参与人轮流发问，最后由审判人员视情况作补充发问及追问。在对被告人讯问、发问过程中，控辩双方可以反复多次发问。

表 3-1　法庭讯问时机分析表

讯问时间点	数量（件）	分　　析
宣读起诉书后举证之前	818	大部分案件在此时讯问被告人
质证后	23	此类案件较少且案情复杂，依法庭调查规则在质证后进行了补充讯问
举证过程中	1	因被告人对证据的不同意见的追问
举证前后及过程中均讯问	35	疑难复杂案件的讯问贯穿法庭调查的全过程

（2）讯问方式。法庭对被告人的讯问方式根据被告人人数、指控罪名数等情况区别进行，根据讯问时间和方式可以分为三类：讯问时间较长的"长问"、讯问历时较短的"短问"以及发现疑点或问题时的"追问"。从实践看，通常公诉机关因承担证明责任而以长问为主，法官讯问则通常历时较短，公诉人、法官都可能发现问题对被告人进行追问。对被告人的调查因案件不同可以分为三种情况：其一，一人一罪或者一人多罪案件调查时，法庭对指控事实调查是根据情况要求控辩双方分别发问；其二，多人一罪案件（共同犯罪案件），法庭采纳分别讯问主要根据是否认罪、主从犯关系等分别进行；其三，多人多罪案件（共同犯罪案件）分别讯问，发问多名被告人的顺序是根据是否认罪、主从犯关系等分别进行，也有按指控事实的主次分别进行的。从这些讯问方式可以看出法官是依据程序法开展法庭调查的。

（3）质证引导方式。实务中不同的案件法官会采取以人或者以事为主线，一边质证一边补充讯问的调查方式。一是以犯罪行为为主线，结合各被告人的供述和辩解逐一审查每一次犯罪行为；二是以被告人为主线，逐一审查每一名被告人供述参与各次犯罪的事实。法庭使用上述方式调查，是因为经过分别讯问并固定被告人对指控的意见，举证时直接宣读证人证言等证据，最后宣读与前述证据相印证的被告人供述，并听取被告人的质证意见的审查方式，更注重被告人的供述与其他证据的印证程度，注重被告人供述不一致的地方与其他间接证据的印证程度，被告人的供述之间有不一致的地方，如果有间接证据印证，综合认定犯罪的基本事实。这样法官对案件事实认定的内心确信更明晰。

2. 对"零口供"案件的调查

"零口供"是指在刑事诉讼中，被告人对自己的犯罪行为或者保持沉默，或者仅作无罪辩解。根据《刑事诉讼法》的规定，证明被告人有罪的责任在公诉机关，被告人没有自证其罪的义务。由于被告人普遍有趋利避害的心理，故被告人口供不稳定、反复以及"零口供"案件的情况时有发生，案件在审理时，尤其是法庭调查时，对法官的庭审驾驭能力提出了挑战。

从表 3-2 可以看出，实务中，有"零口供"案件的证据在法庭上当庭认证，但是大部分"零口供"案件的证据未在法庭上认证，可见"零口供"案件证据的认定是一个难点。有些"零口供"案件庭审后通过补强证据，法官通过对全案证据综合评价，认为已排除合理怀疑，最终对零口供被告人作出有罪判决。

表 3-2　"零口供"案件法庭调查情况表（10 件案件）

数量（件）	证据是否当庭认证	原因及认证标准
4	当庭认证	综合全案证据及其他证据形成锁链
6	未认证	认为需要证据补强后认定

3. 被告人翻供案件的调查

实务中，被告人曾经有过供述，但反复不定，庭审又辩称无罪的，即"翻供"。被告人的认罪供述作为直接证据，能够直接证明案件事实。故被告人基于趋利避害的心理，往往尽可能地否认指控事实或者避重就轻以推卸责任。部分被告人可能在归案之初如实供述犯罪事实，但随后尤其在审判阶段则推翻自己的庭前认罪供述或者提出新的辩解以开脱罪责。被告人在庭前认罪之后在庭审中提出无罪辩解也视为翻供，而被告人提出罪轻辩解一般不视为翻供。

实务中，翻供案件的主要表现是：被告人在庭前认罪，但在庭审中予以否定，这种否认既包括对证明其有罪证据之证据资格的否认，如主张其庭前有罪供述是刑讯逼供所得，还包括对庭前供述证明力的否认，如主张其庭前供述不真实。表 3-3 反映，翻供案件在庭审实质化案件中占比较小，翻供案件被告人的理由大多数是其供述系逼供、诱供等形成，因畏罪心理、监管不严而翻供的案件较少，且这类案件的供述也没有被法庭采纳。但在因证据及笔录有缺陷、没能依法制作而翻供的这类案件中，翻供后亦存在证据被法庭采纳的情形，这也反映出法官对口供的重视。

表3-3　被告人翻供案件原因和效果统计表（抽样统计 81 件案件）

调查原因或自称原因	数量（件）	是否成立（采信）
因畏罪心理而翻供	1	否
以刑讯逼供、诱供及威胁为由翻供	62	否
因监管不严形成串供而翻供	9	否
证据缺陷（笔录瑕疵）为由而翻供	9	成立 3 件

从表3-4可以看出，如果被告人翻供理由或者无罪辩解成立，能够证实被告人无罪或者使法官对指控的犯罪事实产生合理怀疑，应依法作出无罪判决或证据不足、指控的犯罪不能成立的无罪判决，否则作出有罪判决。法官对彻底翻供案件的证据审查也更为严格，少有当庭认证证据的情况。

表3-4　翻供案件当庭认证及判决结果统计表（抽样统计 15 件案件）

案件数量（件）	翻供后对证据是否当庭认证	翻供是否成立
3	当庭认证	均不成立均作出有罪判决
12	未认证	仅成立 1 件作出无罪判决

4. 共同犯罪中被告人供述的调查

法庭对多人一罪或多人多罪案件被告人供述的调查，应根据各被告人供述，调查相关证据与供述的印证情况，如果多名被告人的供述与案件事实之间具有关联性，且与其他证据形成了逻辑合理的证据锁链，则能验证共同犯罪被告人部分相一致供述的真实性。

实践中，共同犯罪中的被告人的供述因其不愿意承担责任而避重就轻，导致相互之间的供述不一致，甚至相互矛盾。法官应就被告人对同一事实的多份供述是否是孤证展开法庭调查，以其他证据形成的证据链来回应被告人供述不一致之处。主要是查找证据的关联性，通常所说的"以事实为根据，以法律为准绳"，就是主要需找到证据之间的吻合性、关联性、共同性。庭审中对被告人供述的调查，不仅要注意法律规定的程序和规则，也要运用经验法则，注意个案的具体情况。在司法实践中，法官通常能够对此予以注意。

共同犯罪中被告人之间供述不一致的案件，法官一般使用单独审查、对比审查的方法。不过，在有多名被告人案件的庭审中，法官认为必要的，可以传唤有关被告人同时到庭对质。在认罪案件中，被告人均对事实、证据无异议，法官认为必要时，可以在庭上一起讯问被告人；在不认罪案件中，一般应单独进行讯问，必要时可传唤共同被告人到庭对质。同时，根据案件的具体情况，为了查明事实可以在庭上让被告人与证人、被害人进行对质。但从实践看，还存在对质询问的适用范围较窄，控辩双方的作用未能有效发挥，以及对质把握、操作能力不足等问题。后面将专门分析对质问题，此不赘述。

（二）被害人调查

1. 被害人出庭情况

（1）被害人出庭常见的案件类型。侵害人身型的被害人出庭率较高。从成都市法院自 2015 年至 2017 年通过庭审实质化办结的 1130 件案件来看，共涉及各类罪名约 30 类。因侵犯具体法益而有被害人出庭的有 23 类罪名，涉及案件 113 件，且多为侵犯公民人身权利和财产权利的案件。从比例上看，有被害人出庭的案件中，侵犯公民人身权利型案件占约为 63.7%。

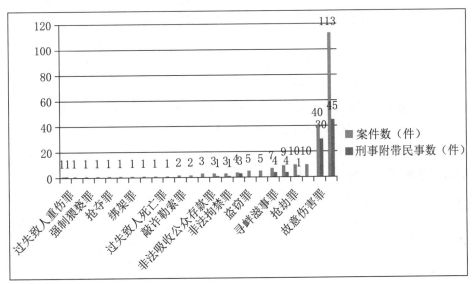

图 3-1 被害人出庭的案件类型及数量统计分析

（2）出庭身份。到庭人员在庭审中明确被表述为"证人"并交待证人权利义务的有 38 件。庭审中明确表述为"被害人"径行发问的有 8 件，作为"被害人"出庭时，有 2 件案件庭审笔录中记载有被害人发言的内容，但是未对"被害人"的任何信息及对"被害人"以何种身份发言进行交代，也未对被害人作为"证人"时如实陈述义务进行交代，陈述内容较为概括。通过对公诉人员的访谈得知，公诉机关对被害人出庭的身份处理主要有两种方法：其一，如果被害人希望出庭作证，或公诉机关希望被害人当庭陈述，那么，公诉机关就不让被害人坐在公诉人员旁边和随时在庭，而是仅让其作证时在庭；其二，如果被害人要申请以当事人身份在庭，公诉人一般会告知其不能当庭作证，而是使用其庭前的书面陈述，然后让被害人选择出庭的身份。总体来看，被害人出庭的比例并不高，无论是作为作证人员，还是以当事人身份出庭。

（3）出庭方式。包括公诉人申请出庭、辩护人申请出庭、作为刑事附带民事诉讼的原告人出庭、法院通知出庭、被害人主动出庭。此外，有少量被害人不出庭而旁听庭审。被害人出庭以公诉机关申请为主。剔除刑事附带民事诉讼原告人因作为民事部分的当事人主动参与诉讼，公诉人申请"被害人"出庭的40件案件，主动到庭或者经法庭通知到庭6件，辩护人申请到庭1件。从申请的形式上来看，有2件案件是公诉人直接在庭前会议中以书面形式申请出庭的，有部分案件是公诉人口头提出申请并到庭的。

2. 出庭节点及出庭陈述内容

（1）出庭节点。有1件案件为在庭前会议中被害人出席庭前会议，其余案件均为在庭审过程中，主要在法庭调查阶段出庭。也有少数案件在法庭辩论后，在需要再次调查案件事实时出庭。有1件案件"被害人"全程参与了庭审过程，对其他证据包括证人证言也发表了质证意见。

（2）陈述内容。陈述内容主要是对案件发生过程、涉案金额等要件进行的事实性陈述，少数是对庭审过程中提交的谅解书等证据进行的意见性陈述，对定罪具有积极作用，而对量刑的主动性明显较低。对于作为"证人"出庭陈述内容的记载，有3件案件是通过庭审中单独制作"证人证言笔录"的方式，并不包括在整个开庭记录中，其他案件则是将笔录内容统一记载在开庭记录中。

3. 调查方式

（1）调查顺序。从出庭顺序上看，有14件案件在进入举证阶段后先进行"被害人"陈述，有21件案件在出示完所有证据之后再申请"被害人"出庭调查，有4件案件在举证过程中穿插进行，有1件案件审判长直接建议公诉人将宣读被害人书面陈述和被害人出庭放置在出示证据的末尾环节。在发问顺序上，"被害人"作为证人出庭的案件基本上遵循"谁申请谁先发问"，因公诉人申请情况较多，故基本上由公诉人率先进行发问，辩护人随后发问，最后由被告人进行发问和法庭补充发问。

（2）发问组织。发问调查以法官主导加控辩双方交叉发问为主要类型，法官适时依职权调查。如周某某被控犯合同诈骗罪一案。[1]

> **审：**被告人周某某有无发问？
>
> **被：**李某某，你说的这两次你都在吗？
>
> **李（被害人）：**在。
>
> **被：**你有条子吗？
>
> **李：**有。
>
> **审：**法警，将本子中的一份 10 万元和一份 2 万元的收条交给被告人质证。
>
> **被：**（看收条后）这两张条子是我自己写的，我收到了这 12 万元，没有异议。
>
> **审：**公诉人有无意见补充？

再如在黄某犯故意伤害罪案中，[2]庭审笔录在当事人身份信息处直接列明了被害人身份信息，被害人参与了全部庭审，在公诉人出示证据结束后，法官直接询问被害人对公诉人所举证据的意见。最后被害人在全部笔录上签字，而非仅在其陈述部分签字。

4. 质证认证

（1）质证情况。样本案件中，有 32 件案件由法庭组织对出庭陈述内容进行质证。在对当庭陈述进行质证的案件中，有 2 件案件是在发问结束后，作为证人的被害人未退庭时就组织各方质证，其余案件在证人即被害人退庭后组织进行质证；2 件案件是在公诉人一并出示完其他证据之后结合庭前书面陈述"打包"进行质证，未专门针对当庭陈述内容进行质证。

（2）质证的主体。在组织质证案件中，几乎所有案件均由公诉人、辩护人、被告人进行质证。仅有 2 件案件没有安排被告人发表质证意见。

（3）被害人书面陈述的调查。被害人书面陈述一般由公诉人以"先客观证据、后主观证据"的举证顺序展示。一般宣读被害人某一份陈述的主要内容。如有必要，也可宣读少量其他的被害人调查笔录。在被害人出庭时，对书面陈述的处理方式不甚清晰。部分案件在被害人当庭陈述后，公诉人继续

---

〔1〕 参见 ［2016］川 0129 刑初 62 号刑事判决书。

〔2〕 参见 ［2016］川 0114 刑初 571 号刑事判决书。

按照常规的"先客观后主观"的方式出示证据，并且照旧宣读被害人庭前书面陈述。就被告人对被害人书面陈述内容有异议的，有 2 件案件公诉机关申请了被害人出庭陈述。且有 1 件案件，被害人在陈述后，法官询问被害人在公安机关的陈述是否属实，而后没有进一步发问或者引导双方发问即结束被害人陈述调查。有的案件被害人调查程序较为仓促。如乔某被控犯诈骗罪一案的庭审笔录反映，[1] 在控辩询问中，辩护人询问被害人当庭陈述和书面陈述存在矛盾的情况如何解释，被害人尚未作出回应，审判人员即要求其退庭并安排继续举证。

（三）对单位犯罪诉讼代表人陈述的调查

因单位并非自然人，而为法律拟制的人，其意思表示必须通过能代表单位的自然人实体进行表示，但我国《刑事诉讼法》及相关司法解释，以及最高人民法院出台的"三项规程"均未对被告单位诉讼代表人的陈述如何调查作出规定，仅《刑事诉讼法司法解释》第 338 条规定，被告单位的诉讼代表人享有《刑事诉讼法》规定的有关被告人的诉讼权利。

基于单位犯罪数量原因，除样本 1130 件庭审实质化案件中的单位犯罪案件（只有 4 件）外，还选取了成都市两级人民法院自 2015 年至 2018 年审结的 103 件单位犯罪案件。通过分析，发现诉讼代表人出庭调查呈现出以下特征：

（1）诉讼代表主体身份"集中化"。从参加诉讼的代表人身份上看，主要集中于普通工作人员，占比超过了 82%，有 11 件案件的公司股东作为诉讼代表人出庭，有 3 件案件的公司副总经理出庭，2 件案件的诉讼代表人以原公司人员身份出庭，且从庭审过程来看，其知道案件事实，也符合证人的身份；3 件案件的诉讼代表人为公司的法定代表人。

（2）调查顺序的"多元化"。主要呈现为两类：对公司诉讼代表人进行单独调查和对公司诉讼代表人、被控单位负责人同时发问调查。在样本案件中，超过 2/3 的案件在公诉人宣读完起诉书后对诉讼代表人进行了单独发问，近 1/3 的案件没有单独发问，而是在所有当事人均在场的情况下径行发问。

（3）陈述内容的"同质化"。超过 80% 的案件中诉讼代表人陈述对公诉机关的指控无异议，但是在调查发问中均对相关发问回答"不清楚"，这恰与诉讼代表人身份关系呈正向比例，即员工诉讼代表人对案件的参与性不高。

---

〔1〕 ［2017］川 0132 刑初 211 号刑事判决书。

而"股东"和"其他管理人"出庭时针对指控罪名和事实的陈述内容更具实质性，且陈述内容不仅包括对认罪或者罪轻的意思表示，还包括对于部分案件事实的陈述。

（4）身份界定的"模糊化"。一方面表现在：对于诉讼代表人等同于自然人犯罪主体，在调查询问时直接指向自然人，而非代表的单位。如成都某某达科技公司被控非法购买增值税专用发票罪一案，审判人员发问方式为："审：被告单位诉讼代表人，对指控你的犯罪事实有无异议？诉代：无异议。审：被告单位诉讼代表人，你是否自愿认罪？诉代：我自愿认罪"。另一方面表现在：将诉讼代表人的身份证人化，部分案件在法庭调查过程中，公诉人、辩护人、合议庭直接就案件相关的问题展开发问并由诉讼代表人进行回答。

第二节　刑事庭审实质化背景下当事人调查存在的主要问题

一、当事人调查存在的核心问题

笔者认为，对当事人调查的核心问题是，由于对当事人陈述的真实性判断方法基本上只依赖于印证，这种过度单一的证据判断方法，容易导致调查内容的充分性不足。所谓印证，就是看当事人的陈述是否有其他内容一致或指向相同的证据。[1]从认知规律来说，判断言词证据的基本方法有四种：①印证判断；②细节判断，即看其陈述的细节是否合理、"融贯"。需要特别强调的是，细节是一种证据的"事实标记"，即陈述具有细节，是使一种陈述为证据的基本标志，否则，当事人的陈述仅是一种需要证明的事实主张，[2]而且，细节的融贯性、合理性也是增强陈述可信性的重要因素。③表现判断，即通过讯问或询问，看其在作证时的表现是否"自然"。这种判断方法，在日本有一种特殊的称谓，就是"辩论全趣旨"。④通过当事人的品格和日常习惯行为判断其是否是一个诚实的人。后三种方法在本质上都是通过人的诚实性推断当事人的具体陈述的真实性，这三种方法无疑是极为有用的方法，也就是在

---

〔1〕　龙宗智："印证与自由心证——我国刑事诉讼证明模式"，载《法学研究》2004 年第 2 期；龙宗智："刑事印证证明新探"，载《法学研究》2017 年第 2 期。

〔2〕　〔德〕阿克赛尔·文德勒、赫尔穆特·霍夫曼：《审判中询问的技巧与策略》，丁强、高莉译，中国政法大学出版社 2012 年版，第 138 页。

诉讼法理上极为强调的裁判者对证据的"亲历性"背后的深层原因。这三种方法也是十分重要的,因为在诉讼中往往找不到多少或足够的印证性证据。而后三种方法在近几十年中国司法实践中都没有完全成为有意识的普遍调查方法,根本原因在于我国长期强调事实认定要达到"客观真实",而这三种方法无法实现使事实认定达到"客观真实"的目的。[1]

法庭审判的关键意义也在于有效地利用印证之外的其他三种方法,然而,也正是因为这三种方法没有得到有效的运用,所以庭审的当事人调查普遍都较为简单,即多数案件基本上都表现为当事人复述审前的书面陈述。在此意义上,当事人的出庭呈现出一定的虚化现象,尤其是在被害人调查上比较明显。比如,在试点中,部分被害人被通知出庭完全出于庭审实质化中"量"的形式要求,并未考虑"质"的效果,对于被害人出庭还停留在是对庭前书面陈述证言的"印证"补充层面,调查总体延续书证中心主义的倾向。从裁判文书来看,有部分案件载明了被害人当庭进行了陈述,但未载明当庭陈述与书面陈述之间不一致的认证情况。

二、被告人陈述调查存在的问题

1. 对被告人陈述在举证顺序中的位置与事实调查的真实性和被告人的权利保障的关联性认识不足

长期以来,我国法律将被告人调查放在发起调查的开始阶段,除了是因为我国刑事诉讼的事实认定较为依赖于被告人的口供之外,主要在于强调法庭调查的效率,因为这样能够很快进入事实调查的核心,避免被告人在知悉其他指控证据(的漏洞)后进行虚假陈述。而在成都市法院的庭审实质化试点案件中,有时候公诉机关在被告人调查与其他证据调查的先后顺序安排上进行灵活处理,没有完全按照刑事诉讼法的规定进行。这种灵活的处理方法主要考虑的是方便控方指控证据的运用,即既容易明晰案件事实,又不会因为作证顺序影响被告人翻供。总体来看,长期以来我们没有考虑到被告人调查顺序的不同在不影响其陈述内容的情况下对事实认定结论的影响,以及由此导致对被告人权利的影响问题。在"客观真实"证明标准语境下,证据提交的先后顺序都不影响事实结论的认定,只有证据的内容本身才能决定事实

---

[1] 周洪波:"中国刑事印证理论批判",载《法学研究》2015年第6期。

认定的结果。然而，在相对真实的证明标准语境中，证据提交的先后顺序对事实认定结论往往都是有影响的。认知心理学指出在不确定性的判断中，事实认定者往往有"先入为主"和"锚定－调整"效应，这样的后果就是证据越早出现越容易影响事实认定的结论。[1]毫无疑问，相对真实是我们不得不接受的一种证明标准，在这种情况下，我们在被告人调查的制度设计上要考虑如何平衡两种需求：一种是如何保证被告人诚实作证，另一种是在作证顺序安排上减少不利于被告人的证据本身对被告人的不利影响。这个问题在英美法系国家不是一个特别大的问题，因为，其一般将证据分为控方证据和辩方证据，并依次安排控方和辩方先后举证，而被告人选择作证时多是作为辩方证人提供利己性陈述。不过，在英美法系中仍然存在着如何安排辩方证人作证顺序的问题。在职权主义的制度体系中，常常都将证据视为法官的证据，在这种情况下，如何安排证人作证就是一个重要的问题，即如何安排被告人调查与其他证据调查的先后顺序。当然，在英美法系国家的法庭审判中，被告人一般都是进行利己性的作证，在这种情况下，无论如何安排作证顺序，对事实的澄清和被告人的权利保护都有利有弊：如果首先对被告人进行调查，被告人的陈述没有被其他证据完全证伪的情况下，对裁判结论容易发挥影响作用，但如果是虚假陈述，也容易因后面的相反证据而暴露问题；如果在其他证据调查之后调查被告人，被告人容易根据其他的证据进行"随机应变"的陈述，但先举证的对被告人不利的证据，也容易导致裁判者形成对被告人的不利的"锚定"之见。对此问题，不同的国家往往有不同的价值取向：在英美法系国家，比如，英国将被告人陈述作为辩方第一证据，目的是为了避免被告人受其他辩方证人的影响；美国把作证的时间阶段交给辩方自己选择，其目的是强调对被告人的权利保障。[2]在大陆法系国家，有的直接安排首先调查被告人，其目的是避免被告人陈述被其他证据污染；有的国家则采取了由被告人选择作证顺序的制度设计，其目的显然更侧重于对被告人权利的保障。

2. 对被告人在庭审时的供述及其质证重视不够

对被告人的调查，在操作中一般包括法庭证据调查开始时讯问被告人，

---

〔1〕　［美］雷德·海斯蒂、罗宾·道斯：《不确定世界的理性选择——判断与决策心理学》（第2版），谢晓非等译，人民邮电出版社2013年版，第73~85页。

〔2〕　纪虎：《被告人作证制度研究——以英美法为中心展开的比较法考察》，法律出版社2012年版，第202页。

以及在后面举证时宣读被告人在侦查阶段的供述两个部分。除非被告人当庭认罪，对指控事实不做辩解，否则公诉人都会将被告人庭前供述的基本内容进行重点举证。而刑事庭审中，受案卷笔录中心主义的影响，法官往往重视庭前供述笔录，而对被告人庭审供述不一致以及翻供之处重视不够，倾向于认为被告人有侥幸心理，无理辩解。由于最高人民法院相关司法解释对翻供问题的主要采证原则是"印证原则"，即庭前供述有证据印证确认庭前供述，庭审翻供获印证则可确认翻供。但公诉案件庭前供述肯定有其他证据印证（无论是以何种方法取得以及以何种方式印证），受取证手段限制，被告人翻供获得印证比较困难。这就容易使法官形成一种思维惯性——被告人的翻供无理。这对被告人是不公平的，也不利于个案公正的实现。

3. 庭审实质化改革对案件的实体公正尤其是维护被告人合法权益发挥了积极作用，但效果并不明显

从实证分析材料看，可以说在少量案件的庭审中被告人的辩解性陈述具有一定合理性，甚至有时法官也比较认可，但是如果检察官在法庭上仍然不认可，而且控方证据基本形成锁链，构成印证关系，而被告人的辩解又缺乏足够的根据，法官往往不敢或不愿依据心证中的"合理怀疑"，作出否定公诉指控事实的判决，包括事实存疑指控不能成立的判决。

三、被害人调查存在的问题

1. 被害人出庭角色界定不清晰

首先，被害人同时作为当事人和证人这两种法定角色是存在冲突的。[1]尽管在许多案件中公诉人要么将被害人作为当事人，要么将其作为"证人"，这种"二选一"的方法，在表面看来避免了角色冲突的问题，但是，因为缺乏规范上的明确指引，也存在着有的案件审理中让被害人同时充当两种角色的现象，"二选一"的方案也存在着不当限制被害人的程序参与权的问题。部分案件被害人既在法庭上作了证，同时也全程参与了整个庭审过程。其次，当将被害人作为"证人"时，也在对被害人作为"证人"的出庭引导、身份核实、权利义务告知等方面存在欠缺，从样本案件来看，有的在庭审笔录中未核实和载明被害人的基本身份，有的未告知被害人作为作证人员（适用证

---

〔1〕 龙宗智："被害人作为公诉案件诉讼当事人的制度评析"，载《法学》2001年第4期。

人规范）时的权利义务。

2. 对被害人调查的顺序安排存在着一定的问题

在域外，无论是英美法系还是大陆法系，当被害人作为"证人"时，一般都是实行被害人优先作证规则。因为被害人的陈述对案件事实的认定具有极为重要的影响，这种方法有利于避免被害人的陈述受到其他证据的污染，从而避免对被告人的不公正判决。但在大陆法系，如果被害人是以当事人身份作证，与被告人作证一样，则要作为相对独立的程序作证，不属于法庭调查阶段的程序，要先于其他证据进行调查，或者是在其他证据调查结束之后再进行调查。[1]然而，我国并没有很好地明晰被害人的出庭身份，这可能增大被害人陈述的虚假性，如果以其认定事实，也就可能导致对被告人的不公。值得注意的是，通过访谈和比较法的研究笔者发现，在我国刑事司法实践中，法官对被害人陈述的证明力一般比其他法治国家的裁判者更为谨慎，在这种情况下，被害人调查的顺序问题并不会特别突出。

3. 举证和质证的规范性不足

首先，存在法官随意打断对证人的发问及法官主动"代替"公诉人发问或者举示证据的情况，甚至存在审判人员在庭前向被害人作书面笔录，被害人未出庭而法庭却要求双方质证的情况。[2]其次，对部分被害人当庭陈述没有组织质证，仅仅是作为形式上对书面陈述的补强。再次，组织质证不充分，仅仅是对于当庭陈述发表泛泛而谈的观点，并未从证据"三性"及证明力方面进行实质性的质证。最后，组织质证的时间节点不统一，部分案件在被害人未退庭的全程参与庭审的情况下质证，部分案件在被害人退庭的情况下组织质证。

四、单位犯罪诉讼代表人调查的问题

1. 诉讼代表人的确定趋于"形式化"

单位诉讼代表人作为代表单位参与诉讼的主体，应与公诉机关处于对抗位置，其主要职责是对公诉机关的指控提出认罪、无罪或者罪轻的抗辩，但根据《刑事诉讼法司法解释》的规定，法定代表人或者主要负责人被指控犯罪的，应当由被告单位委托其他负责人或者职工作为诉讼代表人，若没有诉讼代表人

---

〔1〕　兰跃军：《刑事被害人作证制度研究》，中国人民公安大学出版社 2011 年版，第 205 页。

〔2〕　[2017] 川 0132 刑初 35 号刑事判决书。

参与诉讼的，应由人民检察院确定。由此导致的结果是作为诉讼代表人（尤其是普通员工作为诉讼代表人）的形式意义大于实质意义，诉讼代表人的参与作用仅仅在于使单位犯罪主体顺利"被诉"，对于被告单位权益的维护作用不大。

2. 诉讼代表人陈述的证据属性不明

根据刑事诉讼法的规定，法定的证据种类包括八类，其中有证人证言和被告人的供述和辩解。对于单位诉讼代表人，其在法庭的陈述究竟是被告人的供述和辩解，还是其他的证据种类，目前并没有法律的规定。由于证据种类的不确定性，导致对诉讼代表人调查的适用规则不统一。

3. 诉讼代表人的身份性质模糊

诉讼代表人以自然人身份参加诉讼是基于法律的规定，而非其与案件本身所关联的事实，其享有刑事诉讼法规定的被告人的诉讼权利，但其只是单位的代表，在实体上与单位不能等同，而实践中部分案件在处理中将诉讼代表人按照被告人或者犯罪嫌疑人对待，甚至作为证人对待。

第三节　刑事庭审实质化背景下当事人调查制度的完善

一、当事人调查认证规则的完善

从前面的分析来看，将证明标准一贯理解为"客观真实"是我国刑事庭审实质化展开的根本障碍。因此，要实现刑事庭审实质化和对当事人的实质化调查，首先要做的根本改革就是改变认证规则，即确定将相对真实作为一般性的证明标准，使采信当事人陈述的方法不局限于印证这一种，让细节调查、察言观色、品格证据和日常行为成为重要的证据调查方法和证据判断方法。

另外，对采信当事人陈述的印证规则也需要进行适当松绑。因为当事人与案件诉讼结果有着直接利害关系，当事人在诉讼中容易作出有利于自己的虚假陈述，所以，域外法治国家往往对当事人陈述规定一定的补强规则。在这方面，大陆法系与英美法系有一定的差异，前者限制较多，而后者相对较少。因此，后者更容易实现"孤证定案"的判案方法。印证规则与补强规则类似，但不等同：[1]类似的是，二者都要求不能仅凭某些单个证据（实质证

---

〔1〕　周洪波："中国刑事印证理论批判"，载《法学研究》2015 年第 6 期。

据）来进行事实认定；不同的是，印证规则比补强规则限制更为严格。考虑到打击犯罪的需要，应当放松对当事人陈述的采信限制，但另一方面，考虑到我国对裁判者的自由心证权力运用还有较多的忧虑，可以作出比域外较为成熟的法治国家更多的限制规定。因此，我国应该放弃目前司法解释所规定的认证规定——任何类型案件的当事人陈述都需要印证，进而只规定特定的事实需要当事人的陈述在其他证据的印证或补强的情况下才能够采信。比如，在盗窃案中就不需要被害人的陈述必须要得到印证，若被害人的陈述与被告人的陈述相冲突，而且关于盗窃数额前者陈述的比后者陈述的多，那么，在很多情况下都可以以被告人的陈述为准。又比如，在死刑案中，就可以要求当事人的陈述必须得到其他证据的印证或补强。这种差异主要考虑的是当事人陈述虚假可能性的大小及其给案件带来的负面影响大小。

二、被告人调查制度的完善

通过前面的实证调查和问题分析，结合中国的制度语境，这里对被告人陈述庭审调查规则的完善，提出以下主要建议：

（一）完善讯问、询问程序

有学者指出："讯问被告人带有一定的强制性，与当事人主义的理念是相违背的。在现代刑事诉讼中，被告人不是诉讼客体，而是一方当事人。将讯问被告人作为庭审开始阶段的一个环节，是纠问式庭审模式的重要特征；被告人不是一种证据方法，不应负有接受强制讯问的义务，更不负有自证其罪的义务；应当明确规定被告人享有沉默权，并取消证据调查前的公诉人讯问被告人这一环节。"[1]这样的主张，从中国的制度语境和观念语境角度来看，无疑过于激进。可以说，在较长一段时间里，都不可能设立沉默权制度。正确的应对之道是，在肯定公诉机关讯问权的前提下，合理对待公诉机关、法院的讯问，以及被害人、辩护人等对被告人的询问。

对此，可以考虑的基本改革方案是：

（1）肯定公诉机关和法院对被告人的讯问权，但在证据调查阶段被告人何时接受讯问，可由被告人选择，即赋予被告人一定程度的被讯问选择权。这种设置既有利于公诉机关、法院通过对被告人的讯问证明和认定事实（尤

---

〔1〕　刘计划：《中国控辩式庭审方式研究》，中国方正出版社 2005 年版，第 249 页。

其是犯罪事实），也不至于使被告人处在一种较为不利的地位。需要明确的是，被告人接受讯问并不意味着违反不得强迫自证其罪的基本法理和法律原则，因为陈述不一定等于必须是有罪供述，被告的选择权也不意味着架空了"如实陈述"的义务性规定。一是选择时机，并不意味着可以保持沉默，可以不作"如实陈述"。二是被告人的选择权不是绝对的，根据有利于查明案情的需要，法院安排讯问时机时可以不同意被告人的选择，而根据公诉人的建议，或依职权决定讯问时机。

（2）区别对待讯问、询问程序的适用范围。对被告人认罪认罚的案件以及其他没有事实争议的案件，不将讯问或询问被告人作为必经的法庭调查程序。对被告人"零口供"案件、翻供案件以及其他有争议案件，则将讯问、询问作为必经程序。

（3）在以控辩双方的讯问和询问为主、法官的讯问为辅的基础上，适当鼓励法官进行讯问。有些学者认为，法官讯问容易导致其偏颇于控方。这种观点有待商榷。法官积极讯问并不等于其要积极引出对被告人不利的陈述，法官既可挖掘对公诉人有利的陈述，也可挖掘对被告人有利的陈述。之所以强调法官应当发挥积极作用，是因为控辩双方的讯问和询问对信息的挖掘能力较为有限，而法官可以进行弥补。从试点案件来看，公诉机关和辩方往往存在挖掘能力不足的现象，法官在庭审中积极发问，通常能够取得积极效果——更有利于查清事实。从讯问内容和方式看，裁判者也常常表现出更强的讯问能力。

（4）讯问、询问时机多样化安排。总结庭审实质化的改革经验，将讯问、询问程序与举证、质证相结合更能有效提高庭审效率，有效增强庭审的实质性。尤其对于被告人讯问可以进行灵活处理和多样化安排。除了依法实施的初始讯问外，还可在举证、质证过程中，适时安排向被告人发问，也可在控方举证完毕或控辩双方举证完毕后，就举证、质证遗留的问题对被告人进行针对性发问。

（5）完善被告人当庭陈述与庭前陈述的认证规则。在办案实践中，无论是对于被告人的庭审陈述还是庭前陈述，在采信时都强调证据的印证。根据最高人民法院司法解释，对被告人翻供时的采信也遵循印证原则。这样做有其合理性，但不应过度。不应当把印证作为唯一的认定事实方式，甚至有时根据案件情况对庭审供述可以不采信印证方式，而是通过细节调查、察言观色、品格查证以及其他佐证支持等，来认定被告人的法庭陈述是否可信。

（二）完善"零口供""翻供"案件被告人供述的调查方式

在审判实践中，对被告人当庭翻供的案件，公诉人往往仅在讯问阶段简单讯问被告人，在举证质证阶段详细宣读被告人在侦查阶段的有罪供述，这种调查方式有"案卷中心"主义之嫌，与刑事庭审实质化的要求不一致。《法庭调查规程》第34条第2款规定，被告人当庭供述与庭前供述的实质性内容一致的，可以不再出示庭前供述；当庭供述与庭前供述存在实质性差异的，可以出示、宣读庭前供述中存在实质性差异的内容。即根据差异的程度，有选择性地出示庭前供述。因此，虽然被告人的庭前有罪供述有其他证据相印证，但是被告人当庭翻供的理由与相关证据不矛盾，案件存在"合理怀疑"，须排除合理怀疑才能采信庭前供述，认定案件事实。如果被告人庭前有罪供述与其他证据能够相互印证，形成证据锁链，且被告人不能对当庭翻供作出合理说明或者其辩解与其他证据相矛盾，则可采信被告人的庭前供述，再综合全案证据认定案件事实。

对"零口供"即被告人始终未做有罪供述的案件，应根据供述以外的证据进行综合分析。如果在案其他证据能够形成证据锁链，证据间未出现自相矛盾之处，证据具有排他性和一致性，重点审查被告人当庭供述是否合理，现有证据能否推翻其辩解，以最终认定案件事实。

（三）共同犯罪中被告人供述调查方式的完善

（1）调查方式的完善。在有多名被告人的案件中，讯（发）问应当分别进行。如有部分被告人认罪，部分不认罪，可只对不认罪的被告人进行讯问，如需核实案件的相关情况也可以对认罪的被告人进行讯问。当辩护人对某一个被告人进行发问时，应先由被发问被告人的辩护人进行发问，再由其他被告人的辩护人进行发问。如各被告人供述之间存在实质性差异的，法官可以组织有关被告人到庭进行对质，让供述存在实质性差异的被告人针对同一个问题进行辩解，通过当庭供述发现差异，判断被告人供述的真伪。

（2）明确同案犯供述的认定标准。根据相关法律规定，在毒品共同犯罪案件中，被告人的供述可由同案人的供述予以补强，如果二者能够相互印证，并能排除诱供、逼供、串供的可能，可以作为定案依据。虽然这是针对毒品案件中物证等证据收集和认定事实困难而作出的规定，但是笔者认为其他种类的共同犯罪中，同案被告人也能以其对亲身经历的感知和回忆，通过言词反映案件的真实情况，补强被告人的供述，佐证被告人供述的客观真实性，因此其他类刑事案件如遇到证据收集和事实认定困难，可以参照毒品案件的规定进行处理，只要被告人的供述与同案被告人的供述能够相互吻合、相互印证，应当以被告人的供述和同案被告人的供述作为定案依据。但同时应充分运用对质制度，组织各被告人当庭对质，以增强法官对供述真实性的心证程度。

（四）完善被告人供述认证机制

尽管对口供的认定是法官的自由心证过程，但认定是有客观标准可循的。在庭审中，对被告人提出其遭受了刑讯逼供作出虚假供述并提供相关线索或材料的，法官应对被告人供述的合法性进行审查，以便最终对被告人供述作出认证。无论被告人翻供的理由是否成立，法官都应审查翻供理由并综合全案证据进行认定。审查判断被告人翻供时，着重审查庭前供述是否自然并合乎情理、翻供理由是否充分、翻供内容是否有其他证据相印证。同时，为保障对被告人供述的准确认证，进一步完善侦查人员出庭作证制度。应通过职业道德教育、业务培训、观摩规范化庭审等方式，强化法官的认证意识，不断提高法官掌握和运用法律的专业水平、驾驭庭审的能力和证据认证能力，完全形成"证据质证在法庭、案件事实查明在法庭、诉辩意见发表在法庭、裁判理由形成在法庭"的审判格局。

三、被害人调查制度的完善

（一）厘清身份主体，确立庭前过滤机制，解决好被害人角色冲突问题

1. 保障被害人的程序知情权和程序参与权

实践中，公诉机关常常不会主动告知被害人案件移送法院起诉，法院也仅在开庭前 3 日公告开庭时间、地点，很多被害人无从知晓案件所处阶段，这对被害人程序权利行使构成较大的妨碍。此外，有些公诉机关对被害人参与诉讼进行"积极引导"，让其在两种身份之间进行选择，但不能同时充当两种角色，这种做法也是对被害人的法律权利的限制。可考虑的改革方案，即充分保障被害人的程序知情权。对于有被害人的案件，应在开庭前 3 日向被害人通知案件已经进入审理阶段，并告知其享有出庭参与庭审、委托诉讼代理人和获得法律援助的权利。在向辩护人送达起诉状副本、向公诉机关送达出庭通知书时，一并发送被害人出庭申请告知书。明确控辩双方若有申请被

害人出庭作证的，应该在开庭前 3 日向法院提交申请，并明确被害人的联系方式及送达地址，由法院在庭前向被害人送达出庭作证通知书，开庭时由申请方负责确保被害人以证人身份出庭。

2. 明确区分"被害人"的出庭身份

对于纯粹出庭作证的被害人，若其仅为公诉人或辩护人申请的辅助性证人，而未要求刑事诉讼当事人的庭审参与权的，可直接按照证人身份对待，庭前直接安排至证人等候区候庭，作证时由法警引导入庭，由法庭核对基本信息并交代证人权利，签署保证书后在证人席入座。[1]对于以当事人身份参与庭审的被害人，在开始庭审时应在公诉人同席右侧设置被害人及其委托诉讼代理人的座席入座，法庭查明当事人基本情况部分对出庭被害人的基本情况进行查明记入笔录；对属于纯旁听类的被害人，应在旁听席入座，限制其在庭审中随意进行属于表达情感等类型的陈述发言，且不应将其对证据质证意见的发言记入笔录。

3. 设立暂时回避制度，通过有限"隔离"解决作证义务与庭审参与权之间的冲突

《法庭调查规程》第 9 条第 2 款规定："对被告人讯问、发问完毕后，其他证据出示前，在审判长主持下，参加庭审的被害人可以就起诉书指控的犯罪事实作出陈述。经审判长准许，控辩双方可以在被害人陈述后向被害人发问。"为了解决被害人作为当事人与证人的角色冲突，该条规定在操作中还可以具体细化为：对于出庭参加庭审的被害人，法庭在公诉人宣读完起诉书后，在对被告人发问之前，应要求其退庭候审。在被告人调查结束后，再让被害人回到法庭，首先陈述案件事实，接受控辩双方及法庭发问。并将被告人先前供述的基本内容告诉被害人，允许其发表意见。还可安排被害人与被告人对案件事实中重要的分歧陈述进行对质，包括允许双方互相发问。此种证据调查程序结束后，被害人再作为当事人参与全部诉讼程序。[2]对被害人口头陈述的调查，原则上应一次性调查完毕。对于被害人死亡或者丧失行为能力而由其法定代理人或者近亲属作为附带民事诉讼原告人的情况，不属于上述

---

〔1〕 可参见中共中央政法委员会《关于实施修改后的刑事诉讼法几个问题的通知》（政法〔1997〕3 号）。

〔2〕 龙宗智："刑事庭审人证调查规则的完善"，载《当代法学》2018 年第 1 期。

区分范围,可直接参与庭审。

(二) 确立被害人出庭作证后证言评议制度,提升出庭的实效性

1. 当庭陈述的质证

对于被害人出庭陈述的内容,应及时由双方进行质证。通过实践样本观察,对于被害人出庭陈述内容大致有两种处理方式:一种是仅仅将被害人陈述作为庭前书面陈述的补充,不组织双方进行质证;另外一种则是将被害人当庭陈述作为独立的证言并组织双方进行质证。在"庭审中心主义"及"四个在法庭"的庭审实质化的要求下,第二种操作显然更符合实践需要,且《法庭调查规程》第19条明确规定,控辩双方向证人发问完毕后,可以发表本方对证人证言的质证意见。

2. 关于质证节点

关于质证时间节点的问题,样本案件质证基本上在该被害人退庭之后进行,仅有极少数案件当面质证。在庭审实质化下,针对一般证人证言的质证,正如有学者指出:"需要改进目前证人出庭作证、质证的方式,改变目前证人接受询问后令其立即退庭的做法,被告人发表质证意见应当在证人在场的情况下进行,并允许证人对被告人进行质问和反驳,从而使证人出庭具有与被告人'对质'的意蕴。"[1]这样的做法有利于解决对于当庭陈述与书面陈述不一致的"变节"陈述,审判人员可提醒引导公诉人进行交叉询问,通过反询问检验其所作陈述是否合理、真实,通过控辩双方对人证的询问揭示出当庭陈述与庭外书面陈述的矛盾之处,以及人证陈述本身的矛盾之处。但鉴于被害人身份特殊,其既可作为被质询者,也可以作为质询者,若不退庭质证有可能导致被害人对自己之前陈述的内容进行"修正",甚至导致被害人受到精神刺激,因此,退庭质证方式较为可取。但允许合议庭在以下情况根据反馈和互动的可能性确定不退庭质证:[2]一种是当庭陈述与书面陈述有实质性差异的,需要进一步作出解释说明的;另一种是被告人不认罪,且所举证据主要是被告人供述和被害人陈述,需要视质询情况补充询问的。

---

〔1〕 韩旭、王剑波:"刑事庭审质证运行状况实证研究——以100个庭审案例为样本",载《法治研究》2016年第6期。

〔2〕 关于证言评议制度及退庭质证的优点,可参见龙宗智:"刑事庭审人证调查规则的完善",载《当代法学》2018年第1期。

（三）调查的启动及调查内容的规制

1. 陈述启动主体

对于被害人出庭作证的，一般可以先由审判人员进行引导发问，以明确作证的基本权利义务和法律责任，并可以采取"自由陈述+问答"[1]的模式，在被害人对案件的基本事实进行概括性陈述后，由申请方按照"传者优先"的原则继续承接并发出陈述内容的指令，做到陈述内容有的放矢。审判长认为陈述内容与案件事实无关或者重复的，应进行提示，若多次提示无果，为了庭审的紧凑可以予以制止。在调查询问过程中，审判人员应该限制诸如"证人/被害人，你对今天庭上所说的话要负责""证人，你在公诉机关的陈述是真实的吗？"的这种询问方式，将角色定位在中立引导上。

2. 陈述内容

被害人出庭陈述的内容应该与争议的事实焦点相关联，对双方无争议的事实无需再进行陈述。出庭作证应该是对犯罪事实的事实性陈述，而非定罪等发表意见的非事实性、意见性陈述。对于参加庭审的被害人的意见性陈述，法庭应当引导并告知其在法庭调查结束后的辩论和最后陈述阶段发表。若发问方在陈述过程中进行诱导性反问的，审判长可以制止，对方也可以提出异议，由审判长判明情况后予以支持或者驳回。

3. 被害人当庭陈述与书面材料不一致的处理

被害人当庭陈述与书面材料不一致时，应该准许证据瑕疵补正，即人民检察院可以提供其他足以证明案件事实的证据材料予以佐证，必要时，法庭可以宣布休庭，并建议人民检察院补充侦查。[2]

四、单位犯罪诉讼代表人调查制度的完善

（一）诉讼代表人的确定

司法解释在确定诉讼代表人时明确将"知道案件情况、负有举证义务"作为排除条件。但在司法实践中，排除了上述人选之后，可能会出现没有合

---

〔1〕 郭彦主编：《理性 实践 规则——刑事庭审实质化改革的成都样本》，人民法院出版社 2006 年版，第 168 页。[2017] 川 0113 刑初 633 号案便采用的这种方式。

〔2〕 参见郭彦主编：《理性 实践 规则——刑事庭审实质化改革的成都样本》，人民法院出版社 2006 年版，第 453~459 页。该书载录了《举证规则》，其第 46 条确定了该项规则。该规定比较灵活，从实践角度来讲，也便于操作。

适的诉讼代表人出庭应诉的尴尬局面。[1]因此，样本案件中将"证人"确定为诉讼代表人虽然不具有形式上的"合法性"，但却具有实践层面的"合理性"。为了实现"形式合法性"与"现实合理性"之间的平衡，对于诉讼代表人的确定应确立以下原则：首先，确定诉讼代表人时，原则上不应由已经作为本案证人的单位工作人员担任；其次，若部分单位犯罪中缺乏未作过证人的适格诉讼代表人，应避免将重要证人作为诉讼代表人；最后，确因诉讼代表人作为证人进行询问，则应转换其身份。[2]

（二）诉讼代表人的地位

（1）诉讼代表人的法律地位。从我国《刑事诉讼法》确定的当事人的范围来看，诉讼代表人并不在范畴内，甚至也不在列举的诉讼参与人的范围内。从诉讼代表人的产生来看，其参与诉讼时并非被告单位的代理人，也不属于证人。目前宜将诉讼代表人作为一类诉讼权利与义务有所限制的特殊法律拟制的被告人进行对待，今后的相关司法解释应该对其主体地位予以完善。

（2）明确诉讼代表人陈述的证据性质。诉讼代表人代表单位出庭就被指控的事实和罪名进行陈述，其陈述内容的意思表示应该属于单位的意思表示，从法理上讲，这种陈述属于单位被告人的供述和辩解。虽然通常认为我国证据制度上讲的被告人的供述和辩解是针对自然人而言的，但是由于社会经济的发展，单位犯罪的案件相较于《刑事诉讼法》及其司法解释出台时有了新的变化，且实践中对于诉讼代表人陈述性质的认定也莫衷一是，由此可能会损害当事人的诉权。基于此，"由于诉讼代表人代表单位对公诉机关指控作认罪陈述或者无罪辩解的意思表示，是既定的法律制度，因此，《刑事诉讼法》和证据制度应当确认这种意思表示的法律地位和证据性质，将其作为犯罪嫌疑人、被告人供述和辩解的一种特殊形式，对其内容与形式进行规范，并确认其法律意义，包括坦白、自首对量刑的意义"。[3]

（3）诉讼代表人的陈述范围。作为单位的诉讼代表人，其陈述应仅限于对罪与非罪、罪轻作出意思表示并提供证据。诉讼代表人原则上不能同时作为自然人个人提供证言，也不能将诉讼代表人当成自然人被告进行调查。但

---

〔1〕 林国、詹腾腾、陈多多："完善被告单位诉讼代表人制度"，载《人民检察》2013 年第 14 期。
〔2〕 龙宗智："刑事庭审人证调查规则的完善"，载《当代法学》2018 年第 1 期。
〔3〕 龙宗智："刑事庭审人证调查规则的完善"，载《当代法学》2018 年第 1 期。

若无法及时确定诉讼代表人，案件将被搁置，因此存在特定情况下不得不指定部分知道案情的单位人员作为诉讼代表人的情况。在"特殊情况下，如需将诉讼代表人作为证人进行询问，则应转换其身份，明确其作为证人的权利义务，包括提出如实作证的保证并具结，然后按照证人调查规范对其进行调查。调查完毕后，再让其回归诉讼代表人身份。同时，在证据评价时，应注意此种证人已作为诉讼代表人获得庭审证据信息，可能对其作证形成影响"。[1]

（三）作为诉讼代表人时的发问、询问程序

（1）身份的查明。法庭在查明出庭的当事人情况时，需查明诉讼代表人的基本情况、诉讼代表人在单位中的工作职责及岗位，以及是否为知道案件事实的关键证人等情况。

（2）询问、发问程序。在交代完程序性权利后，由公诉人宣读起诉书，之后，经法庭询问确认诉讼代表人和其他当事人清楚起诉书内容后，应先听取诉讼代表人对于起诉书指控事实和罪名的意见，并同步要求其他被告人（单位主要负责人作为被告人）暂时退庭隔离，分别听取意见，由诉讼代表人代表单位独立陈述对指控罪名的意见，公诉人、辩护人、合议庭可以在该程序后依次对诉讼代表人就陈述理由进行"澄清性"发问。

（四）特定情况下"诉讼代表人"作证程序

（1）转换作证的情况。对于了解单位组织架构、一般制度的调查，除由单位出具情况说明外，可以列入诉讼代表人调查的问题，此种调查应转化为普通证人调查的方式展开。

（2）转换程序。在时间节点上，诉讼代表人、被告人对起诉书指控发表完意见后，在证据出示阶段应该先就诉讼代表人作为证人进行调查，同时需要签署保证书，并交代证人的权利义务。作证时，不应再在诉讼代表人席处就座，而应该在法警的引导下在证人席入座，作证结束时，应该由法警引导作为证人的诉讼代表人退庭。

（3）询问及认证。就诉讼代表人的发问，原则上应该由提出一方先进行发问，再由相对方进行发问，最后在合议庭认为有必要的情况下补充发问；并由合议庭组织双方就作证的内容发表质证意见，待质证意见发表完之后再通知诉讼代表人回归身份入座，继续参加庭审活动。

---

〔1〕　龙宗智："刑事庭审人证调查规则的完善"，载《当代法学》2018 年第 1 期。

第四章

证人证言调查

对于刑事诉讼中的事实证明和认定而言，证人证言具有非常重要的地位和作用。虽然有学者说，刑事证明的历史发展经历了一个从神证到人证再到物证的时代。[1]但实际上，现代刑事证明仍然对证人证言以及其他人证类证据具有极大的依赖性。一方面，虽然随着社会治理技术和诉讼的证据发现技术提升，案发后形成的客观性较强的实物证据越来越多，但刑事案件发生的隐蔽性特征导致其不如民事诉讼案件那样容易生成客观性较强的实物证据。另一方面，实物证据证明作用的发挥往往也需要人证的支持：其一，实物证据不仅依靠其本身的性状来进行证明，而且常常通过其与场所、环境的关系来进行证明，而关系特征的呈现常常都需要通过人证来进行说明；其二，实物证据从其最初的生成到呈现在法庭，在这个过程中是否发生了性状的改变，需要由人证来对实物证据的收集、保管链进行说明；其三，当用于证明的实物证据的性状特征不为常识所知时，需要专家通过鉴定意见的形式来进行证明。

在一定意义上可以说，凡是需要通过庭审来调查事实的案件，核心争议的证据基本上都是人证，或者说基本上都涉及人证。因为，法庭调查的重要功能不仅是在展示证据、质证和发表法律意见，更为重要的功能是获取新的证据。实物证据的多少，在庭外和庭上都是一样的，不会因为场所的改变而增减。但是，人证在法庭上却可以通过询问而获得较之于庭前的书面信息而言更多的信息。如果说一个案件无须通过庭审而获得更多的证据信息，在某种意义上可以说，对法庭审判的需求是大为减弱的，质证和法律意见都可以

---

〔1〕 何家弘："让证据走下人造的神坛——试析证据概念的误区"，载《法学研究》1999 年第 5 期。

在庭外以书面的形式进行。当然，法庭审判的功能不仅在于获得新的证据信息，还包含展示审判、给当事人提供情绪表达和宣泄等的作用。由此可以说，中国刑事庭审实质化改革能够取得良好的效果，关键在于如何理解人证调查的原理和制度设计。

在我国，证人与人证有别，而在英美法系国家中二者基本上可以等同。毫无疑问，在我国的制度语境中，证人仅属于人证中的一类，而犯罪嫌疑人和被告人、被害人、侦查人员和鉴定人等提供的证词则被归入了其他的证据类型。证人，是人证中特别重要的一种类型，所以，如何理解证人调查的原理和制度设计，对于中国刑事庭审实质化改革具有极为重要的意义。

对于中国刑事庭审实质化改革而言，证人调查的制度设计需要实现两个方面的功能：一是，使法庭调查能够尽可能从证人那里获得充分、有效的证据信息，从而最大可能地查明案情；二是，使法庭调查能够让控辩双方、当事人获得（程序）公正感，从而加强相对公正的实体结果的可接受性。中国刑事实质化改革所取得的成效如何、如何进一步改革等问题，都需要放在两个基本功能诉求中进行观察。证人调查主要涉及庭前的调查准备、证人在证据类型调查中的顺序安排、证人的发问主体和方式、证人调查的发问内容、如何处理庭前证言和当庭证言的关系等多个环节，下面笔者就从两个功能诉求的角度来对其进行评析。

第一节 刑事庭审实质化背景下证人调查的制度与实践

一、证人调查庭前准备的制度与实践

（一）庭前准备的制度探索

有效的庭前准备对于法庭调查的有效展开具有重要的意义。近年来我国刑事庭审实质化改革的制度探索，注重加强庭前准备的制度改革，主要体现在 2012 年《刑事诉讼法》修改设立庭前会议的专门程序，以及 2018 年开始施行的《庭前会议规程》和 2021 年 3 月施行的《刑事诉讼法司法解释》等的诸多规定中。

《刑事诉讼法》第 176 条规定"向人民法院提起公诉，并将案卷材料、证据移送人民法院"，这样极大地改变了法院的庭前准备活动，即法院从之前在

庭前只能接触部分案卷变为庭前能够掌握所有案卷。另外，其第 62 条、第 187 条和第 193 条就证人证言调查的庭前准备作了一些框架性规定，主要包括证人的作证义务、出庭证人名单确定、通知证人出庭以及对证人无正当理由未出庭的处理等方面。

《刑事诉讼法司法解释》第 218 条、第 221 条、第 228 条以及第 253 条、第 255 条、第 257 条等对相关内容作了细化，主要涉及六方面内容：①规定了在庭前应对公诉人出庭证人名单、证人保护名单进行审查并通知当事人、辩护人等在开庭前提供证人名单；②规定了庭前准备程序中对出庭证人名单听取控辩双方意见；③规定合议庭拟定法庭审理提纲的内容应包括出庭证人、侦查人员名单；④规定了部分证人可采用视频作证的情形；⑤确定了强制证人出庭，应当由院长签发强制出庭令；⑥规定对不公开信息的证人应当在庭前核实其身份。

不仅如此，《庭前会议规程》还对具体操作规程作了更为细致的补充：①补充规定了控辩双方协助证人出庭的义务，规定人民法院通知证人出庭，应当告知控辩双方协助对本方诉讼主张有利的有关人员到庭；②明确了强制证人出庭的执行主体，规定证人无正当理由拒不出庭的，经院长签发强制证人出庭令后，由法警执行，必要时，可以商请公安机关协助执行。

通过对上述规范的梳理可见，证人证言调查的庭前准备制度已具备相应规范，但存在职权性、单向性以及规范性不足的特点。一方面，当前关于证人证言调查庭前准备的规定主要集中在出庭证人名单的确定与通知、对采取保护措施证人的庭审前的身份核实等内容。制度设计主要从法官职权行使的便利性出发，较少涉及控辩双方的参与。对于与证人出庭相关事项争议的处理缺乏明确的可操作性规则，造成司法实务中相关事项处理的规范性不足，随意性较大。另一方面，从实践层面来看，证人出庭作证的适用条件仍不够明确，证人资格的判断以及是否强制出庭均由法院作出，强制证人出庭仍停留在"纸面"层次。

（二）庭前准备的实践操作

成都市法院在庭审实质化试点改革过程中，一直重视运用庭前会议运行机制来促进庭审证据调查的实质化展开，并制定了相应的实施办法或实施细则。成都市中级人民法院、成都市人民检察院、成都市司法局于 2019 年联合印发了《举证规则》，其中就对庭前会议的举证时限等进行了规定，主要就是要求：当事人及辩护人、诉讼代理人应在召开庭前会议 3 日前提交证据材料；当事人及辩护人、诉讼代理人在庭前会议中申请提交新证据的，人民法院经审查认为确有必要的，可以限期提交；当事人及辩护人、诉讼代理人在庭前会议中对证据的合法性提出异议的，人民检察院应当对证据予以补正、解释、说明；公诉人、当事人及辩护人、诉讼代理人在庭前会议中对出庭证人、鉴定人、有专门知识的人的名单有异议的，应当说明理由，理由成立的，人民法院可限期准予变更。从地方法院制定的《举证规则》来看，主要推进的内容在于：加强了控辩双方在庭前会议中的参与性；实现了庭前会议中证据的充分提交，包括新证据的提交和针对争议点的证据补充；明确了出庭证人的名单。

2015 年 2 月至 2017 年 12 月成都市两级人民法院适用实质化审理的刑事案件中，召开庭前会议的有 360 件，在这些案件中，在证人调查的庭前准备方面，体现的主要特征是：

（1）注重在控辩审三方的共同参与下确定出庭证人名单。

第一，在庭前会议中，控辩双方提出证人出庭作证申请与法院依职权确定证人出庭的案件占一定比例。在召开庭前会议的案件中，主持庭前会议的审判人员在案件争点整理后都会主动询问控辩双方是否申请证人出庭，控辩双方对此都要作出一定回应。课题组对 360 件召开了庭前会议的样本进行数据统计，具体情况如表 4-1。

表 4-1　庭前会议中申请证人出庭作证情况一览表

召开庭前会议案件数（件）	庭前会议中控方申请证人出庭案件数（件）	庭前会议中辩方申请证人出庭数（件）	控辩双方同时申请证人出庭案件数（件）	控辩双方均未提出申请证人出庭案件数（件）	法院单独依职权决定证人出庭案件数（件）
360	125	73	24	186	50

这些数据反映出在申请证人出庭作证方面，控方提出申请的案件数量最多，其次是辩护方，最后为法院。这是因为控方负有证明被告人有罪的举证责任，所以提出申请的比例较大，而辩方主要是对控方证据提出质疑，其提出申请的比例相对较小。鉴于法官在我国刑事诉讼中负有澄清义务，其依职权决定证人出庭作证也占一定比率，但是少于控辩双方申请的数量，这也符合我国刑事诉讼改革中进一步激发控辩双方诉讼职能行使的发展趋势。

第二，少数案件中控辩双方有行使异议权的情况。根据《庭前会议规程》第 17 条的规定，控辩双方可以对对方的申请提出异议。[1]但样本数据反映出控辩双方提出异议的案件数量很少，其中控方提出异议的案件有 7 件，但辩方提出异议的案件基本没有，具体情况如表 4-2。

表 4-2　庭前会议中申请证人出庭作证与异议提出及处理典型案件一览表

样本号	辩方申请证人出庭的数量、类型和理由	控方提出异议的理由	法院的最终裁决
178	辩方申请 10 名证人出庭。辩护人在庭前会议说明申请理由过程中主动放弃对其中 2 名证人的申请，阐述了申请其他 8 名证人的理由，认为对查明案件事实非常重要	控方提出了异议并说明了异议理由：一是 2 名证人证言与本案无关，并不能对案件主要争议事实予以证明；二是有 2 名证人的姓名控方认为不能确定，对是否有这两个人存疑；三是 2 名证人证言不影响犯罪构成	审判人员没有在庭前会议中当即作出裁决，提出待合议庭评议后再行决定。而从庭审笔录中反映出，对于辩护人申请多名证人出庭作证，合议庭评议后认为暂无出庭必要
183	辩方申请另案处理的 4 名被告人作为本案证人出庭作证	控方表示反对，认为这些证人都已经服刑完毕，在原生效判决中已经确定了的证据可以直接采信，不同意这些人出庭作证，担心有串供的可能性	最终法院没有同意辩方的申请，没有证人出庭作证
286	辩护人向法院提出申请被害人、证人和民警出庭作证。庭前会议笔录中没有反映出具体的理由	公诉人认可被害人出庭，但认为辩护人申请的证人郭某基本没有看到案发主要情况，提出证人游某出庭作证更为适宜；对于本案涉及排非，所以辩方申请签字民警不要出庭，而认为被告人提出涉嫌非法取证的民警徐某出庭更为恰当	法院没有在庭前会议中作出决定。但庭审笔录反映出证人郭某、白某以及民警徐某出庭了。而公诉人提出的游某最终并没有出庭

---

[1]《庭前会议规程》第 17 条第 2 款规定："控辩双方对出庭证人、鉴定人、侦查人员、有专门知识的人的名单有异议，人民法院经审查认为异议成立的，应当依法作出处理；认为异议不成立的，应当依法驳回。"

样本号	辩方申请证人出庭的数量、类型和理由	控方提出异议的理由	法院的最终裁决
644	被告人提出申请梁某出庭作证，证明自己没有犯罪的意愿，尤其对自己量刑有一些帮助；辩护人提出申请梁某、施某出庭以及被害人出庭与被告人对质	公诉人认为控方已经考虑了在量刑上会对被告人以从犯从轻考虑，而现有证据对于证实被告人从犯的作用比较清楚，所以认为证人出庭不太必要	最终合议庭未同意梁某、施某出庭。但是鉴于本案中被告人当庭就该事实进行了翻供，被告人又提出梁某出庭的申请，合议庭将做评议后再决定梁某是否有必要出庭作证。但最终并未同意梁某出庭
647	辩护人申请何某、林某出庭，理由是对于证人证言进行当庭核实；申请李某、黄某、王某出庭	公诉人对此提出异议，认为证人证言符合证据的"三性"，没有出庭的必要	对于辩护人提出的申请，法院认为证人证言对于本案的审理具有重大作用，基于本次庭前会议的争点整理中辩护人对证人证言提出的异议，准予辩护人对证人的出庭申请
658	在第一次庭前会议中，辩护人申请民警杨某、邓某，目击证人龚某、谭某、吴某，申请便衣警察李某出庭作证。并且说明了理由：龚某为公安机关线人且与被告认识，吴某、谭某为治安队员，3人证言有重大疑点，情况说明与到案经过有矛盾，所以申请民警出庭。第二次庭前会议中，对于杨某不能出庭，辩护人坚持杨某出庭	在第一次庭前会议中，公诉人提出异议：吴某、谭某是公安合法取证，公诉人对该证言审查后认为无出庭必要；杨某等3人出庭作证，公诉人也予以申请，但杨某、邓某、龚某本人不愿出庭，且证言可能发生重大变化。对便衣警察李某出庭问题将在之后向公安核实。在第二次庭前会议中，公诉人提出杨某出差不能出庭，邓某能够出庭，两人都是侦查人员能证明抓获到案经过，建议邓某出庭	法院要求公诉人提供杨某出差的证明，最终本案确定了证人龚某、李某、谭某、吴某和警察邓某出庭作证

样本号	辩方申请证人出庭的数量、类型和理由	控方提出异议的理由	法院的最终裁决
776	辩护人申请被害人之前委托的律师李某出庭作证，申请但某出庭作证	公诉人提出了异议，认为李某与被害人没有委托关系，对于证人资格有异议；认为但某与本案没有任何关系，无法证明案件事实	法院提出请辩护人考虑但某证人证言的价值与可信度，并要求辩护人将证人的身份信息及证人出庭申请在3日内递交法庭。根据庭审笔录可知，辩护人申请的两位证人没有出庭

第三，庭前会议中法院就确定证人出庭名单所作的裁决形式多样。有的案件中，法官会在听取控辩双方意见后，在庭前会议中对证人出庭问题作出较明确的裁决。而有的案件中，法官在控辩双方充分发表意见后，并不会在庭前会议中作出明确裁决，而是要求控辩双方在会后提供书面申请以及证人相关信息，由合议庭评议后再作出决定。

第四，在被告人参加庭前会议的案件中，部分被告人也会提出证人出庭作证的申请。在召开庭前会议的360件案件中，有被告人参与庭前会议的案件为271件，极少数被告人在庭前会议中对需要哪些证人出庭作证发表自己的意见，但总体而言，对于是否提出申请以及如何申请，被告人了解不多，参与度也非常有限。

（2）极少案件中申请出庭证人特殊保护措施。

第 658 号样本

这是一起盗窃案件，笔者摘录了该案的庭前会议笔录，具体内容如下：

法：关于证人杨某，控方提供相应证据材料再决定是否应当出庭，今天不作决定。证人是否需要申请保护令？

公：需要征求证人意见。明天回复。抓捕被告人之前不认识，询问证人是否会加深印象。

辩：据被告人所说，龚某和被告人相互认识，身份是警方线人还是治保队员也好，被告人早就知道他们的身份，没有必要回避。

公：龚某是否认识被告人只是被告人单方面的说法，从有利于证人保护的角度来说，最好不当面对质。

法：（简单合议）对证人，可以同意不对质，龚某具体根据审判情况来决定，其他证人可以不允许被告人质问。证人出庭可以戴墨镜口罩进行保护。其他方面的保护可以申请保护令交公安机关。

第658号样本

庭前会议笔录摘录如下：

法：证人龚某、李某、谭某、吴某、警察邓某共5人将出庭作证，相关的出庭工作由控方保障，这5人系控辩双方共同提出的证人，交叉讯问主讯问由哪方先发起，控辩双方有什么意见？

法：对证人和邓某的发问不分主次，但是由于证据变化原因先由公诉方提问查明事实，控辩双方有无异议？

公：无异议。

辩：无异议。

公：4名证人身份特殊，系反扒队员，被告人可能会对我的证人有人身方面的威胁，害怕打击报复，建议证人出庭以后出庭作证方式不当面对质。

辩：没有异议。

在庭审实质化刑事案件中，有人证出庭的案件数量为376件，其中有侦查人员出庭作证的案件为207件，有一般证人出庭作证的案件为176件。而涉及出庭证人特殊保护措施申请的案件有2件，即第529号样本与第658号样本。这两起案件中，一起是证人在庭前申请了特殊保护措施，一起是法院主动询问是否需要采取。

（3）部分案件将证据争点整理与证人名单确定连接。在对样本中的庭前会议笔录进行具体分析后发现，除了处理程序性问题，多数案件都做了证据争点的整理。在召开庭前会议的360件案件中，控辩双方进行了案件争点整理的有308件。而证据争点的整理是更好确定出庭证人名单的前提。在案件争点与证据整理中，一般由控方首先进行证据开示，对于开示的证人证言如果辩护人或被告人提出了异议，争议较大时，要么控方会在申请证人出庭时主动提出申请，要么辩护方会对有争议证言的证人提出出庭作证申请。

（4）少部分庭前会议预先安排了证人证言调查的顺序。在对样本中的庭前会议笔录进行分析后发现，在召开庭前会议的360件案件中，制定了庭审证据调查方案的有236件，其中有少部分案件的庭审证据调查方案对证人证言的调查范围、调查顺序和调查方法进行了预先安排。笔者将以第658号样本案件中的庭前会议笔录来分析法官在庭前会议中如何引导控辩双方对证人调查顺序和方式预先安排。

上述庭前会议笔录反映出，经法官的主导对庭审证人证言调查做了安排，包括调查的证人证言范围、顺序，多名证人作证顺序的先后以及发问顺序，还对部分证人是否与被告人以当面对质的调查方式做了协商与安排。

二、刑事庭审实质化庭审证人调查的制度与实践

（一）庭审证人调查的制度探索

刑事庭审调查的基本模式在 1996 年《刑事诉讼法》中得以确立，这就是，从过去的法官职权调查变为以控辩双方调查为主、法官调查为辅的"控辩对抗"模式，也是具有明显区别于当事人主义、职权主义或混合制庭审模式国家做法的中国特色。[1]长期以来，人们普遍认为，庭审流于形式的主要问题症结在于，证人出庭率不高、法官依赖于庭外书面审。因此，2012 年《刑事诉讼法》在修改的时候在如何保障证人能够出庭方面做了较多的努力。庭审实质化的证人调查规定，主要体现在《刑事诉讼法》《刑事诉讼法司法解释》和《法庭调查规程》等法律法规中。

2018 年《刑事诉讼法》修改在这方面没有做进一步的推进。现行法典中庭审调查规则的基本规定体现在《刑事诉讼法》第 192 条、第 194 条等条文中，这些条文对证人出庭及证人证言庭审调查进行了原则性规定，涉及证人出庭的要求，证人如实作证义务，控辩审三方的发问权以及审判人员对证人证言庭审调查的控制权。保障证人出庭作证的规则主要体现在《刑事诉讼法》第 61 条、第 63 条、第 64 条、第 65 条、第 193 条和第 194 条的规定中。这些规定确立了证人出庭作证的保障与惩戒制度，包括保护的对象、范围、对保护申请的审查、决定程序与相关措施采取以及对无正当理由拒绝出庭或出庭后拒绝作证或有意作伪证的处理等内容。

《刑事诉讼法司法解释》对证人出庭要求、顺序、发问规则、对特殊证人的保护以及特殊原因无法出庭证人的作证方式、对证人证言的审查认定等都进行了较为详细的规定：其一，确立了证人身份核实及权利义务告知程序，规定了诉讼参与人对证人的发问顺序，并对无法出庭的证人证言规定了特殊的举证方式。其二，规定了发问顺序与发问应遵守的规则，诸如相关性规则、

---

〔1〕 龙宗智："论我国刑事庭审方式"，载《中国法学》1998 年第 4 期。

禁止诱导性发问规则、不得胁迫诱导规则及保护规则等。其三，对证人证言的审查和认定作出了详细规定。如第 87 条规定了对证人证言应当着重审查的八项内容。第 91 条规定了对当庭证人证言与庭前证言的采信问题等。另外，证人出庭保障措施的规定主要体现在《刑事诉讼法司法解释》第 254 条、第 256 条、第 257 条等中。

在证人庭审调查规则方面，《法庭调查规程》的进一步细化主要是：其一，细化了控辩双方的发问方式和发问规则。控辩双方可以通过提问也可以让证人向法庭自由陈述其所感知的案件事实，发问完毕后，可以归纳本方对证人证言的意见。明确规定在向证人发问过程中不得误导证人，不得损害证人人格尊严，不得泄露证人隐私。其二，细化了控辩双方对不当发问的异议权、具体的异议方式及审判长对异议的处理。其三，规定了证人候庭的要求和多名证人之间的询问要求及对质情况。其四，明确了在证人出庭作证情况下，原则上不宣读书面证言，特殊情况下可以使用书面证言。其五，对证人证言的认证提出了更高要求，规定证人没有出庭作证，其庭前证言真实性无法确认的，不得作为定案的根据。其六，规定了法院必要时可以商请公安机关采取专门性保护措施，将证人出庭的合理费用列入证人出庭作证补助专项经费，在出庭作证后由人民法院依照规定程序发放。

通过对制度探索的梳理，得出庭审证人证言调查的相关规定具有四大特点：其一，明确了证人出庭的重要性。无论是我国刑事诉讼法及其司法解释，还是最高人民法院出台的"三项规程"，都强调了证人出庭作证的重要性和必要性，并在证人出庭的启动与保障、不出庭证人证言的认证以及无正当理由拒绝出庭的处罚等方面作了相应规范。其二，建立了庭审证人证言调查的基本规则。我国《刑事诉讼法》《刑事诉讼法司法解释》、最高人民法院出台的"三项规程"对证人证言调查作出了详细规定，关于证人证言庭审调查的启动、举证发问顺序、发问规则、基础的异议规则、未到庭证人的作证方式等基本庭审调查规则已经确立。其三，对证人证言的审查和采信作了部分规定。现有规定确定了当庭证言的采信标准，即当庭作出的证言，经控辩双方质证、法庭查证属实的，应当作为定案的根据。经人民法院通知，证人没有正当理由拒绝出庭或者出庭后拒绝作证，法庭对其证言的真实性无法确认的，该证人证言不得作为定案的根据。与此同时也对当庭证言与其庭前证言矛盾的情形该如何认定作了规定。其四，初步建立起了证人出庭作证的保障机制。一方面，规定了证人保护及经济补偿方面的制度。明确了证人保护的对象与范围、证人保护的具体措施、依职权和依申请两种证人保护的启动程序、保护的主体和经济补偿的范围与程序。另一方面，确立了与证人作证相关的惩戒制度。《刑事诉讼法》赋予法官对无正当理由拒绝出庭或出庭后拒绝作证的证人的惩戒权，并对不如实作证规定了相应的法律后果，明确法院履行向证人告知其应当如实作证以及不如实作证的法律后果之义务，同时规定了一旦查明证人有不如实作证情况时，法庭应依法予以处理。

（二）庭审证人调查的实践操作

为了使庭审证人调查更为有序和有效，成都市法院也制定了一些细化的、补充性的规则。另外，成都市《举证规则》对庭审举证时限、举证顺序、证据出示要求等作了一些细化，涉及证人调查方面的主要内容是：①证人出庭作证应当遵循一定的要求，即：其一，出庭作证的证人证明案件事实较多的，应当在调查其证明的主要事实时出庭作证，接受控辩双方的询问。法庭对证人证明的次要事实进行调查时，举证方可以宣读出庭证人的书面证词。其二，当庭陈述模糊、不完整的，申请方可以宣读庭前书面证词作为补充，并要求证人、被害人作出解释或说明。当庭证词与庭前书面证词不一致的，控辩双方均可就不一致的部分重点宣读庭前书面证词相关内容，并要求证人、被害人作出解释或说明。②宣读书面证言应遵循的要求是：其一，说明证人、被害人的基本信息及与案件的关系；其二，说明证人、被害人不能出庭的原因；其三，说明庭前书面证词的制作主体、时间、地点及形成情况；其四，说明庭前书面证词与待证事实的关系；其五，全文或摘要宣读庭前书面证词的内容，宣读时可以借助多媒体进行展示和说明。③证人因害怕打击报复或因案件特殊情况不愿出庭的，可另设证人室，在技术处理后通过视频同步传输或电话询问的方式举证质证。

在成都市法院采用刑事庭审实质化方式审理的案件中，证人调查的突出特点是：

（1）案件证人出庭率大幅提升，出庭效果明显。一方面，在适用实质化审理的案件中，证人出庭作证的案件数大幅提高，不仅如此，同一案件中出庭证人的数量也在增加。笔者对收集到的案件进行分析（见表4-3），发现采用实质化庭审的案件数量在逐年增长，与此同时普通证人出庭作证的比率也大幅提升。

表4-3　成都市两级人民法院2015年至2017年适用实质化审理案件普通证人出庭情况

时间	普通证人出庭的案件数（件）	普通证人出庭的人数（人）
2015年	20	35
2016年	62	86
2017年	94	134

另一方面，关键证人出庭为查明案件事实提供了极大帮助。通过证人出庭促使了被告人服判，如第82号样本案件——被告人俞某职务侵占一案中，被告人俞某对侵占物品数量和职责范围提出异议，而书面证言对此部分事实证实不清楚、不全面，存在异议，两位关键证人出庭作证后对物品的包装情况、数量计算做了详细的说明，并当场与被告人对质，证实了被告人的职责权限及案发当日被告人如何利用职务之便进行相应行为，为法庭查明的案件事实提供强有力的支撑，被告人亦在判决后当庭表示服判。

此外，在采用实质化审理的案件中，侦查人员出庭的案件数量和人员数量都有一定比例。从样本中侦查人员出庭作证的统计数据（见表4-4）可以看出，侦查人员出庭作证的案件占采用实质化审理案件的27%左右。

表4-4　成都市两级人民法院2015年至2017年适用实质化审理案件侦查人员出庭情况

时间	侦查人员出庭的案件数（件）	侦查人员出庭的人数（人）
2015年	12	20
2016年	90	99
2017年	105	127

而根据对样本的分析发现，侦查人员出庭对有争议的到案情况与侦查活动的合法性等进行证实，效果比较明显。比如，在第200号样本案件审理中，法庭通过侦查人员出庭查明了被告人一份有罪供述的笔录获取严重违反程序，且存在诱供可能。法庭依法对该份口供予以排除，并对该起盗窃事实不予认定。

第200号样本

庭审笔录摘要如下：

审：还有吗？

被：9月4号那天提外讯，李警官和陈警官说你承认了偷车就让我和我老婆、小孩见一面。大约下午四五点的时候接我老婆和小孩来吃了饭拍了全家福，完了就拿了堆资

料给我签，也没提讯我，之后就把我送到了看守所。

公： 被告人金某强提交的照片是否在你们派出所拍摄的？

证： 是在我们院子拍摄的。

公： 来源背景请你介绍下。

证： 被告人金某强前妻杨某美多次向我们反映需要和金某强有经济问题及赡养问题交代，领导同意可以让家属见让他们交代下。因为金某强还有几个地点辨认，那天我们提外讯把金某强从看守所提出来，好像是在中午，在提他之前给他家属打电话说让你们见个面说下娃娃和经济的事情，下午指认现场快指完的时候因为金某强在第四次讯问的时候反映了个情况，说胡某搞了个迈腾车，金某强说反正案子都那么多了，他也愿意带我们去把迈腾车的现场看一下，我和另一个办案民警还有点不相信，我就说你先带我们去看了再说，金某强就带我们去看了两个位置，他向我们反映的是和胡某一起去偷的，回所后制作了现场辨认笔录和一份讯问材料，讯问之前还是讯问后家属见面我就不记得了。见面后金某强和他老婆都提出希望我们能帮他照照片，所以我们才在派出所院子里面帮他们照了照片，之后送金某强回看守所。

公： 拍照是哪个提出来的？

证： 我记不清楚是金某强还是金某强的老婆了。

（2）对出庭证人以轮替式发问为主兼具交叉询问的形态。对出庭证人证言的调查是法庭证据调查的核心内容，我国庭审长期以来存在对书面证言的依赖，如何对出庭证人进行法庭调查是控辩审三方共同面临的挑战。由于对出庭证人证言的调查经验不足，重点把控不准，部分试点法院对如何开展交叉询问进行了一定探索，但总体而言，对出庭证人的调查还是以轮替式发问为主，兼有交叉询问的形态。有关交叉询问的探索对于提升控辩双方询问能力，落实控方证明责任中的说服责任、满足审判人员对证据、事实的审查与认定需求等方面，还是有一定效果的。例如，在第 82 号样本中，在庭审证人证言调查过程中就运用了该法院制定的交叉询问指引，审判长引导控辩双方对 5 名证人进行了询问，对双方争议的焦点均当庭进行了查实，取得了良好的庭审效果。

第 82 号样本

庭审笔录摘要如下：

审： 被告人，首先由你向证人汪某发问。

被： 我让你装几箱货？

证： 6 箱。

被： 是不是我喊你把货物卸下来的？

证： 对。

被： 所有发动机缸体的零件号是不是一样的？

证： 不一样。

被：发动机是不是分批次的？

辩：当时被告人俞某打电话喊你发货，原话是怎么讲的？

证：大众那边来人，来拉 6 箱缸体，我问他好久来，他说他也不知道，已经把我的电话给那边的人了。我问他什么型号？他说是 011CC。

辩：货物上车后谁让你卸下来的？

证：俞某。

审：下面由公诉人对证人汪某发问。

公：被告人俞某电话给你说拉 6 箱缸体，具体指好多？

证：一箱是 27 个。

公：工作之中所有的箱是不是指 27 件？

证：对。

公：俞某给你打电话，明确了型号的对不对？

证：对。

公：你是不是按照要求搬出了 011CC？

证：对。

（3）探索了对证人出庭作证的特殊情况处置。2015 年 2 月至 2017 年 12 月成都市两级人民法院适用实质化审理的刑事案件中，有部分案件采取了证人保护措施，如一起制造毒品案件审理中法院设立了专门的证人室，庭前核实证人身份，开庭时采用隐蔽证人和变声处理方式保护证人安全。而在一起涉黑案件中，法院则采取了远距离屏蔽证人容貌的视频作证的方式。但采取该类做法的案件数量极少，且保护措施均局限在开庭过程中，在庭审外对证人采取保障措施在现有案件中均未体现。

第二节　刑事庭审实质化背景下证人调查存在的主要问题

一、证人调查庭前准备存在的问题

从已有的各种规则来看，庭前会议存在着较为明显的法官职权化、规范性不足的特点。法官职权化的特征就是，制度设计主要是从法官职权行使的便利性出发，诸多事项的处理基本上都是由法官决定，法官对庭前会议的处理具有较大的随意性。规范性不足的特征就是：证人出庭作证的适用条件仍不够明确，强制证人出庭仍停留在"纸面"层次。庭前会议对案件具体事项的处理没有预决效力，使得庭审所要审议的争议点存在一定的不确定性。

从庭审证据调查需求来反思证人证言调查的庭前准备活动，主要有以下两方面问题：

（一）证人证言调查的庭前准备工作的系统性、规范性不足

（1）当前的准备机制构建没有从庭审证人证言调查的内在需求出发，制度设计缺乏整体性与系统性。在司法实务中，多数关于庭前证人证言调查的准备限于出庭证人名单的确定与通知证人出庭作证，没有将案件争点整理与出庭证人名单确定结合起来，也没有将通知证人出庭作证与特殊保护措施的申请与决定连接起来，更没有将证人出庭与庭审调查方案制定连接起来。这造成了控辩双方对申请证人出庭作证没有清晰的考量，对于申请证人出庭作证应实现的目标不够明确，相关准备工作做得不充分，影响庭审证人证言调查的实效。

（2）涉及证人证言调查的庭前准备工作的规范性不足。其一，控辩双方提出证人出庭作证申请不规范、随意性较大。在召开了庭前会议的案件中，控辩双方多数以口头形式提出申请证人出庭作证，较少事先准备书面申请材料，载明申请出庭作证的证人信息与理由。甚至在某些案件中，当审判人员询问控辩双方是否需要申请证人出庭作证时，控辩双方表示有可能申请证人出庭作证，但还没有最终决定。在另一些案件中，辩方提出申请证人出庭作证，但对于证人身份信息却不是很清楚。其二，审判人员对于证人出庭作证的必要性审查不足。法院对出庭必要性的审查不足，造成部分案件证人出庭的价值并不大。比如，从第 972 号样本案件的庭审笔录中可以发现，公诉人申请证人出庭作证，仅仅询问了到案情况，而辩护人及被告人对此均无异议。又如第 912 号样本案件的庭前会议笔录和庭审笔录反映出，由于在庭前会议中被告人提出了非法证据排除申请，所以公诉人提出申请侦查民警、抓捕民警出庭作证，并没有明确申请哪位民警出庭作证。但是第一次开庭审理时发现出庭的民警并非是被告人提出对其刑讯的警官，所以在第一次开庭后法庭又决定另行通知其他证人出庭作证。其三，在未召开庭前会议的案件中相关准备工作更缺乏规范，庭前准备不足造成庭审效率低下。司法实践中并非所有适用实质化审理的刑事案件都召开了庭前会议，而这些案件依然有证人出庭作证的情况，但由于未召开庭前会议来处理相关的准备事项，导致庭审证人证言调查中提出争议证言，造成庭审中断、效率低下。诸如第 861 号样本案件，事先未召开庭前会议，第一次庭审中被告人提出被刑讯逼供，无法继续进行法庭调查，休庭后，第二次庭审中又临时确定申请部分证人出庭作证。

（二）　庭前准备中对被告人参与权的保障不足

（1）被告人申请证人出庭作证的权利实现缺乏程序保障。并非所有庭前会议都有被告人参加，有研究者对某市两级人民法院在 2013 年至 2014 年期间召开的 47 起庭前会议统计发现，被告人参加庭前会议的仅 8 件，占 17%。[1]本课题组收集的样本中，召开庭前会议的有 360 件，有被告人参加的有 272 件，尽管多数召开庭前会议的案件都有被告人参加庭前会议，但是还是有 24% 的案件被告人没有参加庭前会议，那么这些案件进行证据争点整理的全面性与充分性就无法保障，那些控辩双方存在重大争议的证人证言就可能无法整理出来，更别说对该证人是否出庭进行协商以及相关事项预先准备。

（2）被告人在庭审前难以知悉证人证言的内容，期望以通过庭前会议整理案件争点的方式确定庭审证人证言调查的范围及重点这一目的难以实现。我国刑事诉讼法并没有赋予被告人阅卷的权利，公诉机关的起诉书也只是简单列明证据种类，所以被告人对有哪些证人以及提供了何种证言证明其犯罪是不知晓的。因此，被告人就不可能在争点整理过程中对证人证言是否有异议以及何种异议提供比较完整的意见。阅卷权主要赋予辩护律师，但是我国刑事辩护率比较低，据统计基本不超过 30%，也就是说 70% 的被告人因为没有辩护律师，所以在庭审之前是不知道控方指控其犯罪的具体证据的。而有辩护律师的案件，辩护律师阅卷之后可以会见被告人并向其核实证据，但法律与司法解释并没有明确规定向被告人核实证据的方式，导致实务中辩护律师能否直接将复印的案卷材料提供给被告人以核实证据存在争议，尤其是对证人的询问笔录。这些因素都使得被告人在庭审前难以知悉证人证言的内容，难以确定是否申请证人出庭作证以及由哪个证人出庭作证。

二、庭审证人调查存在的问题

（一）　关键证人应出尽出的保障落实不足

1. 庭审布局中没有设置固定的证人席位

根据最高人民法院、最高人民检察院于 1985 年颁布的《关于人民法院审判法庭审判台、公诉台、辩护台位置的规定》的要求，证人席置于公诉台右

---

[1]　叶锋："审判中心模式下庭前会议的司法困境与出路——基于 F 省 F 市运行现状的实证分析"，载《法律适用》2015 年第 12 期。

下方平地上。其后分别于 1993 年、1996 年两次对刑事法庭作出了微小调整，规定证人、鉴定人席位于公诉席的右侧同一高度处。但长期以来，证人不出庭始终是困扰我国刑事庭审工作的一项重大问题。许多法院常年不见一个证人到庭，证人平均出庭作证的比率不足 1%，所以法庭布局中没有设置固定的证人席位。[1] 在刑事庭审实质化改革试点中，证人出庭作证的案件大幅增加，实践中会在公诉人席右侧与被告人席之间临时设置一个证人席位，面向审判席。随着改革的全面推行，证人出庭作证逐渐常态化，需要出庭的证人数量也会大幅增加，那么在法庭中设置固定的、规范的证人席位就非常必要了。

2. 同步视频作证的保障条件有待配置完善

根据 2016 年修订的《法庭规则》，刑事法庭可以配置同步视频作证室，供依法应当保护或其他确有保护必要的证人、鉴定人、被害人在庭审作证时使用。但在司法实务中，配置了同步视频作证室的法院也只是一部分，并且对于同步视频作证的申请、审批、庭审调查等具体操作规程还比较缺乏，影响了同步视频作证的适用。

3. 通知证人出庭与证人拒绝出庭的处理机制不完善

在刑事庭审实质化改革试点中，适用实质化庭审的示范庭数量毕竟有限，加之试点地区往往通过政法委统筹协调建立了法检公司多机关的联动机制，对于通知证人出庭作证这一问题只要控辩审三方达成了一致，相关机关都会积极履行协助义务，确保证人到庭。然而，当证人出庭作证常态化后，能否确保证人到庭将成为一个现实问题，就需要围绕确保证人出庭这一需求建立相应的规则和机制，完善强制证人出庭作证制度。

（二）实质化审理所需的证人证言调查模式尚未完全形成

在刑事庭审实质化改革探索中，越发注重在庭审证据调查中发挥控辩双方的作用，并初步建立起相应的控辩举证的技术架构。尽管刑事庭审实质化改革试点中对庭审证人证言调查机制做了一些有益的尝试，但是与以审判为中心的诉讼制度下的庭审要求还有很大的差距，在举证、质证、认证这三个重要环节中尚未形成实质化审理所需的证人证言调查模式，较为突出并亟待解决的问题如下：

---

〔1〕 程雷："审判公开背景下刑事庭审实质化的进路"，载《法律适用》2014 年第 12 期。

1. 控方对出庭证人的询问尚未摆脱书面证言调查模式的影响

（1）控方缺乏通过询问出庭证人证明指控主张成立的意识与动力。控方主动申请证人出庭作证的意愿不足，缺乏通过在庭审中询问己方证人来完成立论的意识。这是因为控方举证依赖思想在司法实践中依然存在，总认为案件材料已经在庭前移送给法院，承办法官通过阅卷以及庭前会议对证据采信已经初步形成内心确信，示证充分与否并不会对法官既已形成的认识和判断产生实质影响，况且证据认证之责是法官分内之事，控方多说无益。比如，第1号样本案件中（见三次开庭的庭审笔录摘要），该案第一次开庭时，被告人当庭翻供，但是公诉人依然按既定安排以简单罗列方式出示证据，未有效回应被告人的当庭翻供，对此法庭只能宣布休庭。后于第三次开庭时，控方才申请通知当年办案民警及目击证人出庭作证以调查案件事实真相。通过该样本案件的庭审笔录摘录可见，在控辩双方对证人证言的证明力有争议的情况下，以宣读书面证言的方式举证并不能达到期待的效果。而且在本案中，针对辩方对证人证言的质疑，公诉人答辩后还提出了可以让侦查人员给两个证人作一个更为详尽的询问笔录。与其如此，为何不让证人出庭作证，让公诉人通过询问证人更好立论，让辩护人通过询问证人来解释其提出的质疑。究其根本，还是由于控方未能在庭审中充分履行对证人证言的举证责任。

第1号样本

庭审笔录摘要：

第一次开庭

审：首先由公诉人出示指控证据。

公：出示第一组证据。受理刑事登记表、立案登记表、破案经过报告书……第一组证据出示完毕。

审：被告人对公诉人出示的上述证据有无意见？

被：有，第一，我从来没有和我姐姐见过面；第二，不是我捅的她。

……………

公：第三组证据，证人证言及辨认笔录。1. 证人曾某霞的证言及辨认笔录、照片；2. 证人鲁某容的证言及辨认笔录、照片……8. 证人刘某杰的证言及辨认笔录、照片。

被：无异议，但我没有捅她。

第二次开庭：

审：……现在恢复法庭调查。公诉人是否有新的证据需要出示？

公：经过上一次庭审后，本案要求公安机关对指控证据进行了大量的补充，现在公诉人按照证据时间补充出示证据如下：1. 证人曾某英的证词……4. 证人刘某华的证词。

审：被告人对公诉人出示的上述证据有无意见？

被：有意见。因为公诉人说的都是听别人说的，一个听一个说的，有点不现实。

辩：对证据本身无异议，但需要证明本案的关联性。

公：公诉人还未出示完毕所有证据，之后公诉人会对证据的关联性予以说明。

……

审：你以前在公安机关交代的你伤人、杀人的事实，为何和今天在法庭说的不一致，你把这个如实向法庭陈述。

被：（沉默一会儿）从进了看守所，对我进行了刑讯逼供，我害怕。

审：对你进行了同步录音录像没有？

被：是录像之前打的。

审：公诉人是否需要说明？

公：被告人，你在上一次庭审中从来没有提过刑讯逼供，这次提出来，你自己当庭说的话都前后矛盾，印证了一句谎言需要十句谎言来弥补。

第三次开庭：

公：下面，我出示公安机关大量排查后补充证据

1. 向某军的 1999 年的证词……

审：双方还有无证据提交？

公：申请证人段某礼出庭作证，请法庭允许

审：……法警，引导证人段某礼进入法庭，并入座证人席位。

（2）控方对证人证言的举证缺乏系统性。对诸多样本案件的庭前会议笔录与庭审笔录分析发现，在确定出庭证人名单与庭审证人证言调查的举证过程中，控方缺乏一种系统性思维，即没有通过证人出庭作证来构建一个完整的证人证言体系，没有将证人证言的举证与整个证据体系的构建、指控事实的证成进行有效联结，更多呈现出一种碎片化思维，尤其体现在对出庭证人的确定和对出庭证人的询问上。如第 1 号样本案件中，公诉人对证人的询问未能紧扣庭审争议及关注的问题，未能通过询问将待证的案件事实较好呈现出来，所以法官在公诉人询问结束后又详细询问了证人。

第 986 号样本	
案件庭审笔录摘要：	
公诉人提问与证人回答	**审判人员提问与证人回答**
公：案发当天晚上，你是否和死者在一起？ 段：是。 公：是什么时间？ 段：记不清楚了。	审：你和曾某军如何到的麻辣烫店？ 段：走路去的。 审：你和曾某军去了后如何坐的？

公：你们准备干什么？

段：准备到死者家里去换衣服。

公：那你们是否去过卖麻辣烫的地方？

段：是。

公：案发时，你穿的什么衣服？

段：有点带白色格子的西装。

公：头发长短呢？

段：是长发。

公：你们到了后，看到什么情况？

段：看到有男有女的一桌人，大概四到五个人。

公：拿刀这个人在不在吃麻辣烫？

段：应该在。

公：他是分开坐还是坐在一块的？

段：我记忆中应该是一起的。

公：你和曾某军和他是分开坐的还是坐在一起的？

段：我记得我是和曾某军坐在一起的。

公：是否清楚曾某军为何和拿刀的人发生争吵？

段：不清楚。

公：是否看见拿刀的人捅刺曾某军？

段：没有看清。

公：是否可以简要陈述当时的情况是什么？

段：曾某军背面有一桌，他说另一桌有他认识的而且有过节，后来就扭扭起来了。

公：是否只有两个人在打？

段：是，我看到打起来就去拿凳子，后来我又看到另外一个人过来，这时候我就看到拿刀的人拿起刀过来了。

公：然后呢？

段：拿刀的人来追我的时候，曾某军就跑了，往和我相反方向跑的，我向外面大路上跑。

公：拿刀的人追上没有？

段：没有。

段：我们坐的进门这一桌，嫌疑人坐的背着曾某军的那一桌。

审：这个店以前去过没有？

段：没有。

审：当时是否有手机或者传呼机？

段：没有。

审：除了你和曾某军，有无有老板、老板娘？

段：有。

审：请你详细讲一下当时发生冲突的情况。

段：我记忆中当时我们没有发生冲突，我不清楚他们发生了啥子，嫌疑人就过来和曾某军发生扭打、抓扯。

审：整个过程两个人有没有言语的对话？

段：记不清楚。

审：你没有看到嫌疑人有刺杀、挥刀的动作？

段：之前没有看到。

审：发生冲突时，对方有几个人参与？

段：当时只有嫌疑人一个，后来又来了一个。

审：是否能明确当时现场有多少人？

段：记不清了。

审：你当时在干什么？

段：我看到发生扭打后，准备拿凳子帮忙，嫌疑人就拿刀过来了，我就跑了。

审：和你发生冲突的人是否是本案的被告人？

段：（看了看被告人）辨认不出来了。

审：你离开后，看见曾某军的情况是什么？

段：他已经跑了。

2. 辩方对证人证言的充分质证受到诸多限制

（1）被告人对证人证言进行当庭质证的条件受限。被告人对书面证人证言有效质证缺乏保障。我国刑事诉讼未赋予被告人庭前阅卷权，当控方以宣读证人证言的方式举证，特别是在选择性宣读、概括性宣读十分普遍的情况下，庭审中向被告人出示证人证言笔录的时间很短，基本上都是让被告人扫一眼，根本不可能仔细阅读。法庭几乎很少向被告人提供纸笔等供其记录的工具，作为对证人证言并不熟悉的被告人根本无法对证据发表有效的质证的意见。

（2）被告人在庭审中行使对证人发问权保障不足。长久以来形成的被告人不能较好行使发问权的固有看法，一定程度上导致了对被告人发问权的忽略。尽管随着被告人权利意识的增长，其参与庭审证据调查的需求在增长，但相应的保障机制尚未建立。在司法实践中，部分人认为因被告人是被追诉对象，故而应当一定程度地限制其对证人特别是对侦查人员的发问权，甚至有观点认为被告人无权对侦查人员发问，造成被告人无法充分行使对证人的发问权。比如，第986号样本案件中，公诉人、审判长对侦查人员进行询问后，询问辩护人有无问题，被告人主动提出有问题要询问，但审判长仅同意被告人发言，并未让侦查人员对被告人的发言予以回应或对质。

第986号样本

案件庭审笔录摘要：

审：辩护人有无问题询问证人?

辩：没有问题。

被：我有问题。

审：鉴于本案情况特殊，被告人可以发言。

被：唐警官就打过我，打过我耳光，我不承认卖冰。他说你不承认你卖冰你这些冰拿来干什么。后来刘所又来了开始电我。之后又喊协警把电棍电充满，我现在听到电棍的声音都是虚的。

审：询问暂告一段落。请证人退庭候审。

（3）辩护律师质证的充分性与有效性不足。第一，辩护人对庭审中证人证言调查目的不清晰、重点不明。辩方询问出庭证人的目的应当是为了证实己方观点，反驳对方的观点，解决双方的争议点。有些案件中反映出有的辩护人对询问证人的目的认识不清，设计的问题与己方待证事实的结合不够，对控方的反驳不够，甚至有些辩护人根本不问问题。如第24号样本案件中，

两个证人出庭作证，其中一个可以证明被告人的投案情况，一个可以证明被害人有过错。但辩护人对出庭的两个证人均未询问。此外，审判人员也未询问被告人对证人证言的意见以及是否需要发问。如果辩护人、被告人对上述证人证言本就无异议，辩护人庭前完全可以提出不需要证人出庭，如对部分事实存在异议需核查，但是在庭审中又提不出问题向证人询问。

第 24 号样本

庭审笔录摘录：

审：公诉人继续出示指控证据。

公：请求法庭传唤证人到庭作证。

审：该证人能证明什么问题？

公：证人罗某昌、邱某，可以证实被告人到案的情况以及被告人与被害人的感情状况……

审：由公诉人向证人罗某昌发问。

公：……

证人罗：……

审：辩护人有无问题？

辩：没有。

公：申请证人邱某出庭作证

审：法警，传证人邱某出庭作证……公诉人是否需要发问？

公：……

证人邱：……

审：辩护人有无问题需要询问证人？

辩：不需要。

审：法警，引导证人退庭……

　　第二，与被告人沟通不足，准备不充分。受目前证人证言多以宣读式举证的影响，辩护律师对被告人在质证中应当发挥的作用认识不足，在证据方面与被告人的沟通不足，导致在庭审中，辩护人与被告人在质证上无法互相配合，如在第 1096 号案件中，被告人就在庭上提出了辩护人事前不知晓的细节。

第 1096 号样本

庭审笔录摘录：

审：被告人对公诉人出示的该组证据有无意见？

被：有意见。案发当天我在山上昏死过，有个老太婆是我认识很多年的，她问我为什么脸色那么白，我说我快被被害人他们整死了，去医院也去不了。

审：辩护人对公诉人出示的该组证据有无意见？

公：证人罗某昌、邱某，可以证实被告人到案的情况以及被告人与被害人的感情状况……

> **辩：** 无异议。被告人对我没有提到过他昏死过这个细节。
> ………………
> **审：** 被告人有无问题向证人发问？
> **被：** 警官，案子终结的时候我是没有签字的。因为我自始至终都只捅刺了尹某康一刀。
> **审：** 辩护人有无问题向证人发问？
> **辩：** 没有问题。
> **审：** 证人，我有几个问题要问你……

　　第三，控方以宣读书面证言方式举证导致庭审质证困难。在适用实质化审理的案件中，当控辩双方未申请证人出庭作证或对于证人证言不存在较大争议时，该证人证言往往通过宣读书面证言的方式进行举证。在审判实践中，控方通常采用"选择式宣读""摘要式宣读""合并概括式宣读"等当庭宣读书面证言的方式对证人证言进行举证，必然造成证人证言出示不全面、不完整。尤其是在采取概括式宣读方式的时候，控方所传达的往往是控方对于侦查人员所作证言笔录的理解和归纳，既不是证人亲自向法庭陈述的证言，也不是证人以书面方式提交给法庭的证言。面对这种举证方式，辩方无法通过询问证人进行有力质疑。特别是在辩方质疑证人证言真实性的情况下，即便控方作了回应，也并不能代表证人对此的理解与解释。比如，在第772号样本案件中，由于法庭没有批准辩方的证人出庭作证申请，辩方无法就证人证言的真实性向证人当面质证，只能在控方宣读完书面证言后阐述自己的观点，尽管控方作了回应，但真实性依然难以确定。

> **第 772 号样本**
>
> 庭审笔录的部分摘录：
> **审：** 被告人蔡某艺，刚才公诉人针对起诉书指控的第二笔犯罪事实出示了指控证据，你是否听清楚了？有无异议？
> **被：** 听清楚了。证据里的王某辉、王某凯，我不知道他们的名字也不认识他们。他们说我指使他们去开车，没有这样的事，我没有这样做，因为是他们把车开来给我的。我有一点要补充，假如我叫他们去开车，起码我会跟他联系，我会拿买车的钱给他们，买车又不是一句话的事，我跟他们没有这方面的联系，也没有拿过一分钱给他们。
> **审：** 你的意思是说你和王某辉、王某凯都没有联系，是这个意思吗？
> **被：** 是的。
> **审：** 还有无补充？
> **被：** 他们说我给他们四千元，按我们正常买机票的钱、路费、油费，四千元根本不够，他还要贴钱来帮我办这个事，这是不可能的。

> **审**：针对公诉人关于起诉书指控被告人蔡某艺的第二笔犯罪事实的指控证据，辩护人发表质证意见。
>
> **辩**：……三是关于证人证言的问题。王某辉和王某凯这两个证人，他们之间的证人证言是相互矛盾的。1. 王某辉反复强调他们是两个人一起去接车的，但是王某凯的陈述是他们坐一辆三轮车到一个地方，王某辉自己一个人下了车后去接车的，王某辉接到车后再开车过来接王某凯离开……2. 王某辉反复强调对交车地点不熟悉，但从王某凯的陈述中看出，王某辉是下了三轮车后自己找到交易的地点的，这个地点是脱离了王某凯的视线的，说明王某辉对交易地点相对比较熟悉……3. 王某辉说他是受被告人蔡某艺的指使，但是从王某凯的证言可以了解整个接车过程的主动权都是在王某辉手里，没有第三人对他的行动进行指挥……基于以上六点事实，证人王某凯的证言相对是较为客观的，证人王某辉因为他是开车的人，故他的证言是有一定倾向性的。辩护人认为公诉机关提供的这一份证人证言的证明力是不够的，所证明的事实是非常不充分的。
>
> **公**：对辩护人就证人证言的质证意见，公诉人作如下答辩：……以上三点就是辩护人认为两个证人证言有矛盾的地方，公诉人认为并不矛盾，两个证人的证言恰恰很吻合，如果有需要的话，公诉人接下来会让侦查人员给两个证人做一个更为详尽的笔录。

3. 法官对庭审证人证言调查的控庭能力有待加强

（1）法官对庭审证人证言调查的程序控制不熟练。开展庭审实质化审理后，证人出庭案件数及人数均有大幅提升，与书面证言的调查不同，庭审中需要通过控辩双方的大量提问来调查出庭证人证言，不可预计的突发情况也会增加。法官必然面临新的挑战，诸如要引导庭审证人证言调查活动围绕争点高效展开，要对控辩双方的询问是否合理、有效，证人是否配合，庭审证人证言调查是否全面、高效等一系列问题进行判断。而实务中，多数法官的控庭能力还需要不断加强。例如，第1106号样本案件中，公诉人申请证人出庭，当庭证言与庭前书面证言不一致，对此公诉人与辩护人都未提出，审判长多次询问后，公诉人提出系证人有顾虑或记忆有偏差，于是再次宣读证人在公安机关所做的询问笔录，法官未再作任何处理。

> **第 1106 号样本**
>
> 庭审笔录摘录：
>
> **公**：询问完毕。
>
> **审**：辩护人有无问题向证人发问？
>
> **辩**：没有问题。
>
> **审**：证人，法庭询问你一些问题。你在公安机关的陈述和今天当庭的陈述为什么不一致？
>
> **证**：是一致的。
>
> **审**：证人，你是签了保证书的，要为你自己说的话负责。你在公安机关陈述称看到

过游某国将铅放进模具拿出去敲，为什么你当庭不承认？你是不是有什么顾虑？

证：我一直这么说的，没有顾虑。

审：你帮游某国送过包裹没有？

证：没有。

审：再给你一次机会，你到底有没有送过包裹？

辩：从来没有送过。

审：本庭再问你一次，你帮游某国送过包裹没有？

证：我帮他送过包裹，但是我不知道包裹里面有什么。

…………

审：公诉人继续出示证据。

公：鉴于证人安某今天当庭的陈述与其在公安机关的陈述有些出入，可能是因为他今天有些顾虑，也可能是因为时间久远记忆出现了一些偏差。现在公诉人再向法庭出示证人安某在公安机关的证人证言（宣读，略）；证人徐某的证人证言（宣读，略）。

审：被告人及辩护人有无意见。

被：没有意见。

辩：没有意见。

（2）法官过多地行使证人证言的调查权，不利于发挥控辩双方在庭审证人证言调查中的作用。受庭前阅卷的影响，多数法官在对证人进行调查前就已经预设了问题，这一方面有利于法官对庭审调查重点的掌握，但另一方面也使法官过多地行使发问权。如第 693 号样本案件中，证人出庭后由法官全程进行询问，法官问完之后就让证人退庭了，控辩双方完全没有询问证人。

（3）法官较少让控辩双方对证人证言的证明力、证明方向做总结性的陈述，不利于控辩双方运用证据。如第 23 号样本案件中，公诉人出示了一系列书面证言，仅仅对证人证言进行罗列，没有归纳这些证人证言在哪些事实认定上发挥证明作用，以及发挥什么样的证明作用。而类似于第 23 号样本案件的举证方式，在其他案件中也比较普遍。

第 23 号样本

庭审笔录摘录：

公：现在继续出示证人证言。

6. 何某的证言及辨认笔录。

7. 曾某的证言及辨认笔录。

…………

15. 郑某的证言。

证人证言的证据出示完毕。

审：被告人，对公诉人出示的上述证据有无意见？

> **被均**：没有。
> **审**：辩护人，对公诉人出示的上述证据有无意见？
> **辩 1**：……前四名证人的证言明显避重就轻，且与元某的证言矛盾。
> **辩 2**：补充一点意见……
> **审**：公诉人是否需要简要说明？
> **公**：1. 前四个证人证言证明了案发起因和过程，因而有关联性；2. ……

4. 诉讼各方对证人证言调查技术的掌握与运用不足

（1）主询问与反询问区分不明，调查难以围绕争点有效展开。

第一，审判实务中无控方证人和辩方证人的区分，导致主询问与反询问主体混乱。我国刑事庭审证人证言调查中未区分控方证人与辩方证人，发问顺序的确定采用谁申请谁先发问，双方都申请由控方先发问的做法。若该证人属于辩方证人，但控辩双方都申请出庭作证，就由控方来主询问，控方就无法通过诱导发问质疑该证言，同理若控方证人由辩护人申请出庭作证，由辩方主询问，就难以有效地质疑该证人证言。

第二，诉讼各方对主询问的目的认识不清，发问无法有效支持立论。在刑事庭审中，对出庭证人的询问是对举证、质证的糅合，主询问的重点在于呈现待证事实，为举证方的诉讼主张提供证据事实的正面支持。庭审中对证人证言的调查是先通过主询问展开的，由询问主体通过提出一系列问题让证人回答来证明己方的事实主张成立。控辩双方主询问存在着难以通过有效的询问从证人陈述的证言中获得有力证明的效果，缺乏对人证与案件有关背景情况的询问，缺乏对人证关于案件事实感知、记忆等细节的询问。

第三，诉讼各方对反询问的目的认识不清，对反询问技术掌握不足，质证难以形成有效交锋。反询问的目的在于暴露对方证人的证词矛盾、错误、不实或证明证人的诚信度以降低其证明力，或使对方证人承认某些有利本方的事实。然而，在示范庭的反询问中，发问方较少质疑证人可信度，缺乏对证人在事实感知和记忆的相关细节展开询问，难以把握出庭证人证言影响案件事实的关键要点从而进行有效攻击，不能对主询问所证明的要点予以及时回应，使得主询问与反询问在一些有争议的问题上缺乏交锋。

（2）发问方式随意、效果不佳，询问技术有待提升。庭审证人证言调查，特别是对出庭证人证言的调查，需要控辩双方通过对证人的询问来呈现证人的证言，并最终达成证明案件事实支持或反驳指控的目的，这就要求控辩双方熟练运用发问规则，确保对证人的发问准确、高效。

一方面，由于一直以来刑事庭审证人出庭率不高，控辩双方对证人的发问规则、技巧掌握不足，导致发问重点不明，无法将证人询问与庭审调查的重点以及己方的待证事实充分结合，常常出现发问过于随意、散乱，不够全面，针对性不强等问题，发问效果当然也无法保障。由于控辩双方发问质量不高，法官不得不主动询问。实质化庭审的庭审调查中，审判人员向证人发问的数量与控辩双方的问题数量相当，甚至有的情况下超过了控辩任何一方的发问数量。例如第 859 号样本案件中，对其中一位证人控方提问 8 次，辩方提问 3 次，法官对该证人提问 39 次。比如第 1106 号样本案件中，证人当庭推翻了部分庭前的证言，对此，控方的发问显得非常无力，尽管在证人退庭之后公诉人提出证人的这个表现可能是有些顾虑，也有可能是因时间间隔久远而产生记忆偏差，但对此公诉人并没有在庭审的调查询问中通过设置问题将该缘由呈现出来，导致该证言存疑而缺乏合理解释。所以，该案的审判长就不得不采用补充发问的方式来弥补。在审判长的追问下，证人从完全否认帮被告人游某国送过包裹到承认做过，但声明自己不知包裹里面有什么。

第 1106 号样本

庭审笔录摘录：

公：为了进一步查明案情，公诉人申请证人畦某仁出庭作证。

审：法警，传证人畦某仁出庭作证。

…………

审：公诉人有无问题询问证人？

公：证人，你和游某国是什么关系？

证：在案发前一直在照顾游某国。

公：你跟游某国是不是一直居住在大邑县晋原镇春城巷××号？

证：是。

公：我们发现的气枪弹是谁的？

证：是游某国的。

公：你是否知道气枪弹怎么来的？

证：我不知道。

公：你有没有帮助游某国给其他人邮寄过气枪弹？

证：没有。

公：公安机关在给你做笔录的时候你提到过游某国把铅放进模具拿出去用钉锤敲，是不是？

证：我没有说过。

公：你有没有看到过游某国把铅弹拿出去卖？

证：没有。

公：讯问完毕。

审：辩护人有无问题向证人发问?

辩：没有问题

审：证人，法庭询问你一些问题。你在公安机关的陈述和今天当庭的陈述为什么不一致?

证：是一致的。

审：证人，你是签了保证书的，要为你自己说的话负责。你在公安机关陈述称看到过游某国将铅放进模具拿出去敲，为什么你当庭不承认? 你是不是有什么顾虑?

证：我一直这么说的，没有顾虑。

审：你帮游某国送过包裹没有?

证：没有。

审：再给你一次机会，你到底送没有送过包裹?

辩：从来没有送过。

审：本庭再问你一次，你帮游某国送过包裹没有?

证：我帮他送过包裹，但是我不知道包裹里面有什么。

审：证人，请在庭审后对刚才的证言内容阅读后签字确认。

请法警引导证人退庭。

审：公诉人继续出示证据。

公：鉴于证人安某今天当庭的陈述与其在公安机关的陈述有些出入，可能是因为他今天有些顾虑，也可能是因为时间久远记忆出现了一些偏差。现在公诉人再向法庭出示证人安某在公安机关的证人证言（宣读，略）；证人徐某的证人证言（宣读，略）。

此时，证人翻证的原因似乎有些明了，但控方、审判方都没有围绕"自己不知包裹里面有什么"这一解释对寄包裹的具体情况进行追问，形成对证人证言真实性较为明确的心证判断。此外，该证人翻证某种角度上是有利于被告人的，但本案的辩护律师也没有进一步发问。

另一方面，由于书面证言在我国庭审中被大量适用，庭审证人证言调查以对书面证言调查为主，证人出庭作证主要是基于法官审核书面证言真实性的需要，即通过当庭询问证人来解决法官在庭前阅卷中对证人证言产生的内心疑惑，并非是基于控方履行举证责任，所以控方的发问内容设定比较随意。通过样本中一些庭审询问笔录来看，控方很多时候并没有围绕"指控成立的证明目的"，根据认知的逻辑性来设置问题，有点想到哪里问到哪里的状况，而且看不出提出的多个问题间的逻辑层次。

（3）对控辩双方不当发问的应对与处理不足。课题组通过对成都市两级人民法院实质化庭审的出庭证人询问笔录分析发现，庭审调查过程中，控辩双方的主询问中或多或少都出现了诱导性的发问，或者不以弹劾为目的而提出庭前书面证言、重复发问等可以适用异议规则的情况，但控辩双方都没有提出异议，或者提出异议后，法官虽然予以了制止，但制止不明确，导致控辩双方重复提出类似问题。这一方面反映出控辩审三方适用异议规则的意识不足，运用异议规则的能力不足，另一方面对异议的范围、提出、处理尚未建立明确的操作规范，致使控辩审三方无规则可依。

三、对证人证言的认证规则有待完善

（一）对证人证言的采信方法过于单一

如上文指出的，法庭审判的关键意义也在于有效地利用印证之外的其他三种方法，即细节判断、察言观色、品格判断。正是因为这三种方法没有得到有效的运用，所以，庭审的证人调查普遍都较为简单，即多数案件都表现为证人复述审前的书面陈述。在此意义上，证人的出庭呈现出一定的虚化现象。其实，这三种方法在实践中也存在着一定的运用，但在明确的意识上，似乎都不能运用这些方法，因为其无法实现"客观真实"的证明。可以说，正是"客观真实"的证明逻辑导致对这三种方法的合法运用没有什么需求，使得证人出庭的必要性问题始终没有得到解决。所以，尽管2012年《刑事诉讼法》修改时加强了证人出庭的保障措施，但证人出庭率却始终没有明显提高。

对印证的依赖所造成的负面效果，在某些所谓实质证据为"孤证"的案件中反映较为明显。在"孤证"的情况下，证人没有多大的出庭必要。对此，我们通过下面这个案例进行说明。

案例：被告人吴某某被控贩卖毒品罪。本案的争议焦点为被告人是否有、有几次贩卖毒品的行为。某区人民检察院指控被告人先后5次向他人贩卖毒品并从其身上查获两袋毒品和分装袋等。为支持指控，某区人民检察院向法庭提交了被告人在侦查中的供述笔录、鉴定意见、视听资料以及钟某、杨某某和张某的书面证言等证据。讯问笔录记载，被告人说其记不清2015年6月18日是否向钟某贩卖过冰毒，6月25日钟某要其送一点毒品给她，其叫钟某到家里来拿，这次是想卖200元的冰毒给她，但在钟某来时被警察抓获。钟某的书面证言记载，其先后4次向被告人吴某某买冰毒，在最后一次买冰毒

时被警察抓获。被告人在法庭上说，只承认非法持有，否认贩卖，因为搜查时没有查到秤和现金。法院判决认为，证人钟某陈述其于 2015 年 6 月 18 日在吴某某处购买过冰毒，证人张某的证言也反映当天钟某要买冰毒，联系后吴某某送冰毒过来，并有通话记录佐证，且吴某某在侦查阶段也供述其要卖冰毒给钟某，该笔指控足以认定；钟某陈述其于 2015 年 6 月 25 日 11 时许向吴某某购买冰毒，且吴某某在侦查阶段的供述也证明其卖冰毒给钟某，并有钟某的通话记录及公安机关的视频资料相佐证，足以认定；另有 3 笔因均分别只有吸毒人员钟某、杨某某的证言证明在吴某某处购买过冰毒，无其他证据印证，其中有一笔钟某说交易时张某在场但张某的证言反映其当时没有看到交易，因此，这 3 笔指控不予认定。

显然，在该案中，不予认定的 3 笔指控在裁判结论的选择上是较为简单明了的，即符合"孤证"不能定案的原则。也正因为如此，相对应的证人就没有出庭作证。为什么会如此呢？就是因为这些证人出庭作证也无法实现"客观真实"的证明。[1]

（二）对证人证言的当庭认证比例不高

刑事庭审实质化改革逐步推进，证人出庭作证案件数量逐步增加，但总体来看，适用实质化审理的案件对证人证言当庭认证的比例并不高。本课题组对收集的采用实质化庭审的案件庭审笔录统计发现，有普通证人出庭作证的案件共计 176 件，合议庭对出庭证人证言当庭认证的案件数量为 78 件，当庭认证的比例约为 45%；有侦查人员出庭作证的案件共计 207 件，合议庭对出庭侦查人员当庭证言认证的案件数量为 101 件，当庭认证的比例约为 58%。

（三）当庭证言与书面证言不一致时的采信规则有待完善

书面证言本质上是侦查人员或检察人员单方面询问证人而制作的笔录，不可避免地会受到所问问题、回答方式、记录方式等因素的影响。审判实践中由于大量证人不出庭作证，当书面证言所证事实不清、不完整或存在反复且无合理解释的，或者在书面证言高度一致但没有其他客观证据相印证的情况下，证人出庭作证就非常有必要。可是，证人出庭作证后，其当庭证言与

---

〔1〕　详细的分析参见周洪波："刑事庭审实质化视野中的印证证明"，载《当代法学》2018 年第 4 期。

书面证言不一致时，就需要确立相应的采信规则。尽管部分试点法院探索出了一些认证规则，但主要还是依赖印证，而如果机械地依靠印证也会带来一系列问题，尤其是在那些关键证人证言存在争议的案件中，该证言的采纳将直接影响对案件事实的认定。

第三节　刑事庭审证人调查制度的完善

一、完善证人证言调查的庭前准备程序

（一）将庭前会议作为适用实质化审理案件的必经程序

适用实质化审理的案件要么是控辩双方争议较大的案件，要么是重大疑难复杂案件，要让庭审在证人证言调查中发挥实质化作用，就需要一个由控辩审三方共同参与的专门程序来进行相关事项的准备。因此，应当将庭前会议设置为实质化审理案件必经的专门准备程序，以此规范证人证言调查的庭前准备活动。

与此同时，应当对庭前会议运行机制做通盘考虑，将案件证据整理作为出庭证人名单确定的前提，将通知证人出庭作证与特殊保护措施的申请与决定连接起来，将出庭证人名单的最终裁决与庭审调查方案制定结合起来，促使控辩双方明确证人出庭作证的目的，做好相关的准备工作。制定切实有效的庭审举证质证方案，对庭审证人证言的调查范围、调查方法和调查顺序进行预先安排，同时明确庭审证人证言调查方案的效力，禁止控辩双方随意改变事先确定好的证据调查范围、顺序和方法，否则应当承担相应的法律责任。

（二）增强证人证言调查庭前准备工作的规范性

①规范控辩双方申请证人出庭作证的行为。明确规定适用实质化审理的案件，控辩双方应当在庭前会议中以书面方式提出证人出庭作证的申请，列明证人的情况、出庭作证的理由等。②明确审判人员的审查与决定。对于控辩双方提出的申请，审判人员应当在庭前会议中进行审查，在听取双方对申请的意见后，认为证人应当出庭作证的，作出同意证人出庭作证的决定，如果不同意证人出庭作证的，应当说明理由。③赋予审判人员依职权通知证人出庭作证的权力。对于控辩双方未提出申请，但审判人员认为有必要的，可以作出通知证人出庭作证的决定。

（三）保障被告人对证人证言的知悉权

保障被告人对证人证言的知悉权至关重要。在被告人无阅卷权的制度现实下只有通过辩护律师以向犯罪嫌疑人、被告人核实证据的方式确保其对证人证言的知悉。但由于《刑事诉讼法》和司法解释未对辩护律师核实证据的方式以及核实证据的范围进行明确规定，司法实务界对辩护律师核实证据的范围以及方式产生了争议。有论者提出，辩护律师向犯罪嫌疑人核实证据仅指实物证据，证人证言等言词证据不能向其核实。如果辩护律师不能向被告人核实言词证据，就难以判断证人证言的证明价值，无法对该证人证言提出有效的辩护意见，同时被告人也无法有效地确定对证人证言的质证意见，无法决定是否申请证人出庭作证。这必然会影响出庭证人名单的确定和庭审证人证言调查的重点。鉴于当前赋予被告人阅卷权不现实，但至少应当赋予辩护律师向犯罪嫌疑人、被告人核实证人证言的权利，通过辩护律师让犯罪嫌疑人、被告人了解证人证言的具体内容，为被告人行使证人出庭作证申请权与质证权提供便利。

二、健全关键证人出庭作证应出尽出保障机制

如前指出，庭审实质化的主要特征是以人证调查为重心，在此意义上，要使证人能够以合适的方式在庭、为应到庭的证人能够到庭提供保障措施就非常必要。为此，以下三个方面的改革是较为重要的。

（一）在法庭布局中设置固定的、规范的证人席

我国当前刑事法庭布局中的证人席属于选择设置类别，没有固定的证人席位。证人出庭是为了还原真相并给控辩双方平等的质证机会，现有的证人席位设置影响证人作用的发挥。[1]为此，应当在法庭布局中将证人席位设置为必备席位，并且在具体位置的选择上应当有利于对出庭证人证言的调查。

（二）完善视频作证的相关规则与保障机制

（1）要加强远程视频作证的硬件建设，在法院设专门的视频作证室，运用刑事案件远程视频开庭系统，在庭审中对证人采取隔离变音等作证方式，免除证人的后顾之忧。此项工作经 2020 年新冠肺炎疫情防治工作后有普遍的

---

〔1〕 邹宇婷、丘志新：“司法改革框架下的'硬件升级'：我国法院刑事法庭空间布局的再探索——以平衡'权'与'利'为切入点”，载《法律适用》2016 年第 1 期。

加强，但此种加强着眼于防疫，还应适应证人远程作证的需要进一步改善硬件条件，完善制度程序与方法。

（2）完善相应的庭审调查规则，明确视频作证的申请条件、程序，以及庭审证人证言调查中可采取的技术性保护措施。比如，明确对该类证人身份核实的方式或者在判决书中不披露证人的真实身份信息等。

（三）细化通知证人出庭与强制证人出庭的规则

（1）明确通知证人出庭的主体。通知证人出庭的主体应该是法院，由法院进行通知更能体现刑事诉讼程序的规范化和法律的权威，也更有利于证人客观如实地作证。同时，控辩双方对证人出庭具有协助义务，申请方对证人的住所和联系方式更加了解，在通知方面比法院更加便捷，故其进行协助，有利于提高诉讼效率、实现更好的通知效果。

（2）完善通知证人出庭的方式。实务中，法院或控辩双方以口头或电话方式通知证人出庭的居多，对证人的约束较弱。书面通知更加正式、规范，对证人的约束力更强，可以避免因通知不到位影响案件开庭审理。为了让接到通知的证人对出庭作证活动有一定的了解，打消证人出庭作证的顾虑，可以在通知的内容上进行改进。除了让证人了解出庭作证的时间、地点等要求外，还可以借鉴试点法院制作的证人出庭作证告知书，将告知书与出庭作证通知书一并送达给证人，通过出庭作证告知书让出庭作证的证人了解出庭作证的目的、流程以及应注意的事项等。另外，为了让证人做好出庭准备，将通知证人出庭作证的通知书送达日期从开庭前3日改为在开庭前7日更为适宜。

（3）进一步明确对证人拒绝出庭的处理。为使通知证人出庭作证的程序有效运行，应完善强制证人出庭作证的机制。对于证人不符合不出庭作证法定情形，不出庭又无合理解释的，法院可视情节对证人采取拘传、训诫、罚款、司法拘留等措施，与此同时控辩双方对证人出庭的顾虑因素应积极与法院沟通反映，并根据具体情况采取相应措施促使证人到庭作证。

（四）实现"控辩对抗"庭审调查模式的有效化和有序化

庭审调查的合理化，就是要实现庭审调查的有效化和有序化。有效化，就是通过庭审调查有效获得需要的证据；有序化，就是各方对证人的问询能够依次有序展开。为此，以下几项改革措施可以予以考虑。

1. 改革证人引入权规则

关于证人出庭，现有法律设定了三个条件：①控辩双方对证人证言的真实性有异议；②证人证言对定罪量刑有重大影响；③法官认为证人出庭有必要。普遍认为，第三个条件是司法实践中的证人出庭率不高的重要原因之一。因此，在是否应当将证人引入法庭作证的判断上，应当适当限制法官的权力，强化控辩双方的决定权。其实从法理上讲，证人是否应当被引入法庭，主要应当看证人证言的真实性是否有疑问和其对案件的定罪量刑是否具有实质性或重大的影响。对于这两个问题的判断来说，主要应当看控辩双方的认识，而不应是法官的认识。因为，案件的处理结果与控辩双方具有切身的关系，在此意义上，二者是最好的判断者。当然，控辩双方在诉讼中也可能存在着认知判断的偏差，也可能存在追求正确处理案件结果之外的一些目的。因此，在证人证言是否真实以及对案件是否具有重大影响的判断上，也应当赋予法官一定的权力。不过，法官决定证人是否出庭的权力，应当建立在两个问题的判断是否具有明显性上，即法官的权力以法定性为基础，而不是以自由裁量权为基础。

有鉴于此，可以考虑的制度设计是：在一般情况下，以控辩双方对证人证言真实性有异议并认为其对定罪量刑有重大影响为条件。例外情形是，法官认为证人证言明显真实，或即便其真实性有疑问但明显不影响定罪量刑的，可以不让证人出庭。比如，目击证人明显对案件的定罪量刑有重大影响，如果没有明显可靠的证据印证目击证言的，只要控辩一方对该证言有异议，就应当要求目击证人出庭作证。原则上，控辩双方申请这些证人出庭法院应当准许，从而确保案件中有争议的证人出庭应出尽出。同时应明确控辩双方的协助通知义务。鉴于实践中部分证人因特殊原因无法出庭，可以采取远程举证、视频举证等举措保障证人的出庭率。

2. 细化庭前书面证言的使用规则

加强证人出庭作证的另一面，就是应当限制庭前书面证言的使用。从诉讼认知原理上来说，庭前书面证言有两种功能：一种是，证人无法出庭或不必要出庭时，直接将其作为法庭证言的替代品；另一种是，证人出庭时，用其来作为引出庭审证言的辅助工具，即当证人当庭作证存在记忆上的遗忘或含混不清时，以其作为提示；当怀疑证人当庭进行虚假陈述时，以其作为弹劾当庭证言的工具。现有法律主要明确了庭前证言的前一种功能，而且存在过多地赋予这种功能的不当现象。

对于庭前证言的第一种功能规范，现有的规定是可以考虑进行适当调整的。按现有的规定，当庭前书面证言能够得到其他证据印证时，法官就可以采信庭前书面证言。依此来看，法官在是否采信庭前证言上具有自由裁量权。在笔者看来，应当对这种自由裁量权进行适当限制，否则，对庭前证言的使用可能就会缺乏必要的限制。因此，可以考虑的改革措施是，以庭前证言得到印证并具有明显的真实性为采信条件。

对于庭前证言的第二种功能，如果缺乏法律的有效规范，就有可能使得其从使用庭上证言的辅助工具演变为庭审证言的替代品。如果是作为提示证人回忆事实而引入，应当限制庭前证言的内容，即一般只是宣读其中的部分内容，以起到提示作用为限。如果是作为弹劾证据而引入，则可宣读与庭上证言相矛盾部分或全部庭前证言。但是，庭前证据只能作为判断证人是否可信的证据，而不能直接作为认定事实的证据。对于前一种情形，庭前证言成为替代品的风险较大，因此，应当赋予相对方对引入庭前书面证言的异议权和裁判者的决断权。对于后一种情形，如果证人的庭前证言与庭上证言有矛盾，一般表明证人有可能说谎，因此，只要控辩中的一方主张以证言前后矛盾来弹劾证人的诚实性，原则上就应当准许引入庭前证言。

3. 确立被告人充分行使质证权的机制

（1）明确规定质证权是被告人在庭审中的一项基本诉讼权利。质证权不仅仅是庭审中调查证据、发现真实的手段，更是被告人接受公平审判必不可少的核心权利。赋予被告人质证权，具体到庭审证人证言调查程序中，就是要赋予被告人要求与证人面对面的权利，即保障被告人申请不利于他的证人出庭作证的权利。与此同时要限制庭前书面证言的适用，明确对于依法通知而无正当理由拒不到庭的证人的书面证言经质证无法确认的，不能作为定案依据。

（2）被告人当庭对证人证言有效质证提供条件。一方面，要确保被告人对证人证言的知悉权，通过赋予一定程度的阅卷权或保障辩护人向被告核实证据的权利等方式，让被告人做好质证的准备。另一方面，除非特殊情况，对于被告人对证人的发问权一般应予以充分保障。被告人既可以向证人提出问题，在不违反询问规则的情况下证人都应如实回答，经法庭同意，被告人还可以就某些案件事实与证人进行对质。此外，还可以通过事先向其告知询问规则，让被告人了解在庭审中向证人发问的方式以及发问的行为边界。总之，要充分保障被告人对证人的发问权，只要不违反庭审询问规则，不宜给被告人的发问设置过多限制。此外，还应明确司法机关对质证权的保障职责，明确保障证人出庭接受质证是司法机关的责任，建立保障证人出庭作证的机制，包括完善证人强制出庭作证制度，建立健全证人出庭作证的保护体系。

4. 完善证人发问规则

根据法官在庭前会议中组织控辩双方整理的案件争点，引导控辩双方围绕案件争点进行证人证言的调查，具体包括如下内容：

(1) 明确发问主体。现行《刑事诉讼法》规定审判人员可以询问证人，公诉人、当事人、辩护人、诉讼代理人经审判人员许可，可以向证人发问。结合审判实践及证人询问规则构建需求，从庭审经济化角度出发，对询问主体应予规制：证人就指控犯罪事实出庭作证，询问主体原则上限于公诉人、被告人、辩护人、审判人员，被害人及诉讼代理人无特殊情况不允许发问；证人就刑事附带民事部分出庭作证，询问主体为被告人、辩护人、被害人及诉讼代理人、审判人员，公诉人原则上不允许发问。

(2) 注意适当区分控方证人和辩方证人。现行《刑事诉讼法》及司法实践均未区分控方证人和辩方证人，仅规定了申请证人出庭的主体。从审判实践可以看出，控辩双方特别是辩方申请证人出庭，并非一定是为了证明本方主张，更多的时候是基于对证人证言的质疑或证人证言本身缺乏完整性。区分控方证人和辩方证人，有利于控辩双方更好地向法庭履行举证责任，更有利于证人询问规则的完善与适用。其一，应按照证人出庭证明是指控事实还是辩护事实对控方证人及辩方证人进行区分。控方证人是指由控方提供其证词，用于证明控方主张的自然人，辩方证人则指由辩方提供其证词，用于证明辩方主张的自然人。其二，结合现行法律规定及审判实践，控辩双方既可申请本方证人出庭，也可申请对方证人出庭，是否有出庭必要，由法官审查确定，并由法院通知，但控辩双方应履行本方证人出庭协助义务。

(3) 明确发问的顺序。控辩方调查证人，应当确定一定的顺序。考虑到我国刑事庭审的特点，可确立以下询问顺序。其一，原则上遵循询问的基本询问顺序，包括发问的先后与轮替的方式，询问顺序为主询问、反询问依次发问，第二轮主询问、再询问。其二，结合我国刑事庭审的特点，不排除证人自然叙述与一问一答相结合的方式，但证人的自然叙述限定在首轮询问之前，并仅限于传唤方及法官提出，同时自然叙述不能超越待证事实的范围与内容；其三，被告人对证人的询问原则上在辩护人之前；其四，原则上在控辩双方询问过程中，法官不得询问证人，控辩双方的询问由申请出庭一方终结询问。法官如果仍需要进一步澄清，可以补充性调查询问证人。

（4）放宽发问的范围。对此而言，包括两个方面：一方面，实践中法官常常将反询问的问题限制为仅针对主询问的问题。我国实行的不是一种严格的交叉询问制度，所以可以不严格限制反询问的范围，即反询问可以超出主询问所涉及的问题范围，但应当限于与案件事实（包括犯罪构成要件事实以及量刑事实）相关，无关问题应禁止，不受先期提出的问题范围限制。从提高庭审效率出发，可以规定询问应当围绕庭前会议归纳出的案件争议点展开，因为询问的目标是检验该证言的准确性和可靠性，不宜限定过多。此种方式比较符合主体多元的证据调查，便于多方主体从不同角度提出问题。另一方面，我国对证据的范围理解一般较为局限，即局限于对犯罪事实的陈述的实质证据，但是，犯罪事实之外的一些事实陈述往往对证言的真实性判断具有重要的辅助作用。因此，可以允许发问调查犯罪事实以外但对要件事实的判断具有重要辅助作用的事实，这种事实陈述可以被视为辅助证据。[1] 即，如有必要可以让证人陈述其所了解的与犯罪事实有关或与案件当事人有关的其他事实。比如，证人陈述其所了解的被告人与被害人之间的在指控的犯罪事实之前的一些纠纷，这往往对犯罪事实的证明和认定具有非常重要的辅助作用。

（5）改革和细化诱导性发问规则。关于诱导性发问规则，存在着两个不太一致的司法解释文本，即《刑事诉讼法司法解释》和《刑事诉讼规则》。严格说来，法庭是法院的"地盘"，如何进行庭审调查应以《刑事诉讼法司法解释》为准，检察院不能对自己在法院中的活动进行自我授权。如果以《刑事诉讼法司法解释》来看，诱导性发问规则具有明显的不合理性。从诉讼规律和域外的经验来看，一方面，一般禁止主发问方对己方证人进行诱导性的发问，因为这有可能造成发问人"控制"证人，从而按其需要提供证言的风险；另一方面，允许相对方对不利证人进行诱导性发问，因为对相对方来说，证人具有对抗性，诱导性发问是有效发问的基本方式。基于此，应该抛弃一律禁止诱导性发问的规则，而是要基于发问人与证人之间的关系进行区别对待。

---

〔1〕 周洪波："实质证据与辅助证据"，载《法学研究》2011 年第 3 期。

另外，一个问题是否属于诱导性问题，往往不是那么明显。对此，应当建立两种处理机制，即对是否属于诱导性具有明显性的问题，可以制定禁止诱导性的规则。对于是否属于诱导性问题不具有明显性的问题，赋予相对方异议权和法官决断权。

5. 健全法官在庭审证人证言调查中的控庭规则

（1）合理确定法官在询问中的定位。一方面，应当强调法官对询问的合理控制。赋予法官对询问方式与顺序进行合理控制的权力是法官控庭责任的内在要求。这既可保障证人免受骚扰或不当困窘，又能保障庭审中对证人的调查能有效地确定真相，提高庭审效率。另一方面，要保留审判法官询问证人的权力。由于我国刑事诉讼中控辩对抗不充分，依靠控辩双方的交叉询问来揭示案件真相的目的很难完全实现，法官仍然负有查明案件事实的重要职责，保留审判法官询问证人的权力具有现实意义，但该权力的行使应当以尊重控辩双方举证、质证为前提。

（2）完善询问中的异议提出和裁决规则。其一，确定异议规则，控辩双方认为对方在交叉询问中存在不当或违法的情形，有权提出异议。其二，提出异议应当及时并说明理由。原则上应当在证人尚未回答前提出。特殊情况下，证人回答后亦可提出异议，由审判长判定证人对该问题的回答效力。其三，审判长在判明情况后应立即作出决定。审判长认为异议不合法或理由不成立的，可驳回异议，该询问者可以继续询问或申请证人继续回答自己的问题；审判长认为异议理由成立，则可以决定禁止对该问题继续询问，或要求询问者修正询问的方式，或责令询问者将问题明晰化。第四，若存在不当或违法询问，但在控辩双方未提出异议的情况下，审判长可依职权主动制止。第五，对滥用异议权的一方，审判长应予以制止和警告，必要时可以进行休庭处理。

（五）完善证人证言认证规则

证据的采信和事实认定主要是一个认识论的问题，不宜设置太多的规则限制。尽管如此，以下两个方面的改革是极为重要的。

1. 应当明确证明标准的相对真实性，从而拓展采信证言的方法

前文已经指出，我国过于依赖印证方法的根本原因在于对"客观真实"标准的追求。正因如此，才导致证人出庭率低、庭审难以实质化。因此，在认证规则上最为重要的是明确证明标准应该为相对真实性，从而使证言的采

信方法更为多元，进而促进证人出庭和对其进行实质化的调查。在某种程度上，没有证明标准的改革，刑事庭审实质化的努力不太可能取得太大的效果。

2. 适当限缩印证规则的适用范围，注重情态证据和品格证据等的运用与规范

从目前的司法解释来看，基本上所有的证据尤其是言词证据，都将印证作为证据采信和认定事实的普遍性的基本方法。这无疑增加了事实认定的难度。从打击犯罪来说，需要降低证明标准的难度，但是由于我国还较为忧虑裁判者的自由裁量权所导致的错判风险，因此，在我国还不能完全抛弃印证规则，但应适当放宽印证规则对证据采信的限制。

一方面，对认定犯罪成立具有重要作用的证人证言一般应当以印证作为采信的基本条件，尤其是对错误风险较高的证人证言，如未成年人等认知能力和表达能力有一定局限的证人、与当事人之间具有特殊或利益关系的证人，应当以印证作为采信证言的基本条件。

另一方面，对于证明难度较大的犯罪成立要件如主观构成要件、难以获得印证证据的某些犯罪成立要件事实（如"一对一"的行贿受贿案件、盗窃案的犯罪认定）、量刑事实等的证明，可以允许没有实质证据印证条件下的证言采信规则。在这种情况下，应注重借助情态证据、品格证据、行为习惯证据来证明和认定证言的真实性与证明力。

第五章

对质询问的规则与操作[*]

对质询问，是指在审判长主持下，不同人证就言词证据间的矛盾当面对质，以辨别真伪、查明事实的证据调查方法。此种方法经司法解释确认，在实践中被长期采用，但适用范围有限，适用程序不完善。最高人民法院颁布并于 2018 年 1 月 1 日施行的《法庭调查规程》，扩大了对质范围，明确了对质条件和程序，推动了制度的完善。[1] 但如何落实《法庭调查规程》中的要求，充分发挥庭审对质对于实现庭审实质化及有效性的作用，尚需探讨。且因对质既涉及当事人又涉及证人，因此本书在当事人调查与证人调查问题探讨后作专章研究。

第一节　完善庭审对质制度的意义

一、庭审对质是一种特殊的人证调查方法

对质指二人同时在场，面对面互为质问。[2] 庭审对质，则是以法庭为空间，在相关人证，包括被告人、被害人、证人之间，就人证存在的矛盾进行当面质证以辨别真伪。对质也是人证调查的一种方式，但不同于一般的人证调查，对质询问具有四个特征：①同时性。一般人证调查，无论是对被告人、

---

[*]　关倚琴检察官参与本章写作。

[1]　2021 年修改后的《刑事诉讼法司法解释》第 269 条规定："审理过程中，法庭认为有必要的，可以传唤同案被告人、分案审理的共同犯罪或者关联犯罪案件的被告人等到庭对质。"这一规定，未细化对质程序类型。但将"被告人等"作为对质主体，与《法庭调查规程》并不矛盾，因此《法庭调查规程》的对质条款应当仍然具有适用效力。

[2]　王兆鹏：《辩护权与诘问权》，华中科技大学出版社 2010 年版，第 116 页。

证人，或是其他人证，依法均须"分别进行"，以防止信息干扰，因此具有历时性特点，而对质则是两个以上的人证"同时到庭"，进行人证调查，因此具备同时性特征。②相互性。一般人证调查是单向询问，只能由询问人向被询问人（被告人、被害人、证人等）发问，而不能相互发问，但对质询问的特点则是互为质问，这是对质询问与其他人证调查在外观上最为明显的区别。③进阶性。一般人证调查是法庭通过询问获知与案件相关的信息，可以看作是"第一次调查"，对质询问则是在此基础上，针对特定问题进行的"第二次调查"，亦即"进阶性证据调查"。④对抗性。由于对质询问以证据间存在实质差异即证据矛盾为前提，而且对质双方或多方又是处于面对面不容回避的状态，因此往往可以形成对抗性人证调查的突出特征。

二、对质询问对于核实人证、实现公正具有重要作用

庭审对质以事实亲历者"面对面"为显著特征，特殊的调查方式决定了对质询问相较于一般性询问更能防止人证捏造事实、夸大其词等不实作证行为，它对查明人证真伪的特殊意义主要表现在：①事实亲历者"面对面"，说谎心理更容易被压制。"一般人容易在人背后捏造事实诬陷他人，而比较不容易当着对方的面这样做"，这是生活常识。②在"面对面"的情况下，更容易揭穿谎言。因为对质询问使人证更具有发现和戳穿虚假陈述的动力，将尽力实施攻击防御，维护其作证和人格。作虚假陈述者在面对面的情况下将承受更大的心理压力，因此更有可能承认事实。而且当面交锋更有利于法官通过听取和观察对质询问时人证的言辞和情态，作出真伪判断，从而提高心证准确性。③对质主体间的相互问答，更有助于唤醒和检验人证的记忆，从而促使人证更为全面、客观地回忆事实，矫正记忆误差。

此外，庭审对质以直接、透明的方式向公众展示了言词证据形成、调查、采信的过程，有利于彰显司法公正。

三、需要改革完善原有的对质询问制度

对质询问，作为具体的法庭调查方法，在《刑事诉讼法》中未有明确规定，但在最高人民法院和最高人民检察院的相关司法解释中有具体规定，因此在实践中也有一定程度的运用，但司法解释中规定的对质询问存在以下不足：

（1）对质询问的适用范围狭窄。《刑事诉讼法司法解释》第269条规定了

对质询问，由于对质询问系法院主持的庭审调查行为，这一司法解释规范是实施对质询问的基本规范。但其规定的对质范围较窄，明确规定的主体仅限于同案被告人。虽然规定有"被告人等"，但"等"字的含义不明，实践中也缺乏安排其他主体对质的情况。

（2）对质询问的适用条件和程序不明确。《刑事诉讼法司法解释》第269条就对质的适用条件与程序，仅作了"必要时"传唤同案被告人对质的笼统规定，并未规定具体程序与方法。

（3）"两高"[1]的司法解释不一致。《刑事诉讼规则（试行）》（2012年修订）第438条第4款规定了对质询问："被告人、证人对同一事实的陈述存在矛盾需要对质的，公诉人可以建议法庭传唤有关被告人、证人同时到庭对质。"（2019年修订的《刑事诉讼规则》第402条第4款保留了该规定，同时增加了"必要时可以建议法庭询问被害人"的规定）。可见，检察机关司法解释规定的对质范围较宽，对质询问可适用于证人之间、被告人和证人之间。"两高"规定的不一致给司法操作带来困难——如果公诉人根据《刑事诉讼规则》在法庭上申请被告人与证人对质，但合议庭推进庭审须执行《刑事诉讼法司法解释》，势必以"于法无据"为由驳回申请。这种规则矛盾与实践冲突显然不符合法制统一性原则。

第二节　《法庭调查规程》 的改革及新规范实施状况

为推进以审判为中心的刑事诉讼制度改革，构建规范、合理、实质化的刑事庭审程序，最高人民法院制定《法庭调查规程》，细化和完善了庭审对质询问程序。

《法庭调查规程》第8条规定："有多名被告人的案件，对被告人的讯问应当分别进行。被告人供述之间存在实质性差异的，法庭可以传唤有关被告人到庭对质。审判长可以分别讯问被告人，就供述的实质性差异进行调查核实。经审判长准许，控辩双方可以向被告人讯问、发问。审判长认为有必要的，可以准许被告人之间相互发问。根据案件审理需要，审判长可以安排被告人与证人、被害人依照前款规定的方式进行对质。"

---

〔1〕"两高"，即指最高人民法院、最高人民检察院，全书下同，不再赘述。

《法庭调查规程》第 24 条规定："证人证言之间存在实质性差异的，法庭可以传唤有关证人到庭对质。审判长可以分别询问证人，就证言的实质性差异进行调查核实。经审判长准许，控辩双方可以向证人发问。审判长认为有必要的，可以准许证人之间相互发问。"

从上引规范可以看出，其一，《法庭调查规程》扩展了对质主体的范围，同时也扩展了对质询问的适用阶段。该规程将参与对质的主体，从被告人之间，扩大到被告人、证人及被害人。与之适应，对质询问不仅适用于讯问被告人的程序，也适用于询问被害人和证人的程序。其二，明确了对质询问的适用条件和目的。将人证之间"存在实质性差异"作为启动对质询问的前提，由此也将解决这种证据矛盾作为对质询问的目的。其三，规定了对质询问的证据调查方法。即审判长直接询问各方的方法、经准许控辩双方发问的方法，以及经准许人证之间相互发问的方法。

以上三个方面的制度完善，使对质询问方法的设置更为合理、适用，同时协调了"两高"的相关规范。然而，从《法庭调查规程》出台后的司法实践来看，刑事庭审对质询问的适用仍然存在一些问题。

一个突出问题是适用范围较窄，适用比率偏低。从法院庭审的普遍情况看，法庭审判仍然基本沿用 2012 年《刑事诉讼法司法解释》的规定，将对质询问多限于同案被告人之间，而且适用比率较低。以某直辖市检察院 Y 分院为例，该院自 2018 年至 2019 年，即《法庭调查规程》实施后的两年间，提起公诉刑事案件共计 274 件 484 人，启动庭审对质询问程序仅 3 件 6 人，人数占比 1.24%，且均为同案被告人间的对质询问。从其他地方的情况看，虽有一些被告人与证人、与被害人的对质，但适用情况较少。

另一个突出问题是对质询问由审判长主导并实施，其他主体作用未能有效发挥。实践中，对质询问基本上是由审判长启动与实施，并将其作为法庭依职权进行证据调查的手段。控辩双方很少申请对质询问，也较少参与对质询问，因此控辩双方未将对质询问作为自己进行证据调查的重要手段。从具体的操作实践看，庭审对质询问，通常由审判长决定启动。审判长首先核实言词的实质性差异，再要求对质主体对差异内容加以解释，其间审判长常常针对证据矛盾进行一定的质询，最后询问公诉人和辩护人有无补充发问。因审判方主导并实施对质询问，控辩双方参与的积极性不足。即使参与，因审判长通常认为其提出的问题，自己已经询问了，因此控辩双方的补充询问往往不太受重视，对人证调查效果影响不大。在这种情况下，对质询问常常成为审判长的"独角戏"。

为推进庭审实质化，《法庭调查规程》本已强化和完善了对质询问制度，但从司法实践角度来看并未取得预期效果。调研发现，上述问题的症结大致有以下几点：①受证人出庭率低这一根本性条件制约。虽然推进庭审实质化后，出庭作证的人数相较过去有所提升，但由于我国既未建立言词诉讼原则，也缺乏证人出庭的程序性保障，立法对以宣读笔录方式开展的人证调查予以认可，使得以书面言词替代证人出庭仍然是司法常态。而对质询问以人证出庭为前提，证人出庭率低使得证人与被告人的"面对面"难以实现，第一次直接人证调查尚不能实现，更何况在此基础上的第二次调查，即对质询问。因此，庭审对质通常也只能在共同犯罪案件的同案被告人间开展。②审判人员怠于适用。对质询问程序的复杂性和对质主体问答的双向性，加大了询问过程中的不可控因素，对法官驾驭、掌控法庭的能力提出了更高要求。法官往往出于工作便利考虑，更倾向于简单采用分别询问的方式开展人证调查而不用对质询问。③控辩双方对使用对质询问不熟悉，有顾虑。有的公诉人和律师，甚至不知道控辩双方可以根据《法庭调查规程》采用对质询问的调查方法。而且相对于举证质证书面证言，对直接人证的调查难度较大，不可预见、不可控制的情况容易出现，且因实践中证人很少出庭，公诉人与辩护人对直接人证进行调查的训练普遍不足，而对对质询问技术就更不熟悉，更担心对冲突证言（供词）进行调查的效果，因此极少申请使用对质询问。加之《法庭调查规程》并未规定控辩双方对质询问启动权，也妨碍了此种调查方法的多元化展开。

第三节　对质询问的一般操作要求及程序完善建议

证据间相互印证，是刑事证明的基本管道和方法，而被告人、证人、被害人的陈述出现实质性差异，不仅不能实现印证，而且还会凸显信息冲突与证据矛盾，妨碍事实认定。因此，刑事证明和查证过程中，需要尽力辨识真伪，排除矛盾。如前所述，对质询问是一种抑制虚假陈述，帮助法官判断陈述真假，有时还可唤起人证记忆的有效方法，尤其在被告人、证人、被害人陈述间矛盾普遍存在的情况下。因此，具备适用条件时，诉讼各方应当积极适用对质询问的证据调查方法。

一、把握诉讼个案中对质询问的适用条件和必要性

对质的适用前提是不同人证的陈述存在"实质性差异"。这是指影响案件定罪量刑的基本事实，因存在人证矛盾而难以认定。由于人证调查以个别调查为原则，如果通过个别调查可以解决矛盾，排除合理怀疑，则无须启动对质询问。

人证陈述的实质性差异在各类案件中普遍存在，但是否使用对质询问方法，还需判断其必要性，即对质询问可能产生的效果——对质询问是否有助于澄清事实，解决矛盾。因此，应根据人证庭前陈述与庭审作证、人证的个性与品格以及对质各方的相互关系等因素，预判在对质的情况下，各方陈述可能发生的变化。如果根据经验判断显然不会发生澄清效果，则无须启动对质程序。

必要性判断的另一方面，还需考虑对质询问是否可能发生某些负面作用，而且负面效应可能大于积极作用。如有的人证性格软弱，或与对方有某种共同的利害关系，或因对方比较强势，可能使其"顺竿爬"，即不是因为愿意说真话或记忆恢复而改变陈述内容，而是因受对方态度和意见的影响而作出顺从性陈述。此外，还要注意与之相反的情况。如被害人与被告人对质时，因被告人态度不好而被激怒，影响其客观陈述案情。这也是需要防止的情况。

不过，由于对质询问具有在人证矛盾的情况下查明案情的作用，且对质可能涉及当事人及其他诉讼参与人的诉讼权利，因此如无较为充分的根据，不应当以必要性审查作为压制对质询问的理由。

二、适当使用对质询问方法

（1）对质人数。对质的典型方式是两人对质。这种对质与法庭证据调查的一般逻辑相协调，便于明确问题焦点，把握影响因素，也比较方便操作。不过，确有必要时也可增加对质人数。共同被告人之间对质，则可视情形进一步扩大范围，可以在亲历事实的全部被告人之间展开对质。

（2）发问顺序。对质由审判长主持，但发问顺序，则分不同情况处理。如审判长发动并实施对质询问，则首先由审判长与合议庭成员发问；经审判长准许，先控方后辩方进行发问；对质人员经准许也可发问及相互发问。如

系控方或辩方提出，则可参照《刑事诉讼法司法解释》第259条的规定，一般由提请一方先发问，对方后发问，法官补充发问。但如审判长认为必要，或经控辩方申请，也可由法官首先发问。

（3）发问方法。对质询问的基本方法，其一，明确证据间的实质性差异。即以对质主体原陈述为基础，明确各方在何种事实问题上的"实质性差异"。其二，为聚焦实质问题，提高对质效率。发问采取一问一答式，原则上不使用人证自然陈述所经历事实的所谓"自然陈述式"问答方式。其三，以人证原陈述为基础，减少开放式问题，多用"是不是"这类选择性问题。如："根据你刚才的陈述，在案发时，你已经离开现场，是不是?"由于是在原陈述基础上的进阶式、质证性发问，因此不触犯禁止诱导询问规则。第四，可采用追问和质疑方法。即可以要求对质主体一方或多方对证据矛盾作出合理解释，询问者还可对不合理、有矛盾的解释进行追问和质疑。

三、把握程序节点，注意程序转换

对质询问与一般询问的区别以及程序转换，有的比较清楚，有的则容易模糊。前者主要是指由审判长决定或经诉讼一方提请，让本不在场的人到场进行对质询问，程序节点比较清晰。如询问被告人或证人应单独进行，如同案被告人同时在场，或两名以上证人同时到场，此时的询问即明显转化为对质询问。后者则是指那些在一般人证调查时，两名以上的人证本来就在场，如询问证人时，被告人一直在场，而且被告人也有权经审判长准许询问证人。而且被害人如以当事人身份出庭，当被告人及证人陈述时，也一直在场并有权发问，在类似情况中，程序节点转换就可能不清晰，有时可能出现一般发问与对质发问的混淆。

由于对质询问与一般人证询问是不同的人证调查方法，适用不同的程序条件和程序规则，因此审判长和诉讼参与人应当注意区分两种人证调查。一旦需要对在场双方或多方作证的实质性差异进行核实，并展开多元询问，则需经审判长决定或由控辩一方提出申请经审判长准许，按照对质询问程序进行人证调查。

四、支持控辩双方使用对质询问

1996年《刑事诉讼法》修改以来，我国刑事庭审借鉴对抗制施行所谓

"控辩式"庭审，由控方承担法庭举证责任，以控辩双方的举证质证为主实施证据调查。推动庭审实质化，则更需发挥控辩双方的举证质证功能，以实现法庭证据调查对于认定事实的决定性作用。对质询问成为法官的"独角戏"显然不符合我国现行庭审程序逻辑以及庭审实质化的要求。而且还应注意，与庭审改革的理由一致，法官过度使用职权调查，容易与法官中立和司法的被动性相冲突。因此，应当支持控辩双方使用对质询问，而法官应更多地充当主持者和客观冷静中立的判断者角色。尤其是在对质询问这种具有突出对抗性的人证调查中，法官不当"运动员"而作"裁判员"，在一旁察言观色，冷静判断，更有利于防止"运动场上的烟尘迷住裁判员的双眼"。

为此，合议庭对控辩双方对质询问的请求，只要确认拟对质的人证存在"实质性差异"，而有对质必要的一般应予以支持。不过，需要提出一方说明对质主体与对质理由。鉴于《法庭调查规程》对控辩双方对质询问的启动权未作明确规定，而采用了法官主导并强调法官职权调查的模式，可以考虑在修改规程或修改《刑事诉讼法司法解释》时，确认控辩双方的这种权利，以体现司法支持，同时将对质询问的设置模式调整为多元互动模式。

此外，法官发动的对质询问，也应当支持控辩双方参与，甚至在必要且可能时，促使控辩双方成为主要的发问人和对质询问的推动者，从而发挥控辩询问对同一事实从不同角度观照探究的功能，使对质询问成为多方互动的产物，使案件事实获得进一步的澄清。

五、加强对质询问后的质证程序

对质询问结束后，法庭是否需要安排双方发表质证意见，对此《刑事诉讼法司法解释》和《法庭调查规程》均无明确规定。《法庭调查规程》第28条第3款前半句规定，"控辩一方举证后，对方可以发表质证意见"。但对质询问能否视为控辩一方的举证，尚不明确。而且对质询问经常是由法庭发动的，而《法庭调查规程》并未设定法庭询问结束后，控辩双方发表质证意见的规范。

笔者认为，虽然对质询问本身就是在证据矛盾的情况下进行质证的一种方式，但仍然有必要在对质询问后安排控辩双方发表对该询问的质证意见。其一，询问后发表质证意见有利于法院查明事实。对质询问是通过询问进行的质证，它虽然会暴露出一些问题，可以从中得出某种结论，但并非不说而明，而且控辩双方对同一对质过程可能产生不同看法。因此，对质询问本身不能代替而后由控辩双方对于对质程序与对质的证据价值所作的分析。这种分析可以帮助法庭从不同角度观察问题，理清证据裁判的思路。其二，发表质证意见符合司法解释精神。一方提请的对质询问是其在证据事实上所作的攻击防御措施之一，可以作为其举证内容，适用对一方举证另一方可发表质证意见的司法解释规范。而法庭发动的对质询问，则系法庭职权调查行为，可参照《法庭调查规程》第 36 条关于"法庭庭外调查核实取得的证据，应当经过庭审质证才能作为定案的依据"的规定，安排控辩双方发表质证意见。发表质证意见，通常应在提请出庭对质的人员（除当事人外）退庭后进行。[1]

第四节　被告人参与对质的规则和注意事项

被告人既为被追诉而可能承担刑事责任的对象，又是享有辩护权的诉讼主体；在证据调查中，即是被调查的对象和证据来源，又是享有调查权的调查主体。被告人在这两方面具备的双重属性，决定了对其进行证据调查包括对质询问，有一定的特殊性。

一、保障被告人的"对质权"

对质询问在学理上可以分为两种类型：一种是作为查清事实技术方法的对质询问，另一种是基于对质权的对质询问。前者是法院查明事实的一种证据调查方法，后者则是被告人实现辩护权的一种手段。[2]《刑事诉讼法司法解释》及《法庭调查规程》中所规定的庭审对质询问，显然是前一种类型，即作为证据调查方法的对质询问。应当注意的是，面对并质询反对自己的证人的权利，即所谓"面对权"或"对质权"，应当属于被刑事追诉者基本的诉讼权利。一是这一权利可以获得"自然法"上的证成。如美国最高法院在科

---

〔1〕 控辩双方对人证调查发表质证意见时人证是否在场，对此没有明确规定。从实践需要看，如果系出庭鉴定人或有专门知识的人，以及可能需要再次询问的证人，可以让其在场，由控辩双方发表质证意见，否则无须在场。有关分析详见龙宗智："刑事庭审人证调查规则的完善"，载《当代法学》2018 年第 1 期。而对质主体并非专家，且不至于再次安排对质，因此控辩双方发表质证意见时不需要在场。

〔2〕 两种对质询问及其区别详见龙宗智："论刑事对质制度及其改革完善"，载《法学》2008 年第 5 期。

伊案〔1〕中所说并在克雷格案〔2〕中重复的，"任何人在面对刑事追诉时，要求与控诉者面对面对质，是人类的本能反应，也是确保审判公平的要素"。龙宗智教授还曾举罗马法以及中国文学典籍中的例证论证这一"自然权利"。〔3〕二是这一权利可以获得部分实定法的支持。多项重要的国际人权公约已确认对质权。如我国政府已签署的联合国《公民权利及政治权利国际公约》第14条第3款明确规定："审判被控刑事罪时，被告一律有权平等享受下列最低限度之保障……（辰）得亲自或间接诘问他造证人，并得声请法院传唤其证人在与他造证人同等条件下出庭作证……"此外，《欧洲人权公约》第6条第3款（4）以及《美洲人权公约》第8条第2款第（六）项中也有类似的规定。

我国《刑事诉讼法》虽未明确规定被告人的对质权，但规定了证人的出庭责任以及被告人的质证权。庭审实质化改革，包括《法庭调查规程》中新的规范，则进一步强调人证出庭的必要性，为被告人面对和质询反对自己的证人创造必要条件。基于对质权的"自然权利"性质，以及尊重被告人基本程序诉求，加强司法人权保障的目的，在使用对质询问的技术方法时，应当承认被告人对质权的价值，因而注意保障被告人应当享有的这一权利。

基于上述理由，在庭审对质程序中，可从两个方面保障被告人的对质询问权。其一，赋予被告人对出庭人证作对质询问的申请权。被告人认为证人、被害人或同案被告人作证不实，有权向法庭申请与该人证当面进行对质询问，审判长可根据证人出庭的条件进行必要性审查，同时进行对质询问必要性审查，如无正当理由否定其申请，应当同意并安排对质询问。如对质人证仅有书面陈述而无当庭陈述，则应首先安排一般的人证询问，再根据情况决定是否需要对质。其二，扩大被告人在对质询问中的发问权。《法庭调查规程》规定被告人的对质发问需由审判长"认为必要"，并经审判长"准许"，方可进行。虽然规定审判长的控制权有一定意义，但不得以此不当限制被告人对不利于己的人证的发问权。在操作中，审判长应当询问被告人是否需要向对质他方发问，将其作为被告人参与庭审对质时的必经程序。

---

〔1〕　Coy v. Iowa, 487 U. S. 1012, 1019-20 (1988).

〔2〕　Maryland v. Craig, 497 U. S. 836, 846 (1990).

〔3〕　参见龙宗智："论刑事对质制度及其改革完善"，载《法学》2008年第5期。

二、区别情况，把握分寸，避免被告人参与对质的负面效应

被告人与案件审理结果有重大利害关系，可能希望利用诉讼手段避免或减轻罪责，因此应当注意防止被告人利用合法的手段达到不正当的诉讼目的。实践中有几种情况需要注意：其一，被告人与被害人对质时，对被害人可能造成二次精神伤害；其二，被告人尤其是暴力犯罪或其他有势力的被告人，与某些精神弱势或有利害关系的证人对质时，可能对证人产生心理压制或诱导的作用；其三，共同被告人包括对合犯罪的被告人之间，可能因共同的利益关系在对质中施予、接受不正当的影响等。

为了在保障被告人对质询问权的同时，维护司法公正以及其他法律权益，在被告人参与的对质中，应注意利用审判长的程序控制以及职权调查权力，发挥审判长在对质中的主导作用。操作中应注意以下问题：

（1）预判问题，应对有方。审判长应当注意案件的特点、参与对质者的特点、相互关系，以及各自陈述的内容，预判对质询问可能发生的问题，以便采取适当的应对方法。

（2）先期发问，固定信息。在被告人可能对其他对质者产生诱导、心理压制等不适当影响的案件中，如某些具有共同利害关系的对合性犯罪（行受贿等）案件，审判长应当注意发挥主导作用，通常首先利用职权调查方式，固定一些容易发生变化的信息，以防止因不适当影响引发证据变化。

（3）区别情况，适当把握和调整程序，防止信息不对称条件下的不当影响。对质的前提是人证的"实质性差异"，但在部分案件中，这种差异是因为信息不对称形成的。如对质人甲因自身经历而掌握了某种信息，从而作出了存在某一事实情节的陈述，而对质人乙因为没有这种经历而否定某一事实情节，二者形成"有"与"无"的差异。在此种对质询问中，审判长原则上应当安排否定者乙先陈述，肯定者甲后陈述，然后再进行追问。因为在否定者被先询问的情况下，由于缺乏相关信息而难以即时增添。但如肯定者先陈述，由于提供了相关信息，在而后的询问中，否定者可能受其影响而出现"顺竿爬"的现象。这种询问的先后次序安排可以降低对质询问中的不当影响，减少"串供"以及违背事实"翻供"等问题。不过，即使如此安排，乙在甲陈述后也可能改变陈述，使其与甲趋于一致，此时法庭就应进行追问。查明其是因为顺从甲的说法提供不实陈述，还是因为乙受甲的信息提示而恢复或更

正了记忆等。

（4）控制发问与回答。在各种对质询问中，均要求审判长注意控制被告人以及其他对质参与者的发问方式，及时制止可能损害司法公正以及对于对质人人格尊严的不当发问和回答。

（5）为适应特殊时期疫情防控需要，以及提高效率的需要，对质可以采用远程视频方式。但应注意庭外作证环境应达到刑事庭审的规范要求，音视频效果符合对质询问需要。法庭应当在庭审笔录中载明相关情况，并刻录庭审录像光盘附卷。

（6）出庭检察官与辩护律师应履行维护司法公正的责任。出庭检察官应当履行客观义务及控诉职责，积极协助法庭查明案件事实。在被告人参与的对质询问中，一方面应维护被告人的对质询问权，另一方面应防止其利用诉讼权力施加不当影响，乃至扭曲对质程序。辩护律师同样具有维护司法公正的责任，也应当协助法官查明事实，不采用不适当的对质询问方法，同时不支持被告人违背事实影响他人作证的不当做法。

第五节 被害人参与对质的规则和注意事项

被害人与被告人同为犯罪事实的亲历者，而双方的陈述常常存在"实质性差异"，因此，在分别调查的基础上视情形安排对质询问，对某些案件查明事实能发挥积极作用。然而，被害人在我国刑事庭审中具有案件证据方法和诉讼当事人的双重角色，其因当事人身份而享有庭审在场权、申请回避权、对证据和案件发表意见权等诉讼权利。但《法庭调查规程》中的相关规范较为简略，并未设置被害人对质询问的特殊规则，以致被害人的程序适用要求与证人一致。因此，在《法庭调查规程》的相关规范实施时，应当注意被害人的特殊性，强化被害人诉讼权利保障。为此，需要注意以下三点：

一、被害人参与对质，应注意"一次调查"的充分性以及对质询问的及时性

被害人作为诉讼当事人，同时也是证据来源，二者之间有一定的矛盾。因为诉讼当事人有权于庭审时一直在场，从而了解各种证据信息，并可能因

此改变自己的陈述。鉴于被害人进行法庭陈述以及对其发问即"一次调查"，依法应在庭审调查的开始阶段，在对被告人讯问后进行。为防止被害人始终听证可能影响其作证的弊端，就被害人参与对质，应当注意在对被害人进行"一次调查"时就穷尽问题，充分获取被害人的信息，并使其相对固定。在被害人调查结束后，如果有必要，随即进行被害人与被告人的对质询问。在后续证据调查程序中，不再安排被害人对质，以避免被害人作为当事人，因了解其他证据情况而改变陈述，妨碍证据的客观性。[1]

二、设置对质询问前征求被害人意见程序

被害人作为案件的一种证据方法，虽然负有配合法庭查明案件的义务，但作为犯罪行为的直接侵害对象，被害人参与庭审对质将承受较大的心理压力。而且被害人在实践中较少作为当事人出庭并一直在庭，安排对质询问则需要其出庭，而且与侵害行为人"面对面"，容易形成对被害人的二次伤害。尤其是性侵犯罪及暴力犯罪的被害人（包括未成年被害人）更容易受到精神伤害。为切实保护被害人权益，建议设置对质询问前被害人意见征求程序。具体而言，审判长在启动涉及被害人的对质询问前，应当先行征询被害人是否同意，再由审判长在权衡对质询问对于查明案件事实与对被害人的影响后，作出是否启动的决定。而对于性犯罪、严重暴力犯罪被害人以及未成年被害人，应当承认被害人的拒绝对质权，即一旦上述案件的被害人拒绝对质，法庭如无特别理由应当同意。目前可以将其作为操作要求，今后可以修改《刑事诉讼法司法解释》或《法庭调查规程》，有限制地确认被害人的拒绝对质权。

三、建立保护性对质询问方式，防止"二次伤害"

一是为避免或降低对质询问程序中被害人遭受再次伤害，对于性犯罪、严重暴力犯罪被害人、未成年被害人，以及其他可能遭受"二次伤害"的被害人，即使安排对质，也应视情形建立采取特殊的对质方法。即被害人可通过物理隔离等方法与被告人进行对质询问。采取保护性措施的，由审判长根

---

〔1〕　龙宗智教授曾建议实行以当事人身份出庭的被害人，在调查被告人时暂时回避的程序，以协调被害人作为诉讼当事人和证据来源的矛盾。成都市中级人民法院进行庭审实质化改革试点，也有类似做法，但因目前没有法律根据，还难以普遍施行。参见龙宗智："刑事庭审人证调查规则的完善"，载《当代法学》2018 年第 1 期。

据被害人申请，或依职权决定。具体措施可以采用视频方式或屏风隔离，但要注意保证审判人员、公诉人及辩护人能够全面观察被害人对质询问时的表现，也可以对声音和画面作技术处理以保护被害人。二是在被害人与被告人对质过程中，审判长要注意控制对质过程，防止和制止被告人的不当发问和回应对被害人形成再次伤害。亦如前述。

此外，为了充分发挥庭审对质在庭审人证调查中的重要作用，还需要建构其运行的基本条件，尤其是进一步提高证人出庭率。只有提高第一次人证调查的实质化水平，才有条件推进第二次人证调查，即对质询问，从而进一步澄清事实。此外，还须提升公诉人、辩护人进行对质询问的技术，增强审判人员对多元化、对抗式庭审询问的掌控能力以及对于对质询问规范的运用能力，有效发挥对质询问在推进庭审实质化中的作用。

第六章

物证、书证法庭调查

物证、书证是最常见的刑事证据，法官几乎在每一起刑事案件中都会遇到对物证、书证的审查判断问题。虽然相比于证人证言、被害人陈述、被告人供述和辩解等言词证据，物证、书证这类实物证据的稳定性和客观性更强且不宜被轻易改动，但形式上客观的物证、书证在法庭调查中却没那么简单，如果处理不当，可能导致某些本应被排除的瑕疵证据或者非法证据成为定案的根据，甚至不能通过该类证据准确地认定案件事实。

法官如何有效地展开对物证、书证的法庭调查？在"以审判为中心"的诉讼理念下，其他机关又如何有效地配合法庭对物证、书证进行调查？这些都是当下理论和实践面临的现实问题。特别是随着庭审实质化改革的继续深入，更加要求法官通过"人证"出庭的方式解决有争议的证据问题，而且要保证庭审的高效率。尽管自 2010 年"两高三部"[1]《死刑案件证据规定》确立刑事证据分类审查与认定规则以来，《刑事诉讼法》《死刑案件证据规定》《刑事诉讼法司法解释》《公安规定》《刑事诉讼规则》和《法庭调查规程》在规范层面共同构筑了物证、书证法庭调查的制度框架——"证据鉴真规则"和"最佳证据规则"，使得司法实践有一定的章法可寻。但在整体上，我国关于物证、书证的证据鉴真规则和最佳证据规则还相对粗糙，实践中不规范地出示物证、书证和质证不深入的情况比较突出，庭审实质化改革的效果还不够理想。

鉴于物证、书证的法庭调查在不同案件中会有差异，庭审时法官可以根

---

[1] "两高三部"，即指最高人民法院、最高人民检察院、公安部、国家安全部、司法部，全书下同，后不赘述。

据具体情况灵活处理或有所创新，但仍应遵循基本的证据规则，符合通过物证、书证揭示案件事实的基本规律，尤其是应当明确物证、书证的出示方式及其限制，从而为探讨合理的法庭证据调查方法、改革和完善物证、书证的法庭调查规则服务。

第一节　物证、书证法庭调查的制度规范

一、基本规则

从哪些方面展开对物证、书证的调查是法庭证据调查的重点。物证以物的外观特征或物理结构证明案件事实，书证以文字、图片、符号等记载的思想内容来证明案件事实。"被告人会说谎，证人会说谎，辩护律师和检察官会说谎，甚至法官会说谎，唯有物证不会说谎"，[1]但这并不意味着法庭无须再对物证、书证进行严格审查，相反一些冤假错案反映出物证、书证并不总是可靠，虚假、伪造物证、书证的情况时有发生。同样，由于书证的复制手段很可能存在着严重损害文书准确性的便利，以及那些据称是对文书内容的回忆的口头证言，可能比其他证言更容易出错。[2]那么对物证、书证展开实质化的法庭调查就十分必要。一般而言，对该两类证据进行调查应当遵从"证据鉴真规则"和"最佳证据规则"。

（一）证据鉴真规则

法庭调查环节，对物证、书证主要是进行"鉴真"工作。在庭审实质化背景下，还表现在当庭鉴真。所谓的"鉴真"或"验真"是指证明、确认法庭上出示、宣读、播放的这份物证、书证就是举证方所声称的那份物证、书证，如《美国联邦证据规则》第 901 条（a）规定："为满足对证据进行验真或者辨认的要求，证据提出者必须提出足以满足支持该证据系证据提出者所主张证据之认定的证据。"鉴真强调法庭对物证、书证的来源和过程的审查，属于鉴别证据之真实性的方法，在证据法学上称之为"鉴真方法"。[3]例如，

---

〔1〕［美］阿尔弗雷德·阿伦·刘易斯：《血痕　弹道　指纹探奇》，何家弘译，群众出版社 1991 年版，第 1 页。

〔2〕［美］约翰·W. 斯特龙主编：《麦考密克论证据》（第 5 版），汤维建等译，中国政法大学出版社 2004 年版，第 362 页。

〔3〕陈瑞华："实物证据的鉴真问题"，载《法学研究》2011 年第 5 期。

刑事案件中控方指控被告人系携带凶器盗窃，并出示一把弹簧刀用以证明被告人在盗窃过程中就一直手持这把刀，那么控方则应举出证据证明其当庭出示的这把刀就是被告人作案时手持的"那把刀"。

在美国证据法上，鉴真规则用于鉴别物证、书证的真实性，[1]其作为关联性的具体方面，将关联性精致化。[2]鉴真规则包括两个方面：一是鉴真的实体性内容；二是鉴真方法。

在鉴真的实体性内容方面需要注意三个问题：①物证、书证是否为原件，即物证、书证自身的真实性问题；②物证的照片、录像或者复制品及书证的副本、复制件所反映的原物、原件是否实际存在，即物证、书证的存在性问题；③物证的照片、录像或者复制件及书证的副本、复制件与原物、原件是否相符，即原始证据与展示证据的一致性问题。[3]具体而言，物证和书证的鉴真内容有所不同，物证鉴真强调"特征识别"和"保管链调查"，而书证鉴真强调的是"原件核实"。

首先，"特征识别"是指如果物证具有某些明显的，可以直接辨认出的特征，则可以通过对它进行直接的辨认以达到鉴真的目的。《刑事诉讼法司法解释》第 82 条专门强调法庭应当审查"物证、书证是否经过辨认、鉴定"。这里，辨认和鉴定一方面是要从物证、书证中截取有价值的信息，另一方面则是确认该证据就是犯罪现场留下的证据，以及辨明其与待证事实的关系，主要适用于对"特定物"的鉴真。如果某一物证具有独一无二的特征，可以从证人当庭陈述当中得出物证具有哪些特征，并说明法庭上的该项物证与原来物证的相似之处，进而通过证人证言对该物证与原来看到的物证的同一性作出确定的证明。[4]"特征识别"在于表明当庭出示的物证与原来的物证拥有相同的特征，属于同一个证据。

根据同一认定的一般原理，"特征识别"需要把握以下三个方面：①特征组合的特定性，即由于同一认定要对客体进行个体识别，把某个客体与所有其他客体区分开来，所以其依据的特征组合只能出现在一个客体上。进而需要详细考察特征的数量、质量和同类客体的数量。②特征的稳定性，主要是

---

〔1〕　陈瑞华："实物证据的鉴真问题"，载《法学研究》2011 年第 5 期。

〔2〕　易延友：《证据法学：原则　规则　案例》，法律出版社 2017 年版，第 428 页。

〔3〕　刘静坤：《证据审查规则与分析方法——原理·规范·实例》，法律出版社 2018 年版，第 116 页。

〔4〕　陈瑞华："实物证据的鉴真问题"，载《法学研究》2011 年第 5 期。

审查某些具体特征是否发生了改变。③特征的反映性，指客体的特征能够在其他客体上得到反映的容易程度和清晰度。[1]

其次，"保管链调查"主要针对"种类物"、需要进行实验室分析的证据以及关联性与证据的状态密切相关的证据。[2]例如，贪污贿赂犯罪的涉案现金、盗伐林木罪的涉案树木、环境污染犯罪的涉案样本等，这些证据有时不具备直观的辨识度或者需要经过特殊的检测才能识别其成分等信息。而且，这些证据从取得到法庭出示会经历较长一段时间，并且会经过多人转手。因此，证据被调包、遗失、毁损或者被污染的风险较大，如果不能有效地查证，势必会干扰法庭对案件事实的准确判断。对此，《美国联邦证据规则》第901条确立了一种对这类证据的调查规则，即证据的"保管链"规则。"证据保管链就是指证据材料从发现那时起直到提交法庭作为证据使用时止的整个过程中是如何处理的、由谁处理的、各个环节的负责人是谁。"[3]这样做的目的是，保证保管人能够证明某物品在保管期间一直处于提交时的原始状态。"如果物证的保管链条出现中断的情况，那么，该物品与其在犯罪现场被发现时处于相同状态的主张就得不到支持，那该物品就丧失了被采纳为证据的能力。"[4]

我国的证据鉴真规则可分为一般规则和特别规则。一般规则旨在审查证据的采集程序是否合法、保管主体是否合法、证据的交接是否合法、证据的运输过程是否严密和证据的保管条件是否完备。特别规则是指在一些例外情况下，即使发现证据的保管链有瑕疵，但如果满足特定条件，也可以确认该证据的真实性，比如邮政运输的例外、文书瑕疵的例外、客观不能的例外以及印证的例外。[5]《刑事诉讼法司法解释》第82条规定："对物证、书证应当着重审查以下内容：……（二）物证、书证的收集程序、方式是否符合法律、有关规定；经勘验、检查、搜查提取、扣押的物证、书证，是否附有相关笔录、清单，笔录、清单是否经调查人员或者侦查人员、物品持有人、见证人

---

〔1〕何家弘：《司法证明方法与推定规则》，法律出版社 2018 年版，第 84~88 页。

〔2〕陈永生："证据保管链制度研究"，载《法学研究》2014 年第 5 期。

〔3〕[美]诺曼·M.嘉兰、吉尔伯特·B.斯达克：《执法人员刑事证据教程》（第 4 版），但彦铮等译，中国检察出版社 2007 年版，第 3 页。

〔4〕[美]诺曼·M.嘉兰、吉尔伯特·B.斯达克：《执法人员刑事证据教程》（第 4 版），但彦铮等译，中国检察出版社 2007 年版，第 406 页。

〔5〕马贵翔、韩康："实物证据鉴真规则的构成探析"，载《浙江工商大学学报》2017 年第 6 期。

签名，没有签名的，是否注明原因；物品的名称、特征、数量、质量等是否注明清楚；（三）物证、书证在收集、保管、鉴定过程中是否受损或者改变……"

（二）最佳证据规则

鉴于通常应用的复制文书的手段很可能会严重损害文书准确性，而且那些据称是回忆文书内容的口头证言，可能冒着比一般的关于其他情况的口头证言更大的风险。[1]就是说，原件不仅比复制件更可靠，而且还包含很多从复制件中反映不出来的信息，比如原笔迹特征、原书写材料特征可以从一定程度上还原当时的书写环境等信息。基于此，法庭要求举证一方出示证据原件成为一种世界通行的证据调查规则，如《美国联邦证据规则》第1002条规定："为证明书写品、录制品或者影像的内容，应当提供原件。"但需要注意的是，该规则仅适用于书写品、照片（影像）或录制品，并不涉及所有的有形证据，如刀、汽车或艺术品。[2]

我国确立的最佳证据规则适用范围更广，不仅涉及书证，还将物证包含在内。《刑事诉讼法司法解释》第83条和第84条明确规定，据以定案的物证、书证应当是原物、原件。《法庭调查规程》第32条第1款同样规定："物证、书证、视听资料、电子数据等证据，应当出示原物、原件。取得原物、原件确有困难的，可以出示照片、录像、副本、复制件等足以反映原物、原件外形和特征以及真实内容的材料，并说明理由。"可见，最佳证据规则均适用于我国法庭对物证、书证的调查。根据《刑事诉讼法司法解释》第82条的规定，主要审查以下内容：①物证、书证是否为原物、原件；②物证、书证的复制品、复制件是否与原物、原件相符；③物证、书证的复制品、复制件是否由两人以上制作，有无制作人关于制作过程以及原物、原件存放于何处的文字说明和签名。

二、主要方法

美国证据法通过鉴真规则和最佳证据规则指引法官审查物证、书证的可采性问题，既受《美国联邦证据规则》第901条、第902条、第903条、第

---

〔1〕［美］约翰·W.斯特龙主编：《麦考密克论证据》（第5版），汤维建等译，中国政法大学出版社2004年版，第465页。

〔2〕［美］阿维娃·奥伦斯坦：《证据法要义》，汪诸豪、黄燕妮译，中国政法大学出版社2018年版，第235~236页。

1001 条等规定的调整，也受第 104 条（b）的调整，即"一件证据是证据提出者所宣称的证据的最终决定，要由陪审团作出。在这个过程中，审判法官的作用不是决定他是否相信被验真的证据，而是确定通常的陪审团是否相信该证据"。[1]首先，"由法官决定，一个明理的陪审团是否能够认定系提出者所主张之物，且若回答是肯定的。之后，由陪审团经审议，决定该证据是否足以认定该物件确实为真"。[2]具体包括："①由法院书记员或者其他指定人员对展示件进行标记，以便识别；②通过证人证言进行验真，除非能够进行自我验真；③将展示件提交为证据；④允许对方律师进行检查；⑤允许对方律师提出异议；⑥在法院需要的情况下，将展示件提交法院进行检查；⑦获得法院的裁定；⑧在展示件被采纳为证据的情况下，获许将展示件提交陪审团阅读或者传看。"[3]

至于具体采用哪种方法确认物证、书证的真实性，法官可酌情而定。常见的方法，例如：①直接观察物件与众不同的特征，[4]既可以直接辨认物证的特征，也可以是对物证标签的辨认。例如，显示物证特征的标志可以是刀子被发现时上面存在的商标、数字或标签。如在合众国诉艾布鲁案中，一位毒品探员作证说，通过辨认查封时贴在枪上的证据标签及他在证据标签上的签名，他认出那支猎枪是他在被告人寓所起获的那支。[5]②用直接证据证明存疑笔迹的真假，它可以是笔迹书写人本人的证言，也可以是任何曾经目睹了文书制作的人的证言。③用间接证据证明笔迹的真假，包括：第一，通过某个熟悉有关人的笔迹并认出这笔迹的人的认定证言来证明；第二，通过笔迹专家或文书鉴定人的证言来证明。[6]

〔1〕 王进喜：《美国〈联邦证据规则〉（2011 年重塑版）条解》，中国法制出版社 2012 年版，第 313 页。

〔2〕 ［美］阿维娃·奥伦斯坦：《证据法要义》，汪诸豪、黄燕妮译，中国政法大学出版社 2018 年版，第 224 页。

〔3〕 See Christoper B. Mueller, Laird C. Kirkpatrick. Evidence, § 9.1（3rd ed. 2003），转引自王进喜：《美国〈联邦证据规则〉（2011 年重塑版）条解》，中国法制出版社 2012 年版，第 312~313 页。

〔4〕 ［美］诺曼·M. 嘉兰、吉尔伯特·B. 斯达克：《执法人员刑事证据教程》（第 4 版），但彦铮等译，中国检察出版社 2007 年版，第 401 页。

〔5〕 ［美］罗纳德·J. 艾伦等：《证据法：文本、问题和案例》（第 3 版），张保生等译，高等教育出版社 2006 年版，第 220 页。

〔6〕 ［美］乔恩·R. 华尔兹：《刑事证据大全》（第 2 版），何家弘等译，中国人民公安大学出版社 2004 年版，第 424~425 页。

就我国而言，根据《死刑案件证据规定》《刑事诉讼法司法解释》和《法庭调查规程》的规定，法官可以选择的方法如下：

1. 当庭核实物证、书证

根据最佳证据规则的要求，法官可以当庭核实部分物证、书证的原件。例如，核实物证、书证是否为原物、原件；对书证的副本与原件进行直接观察和比对；核实物证的复制品或者核实书证的副本是否由二人以上制作，是否有制作人关于制作过程及原物、原件存放处的文字说明及签字 [《刑事诉讼法司法解释》第 82 条第（一）项]。核实经勘验、检查、搜查提取、扣押的物证、书证，是否附有相关笔录、清单。这些笔录、清单，是否经侦查人员、物品持有人和见证人签名。没有物品持有人签名的，是否已注明原因；物品的名称、特征、数量、质量等是否清楚注明 [《刑事诉讼法司法解释》第 82 条第（二）项]。

2. 要求人证出庭作证

对于物证、书证的法庭调查，要求有关人员出庭作证是必要的。

（1）当事人或证人当庭辨认。如果物证的原物具备当庭出示的条件，根据《刑事诉讼法》第 195 条的规定，公诉人、辩护人应当向法庭出示物证，让当事人辨认。"《死刑案件证据规定》第 4 条也将"辨认"作为一种主要的法庭调查方法，经辨认查证属实的证据才能作为定罪量刑的根据。第 10 条规定："具备辨认条件的物证、书证应当交由当事人或者证人进行辨认，必要时应当进行鉴定。"《法庭调查规程》第 46 条第 1 款规定："通过勘验、检查、搜查等方式收集的物证、书证等证据，未通过辨认、鉴定等方式确定其与案件事实的关联的，不得作为定案的根据。"

（2）鉴定人或有专门知识的人出庭作证。对一些有争议但又缺乏当庭辨认条件的物证、书证，必要时应当进行鉴定（《死刑案件证据规定》第 10 条），由鉴定人或有专门知识的人分辨证据的特点及其同一性问题。另外，根据《刑事诉讼法司法解释》第 249 条和《法庭调查规程》第 12 条的规定，法官可以通知鉴定人、有专门知识的人出庭作证。在必要的时候，也可以通过重新鉴定的方式来完成鉴真，如对笔迹真伪的鉴定，如果控辩双方对原鉴定意见争议较大，可以指派其他鉴定人重新鉴定。

（3）物证、书证保管链中的所有参与人员出庭作证或者作出合理解释。《刑事诉讼法司法解释》第 82 条第（二）项和第（三）项要求重点审查物证、书证的收集程序、方式是否合法以及在保管、鉴定过程中是否受损或改变。这是"保管链调查"的主要方式，尤其强调证据的经手人员出庭向法庭说明证据来源、证据真实性或者证据收集合法性等问题（《法庭调查规程》第13条第3款）。如果出现《刑事诉讼法司法解释》第86条第2款的情形，法庭可以要求参与保管链的相关人员出庭，就物证、书证的瑕疵作出合理解释。

3. 要求取证人员补正

根据《刑事诉讼法司法解释》第86条的规定，勘验、检查、搜查、提取笔录或者扣押清单上，应当有侦查人员、物品持有人、见证人的签名，并注明物品的名称、特征、数量、质量等具体信息；应当注明物证的照片、录像、复制品、书证的副本、复制件与原件核对无异，且标明复制时间和收集、调取人的签名、盖章；物证的照片、录像、复制品、书证的副本、复制件应有制作人关于制作过程和原物、原件存放地点的说明及其签名。如果因上述要素缺失导致法官对物证、书证的来源和提取过程产生怀疑，法官可以要求取证人员采用"补正"的方式排除合理怀疑。

所谓的补正，是指办案人员对于存在程序瑕疵的证据进行必要的补充和纠正。可有两种方式：一是对证据笔录进行必要的补正，包括在不违反真实原则的前提下，对笔录内容的增、删或修改；二是在条件许可时，重新实施特定的取证行为，并制作笔录。例如，对物证、书证的辨认过程没有制作辨认笔录，辨认笔录只有结果没有过程，或者辨认笔录没有被辨认对象的资料记载的，法院也应当责令办案人员重新组织辨认活动，并制作符合规范的辨认笔录。如果是由于客观原因实在无法重新组织辨认的，法院也可以责令办案人员重新制作辨认笔录，但应交由相关人员予以确认并签名或者盖章。[1]

4. 出示展示性证据

《法庭调查规程》第33条第2款规定："出示证据时，可以借助多媒体设备等方式出示、播放或者演示证据内容。"这是我国实践中最常用的物证、书证调查方法，主要是针对不宜在法庭上出示的原物、原件，通过采用照片等复制件的形式将其在法庭展示，以替代原物、原件的出示。

---

[1] 陈瑞华："论瑕疵证据补正规则"，载《法学家》2012年第2期。

三、物证、书证法庭调查规则的特点

（一）重视原物、原件及证据保管链

我国一向以"客观真实"作为刑事诉讼的最高价值目标，这在物证、书证审查判断问题上体现得非常明显。从 2010 年《死刑案件证据规定》到 2018 年《法庭调查规程》，再到 2021 年《刑事诉讼法司法解释》，"客观真实性"成为物证、书证能否作为定案根据的主要标准甚至是唯一标准。"在判断标准上，注重证据内容的客观真实性而非程序正当性。"[1] 其一，直接对物证、书证是否为原件展开调查，如《刑事诉讼法司法解释》第 82 条第（一）项要求应当重点审查物证、书证"是否为原物、原件"；"物证的照片、录像、复制品或者书证的副本、复制件是否与原物、原件相符"；"有无原物、原件存放于何处的文字说明和签名"。第 83 条规定"据以定案的物证应当是原物"；在特殊情况下，可以制作原物的照片、录像、复制品，但强调应当"足以反映原物外形和特征"。第 84 条规定"据以定案的书证应当是原件"，对于书证的副本、复制件"经与原件核对无误、经鉴定为真实或以其他方式确认为真实的"，可以作为定案根据。《法庭调查规程》第 32 条再次强调，"物证、书证、视听资料、电子数据等证据，应当出示原物、原件"。只有在取得原物、原件确有困难的情况下才可以出示照片、录像、副本、复制件等，但仍然以"足以反映原物、原件外形和特征以及真实内容"为条件。其二，通过调查证据的保管链以确认物证、书证在传递过程中没有失真。例如，《刑事诉讼法司法解释》第 82 条第（三）项强调审查："物证、书证在收集、保管、鉴定过程中是否受损或者改变。"

（二）针对性较强

物证、书证法庭调查规则的针对性体现在两个方面：一是调查对象具有针对性，重点是围绕过程证据展开。这是针对司法工作的实际问题作出的规定，旨在发现并规范该提取的证据没有提取、该记录取证来源的没有记录、该拍照的没有拍照、该综合取证、固定现场的没有去做、违反规定辨认等实

---

[1]　龙宗智等：《司法改革与中国刑事证据制度的完善》，中国民主法制出版社 2016 年版，第 171 页。

践问题。[1]为了应对这些证据问题,《刑事诉讼法司法解释》第82条第(二)项有针对地为法官审查物证、书证提供了指引,要求法官在审查时应当注意:"经勘验、检查、搜查提取、扣押的物证、书证,是否附有相关笔录、清单,笔录、清单是否经调查人员或者侦查人员、物品持有人、见证人签名,没有签名的,是否注明原因;物品的名称、特征、数量、质量等是否注明清楚。"二是调查方法具有针对性,主要是针对控辩双方有异议的证据展开。"简单案件速裁,争议案件精审"是庭审实质化的内在要求,法庭对证据的调查同样如此。就是说,并不要求每一起案件的每一份证据都经过严格的举证、质证程序,通过实质化方法调查的仅限于控辩双方有异议的证据。"对于控辩双方没有争议的证据,不能不予出示、质证,但可通过 PPT 等方式展示证据要点,简化举证、质证程序。"[2]《法庭调查规程》第31条规定,对于可能影响定罪量刑的关键证据和控辩双方存在争议的证据,"一般应当单独举证、质证,充分听取质证意见",而对于控辩双方无异议的非关键性证据,举证方可以"仅就证据的名称及其证明的事项作出说明,对方可以发表质证意见"。相应地,《庭前会议规程》第19条第2款规定:"对于控辩双方在庭前会议中没有争议的证据材料,庭审时举证、质证可以简化。"这些都是庭审实质化改革经验的总结。最高人民法院在 2018 年新出台的规定,是对《死刑案件证据规定》和《刑事诉讼法司法解释》的发展,使得法庭证据调查更加有的放矢,也提高了审判效率。

(三)灵活性较大

《刑事诉讼法司法解释》和《法庭调查规程》比较清楚地列举了适用证据鉴真规则和最佳证据规则调查物证、书证的重点内容和基本方法,但由于具体的庭审环境复杂多变,证据规则无法事无巨细地调整到各个方面,究竟采用哪种方法进行证据鉴真,可根据案件具体情况来进行。[3]

(1)出示原物、原件并非必然要求。虽然《法庭调查规程》第32条规定"物证、书证、视听资料、电子数据等证据应当出示原物、原件",但作为例

---

〔1〕 张军主编:《刑事证据规则理解与适用》,法律出版社 2010 年版,第 9~12 页。

〔2〕 戴长林:"庭前会议、非法证据排除、法庭调查等三项规程的基本思路",载《证据科学》2018 年第 5 期。

〔3〕 王进喜:《美国〈联邦证据规则〉(2011 年重塑版)条解》,中国法制出版社 2012 年版,第313 页。

外情况，取得原物、原件确有困难的，可以通过"出示照片、录像、副本、复制件等足以反映原物、原件外形和特征以及真实内容的材料"替代原物、原件的出示。

（2）"一证一质"并非一成不变。原则上，所有的物证、书证都应当当庭出示或者宣读，而且每一个举证都应有相应的质证活动，这是庭审实质化的要求。不过，庭审实质化同样强调法庭调查的"繁简分流"。一方面，经庭前会议对证据梳理后，对于控辩双方在庭前会议中没有争议的证据材料，庭审时举证、质证可以简化（《法庭调查规程》第19条第2款）。法官在庭上可以重点调查"关键证据"（《法庭调查规程》第29条、第31条），而对那些在庭前会议中已经确定的无争议的证据，举证和质证程序可以简化（《庭前会议规程》第19条第2款）。至于简化到什么程度，则可以灵活处理。另一方面，《庭前会议规程》第20条第2款前半段规定："人民法院可以组织控辩双方协商确定庭审的举证顺序、方式等事项，明确法庭调查的方式和重点。"这也使得具体的法庭证据调查可以视案件情况而定，不拘泥于固定的形式。

（3）法官对瑕疵物证、书证的调查有一定的裁量权。根据《刑事诉讼法司法解释》第86条的规定，收集物证、书证，虽不符合法定程序，但并未严重影响司法公正的，属于瑕疵证据，应当允许并要求侦查机关对该证据之瑕疵进行补正或者作出合理解释。若能予以补正或者作出合理解释，则该物证、书证仍可继续使用，若不能补正或者作出合理解释，则该证据将因此而丧失证据能力。法官是否对物证、书证展开进一步的调查，除了物证、书证存在第86条第2款明确列举的情形之外，如果认为有"其他瑕疵"［第86条第2款第（四）项］或者"有疑问"（第86条第3款），仍然可以要求举证方"补正"或者作出"合理解释"。其中，何谓"其他瑕疵"和"有疑问"，以及"合理解释"是否足以排除法官之前的怀疑，这在制度层面无法设置明确标准，只能授权法官在具体案件中灵活处置。

四、物证、书证法庭调查的制度问题

（一）调查规则自身不完备

1. 调查方法规范缺失

"推进庭审实质化的重要举措是庭审规则尤其是庭审证据调查规则的完善。通过增强庭审调查的技术性，使庭审调查走向规范、精密，从而提高庭

审的有效性。"[1]然而，法律和司法解释更加重视证据审查的实体性内容，对法庭调查的具体方法则语焉不详。《刑事诉讼法》第195条原则上规定了物证、书证法庭调查的基本方法，即"公诉人、辩护人应当向法庭出示物证，让当事人辨认，对未到庭的证人的证言笔录、鉴定人的鉴定意见、勘验笔录和其他作为证据的文书，应当当庭宣读。审判人员应当听取公诉人、当事人和辩护人、诉讼代理人的意见"。《刑事诉讼法司法解释》第267条规定："举证方当庭出示证据后，由对方发表质证意见。"《法庭调查规程》第31条第1款、第2款对此有所细化，规定："对于可能影响定罪量刑的关键证据和控辩双方存在争议的证据，一般应当单独举证、质证，充分听取质证意见。对于控辩双方无异议的非关键证据，举证方可以仅就证据的名称及其证明的事项作出说明，对方可以发表质证意见。"第32条还规定，取得原物、原件确有困难的，可以出示照片、录像、副本、复制件等足以反映原物、原件外形和特征及其真实内容的材料。

以上规定虽然表明"原件出示""当庭辨认"、关键证据"单独调查"是物证、书证法庭调查的基本方法。但是，法庭如何对照片、录像、副本、复制件等代替原件的材料进行鉴真，当事人对物证进行当庭辨认的程序、方法以及"关键证据"的界定等，这些问题目前都缺乏规范。

2. 过分重视笔录在保障物证、书证真实性方面的功能

《刑事诉讼法司法解释》第86条规定，物证、书证未附笔录或者清单，不能证明物证、书证来源的，不得作为定案的根据。其中，笔录与物证、书证的关系，官方的解释是："物证、书证的来源清楚，是物证、书证作为定案根据的前提条件。对于经勘验、检查、搜查提出、扣押的物证、书证，应当附有关笔录或者清单，以证明物证、书证的具体来源。如果未附有关笔录或者清单，不能证明物证、书证来源的，则无法保证物证、书证的真实性，无法排除伪造物证、书证的可能。"[2]因此，笔录是证明物证、书证合法性的重要证据。

尽管该规定在实体方面明示法官应当重点从证据保管链的方面审查物证、书证，但却在法庭调查方法上误导了法官。也就是说，不适当地将物证、书

---

[1] 龙宗智："庭审实质化的路径和方法"，载《法学研究》2015年第5期。

[2] 江必新主编：《〈最高人民法院关于适用〈中华人民共和国刑事诉讼法〉的解释〉理解与适用》，中国法制出版社2013年版，第56页。

证的鉴真等同于对该物证、书证提取笔录等的调查，导致笔录的合法性直接决定物证、书证的合法性。这是"新间接审理主义"的典型表现，控方当庭举证的基本方式就是直接对案卷中记录的证据材料进行出示、宣读和播放；而且无论采取怎样的出示、宣读和播放方式，法庭都只是对控方案卷材料进行一种书面审查。[1]此外，也误导和催生控方通过宣读勘验笔录、检查笔录、搜查笔录、提取笔录、扣押清单、辨认笔录，以及说明物证、书证内容与笔录相互印证，来完成对物证、书证合法性的证明。

事实上，从证据法理论上看，各类侦查笔录都是侦查人员在法庭外单方面制作的书面材料，在性质上属于传闻证据，具有不可靠的特点，缺乏客观性、真实性情况的保障。若侦查人员存在弄虚作假、制造伪证的情况，法庭仅仅通过笔录审查，也很难发现问题。仅凭一纸笔录难以完成鉴真任务。一份笔录即使是真实的，也只能证明收集、提取时的情况，而不能证明收集、提取后的流转、保管状况。因为从侦查到起诉再到法庭审判，一般需要数月时间。在此期间，物证、书证是否得到妥善保管、保管方法是否规范合理、性状是否发生变化以及物证是否被调包等，都无法在侦查阶段制作的笔录中得到体现。如果不通过要求经手人、接触人出庭作证的方式展开调查，单凭宣读笔录的书面审查方式，证据保管链的证明不可能完成。

3. 规则之间存在体系矛盾

通过法庭调查来确认具有证据能力的物证、书证，排除非法证据，是法庭调查的目的所在。《刑事诉讼法》第 56 条和《排非规程》第 3 条均规定，收集物证、书证不符合法定程序，可能严重影响司法公正的，应当予以补正或者作出合理解释；不能补正或者合理解释的，对该证据应当予以排除。"可能严重影响司法公正"是非法实物证据的判定条件，而"补正或者合理解释"应当针对有瑕疵的实物证据。[2]《刑事诉讼法司法解释》第 86 条遵从了这一原则，经法庭调查认为有"瑕疵"的物证、书证，可以要求补正或者合理解释。然而，《法庭调查规程》第 47 条前半段规定："收集证据的程序、方式不符合法律规定，严重影响证据真实性的，人民法院应当建议人民检察院予以

---

〔1〕　陈瑞华："新间接审理主义'庭审中心主义改革'的主要障碍"，载《中外法学》2016 年第 4 期。

〔2〕　万毅："论瑕疵证据——以'两个《证据规定》'为分析对象"，载《法商研究》2011 年第 5 期。

补正或者作出合理解释。"

《法庭调查规程》第47条概括性地规定收集"证据"的程序、方式不符合法律规定，严重影响证据真实性的，应当补正或者作出合理解释，但没有区分实物证据和言词证据。在证据法理上，笔者赞同非法实物证据具有"不可弥补性"。[1]在规范层面，该条显然不能等同于《刑事诉讼法》第56条和《排非规程》第3条，也与《刑事诉讼法司法解释》第86条存在矛盾。

（二）配套制度欠缺

1. 取证过程的同步录音录像制度缺失

从《刑事诉讼法》第123条的规定来看，我国关于侦查活动的同步录音录像制度，主要是指在讯问犯罪嫌疑人的时候，侦查人员根据情况采取的同步录音录像。而侦查活动不仅指讯问犯罪嫌疑人，还涉及勘验、检查、搜查、查封、扣押等措施，对于除讯问之外的其他取证方法，《公安规定》第62条仅规定，"必要时，应当采用录音录像方式固定证据内容及取证过程"。

《公安规定》第62条表明，当前取证过程的录音录像制度与讯问录音录像制度相差甚大。首先，取证过程的录音录像仅仅在"必要时"才作出，但何为"必要时"，司法解释没有明确规定。这给取证人员留下了较大的选择空间，或将导致其有选择地对取证过程录音录像，甚至是能不录就不录。其次，并未规定应当全程录音录像。相比于全程不间断进行的讯问同步录音录像，其他侦查行为取证过程录音录像并未要求全程性。这就导致尽管《公安规定》要求对取证过程进行录音录像，但由于实践情况之复杂，该规定难以被真正落实。

2. 刑事见证人制度不够完备

《刑事诉讼法》第133条、第139条、第140条和第142条对勘验、检查、搜查、扣押所制作的笔录、清单规定了见证制度，要求上述取证活动应当有见证人在场，并在笔录、清单上签名或者盖章。《刑事诉讼法司法解释》也将见证人签名作为物证、书证审查的重要内容，笔录或清单未附见证人签名的，物证、书证将被视为瑕疵证据。但是，由于立法和司法解释未对见证人的资格条件、权利、义务等作出规定，致使见证人的作用难以得到发挥。一方面，既有规范对见证人的法律地位和主体资格缺乏明确的规定。《刑事诉

---

[1] 万毅："关键词解读：非法实物证据排除规则的解释与适用"，载《四川大学学报（哲学社会科学版）》2014年第3期。

讼法》没有将见证人列为诉讼参与人,其结果是尽管见证人通过见证活动参与了诉讼行为却不被当作诉讼参与人看待,也不享有参与人的权利和义务。在见证人法律地位不明的情况下,要赋予见证行为以法律效力几乎是不可能的。另一方面,当前的见证人制度存在重结果、轻过程的价值取向,只是强调见证人应在各种笔录上签名或盖章,偏重对侦查结果的确认,而忽视对侦查行为的外部监督作用。[1]

3. 证据保管链制度缺失

物证、书证的鉴真规则要求对物证、书证的保管过程进行审查。此外,《刑事诉讼法》第142条和《公安规定》第230条等法条对此作了相应规定,初步构成了我国物证、书证保管的制度规范,但并未建立起真正意义上的证据保管链制度。其一,未建立完整的证据保管链记录体系,对控方收集、保管证据等行为缺乏严密规制。例如,当前仅规定应当在收集证据时制作笔录或清单,而未要求详细记载证据在运输和保管环节的情况,连贯的证据保管链记录体系尚未建立。其二,要求参与证据保管过程的人员出庭作证缺乏直接的法律依据。目前《刑事诉讼法》规定了两种侦查人员出庭作证的情形,一是侦查人员出庭就取证合法性问题作出说明,二是侦查人员就执行职务时目击的犯罪情况出庭作证。前者与物证、书证的鉴真有关,但这针对的是非法证据排除的举证责任和证明方式,法院很难以审查控方收集实物证据的程序是否合法为由,要求侦查人员出庭就证据的运输、保管等问题说明情况。[2]因此,在难以直接要求相关人员出庭作证的情况下,对物证保管过程中可能发生的调换、受损或者性状改变等问题的审查将无法进行。

第二节　物证、书证法庭调查的实践问题

一、物证、书证法庭调查的总体情况

基于庭审实质化改革的宏观背景,本章选择2015年至2016年成都市两级人民法院有代表性的102件庭审实质化示范庭案件作为实证研究对象,其中成都市中级人民法院审理的案件共计28件,基层人民法院审理的案件共计

---

〔1〕 韩旭:"完善我国刑事见证制度立法的思考",载《法商研究》2008年第6期。

〔2〕 陈永生:"证据保管链制度研究",载《法学研究》2014年第5期。

74件。目的是通过对示范庭案件的梳理，采用"抓典型"的方式，发现和归纳实践中物证、书证法庭调查的基本特征及其存在的问题。

需要说明的是，为确保实证研究的科学性以及从特殊到一般的问题逻辑得以成立，有必要明确以下几个前提和假设。前提一：本课题所指的庭审实质化是一种"技术型"的庭审实质化，在庭审方式上强调"言词审""争点审"和"程序审"。前提二：庭审实质化并非要求对所有案件或者对一个案件的所有事项都进行实质化的审理。重要事项实质审才是庭审实质化的题中应有之义，如《庭前会议规程》第20条第1款规定："……对控辩双方没有争议或者达成一致意见的事项，可以在庭审中简化审理。"基本假设是：示范庭是从大量一般案件中挑选出的具有代表性或者比较规范的庭审，我们有理由认为，示范庭暴露的问题也是刑事庭审普遍存在的问题，某些示范庭存在的问题可能不一定在其他案件中发生，但可以"抓典型"的方式对其他案件的庭审起到预防和警示作用。

（一）物证、书证的举证及其特点

1. 举证的顺序

由于实践中各个案件的案情纷繁复杂，涉及的证据种类不一，控辩双方常会根据具体情况选择出示证据的顺序。通过梳理发现，物证、书证常见的出示顺序如下：

（1）争点证据重点出示型。即控辩双方首先简要出示无争议事实的证据，之后重点出示证明案件有争议事实的证据。依照此种顺序出示证据的案件共有15件，其中有14件在庭前会议阶段完成了争点梳理和确定举证顺序的任务，有1件当庭进行了争点梳理并确定了举证顺序。总体上，按照梳理的争点来确定举证顺序，进而有重点地举证的方式在示范庭中比较常见，其使用率约占样本总数的21.4%，而且法庭基本在庭前会议阶段就完成了对争点的整理，确定了举证的顺序。这种方式发挥了庭前会议的积极作用，最能提高庭审效率。

（2）"先主后客"或"先客后主"型。此种类型的证据出示顺序是对证据进行主观和客观的分类。即法庭按照先出示客观证据，后出示主观证据的顺序，或者先出示主观证据，后出示客观证据的顺序来出示证据。在样本案件中，有10件采取了"先客后主"方式，另有3件则采取了"先主后客"的方式调查物证、书证。

（3）按照法定证据种类的顺序出示型。根据《刑事诉讼法》第50条第1

款的规定，刑事证据包括：物证、书证、证人证言、被害人陈述、犯罪嫌疑人、被告人供述和辩解、鉴定意见、勘验、检查、辨认、侦查实验等笔录、视听资料、电子数据。这一条虽然是对法定证据种类的规定，但在实践中，很多法官以此为顺序来组织法庭证据出示的顺序。例如，样本案件中就有17起案件是按照法定证据种类的顺序对证据进行出示的，即先出示物证，再出示书证。这一顺序约占样本案件总数的24.3%，可谓是使用率最高的证据出示顺序。

（4）其他顺序。除了上述三种典型顺序之外，还有一些案件采取了其他顺序出示证据。典型的有两种：根据逻辑顺序出示和根据卷宗制作的顺序出示。所谓根据逻辑顺序出示，是指根据犯罪事实发生发展的时间进程、因果关系、犯罪构成要件等内在的逻辑关联，形成证据组合，并以此为序有层次地递进举证。依照这种逻辑顺序出示证据的案件有9件，占比12.9%。还有4件案件根据卷宗制作的顺序，即按照文书卷和证据卷的顺序，概括出示证据，按照这种顺序出示证据的案件有4件。

此外，有约17.1%的案件证据出示的顺序混乱，难以进行细分和归类，具体情况见下图：

表6-1　刑事物证、书证出示顺序统计表

出示顺序	争点证据重点出示	主客观证据先后出示	按照法定证据种类顺序出示	按照逻辑顺序出示	按照卷宗制作顺序出示	混乱出示	合计
案件数量（件）	15	13	17	9	4	12	70
占比	21.4%	18.6%	24.3%	12.9%	5.7%	17.1%	100%

2. 举证的方式

（1）分组举证。在102件示范庭案件中，不同案件的证据举证方式呈现出较大的差异。例如，在涉及出示书证的70件案件中，有41件案件采用了分组出示的方式，占比58.6%，使用率最高。所谓的分组举证，是指根据涉案不同的待证事实，将证据分为若干组，分别对应不同待证事实的组别，进行有针对性的举证。例如，在"陈某、王某某交通肇事案"[1]"李某某诈骗

––––––––––––––––

〔1〕 参见［2015］彭州刑初字第453号刑事案件庭审笔录。

案"〔1〕和"金某某非法持有枪支案"〔2〕等案件中，控方采取了此种方式出示相关物证、书证。

（2）单独举证。单独举证，即所谓的"一事一证"，这是最典型的举证方式。在本次调查中，有7件案件的控辩双方采用单独逐一举证的方式向法庭出示证据，占到了样本案件的10%。深入考察可以发现，单独举证多适用于案情复杂、争议较大，并且将书证作为关键证据的案件。

（3）批量举证。实践中，有不少案件采用批量出示的方式对物证、书证进行举证。根据统计，样本案件中有7件案件采用了这一举证方式，占样本案件的10%。进一步考察发现，采用批量举证方式的案件主要是一些案件事实清楚、书证较少，并且被告人认罪认罚的案件。在证据调查过程中，公诉人将证明某一犯罪事实的书证一次性向法庭全部出示，并简要概括拟证明的案件事实。采用此种出示方式的典型案件如"张某某走私、贩卖、运输、制造毒品案"。〔3〕

（4）组合举证。所谓的组合举证，是指控辩双方根据待证事项的争议程度，对有争议的事项采取"一事一证"；而对无争议的所有事项，则一并出示相关证据，是对前两种举证方式的综合。这一方式得到了《法庭调查规程》第31条的确认，要求对于可能影响定罪量刑的关键证据和控辩双方存在争议的证据，一般应当"单独举证"，对于非关键性证据和控辩双方无异议的证据则可以简化举证。在调查中，有15件案件就采用了批量与逐一相结合的举证方式，约占示范庭案件总数的21.4%。采用此种出示方式的典型案件，如"唐某某拒不支付劳动报酬案"〔4〕"张某职务侵占案"。〔5〕

表6-2　书证出示方式统计表

出示方式	案件数（件）	百分比
分组出示	41	58.6%

---

〔1〕　参见［2015］邛崃刑初字第211号刑事案件庭审笔录。

〔2〕　参见［2015］邛崃刑初字第363号刑事案件庭审笔录。

〔3〕　参见［2016］川0121刑初42号刑事案件庭审笔录。

〔4〕　参见［2015］都江刑初字第425号刑事案件庭审笔录。

〔5〕　参见［2015］都江刑初字第59号刑事案件庭审笔录。

续表

出示方式	案件数（件）	百分比
批量出示	7	10%
逐一出示	7	10%
批量与逐一相结合	15	21.4%
合计	70	100%

3. 展示性证据的出示

在统计的 100 件案件中，[1]有 25 件案件涉及物证的出示（从庭审笔录以及判决书中查阅）。在这 25 件有物证出示的案件中，仅有 5 件案件出示了原物，其他的 20 件案件均没有出示原物，只是出示与原物相关的展示性证据。例如，违禁物品（赃物）的照片（如毒品、毒资收缴凭证）、[2]作案工具的照片、[3]物证的登记表，[4]等等，可以说相比于原物的出示，约有 80% 的案件选择了出示物证的展示性证据。不同的是，在书证方面，有 49 件案件出示了原件，占比约 70%，只有 21 件案件出示的是复印（制）件，占比约 30%。总之，样本案件中有较大比重的案件并没有出示原物、原件，展示性证据在审判实践中被普遍应用。

表 6-3　物证、书证原件出示情况统计表

证据种类	是否出示原物、原件	
	是	否
物证	5（20%）	20（80%）
书证	49（70%）	21（30%）

（二）物证、书证的质证及其特点

1. 质证的对象

实践中，质证一方对物证的质疑主要集中在物证的真实性与关联性上。

---

〔1〕　102 个庭审实质化示范庭案件中，有两起案件适用简易程序，此处未纳入讨论。

〔2〕　参见［2015］都江刑初字第 346 号刑事案件庭审笔录。

〔3〕　参见［2015］彭州刑初字第 338 号刑事案件庭审笔录。

〔4〕　参见［2016］川 01 刑初 41 号刑事案件庭审笔录。

辩方关注物证在取得、保管等程序中是否存在程序违法、程序瑕疵等问题。就书证而言，质证的对象比较宽泛，各种情况均可能发生。例如，就辩方的质疑而言，有45%的案件对书证的真实性提出质疑，有21%的案件对关联性提出质疑，有14%的案件对真实性与关联性问题一并提出了质疑，有7%的案件对真实性与合法性问题一并提出了质疑，有3%的案件对合法性与关联性一并提出了质疑，还有10%的案件对证据的"三性"均提出了质疑。

比较而言，物证的质证偏重于关联性问题，质疑点比较单一。而对书证的质证偏重于证据的各个方面，合法性、真实性和关联性问题均包括在内。法官普遍认为这一现象的产生，是因为物证和书证在证据属性和证据数量上的差异性。因为物证客观性较强，侦查机关一般会严格按照法定的程序进行收集、提取，所以物证的真实性、合法性一般都不存在太大的问题。相反，书证的客观性较弱，而且个案中往往出现数量较大，尤其还存在大量地将电子数据"转化为"书证予以出示的情形，因此导致书证备受质疑。

2. 质证的方式

质证是诉讼当事人就法庭上所出示的证据进行的对质、核实等从而对法官的内心确信形成特定影响的活动。实践中，由于物证出示的数量较少，因此物证的质证普遍采用"一证一质"的方式进行。书证则在证据种类中所占比重较大，对其采用的质证方式常视具体案情而定，一般而言，主要采取两种方式对书证进行质证：批量质证和逐一质证。

在102件示范庭案件中，有70件案件证据类型中包含书证，其中25件案件控辩双方针对书证展开了质证，其中有14件案件采用了批量质证的方式，占比56%。另外有11件案件采用的是逐一质证的方式，占比44%。可以发现，控辩双方对物证、书证质证的选择方式比较单一。

表6-4 书证质证方式情况统计

质证方式	案件数量（件）	百分比
批量质证	14	56%
逐一质证	11	44%
合计	25	100%

（三）物证、书证的认证及其特点

1. 法庭对争议证据的认证

争议证据的调查是庭审证据调查的重要一环，对于查明案件事实、保障被告人的质证权具有重要的意义。争议证据的调查，一方面涉及法官的调查行为，另一方面涉及控辩双方（尤其是控方）对争议证据的答辩和回应。在法官方面，法官当庭对争议证据的调查显得不是特别主动。对于辩方提出的证据异议，法官大多不予正面回应，也较少主动行使调查权。更多时候，法官不会就控辩双方有异议的证据进行当庭裁决，而是在当庭说明该争议后交由合议庭评议后再行决定。当然，也有部分案件，法官当庭对有重大争议的物证、书证展开调查，包括引导控辩双方就争议证据展开辩论，要求有关人证出庭进行法庭调查，要求检察机关补充证据材料等。但总体上，对有争议物证、书证展开积极调查的情形仍比较少。

在控诉方面，对于辩方提出的有关物证、书证方面的异议，公诉人主要采取以下几种方式进行回应，包括：口头答辩、口头答辩+提出书面材料、口头答辩+申请证人出庭、提出书面材料+申请证人出庭以及申请延期审理。统计发现，在102件案件中，有21件案件辩方对书证提出了异议，控方作了相应的答辩。其中，有15件案件控方只是以口头方式进行答辩，有1件案件采用"口头答辩+提出书面材料"的方式进行答辩，有1件案件采用"口头答辩+提出申请证人出庭"的方式进行答辩，有1件案件采用"提出书面材料+申请证人出庭"的方式进行答辩，有2件案件申请了延期审理。综上，控方采用口头答辩的方式回应证据质疑的案件约占样本案件的71.4%，这是公诉机关最惯用的答辩方式。采用"口头答辩+提出书面材料""口头答辩+提出申请证人出庭"以及"提出书面材料+申请证人出庭"所占比重均为4.8%，可以说均较为少见。

表6-5　控方对辩方物证、书证异议的答辩方式

控方答辩方式	案件数（件）	百分比
口头答辩	15	71.4%
口头答辩+提出书面材料	1	4.8%
口头答辩+提出申请证人出庭	1	4.8%
提出书面材料+申请证人出庭	1	4.8%

控方答辩方式	案件数（件）	百分比
申请延期审理	2	9.4%
其他	1	4.8%
合计	21	100%

2. 法庭对争议证据的处理

课题访谈中，有法官谈道，关于物证、书证关联性的争议，法官往往能够凭借自身的专业知识以及对案情的把握进行判断；合法性的争议一部分能够依据法律规定判断，另一部分则需要进一步调查如要求当事人提供相关材料后才能判断；至于关于真实性的争议，往往需要综合全案案情并进行进一步的调查。

面对有争议的物证、书证，法官采用以下几种操作方式：

（1）积极调查。对控辩双方有争议的物证、书证，法官当庭展开进一步调查。典型案例如"四川某某科技有限公司、王某、徐某、侯某某、吴某某、陈某、刘某涉嫌骗取贷款、票据承兑、金融票证罪案"。案件中，针对辩护人对"情况说明"的质疑，法官明确指示公诉人说明"情况说明"的具体内容，并在公诉人说明具体内容后询问辩护人的意见。但总体上，此类情形并不多见。

（2）消极处理。对控辩双方有争议的物证、书证，法官既不予以正面回应，也不展开专门调查，仅要求公诉人继续举证。如在"冯某某信用卡诈骗案"中，公诉人出示书证后，审判人员询问被告人、辩护人对以上证据有无异议，辩护人表示"对公诉方出示的报案材料中的金额存在异议"。对于上述异议，法官并未就该项争议书证进行进一步调查，而是要求公诉人继续出示其他证据。

（3）推迟认定。相当部分案件中，对于有争议的物证、书证，法官既不对相关争议证据进行当庭裁判，也未对相关争议证据置之不理，而是表示争议证据"待合议庭庭下评议后确定"。如在"唐某某拒不支付劳动报酬罪案"中，辩护人对公诉机关出示合同内容的合法性与真实性提出了质证意见，经过公诉人对质证意见的答辩后，审判人员表示"经当庭质证，因被告人及辩护人对该组证据有异议，合议庭将在休庭后对该组证据予以认真评议再作决定"。[1]

3. 法庭的认证模式

（1）当庭认证。当庭认证是指法官在庭审过程中对控辩双方出示的证据经质证后，当庭发表对其是否采信的意见。根据统计，在有物证出示的 25 件案件中，有 9 件案件，法官作了当庭认证，占比约 36%。在 70 件涉及书证的案件中，有 22 件案件，法官作了当庭认证，占比约 31.4%。采用当庭认证方式的典型案例，如"陈某、王某某交通肇事罪、包庇、窝藏罪案"，该案经过法庭调查程序，法官当庭宣布："公诉机关当庭出示的证据以及陈某的证据来源合法、内容客观真实，与本案具有关联性，经庭审质证无异议，本院予以采信。"[2]事实上，法官能够当庭对物证、书证进行认定的，往往是一些案情简单、双方没有争议的证据。

（2）庭后认证。在有物证出示的 25 件案件中，有 14 件案件是庭后认证，占比 56%；在书证的认证方面，在 70 件涉及书证出示的案件中，庭后认证的案件有 40 件，占比 57.2%。仅从统计数据上来看，实践中采取庭后认证的方式较为普遍。如在"冯某故意伤害罪案"中，对于辩护人申请调取被告人在看守所关押期间的住院病历的，经控方、被告人以及辩护人的简单质证后，审判人员即表示"控辩双方对出示的证据的意见，本庭已经清楚并记录在案，是否采信，本庭需综合全案证据，待休庭经合议庭认真评议后再行确认"。[3]笔者通过深入研究发现，庭后认证的多系案情复杂或控辩双方争议较大的证据，审判人员需要结合案卷材料和当庭质证意见进行综合判断。

（3）"当庭+庭后"认证。在有物证出示的 25 件案件中，有 2 件案件采用了"当庭认证+庭后认证"相结合的认证方式，占比 8%，在书证的认证方面，有 8 件案件采用了"当庭认证+庭后认证"相结合的认证方式，占比 11.4%。以上共有 10% 左右的案件采用了"当庭认证+庭后认证"相结合的认证方式。此外，在样本案件中，有 21.4% 的案件在庭前或者当庭完成了争点的梳理和举证顺序的确定，之后基本采取了有争议的证据和无争议的证据分组出示、分组质证的方式；相应地，认证时也呈现出认证的阶段化，即对无

---

[1] 参见［2015］都江刑初字第 425 号刑事案件庭审笔录。

[2] 参见［2015］彭州刑初字第 453 号刑事案件庭审笔录。

[3] 参见［2015］金牛刑初字第 873 号刑事案件庭审笔录。

争议的证据当庭认证，对有争议的证据休庭后综合认证。如在"李某某诈骗罪案"中，控方按照庭前会议对争点的梳理，首先出示了无争议的证据，待上述证据调查完毕之后，法官表示："对公诉人出示的上述证据材料，被告人、辩护人均无异议，合议庭合议后予以采信。"而对于有争议的书证，经过控辩双方的质辩，法官表示："法庭调查结束，公诉机关出示的以上证据材料合议庭将综合认定。"

表6-6 物证、书证认证情况统计

	物证		书证	
	案件数（件）	百分比	案件数（件）	百分比
当庭认证	9	36%	22	31.4%
庭后认证	14	56%	40	57.2%
当庭+庭后	2	8%	8	11.4%
合计	25	100%	70	100%

二、物证、书证法庭调查的个案考察

本部分基于个别案件的庭审笔录，重点考察在法庭调查环节，法官和控辩双方对物证、书证的使用及论辩问题，发现物证、书证举证和质证活动中的微观问题。通过前文的整体考察可知，法庭对物证、书证的调查也分为四种类型：对物证原物的调查、对物证照片、清单等的调查、对书证原件的调查和对书证复制件的调查。

（一）物证原物的调查

受《刑事诉讼法》第195条和《刑事诉讼法司法解释》第83条、第84条等规定的影响，在刑事庭审实践中，出示物证原物的情况少之又少。

以下是一起"盗转抢"案件中法庭对涉案刀具的调查。控方指控被告人郭某犯盗窃罪和抢劫罪，其中对抢劫罪的指控基于郭某及其同伙在盗得一辆电动车后，在逃跑的过程中使用刀具对前来阻拦的群众进行暴力威胁，从而符合盗窃转化为抢劫罪的构成要件。在法庭调查阶段，被告人郭某及其辩护人对盗窃罪没有异议，但否认抢劫罪，郭某否认其用刀威胁群众。该案的法

庭调查过程如下:[1]

> **公**：盗窃后看到发生什么情况了没?
> **被**：没有，下车是陈某（在逃）开锁，拿了液压钳开的。车子盗走后被群众发现，然后曾某（在逃）骑走被盗车子。
> **公**：看清陈某在干嘛没?
> **被**：不清楚陈某当时在干嘛，但后来陈某和群众争执，群众在追他。
> **公**：看清他手里有什么吗?
> **被**：没看见他拿什么，有把液压钳。
> **公**：有刀吗?
> **被**：没有刀。
> …………
> **公**：陈某如何逃跑?
> **被**：他跑，几个群众在追。
> **公**：你在接应吗?
> **被**：我在车上，陈某上的我的车。
> **公**：车上什么情况?
> **被**：他坐副驾驶，拿了把砍刀对群众说不关你们的事，别追了。
> **公**：后来被群众追的过程中，整个过程是否是你拿的砍刀?
> **被**：是陈某拿的。
> **公**：提问结束。
> 在举证、质证阶段，公诉人申请多名证人出庭作证。
> **证1**：车下的人盗窃后上了路边一辆白色的车，车里有个人威胁我们后，开了车就走了。后来车又掉头回来，两人拿把砍刀喊我们别多管闲事。
> **公**：当时车上有没有人拿刀出来?
> **证1**：当时车上的想不清楚了，上车时也记不清楚，但记得掉头回来拿了，开车（司机）和副驾驶都拿了刀威胁我们。
> **辩**：被告人掉头时两人都拿了刀吗?
> **证1**：驾驶员拿了把，当时另外有个人有把尖刀在手里。
> **辩**：驾驶员室拿出来的?
> **证1**：开车拿的砍刀，副驾驶拿的尖刀。
> **证2**：看到两个小伙子在撬电瓶车，我问是他们的不? 他们说不关我的事。后来看见撬车不对，然后我们追，有个小伙子骑走了，另外一个往马路走，掏出一把刀，大概30多厘米。
> **公**：拿的开锁的吗?
> **证2**：拿了把液压钳，追的时候拿了把刀，是折叠刀。
> **公**：你们追的过程中是什么情况?
> **证2**：拿刀后往马路走，路边有个车，是一个大众的凌渡车，后来还掉头回来。

---

〔1〕　参见［2016］川 0112 刑初 400 号刑事案件庭审笔录。

> 公：拿把什么刀？哪个拿的？
> 证2：一把刀是在正驾驶拿出来的，是在我们追过去的时候。
> 审：在上车前有没有人有拿刀出来？
> 证2：有。
> 审：掉头回来后有没有人拿刀清楚吗？
> 证2：有。

之后，公诉人出示物证，包括液压钳1把，砍刀1把，尖刀4把。当庭质证后，合议庭认为："公诉机关提交的证据材料来源合法，客观真实与本案事实有关联，其能够证明本案事实，符合证据'三性'，具有证据能力和证明力，本院依法对以上证据材料予以采信，并对公诉机关指控的事实予以确认。"

该案中，作为犯罪工具的物证，原物（刀）虽然在法庭上得到出示，遵从了最佳证据规则的基本要求，但实际上法庭并没有对该把刀展开鉴真活动。并且，即使该把刀展示在法庭上，控辩双方及法官也并不关心这把刀本身的真伪问题，法庭调查的焦点只是："被告人是否持刀？""被告人是否持刀威胁？"以及"被告人是否构成盗窃转窃转抢劫罪？"以上问题都限于犯罪构成要件方面的实体性问题，而对于鉴真意义上的"呈堂的这把刀就是被告人供述及证人所言的那把刀"，似乎成为法庭调查中理所当然的前提。

（二）物证照片、清单等的调查

多数案件的物证原物并未提交至法庭，法庭调查直接针对的是物证的照片、扣押清单等替代性材料，如在"刘某伪造国家机关印章罪、伪造公司印章罪、非法经营罪案"中，[1]在物证出示阶段，公诉人指出公安机关从刘某处扣押"银行卡、手机、印章24枚"，但并未当庭出示这些证据，而是指出"以上涉案财物均有相关的出库清单、扣押清单、扣押决定书等文书"，通过这类文书的出示替代了银行卡、手机、印章的原件。经审查后，法官认为："公诉机关提交的证据材料来源合法，客观真实，与本案事实有关联，其能够证明本案事实，符合证据'三性'，具有证据能力和证明力，本院依法对以上证据材料予以采信。"

在这类案件中，法官用对物证照片、扣押清单的调查代替了对原物的调

---

〔1〕 参见［2016］川0112刑初696号刑事案件庭审笔录。

查，并且，在一般情况下，法官通过照片、扣押清单认定了物证的证据能力和证明力。

（三）书证原件的调查

按照最佳证据规则的要求，举证方应当向法庭出示书证的原件。例如，在"鞠某某拒不支付劳动报酬罪案"中，公诉人出示一份银行交易明细，指出："被告人及其儿子的银行卡显示公司打给其的劳务费在人社局下达限期支付前后刷卡消费47万元，证实被告人有能力支付工资。"

> **辩**：针对公诉人指控的恶意消费问题，只有在当庭看了 POS 机的消费情况后才能发表质证意见。
> **审**：法警将 POS 机消费证明交由被告人查看。
> **被**：上面显示的是 2014 年 9 月以前的消费，公司在 2014 年 9 月 26 日还是 27 日才打给我第一笔钱，在 9 月以前就没有给我钱，不属于公司付款范围的消费。后面的消费，是我儿子用信用卡，刷卡套现的。我也用信用卡，用来套现发给工人生活费，刷卡买材料。自己也消费了一点。2016 年以后的消费，我就不清楚了，我在 2016 年 2 月 24 日就进来了。
> **审**：辩护人有无质证意见？
> **辩**：被告人 POS 机消费属于正常合理消费，并不是有钱故意不发工资。被告人被采取强制措施后的消费，与被告人没有直接关系，与本案无关系。
> **公**：关于 POS 机消费问题，这只是一个体现，大部分是在限期责令支付期间。

在本案中，被告人 POS 机的消费记录究竟是证明被告人有能力支付而恶意拖欠，还是如被告人所说的是用来套现给工人发工资，法官听取了控辩双方的辩论。

（四）书证复制件的调查

出示书证的复制件是我国刑事庭审的常见现象，如在以下"陈某某、陈某、范某某骗取贷款罪案"中，[1]公诉人举证出示"商品房买卖合同复印件一份""关于涉案人员电脑上的一份商品房买卖合同提取笔录、照片三张"。相应地，法庭做了如下调查活动：

> **审**：被告人陈某某对证据有无异议？
> **被**：无异议。
> **审**：陈某某辩护人发表质证意见。

---

〔1〕 参见〔2016〕川 0112 刑初 697 号刑事案件庭审笔录。

> **辩**：对指控被告人第一起犯罪事实的证据真实性没有异议，对事实指控部分，辩护人认为现有证据只能证明流程当中有虚假，但对其证明本债的关联性有异议。
> …………
> **审**：公诉人你在出示证据材料时提出银行工作人员提取了陈某某的买卖合同材料是模板吗？
> **公**：电子模板。
> **审**：在哪一页？有没有照片？究竟是空白模板还是已经签字好的内容？
> **公**：依据提取笔录本身无法看出来。
> **审**：经当庭质证，被告人及辩护人均对公诉机关提交的证据材料真实性不持异议。

合议庭经审查后认为，对公诉机关提交的证据材料的真实性予以采信；但就证据的关联性，合议庭休庭合议后作出评议。

三、物证、书证法庭调查实践的主要问题

物证、书证法庭调查的目的有二：一是确认举证方当庭出示的证据就是从犯罪现场所取得的那个证据；二是确认该证据与待证事实的相关性，以及得出待证事实有无的结论。然而，我国刑事庭审实践在这两方面均有所异化。

（一）在调查方法上，鉴真方法的局限性明显

根据《刑事诉讼法司法解释》的规定，我国目前对物证、书证的鉴真主要通过侦查人员制作勘验笔录、检查笔录、搜查笔录、提取笔录、扣押清单、辨认笔录以及法庭上由公诉人宣读上述笔录来完成，以此来审查笔录记载的内容与物证、书证是否能够相互印证。即便在控辩双方对物证、书证的来源、收集、保管过程存在争议的情况下，侦查人员、笔录制作人、见证人通常也不会被传召出庭作证，对发现、收集、保管证据的情况进行证明并接受辩方的诘问。这就为法庭对物证、书证的来源及其收集、保管过程的审查带来了困难。如陈瑞华教授所说："依靠司法解释所确立的鉴真方法，法院很难对实物证据的真实性和同一性进行有效鉴别。"[1]

从证据法理论上看，各类侦查笔录都是侦查人员在法庭外单方面制作的书面材料，在性质上属于传闻证据，具有不可靠的特点，缺乏对客观性、真实性的保障。一旦侦查人员弄虚作假，制造伪证，法庭仅仅通过笔录审查是

---

[1] 陈瑞华："实物证据的鉴真问题"，载《法学研究》2011 年第 5 期。

很难发现问题的。而现行的鉴真方法主要审查的是笔录的形式要件是否齐备，是否履行了签名、盖章手续等。至于证据保管链条是否完整、物证在诉讼过程中是否发生了改变，法庭上出示的物证是否来源于现场，等等，则缺少严格的审查。一份勘验、检查笔录即便是真实的，也只能证明收集、提取当时的情况，而不能证明收集、提取后的流转、保管状况，因为从侦查到起诉再到法庭审判，一般需要数月时间，在此期间，物证是否得到妥善保存、保管方法是否规范合理、性状是否发生变化以及物证是否被调包等，明显无法体现在侦查阶段制作的笔录里。如果经手、接触该证据的人员不出庭作证，证据保管链的证明便不可能进行。亦如陈瑞华教授所说："仅仅依靠这些笔录的验证，实物证据的鉴真就不可避免地带有形式化的验证性质，而难以对这些证据的真实性和同一性做出实质性的审查和确认。"[1]

（二）在调查规则上，对物证、书证的取证和保管不够重视

这主要表现为，对收集、提取物证、书证的地点、主体、过程等缺乏记载或者记载不够详细、具体。在侦查主体没有制作笔录或笔录记载存在重大瑕疵的情况下，法庭上出示的物证、书证是否是控方所声称的那份证据，经常成为控辩双方争执的焦点。例如，物证是否来源于犯罪现场以及鉴定中的检材是否发生调包、破坏或改变。如果这些怀疑得不到排除，贸然将控方在法庭上出示的物证、书证或鉴定意见作为定案根据，必然隐藏巨大的误判风险。"实践中，由于对现场勘查中所发现的痕迹、物证，在提取、包装、运输和保管中存在某种不当做法，以致酿成冤假错案的情况并不鲜见。"[2]例如，云南"杜培武案"中，侦查人员提取了犯罪现场的泥土与杜培武身上的泥土，并送交技术部门进行同一性鉴定。经微量元素鉴定，两者是一致的，控方据此认定被告人杜培武到过案发现场，并实施了杀人犯罪。但在法庭审判过程中，关于泥土来源和提取经过，在勘验、检查笔录中并没有作出任何记载。结果，有关泥土来源及收集过程就成为控辩双方争议的焦点。[3]

又如，中央电视台曾报道过一起发生在湖北某地的强奸案。在侦查中，当地警方通过排查把当地有嫌疑的男性集中起来抽取了血样，之后与现场提

---

〔1〕 陈瑞华："实物证据的鉴真问题"，载《法学研究》2011 年第 5 期。

〔2〕 顾永忠主编：《刑事辩护律师审查、运用证据指南》，北京大学出版社 2010 年版，第 84 页。

〔3〕 王达人、曾粤兴：《正义的诉求：美国辛普森案和中国杜培武案的比较》，法律出版社 2003 年版，第 61 页。

取的血迹进行比对鉴定，进而认定某甲系犯罪嫌疑人。某甲虽拒不认罪，但一审法院还是判决其有罪并处以重刑。被告人上诉后，要求重新对其血型进行鉴定，二审法院采纳了这一要求。鉴定结果出来后否定了原来的血型，排除了某甲作案，将其无罪释放。为什么同样是鉴定，第一次认定是某甲，第二次则排除了某甲。问题很可能出在第一次血样抽取，即因收集、保管不慎，把某甲的血样与他人的血样搞混了。

第三节　物证、书证法庭调查的完善建议

如前所述，物证、书证法庭调查的基本规则是英美证据法的鉴真规则和最佳证据规则。在证据法治比较发达的国家，实物证据的鉴真非常重视证据保管链条完整性的证明以及提出该证据一方的证明责任。由于实行传闻证据排除规则，故要求实物证据的收集人、制作人、经手人、保管人必须通过出庭作证的方式来进行证明。检察官需要提供有关该物品的控制者以及物品被收集时所处场所的相关证言。在物证的监管链条中涉及的人员包括：收集证据的警察、运送证据的警察（由其将证据送往犯罪实验室进行分析，或者直接送往警察局的证据存储柜进行登记）、犯罪实验室工作人员、负责证据存储柜记录工作的保管人员，以及将该物品提交给法庭的警察。如果物证的保管链条出现中断的情况，那么，该物品与其在犯罪现场被发现时处于相同状态的主张就得不到支持，该物品就丧失了被采纳为证据的能力。通常情况下，该物品都附有一个日志，任何接触该物品的人员都必须记录自己的姓名、机构、接触的日期，由此确保监管链条的完整无缺。检察官必须证明：警察在犯罪现场提取物证时起，直到将之提交给法庭时止，该物品必须持续地处于警察的排他性控制之下。[1]

我国也有相似的法庭调查，以下是我国的一起贩卖毒品案关于毒品重量及其保管过程的法庭调查：[2]

---

〔1〕　[美]诺曼·M.嘉兰、吉尔伯特·B.斯达克：《执法人员刑事证据教程》（第4版），但彦铮等译，中国检察出版社2007年版，第404页。

〔2〕　参见［2016］川0131刑初159号刑事案件庭审笔录。

公：第二组证据是现场检查笔录附照片、被告人胡某的毒品现场称量笔录附称量照片、胡某对抓获现场的指认照片、辨认笔录、胡某的人身检查笔录、被告人何某的现场辨认笔录附照片、被告人王某的毒品称量笔录附称量照片。

审：辩护人有无异议？

辩：关于王某的扣押的相关材料和承重记录不合法，现场抓获的只有何某，王某是在几小时之后才到办案机关，将毒品上缴的，不能排除有其他的可能性。公安机关没有出示称重的痕迹。关于何某毒品的称重仪器，没有归零记录。称量的程序不合法。称重的场所是办公场所，但是公诉人出示的现场笔录证实是现场称重，相互矛盾。

审：公诉人发表意见。

公：关于称重仪器，有证书证实称量仪器是符合规定的。

审：法警，将称量仪器的证书交给被告人、辩护人进行质证。

审：辩护人认为剂量称量的记录证据应随案移送，该证书无法说明当天称重的仪器就是证书中所指的仪器。

审：公诉人继续出示证据。

辩：对王某毒品的检验报告，不能排除王某提交的毒品就是胡某卖给王某的毒品。检验报告不合法。检验时间和扣押时间间隔时间较长，超过 3 个月，不符合法律规定。检验报告委托的时间是 7 月 30 日，依规定应当天受理，但检验时间却是 8 月 1 日，所以毒品鉴定报告不合法。

审：公诉人发表意见。

公：公诉人申请证人李某某出庭，拟说明本案毒品送检的问题。

公：胡某某和何某贩卖毒品的案子是你办的吗？

证：是的。

公：你们称量该案中毒品的电子秤是不是证书中所指的电子秤？

证：是的。

公：你们有几个电子秤？

证：只有一个。

公：王某到你们禁毒大队你是怎么处理的？

证：我们对王某持有的毒品进行了扣押称重，有王某进行见证。

公：何某的毒品你们怎么称的？

证：我们带到禁毒大队称的，何某在场，有我们的其他工作人员在场。

公：毒品扣押时间是 7 月 19 日，而送检时间是 7 月 31 日，时隔超过法律规定的最长 7 个工作日，为什么？

证：那个规定是新出的，我们不是很熟悉，我们之前办案就是等案件侦查清楚后一起送检的。

公：抓获胡某某后搜查并称重的过程有证据吗？

证：有见证人。同时有录像记录。

辩：你们办理毒品案件在毒品扣押、送检时所依据的法律规定是什么？

证：我们是按照一贯的工作流程在做。

辩：你们的称量记录有没有随案移送？

证：应该是的，确切的要问装卷的人。

> **辩**：证人对办案依据的法律规定含糊其辞，说明其对法律规定不是很明确，办案中出现不合法的行为是非常正常的。证人的陈述反映送检之前没有取样，没有相应的取样、拆封笔录，不符合法律规定，不能保证检验的合法性。

我国的证据鉴真虽然重视证据取证、保管过程，但整个调查逻辑比较零散和随意。这里，基于我国鉴真活动存在的问题以及国外经验的启示，法庭针对物证、书证的调查可以在操作上重点把握以下方面：

（1）对于有争议的物证、书证，应当要求参与取证的相关人员出庭作证。当控辩双方对物证、书证的来源及其真实性、合法性发生争议时，法庭应当通知有关的勘验人员、检查人员、证据保管人员、见证人等到庭就证据的提取过程、保管过程以及移交过程等问题向法庭说明情况。在调查争议性物证、书证时，尤其要避免将对物证、书证的调查异化为对物证、书证提取笔录的调查。

（2）对于与定罪量刑有争议的待证事项，原则上应当要求当庭出示物证、书证的原物、原件。在实质化庭审的案件中，出示物证、书证的原物、原件是查明特定待证事实的有效方法，目的在于加强法官对实物类证据的直观感受和形成准确的心证。法官还可以要求控辩双方当庭演示物证如何使用，通过这种亲眼观察、亲自接触的方法来判断证据对待证事实的证明力，例如是否有防卫情节等。相比在有争议的情况下，法庭审理时要审慎对待物证、书证的照片，警惕虚假证据。

（3）对于不同类型的物证、书证采取不同的调查方法。现实中虽难以穷尽物证、书证的具体表现形式，但是对于物证而言，可以根据其本身属于特定物还是种类物确定具体的法庭调查方法。对属于特定物的物证，由于这类证据在外形上具有特殊的可识别特征，如带有特殊记号的作案工具，如果对该证据是否系本案的"那个"证据有争议，法庭应当通知当事人、证人、被害人等相关人员出庭进行当庭辨认。因此，应将"当庭辨认"作为调查有争议的特殊物证的法庭调查方法。对于属于种类物的物证，比如，被盗伐的林木、被盗的钢筋以及毒品案件中的涉案毒物，由于这类物证缺乏被识别的具体特征，所以对它们的法庭调查应关注证据的保管链。如果控辩双方对证据的数量、重量、质量等方面有争议，法庭应要求检察机关就该物证保管的连续性、严密性进行证明，证明该种类物证据从提取到移送再到检验的过程没有改变性状或者被调换。必要时，还可通知证据保管过程中的相关参与人员出庭作证。

在配套制度层面，针对物证、书证的法庭调查可以从以下几个方面进行完善，尤其是规范取证的制度安排。

（1）完善物证、书证取证过程录像制度。为了证明当庭出示的物证、书证就是当时从犯罪现场提取的"那个"证据，而且该证据的性状没有改变，要求取证人员及见证人出庭作证是一种有效的调查方法。但是在我国，人证出庭率低，且存在人证出庭后还可能拒绝回答问题的情况，通过调查人证的方式查明物证、书证的合法性和真实性问题目前是一种比较高昂的调查方法。归根结底，物证、书证的法庭调查能否有效展开还取决于侦查阶段取证过程是否被准确、完整地记录下来。因此，在"以审判为中心"和庭审实质化背景下，应当适当拓宽侦查机关对物证、书证取证过程进行录像的范围。例如，对死刑案件等重大案件或者某些关键但不便保存、移动的物证应当对取证全过程进行录像，而非仅对物证本身录像。[1]

（2）完善物证、书证取证过程见证制度。我国《刑事诉讼法》规定，勘验、检查、搜查、扣押的取证过程应有见证人在场见证并且签名。取证过程的见证制度有利于实现对侦查行为的外部监督，避免和减少侦查中的违法行为。但是，由于《刑事诉讼法》及《公安规定》均未规定见证人在见证取证过程中的权利和义务，见证过程比较随意，导致实践中见证人并未发挥预期的监督取证的作用。从证据调查的角度看，见证人是帮助法庭调查物证、书证取证合法性的重要方法。对此，应当在规范层面明确见证人对取证过程的监督效力。特别是对一些关键证据、特殊证据的提取，侦查人员应当向见证人说明取证过程，展示提取的证物；见证人应当参与取证的全过程；应当有见证人在场而没有见证人的，对于有争议的物证、书证不得作为定案的根据。除此之外，还应当在立法层面规定见证人出庭作证制度，对物证、书证收集、提取过程进行证明。

（3）建立物证、书证提取笔录的排除规则。原则上对物证、书证的法庭

---

〔1〕《公安规定》第64条规定，对于原物不便搬运、不易保存或者依法应当由有关部门保管、处理或者依法应当返还的物证，目前只是对物证本身拍摄或者制作足以反映原物外形或者内容的照片、录像或者复制品，而对取证过程是否需要录像记录没有规定。

调查应针对该证据本身。只不过我国《刑事诉讼法》出于对诉讼效率的考虑，规定在某些情况下可以使用物证、书证的照片、复制件等，而且规定应当为经勘验、检查、搜查提取、扣押的物证、书证制作相关笔录、清单。然而，这在一定程度上致使我国法庭将对物证、书证的调查演变为对物证、书证提取笔录的调查。笔录在本质上属于传闻证据，并不能保证物证、书证本身的合法性和真实性，况且有的时候提取笔录越"完美"越容易存在造假的风险。在当前不可能立即改变侦查阶段取证方式和取证机制的情况下，只能在证据审查环节弱化提取笔录对物证、书证取证真实性、合法性的作用。因此，有必要在制度上确立笔录类证据的排除规则，如新增规定：公诉人、当事人或者辩护人、诉讼代理人对笔录证据有异议，且该笔录证据对案件定罪量刑有重大影响的，收集、提取物证、书证的人员、笔录制作人、物证、书证保管人等相关人员应当出庭作证。经人民法院通知，上述人员拒不出庭作证的，笔录证据以及笔录中记载的物证、书证不得作为定案的根据。

第七章

笔录类证据法庭调查

由于我国尚未建立传闻证据排除规则，包括侦查人员在内的人证普遍不出庭作证，因此庭审调查书面化特征明显。2012年《刑事诉讼法》曾增列了笔录类证据种类，在原"勘验、检查笔录"的基础上，增加了"辨认笔录"和"侦查实验笔录"，可以说是强化了笔录证据的使用。笔录通常是由侦查人员制作，在侦查人员不出庭的情况下使用笔录类证据，固然可以提升庭审效率，但也存在一定的弊端。如果以笔录代替笔录制作人、参与人等人证出庭，笔录记载内容和结果的真实性可能难以被查证，实践中伪造、变造笔录或笔录记载不实的情况将更难被发现和揭穿，导致审判的纠错能力下降，难以防范司法冤错，也会提升法庭调查的难度。本章结合庭审实践，讨论笔录类证据法庭调查的重点内容，并试图提出相应的完善建议。

第一节　笔录类证据法庭调查的主要规定

自2010年"两高三部"《死刑案件证据规定》细化证据审查分类以来，我国刑事证据审查判断的方法、标准不断被明确和完善。《刑事诉讼法司法解释》第四章第六节专门规定了"勘验、检查、辨认、侦查实验等笔录的审查与认定"，为法庭审查笔录类证据应重点关注哪些问题提供了明确的指引。但是，对于如何查明勘验、检查、辨认，侦查实验是否依法进行，笔录的制作是否规范等问题，现有的规则还显得比较粗陋。

一、《刑事诉讼法》的规定

我国《刑事诉讼法》原则性地规定了笔录类证据法庭调查的三种方法。

1. 宣读内容

《刑事诉讼法》第 195 条规定："公诉人、辩护人应当向法庭出示物证，让当事人辨认，对未到庭的证人的证言笔录、鉴定人的鉴定意见、勘验笔录和其他作为证据的文书，应当当庭宣读。审判人员应当听取公诉人、当事人和辩护人、诉讼代理人的意见。"笔录类证据是制作人员对其在现场所见、所闻的书面记录，在本质上属于言词证据。按照传闻证据规则的一般法理，未经当庭向法官陈述的被告人供述、证人证言、专家意见等言词证据，应当限制在法庭使用。然而，由于我国尚未确立传闻证据规则，并且实践中存在大量的书面证言、书面鉴定意见等证据材料，所以"宣读"书面材料便成了我国法庭证据调查的一种主要方式。这对笔录类证据也不例外，甚至笔录类证据主要就是通过宣读的方式完成调查的。存在的主要问题如下：

（1）"宣读"只能让法庭知道笔录记载了什么，而不能让法庭知道记载的内容是否真实或者准确。例如，法官在听控方宣读笔录的过程中，虽然可以知道勘验、检查笔录是否记录了提起勘验、检查的事由，勘验、检查的时间、地点，在场人员、现场方位、周围环境等，现场的物品、人身、尸体等的位置、特征等情况，但究竟时间、地点，在场人员、现场方位、周围环境等是否是如实、准确地记录，仍需调查。更何况，在法官已经庭前阅卷的前提下，当庭再次听取"宣读"真的对心证有影响吗？恐怕并不一定。换言之，"宣读"仅仅起到帮助法官二次阅卷的作用，难以成为法庭调查笔录类证据的根本方法。

（2）"宣读"的方法有时不仅没有起到调查核实笔录的作用，反而有阻于法庭调查。因为，《刑事诉讼法》第 195 条变相允许了勘验、检查、辨认、侦查实验等笔录的制作人员可以不用出庭。这有悖于庭审实质化的基本要求，可能使得法庭对笔录类证据本应进行的"言词审"沦为"书面审"。

（3）《刑事诉讼法》第 195 条仅规定可以宣读"勘验笔录"这一种笔录类证据，那么对辨认笔录、侦查实验笔录等是否也可以采用宣读的方式调查，或者说法律是否也默许了辨认笔录、侦查实验笔录的制作人员可以不出庭？如果做严格的规范解读，该条没有授权勘验笔录之外的其他笔录被以书面形式出示。不过，实践没有这样理解，而是一概认为所有的笔录类证据都可以通过宣读的方式进行调查。但仔细分析我们可以发现，勘验笔录和辨认笔录、侦查实验笔录有明显的不同。勘验笔录是对现场情况的记录，这种记录带有较强的一次性，一旦现场被破坏或者恢复原状，再次勘验的难度就很大了，准确性也会降低。相反，辨认、侦查实验具有可重复性。因此，勘验笔录（包括检查笔录）法庭调查的重心应是反映笔录的内容，而对辨认笔录、侦查实验笔录调查的重心则应是笔录的制作过程。简单地"宣读"更不适合于辨认笔录、侦查实验笔录的法庭调查。

2. 法庭勘验、检查、鉴定

《刑事诉讼法》第 196 条规定："法庭审理过程中，合议庭对证据有疑问的，可以宣布休庭，对证据进行调查核实。人民法院调查核实证据，可以进行勘验、检查、查封、扣押、鉴定和查询、冻结。"该条规定的"勘验、检查、鉴定"与《刑事诉讼法》第二编第二章第四节、第七节规定的"勘验、检查、鉴定"，存在差异。后者发生在侦查环节，属于对侦查权的行使。前者则发生在审判环节，属于一种证据方法。[1]勘验、检查、鉴定作为法庭调查笔录类证据的法定方法，是严格证明的表现。例如，《法国刑事诉讼法》第456 条就规定，法官可以前往现场踏勘。各当事人与他们的律师必须到场观看。这一行动的进行，应制作笔录。[2]在这里，我国《刑事诉讼法》将勘验、检查、鉴定规定为证据调查方法是值得肯定的。然而，第 196 条第 2 款又将勘验、检查、鉴定等界定为法院调查核实证据时"可以"采取的方法。"可以"的表述，一来降低了勘验、检查、鉴定作为严格证明下的证据方法本应有的刚性要求；二来容易使实践忽视勘验、检查、鉴定对于法庭调查笔录类证据的重要性，可谓弄巧成拙。

3. 法庭辩论

《刑事诉讼法》第 198 条第 2 款规定："经审判长许可，公诉人、当事人和辩护人、诉讼代理人可以对证据和案件情况发表意见并且可以互相辩论。"法庭兼听控辩双方围绕笔录类证据的争议问题进行论辩，无疑是一种有效的证据调查方法，有益于辨明真伪，符合我国庭审实质化改革的要旨。该规定本身没有问题，问题在于缺乏保障控辩双方围绕笔录类证据进行辩论的配套规则。如前所述，《刑事诉讼法》及其司法解释并未明确笔录制作人的强制出庭

---

〔1〕 林钰雄：《严格证明与刑事证据》，法律出版社 2008 年版，第 9~10 页。

〔2〕 ［法］贝尔纳·布洛克：《法国刑事诉讼法》，罗结珍译，中国政法大学出版社 2009 年版，第 493 页。

义务，反而确定了书面笔录呈堂的正当性。在我国流水线式作业的刑事诉讼中，笔录类证据一般不是由出庭的公诉机关所做，所以面对辩方的质疑，公诉人往往不清楚笔录出现问题的原因，只能建议法庭延期审理。延期审理一方面会影响庭审节奏，降低庭审效率。另一方面，再次开庭后公诉机关往往会以一份侦查机关出具的"情况说明"补正笔录制作的合法性，或者提交一份重新制作的笔录。这些做法其实都未正面回应原笔录为什么存在瑕疵。进而使笔录类证据的法庭调查变成了辩方提意见后控方书面补正的过程。在法庭和辩方与笔录制作人始终未谋面的情况下，其甚至难以被称为法庭"辩论"。

二、《刑事诉讼法司法解释》的规定

原则上，《刑事诉讼法司法解释》规定法庭通过听取有关办案人员的"补正"或者"合理解释"的方式调查非法或者有瑕疵的笔录类证据。

《刑事诉讼法司法解释》第 102 条列举了勘验、检查笔录法庭调查的重点内容，第 103 条则规定了瑕疵勘验、检查笔录的排除规则。这些是对 2010 年《死刑案件证据规定》相关内容的吸收。虽然具有完善我国证据法治的进步意义，但是由于该规定比较简单、抽象且缺乏有效的审查程序和方法，司法实践中的情况又比较复杂，实际上为法庭适用该规则具体调查勘验、检查笔录证据效力带来了困难。

《刑事诉讼法司法解释》第 105 条列举了 6 种"不得作为定案的根据"的辨认笔录情形，包括：辨认不是在调查人员、侦查人员主持下进行；辨认前使辨认人见到辨认对象；辨认活动没有个别进行；辨认对象没有混杂在具有类似特征的其他对象中，或者供辨认的对象数量不符合规定；辨认中给辨认人明显暗示或者明显有指认嫌疑的；违反有关规定、不能确定辨认笔录真实性的其他情形。原则上，如果难以保证辨认笔录的真实性，则不能作为定案根据。[1]就是说，法庭应当以能够查明辨认笔录是否真实的方式进行调查。但是，由于辨认主要是在侦查阶段由侦查人员组织开展的，法官无法直接目睹辨认的全过程，对辨认程序是否合乎规范以及辨认结果真实性的审查主要

---

〔1〕 江必新主编：《〈最高人民法院关于适用《中华人民共和国刑事诉讼法》的解释〉理解与适用》，中国法制出版社 2013 年版，第 80~83 页。

依靠侦查机关制作的辨认笔录以及日后补充的情况说明来进行。采用这种间接审查、书面审查的方法具有很大的局限性，尽管可以对辨认笔录内容记载的完整性进行审查，但主要是一种形式性审查，难以从根本上达到对辨认程序违法性以及辨认结论真实性的实质审查效果。

《刑事诉讼法司法解释》第 106 条对侦查实验笔录的规定同样存在上述问题。无论是 1979 年《刑事诉讼法》、2012 年《刑事诉讼法》还是 2018 年《刑事诉讼法》，都将侦查实验列为了法定的侦查措施。作为一种侦查措施，侦查实验尽管获得了法律上的认可，但在 2012 年之前，由于立法对侦查实验结论的证据资格未作相应规定，实践中侦查实验结论通常被作为侦查破案的线索或者作为一种审查证据的方法，在一定程度上制约了侦查实验的运用。学界对侦查实验问题重视不够、研究不够深入也与此不无关系。2012 年《刑事诉讼法》将"侦查实验笔录"作为独立的证据种类予以规定，解决了侦查实验结论作为证据使用法律依据不足的问题。

在侦查实验笔录成为诉讼证据之后，随之而来的问题是，如何有效地对侦查实验笔录进行法庭调查，以确保其作为定案根据的可靠性。对此，《刑事诉讼法司法解释》和《刑事诉讼法》都没有作出规定。只有《刑事诉讼规则》第 413 条略有涉及："对于搜查、查封、扣押、冻结、勘验、检查、辨认、侦查实验等活动中形成的笔录存在争议，需要调查人员、侦查人员以及上述活动的见证人出庭陈述有关情况的，公诉人可以建议合议庭通知其出庭。"显然，制作侦查实验笔录的侦查人员及见证人也只是在公诉人"建议"的前提下出庭，这种选择性的出庭并不能提高法庭调查侦查实验笔录的实质性。

三、《法庭调查规程》的规定

2018 年起实施的《法庭调查规程》有助于规范法庭调查程序，提高庭审质量和效率，落实庭审实质化。《法庭调查规程》在人证出庭方面作了重点规定，加强了法庭证据调查的言词性，也为法庭如何调查笔录类证据提供了指引。

强调人证出庭是《法庭调查规程》的要旨，笔录类证据作为言词证据的一种，属于从事勘验、检查、侦查实验等活动的人员对上述活动中所见所闻的陈述，只有这些人员出庭接受控辩双方及法庭的当面询问，才能彻底查明笔录的真实性等问题。

就《法庭调查规程》的相关规定来看，可以通过以下几种方式要求侦查人员出庭接受调查。

（1）依申请出庭。《法庭调查规程》第 12 条第 1 款规定："控辩双方可以申请法庭通知证人、鉴定人、侦查人员和有专门知识的人等出庭。"勘验、检查、侦查实验等笔录的制作者和主要参加者系侦查人员。因此，侦查人员也在依申请出庭的人员范围内。该条可以直接作为辩方质证笔录类证据时要求侦查人员出庭的规范依据。

（2）经法院同意出庭。《法庭调查规程》第 13 条第 3 款严格规定了侦查人员的出庭条件。虽然前述第 12 条第 1 款已经赋予了控辩双方申请侦查人员出庭的权利，但第 13 条第 3 款却将出庭条件限制为"人民法院经审查认为有必要的"，应当通知侦查人员或者有关人员出庭。此处，出庭的必要性审查有碍侦查人员出庭。

（3）法院依职权通知出庭。《法庭调查规程》第 13 条第 4 款规定："为查明案件事实、调查核实证据，人民法院可以依职权通知上述人员到庭。"可以说，法庭在对笔录类证据的合法性和真实性等问题存疑的情况下，要求制作笔录的侦查人员及有关人员出庭接受询问，是最有效的调查方法。相应的，其第 36 条第 1 款规定："法庭对证据有疑问的，可以告知控辩双方补充证据或者作出说明；必要时，可以在其他证据调查完毕后宣布休庭，对证据进行调查核实。法庭调查核实证据，可以通知控辩双方到场，并将核实过程记录在案。"这些都为法庭主动展开调查提供了依据。

至于侦查人员出庭后，法庭如何具体组织询问，根据《法庭调查规程》第 27 条的规定，即"参照适用证人的有关规定"。例如，发问应当遵循以下规则：①发问内容应当与案件事实有关；②不得采用诱导方式发问；③不得威胁或者误导证人；④不得损害证人的人格尊严；⑤不得泄露证人的个人隐私。

第二节　笔录类证据法庭调查的实践问题

本部分将以成都市两级人民法院实行实质化审理试点案件中的 1027 件庭审实质化案件为考察对象，观察在庭审举证、质证和认证等方面，笔录类证据使用的基本情况及其存在的问题。

一、笔录类证据法庭使用的基本情况

司法实践中，笔录证据在案件卷宗材料中占据着极大的比重，在审判阶段，公诉机关移送至法院的卷宗中普遍大量采用侦查阶段侦查人员制作的勘验、检查、搜查、扣押等笔录。在本章统计的 1027 件样本案件中，共涉及 2138 份笔录证据；仅有 97 件案件没有笔录类证据，其余 930 件（占比为 90.6%）都制作了笔录类证据；平均每件案件有 2.08 份笔录类证据，最多的案件涉及 8 份笔录类证据。

从庭审所使用的笔录证据类型来看，辨认笔录使用最多，有 815 件案件制作了该证据，占比为 79.4%。此外，还有 296 份现场勘验笔录、268 份检查笔录、224 份扣押笔录。侦查实验笔录使用最少，仅有 17 份。

以上 2138 份证据笔录，最终法院采信的有 2136 份，仅有 2 份未被采信，采信比例高达 99.91%。在仅有的 2 件法官启动非法证据调查程序的案件中，一件系妨害作证案，因辨认者在辨认过程中并未第一时间辨认出正确目标而排除了辨认笔录；[1]另一件系非法持有毒品罪案件，因笔录所载提取毒品送检的数量不够，法官遂对提取笔录进行了排除。[2]后一起案件值得注意，该份笔录并未因"排非"而被直接扼杀，法院给予了公安机关"补考重修"的机会，因毒品被封存扣押于公安机关，在第一次排除后公安机关对毒品进行了重新提取送检，形成了新的笔录证据，最后该案件的承办法官仍然对笔录证据予以采纳。

笔录证据的高采信率对应的是辩方的低异议率。庭审过程中，辩护人对控方提交的笔录类证据提出质疑的情况极少。在 1027 件样本中，提出异议的案件只有 32 件，占总数的 3.1%，涉及的异议笔录证据仅有 48 份，占总数的 2.2%。

二、举证问题

刑事庭审中的举证方式主要有将证据统一打包进行出示、按照证据的种类出示、按照证据的重要性进行顺序出示、选择式宣读、概括式宣读等。这些举证方式主要存在以下问题：

---

〔1〕　参见［2016］川 0105 刑初 956 号庭审笔录及刑事判决书。

〔2〕　参见［2017］川 0104 刑初 24 号庭审笔录及刑事判决书。

（1）不区分笔录种类进行出示，谁先谁后随意性较大。例如，在一起贩卖毒品案件中，公诉人的举证顺序为 A：到案经过及受案登记表、二被告人基本身份信息、情况说明；尿检报告、现场照片、扣押决定书及扣押清单；B：检查笔录、扣押笔录、称重记录及封存记录、检验报告、检测样本、辨认笔录、提取笔录及毒品检测报告书、检测报告；C：……[1]在另一起贩卖毒品案件中，公诉人的举证顺序为 A：到案经过及受案登记表、二被告人基本身份信息、情况说明；扣押决定书及扣押清单、现场照片、尿检报告；B：称重记录及封存记录、检查笔录、扣押笔录、检验报告、检测样本、辨认笔录、提取笔录及毒品检测报告书、检测报告；C：……两起案例属同类型犯罪案件，公诉人举证的顺序仅在"尿检报告"与"现场照片""扣押决定书及扣押清单""称重笔录及封存记录"上有所不同，但从本质上来讲都是打包式举证，笔者完全有理由推测，决定公诉人举证顺序的因素可能仅仅是各组证据在卷宗里的"纯天然排序"——先看到哪组说哪组。

（2）控方没有就案件争点来重点举证。仍然是在上述第一起贩卖毒品案中，辩护人在庭前会议已经明确提出了对指控的贩卖毒品数量的异议，然而公诉人在庭审出示证据时仍是分组打包式举示，并未对贩卖毒品数量的关键证据——称重记录——予以重点出示。这种做法违背了《法庭调查规程》第 31 条第 1 款"对于可能影响定罪量刑的关键证据和控辩双方存在争议的证据，一般应当单独举证、质证，充分听取质证意见"的规定。

（3）举证带有比较明显的偏见。例如，选择式宣读是公诉人对同一种类的多份笔录证据选择其中一份宣读，此时公诉人往往会选择对指控犯罪最有利的笔录，或者对某一份内容较长的笔录摘要式地选择最有利部分向法庭宣读。此外，还有概括式宣读笔录内容，即不直接宣读笔录证据的全部内容，而是经公诉人归纳总结后向法庭作出概括性说明。在"曾某某贩卖毒品罪案"中，公诉人宣读"证据第 31 页到第 52 页"，为"被告人权利义务告知书及讯问笔录"证明"讯问笔录一共九次，第一次不认罪，称自己所有毒品用来自己用。后八次称帮悦某购买毒品"。[2]这几种宣读方式均存在公诉人"先入为主"的倾向，是有偏向地向法庭输送对指控犯罪有利信息，并不符合检察

---

〔1〕 参见 ［2017］川 0107 刑初 964 号庭审笔录及刑事判决书。

〔2〕 参见 ［2016］川 0107 刑初 980 号庭审笔录及刑事判决书。

官客观义务的要求。法官须在庭审前查阅卷宗，做到对证据心中有数，但如果未能对笔录类证据进行全盘研究，仅只看起诉书指控的证据，便容易先入为主，很难对客观事实形成正确判断。

三、质证问题

从部分公开的庭审实录中可以发现，对于被害人陈述笔录和现场勘验、检查笔录，控方基本上采取以宣读方式进行举证，笔录制作人员出庭就笔录形成的合法性进行情况说明的案件非常少。[1] 在笔者调研的 50 件毒品犯罪案件中，针对笔录中的疑点，笔录制作人出庭就笔录形成过程接受质证调查的案例仅有 1 件。该案辩护人提出，称重时形成的称量笔录没有电子秤归零的记录。称重的电子秤没有随案移送，不能证明笔录中所指的电子秤就是该案中的电子秤。为了查明案情，公诉人申请证人（办案民警）出庭作证，证人出庭作证后也只是口头表明笔录中的电子秤就是本案称重的电子秤。[2] 法庭最终还是采信了证人证言，辩护方也未再提异议。显然，如此调查的实际意义并不明显。

在质证问题上，还存在因控方随意、盲目的打包式举证而导致辩护人的质证难以有效展开的问题。其一，因为无法区分具体的笔录证据，辩护人只得对所有笔录证据统一发表质证意见。虽然这种做法能够提高庭审效率，但坏处也是显而易见的，因为笔录证据在几乎所有卷宗中都大量存在，笼统地发表质证意见难免挂一漏万，法官如果在庭前没有做精细准备，就无法对质证意见进行精细发问，不利于详细地查明事实。其二，辩护人干脆放弃发表对笔录证据的质证意见，而是结合其他证据（书证、物证）综合发表质证意见。这样做使得证据内容被割裂，还会导致庭审程序不断出现反复，既使得庭审程序不尽流畅，也不利于查明事实。

四、认证问题

1. 书面审查代替言词审查

这主要是笔录证据制作人基本不出庭所致。1027 件样本案件共涉及 2138

---

〔1〕　胡铭："审判中心、庭审实质化与刑事司法改革——基于庭审实录和裁判文书的实证研究"，载《法学家》2016 年第 4 期。

〔2〕　参见［2016］川 0131 刑初 159 号庭审笔录及刑事判决书。

份笔录证据，却仅有 5 件案件有制作人员出庭作证，占总数的 0.5%，可以忽略不计。笔录制作人员极低的出庭率与极高的制作量形成了鲜明对比。大量的笔录证据制作人员均未到庭接受控辩双方的质询，法官也仅能根据侦查机关提交的补正说明等材料来确定对笔录证据是否采信。事实上，对于笔录证据制作人员极低的出庭率，辩方已经习以为常，表现在常常忽视对笔录制作人员的问询，未向法庭强调笔录制作人员的出庭必要性等，从而导致庭审中无法就笔录证据形成控辩交锋。

不仅笔录制作人员不出庭作证，《刑事诉讼法》第 133 条规定的笔录见证人制度的实践效果也不尽如人意。以毒品类犯罪中的现场勘验笔录为例，见证人对现场勘验过程见证只需在勘验笔录上签字即可，无须出庭作证或采取其他形式的见证。庭审中，法官更多的是对这种笔录是否符合形式要件进行审查，很少对照现场勘验笔录查看相应视频，或对视频内容与勘验笔录进行对比分析，几乎不会对标号、标牌进行查看、验证。[1]实践中，存在有些案件见证人没有参与见证，或者见证人身份不符合规定的情况，有些笔录上的签字甚至根本不是见证人本人所签，而是由侦查机关协勤人员、联防人员、社保队员事后代签。[2]

总之，由于辨认主要是在侦查阶段由侦查人员组织实施的，法官无法直接目睹辨认的全过程，对辨认程序是否合乎规范以及辨认结果真实性的审查主要依靠侦查机关制作的辨认笔录。采用这种间接审查、书面审查的方法具有很大的局限性，难以从根本上完成对辨认程序违法性以及辨认结论真实性的审查任务。

2. 简单评议代替证据说理

由于 1027 件样本中仅有 32 件案件的辩方对笔录证据提出了异议，所以反映在判决书当中，法院针对笔录证据的评议也仅出现在这 32 件样本案件中。法院对笔录证据的评议主要有两种：

---

[1] 以闻名全国的"聂树斌案"中的现场勘查笔录和辨认笔录为例，经过再审认定，该案辨认程序没有依法进行，导致用于被告人辨认的花上衣与缠绕尸体颈部的衣物是否为同一件存在疑问，原审由此认定花上衣为被告人故意杀人的作案工具的证据不足；现场勘验笔录虽然记载有花上衣缠绕被害人尸体颈部，尸体检验报告进一步记载被害人"符合窒息死亡"，却未能作出确定性的鉴定意见，由此导致被害人死亡的具体原由不明。详见于同志："论聂树斌案再审证据裁判的'八个方面'"，载《法律适用（司法案例）》2017 年第 2 期。

[2] 安宁："见证人制度的实施有待规范"，载《检察日报》2011 年 8 月 17 日。

（1）概略评议，也被称为"一句话评述"，即"与审理查明事实不符"。这是笔录证据采纳的最常见评述方式，约 59% 的判决书采用该种评述方式。如在一起非法持有毒品罪案件中，对辩护人提出的检查过程有重大瑕疵的辩护意见，判决书仅以"对辩护人所持检查有瑕疵，应对被告人从轻或者减轻处罚的辩护意见与法无据，且与庭审查明的事实不符，故对辩护人的以上辩护意见不予采纳"[1]一句话即予以评价。

（2）详细评议。该种评述方式会对辩方提出的异议情况进行回应，能够较充分地展示出合议庭评议的过程，约 41% 的判决书采用的是该种评述方式。如在一起贩卖、制造毒品罪案件中，对辩护人提出的关于侦查机关在侦查过程中扣押、称重、取样、封存等环节有瑕疵的问题，判决书以"本院经审理认为，民警在侦查过程中对查获的毒品进行扣押、称重、取样、封存等工作时虽有缺乏在场被告人签名确认等瑕疵，但民警对毒品进行扣押、称重、取样、封存的全过程均在在场被告人的见证下进行，在场被告人亦予认可，故民警对查获的毒品进行扣押、称重、取样、封存等侦查工作的合法性、真实性应予确认"[2]的表述予以了充分的回应。

第三节　笔录类证据法庭调查的完善建议

一、基本方法

笔录类证据毕竟不是公诉人所做，很多时候，公诉人并不能当庭解释笔录瑕疵。在控辩双方对笔录内容产生较大争议的情况下，法庭调查核实笔录内容真实性和准确性的最有效方法，即要求笔录制作人及相关人员出庭作证，通过控辩双方的当庭询问、回答和解释来解决争议。

如前所述，我国在规范层面已有侦查人员出庭的相关规定，难点在于规则的操作方面。在庭审实质化背景下，出于对诉讼效率和庭审质量的综合考虑，要求所有案件中笔录制作人员出庭并不现实，但面对有争议的笔录类证据，法庭应当要求制作人及相关人员出庭并接受询问，经法庭通知，制作人员及相关人员拒不出庭的，该笔录证据不得被作为定案根据使用。

---

〔1〕 参见［2016］川 0115 刑初 276 号刑事判决书。
〔2〕 参见［2017］川 01 刑初 206 号刑事判决书。

首先，庭审实质化改革力求在法庭上解决争议，相应的法庭调查应贯彻直接言词原则。坚持直接言词的审理方式，要求法官亲自听取笔录制作人及相关人员的口头陈述和法庭辩论，也要求法庭调查应以言词的方式进行。对此，既然《法庭调查规程》第12条第1款已经规定控辩双方可以申请侦查人员等出庭，法庭就应当为相关人员出庭提供条件，而非以一种"能不出庭，就不出庭"的心态对待。其次，只有笔录的制作人员及相关人员出庭，法庭才有机会真正了解勘验、检查、辨认或者侦查实验的详细过程。在这里，可以将出庭的制作人员（侦查人员）作为证人对待。[1]根据《法庭调查规程》的相关规定，适用证人的调查规则向笔录的制作人员及相关人员展开询问。最后，笔录制作人员及相关人员出庭接受调查，也契合笔录类证据的本身属性。笔录类证据作为言词证据的一种，以直接言词的方式对其展开调查是符合笔录类证据特点的。

二、要点把握及配套制度完善

为完善笔录类证据法庭调查规则，除了应在实践中加强相关人员出庭作证之外，还需要构建和完善相关的配套制度。

（一）勘验、检查笔录调查建议

《刑事诉讼法司法解释》第102条规定，"笔录制作是否符合法律、有关规定，勘验、检查人员和见证人是否签名或者盖章"。在笔者看来，勘验、检查笔录没有见证人或者没有勘验、检查人员和见证人的签名、盖章，应当属于不符合法律规定甚至明显不符合法律规定，而不属于证据笔录存在瑕疵的情形。因为这些都是我国刑事诉讼法规定的勘验、检查笔录的合法性要件。但根据该条的规定，即使存在上述程序违法，也不当然排除该笔录的使用。可见，勘验、检查笔录的排除标准不是笔录制作的规范性，而是笔录内容的真实性及其与待证事实的关联性。因此，关于勘验、检查笔录的法庭调查应当重点把握笔录记载内容的真实性。

1. 见证及签章问题的调查

《刑事诉讼法》第133条规定："勘验、检查的情况应当写成笔录，由参

---

〔1〕 万毅："论庭审实质化改革与证据规则之完善——以 C 市法院改革为样本的分析"，载《中国政法大学学报》2016 年第 5 期。

加勘验、检查的人和见证人签名或者盖章。"可见，立法将见证人签章作为勘验、检查笔录合法性的构成要件。勘验、检查笔录没有见证人签章的，一般有两种原因：一是取证过程没有见证人参与；二是见证人忘记或者拒绝签名。

只有在有见证人但缺少见证人签名的情况下才存在《刑事诉讼法司法解释》第103条规定的"合理解释"的问题。这主要是指因侦查人员疏忽大意而造成遗漏见证人签章的情况。对此，需要注意两点：一是，虽然"解释"是调查没有见证人的勘验、检查笔录的法定方法，但是应当将该解释和说明限定在有证据支撑的解释和说明。控方或者取证人员不应仅以书面的"情况说明"形式完成取证合法性的"自我证明"。二是，解释和说明针对的是笔录取证的合法性，即使在能够合理解释或者说明的情况下，如果辩方对笔录真实性提出异议，法庭仍然需要继续调查，不宜以合法性调查取代真实性调查。因此，笔者建议司法解释进一步明确：在辩方对没有见证人在场见证的勘验、检查笔录提出异议的情况下，如果无其他证据能够证明物证、书证来源，法庭应当对该份勘验、检查笔录予以排除。

2. 笔录记载要素的调查

《刑事诉讼法司法解释》第102条第（二）项规定："勘验、检查笔录是否记录了提起勘验、检查的事由，勘验、检查的时间、地点、在场人员、现场方位、周围环境等，现场的物品、人身、尸体等的位置、特征等情况，以及勘验、检查的过程；文字记录与实物或者绘图、照片、录像是否相符；现场、物品、痕迹等是否伪造、有无破坏；人身特征、伤害情况、生理状态有无伪装或者变化等。"这是勘验、检查笔录审查的重点。从操作的角度看，法庭主要关注有关勘验、检查的环境要素。再从《公安规定》第216条的规定来看，勘验现场"应当拍摄现场照片、绘制现场图"。那么，法庭调查勘验笔录的关键，即审查勘验、检查笔录是否附有现场照片或者现场图，如果笔录中无此材料，又无见证人在场见证，那么该份笔录便不得被作为定案根据。

此外是比对笔录记载的内容与现场照片、现场图是否存在矛盾。这又分两种情况：一是笔录记载的内容在现场照片、现场图中反应不出来；二是现场照片、现场图中有的东西笔录却没有记载。在这些情况下，若控方对笔录与现场照片、现场图之间的矛盾提出质疑，法庭原则上应当要求笔录制作人员出庭对矛盾之处进行解释说明。如果能够说明矛盾仅系拍摄角度、时间等技术影响所致，不影响笔录真实性，该笔录便可继续使用。如果取证人员出庭不能就矛盾之处作出合理解释，则不得采信笔录与现场照片、现场图不一致的部分，而应将现场照片、现场图作为定案根据。

3. 回避问题的调查

勘验、检查工作通常是由侦查人员负责具体实施或者指挥进行，侦查人员是法定的回避主体。如果具有《刑事诉讼法》第 29 条、第 30 条规定的情形即应当自行回避或者被申请回避。虽然《刑事诉讼法》第 31 条第 2 款规定："对侦查人员的回避作出决定前，侦查人员不能停止对案件的侦查。"但是，这考虑到的是侦查活动具有"紧迫性"和"连续性"的特点，防止因侦查人员退出而导致侦查活动中断，并不意味着回避决定作出前的侦查行为及其制作的笔录当然合法有效。

一方面，违反回避规定属于重大程序违法而非一般的程序瑕疵，不但影响程序公正而且有损实体公正，因此，我国法律和有关规范性文件均明确了违反回避规定的程序性后果。例如，我国《刑事诉讼法》第 238 条即将"违反回避制度的"作为裁定撤销原判、发回重审的事项之一；《死刑案件证据规定》第 24 条也将"鉴定人违反回避规定的"作为鉴定意见被排除的情形之一。既然鉴定人违反回避规定制作的鉴定意见不能作为定案根据，那么勘验、检查人员违反回避规定制作的勘验、检查笔录岂有采纳之理？因为二者的性质、危害并无二致。

另一方面，现场证据的特点决定了对违反回避制度的情形应当采用相对严格的排除规则。由于现场证据具有丰富性、原始性、易破坏性和不可恢复性等特点，而勘验、检查又是一项基础性的侦查工作，它直接决定着案件的侦破乃至后续的审查起诉和审判工作，稍有不慎就可能功亏一篑。"由于初始勘验、检查工作面对的原始现场，伴随着勘验、检查工作的开展，也随之遭到破坏，无法重新恢复现场原貌。因此，由于勘查人员违反回避规定导致现场勘查工作的合法性和真实性面临质疑的情况，在实践中很难予以补救。"[1]

但综合来看，笔者认为，勘验、检查人员在违反回避规定的情形下所制作的笔录应被推定为缺乏真实性保障，从而被排除使用。但是，如果能够证明勘验、检查人员违反回避规定主观上是出于善意，即在实施勘验、检查时

---

[1] 张军主编：《刑事证据规则理解与适用》，法律出版社 2010 年版，第 207 页。

确实不知道自己符合法定的回避情形（这种情况一般发生在犯罪嫌疑人尚未确定的侦查初期阶段），那么可以承认笔录的证据能力，此即所谓的"善意的例外"。此外，如果现场勘验、检查笔录中记载的物证、书证的名称、数量、特征以及位置、状态能够与现场录像、现场照片或者被告人供述、被害人陈述和证人证言相互印证，保证了该笔录记载内容的客观真实性，可以确定物证、书证实际来源的，该笔录可被采纳为定案的根据，此即所谓"具有客观真实性保障"的例外。

（二）辨认笔录调查制度完善

辨认笔录是客观性较为缺乏的一种证据材料。究其原因，一方面是我国在辨认过程存在诸多人为干扰因素，最为明显即是来自办案人员的干扰。例如，在辨认过程中做出具有诱导性、暗示性的行为及肢体语言，更有甚者，通过反复询问辨认人直至其指出办案人员"理想中"的被辨认对象。另一方面则是辨认人本身对被辨认对象记忆模糊，或者受到来自办案人员的压力，导致自己产生记忆偏差，而办案人员想要尽快"案结事了"，防止在辨认环节增加不必要的麻烦，双方选择敷衍应付。但即使是出现上述情况，由于办案人员的诱导、暗示、辨认人内心的不确定是难以取证证明的，因此即使存在辨认程序瑕疵，事后也难以被发现和纠正。鉴于此，为了保障辨认过程的公正性和辨认结果的可靠性，同时也为法庭对辨认程序合法性的事后审查提供依据，笔者建议尽快建立并实施以下配套制度。

1. 扩大辨认过程录像的适用范围

事实上，法庭证据调查的很多难题源于取证环节的不规范。那么，与其加强完善法庭证据调查规则，不如将重心前移，进一步在侦查环节强调辨认活动的规范性。目前，《公安规定》第216条仅规定"对重大案件的现场勘查，应当录音录像"。为完善我国辨认程序的客观性，应当在立法上确立我国辨认过程的全程录像制度。因为录像资料所具有的客观、直观、生动等特点，使它可以最为全面地反映辨认程序的合法性及公正性。如此一来，在法庭调查环节，若控辩双方对辨认结果存疑，法庭通过调取辨认过程的录像资料进行审查认定将是最有说服力的证明方法。据此，有美国学者指出，所有列队辨认、照片展示和另一些辨认程序均将被全程录像，在场的仅是侦探和目击证人，摄像在整个程序中显然是关键的，这样就没有办法重构偏见、提示或暗示。[1]《英国 1984 年警察与刑事证据法·守则 D》同样规定"列队辨认的过程须被录像或用彩卷拍照"。

2. 完善辨认过程的见证制度

正是考虑到辨认结果具有潜在的错误危险，美国联邦最高法院在"韦德（Wade）案"中确立了起诉后对被告人的列队辨认程序中律师在场权的规则。联邦最高法院认为，律师于成列指证程序在场，得目睹指证程序瑕疵，并得于审判中诘问证人，使裁判者得知当时指证程序的瑕疵所在。反之，若律师于指证程序不在场，则根本无能力于审判时对证人作任何诘问，被告人对证人的对质诘问权将形同虚设。也就是说，律师于指证程序在场，不但得确保真实的发现，同时应使对质诘问权具备实质的意义。[2]除律师在场权之外，美国联邦最高法院还通过一系列判例，确立了辨认程序受正当程序保护的规则，旨在保障辨认程序的客观公正性，防止辨认人在辨认过程中受到警察的不必要暗示。

关于在辨认过程中是否应当有见证人在场，我国《刑事诉讼规则》第225 条的表述是"必要时，可以有见证人在场"，而《公安规定》第 262 条的表述是"对辨认经过和结果，应当制作辨认笔录，由侦查人员、辨认人、见证人签名"。显然，公安机关与检察机关对于见证制度的规定并不协调，也正因此导致了实务操作上的冲突，从而致使我国见证人制度未能在辨认程序中发挥其应有的监督、证明作用。事实上，我国见证人制度与美国的律师在场规则在功能上异曲同工。当然，基于律师身份的特殊性，美国律师在场规则还具有实现被告人在庭审中对质权的保障功能。据此，笔者曾撰文指出，在我国，由律师担任见证人最为合适。[3]

因此，考虑到制度实施的可行性和可操作性，我国可以在现有立法已经规定见证人制度的基础上，通过改革完善辨认程序中的见证制度，实现见证制度的协调统一。还应当注意的是，由于"在照片辨认中也会存在像列队辨认一样的不适当的暗示。而且，照片辨认缺乏科学上的精确性，也很难在审

---

〔1〕 转引自张丽云主编：《刑事错案与七种证据》，中国法制出版社 2009 年版，第 109 页。

〔2〕 3888 U. S. 218（1967）.

〔3〕 韩旭："完善我国刑事见证制度立法的思考"，载《法商研究》2008 年第 6 期。

判中进行再次确定"，[1]美国联邦最高法院对照片辨认程序实行见证人在场见证制度也有过争论，在"U. S v. Ash 案"中法院裁定，起诉后证人辨认相片时，无须通知律师在场。但是，反对派大法官认为，照片辨认比一般指证更糟，因为被告人本人不在场，且相片为平面的图画，一般指证为立体的真实，相片辨认可能有失精确。[2]基于此，笔者建议我国确立对照片辨认和列队辨认实行强制见证制度。

3. 明确辨认程序办案人员的回避制度

该制度中"办案人员"强调的是参与办理本案的侦查人员，而"回避"内涵具体指的是不得主持或者参与辨认活动。该制度的意义在于防止熟知案件情况的办案人员在参与辨认活动的过程中，将个人主观意识或偏见带入，从而破坏辨认活动的客观公正性。即选择由未参与过侦查案件的其他办案人员主持，剔除潜在的不公正、不合理因素。确立该制度的深层次原因在于："由于经办特定案件的侦查人员已经知道队列或照片中的哪个人是犯罪嫌疑人，即使尽力排除个人的暗示作用，也会无意识地流露一些信息，与辨认人交流中的眼神、面部表情、语气、体态等都会流露出个人倾向。而辨认人在自己无法确定的情况下，总希望从侦查人员那里获得一些信息，甚至从侦查人员流露出的信息中进行推测。"[3]加之办案人员通常都具有破案的功利目的和强烈的追诉倾向，在"有罪推定"、先入为主思想的支配下，往往把已知的犯罪嫌疑人认定为犯罪行为人，从而难以在主持辨认时保持客观中立的立场。这两点也是笔者在前文中提到的辨认活动存在难以避免的干扰性因素。建立辨认程序办案人员回避制度是一种釜底抽薪的做法，该制度直接将这种人为的干扰因素排除在辨认程序之外。为此，域外学者均相继提出立法建议：由一名不了解案件侦办情况、未参与办案经过的警官来主持辨认程序，以此保证主持人员和参与人员的中立性，保证辨认活动的客观性。国外一些权威机构在调查研究的基础上提出了具体的指导方针和行为规范。例如，美国心理学/法学学会（AP/LS）执行委员会于 1998 年发布的题目为《目击证人辨认

---

〔1〕　413 U. S 300, 93 S. Ct. 2568, 37 L. Ed. 2d 619（1973），转引自［美］伟恩·R. 拉费弗、杰罗德·H. 伊斯雷尔、南西·J. 金：《刑事诉讼法》，卞建林等译，中国政法大学出版社 2003 年版，第 423 页。

〔2〕　413 U. S. 300（1973）.

〔3〕　张丽云主编：《刑事错案与七种证据》，中国法制出版社 2009 年版，第 110~111 页。

程序：队列及照片辨认的推荐程序》将此作为基本的指导方针；[1]《加拿大预防错案报告》将该建议作为所有警察贯彻运用的合理标准和行为规范。[2]《英国 1984 年警察与刑事证据法·守则 D》"警察人员辨认当事人执行守则"规定：辨认的安排及执行负责任的人必须是级别不低于警督的、穿制服的警察人员，且不参与对本案件的调查。任何参与调查嫌疑人的案件的人员均不得参与任一上述辨认程序。[3]

（三）侦查实验笔录调查制度完善

1. 将侦查实验作为证明方法

尽管侦查实验的程序规则大同小异，但受各国诉讼理念、诉讼结构的影响，对侦查实验的性质及其功能定位存在着一定的差别。在俄罗斯刑事诉讼中，侦查实验是类似勘验检查的侦查行为，侦查实验笔录通常具备证据能力；在意大利，司法实验由法官组织实施，系刑事调查行为，也是司法证明的一种方式。在美国，侦查实验是一种举证方式，它并非警察或法官专属的职权行为，控辩双方都可以进行实验，由专家将实验结果提交法庭并接受质证，因此不过是控辩双方在诉讼中对抗的一种证明手段。[4]我国对侦查实验的定位与俄罗斯大致相同，即实行国家办案机关专职垄断，将侦查实验视为侦查人员的专属职能。这里的办案机关特指办理刑事诉讼案件的侦查机关，也就是说，该项规定不仅将侦查实验的范围及作用完全局限在刑事案件中，而且将非国家职权主体、非侦查主体均排除在了实施主体范围之外。广西"北海案"即是一个典型案例，该案律师团为了验证被告人裴某德能否在一定时间内完成杀人、抛尸等一系列犯罪活动，自行开展现场模拟实验，并对该实验过程进行录像。然而，在庭审中，律师团在提出当庭播放该实验录像时，却

---

　　〔1〕 "组织列队辨认或照片辨认的公务人员不应当知道其中哪一个是嫌疑人"经证明是可以很好地防止错误辨认四条基本规则之首要规则。参见刘品新主编：《刑事错案的原因与对策》，中国法制出版社 2009 年版，第 476 页。

　　〔2〕 其具体内容为：如果可能，应由一名独立于侦查过程的警官主持列队辨认者照片辨认。该警官不应该知道谁是犯罪嫌疑人——以避免无意的提示或者反应，因为这些提示或者反应可能在辨认之前引导证人或者在辨认之后增加证人的信心程度。参见刘品新主编：《刑事错案的原因与对策》，中国法制出版社 2009 年版，第 483 页。

　　〔3〕 中国政法大学刑事法律研究中心组织编译：《英国刑事诉讼法（选编）》，中国政法大学出版社 2001 年版，第 468 页。

　　〔4〕 许忠剑："论侦查实验结果的诉讼证明力"，载《国家检察官学院学报》2003 年第 5 期。

遭到了法庭的拒绝。[1]此外，值得思考的是，在法庭审理过程中，如果控辩双方对于案件某一事实情节或是对侦查实验结果存在异议，法庭是否可以休庭并在庭外组织侦查实验？从上述的解释来看，即使是作为具备审判案件职能的法院也无权组织侦查实验，那么我们是否可以据此认为，该项规定存在立法漏洞。毕竟，如果将侦查实验看作是侦查机关的一项专属权力（侦查权），那么不仅辩护人不能实施，而且作为专司审判职能的法院也无权使用，这无疑不利于对辩护权的保障和对侦查权滥用的监督，也不利于查明案件事实。

故此，为了更加有效地发挥侦查实验的证明作用，该项制度改革最关键的就是重新界定侦查实验的性质，打破侦查实验由侦查机关专职垄断的现状，将其从侦查机关单方面实施的一项侦查措施转变为控辩审三方均可实施的一种司法证明方法。而重新定义侦查实验的第一步就是将"侦查实验"这一具有强烈职权主义色彩的名称修改为"诉讼中实验"或是"司法实验"。首先从制度名称上释放改革信号，以此拓展适用主体和范围，更好地发挥该项制度的诉讼证明作用。改革我国侦查实验主体由单一机关垄断现状的原因主要包括以下几点：

首先，"侦查实验是以科学原理和科学方法进行的，因而通过侦查实验作出的实验结果是有说服力的。即侦查实验结果的效力来源于实验过程的科学性和实验结果的客观正确性"。[2]也就是说，侦查实验所得出的结论之所以有较高的证明力，完全是基于其实验过程、原理、主体、方法的一致性和科学性，而并非是侦查机关的权威性。因此，侦查实验这一证明方法完全可以由辩护人、审判主体实施，只要其证明实验的过程、原理是客观真实且科学公正的即可。其次，侦查实验措施是一项任意性侦查措施。[3]与搜查、扣押、监听等强制性措施不同，侦查实验是由侦查机关自行组织开展的证明调查活动，它主要通过对场景、人物、工具等"重演"和"还原"得出涉及案件事

---

〔1〕　刘长："北海新'实验'——模拟现场　开放旁听'73条'"，载《南方周末》2012年4月1日。

〔2〕　张跃兵："论侦查实验"，载《公安研究》2007年第4期。

〔3〕　关于任意侦查与强制侦查的划分及其理论，来自于日本刑事诉讼法学者的观点。参见［日］田口守一：《刑事诉讼法》（第5版），张凌、于秀峰译，中国政法大学出版社2010年版，第32页以下。

实的某些行为、某一案件事实的某一方面存在与否的结论。其并不会对个体的基本权利造成影响，不会侵害个人法益，与日常生活、学习中公民进行的模拟实验并无本质区别。再次，可以有效地增强辩方的防御和对质能力。试想，倘若在案件调查和辩论环节，辩方能够针对控方提出的疑点进行实验调查，通过科学有力的证明方法回应对方的质疑，不仅可以平衡双方调查取证能力，增强辩护的有效性，还能通过侦查实验结论增强审判人员对辩方主张内容的内心确信。最后，帮助法院查明案件事实，增强裁判结果的准确性。回到上文提到的问题，如果结论是法院可以对控辩双方存在疑问的案件事实及实验笔录进行司法实验，那么最终的结果不仅是法院通过亲自组织实验得出结论从而确保法院的亲历性，而且由法院组织实验结论，在一般情况下只需当庭出示即可，无须双方对其进行质证，可以节省时间和精力，提高审判效率。例如，《澳大利亚 1995 年联邦证据法》规定："根据申请，法官可以命令进行演示、实验或者勘验。法院可以根据其在演示、实验或者勘验过程中的所看、所听或者以其他方式进行的察觉，作出任何合理的推论。"[1]

　　基于以上分析，笔者认为，改革该项制度应当从以下几点出发：①赋予辩护人申请进行实验的权利，其可以根据诉讼进行的不同阶段向公安机关、人民检察院、法院申请。进一步授予辩护人自行开展实验的权利，并且由辩护人通过实验所得的证据材料应当具备证据能力，法院经申请或者依职权应当在法庭中对该实验材料组织质证。②扩大侦查实验对象的适用范围，在控辩双方对于证人、被告人及被告人发言存疑并对其行为能力表示质疑的情况下，法院可以结合举证、质证的情况，对证人、被告人、被害人的感知能力及行为能力有无、强弱进行当庭实验。③将侦查实验作为人民法院庭外调查核实证据的法定手段。建议将《刑事诉讼法》第 196 条第 2 款修改为："人民法院调查核实证据，可以进行勘验、检查、侦查实验、查封、扣押、鉴定和查询、冻结。"④扩大侦查实验的适用主体，不仅将辩护人纳入其中，包括法院可以依申请或依职权重新开展侦查实验或者启动新的实验，且由法院决定进行的实验应当由法院主持，并赋予控辩双方在场的权利。

---

〔1〕《澳大利亚联邦证据法》，王进喜译，中国法制出版社 2013 年版，第 71 页以下。

2. 确立实验条件实质相似性规则及其证明规则

确保侦查实验条件的实质相似性是侦查实验结论科学、客观、公正的重要保障。开展侦查实验的主体必须保证其所实验操作的对象、时间、工具、场景等尽最大可能做到"还原效果"，相似性越高，实验结论的可靠性也越强。虽然我国最高人民法院司法解释对此有过规定，但由于该规定属于司法解释效力层级的文件，且是法院在审查判断证据时适用的规则，对公安、检察机关采取的侦查实验几乎没有任何约束力。为此，建议在我国《刑事诉讼法》第 135 条第 1 款之后增加一款作为第 2 款："侦查实验的主体、场所、环境、时间、方式方法以及所使用的工具、材料等应当与事件发生时的条件具有实质上的相似性。"此外，还应建立相应的证明规则，明确对"实验条件相似性"问题发生争议时的证明责任和证明标准。对此，立法可规定：侦查实验条件与事件发生时的条件之间具有实质相似性的证明责任由进行实验的一方承担，此种证明应达到优势证据的程度。

3. 构建侦查实验见证制度

刑事诉讼法及其解释性文件对于勘验、检查活动应当邀请见证人在场以及见证人在勘验、检查笔录上签字分别作出了相应规定。[1]但考虑到侦查实验与勘验、检查这类具有强制性约束效力的不同诉讼行为性质，立法并没有将见证制度纳入侦查实验措施。然而，这并不是侦查实验不设置见证制度的理由，反而应当考虑其作为证据种类之一，在具备较高证明力的同时却缺少任何实质性监督力量，是故，确立侦查实验见证制度是完善我国证据资格制度的应有之义。

如何将侦查实验与见证制度有效结合？对此，《俄罗斯刑事诉讼法》已经提供了完善的立法典范。该法典第 170 条规定，侦查实验的实施至少应有 2 名见证人参加，传唤见证人是为了证明实施侦查行为的事实、侦查行为的过程和结果。在没有见证人参加的情况下实施侦查行为时，应当使用技术手段

---

[1] 《刑事诉讼法》第 133 条规定："勘验、检查的情况应当写成笔录，由参加勘验、检查的人和见证人签名或者盖章。"《公安规定》第 215 条规定："公安机关对案件现场进行勘查，侦查人员不得少于二人。"第 216 条规定："勘查现场，应当拍摄现场照片、绘制现场图，制作笔录，由参加勘查的人和见证人签名。对重大案件的现场勘查，应当录音录像。"《刑事诉讼规则》第 197 条规定："勘验时，人民检察院应当邀请两名与案件无关的见证人在场。"勘查现场，应当拍摄现场照片。勘查的情况应当写明笔录并制作现场图，由参加勘查的人和见证人签名。勘查重大案件的现场，应当录像。"

记录侦查行为的过程和结果。在侦查行为开始前，侦查员应向见证人说明侦查行为的目的、法律规定的见证人的权利和责任。[1]我国刑事诉讼法在侦查实验程序中可增加如下规定："进行侦查实验的，侦查机关应当邀请两名与案件无关的见证人在场。对于因情况特殊，没有见证人参加的侦查实验，应当录像。侦查实验笔录由参加侦查的人和见证人签名或者盖章。侦查实验开始前，侦查人员应当向见证人说明侦查实验的目的、方法、见证人的权利和义务。"[2]

4. 将"有专门知识的人"制度扩展到侦查实验笔录调查

《刑事诉讼规则》第 201 条规定："侦查实验，必要时可以聘请有关专业人员参加"，其目的在于通过专业人士的指导，保障侦查实验的科学性，顺利完成实验任务。然而，在法庭审理阶段，法院是否可以根据控辩双方的申请，或者依职权通知参加了实验的专业人员出庭说明实验实施的情况，法律及其司法解释尚未有明确规定。倘若在法庭上缺少专业人员的解释和说明，侦查实验得出的结论便可能面临由于控辩审三方缺少专业知识，举证、质证、认证等环节流于形式，比如，审判人员对该技术性、专业性侦查实验结论不知该如何处理，或者对于法院作出的认定结果，在控辩一方有异议的情况下，法庭却无法解释说明具体问题。显然，庭审中缺少"有专门知识的人"出庭作证会导致法院审查判断实验中的专业性、技术性问题存在很大的障碍。现行《刑事诉讼法》第 197 条第 2 款确立的"有专门知识的人"作证制度，目前仅针对"就鉴定人作出的鉴定意见提出意见"，而不适用于法庭对侦查实验笔录的调查，这一规定远没有考虑到审判人员的知识储备、审判工作的现实处境。因此，笔者建议，应当明确对涉及较多专业性、技术性因素的实验笔录与鉴定意见的审查可以借助专业人员的解释说明，否则实验笔录这一证据材料在庭审中的证明力将难以把握，法庭调查也就难以实质化。具体而言，当控辩双方对侦查实验结论发生争议时，刑事诉讼法可以赋予双方申请法院通知"有专门知识的人"出庭对实验过程或结论进行解释说明的权利，当然，法院也可以依职权通知出庭。总之，我国相关立法规定应当将"有专门知识

---

[1] 《俄罗斯联邦刑事诉讼法典》（新版），黄道秀译，中国人民公安大学出版社 2006 年版，第 156 页以下。

[2] 有关见证人的主体资格、法律地位以及权利义务的论述，参见韩旭："完善我国刑事见证制度立法的思考"，载《法商研究》2008 年第 6 期。

的人"出庭质证范围拓展至侦查实验这一新证据领域。如在《刑事诉讼法》中增设规定："公诉人、当事人和辩护人、诉讼代理人可以申请法庭通知有专门知识的人出庭，就侦查实验的条件、过程和结论发表意见，并接受询问。"

第八章

刑事鉴定意见法庭调查

在司法实践中，法官为了准确地认定案件事实、适用法律，除了运用逻辑和经验之外，还需要涉及某些领域的专业知识。然而，这些专业知识往往是普通司法人员所不具备的，如在毒品犯罪、互联网犯罪、高科技犯罪以及新型犯罪类型中，事实认定的复杂程度已经远超出一般办案人员的知识构成。司法鉴定作为在刑事诉讼中处理专门性问题的专业方法，对案件的定罪量刑具有关键作用，能够弥补法官的知识缺陷。也因如此，法庭对鉴定意见的调查容易流于形式。虽然 2012 年《刑事诉讼法》增加了"有专门知识的人"的出庭规定，强化了对鉴定意见的质证。但在现阶段，如何正确运用鉴定意见，仍是刑事庭审中亟待解决的问题。

即使在推进庭审实质化改革的背景下，法官对鉴定意见的被动接受和辩方难以形成有效质证的状况也仍未得到根本改变。针对刑事庭审中涉及鉴定意见的法庭调查问题，本章将主要从以下几个方面就如何对鉴定人及书面鉴定意见进行实质化的法庭调查开展讨论：第一，讨论鉴定人的诉讼地位及出庭问题；第二，讨论鉴定人出庭时的法庭调查规则及证据采信问题；第三，讨论鉴定人未出庭时书面鉴定意见的法庭调查问题；第四，讨论专门报告的法庭调查问题。

第一节 鉴定人诉讼地位及出庭作证

一、相关法律规范

司法鉴定是刑事诉讼中最常见的一种处理涉案专门性问题的方法。《刑事诉讼法》第146条规定："为了查明案情，需要解决案件中某些专门性问题的时候，应当指派、聘请有专门知识的人进行鉴定。""鉴定是指在诉讼活动中鉴定人运用科学技术或者专门知识对诉讼涉及的专门性问题进行鉴别和判断并提供意见的活动。"〔1〕鉴定意见则是鉴定人在诉讼过程中运用科学技术和专业知识对诉讼涉及的专门性问题进行鉴别后所得出的专业判断。鉴定意见能够有效弥补控辩双方及法官在某些特殊问题上的知识和经验不足，有助于法官准确认定案件事实。

2012年《刑事诉讼法》第187条第3款为促进鉴定人出庭作证，规定了鉴定人应当出庭作证的条件："公诉人、当事人或者辩护人、诉讼代理人对鉴定意见有异议，人民法院认为鉴定人有必要出庭的，鉴定人应当出庭作证。……"同时，该条第3款明确了鉴定人应当出庭而不出庭的法律后果，即"鉴定意见不得作为定案的根据"。

针对鉴定意见的法庭调查，现行2018年《刑事诉讼法》和《法庭调查规程》等法律规范已形成多种方法。一是鉴定人出庭的法庭调查，二是书面鉴定意见的法庭调查。在鉴定人出庭的情况下，又包括只有鉴定人的法庭调查、分别对鉴定人和"有专门知识的人"的法庭调查、同时对鉴定人和"有专门知识的人"的法庭调查。就鉴定人出庭的案件而言，第一种情况在司法实践中最为常见，控方出具作为证据的鉴定意见，法庭根据审理的必要性决定是否需要鉴定人或"有专门知识的人"出庭参与调查。第二种情况是2012年《刑事诉讼法》修改之后新增的对鉴定意见的质证方法。就目前而言，"有专门知识的人"出庭参与调查的案件虽然有，但较为少见。自2012年至2015年间，有的地方法院"有专门知识的人"出庭的案件数一年仅有1件至2件。〔2〕

二、鉴定人的诉讼地位

刑事审判法庭一般由控辩双方与处于居中地位的法官组成，那么当鉴定

---

〔1〕　江必新主编：《〈最高人民法院关于适用《中华人民共和国刑事诉讼法》的解释〉理解与适用》，中国法制出版社2013年版，第70~71页。

〔2〕　王跃：《刑事诉讼中的鉴定意见质证制度研究》，法律出版社2017年版，第29页；孙长永、闫召华："新刑事诉讼法实施情况调研报告（2015）"，载孙长永主编：《刑事司法论丛》（第3卷），中国检察出版社2015年版，第498页。

人出庭接受质证时，鉴定人属于什么角色呢？《刑事诉讼法》第 108 条第（四）项规定："'诉讼参与人'是指当事人、法定代理人、诉讼代理人、辩护人、证人、鉴定人和翻译人员。"将我国司法鉴定人员列为诉讼参与人，目的是在诉讼中为涉案的专业问题提供知识帮助，类似于"法官助手"，具有准司法职能。[1] 此外，《刑事诉讼法》第 192 条第 3 款规定，人民法院认为鉴定人有必要出庭的，鉴定人应当出庭作证。《法庭调查规程》第 27 条第 1 款又规定，对鉴定人的出庭和法庭发问"参照适用证人的有关规定"。由于法庭对鉴定人的调查和对证人的调查适用同一套调查规则——证人证言的法庭调查规则，这就导致鉴定人在一定程度上带有了"证人"的色彩。而本质上，鉴定人与证人的差异较大。证人以与案件有关的亲身经历向法庭陈述情况，而鉴定人是根据专业知识对案件涉及的特殊问题提供专业意见。基于身份特点的不同，法律要求证人原则上应当出庭，鉴定人则是在控辩双方对鉴定意见存在异议且法院认为有必要的时候才出庭。

因此，对鉴定人的法庭调查规则应在证人调查规则的基础上有所调整，进而更适合鉴定人的身份特点。例如，德国学者罗科信指出，鉴定人以专业知识协助法院就证据问题加以判断，主要作用有三：①向法院提供一般的专业知识（如新生儿在出生后 6 小时左右，其腹部及肠即将充满空气）；②对某些事实知识利用其特有的专业知识加以深入理解、判断，进行认定（如被杀害的新生儿肠内并无空气）；③对以专业知识调查后所获得事实的认定，并借学术性的推衍规则，将该认定之事实导向结论（如将上述两例结合，认定该新生儿是在出生 6 小时内被杀害的）。因此，鉴定人只是"法院的助手"。"鉴定人受传唤，在庭审（或者在审判准备阶段）出庭并宣誓之后进行鉴定，用口头或书面形式报告鉴定结果。有时在当天不能完成鉴定报告，往往是在庭外进行鉴定活动，日后再出庭报告鉴定结果。"[2]

鉴定人需要向法庭陈述鉴定报告，故有三项义务：①到场义务；②陈述义务；③宣誓义务。其中，只有制作鉴定书的鉴定人有到庭的义务，且可以被强制到庭；鉴定人是否宣誓，可由法官自由裁量，其誓言也不同于证人宣誓

---

〔1〕 王沛、郝银钟："司法鉴定制度完善论——以国际刑事司法鉴定人制度的特点为视角"，载《中国司法鉴定》2010 年第 5 期。

〔2〕 ［日］松尾浩也：《日本刑事诉讼法》（下卷），张凌译，中国人民大学出版社 2005 年版，第 94 页。

的内容。[1]这是因为，大陆法系国家倾向于将鉴定作为一种证据方法，鉴定人通常是受法院委托的人，故其在法庭上陈述鉴定报告时被视为证人。对于侦查机关委托鉴定人的情况，主要是考虑到"鉴定资料在侦查阶段特别是最初阶段容易获得最新鲜的资料（例如，解剖尸体），在这个意义上委托鉴定书的证据价值很高"。[2]此外，作为证据的鉴定书也不必拘泥于"鉴定书"这一名称，在侦查阶段鉴定人所做的能够详细说明鉴定方法和鉴定过程等信息的笔录，同样可以被视为鉴定报告并用作证据。

在实行专家证人制度的英美法系国家（如美国），专家证人的作用是辅助事实裁判者。根据《美国联邦证据规则》第 702 条的规定，人们可以基于知识、技能、经验、培训以及教育而获得作为专家的资格。[3]在庭上，专家可以生成证据性事实本身，也可以教导陪审团得出有关证据性事实的推论所需要的专业或科学信息，还可以向事实认定者提供其也许会服从的推论和结论。[4]此外，一些倾向于传统观点的大多数司法辖区，允许专家证人在证人作证时在场。

三、鉴定人出庭的现状

（一）鉴定人出庭率偏低

在我国，在一般案件中鉴定人不出庭已成常态。例如，在 2013 年 1 月 1 日起至 2019 年 7 月 31 日期间，全国法院的刑事判决书中出现"鉴定意见"的案例有 1 045 663 件，而涉及"鉴定人出庭作证"这一主题的案例只有 866 件。实践中，鉴定人出庭的案例大多集中于交通肇事、危险驾驶、故意杀人、故意伤害及污染环境、非法行医等案件类型。以四川省为例，上述期间，有鉴定人出庭的故意伤害案有 11 件，交通肇事案有 5 件，危险驾驶案有 5 件，盗窃案有 5 件，故意杀人案有 2 件，过失致人死亡案有 2 件，非法拘禁案有 2

---

〔1〕［德］克劳思·罗科信：《刑事诉讼法》（第 24 版），吴丽琪译，法律出版社 2003 年版，第 261、266 页。

〔2〕［日］松尾浩也：《日本刑事诉讼法》（下卷），张凌译，中国人民大学出版社 2005 年版，第 98 页。

〔3〕［美］罗纳德·J. 艾伦等：《证据法：文本、问题和案例》（第 3 版），张保生等译，高等教育出版社 2006 年版，第 724~725 页。

〔4〕［美］罗纳德·J. 艾伦等：《证据法：文本、问题和案例》（第 3 版），张保生等译，高等教育出版社 2006 年版，第 721 页。

件，诈骗案有2件，故意毁坏财物案有2件，污染环境案有1件，滥伐林木案有1件，扰乱公共秩序案有2件，非法采矿案有1件，毒品类案有3件，非法行医案有1件。

另据统计，在2000年前刑事案件的审理中，鉴定人的平均出庭率不足5%。[1]2003年吉林省的高级人民法院和中级人民法院进行司法鉴定的案件共有2153件，其中鉴定人出庭参与质证的仅有17件，出庭率仅为0.8%。江苏省苏南地区某基层人民法院2007年审结刑事案件320件，涉及司法鉴定的268件，占案件总数的83.75%，无一件案件的鉴定人出庭作证。[2]2008年度江苏省苏州市两级人民法院审理的案件中，司法鉴定部门委托鉴定6009件，法医、物证及声像资料的三大类鉴定有2831件，占47%，其中当事人申请鉴定的案件有5480件，法院依职权鉴定的案件有529件，其中因案件需要通知鉴定人出庭86件，实际出庭33件。[3]2008年1月至2010年11月，江苏省淮安市涟水县人民法院的鉴定人出庭作证率不到1%。[4]

就个案而言，在"胡某某寻衅滋事案"中，一审河南省固始县人民法院判决被告人胡某某犯寻衅滋事罪，被告人及辩护人以本案鉴定人未出庭作为理由之一提起上诉。河南省信阳市中级人民法院审理认为，二审查明的事实和证据与一审相同，且经一审当庭举证、质证，核对无误，本院予以确认。上诉人胡某某寻衅滋事犯罪事实清楚，证据确实充分，鉴定人没有出庭的必要。[5]

在"李某甲故意伤害案"中，公诉机关河南省淮滨县人民检察院指控被告人李某某犯故意伤害罪，被告人李某甲辩称对6年之后的伤情鉴定有异议，认为自己无罪；其辩护人称被告人李某甲庭前申请鉴定人出庭，鉴定人未出庭，该意见书不得作为证据使用。最后，河南省淮滨县人民法院经审理认为，该次鉴定是因原被害人朱某某损伤程度鉴定之鉴定人不具有鉴定资质的重新鉴定，且该意见书明确表明本次为重新鉴定。被告人及辩护人对该意见并没

---

〔1〕 陈瑞华：《刑事诉讼的前沿问题》，中国人民大学出版社2000年版，第56页。

〔2〕 宁红："刑事诉讼鉴定人出庭率为何低"，载《江苏法制报》2008年3月20日。

〔3〕 施晓玲："鉴定人出庭质证的相关法律问题"，载《中国司法鉴定》2010年第3期。

〔4〕 引自乔瑞锋、闫青山："关于对证人、鉴定人出庭作证情况统计分析"，载http://www.110.com/ziliao/article-210936.html，最后访问日期：2020年6月8日。

〔5〕 参见［2016］豫15刑终89号刑事裁定书。

有提出实质性异议，鉴定人可以不出庭。

在"张某某故意伤害案"中，一审山西省长治县（今上党区）人民法院判决被告人张某某犯故意伤害罪，并采信了本案的两份鉴定意见。被告人张某某不服一审判决提出上诉，认为鉴定人未出庭，鉴定意见不能被作为定案根据。二审山西省长治市中级人民法院经审查认为，一审法院并未在庭审中通知鉴定人出庭，故不存在鉴定人拒绝出庭，鉴定意见不得被作为定案根据的法定事由。上诉人所提上述上诉理由，不能成立。[1]

在"黎某贪污案"中，一审、二审法院均判决被告人黎某犯贪污罪，黎某不服申请再审，再审庭审上申诉人、原审被告人及其辩护人提出《鉴定报告书》的鉴定过程和方法违反会计专业的规范要求，存在重大遗漏，其所谓"隐瞒资金真实来源"的鉴定意见明显违背客观事实，且鉴定人未出庭接受质询，《鉴定报告书》不能被作为证据采信。再审的广东省佛山市中级人民法院则认为，广州银粤会计师事务所有限公司是领有执业证书的专业机构，鉴定人余某及刘某是有资质的注册会计师，上述鉴定报告书鉴定程序合法，鉴定的过程和方法符合财务审计的规范要求，鉴定意见与本案事实具有关联性，经过举证质证，应被作为本案定案的证据。原二审上诉人所提的鉴定报告书鉴定程序违法的意见理由不充分，不予采纳。[2]

在"陈某某滥伐林木案"中，贵州省盘县（今盘州市）人民法院一审判决被告人陈某某犯滥伐林木罪，被告人不服提起上诉，其辩护人认为一审中鉴定人不出庭接受质询有违法律规定。二审贵州省六盘水市中级人民法院经审查认为，相关鉴定意见等文书来源合法，一审法院依照法律规定将鉴定意见作为定案的根据并无不当，故此上诉理由和辩护意见不成立，不予采纳。[3]

（二）鉴定人出庭率低的主要原因

除了控辩双方对鉴定意见没有争议，无须鉴定人出庭之外，在一些对鉴定意见有争议的案件中，鉴定人的出庭率仍然偏低。其主要原因在于：

（1）出庭条件严格。刑事诉讼法虽然规定了双方当事人对鉴定意见有异议、人民法院认为有必要的，鉴定人应当出庭作证。但鉴定人是否出庭仍取

---

〔1〕　参见［2016〕晋04刑终420号刑事裁定书。

〔2〕　参见［2015〕佛中法审监刑再字第2号判决书。

〔3〕　参见［2016〕黔02刑终338号刑事裁定书。

决于法院，而法官为了节约审判资源，会本能地倾向于不要求鉴定人出庭。例如，一些法官认为要求鉴定人出庭的程序比较烦琐，在通知当事人、协调时间、鉴定人出庭费等方面都耗时耗力。也有法官认为，鉴定人出庭后，在控辩双方发问下容易出现一些额外的疑点，可能会涉及补充鉴定、重新鉴定等问题，进而增加庭审变数。还有法官认为，对于鉴定涉及专门知识不熟悉，即使鉴定人出庭也很难听懂他的陈述，所以不让鉴定人出庭而采用书面阅卷方式可以避免发生庭审意外。[1]

（2）刑事鉴定在侦查阶段由公安机关或者检察机关决定，在起诉阶段由人民检察院决定，在审判阶段由人民法院决定。辩方对鉴定意见质证的空间很小，控辩力量明显失衡。辩方即使对鉴定意见提出异议，也会因缺乏有效的司法救济程序而被法院消极处理。[2]

（3）鉴定意见的证据价值过高。在当前的审判实践中，多数法官均认为鉴定意见是由各领域专家对涉案专门性问题做的专业鉴别，没有要求鉴定人出庭的必要。有时候，在公诉人宣读鉴定意见后，法庭便会直接将其作为定案根据。

（4）鉴定人本身不愿出庭作证。比如，因怕麻烦而不愿出庭；担心专业水平不够或者语言表达能力差，影响其在法庭上的表现和以后的鉴定工作；没有认识到出庭作证是其法定义务，认为一旦鉴定结束，工作任务就已完成，把出庭作证视为额外负担；等等。

四、鉴定人出庭制度的完善

《刑事诉讼法司法解释》第 99 条第 1 款和《法庭调查规程》第 49 条第 1 款均有规定："经人民法院通知，鉴定人拒不出庭作证的，鉴定意见不得作为定案的根据。"在司法实践中，虽然没有必要让每位鉴定人均出庭作证，但对于鉴定意见存疑，确实需要鉴定人出庭说明情况的，在制度层面应当予以保障。借鉴域外经验与国内北京、四川等地的试点探索，可以在规范层面对鉴定人不出庭的情况加以明确，即有以下情况之一的，鉴定人可以不出庭作证：①鉴定意见经过庭审前的证据交换，控辩双方均无异议的；②对鉴定意见异

---

〔1〕 王跃：《刑事诉讼中的鉴定意见质证制度研究》，法律出版社 2017 年版，第 30 页。
〔2〕 王俊民："论鉴定人拒绝出庭作证法律后果的立法定位"，载《中国司法鉴定》2012 年第 2 期。

议已由鉴定人先行给予书面解释答复，提出异议方不再坚持异议的；③鉴定意见已被新的鉴定意见所取代，且原鉴定意见已失去证据价值，或对案件事实的认定、法律适用不起决定作用的；④两名以上司法鉴定人共同作出的鉴定意见，已有一名鉴定人出庭，并向法院提交了其他鉴定人的书面授权的；⑤鉴定人因疾病或其他客观情况限制而无法出庭，在庭审前通过书面解释说明，控辩双方对鉴定意见没有异议的。

第二节　鉴定人出庭的法庭调查

一、鉴定人出庭方式与视频作证应当注意的问题

（一）现场出庭

鉴定人亲自到场参与法庭调查应是最常用的鉴定人出庭方式。鉴定人直接出庭与证人的出庭规则基本一致，但也有一些区别需要重点把握：①控辩双方申请鉴定人出庭的，应在庭前会议递交书面申请并说明理由，并提供具体信息和联系方式；未召开庭前会议的，出庭申请应在开庭前5日提出，应书面说明理由并提供具体信息和联系方式。②法官经审查认为控辩双方对鉴定意见确有争议并且鉴定人有必要出庭的，应同意出庭申请，并向鉴定人送达出庭文书，或者采用电话、短信、传真、电子邮件等方式通知。③鉴定人出庭时，法庭应当当庭核实其身份、与当事人以及本案的关系，审查鉴定人的作证能力、专业资质，并告知其有关作证的权利义务和法律责任。④鉴定人作证前应当向法庭保证如实说明鉴定意见，并在保证书上签名。⑤法院依职权通知鉴定人出庭的，控辩双方应协助其到庭。⑥鉴定人由于不能抗拒的原因或者有其他正当理由无法出庭的，法庭可以根据情况决定延期审理或者重新鉴定。⑦鉴定人因其他原因拒绝出庭的，鉴定意见不得作为定案的根据。此外，除了在庭前会议决定鉴定人是否出庭之外，在审判过程中，如果控辩双方对鉴定意见产生争议而法官难以评判，法官可以宣布休庭并建议控辩一方申请鉴定人出庭，或者依职权通知鉴定人出庭。

（二）视频出庭

《刑事诉讼法司法解释》第253条规定，证人在庭审期间身患严重疾病或者行动极为不便的；居所远离开庭地点且交通极为不便的；身处国外短期无

法回国的；有其他客观原因，确实无法出庭的，"可以通过视频等方式作证"。《法庭调查规程》第 14 条进一步将"视频等方式作证"适用至鉴定人。从一些案例可以看出，鉴定人利用远程视频技术出庭并接受质证，对破解鉴定人异地出庭难、诉讼成本高和鉴定业务忙等问题具有积极作用。[1]

由于视频出庭属于鉴定人出庭的例外形式，而且法律及司法解释没有对视频作证再作具体规定，导致在实践中视频出庭存在以下一些规范性问题。一是视频的参与人员、地点不规范。比如，视频中有的鉴定人在其鉴定所的会议室中，有的鉴定人在自己家中，有的鉴定人则在空旷的户外。二是一些法庭事项在视频中不便操作。比如，鉴定人在视频中做法庭宣誓的效果不理想，或者难以确保视频另一端的鉴定人不受干扰或者指使。三是有时视频的质量不高，影响庭审效率。比如，以手机 QQ、微信为媒介时，环境嘈杂、通话杂音、画质不清、通信中断等现象时常出现。四是不规范操作可能导致某些案件（如性犯罪、未成年人犯罪案件、毒品犯罪、贪污贿赂犯罪）在隐私保护和保密性等方面存在风险。

因此，在利用新技术拓展鉴定人出庭渠道的同时，我国还应注意以下方面的规范性：

（1）规范视频参与的周围环境。例如，视频出庭不应在喧闹的场所进行。如果有条件，还应对周边环境有同步视频。此外，笔者建议鉴定人在工作场所参与视频出庭，异地的鉴定人也可以在本案法院协调或者委托的当地法院进行。

（2）对视频出庭中的视频内容应当同步录音录像并附卷保存，以便在庭后进行核对笔录、签字确认等程序性操作。

（3）法庭决定采取视频作证方式，应提前告知控辩双方和鉴定人，要求鉴定人提供符合基本要求的视频时间、通信方式、视频场所等信息，时间确定之后不得随意变动。法庭提前审查视频出庭的规范性，经审查同意后，准许视频出庭；在约定的时间鉴定人不在线的，法律后果与鉴定人不出庭的法律后果相同；对于一些涉及个人隐私、国家秘密和有重大影响的案件，应严

---

〔1〕 引自林咏："省内首例鉴定人'视频出庭质证'"，载 http://www.zjfzol.com.cn/index.php/cms/item-view-id-12620.shtml，最后访问日期：2020 年 6 月 8 日；汤宏英、李菲卉："余干法院 首试鉴定人远程视频作证"，载《上饶日报》2017 年 7 月 27 日；熊琳："北京法院：鉴定人可远程视频'出庭'"，载《新华每日电讯》2018 年 3 月 27 日。

格控制视频出庭。

二、鉴定人出庭的法庭调查方法

《刑事诉讼法》第 192 条,《刑事诉讼法司法解释》第 246~260 条以及《法庭调查规程》第 13 条、第 14 条、第 18~27 条等条款分别对出庭的方式、法庭调查顺序、交叉询问、发问的限制等程序性问题作了规定。

从总体上看,对鉴定人进行法庭调查应当重视"言词调查"和"争点调查"。言词调查是指,通过当面对质的方式向鉴定人发问,听取鉴定人的解释。争点调查是指,鉴定人在控辩双方或者法庭对鉴定意见有异议或疑问时出庭,解释法庭调查时应有侧重,与鉴定意见完全一致的内容不必再重新叙述。调查的主要流程包括:①庭前会议决定鉴定人是否出庭及出庭的名单;②法庭调查阶段控辩一方申请鉴定人出庭;③鉴定人出庭前签署保证书;④当庭核实身份、审查资质;⑤鉴定人向法庭陈述鉴定意见;⑥申请方发问;⑦对方发问;⑧经审判长许可,控辩双方进行第二轮发问;⑨经审判长许可,被告人也可发问;⑩审判人员发问;⑪询问完毕,鉴定人退庭。值得注意的是,为防止鉴定意见受到其他因素的干扰,如果庭审涉及多名鉴定人出庭,先出庭的鉴定人出庭后应当回避,不应继续旁听后一鉴定人的庭审。

在具体调查方式上,对鉴定人的发问在参照适用证人的有关规定基础上,可以有所变通。其一,向鉴定人发问的主体可以多元,包括控辩双方和审判人员。其二,对鉴定人的法庭询问以控辩双方推进为主,法官询问为辅。申请鉴定人出庭的一方首先发问,发问完毕后,对方也可以发问。双方如有新问题可进行新一轮发问。发问完毕后,控辩双方发表质证意见。其三,询问鉴定人的过程,法官应当禁止发问方的诱导性、侮辱性发问,也应当禁止鉴定人的猜测性、侮辱性回答。当然,法官也不应对鉴定人有诱导性提问。遇到上述情况,法官有权制止发问方继续提问或者鉴定人继续陈述。对鉴定人已经回答清楚的问题,法官则应限制重复询问。[1]

目前,在庭审中何时可以开始询问鉴定人还不明确。法律并未规定鉴定人到庭后是先朗读鉴定书还是直接接受询问,故有学者将我国对鉴定人的法

---

[1] 叶俊尧、王均平:"鉴定意见质证实质化之建议",载《湖北警官学院学报》2018 年第 4 期。

庭询问方式称为"广义的交叉询问"。[1]实践中，鉴定人有时会先通读鉴定意见再接受询问，有时少读、不读鉴定意见而直接接受询问。前者多是因为本案的书面鉴定意见较短，而且其中很多专业术语需要专门说明。问题是，控辩双方和法官在之前的阅卷中已经知悉鉴定意见，在法庭重复宣读的实际作用并不大。

因此，笔者建议，基于庭审实质化下"言词调查"和"争点调查"的目的，鉴定人出庭在原则上不再宣读书面鉴定意见。这样既可以提高庭审的效率，也可以使庭审的重点更加突出，在效果上有助于避免公诉证据显得单薄。

第三节　书面鉴定意见的法庭调查

一、鉴定人未出庭时书面鉴定意见的调查特点

《刑事诉讼法》第 192 条第 3 款仅规定，鉴定人在必要时应当出庭。在现实中，绝大多数案件的鉴定人均未出庭而只是出具书面鉴定意见。面对这些书面鉴定材料，法庭该如何调查成了实践操作的一大难题。

（一）调查内容

在鉴定人不出庭已成常态的情况下，根据《刑事诉讼法司法解释》第 97 条的内容，法庭调查的要点有以下几方面：

（1）审查鉴定主体是否符合法律规定。其一，调查鉴定人的法律资质。我国针对鉴定人施行的是鉴定资质资格准入制，只有达到相应鉴定资质的鉴定机构及鉴定人出具的鉴定意见才有可能被作为定案的依据。超出鉴定资质或业务范围或者不具备鉴定资质的鉴定机构及鉴定人作出的鉴定意见，不具备证据能力。其二，调查鉴定人是否需要回避。实践中不排除有的鉴定人与被害人有利害关系，或者鉴定人在侦查阶段担任过案件的侦查人员，一旦辩方对此提出异议，法庭即应谨慎调查。

（2）审查检材是否符合法律要求。一方面是注意审查鉴定对象的来源、取得、保管、送检是否符合法律和有关规定；另一方面，应结合案件其他证据材料，确定检材是否充分、可靠。法庭调查应确定鉴定对象与送检材料、

---

〔1〕 王跃：《刑事诉讼中的鉴定意见质证制度研究》，法律出版社 2017 年版，第 160~164 页。

样本的同一性。

（3）审查鉴定文书是否符合规范以及鉴定程序是否符合法律和技术规范。鉴定文书应当具备法定的形式要件，鉴定的过程也必须符合法律规定。其一，审查鉴定事由、委托人、鉴定机构、鉴定过程、鉴定方法等内容。其二，审查鉴定人信息，比如鉴定人应为 2 人以上，所有鉴定人都应该签名且加盖鉴定专用章。其三，审查鉴定意见是否按照规定程序和时间送达并告知当事人，是否充分保障当事人的知情权，当事人在对鉴定意见存在异议时，可以申请重新鉴定或补充鉴定。

（4）审查鉴定意见是否明确、合理。尤其是要对比审查委托鉴定的事项与案件中需要通过鉴定解决的专门性问题之间的关系。审查鉴定意见措辞的细节问题，比如，涉及烟花爆竹的爆炸物鉴定，有的鉴定机构只是在鉴定意见中指出，委托鉴定的物品中包含某种化学成分，并给出相应的含量比例，但对于能否就此认定涉案物品就是爆炸物，鉴定意见却语焉不详。[1]

（5）审查鉴定意见的相关性。鉴定意见与待证事实没有关联的，不得作为定案根据。需要注意，这里指的是事实相关性，而不是法律上的责任性，即帮助法官判断鉴定事项与待证事实之间是否具有事实和逻辑上的因果关系或者相似性。

（二）调查方式

一般是在鉴定人有正当理由不出庭的案件中使用书面鉴定意见。也因如此，鉴定人不出庭一般不会否定鉴定意见被作为定案根据的资格。《刑事诉讼法》第195条规定："公诉人、辩护人应当向法庭出示物证，让当事人辨认，对未到庭的证人的证言笔录、鉴定人的鉴定意见、勘验笔录和其他作为证据的文书，应当当庭宣读。审判人员应当听取公诉人、当事人和辩护人、诉讼代理人的意见。"受此影响，书面鉴定意见的法庭调查主要有两种：

1."宣读—核实"式调查。书面鉴定意见与其他文书类证据没有形式上的差异。根据文书类证据调查的一般方法，即以"宣读"的方式调查。

（1）原文宣读。这是《刑事诉讼法》第195条的核心。一般由公诉人持有鉴定意见并宣读内容；在法官依职权调查证据的情况下，则由法官直接宣

---

〔1〕　刘静坤：《证据审查规则与分析方法——原理·规范·实例》，法律出版社 2018 年版，第 173 页。

读鉴定意见，但后种情况非常少见。根据鉴定意见的专业程度和篇幅，又可以分为摘要宣读和全文宣读。摘要宣读是指选择与待证事实相关的鉴定内容进行宣读，通常是宣读结论部分。全文宣读则是指将书面鉴定意见从头到尾宣读一遍。前者适用于鉴定意见篇幅较长或者鉴定意见争议不大的情形，为了节约庭审时间，只需围绕争点问题展开。后者适用于篇幅较短的鉴定意见，或者鉴定方法、鉴定过程的前后关联较强，有必要向法庭交代鉴定过程的始末。

（2）概括大意。根据《庭前会议规程》第 2 条的规定，控辩双方可以围绕证据和事实问题归纳争议焦点。在此基础上，控方及法官有时会以宣读大意的方式说明鉴定意见的内容。虽然这种方式有助于提高庭审效率，但与原文宣读不同，概括大意的方式实质上是对鉴定意见的人为总结，受举证人主观影响较大。可以说，以概括大意的方式宣读鉴定意见很可能将鉴定意见变为举证人自己的意见，进而影响到鉴定意见的客观性。

2. 间接言词调查。直接言词原则是庭审实质化下法庭调查的基本要求。但由于我国法律并未禁止使用书面鉴定意见，如果控辩双方当庭就鉴定意见发生争议或者法官当庭发现鉴定意见的某处瑕疵，在鉴定人未出庭的情况下，只能让公诉人对鉴定意见进行必要解释说明。此时，法庭虽以言词的形式调查鉴定意见，但发言的主体不是鉴定意见的制作人，而只是举证人。又由于鉴定意见一般不是出于检察环节，而且公诉人也不是鉴定人，所以面对当庭发现的鉴定意见瑕疵，公诉人一般只能简要回应。对于争议较大的问题，只能在法庭延期审理后，申请鉴定人出庭或者重新进行鉴定。

3. 法庭核实。针对书面鉴定意见，法庭一般使用的是"核实"的调查方法，其内在逻辑是，首先初步接受结论，如果没有反对意见即采信。这种方式难免存在先入为主的风险。具体而言，法庭核实时需要根据鉴定意见的不同类型而有所侧重：资料型鉴定意见注重原始记录的完整性，实验型鉴定意见注重实验方法的可信性，经验型注重检验专家的资格，探索型注重检验方法的科学性。[1]经调查核实，控辩双方对鉴定意见无异议的，庭审进入下一环节。如果一方提出异议，双方可以进行辩论；必要的时候，可以休庭并要

---

[1] 龙宗智、夏黎阳主编：《中国刑事证据规则研究——以刑事据的"两个规定"为中心》，中国检察出版社 2011 年版，第 402 页。

求鉴定人出庭或者重新鉴定。

二、书面鉴定意见调查的实践问题

在考察范围上，下文指出书面鉴定意见法庭调查存在的问题，书面鉴定意见是指当庭发生争议的书面鉴定意见。

（一）宣读方式流于形式

采用"宣读—核实"的方式调查书面鉴定意见，实际效果不甚理想。这种方式下的法庭调查只能起到"了解"鉴定意见大意的效果，而难以发挥"调查"的功能。一是因为，法官经过庭前阅卷已经了解了鉴定意见的主要内容，庭上听取举证方宣读，在多数情况下只是机械地完成庭审举证、质证的"规定动作"。二是如果只是宣读鉴定意见而不做任何说明，不仅与法官自行阅卷无异，而且法官还有被误导之嫌。比如，概括式宣读鉴定意见时，内容往往会受到宣读方的人为加工，容易造成细节上的避重就轻，对法官查阅鉴定意见产生较强的心理干预。

（二）难以发现根本问题

法庭只是调查书面的鉴定意见，或者只是以书面的方式调查鉴定意见，通常只能发现鉴定意见中的文字性瑕疵，但很难发觉其中的科学技术问题。仅通过书面鉴定意见甚至很难核查鉴定机构、鉴定人的资质问题，更何况还会遭遇送检材料、样本的质量问题。在这种情况下，容易使庭审陷入"套路辩"的诉累。法庭调查没有直接针对鉴定意见的实质性问题，也没有直接揭示鉴定意见对待证事实的证明力问题。因此，如果控辩双方当庭对鉴定意见发生争议，法庭调查仅从书面文字或图表中很难获得有价值的判断。比如，对生产、销售有毒有害食品罪而言，鉴定意见可以告诉法官检材中所含的化学成分是什么，但不一定能够告诉法官该成分是否有毒有害，而后者才是案件事实认定的根本问题。

（三）难以当庭解决争议

如果控辩双方在庭审中对鉴定意见产生争议，除鉴定意见的文字性瑕疵之外，在以下两种情况下，法庭基本不能当庭作出认定：一是单一鉴定意见的科学性和准确性的争议；二是多份鉴定意见相互矛盾。由于鉴定意见本身系专业分析，涉的方法和知识已经远超法学知识范围。此外，很多问题只有听取鉴定人的陈述后才能被法庭掌握，而往往鉴定人又没有出庭。对此，法庭只能选择休庭。

三、相关的完善建议

(一) 规范书面鉴定意见的宣读方式

"宣读"作为文书类证据法庭调查的基本方法，在被应用于调查书面鉴定意见时还应注意具体的操作方法。其一，我国鉴定人只是在"有必要"的情况下才出庭，那么如果控辩双方对鉴定意见有异议，一方申请鉴定人出庭而鉴定人仍没有出庭的，在宣读书面鉴定意见前，应当首先由举证方或者法庭说明鉴定人不出庭的理由。如果不能说明鉴定人不出庭的合理理由，另一方可以申请重新鉴定。这样可以加强鉴定意见法庭调查的实质性和言词性，也可以改变法院对是否使用书面鉴定意见的决定性地位。其二，限制举证人对鉴定意见的概括式宣读。概括大意并非原文宣读，必然会涉及举证人的主观判断。为提高庭审效力，可以允许举证方摘要宣读鉴定意见，但原则上禁止举证方以概括大意的方式替代宣读鉴定意见的内容。但是，如果鉴定系法院委托的，法官基于中立立场可以概括地向控辩双方说明鉴定意见的要点。

(二) 明确鉴定意见之间相互矛盾的处理规则

不少案件可能存在多份不同的鉴定意见，即"多头鉴定"现象。法庭在调查此类问题时，首先应当注意的是，决定哪一份鉴定意见证明力更高的依据并非鉴定机构的大小、鉴定专家的知名度或者权威性，而是检材的质量以及鉴定方法、鉴定依据、鉴定过程的规范性和科学性。在这种情况下要避免陷入迷信权威的谬误。其次，可以组织同行评议。法院与控辩双方协调后，针对鉴定意见涉及的争议性专门问题，可组织该领域其他专家或专家组对鉴定意见进行评价。有观点提出，采用同行评议的方式可在不同鉴定意见之间形成主流观点，或者形成新的更权威的意见，从而帮助法官对鉴定意见的可信度进行判断。[1]笔者并不赞同这种做法，因为其混淆了同行评议的法律性质，误将同行评议等同于"重新鉴定"。同行评议应限于就不同鉴定意见的鉴定过程和方法是否符合相关专业的规范要求向法庭提供说明。同行专家的法律地位即"有专门知识的人"。同行专家出庭适用"有专门知识的人"的相关规定。

---

〔1〕 高涵："鉴定意见的证据评价方法体系"，载《山东社会科学》2020 年第 2 期。

（三）确立未出庭鉴定人的书面答复规则

在我国，由法律一律允许鉴定人不出庭或强制所有案件的鉴定人到庭并不现实。对此首先应当明确鉴定人可以不出庭的正当理由，比如控辩双方在庭前证据交换中对鉴定意见无异议的；鉴定人因身体原因或者行动不便而无法出庭的；鉴定人因路途遥远、交通不便而无法出庭的；鉴定人因自然灾害等不可抗力或意外事件而无法出庭的；鉴定人因其他特殊原因确实无法出庭的。因为上述情况鉴定人没有出庭，但庭审中临时对鉴定意见发生争议的，需要区分情况处理：如果争议问题直接涉及被告人的定罪问题，该鉴定人不出庭就无法核实鉴定意见的，则需重新鉴定。如果争议问题不直接涉及定罪问题，而只是鉴定意见的文字性瑕疵或者专业性疑问，法庭可以休庭并要求举证方提供鉴定人对争议问题所作的书面说明材料。书面材料作为鉴定人出庭的变通方式，于下次开庭时出示并听取控辩双方的意见。

可以在制度层面规定："鉴定人有正当理由不出庭的，可以向法院书面答复质询。法院应当及时将书面答复送交公诉人、当事人或者辩护人、诉讼代理人、有专门知识的人，并在复庭时听取意见。"[1]最后，如果公诉人、当事人或者辩护人、诉讼代理人、有专门知识的人对鉴定意见仍有异议，则适用《刑事诉讼法》第192条的相关规定处理。

（四）必要时由"有专门知识的人"协助调查

"有专门知识的人"参与刑事诉讼的制度已经确立，这是刑事诉讼法加强鉴定意见法庭调查的重要途径。今后法庭在对争议性鉴定意见进行调查时，应发挥该制度的作用。《刑事诉讼法》第197条第2款目前只规定了"有专门知识的人"出庭就"鉴定意见提出意见"，虽然明确了"有专门知识的人"出庭的基本作用，然而所谓的"提出意见"是一种什么性质的诉讼行为？如果没有鉴定意见，"有专门知识的人"是否可以出庭？对非鉴定人出具的专门报告，"有专门知识的人"是否可以发表意见？"有专门知识的人"又是否只能围绕鉴定意见的内容发表意见？这些问题都限制了"有专门知识的人"协

---

〔1〕类似地，也有研究建议："鉴定人因正当事由不能出庭的，经人民法院准许，可以不出庭，由当事人或有专门知识的人对其书面鉴定意见进行质证，鉴定人可以出面答复当事人或有专门知识的人的质询。人民法院应当及时将书面答复送交当事人，并听取当事人的意见。必要时，可以再次组织质证。"沈德咏主编：《人民法院诉讼证据规定适用指南》，中国政法大学出版社2020年版，第168页。

助法庭调查鉴定意见的力度。为此，需要扩大"有专门知识的人"出庭就鉴定意见发表意见的适用范围，明确"有专门知识的人"参与法庭调查的诉讼规则。这方面的具体建议，可参见本书"对'有专门知识的人'的法庭调查"章节的相关内容。

第四节　专门性问题报告法庭调查的实践把握与制度完善

现实中涉案的鉴定事项纷繁多样，受我国鉴定体制机制所限，一些待鉴定的事项尚无对应的有资质的鉴定机构、鉴定人员。为此，2021年《刑事诉讼法司法解释》第100条规定："因无鉴定机构，或者根据法律、司法解释的规定，指派、聘请有专门知识的人就案件的专门性问题出具的报告，可以作为证据使用。对前款规定的报告的审查与认定，参照适用本节的有关规定。经人民法院通知，出具报告的人拒不出庭作证的，有关报告不得作为定案的根据。"

所谓"案件中的专门性问题需要鉴定，但没有法定鉴定机构"，是指《全国人民代表大会常务委员会关于司法鉴定管理问题的决定》第2条第1款第（四）项规定的："根据诉讼需要由国务院司法行政部门商最高人民法院、最高人民检察院确定的其他应当对鉴定人和鉴定机构实行登记管理的鉴定事项。"即除法医类鉴定、物证类鉴定、声像资料鉴定之外的鉴定事项，如文物价值鉴定、电子数据鉴定等。正如邹明理教授所指出："最高人民法院在其司法解释中所说的尚未纳入依法登记的鉴定机构和鉴定人，对上述涉案专门性问题经过鉴定，只能出具'检验报告'，不能出具'司法鉴定意见书'或者'司法鉴定检验报告书'，不能与前述法定鉴定主体（含鉴定人与鉴定机构）出具的'司法鉴定检验报告'相并列。于是在诉讼实践中就有两种'检验报告'。前者属'法定检验报告'，如尸体检验报告、枪弹射击残留物检验报告、毒物毒品检验报告等；后者因是非法定鉴定主体出具的'检验报告'，常称为'法外检验报告'，以示两者证据能力、证明力的差别。"[1]

在操作层面，根据《刑事诉讼法司法解释》第100条第1款的规定："因

---

[1]　邹明理："论非典型鉴定意见的法律效力——'鉴定咨询意见'、'鉴定检验报告'、'技术证据审核意见'的证据能力问题亟需依法统一认识"，载《证据科学》2013年第4期。

无鉴定机构，或者根据法律、司法解释的规定，指派、聘请有专门知识的人就案件的专门性问题出具的报告，可以作为证据使用。"新规定赋予了之前的"检查报告"以证据能力。但"可以作为证据使用"仅表明在新规定出台之后"有专门知识的人就案件的专门性问题出具的报告"具有在刑事诉讼中作为证据的能力，但其证据能力和证明力问题仍需进一步调查。具体而言，可以重点把握以下方面：

（1）检验人可以依控辩双方的申请出庭，或者依法院的通知出庭。

（2）经人民法院通知，报告制作人拒不出庭作证的，报告不得作为定罪量刑的参考。

（3）检验人不必要出庭或者因客观原因确实无法出庭的，公诉人应当庭宣读检验报告的内容；检验人也可以通过视频等方式出庭。

（4）检验人出庭的，法庭应当当庭核实其身份、与当事人以及本案的关系，审查检验人的专业资质，告知其有关的权利义务和法律责任；检验人应当向法庭保证如实陈述检验报告，并在保证书上签名。

（5）检验人出庭后，可以先向法庭陈述检验报告内容；先由申请方发问，再由对方发问，审判人员也可发问。

（6）检验人出庭的，可以不再朗读检验报告或说明检验报告的重点问题，直接进入询问。

（7）向检验人发问的内容应与本案有关；不得采用诱导方式。

（8）检验人不得旁听案件的审理。

（9）控辩双方可以申请法庭通知"有专门知识的人"出庭，协助本方就专门性问题报告进行质证。

第九章

对"有专门知识的人"的法庭调查

在 2012 年《刑事诉讼法》的修改中,立法者为提高法官审断涉案专门问题的准确性以及弥补控辩双方在质证专门问题时的智识之不足,专门增加了第 192 条第 2 款,即"公诉人、当事人和辩护人、诉讼代理人可以申请法庭通知有专门知识的人出庭,就鉴定人作出的鉴定意见提出意见"。[1] 由于"有专门知识的人"只是我国刑事诉讼法中的一种称谓,研究者们在将其与域外制度比较时遭遇了一些理解困境,对此争议不断。例如,我国"有专门知识的人"与其他国家"鉴定人""专家证人"的概念看似相似却相差甚大,那么其究竟属于什么性质的诉讼主体呢?曾有观点指出:"新《刑事诉讼法》第 192 条确立了专家辅助人制度,以改善对鉴定意见的质证",[2]"有专门知识的人"也就是一般所谓的"专家辅助人"。也有人指出:"'专家',突出了这类人的主体特点,即拥有专门知识;'辅助',强调这类人的本质功能,即服务于诉讼中专门问题的解决。当然,'专家辅助人'一词还能与英美法系的'专家证人'和大陆法系的'技术顾问'或'技术专家'相区别,进而凸显

---

[1] 在笔者的讨论中,"有专门知识的人"专指在审判阶段根据自己的专门知识对鉴定意见提出意见或者对涉案专门问题发表意见的人员。不过,在广义上,我国刑事诉讼法及司法解释共规定了四种"有专门知识的人":一是《刑事诉讼法》第 128 条,受侦查人员指派或者聘请而进行对与犯罪有关的场所、物品、人身、尸体进行勘验、检查的有专门知识的人;二是《刑事诉讼法》第 146 条,受侦查人员指派或者聘请,对案件中某些专门性问题进行鉴定的有专门知识的人,即"鉴定人";三是《刑事诉讼法》第 197 条以及《法庭调查规程》第 26 条,受控辩双方聘请协助本方就鉴定意见进行质证的有专门知识的人;四是《刑事诉讼法司法解释》第 100 条,对需要鉴定但没有法定司法鉴定机构的情况下,受侦查人员指派或者聘请进行检验的有专门知识的人。

[2] 胡铭:"鉴定人出庭与专家辅助人角色定位之实证研究",载《法学研究》2014 年第 4 期。

我国此类制度的相对独立性。"〔1〕以上观点一时得到了学界和实务部门的基本接受，多数人均从"专家辅助人"〔2〕的角度理解相关的法律规定。不过，也有观点认为原《刑事诉讼法》第 192 条其实就是广义的专家证人制度；〔3〕"有专门知识的人"包含了"鉴定人"和"专家辅助人"两类，而且既不同于大陆法系的鉴定人，也与英美法系的专家证人有所差异。〔4〕此外，"有专门知识的人"的诉讼地位不明确不仅引起了上述学理争议，还造成了诸多实践难题。如"有专门知识的人"出庭如何适用鉴定人的有关规定？"有专门知识的人"如何协助本方就鉴定意见发表意见？法官又该如何采信"有专门知识的人"所提的专业意见？等等。

究其原因，以上问题均与"有专门知识的人"的身份复合性有关，而且实践中"有专门知识的人"参与庭审、接受调查与被调查的复杂程度已经远超早前学界的讨论。现实情况表明，我们不能固守传统的身份"一元论"思想，因为无论将"有专门知识的人"作为专家辅助人还是作为专家证人都难以与实践匹配，当前不分情况地认为专家意见具有证据能力或者不具有证据能力都是片面的。

值得一提的是，鉴于刑事诉讼法之前没有说明"有专门知识的人"的诉讼地位，研究者们普遍建议通过修改刑事诉讼法，从而将"有专门知识的人"纳入诉讼参与人的范畴以彻底解决问题。〔5〕但是，从 2018 年 10 月 26 日第十

---

〔1〕　李学军、朱梦妮："专家辅助人制度研析"，载《法学家》2015 年第 1 期。

〔2〕　胡铭："鉴定人出庭与专家辅助人角色定位之实证研究"，载《法学研究》2014 年第 4 期；李学军、朱梦妮："专家辅助人制度研析"，载《法学家》2015 年第 1 期；左宁："我国刑事专家辅助人制度基本问题论略"，载《法学杂志》2012 年第 12 期；王戬："'专家'参与诉讼问题研究"，载《华东政法大学学报》2012 年第 5 期；郭华："刑事诉讼专家辅助人出庭的观点争议及其解决思路"，载《证据科学》2013 年第 4 期；杨涛："刑事诉讼中专家辅助人出庭制度的实践与完善——以'念斌案'和'复旦投毒案'为样本的分析"，载《法律适用》2015 年 10 期；樊崇义、李思远："以审判为中心诉讼制度下鉴定人出庭制度研究"，载《中国司法鉴定》2015 年第 4 期；宫雪："新刑事诉讼法专家辅助人制度的立法缺陷及其完善"，载《中南大学学报（社会科学版）》2014 年第 2 期。

〔3〕　芮强："我国刑事诉讼专家证人制度的构建与完善——基于新《刑事诉讼法》第 192 条"，载《中国人民公安大学学报（社会科学版）》2014 年第 5 期。

〔4〕　吴洪淇："刑事诉讼中的专家辅助人：制度变革与优化路径"，载《中国刑事法杂志》2018 年第 5 期。

〔5〕　刘广三、汪枫："论我国刑事诉讼专家辅助人制度的完善"，载《中国司法鉴定》2013 年第 2 期；陈心歌："论刑事诉讼中专家辅助人制度——以实践功效、理论争鸣与立法完善展开"，载《中国司法鉴定》2015 年第 2 期。

三届全国人民代表大会常务委员会第六次会议通过的《关于修改〈中华人民共和国刑事诉讼法〉的决定》来看，此次修法没有关注这一建议，新《刑事诉讼法》第 108 条保持了原来的规定："'诉讼参与人'是指当事人、法定代理人、诉讼代理人、辩护人、证人、鉴定人和翻译人员。"可以预见，之前在"有专门知识的人"身份问题上的争议将继续存在，而且"有专门知识的人"参与庭审作为加强对鉴定意见质证的重要途径，随着庭审实质化改革不断深入，势必会有更多的案件控辩双方拟申请"有专门知识的人"出庭，实践压力也将进一步加大。

因此，为全面揭示并解决问题，本章拟从一种身份"二元论"的立场审视"有专门知识的人"参与刑事庭审的若干争议问题，包括"有专门知识的人"的资质、诉讼地位、意见属性和法庭调查规则等，以期回应争议较大的理论问题，解决实践中"有专门知识的人"出庭的操作难题。

第一节 "有专门知识的人"的资质

关于有专门知识的人的资质问题，目前尚未形成共识，相关问题尚需再探讨。

一、出庭资格与专业资质

2018 年《刑事诉讼法》第 197 条第 2 款规定有专门知识的人"就鉴定人作出的鉴定意见提出意见"和第 197 条第 4 款"有专门知识的人出庭，适用鉴定人的有关规定"。那么，"有专门知识的人"是否应具备鉴定人资质？对此，大致有两种认识：一种是"严格资质要求"，主张"有专门知识的人"应当具备鉴定人资质，并且应对相关专家登记造册，由专门的管理部门负责管理。[1]持这种观点的人不在少数，虽然没有直接将"有专门知识的人"与鉴定人等同，但二者的来源范围大幅重合，同一名有鉴定资质的人在接受鉴定委托时是鉴定人，接受委托就鉴定意见提出意见时则是"有专门知识的

---

〔1〕 汪建成："司法鉴定模式与专家证人模式的融合——中国刑事司法鉴定制度改革的方向"，载《国家检察官学院学报》2011 年第 4 期；朱华、王绩伟："赋予'有专门知识的人'独立诉讼地位"，载《检察日报》2013 年 1 月 16 日。

人"。另一种是"最低资质要求",主张凡是具有相关理论知识或者实践经验的人都可成为"有专门知识的人";[1]对于有明确准入限制的行业,应以行业最低准入标准为底线,对于其他行业和领域,则可以具备正规教育或长期实践获得的知识、经验超过一般人为底线;[2]至于是否经过审核登记、有无相关执业证书,并非决定"有专门知识的人"意见能否被采纳、可否成为定案证据的条件。[3]

"最低资质要求"在专业资质方面没有再作形式要件的限制,仅从"专门知识"与"一般知识"的角度识别"有专门知识的人",任何人只要在具体问题上有常人所没有的知识便都可以成为"专家"。从加强庭审实质化的角度来讲,"最低资质限度"要求更符合立法初衷和实践需求,有助于区分"有专门知识的人"和鉴定人,而且可以最大限度地提高辩方对鉴定意见质证的效果。

不过,从专业水平方面识别"有专门知识的人"的内在逻辑还有待被进一步澄清。按照传统的观点,"有专门知识的人"是否具备相关的专门知识是法庭是否同意其出庭的主要根据。其中蕴含这样的逻辑:知识象征着发言权,专家之所以为"专家"是因为他享有专门知识,进而被允许在法庭上发表专业意见;又由于他是专家,所以言论的可靠性较大。

以上有一个认识误区,即将"有专门知识的人"的"专业资质"与"出庭资格"混同。某人对专门知识的熟悉程度(如可以表现为学历、职称、职业资格证、执业证书等)即"专业资质",并非其出庭能力的决定因素。真正决定"有专门知识的人"是否有必要参与庭审的因素,应是其"出庭资格"。就是说,如果法官不懂某些涉案的专门问题,某人只要能对这些专门问题提出专业意见,帮助法官更好地认定案件事实,那么他就可以以"有专门知识的人"的身份出庭。因此,出庭资格由意见本身的专业性和与案件事实的相关性决定,而非由专业职称等的高低决定。专业资质只是专门知识获取途径的一种证明,作为法庭采信"有专门知识的人"意见的重要指标,法官可以

---

〔1〕 孙谦主编:《〈人民检察院刑事诉讼规则(试行)〉理解与适用》,中国检察出版社2012年版,第307页。

〔2〕 江必新主编:《〈最高人民法院关于适用《中华人民共和国刑事诉讼法》的解释〉理解与适用》,中国法制出版社2013年版,第214页。

〔3〕 李学军、朱梦妮:"专家辅助人制度研析",载《法学家》2015年第1期。

从学历、职称、职业资格、执业资格或者学术成果等方面综合考量"有专门知识的人"的专业水平，进而判断是否相信其专业意见，相当于专业意见的证明力判断。

那么，"有专门知识的人"参与庭审的应然逻辑是：任何人只要能够根据自己的知识对涉案问题提出有利于裁判的专业意见，都能取得作为"有专门知识的人"的出庭资格，至于意见是否足够专业，是否能对鉴定意见产生合理怀疑，可由法庭裁量，裁量指标则是专业资质。对法庭而言，对"有专门知识的人"的法庭调查应分层次进行：其一，判断"出庭资格"，从专业意见的相关性上判断是否准许其出庭；其二，通过对"专业资质"的法庭调查来判断专业意见的可靠性并决定是否采纳。

二、专门知识的体系

我们可以通过三个指标判定"专门知识"：其一，在特定领域、特定问题上适用的知识；其二，为特定主体享有的知识；其三，具有稳定性，不容易被推翻的知识。因此，专门的知识是指为特定主体所享有的用于解释特定问题的概念、原理和方法等知识，内涵相对于常识。具体包括以下方面：

（1）理论。理论知识包括了自然科学知识和人文社会科学知识，拥有这类知识的人往往被称为学者或者研究员。自然科学知识在这里毋庸置疑，但专门知识的范围不限于自然科学知识。例如，在社会热议的"张扣扣案"中，很多人文社会科学知识被作为辩护理由。张扣扣的辩护律师引用弗洛伊德理论、心理学的创伤后应激障碍、复仇心理学等理论学说来表明该案是一个典型的复仇案件，具备民间法的某些正义元素，以此希望被告人能有生的希望。[1]另据报道，本案辩护律师曾在庭前会议中提出做精神鉴定但被法庭驳回。[2]

2019 年，"张扣扣案"的一审辩护词一度引起网络热议，有人称赞该辩护词的文采，也有人质疑这种辩护风格的效果。我们关心的是，假如该案的辩护律师没有从心理学的角度论述张扣扣可能患有的心理问题，而是聘请相

---

〔1〕 引自"张扣扣案一审辩护词"，载 http://news.ifeng.com/a/20190108/60229193_0.shtml，最后访问日期：2020 年 1 月 30 日。

〔2〕 引自"张扣扣申请做精神鉴定被法院驳回"，载 http://news.sina.com.cn/s/2019-01-08/doc-ihqhqcis4204796.shtml，最后访问日期：2020 年 1 月 30 日。

关专家出庭作证，如委托辩护词中提及的一些学者出庭对张扣扣作案时的心理状态发表专业意见，又将会怎样呢？换言之，心理学学者可否作为"有专门知识的人"出庭说明情况？笔者认为，虽然心理学知识没有自然科学知识的真理性和可检验性，[1]有时带有较强的经验性，但只要满足出庭资格，在专业问题上对法官的判断有利，心理学家亦能成为"有专门知识的人"。例如，美国的专家证人利用通过专业学习或特殊培训而获得的知识和经验提供证据，这些知识和经验允许他们以某种方法对事实认定感到不明白的数据进行合并或解释。[2]

（2）技能。华尔兹教授说："专业汽车修理工在他的工作范围内就是一个专家，经过培训富有实践经验的电视修理工也可以像有名的神经外科医生一样被称为专家。同样，砖瓦工、薄板金属工、测量工、木工和电工也应被称为专家的资格。"[3]这类人员不一定像学者那样有高学历、高职称，他们的技能有的是通过教育习得，也有的是跟随师傅言传身教习得，典型的例如中国民间的一些手工艺制作，或者熟练的技术工人，甚至连熟悉作物种植的农民在一定程度上也都属于"有专门知识的人"。

（3）经验。经验是基于长时间对事物现象变化所得的归纳性结论，包括一般经验和特殊经验。在诉讼领域，知道一般经验的人不是"有专门知识的人"，因掌握经验而成为"有专门知识的人"必须掌握特殊经验，而且该特殊经验有助于解决涉案专门问题。例如，从业多年的会计人员对会计账簿中的资金走向作出说明；文物专家对文物价值的说明；对笔记、脚印等一些痕迹的判断也主要基于从业人员的个人经验。

三、"有专门知识的人"不等于"专家"

基于前文分析，结论是：法庭在决定是否准许"有专门知识的人"出庭时有必要摒弃"专家"身份的思维惯性，避免被"专家"这个概念误导，非

---

〔1〕 自然科学知识也不一定具有永恒的真理性，如爱因斯坦的相对论推翻了人们曾以为真理的牛顿第二定律。科学理论只有在被不断地证伪中才能进步，是不断被证伪的知识。

〔2〕 ［美］罗纳德·J. 艾伦等：《证据法：文本、问题和案例》（第3版），张保生等译，高等教育出版社2006年版，第721页。

〔3〕 ［美］乔恩·R. 华尔兹：《刑事证据大全》（第2版），何家弘等译，中国人民公安大学出版社2004年版，第429页。

专家也可以成为"有专门知识的人"。况且，何为专家也难有定论。比如，一名长期从事一线维修但没有高学历的技术工人和熟悉机械原理的大学教师，谁为专家？如果将技术工人称为专家可能有违不少人对"专家"的印象，若认为大学教师是专家，但他在具体的维修问题上却又未必能比技术工人懂得多。可见，"专家"确实是一个十分模糊的概念，针对不同问题，以上例证中的两个人都有可能成为所谓的"有专门知识的人"。另一方面，放弃使用专家的概念，可以扩大参与诉讼的"有专门知识的人"的范围，特别是对辩方而言，有助于扩大对鉴定意见进行质证的渠道。需要注意的是，有论者提出通过设置"专家库"的方式来完成对"有专门知识的人"的资质审查和管理，[1]但建立"专家库"实则仍为"诉前审查"，尽管可以减轻法官在审查"有专门知识的人"出庭资质上的负担，但本质上还是以专业资质决定"有专门知识的人"的身份，而且也并不现实。

第二节 "有专门知识的人" 二元主体之识别

现行《刑事诉讼法》第108条没有赋予"有专门知识的人"参与诉讼的明确地位，这不仅导致了理论认识的分歧，也造成了诸多法律适用的难题。解决问题的关键在于妥善处理"有专门知识的人"的出庭的诉讼地位。在规范层面，"有专门知识的人"的出庭作用有三：一是就鉴定意见发表意见、协助本方就鉴定意见进行质证；[2]二是对案件中的专门问题提出意见；[3]三是协助公诉人做好开庭前的准备工作，或者协助公诉人在法庭审理中出示、播放、演示涉及专门性问题的证据材料。[4]前两者直接处理涉案的专门问题，后者只是帮助公诉人处理出庭事务性工作而与质证活动无关。将后一种"有专门知识的人"定位为"辅助人"无可厚非，问题是前两者的表述很具迷惑性，如何协调？

传统的办法是事先将其限定在一种身份内——通常认为是专家辅助人，

---

[1] 王跃：《刑事诉讼中的鉴定意见质证制度研究》，法律出版社2017年版，第243~244页。

[2] 《法庭调查规程》第26条第1款。

[3] 《法庭调查规程》第26条第1款。

[4] 最高人民检察院《关于指派、聘请有专门知识的人参与办案若干问题的规定（试行）》第9、11条。

进而认为专家辅助人的发言范围仅限于鉴定意见，一般不发表其他的独立意见，法官也不把专家辅助人的意见或者主张直接作为定案的根据。[1]但现实情况却没有这么简单。例如，有的案件虽有鉴定意见，但"有专门知识的人"还发表了独立的专业意见。还会遇到在无鉴定意见的案件中，有专门知识的人也发表了意见。这类案件法院虽然均以"专家辅助人"称之，但他们的实际身份已不再是专家辅助人。

例如，在"邓文某、邓卫某污染环境案"中，[2]被告人因违法从事煤焦油加工以及在煤焦油作坊生产时排放大量有毒气体而被指控犯污染环境罪。控方出具了《对煤焦油鉴定性质认定的函》和一份《检测报告》，均认定有危险废物和危险化学品。同时，控方还委托一名专家辅助人代某出庭证实："煤焦油中含苯、苯酚、哇啉、萘、吡啶、沥青等成分。这些成分大部分易挥发，且有刺激性气味，对人体有害。对煤焦油的生产加工应当遵循国家标准，且相关设备的安全可靠性必须得到国家相关部门的检验合格，特别是对设备密封性以及对生产残渣的无害化处理要求。"[3]在判决书中，法官虽然使用了"专家辅助人"和"专家证人"，但代某的发言属于独立的专家意见。

在笔者调研的S省C市某法院审理的一起刑事案件中，因在所卖的包子、馒头等小麦制品中添加"香甜泡打粉"（主要成分为硫酸铝铵），而国家规定不能在馒头生产中添加硫酸铝铵，被告人被指控犯有生产、销售不符合安全标准的食品罪。生活中，在馒头中添加"香甜泡打粉"是比较常见的现象，被告人称自己经营多年也没有发现问题，而且自家人也在吃自己卖的馒头。在该案中，馒头的有毒有害性不是靠鉴定确定的，而是靠一名大学食品系的专家出庭作证证明这样掺进去就是危害健康确定的。该证言对定罪起到了关键作用，是对犯罪构成要件的证明，被告人最终被认定有罪。庭审中，"有专门知识的人"独立出庭发表了意见。

由此可见，"一刀切"地将"有专门知识的人"定位为专家辅助人，且仅能就鉴定意见发表意见并不现实，又容易误导实务人员认为控辩双方只有在案件先有鉴定意见的前提下才有资格申请有专门知识的人出庭。特别是，

---

〔1〕 刘静坤："刑事证据制度改革的未决问题与建议"，载《证据科学》2018年第5期。
〔2〕 参见［2017］川14刑初1号刑事判决书。
〔3〕 参见［2017］川14刑初16号刑事判决书。

如此操作对辩方十分不利，因为如果控方没有出具鉴定意见或者辩方的鉴定申请被驳回，辩方就会失去对某些专门问题请求有专门知识的人协助质证的机会，"张扣扣案"就是例证。事实上，控辩双方对案件实体问题涉及的专业问题存在争议，需要有专业人员进行说明和解释的，都可以申请"有专门知识的人"出庭。"有专门知识的人"是否出庭与案件是否先有鉴定意见没有直接关系，有专门知识的人发表的意见也不应仅局限于鉴定意见涉及的问题，可以就鉴定意见本身的科学性和合理性发表意见。例如，提出鉴定意见科学或者不科学，也可以对鉴定事项提出自己的专业判断，还可以对涉案的其他专门问题提出意见。

因此，关于"有专门知识的人"的诉讼地位，应因其发表的意见是否涉及鉴定意见而异，涉及鉴定意见的，其身份为专家辅助人；不涉及鉴定意见的，则为专家证人。

一、作为专家辅助人

这是"有专门知识的人"诉讼地位的规范属性，旨在对控辩双方的法庭活动起到一定的协助作用。辩方聘请的专家辅助人主要以询问和陈述的方式协助质证，目的是对控方的鉴定意见提出质疑和反驳。控方聘请的专家辅助人有两种协助方式：①根据《最高人民检察院关于指派、聘请有专门知识的人参与办案若干问题的规定（试行）》第9条的规定，协助公诉人出示、播放、演示涉及专门问题的证据材料，这种专家辅助人不表达诉讼观点，只是提供技术帮助。②对鉴定意见进行补充或者解释说明，在鉴定意见受到被告人及其辩护人质疑时，请专家辅助人对鉴定意见的证据能力及证明力进行巩固和强化，增加法庭采纳鉴定意见的可能性，[1]旨在加强本方证据的证明力。这里还需纠正一个实践误区，即控方出示鉴定意见后，又申请"有专门知识的人"出庭，此时不宜称为专家出庭"质证"，以避免在逻辑上发生控方自己质证自己证据材料的矛盾。

关于专家辅助人作为举证和质证的协助者，这里还有需要明确以下几点：

（1）专家辅助人应当出庭。"有专门知识的人"出庭是《刑事诉讼法》第197条第2款提高对鉴定意见质证实质化的制度努力，专家辅助人应当以

---

〔1〕 左宁："我国刑事专家辅助人制度基本问题论略"，载《法学杂志》2012年第12期。

言词的方式向法庭发表专业意见，接受控辩双方的询问。实践中的一些做法，如在鉴定人不出庭只提交书面鉴定意见的情况下，专家辅助人也只提交书面意见而不出庭，或者专家辅助人虽然出庭但只是以递纸条、私下交流等方式提示辩护人，再由辩护人询问鉴定人的类似做法并不可取。换言之，"有专门知识的人"以专家辅助人的身份就鉴定意见提出意见，但只是提交书面意见而不出庭的，该书面意见不得被采用。

（2）专家辅助人发表的专业意见应与鉴定意见有关。从规范效力上讲，以专家辅助人身份出庭的"有专门知识的人"，其发言范围不宜突破《刑事诉讼法》第 197 条第 2 款的规定。作为专家辅助人，不对涉案的其他专门问题发表意见，限于对鉴定意见方法和内容提出专业意见。

（3）专家辅助人发表的不是独立的意见。在刑事诉讼中，质证作为一种诉讼行为，其权利主体为控辩双方，包括公诉人、被害人及其法定代理人、近亲属以及被告人及其辩护人。专家辅助人是协助控辩一方举证和质证的专业人员，并非独立行使质证权的主体。按照《法庭调查规程》第 26 条的规定，控方在鉴定意见举证之后，辩方有两种选择：其一，辩护律师首先对鉴定意见质证一部分，留一部分涉及的专业知识请专家辅助人参与质证；其二，辩护律师直接申请专家辅助人出庭参与质证，全程由专家辅助人向鉴定人发问。在询问中，专家辅助人可能会对鉴定人提出一些反驳或质疑，一些法官在主持庭审时也用到了"专家辅助人质证""专家辅助人发表质证意见"等用语，但在本质上，我们不宜就此将专家辅助人的反驳或质疑理解为其在行使质证权。在性质上，专家辅助人是辩方质证鉴定意见的一种证据方法，"辅助"表明专家辅助人代替辩护律师说了本该由律师发表但因律师没有专业知识而无法准确说出的专业意见。因此，在此种情况下，专家辅助人意见应当归属于辩护律师的质证意见。

二、作为专家证人

控辩双方对案件实体问题涉及的专业问题存在争议，需要有专业人员进行说明和解释时，就可以申请"有专门知识的人"出庭。"有专门知识的人"参与庭审时，本案有鉴定意见且对鉴定意见发表意见的，作为专家辅助人出庭；没有鉴定意见或者发言内容与鉴定意见无关、独立发表意见的，则以专家证人的身份出庭。

专家证人属于一种特殊的证人，享有诉讼主体的资格和一定的作证特权。例如，《美国联邦证据规则》第 702 条规定：人们可以基于知识、技能、经验、培训以及教育而获得作为专家的资格。[1]在庭上，专家可以生成证据性事实本身，也可以教导陪审团得出有关证据性事实的推论所需要的专业或科学信息，还可以向事实认定者提供其也许会服从的推论和结论。[2]虽然我国刑事诉讼法及司法解释还没有明确专家证人的主体身份，但实践已经走在了制度的前面。审判实务中部分"有专门知识的人"已被作为专家证人由控方申请出庭。一种是案件虽有鉴定意见，但"有专门知识的人"出庭并非就鉴定意见发表意见。例如，在前文所提的"毒馒头案"中，大学教授出庭对在小麦制品中添加硫酸铝铵是否对人体有害发表专业意见，而且这名专家的意见对法官最终认定案件事实起到了关键作用。另一种是，法院依职权委托"有专门知识的人"。根据《法庭调查规程》第 13 条第 4 款的规定，法院可以依职权通知"有专门知识的人"出庭，目的是向法庭及控辩双方陈述、解释一个专业问题，没有质证的作用。例如，在"詹某某等扰乱无线电通讯管理秩序案"的二审中，为进一步查明事实，二审法院通知中国移动温州分公司网络部工程师林某作为"有专门知识的人"出庭作证。林某当庭作证证实两份"说明"中受伪基站影响的中国移动用户数据均来源于中国移动伪基站网络监测系统，并对相关数据的提取情况、统计方法作了说明和解释，还证实利用伪基站发送短信数与用户通信被中断的数据系不同的概念，其数据不具有对应性，应以中国移动伪基站网络监测系统采集的数据为准。[3]

综上所述，我国"有专门知识的人"在概念上实则为专家辅助人和专家证人的统称。在制度运行过程中，以鉴定意见为对象，"有专门知识的人"针对与鉴定意见有关的问题提出意见的，为专家辅助人；对于案件没有鉴定意见或者虽有鉴定意见，但是其发表意见并非针对该鉴定意见的，应以专家证人的身份出庭。还有一种复杂情况，即案件有鉴定意见，有专门知识的人出庭先对鉴定意见提出意见，为专家辅助人；又对鉴定意见之外的其他专门问

---

〔1〕 ［美］罗纳德·J. 艾伦等：《证据法：文本、问题和案例》（第 3 版），张保生等译，高等教育出版社 2006 年版，第 724~725 页。

〔2〕 ［美］罗纳德·J. 艾伦等：《证据法：文本、问题和案例》（第 3 版），张保生等译，高等教育出版社 2006 年版，第 721 页。

〔3〕 参见［2016］浙 03 刑终 1312 号刑事裁定书。

题或新的专业问题发表独立意见，又为专家证人。对于这种竞合的情况，我们可以采取一种宽松的模式予以处理，承认"有专门知识的人"的双重身份属性，不以专家辅助人制度限制其专家证人功能，也不以专家证人制度限制其专家辅助人功能。例如，在权利方面，"有专门知识的人"可同时享有两种身份下各自的权利。在义务方面，则根据其诉讼行为关系的具体身份履行义务。

第三节 "有专门知识的人"意见的不同属性

"有专门知识的人"的意见具有什么样的应然属性？这一问题直接关乎其参与刑事庭审的实际效果，目前学界主要有"证据说"和"非证据说"两种观点。"证据说"主张确立专家意见的证据能力，例如，可以通过修改《刑事诉讼法》第50条第2款，将"专家意见"增设为新的法定证据，因为专家意见本身就是用于证明案件事实的材料，这与《刑事诉讼法》第50条第1款是一致的。再者，赋予专家意见以证据能力，更有利于发挥质证的实际效果。[1]相反，"非证据说"鉴于"有专门知识的人"仅限于对鉴定意见提出意见，认为该意见只能作为辅助证据，[2]用于加强或者弹劾实质证据，只作为法院认定鉴定意见时的参考。还有观点直接认为："'有专门知识的人'对鉴定意见提出的意见不属于证据。"[3]实务人员却常将"有专门知识的人"的意见作为证据使用。[4]据调查显示：有33%的法律工作者将专家辅助人意见作为鉴定意见，还有27.9%的法律工作者将其作为证人证言。[5]也就是说，有过半数（60.9%）的法律人将专家辅助人意见认作证据。在一些案件中，如前

---

〔1〕 刘广三、汪枫："论我国刑事诉讼专家辅助人制度的完善"，载《中国司法鉴定》2013年第2期；胡铭："鉴定人出庭与专家辅助人角色定位之实证研究"，载《法学研究》2014年第4期。

〔2〕 孙长永："论刑事证据法规范体系及其合理构建——评刑事诉讼法修正案关于证据制度的修改"，载《政法论坛》2012年第5期；吴洪淇："刑事诉讼中的专家辅助人：制度变革与优化路径"，载《中国刑事法杂志》2018年第5期；郭华："刑事诉讼专家辅助人出庭的观点争议及其解决思路"，载《证据科学》2013年第4期。

〔3〕 陈邦达："论'有专门知识的人'参与刑事诉讼——兼论《刑事诉讼法》第192条"，载《大连理工大学学报（社会科学版）》2014年第3期。

〔4〕 韩仁洁："我国刑事诉讼中专家辅助人制度的实证分析及完善设计"，载《山东审判》2017年第4期。

〔5〕 潘广俊、陈喆、胡铭："专家辅助人制度的现状、困境与改善建议——以浙江省为例的实证分析，"载《证据科学》2014年第6期。

文所说的"有专门知识的人"作为专家证人出庭的案件中，"有专门知识的人"之意见的作用很明显不仅仅是"参考"，实际效用与定案根据相差无几。

笔者赞同"证据说"的基本观点，即"有专门知识的人"的意见原则上可以作为诉讼证据，但在操作上应有区分。现行《刑事诉讼法》第50条第2款规定证据包括物证、书证、证人证言、被害人陈述、犯罪嫌疑人、被告人供述和辩解、鉴定意见、勘验、检查、辨认、侦查实验等笔录、视听资料、电子数据。曾经有不少研究者讨论过专家意见与证人证言、鉴定意见的关系，笔者在此不再赘述。不过，传统的那种认为专家意见或者是证人证言（专家证言）或者是鉴定意见，抑或就是专家意见，这种非此即彼的界定其实已不合时宜。一来我国不具备精确区分专家辅助人和专家证人的制度资源和现实条件；二来"有专门知识的人"既是专家辅助人又是专家证人，这是我国的司法现实。相比之下，根据其诉讼地位和功能评断"有专门知识的人"的意见属性，更具现实性。具体如下：

（1）专家辅助人不出庭的书面意见不具有效力。"有专门知识的人"能否不出庭而只向法庭提出书面的专家意见？目前相关规定尚不明确，如果根据《刑事诉讼法》第197条第4款和第195条的规定，"有专门知识的人"出庭，适用鉴定人的有关规定，对未到庭鉴定人的鉴定意见应当当庭宣读，那么似乎可以推出"有专门知识的人"未到庭的，也应当庭宣读其专家意见。但这样会与第197条第2款规定的通知"有专门知识的人""出庭"就鉴定意见提出意见发生矛盾。

鉴于我国对"有专门知识的人"参与庭审的管理没有完全适用对鉴定人的体制和要求，专家在对某一专门问题提出意见时不必像鉴定人那样出具严格的书面意见书。实践中的专家意见书一般也没有严格的规范要求，不少专家意见书也就是专家的一纸文书。我们不能排除书面意见存在于审判实践的现实可能性。根据笔者的调研，也确实有部分法官允许控辩一方提交书面的专家意见。这种做法在2012年《刑事诉讼法》确立"有专门知识的人"制度之初，相关理论研究不深且实践经验欠缺的情况下尚可接受，但随着刑事庭审实质化改革的不断深入，直接言词原则在审理中不断被强调，我们迫切需要重构书面意见的证据能力。因此，基于前文对"有专门知识的人"所作的"专家辅助人"和"专家证人"的区分，有证据能力的书面意见限于"有专门知识的人"实以专家证人身份参加审判的案件。否则，不应将专家提供的书面意见作为诉讼证据使用，包括在法庭上宣读。

（2）专家辅助人的庭审意见从属于委托方。虽然专家辅助人有一定的独立地位，但该独立性只体现在两个方面：在方式上，因为专家辅助人在涉案专门问题上有专门的知识，所以发表意见不再受其他人员的干涉。在形式上，专家辅助人发表的是一份独立的意见，如单独的专家意见书，或者在法庭调查中专门享有一定的时间发表意见。上述独立性仅为外观独立，意见的本质属性并非独立，也很难做到独立，无论是控方聘请的专家辅助人还是辩方聘请的专家辅助人，其意见均属于控辩双方的举证或者质证意见。所以对法院而言，专家辅助人的意见仅具有定罪量刑的"参考"效力。

（3）不出庭的专家证人可以提供书面意见。专家证人享有独立的诉讼地位，专家意见具有证据能力，属于实质证据，不从属于控辩一方的观点。专家证言具有证据能力已是英美法系国家普遍的做法。在出庭问题上，实行专家证人制度的英美法系国家并没有要求专家证人必须出庭，我国刑事诉讼中证人不出庭更是常见。此外，由于我国不区分控方证人和辩方证人，专家证人不仅要"技术中立"而且还要"立场中立"，要就案件的专门问题发表客观陈述，作为被调查的对象。对专家证人出庭的必要性审查可以适用《刑事诉讼法》第 192 条第 1 款的规定，法院认为其应当出庭但专家证人拒绝出庭的，其专家意见不得被作为定案根据。与普通证人不同的是，专家证人不是案件事实的亲历者，不具有人身不可替代性，对不出庭的专家证人不适用强制到庭制度。

（4）专家证人的庭审意见具有优先效力。专家意见通常形成于庭前，形成的书面专家意见或以比较正式的形式提出，或者制作成简单的意见书。在一般情况下，专家的庭审意见与庭前的书面证言一致，不过有的时候专家出庭受到对方质疑后可能会表达一些前后矛盾的证言或者动摇了之前的立场。由于专家证人证明的是涉案专门问题，不存在与其他证据印证的问题，即便专家证人当庭的证言与庭前证言矛盾，法官也很难当庭查证该专家意见的可靠性。在直接言词原则下，对于这种情况，应当排除庭前的书面意见，以庭审意见为准。

第四节 "有专门知识的人"的庭审调查规则

如何设置针对"有专门知识的人"的庭审调查规则，一直都是理论和实践研究的薄弱环节，从身份"一元论"角度进行的制度完善难免顾此失彼。考虑到"有专门知识的人"的双重属性，我国需要建构兼顾专家辅助人身份和专家证人身份的庭审调查规则。

一、"有专门知识的人"庭审调查的整体思路

实践中，"有专门知识的人"参与法庭调查呈现两种基本模式：一种是"有专门知识的人"与鉴定人轮流出庭，分别接受调查；另一种是"有专门知识的人"与鉴定人同庭对质。

1. "有专门知识的人"与鉴定人轮流出庭接受调查的规则。以辩方申请为例，基本流程如下：

（1）在庭前会议决定鉴定人、"有专门知识的人"是否出庭及出庭名单；

（2）法庭调查阶段辩方申请鉴定人出庭；

（3）当庭核实鉴定人的身份、审查资质；

（4）鉴定人向法庭说明鉴定意见；

（5）辩方发问；

（6）控方发问；

（7）发问完毕，鉴定人退庭；

（8）辩方申请"有专门知识的人"出庭；

（9）当庭核实有专门知识的人的身份、审查资质；

（10）"有专门知识的人"就鉴定意见提出意见、发表看法；

（11）辩方发问；

（12）控方发问；

（13）法官也可发问；

（14）发问完毕，"有专门知识的人"退庭；

（15）鉴定人再次出庭，就"有专门知识的人"所提的意见作出合理解释；

（16）解释完毕，鉴定人退庭；

（17）控辩双方发表质证意见。

这种模式的特点是，对"有专门知识的人"与鉴定人作分庭调查。尽管"有专门知识的人"出庭的目的是协助辩方质疑鉴定意见，或者协助控方增强鉴定意见的证明力，但是"有专门知识的人"与鉴定人两者在庭上却是一种间接对质，两人没有面对面接触，实际对鉴定人进行质证的人员仍然是辩护律师。

例如，在笔者调研的一起故意伤害案中，控辩双方就被害人的伤情发生争议。法庭调查环节中公诉人出示了鉴定意见（轻伤二级）。辩护人先行质证，主张鉴定不符合专业规范、结论不合理，应予排除。后辩护人向法院申请一名专家辅助人出庭质证。专家辅助人到庭后就该案鉴定意见发表了概括的意见和理由，指出鉴定检见的瘢痕部位与原始损伤创口部位不能一一对应，鉴定测量工具未经测量值溯源计量检定或为按规范要求的标准方法进行测量，规范要求的标准方法鉴定瘢痕长度要小于鉴定意见的长度，应为轻微伤。之后，由辩护人询问专家辅助人，询问完毕后，再由公诉人询问，公诉人就专业水平以及论证依据提出了质疑。然后，审判长针对专家辅助人的工作单位问题做了提问，并询问被告人是否对专家发问。而后，审判长通知专家辅助人退庭。后根据公诉机关申请，鉴定人出庭，在公诉机关提问指引下就专家辅助人的意见进行了反驳，提出专家辅助人不具备司法鉴定资质，也没有在司法鉴定中心任职，不具备做伤情鉴定的资格。而且指出，做伤情鉴定，应当对活体进行检查再作出鉴定，不能仅靠图片和图片上的比例尺，认定瘢痕长度。公诉人问毕，审判长提示辩护人对鉴定人发问，辩护人于是就鉴定程序、鉴定方法两方面的问题对鉴定意见提出质疑。辩护人询问完毕，再经被告人发问后，鉴定人退庭。

2. "有专门知识的人"与鉴定人同庭接受调查的规则。仍以辩方申请为例，基本流程如下：

（1）庭前会议决定鉴定人、"有专门知识的人"是否出庭及出庭名单；

（2）法庭调查阶段辩方申请鉴定人、"有专门知识的人"出庭；

（3）当庭核实鉴定人、"有专门知识的人"的身份、审查资质；

（4）鉴定人向法庭说明鉴定意见；

（5）"有专门知识的人"就鉴定意见提出意见、发表看法；

（6）辩方向鉴定人或者"有专门知识的人"发问；

（7）控方向鉴定人或者"有专门知识的人"发问；

（8）"有专门知识的人"就专门性问题向鉴定人发问；

（9）鉴定人对辩方的异议作出解释；

（10）有的时候，鉴定人也向有专门知识的人发问；

（11）必要的时候，法官向鉴定人、有专门知识的人发问；

（12）发问完毕，鉴定人、"有专门知识的人"退庭；

（13）控辩双方发表质证意见。

与之前不同，鉴定人与"有专门知识的人"同时出庭流程的特点在于，"有专门知识的人"会旁听到控辩双方对鉴定人的发问，进而会更加全面地了解鉴定意见，加强了庭审中鉴定人与"有专门知识的人"的对抗性。此外，这种模式中"有专门知识的人"的诉讼地位似乎更加明确。即因为"有专门知识的人"与鉴定人同时出庭，意味着这不同于"证人不得旁听对案件的审理"，此时其作为有独立地位的诉讼参与人。

例如，根据胡铭教授的考察，在浙江省的一起伤害案件中，鉴定人和专家辅助人出庭的主要流程如下：①核实鉴定人、专家辅助人的身份；②询问鉴定人；③专家辅助人发表意见；④询问专家辅助人；⑤鉴定人询问专家辅助人并做补充说明；⑥法官询问鉴定人、专家辅助人；⑦鉴定人、专家辅助人最后陈述与修正意见；⑧双方再次就鉴定人和专家辅助人的陈述发表意见。〔1〕

在另一起"刘某故意伤害案"中，检察机关指控刘某饮酒后在太原市万柏林区环卫队应急科办公室持菜刀将同事被害人侯某后颈部和右膝盖处砍伤。经鉴定，被害人侯某的损伤为轻伤二级。检察机关提出了该案的书证、证人证言、被害人陈述、被告人供述和辩解、鉴定意见、辨认笔录等证据。辩护人对鉴定意见提出异议。庭审中，鉴定人出庭接受了专家辅助人的询问，并作出了合理解释。〔2〕

二、回避规则

针对"有专门知识的人"出庭是否应当适用回避制度，有的观点认为，"有专门知识的人"应适用鉴定人回避的规定。〔3〕也有的观点认为既然我国

---

〔1〕 胡铭："鉴定人出庭与专家辅助人角色定位之实证研究"，载《法学研究》2014年第4期。

〔2〕 参见［2018］晋0109刑初11号刑事判决书。

〔3〕 孙长永："论刑事证据法规范体系及其合理构建——评刑事诉讼法修正案关于证据制度的修改"，载《政法论坛》2012年第5期。

刑事诉讼法上"有专门知识的人"不是法庭的助手，也就不应与鉴定人一样而适用回避制度。[1]笔者认为，我国"有专门知识的人"兼具大陆法系之鉴定人、技术顾问和英美法系之专家证人的特征，回避的情形也应区别对待。

（1）控方专家辅助人与辩方专家辅助人在回避问题上应有所区别。控方专家与检察机关之间存在着基于公权力的委托关系，专家辅助人应与检察官一样负有客观义务，适用回避制度。辩方专家与辩方之间则完全是私权主体之间的委托关系，强调辩方专家的绝对中立性并不现实，可以不要求其回避。

（2）专家证人可以不必回避。专家证人没有像专家辅助人那样的"党派性"，也与鉴定人具有的公权属性不同，专家证人只是作为普通证人的例外，出庭问题应与证人规则保持一致，不适用回避制度。但是，为保证专家意见的中立性，也应当要求专家签署《客观提供意见保证书》，以增强其内心自律。

还需要注意的是，在有的案件中，专家证人与普通证人可能发生身份竞合，即同一名"有专门知识的人"在法庭上既对专门问题发表意见，又对一般问题发表意见。例如，在单位实施的生产销售有毒有害食品犯罪案件中，被告单位的专业技术人员就本单位的生产过程是否规范作证属于普通证人证言，而就本单位使用的添加剂是否为有毒有害物质的证言又带有专家证言的色彩。对这类证人与待征对象有身份从属关系的案件，有必要确立"普通证人身份优先"的规则。

（3）在专家证人与专家辅助人发生竞合的情况下，不应回避。在身份竞合的情况下，应当体现一种"证人优先"原则，无论是控方申请的还是辩方申请的"有专门知识的人"，均不宜回避。

三、作证规则

"有专门知识的人"出庭的核心功能是就涉案专门问题向法庭作证，因此如何作证便成了程序设计的关键环节。主要有三个凸出问题有待解决：

（1）"有专门知识的人"出庭是否需要首先宣读专家意见书？理论上，"有专门知识的人"作为一种人证的证据方法，应当庭以言词的形式向法庭称

---

[1]　范思力："刑事审判中专家辅助人出庭若干问题研究——以修改后的《刑事诉讼法》相关规定为切入点"，载《西南政法大学学报》2012年第5期。

述意见。但在现实中，"有专门知识的人"往往会在庭前形成一份专家意见书，该意见书记载了详细的证明内容。按照我国的审判传统，"有专门知识的人"首先是向法庭陈述专家意见的内容，进而作证就演变成了专家到庭后向法庭宣读书面专家意见的过程。这既不利于法庭直接掌握专家意见的主要内容，又降低了庭审效率。所以，笔者建议：在"有专门知识的人"庭前已经提出专家意见书且经庭前会议展示的情况下，在庭审过程中可以不再宣读专家意见书，而直接发表意见。[1]

（2）"有专门知识的人"的庭上意见与书面专家意见不一致时如何处理？这在"有专门知识的人"以专家证人身份出庭的案件中比较常见。对此，原则上以庭审意见为准。如果其能作出合理解释，说明庭前意见更加科学，可以采信其庭前书面专家意见。

（3）一方同时聘请的两名专家如何出庭？在此问题上，刑事诉讼法及司法解释并未涉及。《法庭调查规程》第26条第2款仅规定："申请有专门知识的人出庭，应当提供人员名单，并不得超过二人。有多种类鉴定意见的，可以相应增加人数。"

笔者认为，多名"有专门知识的人"出庭，首先，应当明确不同"有专门知识的人"的具体身份，是专家辅助人还是专家证人。其次，在身份同一的情况下，根据实际情况，两人可以同时出庭，也可以分别出庭；在身份不同一的情况下，两人应当分别出庭，可以先由专家辅助人出庭就鉴定意见发表意见；之后专家证人出庭，对涉案专门问题发表意见。最后，关于多名"有专门知识的人"意见有矛盾的处理。有以下解决办法：第一种是，法官宣布休庭，告知控辩一方组织己方专家进行协商，统一意见后再复庭继续审理。第二种是，专家之间无法达成统一意见的，则允许其发表各自意见，法庭分别记录，经综合考虑后作为定罪量刑的参考。第三种是，"有专门知识的人"同属专家辅助人，由于专家辅助人的诉讼功能在于协助质证，专家辅助人之

---

[1] 可以参考《庭前会议规程》第19条第1、2款："庭前会议中，对于控辩双方决定在庭审中出示的证据，人民法院可以组织展示有关证据，听取控辩双方对在案证据的意见，梳理存在争议的证据。对于控辩双方在庭前会议中没有争议的证据材料，庭审时举证、质证可以简化。"《法庭调查规程》第25条："证人出庭作证的，其庭前证言一般不再出示、宣读，但下列情形除外：（一）证人出庭作证时遗忘或者遗漏庭前证言的关键内容，需要向证人作出必要提示的；（二）证人的当庭证言与庭前证言存在矛盾，需要证人作出合理解释的。为核实证据来源、证据真实性等问题，或者帮助证人回忆，经审判长准许，控辩双方可以在询问证人时向其出示物证、书证等证据。"

间意见不一致时则不能起到协助质证的效果，反而会使庭审陷入专门性问题的泥沼。对此，法庭可以要求控辩一方组织己方专家统一意见，难以统一的，则宣布休庭并要求重新提出专家名单。

（4）控辩双方是否可以共同申请法庭通知同一名"有专门知识的人"出庭作证？从最高人民法院官方的学理解释来看，这种情况有利于控辩双方对讼争专业问题和相关鉴定意见达成一致认识，[1]法庭可以准许。

四、发问规则

按照诉讼地位的不同，专家辅助人出庭的时机宜在法庭对鉴定意见调查的阶段。以辩方申请的专家辅助人出庭为例，具体的调查顺序可作如下设计：专家辅助人与鉴定人同时出庭——先由鉴定人向法庭宣读鉴定意见并对该意见进行说明，接受控辩双方的询问——专家辅助人代表辩方就专门问题向鉴定人发问——鉴定人对专家辅助人的提问作出解释或说明——鉴定人、专家辅助人分别作总结陈述——辩护律师结合专家辅助人的意见发表最终质证意见。以上，同理于控方聘请的专家辅助人。在通常情况下，辩方的专家辅助人是协助质证者，而不是被调查的对象，故原则上可以拒绝回答对方的发问。

专家证人出庭则是经由控辩双方申请法庭通知出庭，具体的法庭调查顺序可以是：专家证人先向法庭陈述专业意见——举证方先发问——对方发问——发问完毕后，专家证人可以作最后陈述，控辩双方发表质证意见或答辩意见。向专家证人发问时，应限于该专家的专业知识水平和相关资质，以及专家证言涉及的专业性问题，不得就案件其他事实或法律定性进行发问。如果控辩双方均聘请有专家证人，法官认为有必要的，可以准许专家证人相互发问。专家证人出庭不依赖于鉴定意见的存在，所以专家本身的专业资质问题是法庭调查的一项重要内容，用于专家证言的弹劾。另外，由于专家证人作证不适用意见证据规则，因此在交叉询问中可以进行适当的诱导性发问。

五、退庭规则

这是指在比较严格区分法庭调查环节和法庭辩论环节的刑事庭审中，举

---

〔1〕 江必新主编：《〈最高人民法院关于适用《中华人民共和国刑事诉讼法》的解释〉理解与适用》，中国法制出版社 2013 年版，第 217 页。

证、质证结束后将进入法庭辩论环节。虽然《刑事诉讼法司法解释》第265条规定："证人、鉴定人、有专门知识的人、调查人员、侦查人员或者其他人员不得旁听对本案的审理。有关人员作证或者发表意见后，审判长应当告知其退庭。"证人不得旁听审理作为基本原则，无可厚非。但由此规定"有专门知识的人"一律不得旁听审理则略显狭隘。所谓的旁听，实际上有两种情形：一种是在庭下的旁听席上旁听，另一种是在庭上相应的诉讼参与人席位上旁听。"有专门知识的人"在旁听席听审是不合适的，无论其是作为专家辅助人还是作为专家证人。后者，严格地讲并不是旁听而是参与庭审。尤其是对作为协助一方质证的专家辅助人而言，庭审过程中，辩护律师在面临专业问题时可能需要随时求助于专家，如果专家只是在法庭调查阶段发表完意见后便退庭，将不能很好地协助辩护人完成庭上辩护。实践中，"有专门知识的人"与辩护律师坐在一起也方便交流，能够根据庭审中的情况变化适时沟通并调整询问策略及询问内容。[1]因此，笔者建议："有专门知识的人"出庭发表意见后，如果聘请方能够说明专家有继续留在庭上协助质证的必要性，且经法官同意，专家便可以暂不退庭。况且，据笔者调研，作为专家辅助人的"有专门知识的人"，其协助质证是就鉴定意见发表意见，控辩双方质证的根本对象也还是鉴定意见，专家发表意见后可以与辩护律师一起就鉴定意见发表质证意见，即使其还留在庭上也并不影响公诉人继续对鉴定意见发表意见。

六、法庭席位设置

我国传统的刑事审判法庭没有为"有专门知识的人"设置专门的法庭席位，这确实给"有专门知识的人"发表意见带来了一定障碍。目前，对于究竟如何设置其法庭席位，实践中还没有统一的做法，一些法院将"有专门知识的人"安排在证人席上，而有的法院则设有专门的席位且与当事人及诉讼代理人坐在一起，[2]还有个别地方被安排与辩护人坐在一起。[3]归结起来，现有的做法主要有两种：一种是参照证人对待，这种模式下法庭构造保持现状不变；另一种是安排专门的"有专门知识的人"席位，其与聘请一方并坐，

---

[1] 王跃：《刑事诉讼中的鉴定意见质证制度研究》，法律出版社2017年版，第213页。

[2] 胡铭："鉴定人出庭与专家辅助人角色定位之实证研究"，载《法学研究》2014年第4期。

[3] 陈维娜："刑事诉讼中专家辅助人角色定位探析"，载《理论观察》2018年第6期。

能较好地解决专家辅助人与专家证人竞合的问题。

第一种做法顾及"有专门知识的人"作为专家证人出庭时的席位安排，第二种做法更适用于"有专门知识的人"作为专家辅助人出庭的案件。事实上，既然"有专门知识的人"具有专家辅助人和专家证人这样的二元身份，我们也就没有必要设置固定不变的庭审席位了，而是应当在具体案件中灵活对待。例如，如果作为专家辅助人出庭，可以让其与控辩一方并坐，也可以单设座席，列于其委托方一侧，以便体现对本方的协助。如果专家辅助人与鉴定人同时出庭对质，控方聘请的专家辅助人列于鉴定人一侧，显示对鉴定意见的解释说明和补强作用；而辩方聘请的专家辅助人可列于鉴定人的对侧，以达到与鉴定人"面对面"质证的效果。如果作为专家证人出庭，则可以直接将其列入证人席，方便其向法庭陈述专业意见以及接受控辩双方和法庭的询问。实际上，座牌的设置不必太过纠结，无论是专家辅助人还是专家证人，法庭均可以一律使用"有专门知识的人"这一我国刑事诉讼的法定术语作为其座牌身份的识别名称，笔者便是据此对四川省成都市某法院的庭审席位进行设置的。

"有专门知识的人"参与刑事庭审对解决涉案的专门问题有重要意义，但刑事诉讼法条文的模糊性，给理论与实践带来了不少困扰。尽管学界之前对此展开了不少讨论，却一直没有达成共识。不少研究者曾寄希望于在立法上明确"有专门知识的人"的诉讼地位以彻底解决该问题。然而很遗憾，2018年《刑事诉讼法》没有关照此问题。有鉴于此，笔者基于审判实践，以"有专门知识的人"具有专家辅助人和专家证人的二元身份为视角，对相关重要且有争议的问题作了探讨，结论总结如下：

（1）凡是能对涉案的专门问题提出专业意见的人都具备刑事诉讼法上"有专门知识的人"的出庭资格。具体取决于意见的专业性及其与案件事实的相关性，而与学历、职称等无直接关联。学历、职称等属于专业资质问题，决定着法官对"有专门知识的人"的意见采信与否及其采信的程度。实践中，我们还需要摒除一个刻板印象，即将"有专门知识的人"等同于所谓的"专家"。

（2）我国"有专门知识的人"参与刑事诉讼已经表现出二元主体的身份特征：兼具专家辅助人和专家证人的双重诉讼地位。"有专门知识的人"的意见涉及鉴定意见的，其为专家辅助人。不涉及鉴定意见而发表独立意见的，为专家证人。这是司法现实，我们应当承认。

（3）"有专门知识的人"的意见原则上可以作为诉讼证据使用，但在具体运用上应有所区别。其一，不出庭专家辅助人的书面意见没有证据能力；其二，专家辅助人出庭发表的意见从属于委托一方；其三，不出庭的专家证人可以提出书面意见；其四，专家证人的庭审意见具有优先效力。除此之外，控方聘请的专家辅助人对鉴定意见起到加强和解释说明的作用，其发表的意见不是质证意见；辩方聘请专家辅助人协助质证，虽然可以直接与鉴定人对质或者询问鉴定人，但最后的质证意见仍应由律师发表。

（4）由于"有专门知识的人"具有双重身份，相应的庭审调查规则也应有所侧重。其一，以专家辅助人身份出庭的，控方聘请的专家辅助人适用鉴定人的回避制度，辩方聘请的专家辅助人不必回避。以专家证人身份出庭的，可以不必回避，但应签署《客观提供意见保证书》。其二，专家辅助人出庭协助控辩双方质证，可以向鉴定人发问，但原则上不接受询问，并且最终质证意见由检察官和被告方发表。作为专家证人出庭的，就专业问题接受交叉询问的，询问中可以不受禁止诱导性询问的限制。其三，在"有专门知识的人"庭前已经提出专家意见书且经庭前会议展示的情况下，庭审中可以不再宣读专家意见书，径直发表意见。如果当庭专家意见与庭前书面专家意见不一致，原则上以庭审意见为准；如果能够作出合理解释并有证据证明庭前意见更加科学的，可以采信其庭前书面专家意见。如果一方同时聘有两名"有专门知识的人"，可以根据专家的具体身份来具体对待。其四，"有专门知识的人"出庭发表意见后，如果提出方能够说明专家继续留在庭上协助质证的必要性，且经法官同意，专家可以暂不退庭。其五，"有专门知识的人"的法庭座牌可以统一使用"有专门知识的人"。如果作为专家辅助人出庭，可以与控辩一方并坐；也可以单设座席，列于其委托方一侧。如果专家辅助人与鉴定人同时出庭，控方聘请的专家辅助人列于鉴定人一侧，辩方聘请的专家辅助人则可列于鉴定人的对侧。如果作为专家证人出庭，可以直接将其列入证人席，除意见证据规则外，应适用证人出庭作证规则。

第十章

视听电子类证据调查

视听电子类证据是指能够证明案件真实情况的以录音、录像、电子计算机以及其他电磁方式记录存储的声音、影像和电子信息。从证据种类角度讲，包括视听资料和电子数据。随着当代证据法的科学化发展趋向，这些证据在刑事诉讼证明（包括庭审调查、事实判定）中的作用日益显著。

第一节　视听电子类证据调查概述

一、视听电子类证据的法律性质

从证据法的角度看，此大类证据有三个基本性质：

（1）视听电子类证据属于"科学技术类"证据。这类证据与犯罪嫌疑人的口供、被害人陈述或者证人证言的最大不同在于视听电子类证据的科技含量。因此视听电子类证据的真实性、合法性与关联性内容与传统的言词证据内容不同，这就决定了视听电子类证据的获取、举证、质证和认证方法，不能够仅仅依靠传统的证据法原则——经验法则——来统领和规范，也需要现代科学技术手段的协助。例如，要调查录像证据是否能够反映真实情况，既需要根据经验法则判断录像带内容是否与其他形式证据相互印证，也需要利用图像分析技术查明录像带的制作主体、时间、地点、是否增删等附加信息。

（2）视听电子类证据属于"记录型"科学技术证据，这与鉴定意见不一样，科学技术在视听电子类证据和鉴定意见中所发挥作用具有本质差异。在视听电子类证据中，科学技术只是对案件事实的一种记录手段，例如视频监控材料就是由事先安置的摄录装置对镜头所涉范围内的案件情况记录而成，它不会"创造"出新的案件事实。但在鉴定意见中，科学技术不仅仅是记录手段，更重要的是一种分析手段，表现为对案件中专业问题的判断。例如，指纹分析结果不仅表现为运用物理或者化学手段去固定嫌疑指纹，更为重要的是要运用指纹比对技术确定嫌疑指纹的主体身份，因此科学技术在鉴定意见中要"创造"出新的案件事实。易言之，同为技术类证据，视听电子类证据属于记录类证据，而鉴定意见则属于分析类证据。

（3）视听电子类证据中所存在的记录技术，在视听资料和电子数据上呈现出不同的复杂形态。1996年《刑事诉讼法》规定的视听资料基本上属于"口袋型"证据，它把所有具有高科技含量的证据都视为视听资料，因此雷达扫描资料、银行信用卡、电子计算机贮存的信息，这些明显不属于以录音或者录像形式表现出来的证据形式都被视为视听资料。有些学者甚至把一些分析鉴定报告（例如中子活化分析结果）也视为视听资料，这些都反映了当时认识的局限和立法者迫不得已的做法。2000年前后，伴随电子计算机技术和网络信息技术的极大发展，数字类信息的运用有了一套系统而又完整的数学算法、计算机软硬件技术的知识保障。因此，2010年6月"两高三部"印发的《死刑案件证据规定》第29条首次尝试将这类数字类信息作为独立证据种类加以规定，称谓是"电子证据"，规定了对"电子邮件、电子数据交换、网上聊天记录、网络博客、手机短信、电子签名、域名等电子证据"的审查判断内容，2012年《刑事诉讼法》以"电子数据"称谓立法确认了数字信息运用的独立证据类型地位。因此，视听电子类证据目前包含视听资料和电子数据这两种独立的证据类型。

笼统地讲，视听资料与电子数据都属于一种系统证据，视听资料需要的是摄录系统，而电子数据需要的是计算机系统。这些系统都是由输入设备、贮存设备和播放（输出）设备三部分构成，最终呈现出来的证据形式都是表现为特定贮存介质上的信息材料。查看这些信息内容均需要将特定介质插入播放系统进行机器识别，最终在输出设备上表现为特定的人们能够理解的文字、图表图像、录音或者视频材料。因此，调查这类证据真实性的重要方法，是调查这类证据所存在的技术设备系统，包括输入（制作）、贮存和输出传统途径方法的准确性和可靠性。一些法律规范文件所规定的"完整性"实际上是对贮存介质的要求，但是输入设备和输出设备的准确性和可靠性同样会影响这类证据材料的真实性。

详加分析可以发现，视听资料与电子数据的系统复杂程度具有不小的差异。传统视听资料能够制作、贮存和播放的信息材料，从专业角度来看是一种模拟电子信号，它与电子数据当中所存在的数字电子信号的基本区别在于不具有技术层面的兼容性。例如，卡式录音机所能播放的只是由录音设备录制的录音带，播放录像带则需要专门的录像机。我们也许还记得 20 世纪 80、90 年代的家庭为了播放不同介质的音像作品，CD、VCD、录音、录像机重叠摆放在客厅的情形，这就是这类模拟电子信号不具有兼容性的生动写照。但是，电子数据的表现形式却是能够完全在不同设备上兼容的数字电子信号，所有 APP 上运用的成果都依托于强大的操作系统和算法程序作技术支持，都可以还原为以 0 和 1 表达的可以进行数学运算的数学位数和符号。纳米级芯片技术的开发和集成让计算机的运算速度呈现几何级数式增长，由于数字信息的超强兼性，电子数据作为系统证据做到了输入设备、贮存介质和输入设备的多元化和智能化，这是传统视听技术所无法比拟的。甚至连传统的摄录设备都全部实现了数字化，这是视听资料与电子数据存在交集之处。除了特殊用途，我们再也不会买传统的相机或者摄像机了，这些以胶片或者模拟电子技术作为基础的摄录设备，早已成为历史。

这就意味着，证据法上审查判断视听资料与电子数据真实性的基本原理相同，仅在具体技术和方法上复杂程度上略有差异。在原理层面，我们都需要审查特定贮存介质的制作过程（输入设备）、保管与传播情况（贮存介质是否易受破坏、内容是否被删改）和信息再现情况（能否播放、能否进行图像处理、能否还原和数据恢复），都需要通过审查所谓的"附加技术信息"的稳定性和可靠性来认定贮存介质中的内容是否真实。在这一点上，视听资料与电子数据完全相同，那种把审查判断电子数据基本原理"神秘化"的学术观点，值得商榷。在方法层面，电子数据的超强兼容性意味着特定贮存介质上的"附加技术信息"更多、更复杂而已。这可以直观地表现在电子文档上的"文档属性"这类所谓的附属摘要信息，而且在制作、贮存、浏览、编辑和传播的过程中，因为所有的系统设备中都会留下特定的日志文件和相关信息，这就需要专业技术人员通过对这些设备（包括网络设备）中的日志文件和相关信息进行分析，以确定贮存介质中的信息内容来源和内容是否真实。这是本章将电子数据和视听资料的法庭调查问题放在一起来写的重要原因。

二、视听电子类证据的实务表现形式

根据我们在成都市法院系统的调研，目前视听电子类证据在刑事领域中运用较为广泛。

以成都市 Q 区人民法院 2016 年至 2018 年统计的 317 件案件为例，Q 区人民法院受理涉及视听资料和电子数据的案件逐年上升，趋势明显。2016 年至 2018 年分别为 60 件、100 件、157 件，占样本案件总数比为 18.93%、31.55%、49.53%。从证据类型划分，317 件样本案件中只涉及视听资料的有 287 件，占样本案件比例为 90.54%，其中 2016 年为 59 件、2017 年为 93 件、2018 年为 135 件；只涉及电子数据的有 26 件，占样本案件比例为 8.20%，其中 2016 年为 1 件、2017 年为 6 件、2018 年为 19 件；两种证据材料均涉及的案件为 4 件，占样本案件比例为 1.26%，其中 2016 年为 0 件、2017 年为 1 件、2018 年为 3 件。

通过对样本的分析我们可以发现，涉及视听资料、电子数据的案件主要集中在盗窃罪、交通肇事罪、危险驾驶罪、寻衅滋事罪等监控设备较为容易捕捉犯罪事实的案件中，且以危险驾驶罪增长最为明显。

表 10-1　主要案由分布表　　　　　　　　（单位：件）

具体案由	2016 年	2017 年	2018 年
盗窃罪	24	24	34
交通肇事罪	20	14	10
危险驾驶罪	5	44	65
寻衅滋事罪	5	3	——
贩卖毒品罪	——	3	——
信用卡诈骗罪	——	2	4
妨害公务罪	——	——	5

上述数据反映出了以下几个特点：其一，危险驾驶罪中的视听资料证据的数量明显增加，主要原因之一是公安机关执法的规范性增强，具体表现在执法中较为普遍地使用执法记录仪。其二，街头犯罪中的视听资料使用得越

来越频繁。随着技术的进步和社会的发展，公安机关通过科技手段破获刑事案件的手段日益增强。个别案件中出现了通过人脸识别系统抓获犯罪嫌疑人的现象，彰显了科技的作用。其三，新型犯罪中视听资料和电子数据证据越来越普遍。比如，在信用卡诈骗犯罪中，通常要使用信用卡并进行相关交易，不可避免地要留下电子数据的痕迹。随着社会日渐现代化，电子证据在刑事证据中的比重将日渐增加。

通过对随机抽取的 20 件仅涉及视听资料的普通程序刑事案件的统计和分析，视听资料的常见证据形式情况如下：银行监控 4 件、天网监控 6 件、手机视频 2 件、执法记录仪 2 件、家庭监控 2 件、酒店监控 2 件、KTV 监控 2 件。上述情况反映出，视听资料全部为视频资料，无音频资料。根据刑事诉讼法的规定，技侦证据可以在特殊刑事案件中使用，而技侦证据通常为音频资料，可见技侦证据在基层刑事案件的使用十分少见。同时也说明监控在刑事案件的办理中非常重要。作为侦查机关，应充分重视监控对破获刑事案件的重要作用。

通过对随机抽取的 13 件仅涉及电子数据的普通程序刑事案件的统计和分析，电子数据的常见证据形式情况如下：QQ 聊天记录 1 件、手机上网记录 1 件、微信聊天记录 8 件、手机短信 1 件、支付宝转账记录及微信转账记录 2 件。这说明，QQ、微信、微博等各种社交软件、聊天工具在犯罪活动中较常被使用，尤其是微信的使用最为突出，在 13 件样本案件中占比接近 80%，这一现象亦与现当代社会生活习惯高度一致。

三、法庭调查视听电子类证据的目的与要求

法庭调查视听电子类证据的基本目的是完成案件事实的认定任务，它的基本模式是法官和公诉人、当事人按照法律规定的调查程序和法律允许的调查方法对视听电子类证据的真实性、合法性和关联性进行举证、质证和认证，明确这些视听电子类证据在案件事实认定任务中的地位和作用。

需要注意的是，我国对视听电子类证据的"三性"调查，与大陆法系"证据能力—证明力"二层次调查结构具有明显的差异。大陆法系国家对"没有证据能力"和"应当禁止适用"的证据的调查是在庭前会议当中进行的，严格禁止这些视听电子类证据进入正式的庭审当中。因此，"证据能力—证明力"的调查结构具有比较明显的层次性，而我国对证据合法性的把握并没有

位序上的优先性。

详言之，我国法律对包括视听电子类证据在内的所有证据的调查，在证据能力问题上有以下特点：①通过刑事立案程序刚性规定证据与证据材料的区分节点，立案以前的材料只是"侦查线索"，立案以后的材料因为侦查方法的法定性和程序性"推定"具有证据能力；②所有证据材料都附在案卷中，对证据材料的审查通过查阅研究案卷进行；③对于必须排除的非法证据，由辩方在庭前会议当中提出申请，由法官决定是否启动非法证据调查程序；④对于没有启动非法证据调查程序的证据材料（诉讼证据），统一由公诉方对这些材料的真实性、合法性和关联性进行举证，再由辩护方进行质证，最后由法官决定是否将这些证据作为定案的依据（定案证据）。因此，从诉讼证据到定案证据的认定过程，其范围不仅仅包括证据合法性，也包括证据真实性和关联性。综上分析，在法庭调查当中，只要视听电子类证据在刑事立案阶段以后被获取，辩方没有在庭前或者庭上提出非法证据排除申请，那么这些视听电子类证据就具有诉讼证据的资格，所以辩方对证据合法性的质证与证据真实性和关联性的质证没有区别。

因此，法庭调查对视听电子类证据的基本要求分为两个层次：如果视听电子类证据的获取构成侦查方法，需要按照刑事诉讼法对侦查方法的相关规定确定这些侦查方法的合法性，确定这些侦查方法所获得的证据有无诉讼证据的资格，讯问中的同步录音录像、警察的执法记录仪、技术侦查措施中的电子监听等调查措施都属于这种情况。如果视听电子类证据的获取不构成侦查方法，只是适用搜查、扣押等侦查措施的结果，只要搜查、扣押措施合法，需要调查的便只是这些视听电子类证据的真实性和关联性。例如，就视听资料的制作而言，除侦查机关、行政机关以外，公民个人也可能制作视听资料。随着多媒体技术的普及和手机的智能化，大量的信息被生动地保存下来，这些材料一旦进入刑事诉讼程序，就只需要调查这些视听电子类证据的真实性和关联性问题。

第二节 视听资料调查规则

一、视听资料调查的法律规范

对于视听资料在法庭上如何进行调查，我国刑事诉讼法并未作出具体规定。刑事诉讼法仅将视听资料规定为法定的证据种类，同时明确了在行政执法和办案程序中所获视听资料在刑事诉讼中可以被作为证据使用。视听资料的调查和审查方法被零星地规定于不同的司法解释性文件。最先规定视听资料审查判断方法的是《死刑案件证据规定》，其中内容后来陆续被《刑事诉讼法司法解释》《刑事诉讼规则》等司法解释所吸收。与此同时《出庭指引》第38条、第58条、第69条也在此基础上对视听资料的举证质证方法进行了规定，但内容与《死刑案件证据规定》中有关视听资料的审查判断方法相似。另外，某些司法解释虽然未对视听资料的审查方法进行规定，但却明确了询问录音录像的审查方法。如《排非规程》第22条对讯问录音录像的审查进行了规定。根据沈德咏大法官的观点，讯问录音录像在本质上属于视听资料。[1]这一观点符合法理与实践，因此，讯问录音录像的审查方法也应属于视听资料调查方法的范畴。

上述司法解释仅对视听资料的审查内容和少许认定方式进行了规定，并未形成完备的举证、质证和认证规则。此外，因为待证对象的不同，视听资料的审查内容与审查方式也具有一定的差异。下面，笔者将对不同情形下法庭对视听资料应调查的基本内容以及具体的调查规则予以详述。

二、法庭调查视听资料的基本内容

虽然视听资料既有可能作为实体法事实的证明材料，又有可能作为程序法事实的证明材料，但待证对象的不同并不会对法庭调查视听资料的基本内容产生太大的影响。两种情形下法庭调查的基本内容大致相同，只是侧重点会有所不同。结合《死刑案件证据规定》第28条、《刑事诉讼法司法解释》第108条以及《排非规程》第22条，法庭对视听资料应着重审查以下内容：

---

[1] 沈德咏、何艳芳："论全程录音录像制度的科学构建"，载《法律科学（西北政法大学学报）》2012年第2期。

1. 视听资料的真实性

这是法庭审查视听资料的首要内容，是指视听资料能否反映案件事实或待证事实的真相。视听资料真实性的基本构成要件包括：①资料的原始性，是指视听资料直接来源于案件事实，从其取得到其庭审质证的整个过程中，没有经过人为的篡改。在证据法理上，之所以要限制复制件的使用，是基于视听资料的科技性，在复制或转化的过程中，视听资料极易失真，不利于查明事实。②内容的完整性，指视听资料不是被"断章取义"式地剪出一段对其陈述有利的部分，而有意隐瞒其他重要的部分。视听资料的完整即意味着视听资料没有剪辑、增加、删改、编辑等伪造或者变造痕迹。③制作的真实性，是指视听资料是否有明确的制作主体和制作过程。审查制作真实性的目的在于保证视听资料来源清楚、可信。视听资料制作的真实性可通过视听资料是否写明制作人、持有人的身份，制作的时间、地点、条件和方法来判断。④传播的可靠性。出示视听资料原则上要求原件，如果用复制件，需要证明无法获得原件的原因以及在传播过程中原件没有被删改等情况。为此，《刑事诉讼法司法解释》第108条第1款第（二）项与《刑事诉讼规则》第209条严格地规定了复制件的使用与调取。实际上，视听资料传播的可靠性是在原件规则例外的情形下保证视听资料的真实性。

2. 视听资料的合法性

视听资料的合法性是法庭调查视听资料的重要内容，可根据视听资料待证对象的不同分成两种情况。①作为实体法事实的证明材料，如盗窃案件中的监控视频等，在此情况下视听资料的合法性审查，主要针对的是视听资料的取证主体、取证方法以及取证程序的合法性问题。当获取视听资料构成侦查方法时，还需要特别审查该种侦查方法的合法性。如视听资料是侦查机关采用技术侦查措施获取的，则需要审查是否具有采取技术侦查的必要、是否经过严格的批准手续，以此判断视听资料取得的合法性。②作为程序法事实的证明材料，《刑事诉讼法》第123条第1款规定："……对于可能判处无期徒刑、死刑的案件或者其他重大犯罪案件，应当对讯问过程进行录音或者录像。"当视听资料作为证明讯问是否合法的辅助证据时，其合法性的审查重点在于是否违反法律关于录音录像的强制性规定、是否完整或选择性录制、是否同步制作等。

3. 视听资料的关联性

无论视听资料是作为实体法事实的证明材料，还是作为程序法事实的证明材料，都会涉及关联性问题。我国所谓的关联性相当于英美法系中的相关性。因此，视听资料的相关性包括两个方面：①逻辑相关性，指视听资料是否具有支持或否定待证事实的倾向性，即依据事物间的逻辑或经验关系具有使实质性问题可能更为真实或不真实的能力；②法律相关性，指视听资料在具备证明案件待证事实之资格时必须具有法律预先要求的与待证事实形式上相关联的属性。[1]换言之，视听资料必须与法律预先设定好的待证事实有实质性联系。如当视听资料作为实体法事实的证明材料时，其证明对象应是与被追诉人定罪量刑有实质联系的事实。又如当视听资料作为程序法事实的证明材料时，其证明对象应是与被追诉人程序利益有实质联系的事实。简言之，对视听资料关联性的审查重点是看其是否使待证事实更加明确。

三、法庭调查视听资料的规则构建

视听资料作为我国一种独立的证据种类，能直观、生动、形象地再现案件发生过程，在真实合法的前提下能帮助法官快速、准确地认定案件事实，大大提升审判效率。但目前我国对视听资料并未形成完备的举证、质证、认定规则，这不利于发挥视听资料的证据作用。因此，本部分将对视听资料的调查规则进行初步构建。

（一）视听资料的举证规则

举证是质证与认证的前提，视听资料的举证规则具体包括以下几个方面：

1. 举证的基本要求

根据《出庭指引》第14条的规定，视听资料的举证应遵循以下要求：首先，控方在出示视听资料前，应对视听资料的举证方式进行说明，即说明视听资料是以连续播放还是以分段播放或是其他方式举证。其次，控方举证视听资料前应就视听资料的名称、收集主体和时间以及所证明的内容向法庭做概括说明。再次，控方举证视听资料结束后，应对该视听资料的内容进行总结归纳，表明证明目的。最后，视听资料的举证应适用最佳证据规则，原则上应提供原件，提供原件困难的，可以提供复制件，但应向法庭说明无法提

---

〔1〕　陈伶俐："证据相关性的判断与规则构建"，载《法律适用（司法案例）》2017年第24期。

供原件的原因。举证基本要求的设置目的是规范举证行为，使法庭明确控方的举证方式与证明目的。当然，辩方在举证视听资料时也应遵循上述基本要求。

2. 举证的内容

根据《刑事诉讼法司法解释》第 108 条的规定，视听资料的举证应主要围绕视听资料的合法性与真实性、关联性进行。首先，视听资料的合法性主要包括视听资料的来源合法与制作过程合法。控辩双方在举证时不仅要对视听资料的获取主体、获取方法以及获取程序的合法性进行说明，还要证明视听资料制作过程中不存在威胁、引诱当事人等违反法律、有关规定的情形，以此证明视听资料的合法性。其次，视听资料的真实性主要包括资料的原始性与完整性。公诉人在举证时应对视听资料是否为原件、有无复制件进行说明。如果视听资料是复制件，公诉人还应说明无法调取原件的原因、复制件制作过程和原件存放地点、有无制作人、原视听资料持有人的签名或者盖章、制作人、持有人的身份，以及制作的时间、地点、条件和方法等。换言之，公诉人在举证时应对视听资料的制作、提取、转化以及保管链条进行说明，以此证明视听资料的真实性。与此同时，辩护人在提供视听资料时也应对其合法性与真实性进行说明。此外，公诉人在举证同步讯问录音录像来证明讯问合法性时，还应着重就其是否违反法律关于录音录像的强制性规定、是否完整或选择性录制、是否同步制作等问题进行说明。最后，与其他类型的证据相同，公诉人在举证时还应说明视听资料的内容与待证事实的关联性。

3. 举证的方法

（1）视听资料合法性与真实性的证明方法。视听资料合法性与真实性是其适用的前提，因此在明确视听资料的举证方法之前需要厘清其合法性与真实性的证明方法。视听资料合法性与真实性的证明方法实际上是鉴真方法在视听资料上的运用，主要有两种方式：其一，书面笔录或取证录像。我国刑事诉讼法及司法解释已经对搜查、扣押、提取过程中要制作书面笔录进行了明确的规定，因此书面笔录不仅是证明视听资料取证过程合法性的方式，也是证明视听资料可靠性的方式。[1]此外，为弥补书面笔录记录可读不可见的不足，还可进行取证录像。其二，通过证人证言的方式。如可通过现场见证

---

[1] 纵博："公共场所监控视频的刑事证据能力问题"，载《环球法律评论》2016 年第 6 期。

人或鉴定人出庭的方式对视听资料取证过程的合法性或视听资料的原始性与完整性进行证明。另外，随着科技的发展，未来还可采用数据安全技术来证明视听资料的真实性。通过数据安全技术对视听资料进行加密，不仅能使无访问权限的人无法对视听资料进行编辑和修改，还能在视听资料被修改或篡改时留下各种痕迹，以此证明视听资料的真实性。

（2）视听资料的举证方法。视听资料的特点在于能够直观、生动、形象地再现案件事实的发生过程，因此其主要举证方法便是直接在庭审中播放。为此，《出庭指引》第38条第1款规定："……播放一般应当连续进行，也可以根据案情分段进行，……"可见，该规定明确了两种播放方式：一种是连续播放，另一种是分段播放。至于举证时到底采用何种播放方式要根据具体案情决定，那么究竟在何种案情下适用分段播放呢？从举证目的上来讲，播放视听资料的目的在于使法官直观、快速、准确地认定案件事实。播放方式既要保证认定事实的准确性，也要保障认定事实的效率，不能太过于拖延庭审的节奏。因此笔者认为播放方式的采取，首先，应看待证事实是否是控辩双方有争议的事实，若视听资料所要证明的事实是控辩双方有争议的事实，则为保证事实认定的准确性应采用连续播放的方式进行举证。其次，要看视听资料本身的时长，若视听资料时长较长且记载的内容绝大部分属于无争议的事实，则可有针对性地播放相关争议事实的片段。最后，要看视听资料本身所记载与案件事实有关的内容是否连续。若视听资料中所记载的案件事实本身就不连续或记载了同一犯罪人的好几次犯罪行为，那么就可跳过中间与案件事实无关的部分，采取分段播放的方式进行举证。总之，视听资料到底是连续播放还是分段播放要根据以上因素综合判断。

（3）录音资料的替代举证方式。根据《出庭指引》第38条的规定，音频资料除了采取播放的举证方式外，还可以通过宣读庭前制作的附有声音资料语言内容的文字记录进行举证。公诉人在采用该方法举证音频资料时，应对声音资料的文字记录的制作人、制作过程进行说明。

4. 举证的顺序与安排

针对证据的举证顺序，《出庭指引》第20条第1款作出了原则性规定："举证顺序应当以有利于证明公诉主张为目的，公诉人可以根据案件的不同种类、特点和庭审实际情况，合理安排和调整举证顺序。一般先出示定罪证据，后出示量刑证据；先出示主要证据，后出示次要证据。" 视听资料的举证顺序除应遵循上述规定外，还应明确以下几个问题：

（1）视听资料与其他种类证据的举证顺序。笔者认为，视听资料与物证、书证等同属客观证据，其客观性与稳定性较强，同时为防止"口供中心主义"，陷入"先入为主"的有罪预断，应先予以审查判断。[1] 故在同为定罪与主要证据的情形下，视听资料的举证可先于证人证言、被害人陈述、犯罪嫌疑人、被告人的供述与辩解等主观证据的举证。至于视听资料与物证、书证等其他客观证据的举证顺序，则可根据案情的发展逻辑进行举证，这样不易产生前后矛盾与混淆，有助于法庭查清事实、认定事实。

（2）一个案件有多份视听资料的举证顺序。笔者认为，在有多份视听资料的情形下，应按照视听资料生成时间的先后进行举证。这样的举证顺序契合案情的发展，有助于事实的查明。

（3）视听资料与证明其合法性、可靠性的笔录类证据或人证的举证顺序。笔者认为，视听资料的合法性与真实性决定着视听资料的证据能力，证明视听资料的合法性与可靠性与举证视听资料本身同样重要。因此，可将视听资料与证明其合法性、真实性的笔录类证据或人证组成一个"证据群"一并举证。

（4）控辩双方视听资料的举证顺序。在一般情况下，公诉方作为指控方应先展示视听资料以证明犯罪行为的存在，而辩方在控方展示后针对其中有争议的事实再展示相关的视听资料。但值得注意的是，对于讯问录音录像，控方一般不会主动展示，只有在被告人及其辩护人对口供的合法性有异议时，控方才会展示。因此，讯问录音录像的举证是以被告人及其辩护人申请为原则，以审判和公诉方依职权为例外。

（二）视听资料的质证规则

证据未经质证不得作为定案根据。质证是控辩双方反驳对方出示证据的重要手段，也是法庭认证的基础。视听资料的质证是指控辩双方就对方举示的视听资料及其所含证据信息发表意见、进行质辩的证据调查活动。[2] 下面笔者拟从质证的基本要求、质证的内容、质证的方法、质证的顺序与安排等

---

〔1〕 万毅："论证据分类审查的逻辑顺位"，载《证据科学》2015年第4期。
〔2〕 龙宗智："刑事庭审中的人证调查（下）——质证问题"，载《中国律师》2018年第9期。

四个方面构建视听资料的质证规则。

1. 质证的基本要求

视听资料与其他证据相同，均应遵循质证的基本要求。首先，视听资料的质证要遵循"一证一质一辩"的基本要求。该基本要求包含两层含义：一是所有在法庭上出示的视听资料均要进行质证，否则便不得作为定案的依据；二是视听资料、对视听资料的质问、对质问的答辩这三者之间应一一对应，不能"质不对证""答非所问"。其次，对对方的质证，本方要进行全面、及时、有针对性地答辩。[1]"全面"是指本方对对方提出的每项质疑都尽可能全面答辩，防止回避质疑的情形，进而为法庭辩论阶段扫清障碍。"及时"是指对方对视听资料提出质疑后，在法官的指挥下本方立刻进行答辩。"有针对性"是指本方要针对对方可能动摇视听资料证明能力和证明力的质疑进行答辩，其余质疑则可不予答辩或简要答辩。最后，要注意把握质证与法庭辩论的界限。质证解决的是单个证据或单组证据的"三性"问题，着眼于微观，是小辩论，而法庭辩论解决的是事实认定与法律适用，即证据与证据之间的问题，着眼于宏观，是大辩论。

2. 质证的内容

根据《出庭指引》第 40 条的规定，质证一般应当围绕证据本身的真实性、关联性、合法性，针对证据能力有无以及证明力大小进行。因此，对视听资料的质证也应围绕其"三性"进行。结合《出庭指引》第 69 条的规定，对于对方提出的视听资料，控辩双方可从以下几个方面进行质证：①收集过程是否合法，来源及制作目的是否清楚；②是否为原件，是复制件的，是否有复制说明；③制作过程中是否存在威胁、引诱当事人等违反法律、相关规定的情形；④内容和制作过程是否真实，有无剪辑、增加、删改等情形；⑤内容与案件事实有无关联。此外，视听资料的优点在于其能直观地反映案件事实，而直观的前提是视听资料本身的质量要高。因此，控辩双方还可对视听资料本身的品质（如画面、音质等）进行质疑，进而质疑其真实性，动摇其证明力。

---

[1]　张相军、侯若英："《人民检察院公诉人出庭举证质证工作指引》理解与适用"，载《人民检察》2018 年第 19 期。

3. 质证的方法

实践中，控方一般通过宣读书面笔录的方式来证明视听资料的合法性与真实性，辩方一般只进行简单询问或不予质疑。但根据《出庭指引》第74条第1款的规定，辩方仍对视听资料有质疑的，必要时，控方可以提请法庭通知鉴定人、有专门知识的人、侦查人员、见证人等出庭。在对视听资料的来源合法性产生怀疑时，就需要视听资料的发现者、提取者、制作者和保管者出庭说明视听资料的来源、提取、制作和保管过程。因此，视听资料的质证方式与人证的质证方式相似，即包括辨认与询问。辨认是指视听资料的发现者、提取者、制作者和保管者对视听资料进行辨别与确认，以此证明视听资料的合法性、同一性、可靠性。而询问则包括交叉询问与对质询问。交叉询问是一种典型的以质疑和验证为目的的人证调查方法，是指提供人证的一方对认证进行直接询问后，再由对方进行询问，通过暴露该证言中的矛盾或错误来降低证言的证明力，从而降低视听资料的证明力。对质询问是指人证与人证之间进行质询与诘问。《出庭指引》第74条第3款规定："对辩护方出示的鉴定意见等技术性证据和提请出庭的鉴定人，必要时，公诉人可以提请法庭通知有专门知识的人出庭，与辩护方提请出庭的鉴定人对质。"可见，为查明视听资料的合法性与真实性，控辩双方可申请有专门知识的人与对方的鉴定人进行对质。

4. 质证的顺序与安排

《法庭调查规程》第28条第2、3款规定："公诉人出示证据后，经审判长准许，被告人及其辩护人可以有针对性地出示证据予以反驳。控辩一方举证后，对方可以发表质证意见。必要时，控辩双方可以对争议证据进行多轮质证。"可见，一方的质证可在对方举证后进行。实践中，公诉方先进行举证，那么相应的便由辩护方先质证。具言之，在公诉方播放视听资料完毕后，辩护方便可对视听资料的合法性、真实性进行质证。此外，在鉴定人、有专门知识的人、侦查人员、见证人等出庭的情形下，控辩双方可遵循交叉询问的顺序进行质证。即由申请人证出庭的一方先进行询问（主询问），再由对方进行询问（反询问），若还有疑问，则可进行第二轮主询问，再反询问。若控辩双方都申请同一人证出庭，则由控方先询问。

（三）视听资料的认证规则

认证是一种法官对证据进行审查判断，以确认其证据能力与证据效力的活动。视听资料首先要具备进入法庭的证据资格，然后再发挥其对案件事实的证明价值。因此，视听资料的认定规则包括证据能力规则与证明力规则而证据能力规则又具体包括视听资料合法性的判断规则以及排除规则。

1. 证据能力规则

（1）视听资料合法性的判断规则。视听资料的合法性主要指其来源合法，主要包括制作方法合法、取证的主体合法、取证的手段合法、取证的程序合法。

第一，制作方法合法是指视听资料在制作时不存在威胁、引诱当事人等违反法律、有关规定的情形。制作视听资料的非法方法不仅限于威胁、引诱，只要其他方法与威胁、引诱在侵害他人利益的程度上具有同质性即可认为制作方法不合法。

第二，传统上认为，取证主体合法是指在刑事诉讼中使用的视听资料必须是由公安、司法机关等法定主体在正式立案后依法定程序进行收集的，而非法定主体收集的视听资料不能直接在刑事诉讼中使用，必须经过证据转化规则的"转化"才能使用。对此，有学者认为，取证主体合法有广义和狭义之分。广义的取证主体合法性即指上述传统理解，而狭义的取证主体合法只针对特定证据种类而言，是指某些种类的证据只能由具备特定资格的主体收集或提供。例如，鉴定意见依法只能由具有鉴定资格的人出具，勘验、检查笔录只能由具有办案资格的侦查人员制作。[1]并且，该学者还认为，取证主体不应作为非法证据的构成要件。笔者认为，在判断视听资料取证主体合法性时应首先遵守相关司法解释对此的规定，《刑事诉讼规则》第 64 条、第 65 条分别规定了行政机关与监察机关在办案过程中收集的视听资料，符合法定要求的，在刑事诉讼中可以作为证据使用。因此，法庭应首先承认行政机关与监察机关的合法取证主体地位。至于其他主体收集的视听资料，考虑到实践中由非法定主体收集且具备证明价值的视听资料不在少数，若贸然将其定为非法证据而排除，会造成非法证据排除规则之适用范围的不当扩张，在证据资源有限性的情形下不利于案件事实的查明。因此，笔者认为，应采用狭义的取证主体理论，只要辩护人或其他私人收集视听资料时采取的手段合法，

---

〔1〕　万毅："关键词解读：非法实物证据排除规则的解释与适用"，载《四川大学学报（哲学社会科学版）》2014 年第 4 期。

未对他人权益造成重大侵害，法庭便应承认其合法性。

第三，取证的手段合法是指视听资料的收集手段符合法律规定，未侵犯他人权益。这一点可结合视听资料的制作方法合法来理解，笔者在此不予赘述。

第四，取证的程序合法是指视听资料取证时完成了相关法定手续、符合了法定实施要求。例如，侦查机关在实施技术侦查时，就有相应的批准和实施程序。若技术侦查的实施未取得批准或超出了批准的范围与期限，其所获的证据便为非法证据。

（2）视听资料的排除规则。我国刑事诉讼法并未规定视听资料的排除规则。对此，有学者认为，这是明显的立法漏洞，应将视听资料归为广义的"实物证据"范畴，适用刑事诉讼法关于物证与书证的非法证据排除规则。[1]对此，笔者赞同上述观点，并且认为视听资料排除应视具体情况而定。具言之，若视听资料的收集严重违反法定程序，应将其作为非法证据直接予以排除。当视听资料的收集只具有轻微违法或对其可靠性（如对其制作和取得的时间、地点、方式等）有异议，应将其作为瑕疵证据，允许控辩双方对其进行补正或解释，不能补正或作出合理解释的，才予以排除。

2. 证明力规则

视听资料的证明力规则解决的是视听资料的证据效力、证明价值的问题，即视听资料具备证据资格进入法庭后，它与待证事实之间有多大的联系。视听资料的证明力规则包括一般标准、补强证据规则与证明力优先规则。

（1）一般标准。证明力规则的一般标准包括真实性标准与充分性标准。首先，判断视听资料真实性的关键在于判断视听资料中画面或声音是否就是对案件事实真相的最初记录。其判断要点主要包括以下几点：第一，判断视听资料的生成过程是否存在影响其真实性的因素。视听资料的生成与其制作设备的质量有着紧密的联系，制作设备质量越好，对图像或声音信息的抓取能力越强，那么所生成视听资料的品质便越高，图像或声音便越清晰，视听资料的真实性就越高，可见，对视听资料生成过程真实性的判断在相当程度上依赖于判断其生成设备或系统的可靠性。这可通过审查视听资料的生成设

---

〔1〕 万毅："关键词解读：非法实物证据排除规则的解释与适用"，载《四川大学学报（哲学社会科学版）》2014 年第 4 期。

备或系统是否符合相关行业标准进行判断。在一般情况下，只要视听资料的生成设备或系统在录制录音或录像时是正常运转的，就应推定该设备或系统具备可靠性，进而推定视听资料生成过程的真实性。但对方可提供相关线索或证据证明该设备或系统在生成视听资料时运行是不正常的，以此推翻该推定。第二，判断视听资料收集过程中是否存在影响其真实性的因素。这些因素主要包括证据来源、取证的技术标准、固定证据的程序等。关于证据的来源，我国《刑事诉讼法司法解释》第108条有所规定，可通过审查视听资料的制作人、持有人的身份，制作的时间、地点、条件和方法以及相关的侦查笔录进行判断，而取证的技术标准和固定证据的程序则需要通过通知调查人员、侦查人员或鉴定人员出庭说明来判断。第三，判断视听资料在保管的过程中是否存在影响其真实性的因素。视听资料从提取到在法庭上展示需要经历较长的时间期间会在不同主体之间流转，为防止视听资料在流转过程中因被篡改而失真，必须对视听资料保管链条的完整性进行审查，即对视听资料的保管链条进行鉴真。视听资料保管链条的鉴真包括存储介质保管链条的鉴真和存储数据保管链条的鉴真。前者可通过审查视听资料每一次流转时附带的证明经手主体的身份、经手的时间和目的等的相应手续进行判断，必要时还可通知经手人员出庭进行说明，一旦某一流转环节缺乏相应的流转手续，便会造成保管链条的断裂，就足以产生对视听资料客观真实性的怀疑。后者可通过数据安全技术或专家鉴定来保障视听资料在流转过程中的完整性与真实性，具体审查方式则是可以通知数据安全技术的施加者与鉴定人出庭对视听资料是否存在被剪辑、篡改等情形进行说明。此外，当事人自认的方式也可以证明视听资料的真实性。若当事人自愿对视听资料中所反映的不利于自己的事实表示认可，那么法庭便可认定视听资料的真实性。其次，视听资料要作为定案的依据，其内容不仅要具备真实性，还需具备充分性。所谓"充分"是指视听资料已具备了足够的证明力来证明待证事实存在与否。这需要法官根据自身的逻辑、经验进行判断。

（2）补强证据规则。视听资料的补正规则是指视听资料对案件事实的证明力不足，不能单独作为证明该案件事实的根据，必须还要通过其他证据加以佐证。需要明确的是，视听资料需要补正的前提是该证据符合证据的基本属性，具备基本的证据资格，只是在证明力方面存在一定的缺陷。只有满足这一条件，视听资料才需要补强。若视听资料存在本身内容不真实、内容与案件事实无关联、取得方式违法等情况，就没有补强的必要，应直接排除。我国刑事诉讼法与相关司法解释只规定了需对被告人的供述、生理、精神有缺陷的人提供的言词证据、有利害关系的证人证言等证据进行补强，而未规定视听资料等实物证据的补强规则。那么，是否存在视听资料需要补强的情形呢？笔者认为，当视听资料作为全案的"孤证"并且作为间接证据证明案件事实时，需要进行补强。[1]但需要注意的是，只有在将视听资料作为间接证据时才可能有补正的需要，而将视听资料作为直接证据能直接证明案件事实时，如清楚地拍摄了被告人整个偷窃过程的监控视频，被告人对此毫无异议的情况下，就无须对该监控视频进行补强了。

（3）证明力优先规则。证明力优先规则是指，司法人员对证明同一案件事实却相互矛盾的证据进行判断时，应该遵循的优先采信规则。实践中，视听资料难免会遭遇与其他证据比较证明力大小的情形。根据《排非规程》第22条第（四）项的规定，对与定罪量刑有关的内容，当讯问笔录记载的内容与讯问录音录像存在实质性差异时，应以讯问录音录像为准。可见，在上述情形中，讯问录音录像具备视听资料的全面性与准确性，在其真实、合法的条件下，其证明力应优先于讯问笔录。而在其他情形下，视听资料证明力的大小应由法官依据自身逻辑与日常经验进行判断，这也是自由心证原则的要求。

四、技术侦查、调查证据的法庭调查

鉴于实践中对技侦证据的审查判断有一定的特殊性且存在较大争议，本节将专门对通过技术侦查、调查获取的视听资料如何进行法庭调查予以讨论。技术侦查视听资料的真实性审查与其他视听资料相似，因此笔者将着重对其合法性与关联性的审查进行论述。

（一）技术侦查、调查视听资料的合法性审查

技术侦查视听资料是通过侦查人员实施技术侦查、调查措施获取的，因此其合法性审查主要针对技术侦查、调查措施进行，包括技术侦查、调查措施程序事项与实体事项合法性两个方面。对于前者，根据《刑事诉讼法》第150条、《监察法》第28条以及《刑事诉讼法司法解释》第119条第1款和

---

〔1〕 纵博："'孤证不能定案'规则之反思与重塑"，载《环球法律评论》2019年第1期。

第 2 款的规定，法庭主要审查技术侦查措施的实施是否在立案后、是否经过严格的批准程序，以及审查技术调查措施是否经过严格的审批、是否按规定交有关机关执行。而看技术侦查、调查措施是否经过严格的批准手续则需要通过审查批准采取技术侦查、调查措施的法律文书是否随案移送来实现。因此，法院发现上述材料未移送时应通知检察院移送。对于后者，根据《刑事诉讼法》第 150~152 条、《监察法》第 28 条以及《刑事诉讼法司法解释》第119 条第（三）项的规定，法庭主要审查的内容包括采取技术侦查、调查措施的种类、适用对象和期限是否按照批准决定载明的内容执行。此外，还应对采取技术侦查、调查措施进行必要性审查，即审查技术侦查措施的实施是否针对危害国家安全犯罪、恐怖活动犯罪、黑社会性质的组织犯罪、重大毒品犯罪或者其他严重危害社会的犯罪案件，或者利用职权实施的严重侵犯公民人身权利的重大犯罪案件；技术调查措施的实施是否针对重大贪污贿赂等职务犯罪案件。

（二）技术侦查、调查视听资料的关联性审查

实践中技术侦查、调查所获的视听资料主要为音频资料。而音频资料不像录像资料那样能直观地反映出犯罪事实，由此，如何证明音频资料中的声音主体就是被告人就显得十分关键了。因此，法庭在调查技术侦查、调查所获音频资料的过程中，若声音主体身份不明，且被告人否认系音视频资料的声音主体，人民法院应当通知人民检察院对音频资料进行声纹鉴定，同时将声纹鉴定意见书移送法庭，以此确认该音频资料与案件事实的关联性。此外，根据《刑事诉讼法司法解释》第 115 条的规定，由于技术侦查、调查措施适用的案件较为特殊，通过其所获的音频资料往往涉及绰号、暗语、俗语、方言等不易理解的内容。对此，法庭应审查该材料内容附带的说明。

（三）技术侦查、调查视听资料的审查方式

《刑事诉讼法》第 154 条以及《刑事诉讼法司法解释》第 120 条规定了技术侦查、调查证据材料有三种调查核实的方式，并应遵循一定的顺序。

（1）普通调查方式，即将技术侦查、调查所获的视听资料与普通视听资料一样当庭出示与质证。

（2）采取保护措施的调查方式，即基于对侦查、调查人员的人身安全以及技术调查、侦查措施使用的技术设备、技术方法的保护，法官应在一定的

保护措施下对技术侦查、调查视听资料进行审查。此外，根据《刑事诉讼法司法解释》第 81 条以及第 222 条的规定，技术调查、侦查视听资料涉及国家秘密、商业秘密或者个人隐私的，法庭应根据具体情况决定对该视听资料的法庭调查不公开进行，或者将案件转为不公开审理。需要注意的是，采取保护措施的调查方式仍属于当庭调查，只是对相关事项实施了保护措施。

（3）庭外核实的方式。《刑事诉讼法》第 154 条以及《刑事诉讼法司法解释》第 120 条规定："……必要时，审判人员可以在庭外对证据进行核实。"实践中，关于庭外核实时是否需要通知被告人、辩护律师参加的问题，存在较大争议。有学者认为，庭外核实实际上是庭外质证，既然是质证就应保障辩方的质证权，通知被告人、辩护律师参加。笔者认为，解决这个问题的关键在于厘清当庭调查与庭外核实的关系。若认为庭外核实只是当庭调查的补充，则宜严格限制庭外核实人员的范围，可以不通知被告人、辩护律师参加。相反，如果认为庭外核实是当庭调查的替代，那么庭外核实实际上便是庭外质证，应当通过让被告人、辩护律师参加庭外核实，以保障其质证权。

笔者认为，庭外核实只是当庭调查的补充，主要是为了进一步增强法官的内心确信，故无须通知被告人、辩护律师参加，因为其质证权已在当庭调查阶段作了充分保障。在此前提下，还应正确理解"核实"的含义。此处对证据的核实是指，审判人员在庭外对有关人员身份和技术调查、侦查措施使用的技术设备、技术方法等进行核查证实，并非是对证据的质证。因此决定了庭外核实只是当庭调查的补充而非替代，庭外核实后，相应证据材料经当庭质证后，方可作为定案根据。此外，庭外核实可采用声纹鉴定或完整性鉴定、询问有关监听人员、核实更多语音材料等方式进行。[1]

因此，在实践中，法庭对技术侦查、调查视听资料的调查应以当庭调查为原则，庭外核实为例外，切勿以例外替代原则，损害辩方质证权。

---

〔1〕 程雷："技术侦查证据使用问题研究"，载《法学研究》2018 年第 5 期。

五、视听资料调查规则构建的立法建议

通过上文的分析，视听资料的调查规则主要存在以下问题：

（1）视听资料举证方式的问题。《出庭指引》规定了连续播放与分段播放两种方式，但却未明确分段播放的适用情形与标准。为了法庭高效地调查视听资料，笔者建议对《出庭指引》第38条进行完善，即在《出庭指引》第38条第1款后增加两款："视听资料在以下情形下可分段播放：（一）视听资料时长较长且待证事实是无争议事实的；（二）视听资料记录了被追诉人几个犯罪事实且这些事实之间不连续，夹杂着与案件无关事实的；（三）其他法定情形。""分段播放中每段播放应从被追诉人的身影或声音出现时开始，到被追诉人的身影或声音消失时结束。"

（2）视听资料质证形式化的问题。实践中，公诉人基于庭审效率的考虑，一般通过宣读书面笔录的方式来证明视听资料的合法性与真实性，而相关笔录的制作者、视听资料的制作者、取证者、保管者以及鉴定人根本不出庭，这让辩护人无法质证或只能简单质证。对此，笔者认为，未来应构建以人证调查为中心的质证规则，以对"人"的质证取代对书面笔录等"哑巴"证据的质证，这也符合庭审实质化的改革要求。因此，应保证与视听资料相关的人证能出庭。现有司法解释规定，控辩双方对视听资料有疑问时，法庭可通知相关人证出庭，但均允许法官进行自由裁量，因此为提高相关人证的出庭率，法官不通知相关人员出庭的，应当说明理由。基于此，可以在《刑事诉讼法司法解释》第108条第2款后增加一款："控辩双方对视听资料有疑问的，必要时，法庭应通知鉴定人、有专门知识的人、调查人员、侦查人员、见证人等出庭，不通知的应当说明理由。"

（3）视听资料审查内容不全面的问题。现有司法解释已明确了要审查视听资料来源的合法性、制作内容的真实性，但却未规定要对其来源的真实性进行审查。虽然《刑事诉讼法司法解释》第108条规定了要审查视听资料是否附有提取过程的说明，但该项说明的审查重点在于审查来源的合法性。此外，该条规定的审查视听资料内容和制作过程是否真实，与来源真实性存在区别。视听资料来源是否具有真实性保障还需要结合取证的技术标准、固定证据的程序等因素来判断，因此需要对其进行细化。具言之，笔者建议在《刑事诉讼法司法解释》第108条第1款第（六）项后增加一项："（七）提

取是否符合相关技术标准以及法定程序。"

（4）关于技术侦查、调查视听资料的调查问题。如前所述，新修订的《刑事诉讼法司法解释》对技术侦查、调查视听资料的审查判断已进行了完善与细化，但仍存在一些不足：其一，未明确声纹鉴定意见的移送问题。其二，未明确庭外核实的参与人员。其三，未明确庭外核实的具体方法。

故笔者建议对《刑事诉讼法司法解释》关于技术调查、侦查证据审查与认定的规定再予以细化。其一，将《刑事诉讼法司法解释》第116条第2款修改为："采取技术调查、侦查措施收集的音视频资料作为证据使用，声音主体身份不明，且被告人否认系音视频资料中的声音主体的，人民法院应当通知人民检察院移送声纹鉴定意见。"其二，将《刑事诉讼法司法解释》第120条第2款修改为："庭外核实时，审判人员根据需要可通知相关侦查人员、技术人员以及其他必要人员到场，被告人、辩护人无需到场。"其三，增加一条作为《刑事诉讼法司法解释》第120条的第3款："庭外核实可采用声纹鉴定或完整性鉴定、询问有关侦查人员、核实更多视听材料等方式进行。"

第三节　电子数据调查规则

一、关于电子数据调查的法律规范

电子数据系一种新兴的证据种类，其法定身份经历了一个漫长的"正名"过程。长期以来，电子数据在刑事诉讼中并没有独立的证据身份，直至《死刑案件证据规定》颁布其才成了独立的证据形式。《死刑案件证据规定》第29条首次对电子数据的审查内容进行了较为明确的规定。2012年《刑事诉讼法》正式将电子数据新增为法定的证据种类。但直至2018年再次修订《刑事诉讼法》，对电子数据的法庭调查规定仍付之阙如。

现有的司法解释、规范性文件中涉及电子数据调查的主要有《刑事诉讼法司法解释》第110~115条，《网络犯罪若干意见》第13~18条以及专门针对电子数据的司法解释——《电子数据若干规定》、专门针对电子数据取证的《电子数据取证规则》，《电子数据若干规定》的内容可大致分为展示、审查和判断，而电子数据取证的规则在法庭调查语境下可用于判断电子数据取证的合法性。

（1）关于电子数据展示的规定有《电子数据若干规定》第21条规定："控辩双方向法庭提交的电子数据需要展示的，可以根据电子数据的具体类型，借助多媒体设备出示、播放或者演示。必要时，可以聘请具有专门知识的人进行操作，并就相关技术问题作出说明。"《网络犯罪若干意见》第17条第3款规定："对侵入、非法控制计算机信息系统的程序、工具以及计算机病毒等无法直接展示的电子数据，应当附有电子数据属性、功能等情况的说明。"所谓电子数据的展示规定实际上就是电子数据的举证规则，但是前述规定仅粗略地涉及了举证方法，即借助多媒体设备或者通过具有专门知识的人进行说明，无法展示的应当通过对电子数据属性、功能等情况的说明进行展示。另外，根据《死刑案件证据规定》第29条第2款的规定，对电子数据有疑问的，应当进行鉴定。《网络犯罪若干意见》第18条规定，对电子数据涉及的专门性问题可以出具鉴定意见或检验报告。因此，电子数据还可以通过鉴定意见、检验报告等方式进行举证。上述规定缺乏对电子数据举证的具体要求、控辩双方举示电子数据的内容、举证顺序及安排的规定，也并未明确无法展示的电子数据情况，导致实践中电子数据的举证较为混乱、随意。

（2）关于电子数据审查的规定较多，最新修订的《刑事诉讼法司法解释》对电子数据的审查进行了重点改动，涵盖了对电子数据的合法性、真实性、关联性、完整性的审查，具体规定内容基本上延续了《电子数据若干规定》。审查内容就是控辩双方质证、法庭进行调查的核心内容。

（3）现有司法解释对电子数据判断的规定实际上就是法院对电子数据进行认证的依据，电子数据的认证结果分为两类：一类直接不得作为定案根据，另一类则允许经补正或者作出合理解释后采用。

二、法庭调查电子数据的基本内容

电子数据作为证据的法定种类之一，对电子数据的法庭调查仍然是围绕着对证据的"查证属实"进行的。申言之，控辩双方在法庭上举示的证据，必须经过法庭调查，确认其具备证据资格，且具有真实性、关联性，才能最终作为"定案根据"并成为裁判依据。但由于电子数据具有一定的特殊性，其可以与原始储存介质相对独立存在，在保存过程中容易被增加、删改，需要重点调查电子数据的完整性。因此，对于电子数据的法庭调查基本内容是合法性、真实性、完整性和关联性。

（一）电子数据的合法性调查与其他实物证据的调查存在着相同之处，即调查内容系取证主体和取证方法的合法性，但二者在具体内容上有着明显差异

《刑事诉讼法司法解释》第 112 条规定，收集、提取电子数据，应当由 2 名以上的调查人员、侦查人员进行。取证方法应当符合相关技术标准。《网络犯罪若干意见》第 13 条规定，收集、提取电子数据，应当由 2 名以上具备相关专业知识的侦查人员进行。取证设备和过程应当符合相关技术标准，并保证所收集、提取的电子数据的完整性、客观性。根据上述两条规定可知，电子数据的取证方法要求具有一致性，即"应当符合相关技术标准"，但所谓的技术标准法律并未予以明确，这在法庭调查中应当结合其他行业技术规定来予以认定。对于电子数据取证主体的合法性的认定是存在争议的，究竟收集、提取电子数据的 2 名侦查人员是否必须具备相关专业知识？实践中还存在着另一种情形，由于侦查人员不掌握收集、提取电子数据的专业技术能力，其委托具备相应专业技术能力的第三人，甚至是犯罪嫌疑人本人对电子数据进行收集、提取。因此，法庭调查过程中对于取证主体的调查包括：取证主体身份、取证人数、取证主体的技术能力水平。

（二）关于电子数据的真实性调查

有学者提出，实物证据的鉴真有两个独立的含义：一是证明法庭上出示、宣读、播放的某一实物证据与举证方"所声称的那份实物证据"是一致的；二是证明法庭所出示、宣读、播放的实物证据的内容，如实记录了实物证据的本来面目，反映了实物证据的真实情况。[1]前者强调的是该证据来源可靠，并且得到了规范化的收集提取、妥当的保管，并与最终提交法庭的证据具有同一性，这主要适用于物证、书证。而后者强调的是实物证据所记录的内容（比如声音、图表、照片等）能真实反映案件事实发生时的场景，这适用于视听资料、电子数据。笔者认为，法庭对于电子数据的真实性调查并非是单一的，而是包含了两个层面：电子数据来源的真实性和电子数据内容的真实性。[2]电

---

[1] 陈瑞华："实物证据的鉴真问题"，载《法学研究》2011 年第 5 期。

[2] 有学者提出，电子证据真实性分为三个层面，即电子证据载体的真实性、电子数据的真实性、电子证据内容的真实性。详见褚福民："电子证据真实性的三个层面——以刑事诉讼为例的分析"，载《法学研究》2018 年第 4 期。

子数据来源的真实性是指电子数据从收集、提取到诉讼过程中的移送、保管都具有真实性。作为法庭调查对象的电子数据分为两种情形：①电子数据储存于介质，庭审中直接出示储存介质的；②没有储存介质的，庭审中出示的是取证时提取或备份的电子数据。具体来说，前者的真实性是指电子数据储存的介质系原始储存介质，并且在诉讼过程中该原始储存介质处于封存、扣押状态，未经删改、变动等。后者的真实性是指电子数据提取、备份的过程系真实可靠的，所提取的电子数据与原始储存的电子数据具有同一性，并且所提取的电子数据在诉讼过程中未经删改、变动等。因此，电子数据来源的真实性是形式上的真实性，也可以被称为程序上的真实性。电子数据内容的真实性则是实质上的真实性，是指电子数据所包含的内容、信息客观真实地反映了案件事实。根据电子数据的系统性原理，电子数据包括了数据电文证据、附属信息数据和关联痕迹数据。[1]这里的电子数据内容真实性不仅包括其对外直接呈现出来的内容，还包括藏在系统内的附属信息、关联痕迹等也必须具有真实性，这些附属信息、关联痕迹往往更能反映出案件事实。而调查内容上的真实性，一般是通过调查在案言词证据能否与电子数据相互印证，不同的电子数据间能否相互印证等，核实电子数据包含的案件信息能否与在案的其他证据相互印证。以网络平台的非法吸收公众存款案为例，一般犯罪嫌疑人会通过网站进行对外宣传、吸收资金，侦查人员会提取网站中关于宣传、资金往来的电子数据，对于资金往来的电子数据而言，其来源的真实性是指侦查人员从服务器上提取数据并保管、使用的过程是真实的，而内容的真实性是指电子数据所反映的资金往来情况是真实的，与其他反映犯罪嫌疑人、被害人之间的资金往来的证据能够相互印证。比如，电子数据显示某人向平台投资了 10 万元，那么必须与该笔 10 万元的转账记录相互印证，这笔钱才能作为非法吸收公众存款的犯罪金额进行计算。

（三）关于电子数据的完整性调查

完整性是指收集、提取的电子数据保持未被篡改、破坏的状态。电子数

---

〔1〕　数据电文证据是指记载法律关系发生、变更与消灭的内容数据，附属信息数据是指数据电文生成、存储、传递、修改、增删而形成的时间、制作者、格式、修订次数、版本等信息，关联痕迹数据是指电子证据的存储位置信息、传递信息、使用信息及相关文件的信息。详见刘品新："电子证据的基础理论"，载《国家检察官学院学报》2017 年第 1 期。

据的完整性是真实性最重要的要素。[1]但鉴于电子数据本质上是以电子形式存储或者传输的数据，即只要敲击键盘，即可对其进行增加、删除、修改，故一般认为其具有易变性特征。[2]为了确保电子数据在收集、提取、保管过程中未被增加、删改，有必要对其完整性进行重点调查，因此本书将电子数据的完整性单独作为调查内容予以重点强调。并且，根据《刑事诉讼法司法解释》第 111 条之规定，电子数据对完整性的审查单独进行罗列，说明法院对电子数据完整性调查的重视。其次，电子数据完整性调查相较于真实性调查具有哪些特殊内容？其一，如果存在原始储存介质，则调查介质的扣押、封存状态；其二，如果没有原始储存介质，则调查电子数据的收集、提取过程是否完整；其三，通过技术手段直接检验数据是否完整。

（四）电子数据的关联性调查包括了载体与内容的双重关联性

首先，电子数据一般存在于计算机系统、手机软件、网络、云盘等虚拟空间，虚拟空间与案件事实所在的物理空间无法直接对应。因此，电子数据关联性调查的第一步是完成其电子数据信息载体与被告人或被害人等主体之间的关联性，即"机—人"关联[3]。其次，关联性调查的第二部其他证据种类的关联性是相同的，调查电子数据的内容与案件待证事实或者其他争议事实具有一定的联系，能够起到一定的证明作用，即"机—事"关联。仍然以网络平台的非法吸收公众存款案为例，假设法庭正在调查电子数据是侦查人员通过服务器中提取网站 A 关于该网站对外进行宣传并吸收投资的内容，那么法庭就必须对网站 A 系被告人甲实际使用进行证明，同时应证明电子数据内容反映了被告人甲从事非法吸收公众存款的事实。如果被告人甲在该网站上还同时替案外某公司发布了招聘广告，那么关于该广告发布的电子数据内容就与本案没有关联性。

三、法庭调查电子数据的规则构建

根据上文的总结可知，现行司法解释中对电子数据调查的规定较为散乱，

---

[1] 周加海、喻海松："《关于办理刑事案件收集提取和审查判断电子数据若干问题的规定》的理解与适用"，载《人民司法（应用）》2017 年第 28 期。

[2] 喻海松："刑事电子数据的规制路径与重点问题"，载《环球法律评论》2019 年第 1 期。

[3] 有学者将电子数据载体的关联性解构为人、事、物、时、空的五个维度。详见刘品新："电子证据的关联性"，载《法学研究》2016 年第 6 期。

且部分内容未有配套规定。鉴于电子数据本身的复杂特性，加之调查规则的缺失容易导致电子数据的调查无法达到证据调查效果，我国需要构建一套成体系的电子数据法庭调查规则。其应包括举证规则、质证规则和认证规则，进而全方位地为法庭调查提供确切的指引，保障电子数据在司法实践中的准确适用。

（一）电子数据举证规则

1. 举证的总体要求

举证是法庭调查的前提、基础，在庭审实质化改革的大背景下更应当加强举证的实质化、专业化。在司法实践中，传统证据的举证已经发展得比较成熟，而电子数据则明显存在举证务虚、空洞的问题。由于电子数据具有极高的科技含量，举证方往往并不了解其背后的技术知识。他们举证时的首要出发点只是简洁省事，即只要某一举证方式能够将无形的电子数据有形地提交到法官面前即可，极少顾及举证方式是否完好、准确、恰当地展现电子数据，更不论该举证方式能否与相应电子数据的本质特征很好地融合、协调。电子数据相较于其他实物证据来说，其举证不仅仅是出示证据、阅读证据名称和内容及证明目的，还应当遵循完整性原则、原始性优先原则和解释性原则。完整性原则是指电子数据在举证时应当完整地反映出其取证过程，以证明电子数据的合法性和来源真实性。具言之，电子数据的举证不仅仅是出示电子数据本身，还应当出示证明其取证程序、来源的相关笔录等。原始性优先原则，顾名思义是指原则上电子数据应当通过出示原始储存介质或直接提取的电子数据等原始性的方式来进行举证，这是保障电子数据真实性的最佳方式。解释性原则系专门针对于电子数据举证空泛的问题，该原则是指电子数据举证时举证方应当尽到充分解释的义务，这里的解释不是要求举证方一定要对电子数据的专业技术多么熟练，但其既然出示了这份证据，就应当对该份证据的来源、内容和证明目的有充分的了解，并且可以将之解释给法官。易言之，举证方有义务向法官解释说明电子数据提取、保管过程，电子数据究竟是什么，是如何起到证明作用的？当然，不要求一定由举证方个人完成上述解释说明义务，其有权邀请具有专门知识的人协助说明。

2. 举证内容

举证内容是指举证主体为履行其举证责任、达到其证明目的，在举示证据时应展示的内容。实物证据在举证时，首先应证明其来源合法性。加之电子数据存在可与原始储存介质分离且易变动的特性，其举证时更应当明确其取证合法性和来源真实性的证据。因此，笔者认为，电子数据举证内容分为两个部分：一个部分是为了证明电子数据来源的配套内容；另一部分是电子数据本身所要证明的内容。

（1）根据《电子数据若干规定》和《电子数据取证规则》，就不同收集方式获得的电子数据应进行配套举证，以证明电子数据来源。主要包括以下内容：

第一，对已扣押、封存原始储存介质的电子数据，举证包括对原始储存介质封存状态的记录，以及扣押清单。该清单应载明原始储存介质名称、编号、数量、特征及其来源。调查人员、侦查人员、持有人（提供人）和见证人应在上面签字。

第二，对现场提取的电子数据，举证包括：其一，电子数据现场提取笔录。载明电子数据的来源、事由和目的、对象，提取电子数据的时间、地点、方法、过程。不能扣押原始存储介质的，应说明原因以及原始储存介质的存放地点。调查人员、侦查人员、持有人（提供人）应当签字。其二，电子数据提取固定清单。包括数据文件类别、文件格式、完整性校验值。调查人员、侦查人员、持有人（提供人）应签字。

第三，对网络在线提取的电子数据，举证包括：其一，提取过程的录像或照片。反映出远程计算机信息系统的访问方式、提取的日期和时间、提取使用的工具和方法、电子数据的网络地址、存储路径或者数据提取时的进入步骤、计算完整性校验值的过程和结果。其二，网络在线提取笔录。载明电子数据的来源、事由和目的、对象，提取电子数据的时间、地点、方法、过程；如不能扣押原始存储介质，应说明原因。其三，电子数据提取固定清单：类别、文件格式、完整性校验值。调查人员、侦查人员应签字。

第四，对远程网络勘验获得的电子数据，举证包括：其一，远程勘验笔录。载明远程勘验情况、勘验照片、截获的屏幕截图等。侦查人员和见证人应当签名。其二，电子数据提取固定清单。应载明电子数据类别、文件格式、完整性校验值。调查人员、侦查人员应签字。

第五，对冻结的电子数据，举证包括：其一，县级以上公安机关负责人批准文书。其二，协助冻结电子数据通知书，冻结电子数据的网络应用账号等信息。

第六，对调取的电子数据，举证包括：其一，办案部门负责人批准文书。其二，《调取证据通知书》。通知书需要载明调取的电子数据的有关信息。被调取单位、个人在通知书回执上应签名，并附完整性校验值以及其他使用电子数据完整性方法的说明。

第七，对技术侦查获取的电子数据，举证材料中应包括同意采用技术侦查措施的批准决定。

（2）对于电子数据本身的举证来说：其一，结合前文的配套举证内容对电子数据的来源、保管过程进行说明。其二，举示电子数据与案涉主体存在关联的信息，包括电子数据载体及内容的主体关联情况。比如，有的电信网络诈骗中既涉及发送虚假信息的手机所有者与被告人的对应，还涉及手机虚假信息发出者与被告人的对应。其三，举示电子数据与案件事实或量刑存在关联的内容，不仅包括直接显示的图片、文字等数据电文证据，还包括内在的附属信息数据和关联痕迹数据。其四，需要对电子数据内容进行筛选、计算、推导、分析等方式才能得出证明内容的，应当说明筛选、计算、推导、分析等方式的内容。其五，举示电子数据的证明目的，即通过举示该份证据拟单独或结合其他在案证据拟证明的内容。

以一起"天天德州网络棋牌游戏诈骗案"为例，该案中，多名被告人通过串谋的方式在游戏中赢取被害人充值的游戏币，然后将游戏币兑换成现金。为了证明被告人的诈骗数额，侦查机关向游戏公司调取了网络游戏牌局的电子数据。根据上述对电子数据举证内容的梳理，该案中公诉人出示电子数据时，首先，应当说明该电子数据的来源及调取过程。其次，应当说明电子数据中所涉及的游戏账号，因为这些账号是具有主体识别标志性的，然后说明游戏账号对应的当事人[1]，完成主体关联性的证明。再次，被告人进行的游戏牌局赢取的游戏币直接反映出其诈骗的金额，公诉人应对电子数据中哪些内容可以体现、如何体现牌局游戏币输赢情况进行说明，完成内容关联性的证明。最后，并非任一被告人参加的游戏牌局都是诈骗，需要对收集的全部电子数据进行筛选、计算才能得出诈骗游戏币数量。因此，公诉人必须对诈骗游戏币数量的筛选、计算方式进行举证说明。再比如，在"叶某星、张某

---

〔1〕 对于虚拟用户与案涉主体关联关系的证明，一般会通过其他在案证据和电子数据共同证明，可与电子数据一起举证。

秋提供侵入计算机信息系统程序案"中，公诉人指控叶某星编制"小黄伞"撞库软件供他人使用，张某秋组织码工打码。公诉人提取了叶某星被扣押电脑的MAC地址，比对"小黄伞"软件源代码中是否含有叶某星电脑的MAC地址。最终通过比对发现，使用撞库软件的终端设备的MAC地址与叶某星电脑的MAC地址、小黄伞软件的源代码里包含的MAC地址一致，则足以说明叶某星是非法软件的制作者。[1]那么公诉人在举证时，就必须对上述提取地址、对比的过程进行说明，才能够符合解释性原则。

（3）由于电子数据存在专业性强、数量庞大等特征，部分电子数据无法直接通过展示原始数据的方式表达证明内容，侦查机关可能通过检验、鉴定的方式来呈现电子数据中所反映的专门性问题。对于上述情况，举证主体除了展示原始的电子数据以外，还应当重点出示检验报告或鉴定意见。以鉴定意见为例，出示鉴定意见应当说明鉴定原材料的来源及情况、鉴定事项、鉴定方法及鉴定结论。同样以上述网络棋牌诈骗案为例，调取的游戏牌局数量非常庞大，侦查机关委托了司法鉴定机关对各被告人参与的诈骗棋牌牌局赢取的游戏币及金额进行鉴定，出具了鉴定意见。需要强调的是，实践中，很多案件均以鉴定意见为王，以鉴定意见的举证代替了电子数据的举证。但是，笔者认为电子数据作为鉴定的素材，其本身的合法性、真实性也决定了鉴定意见的真实性、有效性，因此电子数据的举证不应被鉴定意见所替代。

3. 举证方法

电子数据的举证方法分为三种方式。第一种是直接运用原始储存介质或者借助多媒体设备对电子数据进行展示。比如，手机短信作为证据，如果扣押了手机，可以在庭审中直接出示手机中的短信。如果没有扣押手机而是提取了手机中的短信数据，则可以通过庭审多媒体设备展示出提取的短信数据。第二种是通过展示电子数据的打印件、照片、视频等方式进行举证。这种举证方式只适用于两种情形：①依据《电子数据取证规则》第8条取证获得的电子数据；②人民法院因设备限制，无法直接展示电子数据的。第三种是辅助性的举证方式，可以聘请具有专门知识的人对电子数据进行操作，并就相关技术问题作出说明。实践中，电子数据的举证存在着一个常见的错误做法，

---

[1] 详见最高人民检察院第十八批指导案例中"叶某星、张某秋提供侵入计算机信息系统程序、谭某妹非法获取计算机信息系统数据案"（检例第68号）。

即很多侦查机关考虑到电子数据的复杂性，不易看懂，就自行对电子数据进行了整理，形成可以直观查看的 Excel 表格或 Word 文档。庭审举证时公诉人则以侦查人员自行制作的表格或文件代替电子数据的举证。然而，前述表格、文档并非客观存在的证据，不具有证据资格，更不能代替电子数据。对于技术性较强的电子数据，侦查人员可以在侦查阶段就委托鉴定机构就其中的专门性问题进行鉴定，再用鉴定结论证明相关事实，或者公诉人可以在庭审中请具有专门知识的人对电子数据的专业技术问题进行讲解说明。

4. 举证顺序及安排

关于电子数据的举证顺序和安排可以分为三个层面来分析：第一个层面是举证主体；第二个层面是电子数据的举证相较于其他证据种类来说的顺序确定；第三个层面是就电子数据本身而言，其举证应当如何安排。首先，电子数据的举证主体包括控辩双方。一般来说，刑事案件中都是公诉人承担举证责任，举证主体都是公诉人，但容易忽略的是被告人及其辩护人仍然有权出示证据，包括电子数据。根据《法庭调查规程》第 28 条的规定，公诉人出示证据后，经审判长准许，被告人及其辩护人可以有针对性地出示证据予以反驳。因此，公诉人出示证据之后辩方可出示证据。其次，电子数据应当在证人出庭之后与物证、书证等一起举示，举证顺序应当围绕案件争议焦点来确定，没有固定的举证顺序。但需要注意的是，一般举证分为单独举证和概括举证，笔者认为，对于电子数据，根据实践经验，其一般系案件的关键性证据，应当单独举证，充分展示证据并说明证明事项，接受质证。最后，关于电子数据本身的举证。根据前文对电子数据举证内容的梳理，电子数据本身的举证可以从其配套举证证据开始，先证明其合法性、来源真实性，再举证电子数据中证明主体关联性的内容，最后举证电子数据中与案件事实关联的内容，陈述证明目的。

（二）电子数据质证规则

1. 质证的总体要求

电子数据的质证是法庭调查的重要环节，只有经过充分的质证才能帮助法院在庭审中完成电子数据调查，因此电子数据质证必须符合全面性、针对性、实质性的要求。

第一，全面性是指电子数据的质证应当包括合法性、真实性、完整性和关联性四个方面，不能只着眼于某一方面，比如只关注电子数据内容是否能够达到证明目的，却忽略了对电子数据真实性的质疑。相反，由于电子数据容易被删改就执着于真实性调查，忽略了关联性同样决定了电子数据能否作为定案根据。

第二，针对性是指对电子数据的质证必须是具体的、针对某个证据资格或者证明力存在的问题，而不是概括性、宽泛性的质证意见。只有针对性的质证意见才能引导法庭对证据进行具体的调查。比如，实践中很多辩护律师谈电子数据色变，习惯性地认为电子数据都是容易删改的，公诉人出示一份电子文档，质证方只提出"电子文档可以随便更改，对该证据的真实性不予认定"，但是其并没有指出电子数据哪处内容或者哪个取证环节暴露出应对其真实性产生怀疑。相反，如果辩护律师能够指出某份电子数据其提取笔录上侦查人员没有签字，那么法庭肯定会对该份笔录重点调查，继而对取证过程进行深入调查。

第三，质证重在因疑而问、有疑有问、问以解疑、问以证疑。[1]因此，对电子数据的质证必须是实质性的，能够起到挖掘证据疑问、证明疑问最终有助于对证据进行认证的作用。实质性的第一个体现，是质证意见必须是针对可能直接影响电子数据合法性、真实性等方面的问题，这样才能够产生有价值的疑问。第二个体现，是质证不仅表现为诉讼一方对另一方所提出的不利于己之电子数据进行质疑和责问，同时还包括提交电子数据方对该质疑进行的反驳和辩解。[2]具有双向性和对抗性的质证才是实质性的，如果只是简单的不予认可质证意见，那将不利于证据调查，法院也无法通过质证的交锋来获知真实的情况。

2. 质证内容

电子数据的质证内容应当围绕合法性、真实性、完整性和关联性展开。

（1）合法性分为取证主体和取证方法两个方面。

第一，关于电子数据的取证主体，有学者提出，其合法性通常包括两个要求：取证权限的合法性和技术资质的合法性。其对应的违法形态主要有两种：一是收集电子数据的侦查人员不具有相关专业技术知识；二是具有相关

---

〔1〕 何家弘、刘品新：《证据法学》（第5版），法律出版社2013年版，第233页。

〔2〕 何家弘、张卫平主编：《简明证据法学》（第3版），中国人民大学出版社2013年版，第151页。

专业技术知识的电子数据取证人员不是侦查人员。[1]但是，笔者认为，在实务中对电子数据质证时取证主体合法性的质疑应当严格按照有关司法解释及规定来确定。根据《刑事诉讼法司法解释》第 112 条、《电子数据若干规定》第 7 条、第 24 条以及《电子数据取证规则》之规定，一般情况下收集、提取电子数据的取证主体只有对身份和人数的要求，并无对技术资质的要求。对于网络犯罪这类涉及电子数据较多的案件侦查来说，《网络犯罪若干意见》第 13 条规定了收集、提取电子数据"应当由二名以上具备相关专业知识的侦查人员进行"。因此，笔者认为，普通刑事案件中的电子数据的质证重点应当是取证主体是否具备侦查人员这一法定身份，不应将侦查人员是否具有相关专业技术知识作为质证内容。而对于网络犯罪中的电子数据，辩方可以对取证主体的专业知识背景提出质疑，要求公诉人对此作出说明。司法实践中存在这样一种常见的情形，侦查人员在收集、提取电子数据时委托专业技术人员进行，这是否符合取证主体合法性？有学者提出，有些取证行为并无载体取得行为，而直接进入数据提取，如"在线提取电子数据"等。而大量并非技术人员的刑警难以应对取证中的技术问题，需要技术人员协助。对于可能需要具备必要技术能力的取证行为，可以借鉴《刑事诉讼法》的规定，实行侦查人员与专业技术人员相配合的取证方法。[2]因此，只要侦查人员取得搜查、扣押等强制性侦查措施的决定，措施的执行便可以被委托给具有专门知识的人实施，不违反主体合法性。关于取证主体合法性还需要注意的是，取证主体不仅必须是侦查人员，还必须是符合侦查条件的公安机关的侦查人员。根据《电子数据取证规则》第 28 条之规定，网络远程勘验必须由县级公安机关负责。

第二，取证方法应从程序性和技术性两个方面考虑其合法性。程序性要求是指对电子数据的取证应当符合取证规则，即公安机关、司法机关等出台的规范电子数据取证活动的各类规则。质证内容包括了从收集、提取、冻结、调取到保管的一系列行为，是否符合程序性规则的约束。随着网络技术的发展，现在境外实施犯罪的情形越来越多，对于委托取得的境外证据，还应重

---

〔1〕　谢登科："电子数据的取证主体：合法性与合技术性之间"，载《环球法律评论》2018 年第 1 期。

〔2〕　龙宗智："寻求有效取证与保证权利的平衡——评'两高一部'电子数据证据规定"，载《法学》2016 年第 11 期。

点注意移交过程是否连续、手续是否齐全、交接物品是否完整、双方的交接清单记载的物品信息是否一致、交接清单与交接物品是否一一对应。[1]另一方面,《刑事诉讼法司法解释》第 112 条对取证方法合法性规定了审查其"是否符合相关技术标准",这就是对技术性的要求,然而这个技术标准并未明确。实践中涉及电子数据取证的技术标准较为散乱,且专业性较强,比如,《数字化设备证据数据发现提取固定方法》(GA\T756-2008)、《电子数据证据现场获取通用规范》(SF\Z JD0400002-2015)、《电子数据存储介质复制工具要求及检测方法》(GA\T 754-2008)、《信息安全技术存储介质数据恢复服务要求》(GB\T 31500-2015)等。质证时可依据上述技术标准对取证方法提出质疑。

(2)对电子数据真实性的质证核心在于质疑电子数据内容是否被增加、删改以及该内容是否真实反映案件事实,质证内容也应围绕这一目的。

第一,通过对电子数据来源的质疑,从程序上确保电子数据无法被增加、删改。电子数据的来源包括了其载体的来源和数据本身的来源。按照电子数据生成所依赖的技术环境不同,电子数据可被分为计算机类电子数据、网络类电子数据和手机类电子数据。[2]一般计算机类和手机类的电子数据可以扣押原始储存介质,质证时应当对数据载体——原始储存介质的扣押、封存状态仔细查看。比如,原始储存介质是否处于正常运行状态、封存的封条是否被破坏等。而网络类电子数据一般是在线提取电子数据,质证时则应当关注数据是否是从原始储存介质提取的、提取过程是否有详细说明以及是否可以重现,电子数据是否具有数字签名、数字证书等特殊标识。在"快播案"中,被告单位及被告人被指控传播淫秽物品牟利罪的关键证据就是四台服务器中的淫秽视频。辩护律师提出公安机关调取案涉服务器后,没有登记服务器的特征、型号与内置硬盘的型号、数量、容量,也没有对扣押物品拍照。[3]上述质证意见就是对电子数据载体真实性的质疑。

第二,通过对电子数据内容的质疑,从实质上确保其结果上未被增加、

---

〔1〕 详见最高人民检察院公布的第十八批指导案例中"张某闵等 52 人电信网络诈骗案"(检例第 67 号)。

〔2〕 龙宗智等:《司法改革与中国刑事证据制度的完善》,中国民主法制出版社 2016 年版,第306~308 页。

〔3〕 刘品新:"电子证据的鉴真问题:基于快播案的反思",载《中外法学》2017 年第 1 期。

删改。辩方可以基于数据内容的明显不合理性提出质疑，也可以要求对真实性做专业鉴定。比如，公诉人出示一台计算机中的文档作为证据，而辩方发现该计算机文档属性上显示的修改日期为计算机封存之后，显然有理由怀疑该份文档在保管过程中被作过一定的改动。当产生合理怀疑后，电子数据究竟是否被作过增加、删改，辩方实际上是很难明确的，因此其可以申请法院对该电子数据进行无污损鉴定。

第三，对电子数据内容反映的信息是否真实则可以结合在案其他证据进行质证。

（3）电子数据的完整性在一定程度上相当于是对电子数据外在形式真实的重点审视，与真实性的质证存在一定的交叉，但完整性质证特有的指标是证据的持续占有以及证据采集固定手段的可靠性。证据的持续占有是指电子数据从采集、评估、处理、存储到最终提交法庭审查的整个过程，是否对整个程序保存完整记录。[1]因此，完整性的质证应当对证据占有过程进行审视，并且可以通过技术手段审查电子数据是否完整。即《刑事诉讼法司法解释》第111条规定，验证电子数据完整性的方法包括比对电子数据完整性校验值、与备份的电子数据进行比较、审查冻结后的访问操作日志。

（4）电子数据的合法性、真实性固然重要，但实践中辩方能够发力进行质证的仍然是关联性问题，关联性的质证涉及的专业技术相对较少，更多的是逻辑分析和经验判断。前所述及，电子数据的关联性分为主体关联性和内容关联性。其一，主体关联性的质证内容包括举证方提供的电子数据载体或内容是否能够显示电子数据的制作者、传输者、接收者等主体与当事人系存在对应关系，或者通过其他在案证据可以证实电子数据与当事人在身份上存在对应关系。其二，内容关联性的质证包括电子数据中所反映的信息是否与案件事实存在直接或间接的联系，是否单独或结合其他证据能够达到证明目的。

3. 质证方法

为了充分保障电子数据的质证效果，电子数据的质证方法比较多元化，一共有七种。分述如下：

---

〔1〕 龙卫球、裴炜：“电子证据概念与审查认定规则的构建研究”，载《北京航空航天大学学报（社会科学版）》2016年第2期。

（1）直接就电子数据存在的问题发表质证意见，这是最常见的质证方法。这种方式通常适用于质证方对证据的质证相对明确、简单时，仅通过陈述意见即可为法官所接受。发表质证意见时，可以援引举证方出示的其他证据进行佐证，"以子之矛攻子之盾"，能够有效地破坏对方的证据链。

（2）质证方就电子数据问题向举证方发问。发问作为质证方式一般分为两种情形：一种情形是质证方对发问内容明知答案，发问的目的在于由举证方自己说出其想要的答案，更容易说服法官。另一种情形是举证方举证时未充分陈述电子数据的收集、提取、保管等过程，或者存在其他涉及合法性、真实性、关联性存疑的问题，质证方为了充分了解电子数据的取证过程或者数据内容等情况，向举证方发问，这种发问有利于对证据展开深入、全面的调查。发问结束后，质证方可适当地对发问结果进行总结，回归到发表质证意见上来。

（3）申请调查人员、侦查人员、见证人出庭。虽然公诉人承担了追诉的职能，但其用于追诉犯罪的证据基本上是侦查人员侦查取得的，公诉人并非原始参与者，其对公诉证据的了解来源于阅卷和与调查人员、侦查人员有限的沟通，很多时候公诉人对其出示的电子数据并不十分了解，尤其是在取证环节。而对电子数据取证环节、电子数据内容等最了解的是直接办案的调查人员、侦查人员。虽然现有的法律规定仅就非法证据排除中的证据收集合法性调查赋予了辩方申请调查人员、侦查人员出庭的权利，但笔者认为，针对电子数据的质证有必要赋予辩方申请侦查人员出庭的权利。其一，电子数据质证中申请调查人员、侦查人员出庭的任务就是进行电子数据收集合法性的调查，与非法证据排除程序中调查证据收集合法性的出庭任务一致。其二，电子数据其取证过程相较于其他实物证据来说更加复杂，尤其是涉及网络在线提取、网络远程勘验的，任何一个取证细节都可能影响电子数据的真实性。除了调查人员、侦查人员以外，见证人也是亲历取证过程的人，对取证过程的细节比较清楚，申请见证人出庭同样有利于对电子数据的合法性、真实性予以调查确认。这里的见证人出庭是为了对电子数据收集合法性的质证，与一般意义上的证人不同，如果仅根据证人出庭的法律规定来申请见证人出庭，在法理上可能会存在一定的障碍。并且，一般证人出庭作证都是在出示实物证据之前，见证人出庭必须是在对电子数据质证的环节中接受询问，从法庭调查的安排上也需要相应的调整。因此，笔者建议在将来的立法中增加申请调查人员、侦查人员、见证人出庭接受电子数据质证方询问的规定。当然，调查人员、侦查人员、见证人出庭应有一定的限制，仅针对重大疑难案件中关键的电子数据，依据现有的证据无法认定其合法性、真实性的，可以申请侦查人员、见证人出庭。

（4）申请鉴定人出庭。鉴定人出庭是专门针对电子数据鉴定意见的，《电子数据若干规定》第26条第1款、第2款规定，控辩双方对电子数据鉴定意见有异议的，均可以申请人民法院通知鉴定人出庭作证。人民法院认为鉴定人有必要出庭的，鉴定人应当出庭作证。经人民法院通知，鉴定人拒不出庭作证的，鉴定意见不得作为定案的根据。

（5）申请具有专门知识的人出庭。《电子数据若干规定》第26条第3款规定，控辩双方均有权申请法庭通知有专门知识的人出庭，但这里仅针对鉴定意见。那么控辩双方针对电子数据存在专业技术的疑问，是否有权申请有专门知识的人出庭辅助质证呢？笔者认为是可以的。首先，如前反复所陈，电子数据具有专业性，控辩双方都不一定具备足够的专业知识以知悉电子数据涉及的专业技术，尤其是在涉及网络系统证据、计算机证据时。即便是事先对相关技术进行了解熟悉，其在法庭调查中也可能无法准确地表达出电子数据涉及的专业技术，不能使法官充分了解。其次，电子数据和鉴定意见都是证据，既然鉴定意见可以请有专门知识的人出庭，那么同理电子数据也可以请有专门知识的人出庭。

（6）申请调取有关证据或者自行调查取证进行反驳。由于电子数据具有系统性特点，其往往不是单独存在的，而是与同属于一个"场"里的其他文件、信息紧密关联的。比如，一份计算机存储的文件被作为证据，那么访问操作日志可以清楚地反映出是否有操作者对文件进行了删改，或者也可以反映出哪些主体对文件进行了修改，存在主体关联。而控方举示的证据一般只有电子数据本身，如果辩方认为该份电子数据真实性、关联性存疑，需要通过其他相关证据来佐证，控方又没有提供相关证据，那么辩方有权利申请法院调取或者自行调查取证。当然，笔者认为，辩方自行调查取证同样存在真实性存疑的问题，虽然可以通过公证等方式进行保障，但这里仍然建议以申请法院调取有关证据为主。

（7）申请鉴定。电子数据在取证过程中涉及很多程序性规则、技术性规则，从现有的规定来看，违反相关规则后是否一定影响真实性的认定、能否作为定案根据，都没有明确，存在很大的自由裁量空间。那么，为了查清电子数据的真实性，最根本的方法便是进行鉴定，鉴定电子数据是否被篡改、增加、删除、修改等。因此，电子数据质证的兜底方法，也是最根本的方法就是申请鉴定。控方如果想要对电子数据进行鉴定，完全可以在审前就要求侦查人员委托鉴定机构进行鉴定，不需要向法院申请鉴定。因此，这里申请鉴定的方法主要适用于辩方。然而，现有的规定并未赋予辩方申请鉴定的权利，笔者认为，我国在今后出台的司法解释中可以增加辩方申请对电子数据进行鉴定的权利。

（三）电子数据认证规则

1. 认证要求

法院对电子数据的认证就是经过控辩双方的举证、质证，同时经过法官的职权调查，就案件中的电子数据能否作为定案根据作出结论，也就是对电子数据的最终判断。为了进一步将法庭调查实质化，电子数据的认证应当满足逐一认证、说理性认证的要求。网络犯罪日益增多，传统犯罪的犯罪手法也逐渐网络化，电子数据在刑事案件中的证据地位也愈发重要，法院对每一个电子数据的认定结论都可能直接影响被告人是否构成犯罪。并且，裁判结果源于定案根据，而定案根据包含哪些证据应当经过法院的认证，如果法院的认证具有模糊性、概括性，那么由此作出的裁判结果也将缺乏坚实的证据基础。因此，法院对控辩双方出示的每一份电子数据都应当进行明确的认证，以确定该证据究竟是否可以作为定案根据。法院对电子数据进行逐一认定有助于将电子数据法庭调查落到实处，如果电子数据从举证、质证到认证都是含糊其辞的，那么对电子数据的调查将永远浮于表面，无法发挥电子数据在刑事案件中的证据作用。再者，电子数据的逐一认证更有助于对电子数据审查规范的不断完善。电子数据作为发展较新的证据形式，证据表现形式不断更新，无论是控辩双方还是法院，对电子数据的调查认证都是一个发展改进的过程。因此，法院最终的认定结果可以让控辩双方知道法院在认定电子数据时所采用的裁判思路是什么样的，进而使双方以后的举证、质证思路能够更加贴近法院调查、裁判的需求。

法院不仅应当对电子数据进行逐一认证，其在认证时还应当进行认证说理。其说理内容包括：①认证结果，即该份电子数据是否可以被作为定案根据；②认证分析过程，即法院对经过举证、质证调查后对电子数据是否具备合法性、真实性、完整性和关联性的意见、理由，以及对电子数据经补正、合理解释后所作的分析认定。

2. 认证内容

电子数据的认证应当在双方质证争议焦点的基础上仍然围绕合法性、真实性、完整性和关联性全面展开。

（1）关于电子数据的合法性。其一，电子数据取证主体合法性，如前所述笔者认为取证主体不是侦查人员的电子数据不具有合法性，不应作为定案根据，而取证主体是否具有技术资质则不影响对证据合法性的认定。其二，电子数据取证程序如果存在一定的瑕疵，经过补正或者作出合理解释后可以采用。根据《电子数据若干规定》第 27 条之规定，取证程序瑕疵包括：未以封存状态移送的，笔录或者清单上没有侦查人员、电子数据持有人（提供人）、见证人签名或者盖章的，对电子数据的名称、类别、格式等注明不清的。其三，如果取证程序违反了其他程序性规定该如何认定？对此，我国并无明确的规定。笔者认为，需要根据程序违法程度进行综合判断。电子数据取证违反技术操作性程序规范，一般不会侵犯公民的重要权利，取得的电子数据并非非法证据，因此不适用非法证据排除的程序性制裁电子数据取证规则的规定很大程度上也并非是为了保障电子数据取证的合法，而是为了保障电子数据取证的真实。因此，对取证程序的违法原则上可以允许侦查机关作出补正或合理解释，除非存在重大违法情况。

（2）电子数据的真实性是其认证的核心内容，认证的内容包括电子数据本身或经补正、解释后是否足以达到证明未经增加、删改，是真实的，具有证明力。其一，传统实物证据的鉴真方法分为"独特性确认"和"保管链条证明"，对于电子数据的真实性认定主要采用"保管链条证明"的方法，即通过对电子数据从提取到当庭出示过程的完整展示来鉴别其同一性。具言之，电子数据保管链条证明的方法就是审查过程中所涉及的笔录、清单、录像以及见证人，如果通过这些证据能够完整反映出电子数据的保管链条，原则上便可以认定其是具有真实性的。其二，如果电子数据的保管链条存在一定的瑕疵，只要不足以达到无法确定电子数据真伪的程度，便可以通过补正、解释，或者通过其他在案证据予以印证的方式来认定电子数据的真实性。其三，通过对电子数据的一些技术性标准可以审查其真实性。比如，完整性校验值、数字签名、数字证书和访问操作日志，上述内容可以相对直接地反映出电子数据是否真实、完整。

如果电子数据的保管链条存在一定的瑕疵，控辩双方对于某电子数据是否经过伪造、破坏、修改发生争议，而无法通过肉眼观察的方法直接确定其是否经过伪造或者破坏，则需要借助专业技术来进行认定。[1]即通过司法鉴定或者检验的方式直接鉴定、检验电子数据是否被改动过，该鉴定具有事后性和补救性。比如，在前文已经提及的"快播案"中，案涉的关键的 4 台服务器在扣押、移交过程中，执法机关没有登记服务器的其他特征，公安机关错误记载了硬盘数量和容量，导致辩方对数据真实性产生怀疑。为了对数据真实性进行调查，法院委托了鉴定中心对电子数据真实性进行了鉴定，该鉴定则起到了对保管链条瑕疵的补正作用。经过鉴定机构鉴定具有真实性后，原则上可以认定该电子数据具有真实性。

但如果电子数据经过补正、解释后仍然无法确定真实性，法院应当认定其不得作为定案根据。《电子数据若干规定》第 28 条系电子数据的证据排除规则，电子数据系篡改、伪造或者无法确定真伪的，以及电子数据有增加、删除、修改等情形，影响电子数据真实性的不得作为定案根据。上述规定反映出，对电子数据真实性的认定将直接影响电子数据的证据资格，而判断标准相对比较模糊，虽然有明确的篡改、伪造、增加、删改等行为规定，但落脚点仍然是无法确定真伪的电子数据，所以法官在认证时是根据其经验进行判断的，自由裁量权较大。此外，在进行电子数据真实性认定时容易忽略的是，电子数据内容如果结合其他证据证实其内容并非真实反映案件事实，则该证据即使来源真实也不得作为定案根据。

（3）关于主体身份的关联性认证内容是认定电子数据的虚拟身份与当事人存在关联，根据《电子数据若干规定》第 25 条之规定，可以通过核查相关 IP 地址、网络活动记录、上网终端归属、言词证据进行综合判断。此外，还可以通过电子数据的属性信息、软件编码、账号登记主体等对其主体关联性进行认定。如果电子数据经过上述判断可以认定其与当事人存在身份上的同一性，那么应认定为其具有主体身份的关联性。

另外，关于内容关联性的认证内容是指认定电子数据的内容是否与案件事实存在确定关联，是否能够独立或者结合其他证据起到证明某个案件事实

---

〔1〕 谢登科："电子数据的鉴真问题"，载《国家检察官学院学报》2017 年第 5 期。

存在或者不存在的作用。除了通过电子数据内容本身确定以外，还可以通过电子信息在虚拟环境中的创设、产生及相互关联过程中的"记录痕迹"来证明物理环境下涉案当事人的时空关系。[1]比如，在串通投标案件中，假设被告人甲是公司老板，其指使公司员工制作投标文件，仅在投标文件作出后进行了少量的修改。除了言词证据以外，如何能够证明被告人甲实际参与了串通投标的过程？这里可以通过提取投标主体提交的电子版投标文件，查看该文件的修改痕迹可以确定被告人甲是对投标文件进行过修改的，那么该份电子文档的痕迹证据就与被告人甲参与串通投标犯罪存在关联，应认定其具有关联性。

3. 认证方法

电子数据具有鲜明的系统性，其认证方法与其他实物证据存在着明显差异，以综合认证方式为主。综合认证是指仅从电子数据本身无法完全判断其是否具有合法性、真实性等，需要结合其他在案证据所包含的事实信息得到相互验证，从而对电子数据进行认证。比如"薄某某受贿案"中，公诉人出示了2份提取自被告人妻子电脑的别墅设计幻灯片，用以证实被告人受贿后购买了别墅。然而，仅从这2份幻灯片无法进行认证，所以公诉人又出示了提取过程的说明以证明幻灯片的合法性、真实性，还出示了被告人、证人关于幻灯片的讯问、询问笔录，以证明幻灯片的真实性、关联性。最终，法院采信了这2份幻灯片。[2]电子数据在虚拟空间中产生、变化时都附带着其他文件、信息的变化。有的电子数据是基于信息网络的，那么同一行为会在不同的网络节点留下相关的电子数据。[3]比如，侦查人员从发件人的电脑收集了一份案涉邮件，而相对应的收件人系统中也应当有一份同样的邮件，此时这2份邮件就形成了对应。有的电子数据是基于单机空间的，那么同一行为便会同步形成一些附属信息，比如文档的创建时间、修改时间、访问时间、保存者、类型、格式等，还会同步留下一系列关联痕迹，比如 Windows 系统的日志文件、休眠文件、页面文件、删除指针或数据存储规律等。采信电子数据离不开"证据体系观"——"由若干份电子证据相印证，构成一个虚拟

---

〔1〕　周新："刑事案件电子证据的审查采信"，载《广东社会科学》2019年第6期。

〔2〕　详见［2013］济刑二初字第8号刑事判决书。

〔3〕　刘品新："印证与概率：电子证据的客观化采信"，载《环球法律评论》2017年第4期。

空间中的证据锁链"。[1]这里强调的采信电子数据应经过体系化的印证来综合认定。

4. 认证形式

证据的认证形式一般分为当庭认证和庭后认证，当庭认证是指法官在听取控辩双方的举证陈述、质证意见之后当庭作出证据认证结果。如果当庭认证通过口头方式作出，作出后也应当在裁判文书中载明。而庭后认证一般是法官经过合议庭讨论之后作出证据认证结果，一般庭后认证可以在裁判文书中予以体现，也有部分案件虽然经过合议庭讨论，但却并不在裁判文书中记载证据的认证情况。

笔者认为，无论是电子数据还是其他证据，都有必要提倡当庭认证，即便是庭后认证也不应是合议庭口头讨论完即可，而是应在裁判文书中记载认证说理内容。诚然，实践中当庭认证极少，一方面可以从常情上理解，法官主观上不愿意在庭审中直接作出认证结果，法官判案仍然依赖于庭后阅卷。因此，对于法官来说，庭审中缺乏充分的调查，何以作出认证结果？相反，庭后认证具有足够的思考时间和空间。另一方面，从客观上去分析，当庭认证的确存在一定困难。电子数据本身具有较强的专业性，在法庭调查过程中法官很难当场理解，需要庭后再继续消化。并且，电子数据的认证远比其他证据更具复杂性，仅就其真实性来说，法官就很难单从法律知识和经验法则来判断，可能需要借助检验、鉴定等专业技术进行判断。如果需要对电子数据进行鉴定，证据认证就必须等到鉴定结果出来之后才能作出。尽管如此，笔者仍然认为，电子数据的认证应当以当庭认证为主，裁判认证为辅。理由如下：

（1）当庭认证是庭审实质化改革的应有之义。庭审实质化改革要求"证据质证在法庭、案件事实查明在法庭、诉辩意见发表在法庭、裁判理由形成在法庭"。其中，案件事实查明在法庭是指关于案件事实的调查应当都在法庭上形成，而案件事实调查实际上就是证据调查，在庭审程序中的体现就是举证、质证。裁判理由形成在法庭是指法院论证裁判犯罪事实构成、作出量刑结果的过程应当在法庭中予以体现，而证据认证是论证认定犯罪事实和量刑

---

[1] Pinxin Liu, "Trial on the Electronic Evidence: China's Rules on Electronic Evidence", *Frontiers of Law in China*, Vol. 7, 2012, pp. 74~90.

情节的基础。易言之，没有证据的当庭认证，法院无法当庭形成裁判理由。当然，现在除了速裁案件或者简易程序案件，法院几乎不会在当庭作出裁判结果。但是，从长远的司法改革趋势来看，"四个在法庭"最终都将会实现，而当庭认证则是必然的要求。

（2）当庭认证有利于法官在庭审过程中将认证实时反馈给举证方、质证方，双方也可以就认证分析过程发表意见。一方面，经过控辩双方和法官的当面交流，可以促进证据调查的实质性。另一方面，给予控辩双方充分发表意见的机会，有利于提高双方对认证结果的接受度。

（3）当庭认证能够提升辩论效果。法庭调查后法官可以作出认证结果，即说明哪些证据可以成为定案根据。法庭调查之后是法庭辩论阶段，控辩双方围绕犯罪构成、量刑等争议焦点展开辩论。法院作出认证结果之后，控辩双方在辩论时则可以依据可以作为定案根据的证据来进行，对于不能作为定案根据的证据就不再过多使用，否则其陈述的辩论意见没有证据作为支撑也将是没有意义的。

（4）为了提升当庭认证的可行性，合议庭可以在法庭调查结束后休庭进行合议，经过充分的合议讨论后再作出证据认证的结果。当然，并非所有案件都可以做到当庭认证，因此可以将裁判认证作为证据认证的辅助方式。

四、电子数据法庭调查规则构建的立法建议

根据上面的分析可知，我国现有的规定仅有散落在不同司法解释中的关于电子数据法庭调查的法条，没有专门的电子数据法庭调查规则，导致司法实践中对电子数据的法庭调查存在操作程序不规范、效果不佳的乱象。因此，笔者建议应从立法层面建立一套专门的电子数据法庭调查规则。鉴于《电子数据若干规定》已经有关于法庭调查的规则雏形，《刑事诉讼法司法解释》的新修内容也是对《电子数据若干规定》的延续，因此笔者认为可以以《电子数据若干规定》为蓝本，在此基础上构建电子数据法庭调查规则。具体建议如下：

（1）新增第四部分为"电子数据的举证"[1]。现有的第 21 条作为举证的方法继续保留，但应作相应的修改。第 21 条仅规定了多媒体设备出示、播放或者演示的方法，还应增加直接出示原始储存介质的方式以及出示照片、打印件的举证方式，而且对不同举证方式所适用的类型或者条件应作出简要概括，这样才具有可操作性。

举证规则还应新增举证要求、举证内容的部分。关于举证要求，建议新增一条："控辩双方向法庭举示电子数据时，应以出示原始储存介质为原则，原始储存介质不方便出示或者电子数据未扣押、封存原始储存介质的，举证方应以其他可以反映电子数据真实性的方式进行出示。"关于举证内容，建议新增一条："控辩双方举示电子数据应展示并说明电子数据的来源、收集、提取和保管的过程、内容信息和证明目的。"

（2）现有的第四部分"电子数据的审查与判断"改为第五部分"电子数据的质证"，保留现有的第 22~26 条。质证规则部分重点建议新增质证方法的规定，建议可在第 26 条之前新增以下四条：①"控辩双方对电子数据的质证可以采用发问的方式，如果发问内容或方式不当的，审判长有权制止其发问"。②"控辩双方对电子数据有异议，根据现有证据无法调查查明该异议的，可以申请人民法院通知调查人员、侦查人员、见证人出庭。人民法院认为确有必要的，可以通知调查人员、侦查人员、见证人出庭作证，并接受控辩双方的询问"。③"公诉人、当事人或者辩护人、诉讼代理人对电子数据涉及的专业技术性问题持有异议的，可以申请人民法院通知有专门知识的人出庭就电子数据提出意见。人民法院认为确有必要的，可以通知有专门知识的人出庭"。④"当事人或者辩护人、诉讼代理人认为根据现有证据可以产生对电子数据缺乏真实性合理怀疑，有必要进行检验或鉴定的，可以申请人民法院委托进行检验、鉴定。人民法院认为确有必要的，可以委托进行检验、鉴定"。

（3）新增第六部分为"电子数据的认证"，包括了现有的第 27、28 条。认证规则中存在的主要问题是：其一，缺乏对违反主体合法性电子数据的认证规定；其二，缺乏对关联性存疑电子数据的认证规定；其三，缺乏对认证

---

[1] 原第三部分"电子数据的移送与展示"改为"电子数据的移送"，保留第 18~20 条，第 21 条归入第四部分。

形式的规定。针对上述问题，建议新增以下三条：①"未经二名以上侦查人员收集、提取、检查的电子数据，不具有证据资格"；②"根据现有证据，无法证明电子数据涉及的主体与当事人存在身份同一性或者电子数据内容与案件事实存在关联性的，不得作为定案根据"；③"人民法院对电子数据的认证应以当庭作出认证结论为主，庭后作出认证结论为辅。人民法院应在裁判文书中载明对电子数据的认证结论及分析过程"。

第十一章

示意证据法庭调查

现场平面示意图、现场方位示意图、资金走向图、人物关系图、模拟动画等示意材料常见于审判实践，近年国内外法庭上又出现了通过 3D 打印、VR 等新技术获得的材料。这些新材料在学理上被称为"示意证据"。然而，针对示意证据的法庭调查和审查判断问题，我国现行《刑事诉讼法》及司法解释的规定尚付阙如，学界和实务部门也缺乏关注。在庭审实质化背景下，确有必要系统整理并构建示意证据规则。一方面，在于明确法官对示意证据组织法庭调查的基本原则以及举证、质证、认证等方面的具体规则，以更好地发挥示意证据对原证据的解说功能。另一方面，在于明确示意证据审查判断规则，包括归纳示意证据审查判断的共性要求、明确示意证据分类审查的重点内容以及相关的证据排除规则。

随着人工智能、区块链技术推动下的"智慧司法"建设、各种科技类证据的发展以及庭审实质化下控辩水平的提高，我国刑事庭审环境相应发生重大变化——高效庭审和实质庭审并进。在此背景下，如何更好地发挥庭审效果，业已成为控辩审三方共同关注的问题。为此，控辩双方除了使用传统的语言方式描述证据之外，有时候还会展示关于证据或者现场的照片、图示、视频、模型等以加深法官的印象，譬如以下案例：

2018 年 3 月，北京市第一中级人民法院开庭审理一起故意杀人案件，公诉人借助"出庭示证可视化系统"以 VR（Virtual Reality，"虚拟现实技术"）当庭演示了被告人张某某与被害人发生争执后持刀刺扎被害人的全过程，并且法医作为鉴定人出庭对出庭示证可视化系统进行了详细解释、演示了被害人身体所受损伤情况以及致死原因。[1]国外也有类似做法，如2013年10月，6岁的艾丽死于"致命性头部损伤"，控方根据她的头部CT扫描数据运用3D打印技术制作了两个头骨模型。这两个头骨模型用来协助控方向陪审团解释此案中复杂的医学问题，以说明艾丽头部的受伤是否可能是之前某次意外造成的。法医解释道："他们使用从CT扫描仪中收集的数据、X光线数据用来打印3D头骨。"公诉人指出："这些头骨是转移到3D物体上的电子记录。"又补充道："这些记录只是说明和解释证据，而不是自己成为证据。"这是英国法庭上首次使用3D打印技术的案例。[2]

"艾丽案"借助了3D打印技术生成的头骨模型，即英美学理上的"示意证据"。在"北京案"中，VR技术本身不是示意证据只是展示证据的方式，真正为笔者所称的示意证据应是通过VR技术向审判人员呈现的犯罪过程景象。此类案例中，示意证据具有直观、简明、说服力强等特点，其作用在今后庭审中必将更加明显。诚如美国证据法专家华尔兹教授指出："多年以来，诉讼律师日益重视示意证据，作为向事实认定者说明案件要素的一种方法。"[3]我国律师在实务中也发现："每当我们运用图表更好地法庭上说理，我们的主张就更好地被法官理解，获得他们的认可。"[4]在检察实务中，2019年3月最高人民检察院发布的典型案例肯定了"制作多媒体展示的文件，举证直观性强、具有冲击力"。[5]

目前，示意证据在英美国家已被正式运用于庭审，我国司法实践也在使用示意证据，而国内对示意证据及其规则的研究十分薄弱，由此产生了与示意证据有关的理解问题以及如何对其进行中国法规制问题：其一，在证据法上如何界定示意证据，其法律地位如何？其二，举证方出示示意证据，法官调查示意证据，需要遵从哪些程序规则？其三，法官审查示意证据应注意哪

---

〔1〕　张鹏、张璇："北京一中院首用'出庭示证可视化系统'审案"，载https://www.chinacourt.org/article/detail/2018/03/id/3222539.shtml，最后访问日期：2019年8月26日。

〔2〕　See Vaughan H, *Ellie Butler Murder Trial*: *Jurors See Replica of Girl's Skull Made with 3D Printer in British Legal First. Mirror*, http:// www. mirror. co. uk/news/uk-news/ellie-butler-murder-trial-jurors-7853513，最后访问日期：2019年8月1日。

〔3〕　[美]乔恩·R. 华尔兹：《刑事证据大全》（第2版），何家弘等译，中国人民公安大学出版社2004年版，第584页。

〔4〕　蒋勇主编：《诉讼可视化》，法律出版社2017年版，第2页。

〔5〕　参见"北京王某、谷某伟生产、销售假药抗诉案"，法宝引证码：CLI. 3. 331285。

些具体问题？笔者立足于庭审场域，首先从理论层面定义示意证据的内涵和外延，比较中外示意证据的范围差异，进而从举证、质证和认证三个方面讨论并建构针对示意证据的法庭调查规则，再分析在证据调查中法官审查判断示意证据需要注意的要点问题。通过研究，以期对我国示意证据规则的建构有所裨益，并且希望引起国内对涉及示意证据相关问题的理论关注。

第一节　示意证据之界定

顾名思义，示意证据在于"示意"，即释明意思、显示意义的证据。然而，这样简单地望文生义不仅对理解示意证据的本义有误导，还有碍于辨别我国司法实践中大量潜在的示意证据。准确理解示意证据：一是需要明确英美证据法理论上示意证据的原意；二是需要梳理其在我国的表现形式。

一、示意证据理解的国内外差异

示意证据源于美国证据法学术语"Demonstrative Evidence"，最早被使用于"沃森案"的庭审，当时法庭允许使用一幅被控用于煽动叛国的旗帜的素描，辩方指出该旗帜应通过口头描述而不是通过绘画描述的方式向法庭展示。可是审理该案的艾伦·戈洛勋爵采纳了该幅素描，他认为没有理由去反对在说明一个证据时制作一份素描或者一个模型。[1]英美学者一般认为，示意证据由"用于说明或者解释目的的实物材料构成"[2]；"示意证据是指当作证据使用的物体的复制件，包括复印件、仿制品、模型或者复制品"[3]；"示意证据是这样一种证据：它能够直接进入感官而无须言词的干预"。[4]以美国为例，其司法实践之所以普遍接受示意证据，主要是因为：其一，根据《美国联邦证据规则》第401条"相关证据标准"和第402条"相关证据的可采性"，相关性决定了可以用作证据的材料范围，示意证据对案件的证明有意

---

〔1〕　See Elwyn L. Cady Jr, "Objections to Demonstrative Evidence", 32 *Missouri Law Review* 334（1967）.

〔2〕　[美] 乔恩·R. 华尔兹：《刑事证据大全》（第2版），何家弘等译，中国人民公安大学出版社2004年版，第583页。

〔3〕　[美] 诺曼·M. 嘉兰、吉尔伯特·B. 斯达克：《执法人员刑事证据教程》（第4版），但彦铮等译，中国检察出版社2007年版，第473页。

〔4〕　Steven C. Marks, "The Admissibility and Use of Demonstrative Aids", 21 *Gpsolo* 28（2004）.

义，所以原则上不禁止示意证据，具有可采性。只不过，示意证据在一定程度上要受《美国联邦证据规则》第403条"排除相关证据"和第901条"鉴真规则"的规制。其二，控辩双方在庭上不仅要向专业的法官阐明己方主张，同样需要让外行的陪审团理解证据内容，那么借助图示、模型、动画等示意证据就成了加深陪审团印象的有效途径。其三，美国的审判制度重视证人口头证言规则，示意证据有助于阐释和澄清证人的口头证言，当然应当允许使用。[1]然而，示意证据不能单独作为证据提出[2]，对待证事实不具有独立的证明价值[3]，法官最终不是单独根据示意证据认定事实，对证明起决定性影响的仍是"原证据"[4]。

除此之外，示意证据的概念建立在与实在证据（Real/Substantive Evidence，也就是笔者所称的"原证据"）的区分之上。根据证据表现形式的不同，证据一般可分为言词证据和实物证据，前者表现为人的陈述，后者表现为实体物、文件等。美国学者又将实物证据分为实在证据和示意证据。[5]实在证据表示在案发过程中留下的"实实在在存在的东西"，如杀人的武器、伪造的票证、海洛因等。示意证据不是"实在的东西"，但它们通常是为了使其他证据更容易被事实裁判者所理解而被提出，包括模型、地图、照片、图表和制图等。[6]仅就证据本身而言，实在证据以"自我展示"的方式发挥证据价值，示意证据以"展示其他证据"的方式发挥证据价值。[7]按照麦考密克的观点，示意证据可以是实在证据的"替代品"。例如，交易中所涉及的或者当时出现的物件可能丢失或者无法提出，除非当事人提出的展示物的一般特征十分重要，

---

〔1〕　[美] 阿维娃·奥伦斯坦：《证据法要义》，汪诸豪、黄燕妮译，中国政法大学出版社2018年版，第229页。

〔2〕　See Don Howarth, Suzelle M. Smith, Mary La Cesa, "Rules Governing Demonstrative Evidence at Trial: A Practitioner's Guide", 20 *Western State University Law Review* 161（1992）.

〔3〕　Steven C. Marks, "The Admissibility and Use of Demonstrative Aids", 21 *Gpsolo* 28（2004）.

〔4〕　这里与示意证据相对的"原证据"，是指被示意的证据，并非学理一般所称的"原始证据"。

〔5〕　[美] 乔恩·R. 华尔兹：《刑事证据大全》（第2版），何家弘等译，中国人民公安大学出版社2004年版，第55页。

〔6〕　[美] 约翰·W. 斯特龙主编：《麦考密克论证据》（第5版），汤维建等译，中国政法大学出版社2004年版，第438~439页。

〔7〕　See David B. Hennes, "Manufacturing Evidence for Trial: The Prejudicial Implications of Videotaped Crime Scene Reenactments", 142 *University of Pennsylvania Law Review* 2125（1994）.

否则引入实质相似的复制品不会出现异议。[1]示意证据也可以是实在证据的"展示品"。例如，枪击案件中使用的枪支是实物证据，根据相同的工艺和样式制作的其他枪支是演示性证据。[2]可见，示意证据并不随案件的发生而产生，相反是在案发后制作的，甚至有时候还会交给案外的咨询公司制作。[3]

我国学理对示意证据的研究甚少，通常将"Demonstrative Evidence"直译为"示意证据"[4]"演示性证据"。[5]当然，也可译为"示意材料"或者"展示性材料"，以表明"示意证据仅用作说明和解释目的，是一种视觉或视听的辅助材料"。[6]在我国，常见的示意证据有"水域示意图"[7]"现场平面示意图"[8]"现场方位示意图"[9]"资金流/走向图"[10]"人物关系图"[11]"模拟动画"[12]等。其中，现场平面示意图和现场方位示意图在故意伤害罪、故意杀人罪、强奸罪、盗窃罪、抢劫罪案件中比较常见，用于说明案发现场的情况，附于勘验笔录。资金流向图、资金走向图在集资诈骗罪、非法吸收公众存款罪、受贿罪等案件中比较常见，用于说明涉案资金的往来情况或者

---

〔1〕 [美]约翰·W. 斯特龙主编：《麦考密克论证据》（第5版），汤维建等译，中国政法大学出版社2004年版，第439~440页。

〔2〕 [美]诺曼·M. 嘉兰、吉尔伯特·B. 斯达克：《执法人员刑事证据教程》（第4版），但彦铮等译，中国检察出版社2007年版，第400页。

〔3〕 See Michael Sudman, "The Jury Trial: History Jury Selection and the Use of Demonstrative Evidence", 1 *Journal of Legal Advocacy & Practice* 178 (1999).

〔4〕 陈瑞华："实物证据的鉴真问题"，载《法学研究》2011年第5期。

〔5〕 易延友：《证据法学：原则 规则 案例》，法律出版社2017年版，第440页。

〔6〕 谢小剑："示意证据制度初论"，载《中国刑事法杂志》2010年第6期。

〔7〕 相关判例如：[2019]浙02刑初44号刑事判决书、[2018]桂0311刑初42号刑事判决书、[2018]浙02刑初60号等刑事判决书。

〔8〕 相关判例如：[2019]鄂2826刑初95号刑事判决书、[2019]鲁0683刑初206号刑事判决书、[2019]鄂2823刑初143号刑事判决书等。

〔9〕 相关判例如：[2019]琼刑终118号刑事判决书、[2019]青0202刑初37号刑事判决书、[2019]粤5103刑初328号刑事判决书等。

〔10〕 相关判例如：[2019]豫0928刑初295号刑事判决书、[2019]粤0783刑初272号刑事判决书、[2019]苏0281刑初1026号刑事判决书等。

〔11〕 相关判例如：[2018]川0108刑初743号刑事判决书、[2018]桂0703刑初27号刑事判决书、[2018]吉0382刑初112号刑事判决书等。

〔12〕 相关判例如：[2017]川11刑终171号刑事判决书、[2016]吉0621刑初193号民事判决书、[2015]桐刑初字第00147号刑事判决书等。

被告人是否有不明收益。人物关系图常用于组织、领导传销活动罪案件和涉黑类犯罪案件，用于说明被告人及相关人员在犯罪组织中的上线、下线关系等。模拟动画在交通肇事罪案件中比较常见，用于说明肇事车辆与被害人之间的位置关系以及肇事车辆的行驶线路。

那么，示意证据在我国的法律地位如何？实际上，我国已有一些涉及示意证据的制度雏形。相关规定如下：①《刑事诉讼法》第 195 条规定："公诉人、辩护人应当向法庭出示物证，让当事人辨认，对未到庭的证人的证言笔录、鉴定人的鉴定意见、勘验笔录和其他作为证据的文书，应当当庭宣读。……"可见，物证示证方法一般为"当庭展示"，文书类证据示证方法一般为"宣读"，至于如何"当庭展示"，如何"宣读"，法律不再具体要求。传统做法即把物证"拿到"法庭进行辨认或者让法官查看，文书类证据则是由举证方全文或者摘要式地"朗读"，这都有"示意"之义。②考虑到庭审效率和证据的具体情况，2017 年 11 月最高人民法院发布《法庭调查规程》。该规程第 32 条第 1 款规定："物证、书证、视听资料、电子数据等证据，应当出示原物、原件。取得原物、原件确有困难的，可以出示照片、录像、副本、复制件等足以反映原物、原件外形和特征以及真实内容的材料，并说明理由。"所以，附条件地出示复制件成了另一种物证、书证的"示意"方法。③利用多媒体"示意"，通常被称为"多媒体示证"，这是法院正在使用的示证技术手段，也是"智慧司法"建设的主要方面，拉近了庭审各方与证据的距离。《法庭调查规程》第 33 条第 2 款规定："出示证据时，可以借助多媒体设备等方式出示、播放或者演示证据内容。"2018 年 3 月，最高人民检察院印发的《人民检察院办理死刑第二审案件和复核监督工作指引（试行）》第 35 条第 3 款强调，"重大、疑难、复杂的案件可以制作多媒体示证资料"。2018 年 3 月，最高人民检察院印发的《关于指派、聘请有专门知识的人参与办案若干问题的规定（试行）》第 9 条规定，人民检察院在人民法院决定开庭后，可以指派、聘请有专门知识的人"拟定出示、播放、演示涉及专门性问题证据材料的计划"。第 11 条规定："刑事案件法庭审理中，公诉人出示、播放、演示涉及专门性问题的证据材料需要协助的，人民检察院可以指派、聘请有专门知识的人进行操作。"2018 年 7 月，最高人民检察院印发的《出庭指引》第 6 条再次强调："公诉人举证质证，应当注重与现代科技手段相融合，积极运用多媒体示证、电子卷宗、出庭一体化平台等，增强庭审指控犯罪效果。"

与英美相比，示意证据虽然在我国制度层面有相似的表达，在实践中也被尝试，但其受关注度远低于其他证据类型。笔者认为，国内不曾关注示意证据的独特价值，原因主要有三：其一，与英美陪审制度不同，我国专业法官对案件的审理起决定作用，相比于外行的陪审团，专业法官审理案件一般不需要再借助示意证据理解证据；其二，我国多将示意图等当作附属于控辩双方诉讼意见的支撑材料，没有从证据法的角度视之；其三，我国一般将示意证据理解为证据出示方式，认为示意证据只是对现有证据的解释说明而非法定证据种类。其实不然，即使我国是由专业法官决定案件审理，但控辩双方借助示意证据更好地表达观点也十分必要。关键是，我国学理和实践混淆了（多媒体）示证与示意证据的关系。例如，多媒体示证是增加示证效果的一种辅助手段，在公诉人宣读有关证据时，通过与计算机连接的大屏幕，将所宣读证据的原貌同时向法庭显示出来。[1]多媒体示证仅是对原先在法庭上人工传阅证据方法的改进，即使法官和控辩双方通过多媒体出示证据和查看证据，他们看到的也仍然是原证据，只是查看的方式不同而已。示意证据不是原证据，而是提供给法官的一种辅助性视觉材料。[2]前者属于出示或者展示证据的方法，后者是通过前者向法官呈现的视觉材料[3]，两者属于方法和内容的关系。

二、示意证据的概念厘清

详言之，示意证据是指为解说原证据或者案件情况而出示的可视材料。一般而言，示意证据是对言词证据和某些复杂的实物证据（比如，无法当庭出示的物证、冗长的书证）的直观展示。"示意"即展示、解释或者说明，虽然有"解释""说明"的功能，但应理解为客观地说明，不带有主观的个人理解。此外，单纯地摘录、摘抄、复制并非示意，所形成的材料只是原证据的简化版，如从冗长的财务报表中节录的数据。

示意证据有狭义和广义之分。狭义示意证据仅用于解说在案的其他证据，

---

〔1〕 姜伟、史卫忠："运用多媒体示证的理论思考"，载《中国法学》2001 年第 6 期。

〔2〕 ［美］乔恩·R. 华尔兹：《刑事证据大全》（第 2 版），何家弘等译，中国人民公安大学出版社 2004 年版，第 17 页。

〔3〕 需要说明，这里对示证与示意证据的区分是在本章对示意证据讨论的语境下所做的，不能理解为某一证据（如书证、笔录）经过法庭上的多媒体设备（如投影仪）播放即成为示意证据。

包括单一证据、多个证据以及全案证据体系，为法官理解其他证据提供"视觉帮助"[1]，包括图表、图片、照片、录像、实验或者任何能够帮助裁判者认定事实的有形物。[2]广义示意证据还包括替代原证据而出示的复制材料以及记录、展示案件当时情况的视听材料，即"复制或描绘的与本案引起诉讼的事件有关的人物、物体或场景的展示性材料"[3]。后一种情况，原证据可能并不在案，甚至已经灭失。[4]具体而言，示意证据有以下特点：

（1）直观性。庭审中，各方以言词方式表达观点是最基本的要求，然而语言表达能力因人而异，面对同样的证据，有人说得清楚，有人则越说越乱。这对受过专业出庭训练的检察官、律师如此，对普通证人更是如此。况且，在一些案件中，如果案情复杂、证据繁多，举证方单纯通过语言并不能有效表达意思，也不容易吸引法官的注意力和兴趣。示意证据以示意图、表格、动画、模型等形式生动地向法官展示证据信息，使隐含在证据中的庞杂信息一目了然，让语言表达能力差的证人所试图证明的事实，或者由于当时环境复杂没有办法完全用语言来进行描述的证据，以准确、清晰、生动的方式得到呈现。[5]

（2）依附性。由于示意证据并非案发后的遗留物，而是"说明证据的证据"，所以必须以其他证据的存在为前提。在有原证据的前提下，示意证据随原证据的出示而出示，它本身不具有证明力，证明力归为原证据。例如，证人使用图表澄清自己的证言，该图表的证明力属于证言的一部分。[6]具体而言，示意证据对原证据的依附性体现在四个方面：其一，控辩双方制作的示意证据一般不具有独立证明案件事实的证据价值，只是对在案证据的展示；其二，示意证据对原证据有澄清、阐明的作用，但本身一般不被作为定案根据；其三，示意证据一般不得在没有其他证据的情况下单独出示，比如为了

---

〔1〕　See Robert D. Brain, Daniel J. Broderick, "The Derivative Relevance of Demonstrative Evidence: Charting Its Proper Evidentiary Status", 25 *U. C. Davis Law Review*, 969 (1992).

〔2〕　See Don Howarth, Suzelle M. Smith, Mary La Cesa, "Rules Governing Demonstrative Evidence at Trial: A Practitioner's Guide", 20 *Western State University Law Review*, 158 (1992).

〔3〕　［美］罗纳德·J. 艾伦等：《证据法：文本、问题和案例》（第3版），张保生等译，高等教育出版社2006年版，第224页。

〔4〕　谢小剑："示意证据制度初论"，载《中国刑事法杂志》2010年第6期。

〔5〕　易延友：《证据法学：原则　规则　案例》，法律出版社2017年版，第440页。

〔6〕　See Elwyn L. Cady Jr, "Objections to Demonstrative Evidence", 32 *Missouri Law Review*, 338 (1967).

让证人更好地描述其所见场景，可以允许他将看到的东西以图示、绘画等方式表达出来，但若证人不出庭或者该证言被排除，基于证言产生的示意证据亦不能在法庭上使用；其四，在证明对象方面，示意证据可以增强原证据的生动性、直观性，可以指出一些在查阅文字和听口头陈述时容易被忽视或者理解有偏差的信息，但不能附加原证据的信息量。

（3）辅助性。当事人陈述、证人证言、鉴定意见、专家证言以及书证是最需要被示意的几种证据，因为在当事人表达不清、书证内容冗杂、专家意见过于生僻时，使用示意证据能够有效地帮助法官作出判断。尽管示意证据在名称上以"证据"冠之，但其实并非我们通常所说的诉讼证据，其价值不在于通过它本身去认定案件事实，而是在于通过它去更好地理解原本用来认定事实的那个或者某些证据。如在"艾丽案"中，口语说的用 3D 头骨模型"证明"艾丽的伤情，但实际上它是在帮助法官"理解"法医报告。还应注意，示意证据与补强证据不是同义概念。补强证据是对其他证据证明力有增强、担保作用的证据。[1]尽管补强证据与示意证据表面上都是对其他证据证明力的加强，但前者是具有独立信息来源的诉讼证据，而后者的信息只能源于原证据，而且并非独立的诉讼证据。

三、示意证据的基本类型

"示意证据的清单是无法穷尽的。"[2]一般有图片、图表、照片、视频、模型、三维模型以及计算机生成的证据等形态。[3]根据前文的定义，结合我国的司法经验，示意证据有四种基本类型。

（1）证据展示品。这是最常见的一种示意证据，其将原证据中冗杂的信息简明地呈现在法官面前。例如，公司的金融数据记录是证据（书证），而根据该记录绘制的带有波峰和波谷的以显示该公司财务状况的"峰值示意图"

---

〔1〕 党建军、杨立新："死刑案件适用补强证据规则若干理论问题研究"，载《政法论坛》2011年第 5 期。

〔2〕 See Michael Sudman, "The Jury Trial: History Jury Selection and the Use of Demonstrative Evidence", 1 *Journal of Legal Advocacy & Practice*, 177 (1999).

〔3〕 See Gardner H. Wayne, "Explanations and Illustrations: Demonstrative Evidence in the Criminal Courtroom", 38 *Criminal Law Quarterly*, 432～434 (1996); Harles W. Jr. Peckinpaugh, "The Proper Role of Demonstrative Evidence", *American Bar Association. Section of Insurance*, *Negligence and Compensation Law. Proceedings*, 179 (1965).

为示意证据；[1]又如，侦查人员在法庭上制作的、对自己关于现场情况的证言进行辅助说明的现场图表。[2]此种示意证据形成于案发之后，展示的是从案件已有证据中提取出来的信息。在特殊情况下，示意证据还可以是"人体"，如在故意伤害罪中，被害人说其遭到被告人持刀砍伤，此时被害人所言为"被害人陈述"，如果他出庭展示自己的受伤部位，那么身体即为示意证据。[3]

（2）证据替代品。如前所述，麦考密克将替代原证据出示的实物材料归为示意证据，如当事人为证明过去某一时间段的噪音分贝，在同等条件下制作的噪音分贝模拟音频。在我国，这一般表现为《法庭调查规程》第32条第1款所规定的"物证、书证的复制件"，即以出示物证照片的方式替代原证据的出示。[4]在庭审实质化背景下，我们应尤其关注这类示意证据及其规制问题。

（3）场景摹状品。这是对特定现场环境的可视化摹写，不同于对现场环境的言词描述和文书记录，也被称为"备制或复制的示意证据"，如室内杀人现场的模型[5]、现场勘验形成的现场平面示意图、现场方位示意图等。执法记录仪拍摄的内容如果用于生动地说明勘验笔录中的场景，亦为示意证据。对法官而言，面对这类示意证据一般不需推理就能直接"看到"案件情况，比阅读文字笔录和听取笔录制作人员的陈述更加直观和可靠。

（4）场景模拟品。对于某些不能记录或者没有及时记录的案件场景，有时举证方自己或者聘请专业人员会通过技术手段对现场环境进行事后还原，以便在庭上展示与案件有关的特定场景。通常场景模拟品是对案情的动态重建或者呈现了一个与案件事实相似的情形，[6]"北京案"中的 VR 影像即是。

---

〔1〕 See Bryan Harston, "Demonstrative Evidence and Courtroom Technology: How Technical Should I Get, and When", 37 *Brief*, 69（2008）.

〔2〕 ［美］诺曼·M. 嘉兰、吉尔伯特·B. 斯达克：《执法人员刑事证据教程》（第4版），但彦铮等译，中国检察出版社2007年版，第400页。

〔3〕 这种情况比较特殊，因为被害人的身体部位（如手臂）本身也是案件中的物证，作为示意证据，它是对被害人陈述的示意。

〔4〕 韩旭："刑事庭审质证运行状况实证研究——以100个庭审案例为样本"，载《法治研究》2016年第6期。

〔5〕 ［美］乔恩·R. 华尔兹：《刑事证据大全》（第2版），何家弘等译，中国人民公安大学出版社2004年版，第61页。

〔6〕 See Gardner H. Wayne, "Explanations and Illustrations: Demonstrative Evidence in the Criminal Court-room", 38 *Criminal Law Quarterly*, 426（1996）.

四、示意证据概念的中国法确认

这里还要解决示意证据概念在我国现行《刑事诉讼法》体系中没有对应表述的问题。笔者认为，可以从三个方面探索：

（1）完善《法庭调查规程》第 32 条第 1 款及类似规定。此类制度作为物证、书证等实物证据"原件法则"的例外，照片、录像、副本和复制件等材料实际上就是对原证据的"示意"，只不过该示意是在原证据不当庭出示的情况下暂代原证据的。故我国可将该条改述为："物证、书证、视听资料、电子数据等证据，应当出示原物、原件。取得原物、原件确有困难的，可以出示照片、录像、副本、复制件等足以反映原物、原件外形和特征以及真实内容的示意材料（证据），并说明理由。"

（2）完善《法庭调查规程》第 33 条第 2 款。该条规定示证可以借助多媒体等方式，强调示证方法。其实，使用示意证据也是一种有效的示证[1]，为了区分示证与示意证据，我国可以将该条修改为："出示证据时，可以借助多媒体设备等方式或者示意材料（证据），出示、播放或者演示证据内容"。

（3）可以在刑事诉讼法或者人民法院统一证据规程的层面创设示意证据制度。如参考最高人民法院于 2008 年 4 月发布的《关于开展〈人民法院统一证据规定（司法解释建议稿）〉试点工作的通知》（法［2008］129号）第 15 条第 1 款规定："为辅助说明本规定第十四条所列证据的内容，可以使用复制或者描绘与案件事实有关的人物、物体或者场景的模型、图表、素描、照片、电子图像等形式的示意证据。"以上，"示意材料"的表述或许更为我国学理和实务所接受，使用"示意证据"与英美证据法称谓更接近，两者皆可。

第二节　示意证据法庭调查规则

当前，我国与示意证据有关的制度规定仅仅针对示证和原证据，而在示意证据如何举证、质证及认证等问题上尚付阙如。实践中有时将示意证据当

---

[1] See Robert D. Brain, Daniel J. Broderick, "The Derivative Relevance of Demonstrative Evidence: Charting Its Proper Evidentiary Status", 25 *U. C. Davis Law Review*, 972 (1992).

作一种证据出示的方式，有时又直接作为证据在法庭上举证、质证，有时辩护人还会提出控方出示的示意证据非法定证据种类而拒绝质证。在英美国家，示意证据普遍被允许呈堂以辅助说明相关问题，同时配置一些程序性规则以防其被误导或者滥用。然而，域外经验比较零散，参考之时还需结合我国实际情况做进一步的规则提炼。

一、示意证据法庭调查面临的疑难问题

使用示意证据的初衷是方便法官理解证据、厘清案件事实、提高庭审效率，但毕竟示意证据是举证方"制作"的，法官必须对此保持警惕，谨防被误导。这就导致法官对示意证据的调查陷入三大难题：

（1）举证难题。侦查人员、公诉人、律师、证人、专家、被害人等都可以制作示意证据。由此而来的问题如下：其一，非经公诉人和律师制作的示意证据，是否必须由制作人出庭演示，制作人又是否必须出庭作证。换言之，对于模型、计算机模拟品等是否可以由公诉人或者律师代替制作人说明模型的一些特征，回答法官和对方的询问？《刑事诉讼法》及司法解释对此均未涉及。如果按照《法庭调查规程》第33条第2款将示意证据作为一种多媒体示证方式，那么制作人出庭便不是必需的。若就示意证据的本义而言，其属于"图像证言"，[1]那么对于由对案件场景有亲身感知的人制作的图示或者模型，根据《刑事诉讼法》第62条"凡是知道案件情况的人，都有作证的义务"的规定，则制作人应当出庭，但这显得过于严苛。况且，在我国还会遇到一个困难：是否可以使用不出庭证人所作的图像证言？如果将图像证言与书面证言共同作为证人证言，在刑事诉讼法未完全禁止书面证言的前提下，法官似乎可以允许对书面证言中涉及示意的部分通过展示的方式而非宣读的方式出示。问题是，证人的意见或者推测性陈述应被排除，而在证人不出庭的情况下，法官又无法查清示意证据究竟是证人的"描述"还是"意见"。其二，如果制作人出庭，如何认定其诉讼身份，将制作人作为普通证人、鉴定人还是"有专门知识的人"？这个问题关涉法官采用何种调查规则引导制作人参与庭审。作为证人，会出现前述问题。作为鉴定人，意味着将制作示意

---

〔1〕　See Gregory T. Jones, "Lex, Lies (and) Videotape", 18 *University Of Arkansas At Little Rock Law Journal*, 613~614 (1996).

证据的过程理解为司法鉴定，如此理解又过于宽泛。如果作为"有专门知识的人"，法律依据即最高人民检察院《关于指派、聘请有专门知识的人参与办案若干问题的规定（试行）》第 2 条和第 11 条[1]，但有新的难题：一方面，这样不利于辩方。因为《刑事诉讼法》第 197 条第 2 款[2]明确将鉴定意见的存在作为"有专门知识的人"出庭的必要条件，所以如果案件没有鉴定意见在先，辩方若想申请"有专门知识的人"出庭质证示意证据的技术问题，未必会得到法庭允许。另一方面，即使可以将制作人作为"有专门知识的人"，我国现行"有专门知识的人"制度还有不少自身问题没有解决[3]，恐难因应示意证据问题。

（2）质证难题。在举证方出示示意证据后，法官如何组织对方展开相应的质证，其困难有二：其一，质证的方式不明确。假设"艾丽案"和"北京案"的律师质疑 3D 打印模型或者 VR 场景有误导，可否申请"有专门知识的人"出庭？其二，质证的对象容易被混淆。就是说，示意证据的质证对象究竟是示意证据本身还是原证据？逻辑上，示意证据是对原证据的解说，质证方完全可以"无视"该解说而直接否定原证据的真实性或者合法性，因为原证据一旦被否定，示意证据自然会失去价值。但若这样，起初又何必要展示示意证据呢？

（3）认证难题。经过法庭调查，控辩双方对示意证据或是无异议或是有异议。在第一种情况下，示意证据的认证效力尚不明确。我国刑事诉讼法规定的定案根据仅指经查证属实的原证据，而示意证据本是对原证据的解说，自身没有独立的证明价值，若将示意证据作为定案根据，会替代原证据的证明价值。反之，如果否定示意证据作为定案根据的资格，同样令人生疑：经过一番辛苦的法庭调查，最终得以查证的示意证据却对定案没有影响，岂不

---

[1] 最高人民检察院《关于指派、聘请有专门知识的人参与办案若干问题的规定（试行）》第 2 条规定："本规定所称'有专门知识的人'，是指运用专门知识参与人民检察院的办案活动，协助解决专门性问题或者提出意见的人，但不包括以鉴定人身份参与办案的人。本规定所称'专门知识'，是指特定领域内的人员理解和掌握的、具有专业技术性的认识和经验等。"第 11 条规定："刑事案件法庭审理中，公诉人出示、播放、演示涉及专门性问题的证据材料需要协助的，人民检察院可以指派、聘请有专门知识的人进行操作。"

[2]《刑事诉讼法》第 197 条第 2 款规定："公诉人、当事人和辩护人、诉讼代理人可以申请法庭通知有专门知识的人出庭，就鉴定人作出的鉴定意见提出意见。"

[3] 龙宗智："刑事庭审人证调查规则的完善"，载《当代法学》2018 年第 1 期。

是在浪费司法资源，降低庭审效率。在第二种情况下，从现行《刑事诉讼法》及司法解释中我们不能知道法官是否可以允许对有瑕疵的示意证据进行补正或者合理解释。例如，一方提出示意证据描述得不准确、制作得不精确，法官是否可以允许举证方根据恰当的比例尺或者使用合适的方式重新制作？问题还有，非法实物证据排除规则对示意证据并不适用。《刑事诉讼法》第56条第1款规定："……收集物证、书证不符合法定程序，可能严重影响司法公正的，应当予以补正或者作出合理解释；不能补正或者作出合理解释的，对该证据应当予以排除。"示意证据既然属于实物证据的一种类型，也就适用该规则。然而，非法证据排除规则仅针对严重违法或者轻微违法的"取证行为"，示意证据的产生过程并不属于取证行为，而是"制作行为"。在一般情况下，制作行为不发生侵犯公民宪法权利的问题，也基本不存在违反法定程序的问题。那么，如何判断示意证据有瑕疵以及如何处理瑕疵，乃为法庭调查的疑难问题。

二、示意证据法庭调查的基本原则

为解决上述难题，我们有必要首先明确有关示意证据法庭调查的基本原则。

（1）直接调查原则。举证方出示示意证据的内在逻辑在于让法官通过对示意证据的观察和体验来直接"看到"案件事实——"眼见为实"。[1]法庭调查首先基于示意证据的直观性，要求举证方当庭演示并介绍、说明该示意证据的特征和内容。法官应当接触并观察示意证据，如亲自体验VR环境下的现场模拟场景。如果是模型或者模具类的示意证据，即使法庭上有多媒体设备，也不宜再通过多媒体设备展示，而宜以"拿在手上"的方式观察。易言之，审查示意证据不仅得看得见，也得摸得着。另外，应当限制举证方对示意证据的过度解读，通过示意证据解说原证据的，无须再对示意证据展开长篇大论。当然，除了视觉观察之外，法官还可以通过听觉、触觉、嗅觉等方式直接感知。

（2）附带调查原则。示意证据虽有特定的物质形态和出示方式，但它依附于原证据而存在，不独自证明案件事实，有时还是综合其他证据之后形成

---

[1] See Thomas A. Heffernan, "Effective Use of Demonstrative Evidence Seeing is Believing", 5 *American Journal Of Trial Advocacy*, 428~433 (1982).

的可视材料。因此，出示原证据与出示示意证据在时间和逻辑上有一定的先后顺序。示意证据的依附性决定了原则上法官不为示意证据单独组织质证。原证据当庭出示的，举证方应首先出示用于证明案件事实的原证据，陈述证据内容及其与待证事实的关系，之后出示示意证据，结合示意证据向法庭解说之前原证据的内容。根据具体情况，可以"一证一示"，也可以在所有的原证据出示完后再展示示意证据。在特殊情况下，原证据确实无法出示并且示意证据不对定罪量刑产生实质影响的，该示意证据可以单独出示，比如单独展示场景摹状品或者场景模拟品。相应的，由于示意证据解说原证据与待证事实之间的关系，如果质证方提出异议或者法官有疑问，该异议的否定性评价归于原证据。

（3）形式调查原则。由于示意证据是辅助性的，法庭调查的重要任务即是判断其是否有助于法官对相关问题的理解。其一，法官应将示意证据与原证据的关系列为重点调查对象，判断示意证据是否能在形式上简化、还原或者解说原证据的某些复杂信息。其二，考虑到庭审效率，如果另一方对示意证据有异议，法官应当当庭审查，在要求举证方对异议作出回应的同时，必要时要限制控辩双方围绕示意证据的辩论。因为对示意证据的过度关注可能会使证据调查的重心偏移，从而忽视原证据的证明力，甚至误将某些质证后的示意证据作为定案根据。

三、示意证据法庭调查的具体规则

严格地讲，示意证据不会在所有案件中都有必要使用，使用示意证据往往是因为原证据信息并不十分清晰。这就需要法官对此种情形进行实质化审理，相应的举证、质证和认证都应有一定的特殊性。

1. 举证方面

（1）明确示意证据的出示条件。为了避免示意证据与原证据相混淆并且防止庭审陷入示意证据的诉累，应当赋予法官决定示意证据能否出示的裁量权。在制度上可以规定："在庭前会议中，控辩双方申请出示示意证据对证据进行展示说明的，应当说明理由。法官进行必要性审查，经审查认为有必要的，应当准许出示。"

（2）明确示意证据法庭出示规则。除《法庭调查规程》第32条第1款的相关情形之外，示意证据不得在物证、书证的原物、原件不出示的情况下单独出示。尤其是，根据证人证言制作的示意证据应当在证人出庭作证的前提下展示。控辩双方可以申请"有专门知识的人"出庭协助展示示意证据。在内容上，示意证据仅限于对证据内容的解说，不得超出原证据内容而单独证明案件事实。

（3）构建示意证据"知情人"出庭作证制度。对示意证据知情的人员出庭作证是国外法庭调查示意证据客观性的通行做法。知情人不限于制作人，所有根据自身知识和经验能够证明示意证据真实性和准确性的人员都可以作为证人出庭。[1]

在我国，可以进一步细化：其一，区分知情人"应当"出庭和"可以"出庭。知情人应当出庭是指控辩双方对原证据有异议，一方在使用示意证据展示原证据内容时，应当有证人出庭证明该示意证据的真实性和准确性。根据证人证言和被害人陈述制作的示意证据，证人、被害人应当出庭。由鉴定人、"有专门知识的人"制作的示意证据，鉴定人和"有专门知识的人"应当出庭。此外，为了调查核实示意证据，法官可以依职权通知知情人到庭。对于以上情况，制作人不出庭的，示意证据不得（继续）在法庭展示。知情人可以出庭，是指由公诉人和律师制作的示意证据，其他知情人可以不出庭作证，因为此时公诉人或者律师本就是知情人。展示物证、书证的示意证据，物证、书证的原物、原件有法定理由无法当庭出示，或者对方对示意证据没有异议的，知情人可以不出庭作证。其二，区分出庭知情人的诉讼身份。对于出庭的知情人，如果该知情人系制作示意证据的鉴定人或者"有专门知识的人"，其身份一同认定为鉴定人或者"有专门知识的人"。其他知情人则统一作为证人，按照《法庭调查规程》规定的证人规则处理。其三，知情人证言的证明对象并非案件事实，而是与示意证据有关的制作问题，法官应当限制知情人就案件情况发表意见。

2. 质证方面

（1）明确示意证据质证的对象。虽然在逻辑上对示意证据的质疑直接导向原证据，但事实并非绝对如此。如果原证据的真实性和合法性存在争议，质证方对原证据提出异议时，可以不再对示意证据单独质证。因为基于示意

---

〔1〕　See Lester Ketterling, "Photographs as Demonstrative Evidence in the Court Room", 40 *North Dakota Law Review*, 194（1964）.

证据与原证据之间的依附关系，对原证据的异议蕴含了对示意证据的异议。如果示意证据对原证据的解说足以影响原证据的效力，质证方则不能回避示意证据。再者，控辩双方对原证据没有异议，举证方只是为增强举证效果或者加深法官印象而出示示意证据的，质证方认为示意证据会在裁量情节上给法官造成误导或者偏见的，可以专门就示意证据发表意见。

（2）完善"有专门知识的人"协助质证制度。《法庭调查规程》第26条第1款规定："控辩双方可以申请法庭通知有专门知识的人出庭，协助本方就鉴定意见进行质证。有专门知识的人可以与鉴定人同时出庭，在鉴定人作证后向鉴定人发问，并对案件中的专门性问题提出意见。"该规则旨在加强控辩双方质证鉴定意见的能力。其实，对于一些技术性强的示意证据（比如VR虚拟再现）是否足以还原案件真实情况、是否具有误导性，不仅是普通律师无法指出的，也是法官自己无法判断的。因此，建议将"有专门知识的人"出庭协助质证的情形扩展到示意证据领域：一方申请出示技术性、专业性较强的示意证据，对方可以聘请"有专门知识的人"出庭，就示意证据的制作原理、制作过程和准确性等问题发表意见，协助质证。

3. 认证方面

法官可以采用"观察+询问"的方法和"观察+对照"的方法，重点调查示意证据是否有助于理解和认定争议。调查中如果发现示意证据存在误导或者严重失真情况，应当责令立即停止展示，并在庭审笔录中载明情况。经调查无误的示意证据，根据示意证据的具体诉讼功能，设置不同的效力规则：对于符合法律规定的证据替代品和场景摹状品，审查无异议即表明原证据合法有效，示意证据与原证据一并作为定案根据。如果仅仅是展示原证据外观、内容的示意证据，即证据展示品和场景模拟品，作为示证的辅助工具，法官仅将其作为定罪量刑的参考。最后，对于示意证据是否可以补正的问题，笔者认为可以交由法官自由裁量。对于一些对理解案件事实帮助较大但有技术瑕疵的示意证据，法官可以要求举证方补正，在出示或者调整技术参数后重新演示。对于一些只是提炼、概括原证据内容的示意图等示意证据，法官认为对裁判参考价值较低的，可以不再要求举证方重新出示。

第三节　示意证据审查判断规则

国外不少法院认识到示意证据对控辩双方而言都是有价值的诉讼工具，应当加强对它的使用力度。[1]"今天在许多刑事和民事案件中，自由地使用示意证据来帮助陪审团了解诉讼几乎是不受质疑的。"[2]但个别反对者指出，示意证据具有传闻性质、缺乏认证且容易导致误导和偏见，甚至是多余的[3]，因此有必要阻止一些虚假的展示件进入法庭。[4]那么，法官采信或者排除某些示意证据有哪些具体要求？这涉及示意证据的审查判断规则，国内外面临同样问题。鉴于我国目前在这方面的理论和实践相对薄弱，本部分基于相关英美经验并将其本土化。

一、示意证据审查判断的共性要求

示意证据一般会遭遇证人没有作证的能力、证据是不可信的、缺少理由、证据缺乏证明价值、误导陪审团、产生不公正的偏见、只是其他证据的累积、对陪审团没有帮助或者展示了一个错误的陈述等方面的质疑。[5]原则上，示意证据的可采性由法官自由裁量[6]，但有三个因素会对法官判断造成根本影响，构成审查示意证据的共性要求。

（1）示意证据与待证事实应是相关的。如麦考密克指出，不是所有的物证都是基于同样的目的而被提出，或因同样的理论被采纳。一件物品可能是在交易中起了作用，因此裁判者可以从中认定一个相关的事实。相反，一件

---

〔1〕　See Gardner H. Wayne, "Explanations and Illustrations: Demonstrative Evidence in the Criminal Courtroom", 38 *Criminal Law Quarterly*, 425（1996）.

〔2〕　[美] 乔恩·R. 华尔兹：《刑事证据大全》（第2版），何家弘等译，中国人民公安大学出版社2004年版，第585页。

〔3〕　See Cady, Elwyn L. Jr, "Objections to Demonstrative Evidence", 32 *Missouri Law Review*, 337~353（1967）.

〔4〕　Clark v. Brooklyn Hgts. R. R. Co. 177 N. Y. 359,（1904）.

〔5〕　Steven C. Marks, "The Admissibility and Use of Demonstrative Aids", 21 *Gpsolo* 27（2004）.

〔6〕　Logan v. Empire District Electric Co. Supreme Court of Kansas. Dec. 9, p. 660,（1916）; State v. Schnect. Supreme Court of Kansas, Jun 10, pp. 823~824,（1911）.

物品也可能仅仅因为"解释了"证人证言所表明的事实而被提出。[1]在审查判断上，示意证据与其他证据一样，必须是相关的，只是对示意证据相关性的要求不那么严格。一是逻辑相关性，指示意证据的提出有助于说明原证据在逻辑上具有证明某个待证事实的趋势，"有助于陪审团对相关问题的理解"。[2]二是法律相关性，指如果一个证据的证明力足以支持在考虑该证据时可能带来的迟延、耗费、损害或者混淆的正当性，便有法律相关性，这也是决定示意证据可采性的重要技术标准。例如，《美国联邦证据规则》第403条规定："如果相关证据的证明价值为以下一个或者多个危险所严重超过，则法院可以排除该证据：不公平损害、混淆争点或者误导陪审团、不当拖延、浪费时间或者不必要地出示重复证据。"[3]示意证据容易因为偏见而遭到质疑，如果法院认为该偏见产生的不利影响超过了示意证据的证明价值，导致不必要的时间损耗，或者混淆、误导陪审团，则应将其排除。[4]简言之，示意证据相关性的审查重点有：示意证据的内容是否简洁、明了；是否有助于解说原证据表达不清的内容，使待证事实更加明确。

（2）示意证据对原证据而言应是相似的。示意证据的一项重要庭审功能就是"代替"原证据向法官展示原证据信息与待证事实之间的关系，还原案件的本来面貌。有时，在案件现场无法还原或者原证据已经灭失的情况下，示意证据直接影响法官心证，如泛美航空"帕果·帕果空难"的庭审曾出现大量的机场和飞机着陆路径的模型，用以说明当时的地理环境和飞机行驶情况。[5]这些示意证据一经法庭出示即给法官留下了无法抹去的感官印象，所以有必要防止它们对法官进行误导，避免产生偏见。慎重起见，示意证据也应经过相应的鉴真过程。不过，与其他实物证据强调原始性的鉴真不同，由

---

〔1〕 ［美］约翰·W. 斯特龙主编：《麦考密克论证据》（第5版），汤维建等译，中国政法大学出版社2004年版，第436页。

〔2〕 See Karen Thompson Barefiled, "Opinion and Demonstrative Evidence: Automobile Accident Reconstruction", 14 *Washburn Law Journal*, 274（1975）.

〔3〕 王进喜：《美国〈联邦证据规则〉（2011年重塑版）条解》，中国法制出版社2012年版，第65页。

〔4〕 See Don Howarth, Suzelle M. Smith, Mary La Cesa, "Rules Governing Demonstrative Evidence at Trial: A Practitioner's Guide", 20 *Western State University Law Review*, 162（1992）.

〔5〕 See Don Howarth, Suzelle M. Smith, Mary La Cesa, "Rules Governing Demonstrative Evidence at Trial: A Practitioner's Guide", 20 *Western State University Law Review*, 162（1992）.

于示意证据并非产生于案件过程中，对其鉴真可不再强调证据保管过程，[1]转而关注客观性和同一性，重点审查以下内容：示意证据是否是根据原证据制作的？示意证据展示内容是否与原证据记载的信息一致？示意证据的制作是否带有制作人员的主观判断。

（3）示意证据对证明而言应是有益的。在必要性审查中，如果案件事实完全可以通过原证据来证明，即使某些事实最终无法证明，我们还可借助证明责任制度处理。换言之，不是一切证据都需要示意，举证方必须向法官说明为什么通过示意证据有助于理解原证据，法官也必须考虑为什么这种情况下示意证据是有价值的。

原则上，法官可以根据"一目了然"原则进行经验判断。示意证据无论是针对实物证据还是言词证据，只要能使法官一眼看上去就能明白原证据所记载的信息，即为有益。根据原证据的类型，一些基本规则包括：

第一，原证据为实物证据的，如果原证据毁损或者返还被害人，却又需要该证据的某些特点印证其他在案证据，可以附条件地使用示意证据，比如能够证明原物确实存在过，且控辩双方对其证明价值没有异议，或者原物属于一般物而非特定物。例如，在故意杀人案中，被告人使用被害人家中的砍刀砍伤被害人，该砍刀被被告人销毁，检察机关根据被害人的描述又在曾购买砍刀的商店购买相同的砍刀，在法庭出示以印证伤口形状。[2]如果原物不便或者不宜出示，比如枪支弹药、危险物品，示意证据仅限于展示原物的外观形状、结构特点和使用方法等。对于内容复杂的书证文件，可以由法官根据情况判断是否需要借助简化的图示、表格等加以理解。

第二，原证据为言词证据的，比如证人证言、被害人陈述和鉴定意见等，可以根据陈述者能否清楚表达意思以及示意证据是否实际简化了陈述内容来判断其对证明活动是否有益。

二、示意证据分类审查的要点

对于比较法上和我国司法实践中常见的几种具体形式的示意证据，可以

---

〔1〕　See Ronald J. Rychlak, Claire L. Rychlak, "Real and Demonstrative Evidence away from Trial", 17 *American Journal of Trial Advocacy*, 512（1993）.

〔2〕　谢小剑："示意证据制度初论"，载《中国刑事法杂志》2010 年第 6 期。

重点审查以下方面：

1. 照片（Photos/Photographs）

在示意证据语境下，照片作为图像证言，原则上凡是能够展示原证据信息或者案件场景的照片都可以使用。对于描述案件原始情况的照片，主要审查其真实性。例如，判断该照片是否扭曲对象；是否拍摄于合适的视角；是否增强了口头证言；是否提供了口头证言难以表达的细节信息。[1]对这类照片的审查要求不像审查物证、书证原件照片那样严格，在对方无异议的情况下，即使是某些改变视觉效果的照片也可以使用[2]，但是它可能会因为在展示过程中临时发现的偏见而被随时限制继续使用。[3]又由于示意证据不是形成于案发过程中，即使拍摄时的光线等条件发生了改变，也不会导致其当然无效，只需要目击当时环境的人员出庭作证，解释说明照片与现场的真实关系。[4]对于重建场景的照片，这类照片为生动说明案件中的场景和行为而拍摄，其不是直接对证据的拍照固定，所以如果有证言证实照片是相关的并且重建是准确的，法官便可以采信。[5]有的时候，只有当某些犯罪现场中的物体的存在状态或者摆放位置十分重要时，法庭才会以此目的允许对重建后的犯罪现场进行照相，而且只有当照片中人或物品的位置没有争议时，该照片才会被采纳。如果重建的照片只是重复了证人证言所涉及的事实，该照片一般不会再被采纳，它可能会不当强调一方证人的证言，误导法官将一方重建的结果作为实际发生的事实情况。[6]除此之外，一些令人恐惧、过分裸露或者隐私的照片也应禁止使用。

2. 视频（Videos/Moving Pictures/Films）

视频的可采性要求与照片相似。这里并非是说所有的视频都属于示意证据，在我国，如果视频记录了与案件事实有关的声音、图像、活动画面并用

---

〔1〕 See Gardner H. Wayne, "Explanations and Illustrations: Demonstrative Evidence in the Criminal Court-room", 38 *Criminal Law Quarterly* 434（1996）.

〔2〕 People v. Jackson, 111 N. Y. 36219 N. E. 54,（1888）.

〔3〕 Overend v. City of New York, 271 A. D. 97567 N. Y. S. 2d 625（1947）.

〔4〕 Amsler v. Soraci Contracting Co., 172 A. D. 63158 N. Y. S. 219（1916）.

〔5〕 See Don Howarth, Suzelle M. Smith, Mary La Cesa, "Rules Governing Demonstrative Evidence at Trial: A Practitioner's Guide", 20 *Western State University Law Review* 165（1992）.

〔6〕 ［美］诺曼·M. 嘉兰、吉尔伯特·B. 斯达克：《执法人员刑事证据教程》（第4版），但彦铮等译，中国检察出版社2007年版，第440页。

以证明案件事实，其将被归为"视听资料"。真正作为示意证据的视频，其内容仅仅是对其他言词证据的解说。此时，提交视频的证人必须出庭作证，证明基于他自己的观察，该视频能够公正且准确地反映证言内容。[1]因此，一个视频作为示意证据出示的前提是有证人能够证明该视频的真实性和准确性。一是要求视频是完整的、未经编辑的；二是可以允许有一定的编辑，但要求编辑者能够出庭证明被编辑视频的准确性和客观性。[2]最后，审查视频示意证据时，要避免被《美国联邦证据规则》第1002条干扰。该条规定："为证明书写品、录制品或者影像内容，应当提供其原件"，所谓的"原件"并非作为示意证据的视频原件，而是书写品、录制品或者影像的原件。另外，作为示意证据的视频并非是用以"证明"书写品等的内容，而是用于"展示"书写品等的内容，或者说视频不会影响书写品等内容的真实性。

3. 图示（Charts/Drawings/Diagrams）

图示是指手工绘制的，用于描述某些场景、物品的示意图、绘画、地图或者表格等材料。例如，在一起违反禁酒法案的指控中，控方使用一幅示意图生动地显示了被告人密谋取回威士忌酒的路线和方式。[3]法官通过看图示要比听陈述更能掌握案件信息，手工绘制的图示不必完全精确，但也不能太不精确。[4]鉴于出自举证方自制的示意图容易产生误导，法官应当审慎地审查其准确性和客观性，主要是"看"其是否"确实像"它所要展示的对象。[5]如果图示是根据相关证言绘制的，该证言应是原始证言，而且证人能够准确地描述其所要描述的对象。[6]如果图示是一幅地图，它可以不是官方版本。[7]如果图示描述的是一个确定的区域或者事物，则必须审查制作人是否熟悉该

---

〔1〕　[美]诺曼·M. 嘉兰、吉尔伯特·B. 斯达克：《执法人员刑事证据教程》（第4版），但彦铮等译，中国检察出版社2007年版，第424~425页。

〔2〕　See Gardner H. Wayne, "Explanations and Illustrations: Demonstrative Evidence in the Criminal Courtroom", 38 *Criminal Law Quarterly* 434（1996）.

〔3〕　U. S. v. Park Ave. Pharmacy, 56 F. 2d 753,（1932）.

〔4〕　See Stephen J. Duggan, "Practice Tips on Demonstrative Evidence", 27 *Air Force Review* 154（1987）.

〔5〕　Franklin v. Engel, 34 Wash. 480, 76 P. 84（1904）.

〔6〕　See Gardner H. Wayne, "Explanations and Illustrations: Demonstrative Evidence in the Criminal Courtroom", 38 *Criminal Law Quarterly* 432（1996）.

〔7〕　Turner v. U. S. 66 F. 28913 C. C. A. 445（1895）.

区域或者事物及其熟悉程度。[1]事实上，图示不可能具有与照片一样的直观性，法官对图示的审查主要是判断它是否有助于理解在案证据，或者是否有助于举证方厘清陈述内容。

4. 模型（Models/Samples）

模型是近年常见的一种示意证据，既可以是展示在案实物证据的模型，也可以是展示现场环境、人体结构等的模型。模型相比于照片、视频、图示而言，可以更加立体地向法官展示证据，法官也可以通过亲自接触模型来感知案件情况。对于模型的审查判断，需要注意：①使用模型是否必要；②模型是否按照恰当比例制作；③模型是否是能够说明相关问题的样品[2]；④由专家提供的，用于解释或者说明专业问题的模型，仅限于对专家口头意见（非书面鉴定意见）的说明，专家不得提出超出专家意见范围的其他模型，而且要求专家出庭说明模型的技术标准、模型的准确性以及当庭展示模型与待证事实的相关性；⑤模型应当构建于原始的一手证据，对模型的说明应当易于理解[3]，不可因模型的提出而使得原证据更难懂。

5. 计算机模拟品（Computer animated reconstructions）

这是一种通过计算机建模的方式生成的示意证据，即"利用计算机将信息制作成可视化版本"[4]，比如场景模拟品。但不是所谓的"电脑证据"或者"计算机证据"。电脑证据指"基于数字电子技术产生的、以数字形式表现出来的能够作为证据使用的材料"[5]，强调证据的产生方式，而作为示意证据的计算机模拟品，强调证据的展示方式。对此，应由证人提供可信性基础，证明计算机模拟的场景能够准确反映其所看到的东西。[6]一般而言，重点审查：①用于计算机模拟的原始数据是否准确；②输入计算机的数据是否准确；

---

〔1〕 See Kwasi L. Hawks, "A View from the Bench: Real and Demonstrative Evidence", 4 *Army Lawyer* 41（2012）.

〔2〕 See Mark A. Dombroff, "Innovative Developments in Demonstrative Evidence Techniques and Associated Problems of Admissibility", 45 *Journal of Air Law and Commerce* 146（1979）.

〔3〕 See Mark A. Dombroff, "Innovative Developments in Demonstrative Evidence Techniques and Associated Problems of Admissibility", 45 *Journal of Air Law and Commerce* 148（1979）.

〔4〕 Kathlynn G. Fadely, *Use of Computer-Generated Visual Evidence in Aviation Litigation: Interactive Video Comes to Court*, 55.

〔5〕 张斌：《视听资料研究》，中国人民公安大学出版社 2005 年版，第 183 页。

〔6〕 See Michael Sudman, "The Jury Trial: History Jury Selection and the Use of Demonstrative Evidence", 1 *Journal of Legal Advocacy & Practice* 179（1999）.

③计算机使用的软件和硬件是否可靠；④在法庭上播放该计算机模拟品的方式是否科学；⑤最终向法庭展示的对象是否准确。[1]

三、示意证据的排除规则

这里，示意证据的排除规则并非"非法证据排除规则"，对示意证据而言，不涉及非法证据问题。综合示意证据的法庭调查规则和审查判断规则，经审查某些不符合实体要求和程序要求的示意证据将被禁止使用。

1. 实体性排除规则

排除示意证据的实体性理由有三：①示意证据与原证据以及案件无关联。相关性作为诉讼证据的要件之一，是世界各国证据标准的基本要求。如果示意证据没有增加原证据的"表现力"，法官通过它并没有更清晰地理解原证据内容或者案件信息，示意证据只是对原证据的简单重复，则不具有专门出示的逻辑相关性。出于对法律相关性的考虑，冗余的示意证据容易拖延诉讼进程，故应予以限制使用或者排除。②示意证据不能准确展示原证据的内容。客观性是示意证据审查判断的一项重要内容，非由原证据制作的示意证据，或者展示内容与原证据不一致的示意证据应当排除。例如，鉴定人制作的交通肇事现场动画视频仅显示了肇事车辆与被害人之间的动态位置关系，却没有反映周围环境，而在周围环境对被告人定罪量刑有重要影响时，这种视频应当被排除。再者，示意证据带有制作人明显的主观判断，特别是普通证人绘制的示意图，在没有其他证言印证的情况下，此类图示作为证人的推断或者评论性言论，应当排除。[2]③示意证据展示的内容具有误导性。法官可以自由裁量示意证据是否具有误导性，在一般情况下排除使用裸露、暴力、令人恐惧以及带有煽动性的照片或者视频，但是裸露、暴力、令人恐惧以及带有煽动性问题本身属于待证明的犯罪构成要件的除外。误导性还包括使用夸张的方法制作示意证据，如不当放大或者缩小模型的某些部位或者使用带有讽刺性的漫画等。还要注意的是：一些主观分析性明显的"资金走向图""人物关系图""组织机构脉络图"等图示，虽然不可被作为示意证据使用，但如

---

〔1〕　See Carole E. Powell, "Computer Generated Visual Evidence: Does Daubert Make A Different?", 12 *Georgia State University Law Review* 582（1996）.

〔2〕　李学军："意见证据规则要义——以美国为视角"，载《证据科学》2012 年第 5 期。

果是由辩护律师或者公诉人提出的，便可以将它作为质证意见或者相应的诉讼观点的一部分。

2. 程序性排除规则

这是指因违反有关的程序性要求而排除示意证据的情形，强调对使用示意证据的程序规制，主要有以下内容：①原则排除不基于在案证据而独立存在的示意证据；②控辩双方对原证据有争议，一方申请出示示意证据以原证据内容的，原则上应提供证人证明示意证据的真实性和准确性，证人不出庭的，应当排除示意证据；③根据证人证言、被害人陈述制作的示意证据以及由鉴定人、有专门知识的人制作的示意证据，相关知情人员应当出庭而不出庭的，应当排除示意证据；④示意证据有制作瑕疵可能影响其客观性的，经举证方修改，法官仍然认为表达不当的，应当排除示意证据，而且一旦排除，不准许举证方重新制作示意证据并再次出示。

第十二章

非法证据法庭调查

建立并实施非法证据排除规则，是近年来中国刑事司法改革最重要的内容之一。建立这一规则，具有实现司法人权保障、提高案件质量的重要意义，也是刑事诉讼程序公正的最重要的标志之一。而"徒法不能以自行"，实施非法证据排除，最为重要的渠道，是在法庭审判阶段包括审前和庭审中进行排除非法证据的调查，以确认是否有非法取证的证据或线索，是否应当排除作为调查对象的证据。因此，建立适当和有效的非法证据庭审调查规则，是完善非法证据排除规则以及完善庭审证据调查程序的重要环节。

第一节　非法证据调查的问题界定

一、非法证据调查的内涵与特征

证据调查是一个多义概念。狭义的证据调查指法庭调查，即在法庭审理阶段为了完成案件事实的认定任务，法官、公诉人和当事人及其辩护人、诉讼代理人按照法律规定的调查程序和法律允许的调查方法进行的庭审调查活动。其外在表现是当事人举证、质证以及法官的认证，其基本目的是查明和证明案件事实，其核心问题是有关控辩双方举证、质证和法官认证的程序规定。广义的证据调查还要包括当事人及其辩护人、诉讼代理人为法庭举证所进行的准备活动——庭前的取证。本章所指的证据调查为狭义概念。

根据《刑事诉讼法》第 58 条第 1 款的规定，"法庭审理过程中，审判人员认为可能存在本法第五十六条规定的以非法方法收集证据情形的，应当对证据收集的合法性进行法庭调查"，非法证据调查是指在法庭审理阶段，为了明确证据收集是否存在法定的非法取证情形，法官和当事人按照法定的调查程序和调查方法查明和证明证据收集的合法性，确定是否需要排除有关证据的活动。在厘清非法证据调查内涵的基础上，尚需明确非法证据调查的以下特征：

（1）有专门的调查对象。非法证据调查的对象是证据收集的合法性，特指《刑事诉讼法》第56条规定的三种非法取证情形，即"采用刑讯逼供等非法方法收集的犯罪嫌疑人、被告人供述""采用暴力、威胁等非法方法收集的证人证言、被害人陈述""收集物证、书证不符合法定程序，可能严重影响司法公正的，又不能补正或者作出合理解释的"。

（2）有专门的调查程序。刑事诉讼法针对非法取证行为规定了专门的"证据收集合法性"的调查程序。这个调查程序既区别于《刑事诉讼法》第三编"审判"第二章"第一审程序"规定项下的法庭调查，也区别于《刑事诉讼法》第198条规定的证据调查。[1]与前者的区别体现在调查对象上，非法证据调查针对非法取证行为，法庭调查则主要针对案件事实，也可以包括程序事实和证据事实。前者与后者的区别在于程序安排不同，非法证据调查有专门的"证据收集合法性"的调查程序，即只针对证据收集的合法性进行调查。而《刑事诉讼法》第198条规定的证据调查没有专门的调查程序，它是在法庭调查活动中进行的，调查的内容要宽泛得多，包括定罪和量刑证据的真实性、合法性和相关性问题。

（3）有专门的启动条件、调查方法和法律后果。根据刑事诉讼法的有关规定，非法证据调查具有专门的启动条件、调查方法以及法律后果。启动非法证据调查必须具备两个条件：其一，依照《刑事诉讼法》第58条之规定需要当事人尽到"争点形成责任"，即"当事人及其辩护人、诉讼代理人申请排除以非法方法收集的证据的，应当提供相关线索或者材料"。其二，依照《刑事诉讼法》第58条之规定，审判人员经"自由裁量"后认为可能存在非法取证情形，即"审判人员认为可能存在本法第五十六条规定的以非法方法收集

---

[1]《刑事诉讼法》第198条第1、2款规定："法庭审理过程中，对与定罪、量刑有关的事实、证据都应当进行调查、辩论。经审判长许可，公诉人、当事人和辩护人、诉讼代理人可以对证据和案件情况发表意见并且可以互相辩论。"

证据情形的"。专门的调查方法是指《刑事诉讼法》第 59 条规定的"通知有关侦查人员或者其他人员出庭说明情况"。专门的法律后果是指《刑事诉讼法》第 60 条规定的"对于经过法庭审理，确认或者不能排除存在本法第五十六条规定的以非法方法收集证据情形的，对有关证据应当予以排除"。

（4）有专门的调查目的。非法证据调查具有明确的调查目的，即查明是否存在非法取证行为，从而避免非法取证的证据成为定案依据，导致冤假错案。这与普通证据调查的目的不同，实践中普通的证据调查更侧重于对证据证明力的调查，再根据有证明力的证据查明和证明案件事实。

二、非法证据调查规则的内涵与相关概念

非法证据调查规则是指所有关于非法证据调查的法律规范，包括非法证据调查的启动条件、举证方法、质证方法、证明对象证明责任与证明标准、认证与裁判等问题的相关规定。它与非法证据调查程序、非法证据排除规则等相关概念，既有联系，也有区别。

1. 与非法证据调查程序的关系

在不那么严格的意义上，非法证据调查规则与非法证据调查程序可以被等同看待。主要理由在于两者的调查对象都是非法证据，调查目的都是查明证据收集的合法性问题，都具有特定的调查方法，举证、质证、认证主体，都会涉及非法证据调查的开始、进行和结束等各个阶段。因此，非法证据调查规则就是非法证据调查程序，非法证据调查程序依据非法证据调查规则进行，两者没有实质区别。

不过，区分非法证据调查规则和非法证据调查程序，仍然具有一定的学术价值和实务意义。笔者认为，两者的区别有以下三点：

（1）调查程序是偏宏观的说法，调查规则是偏微观的说法。一般说到调查程序，都会讲到程序主体权限及相互关系这类比较宏观的程序模式问题，在不同的程序模式当中程序主体权限不一样，为此对调查程序的整体设计产生深刻影响。

（2）调查程序以时间为轴展开，调查规则以问题为轴展开。任何调查程序都要讲调查的开始、进行和结束，非法证据调查程序的开始是指非法证据申请的提出、受理和启动；进行是指提出非法证据的证据顺序、证据方法和证明责任、证明标准，以及对方当事人对本方举证方法的质证；结束是指法

官就控辩双方的非法证据举证质证情况进行综合判断，运用相关审判权力认定非法证据存在与否，是否要排除。因此，从调查程序的角度来讲，非法证据调查包括启动程序、听审程序和裁判程序。而调查规则则集中于非法证据调查程序安排中的疑点与难点问题。例如，根据《刑事诉讼法》第58条，启动非法证据调查程序需要当事人及其辩护人、诉讼代理人承担初步的说明义务，应当提供相关线索或者材料，这里的问题是在相关线索或者材料的范围、收集方式、数量和质量等方面，法律是否需要进行明确的要求，是否需要形成相关的规则，这涉及非法证据调查的启动条件问题。针对非法证据调查在法律解释或者司法操作中存在的诸多疑难问题，是否需要运用规则加以规制以及要运用哪些规则加以规制，是非法证据调查规则关注的重点内容。这明显与非法证据调查程序有所区别。

（3）调查程序的内容要求全面、细致，着重各个程序操作机制之间的衔接和顺畅，如果存在程序操作问题，着重通过法官的自由裁量权来解决。而调查规则的内容要求明确、具体，着重通过设计相关法律规范或者规程来解决操作疑难问题，能够用法律条文的形式把操作疑难问题规范出来，法官自由裁量权的行使要依据相应的程序规则。

本章所研究的非法证据调查规则，着重于对实务操作中疑难问题的梳理和解决，并落实在法律条文的创立和完善之上。本章也会涉及非法证据调查的一部分程序性内容，略去对非法证据调查程序的学理性研究与探讨。

2. 与非法证据排除规则的关系

正如一些学者所述，"非法证据的概念、理论以及排除规则"都是舶来品。[1]我国现有的非法证据排除规则有三个比较明显的特点。①言词排除。实务中排除非法证据的范围主要集中在犯罪嫌疑人、被告人辩解、证人证言和被害人陈述等言词证据方面。尽管《刑事诉讼法》及相关司法解释规定了实物证据的排除问题，但囿于规定过于原则和弹性，并没有实际的可操作性。②刑讯排除。这是指非法取证的方法及非法程度。在国外相关非法证据排除理论中，考虑取证方法的非法程度，只需足以对供述自愿性产生影响即可。我国非法取证只考虑取证行为的非法程度，不太关注非法取证与供述自愿性的关系，因此要求非法取证的程度达到肉刑或者变相肉刑的标准。③模糊排

---

〔1〕 戴长林等：《中国非法证据排除制度 原理·案例·适用》，法律出版社2016年版，第3页。

除，这是指排除的法律效力问题。我国并没有严格区分"证据被排除"与"证据没有证据能力"。国外的相关理论表明这两者之间的差异主要表现为以非法证据为线索所获取的派生证据有没有证据能力。"证据没有证据能力"不影响派生证据的证据能力问题，而"证据被排除"则会影响派生证据的证据能力。我国法律并没有规定这种关于派生证据的"波及效力"问题。

　　非法证据调查规则是非法证据排除规则中最为重要的内容，非法证据调查规则的确立在一定程度上标志着非法证据排除规则的确立。从实体和程序关系的角度来看，非法证据排除规则可以被分为实体问题和程序问题两大类。实体问题包括非法证据的含义、基本范围、表现形式、认定标准，非法证据与合法证据、瑕疵证据之间的关系，非法证据排除的法律后果等。而程序问题则是非法证据调查规则的主要内容。我们之所以把 2010 年 6 月"两高三部"联合出台的《死刑案件证据规定》和《2010 非法证据排除规定》（简称"两个证据规定"）看作是我国正式确立非法证据排除规则的标志，根本原因在于"两个证据规定"为非法证据的排除确立了一个富有操作性的非法证据调查程序，它的基本特点是对审前证供合法性进行独立的庭审前置调查，具有书面诉答、裁量启动、独立调查、辩方提出、控方证明、庭审为主、庭外补充、二审监督等八个方面的内容。[1]这些内容填补了 1996 年《刑事诉讼法》第 43 条规定[2]的非法证据排除规则的程序性空白。简言之，没有非法证据调查程序，非法证据排除规则便会失去操作性，就会成为一纸具文。

　　3. 非法证据调查规则的构成

　　根据上述分析，笔者把非法证据调查规则分为非法证据调查总体要求、非法证据调查启动程序、听审程序、裁判程序规则四个方面。非法证据调查总体要求是指非法证据调查的目的、原则、调查主体与权限、调查对象等基本问题，总体要求明确有助于厘清法院的调查内容。而启动程序、听审程序、裁判程序完整地构成了非法证据调查从开始到结束的整个过程，只有包含上述程序的非法证据调查规则才能指导司法实践中关于非法证据调查的具体操作。除了前述一般性规则以外，非法证据调查规则还涉及三个特殊问题，笔

---

〔1〕　刘彦辉："论非法证据调查程序在我国的立法确立"，载《中国法学》2011 年第 4 期。

〔2〕　1996 年《刑事诉讼法》第 43 条规定，禁止"刑讯逼供和以威胁、引诱、欺骗以及其他非法的方法收集证据"，明确这些证据不能作为定案的根据。

者认为有必要单独在非法证据调查规则中进行讨论，即证人证言和被害人陈述的参照适用问题、实物证据的排除以及职务犯罪中监察证据的排除。

三、我国关于非法证据排除规则的立法现状

如果以 2010 年 6 月 "两高三部" 发布的《2010 非法证据排除规定》为非法证据排除规则确立的标志，非法证据排除规则立法可被分为正式确立和积极实施两个阶段。

1. 正式确立阶段的法律与执行规范

（1）"两高三部" 2010 年 6 月颁布的《2010 非法证据排除规定》。

（2）2012 年修订后的《刑事诉讼法》第 54 条、第 55 条、第 56 条、第 57 条、第 58 条。这些条款是对《2010 非法证据排除规定》相关内容的吸收。后于 2018 年修订后的《刑事诉讼法》中变更为第 56 条、第 57 条、第 58 条、第 59 条、第 60 条，内容并未发生实质性变化。

（3）最高人民法院《刑事诉讼法司法解释》。

（4）最高人民检察院《刑事诉讼规则》。

（5）公安部《公安规定》。

2. 积极实施阶段的法律与执行规范

（1）"两高三部" 在 2017 年 4 月 18 日经中央全面深化改革领导小组第 34 次会议审议通过，颁布了《2017 严格排非规定》。这是最主要的法律文件。

（2）最高人民法院《排非规程》。这是审判阶段排除非法证据的重要文件。

此外，涉及非法证据排除的法律文件还有：

（1）"两高三部" 在 2016 年颁布的《2016 改革意见》。

（2）最高人民法院《高法实施意见》。

（3）最高人民法院《庭前会议规程》。

（4）最高人民法院《法庭调查规程》。

第二节　非法证据调查的启动规则

一、非法证据调查的特点及启动规则的构成

根据刑事诉讼法和相关解释文件的内容，我国非法证据调查有以下几个

重要的特点:

（1）总体上讲，非法证据排除规则重点关注犯罪嫌疑人、被告人非法供述的排除问题，或者说是以非法供述排除的法律规范为蓝本来设计非法证据调查程序，其他言词证据（如证人证言、被害人陈述）则依照《2017严格排非规定》第37条之规定参照适用。非法实物证据的调查程序较少涉及，《2017严格排非规定》《排非规程》等重要的法律文件中甚至没有提及。

（2）调查非法证据的程序主要有两种：一是《刑事诉讼法》第57条、《刑事诉讼规则》第72条规定的检察院在审前阶段中的非法证据调查核实程序；二是《刑事诉讼法》第58条、第59条，以及最高人民法院相关司法解释文件规定的法院在审判阶段的非法证据调查程序。审判阶段的非法证据调查程序是三方听审程序，主要方式是由提出排除非法证据申请的被告人及其辩护人提供相应的线索与材料，交由法院审查后，根据不同的节点安排在庭前会议或者法庭调查结束以前进行调查，检察院对证据收集的合法性承担举证责任。

（3）非法证据调查的启动方式有依申请和依职权两种方式。依申请启动方式是主要方式，要求申请主体提供非法取证的线索与材料，这可以在刑事诉讼的侦查、审查逮捕、审查起诉、审判等各个阶段进行。在审前阶段由检察院相应部门来办理，适用审前阶段的调查核实程序。在审判阶段由法院审判部门来办理，适用审判阶段的审查、调查程序。依职权启动方式，则是审前阶段由侦查机关、检察院"主动发现"，审判阶段由法院"主动发现"。

（4）审判阶段非法证据调查程序的启动包含两个关键词。其一，当事人及其辩护人、诉讼代理人应当提供"相关线索或者材料"，"相关线索或者材料"的范围、提供方式、提供要求、法律后果都有比较明确的规定。其二，对提供的"相关线索或者材料"，人民法院应当"审查"。"审查"可以在庭前会议中进行，也可以在法庭调查阶段进行，人民法院"审查"相关线索或者材料以后，认为存在非法取证可能的，启动非法证据调查程序，认为没有可能的，驳回非法证据排除的申请。

因此，非法证据调查的启动规则主要由两个部分构成：一是"相关线索与材料"的提供规则；二是对"相关线索与材料"的审查规则。

二、"相关线索与材料"的提供规则

(一)相关法条已明确的内容

对"相关线索与材料"的提出,现有规定已经明确的内容有以下几个方面:

(1)提供主体应当是当事人及其辩护人、诉讼代理人。根据《刑事诉讼法》第 58 条第 2 款的规定,审判阶段提供非法取证相关线索和材料的主体,只能是申请排除非法证据的"当事人及其辩护人、诉讼代理人"。但是,《2017 严格排非规定》《排非规程》对排非申请主体的规定却是"被告人及其辩护人",比《刑事诉讼法》的规定范围明显狭窄。笔者认为,无论是从合法性角度还是从合理性的角度,司法解释对同一问题的规定都应当以《刑事诉讼法》为准。

(2)相关线索与材料的内容已有明确要求。该要求源于《2010 非法证据排除规定》第 6 条,即"涉嫌非法取证的人员、时间、地点、方式、内容"。《刑事诉讼法司法解释》第 127 条、《刑事诉讼规则》第 72 条、《2017 严格排非规定》第 20 条相继沿用了上述内容要求,只不过将上述第 6 条中的"相关线索或者证据"改成了"相关线索或者材料"。这有利于扩大非法取证的信息来源,使其不受诉讼证据真实性、合法性、关联性"三性"条件的限制。《排非规程》第 5 条对"材料"的范围予以了丰富,是指能够反映非法取证的伤情照片、体检记录、医院病历、讯问笔录、讯问录音录像或者同监室人员的证言等。

(3)提供线索的时间与方式亦有操作性规定。在审判阶段中,当事人及其辩护人、诉讼代理人提供相关线索或者材料的,原则上应当在开庭前提出,但在庭审期间发现线索或材料的可以在庭审中提出。在审判阶段的提出方式是书面方式,包括申请书或者申请笔录。

(4)如果没有提供非法取证的相关线索或者材料,法院原则上不作审查,申请材料不符合法律规定的申请条件,法院对申请不予受理。

此外,《高法实施意见》第 22 条第 1 款规定:"被告人在侦查终结前接受检察人员对讯问合法性的核查询问时,明确表示侦查阶段不存在刑讯逼供、非法取证情形,在审判阶段又提出排除非法证据申请,法庭经审查对证据收集的合法性没有疑问,可以驳回申请。"检察人员在侦查终结前未对讯问合法性进行核查，或者未对核查过程全程同步录音录像，被告人在审判阶段提出排除非法证据申请，人民法院经审查对证据收集的合法性存在疑问的，应当依法进行调查。

（二）相关法条主要问题：重复适用

首先是审前阶段非法证据调查核实程序与审判阶段非法证据调查程序的重复适用问题，这是现有规定未明确的。如果犯罪嫌疑人、被告人提出非法证据排除申请，并且根据相关法律文件的规定提供了符合要求的相关线索和材料，此时存在三种情况：

第一种情况，如果是在审前阶段提出，检察院经审查认为不存在非法取证情形，没有走审前调查核实非法证据程序，直接驳回排除非法证据申请，被告人又在审判阶段提出申请的，此时法院应当接受辩方的申请资料及相关线索证据予以审查。如果对审前证供收集合法性存在疑问，法院将启动非法证据调查程序。

第二种情况，如果在审前阶段没有提出排非申请，而是在审判阶段提出，根据《高法实施意见》第22条的规定，只要检察院没有对侦查阶段的讯问合法性进行核查询问或者经过核查询问但是没有同步录音录像材料证明，那么犯罪嫌疑人仍然可以在审判阶段提出排非申请并提供相关线索和材料，法院应当接受申请并进行审查。

以上这两种情况都有明确的法律规定。

比较麻烦的是第三种情况，如果犯罪嫌疑人在审前阶段提出排非申请，检察院经调查核实后，认为不存在非法证据取证的情形，此时被告人是否可以在审判阶段提出排非申请？

笔者认为，鉴于非法证据的检察院调查核实和法院调查的不同法律属性以及司法公正与效率的不同位阶，[1]应当赋予辩方在审判阶段重新申请排非的权利，以便其提供相关线索材料。

---

〔1〕　明确辩方此时有申请权利是保障辩方人权的需要，这是司法公正的要求。而检察院调查核实完结以后，法院再行审查和调查，这里只有司法资源是否重复使用、是否浪费的问题，这是司法效率的要求。

三、"相关线索与材料"的审查规则

（一）相关法条已经明确的内容

对于辩方提供的排除非法证据申请及"相关线索与材料"，人民法院应当受理并审查。对于法院审查，相关法条已经明确的内容包括如下几个方面：

（1）赋予庭前会议审查排非申请的功能，但对于是否作为必备程序却存在不同的规定。《2017 严格排非规定》第 25 条规定，对于符合条件的排非申请和所提供的"相关线索与材料"，法院召开庭前会议的规定，由过去的"可以"变为现在的"应当"，同时取消了"经审查对证据收集的合法性有疑问"的主观标准，对于辩方符合条件的排非申请和线索材料，均应当通过庭前会议对线索材料进行审查。上述规定出台后，司法实践中一度确立了庭前会议在非法证据排除审查中的重要地位。然而，2021 年《刑事诉讼法司法解释》却将召开庭前会议从"应当"改为"可以"，导致庭前会议的召开不再是必备程序。

（2）召开庭前会议的主要目的是控辩双方对证据收集的合法性问题达成共识、消除争议，即庭前会议的初步审查功能。如果达成一致意见，检察院可以撤回有关证据，或者撤回排非申请。依《刑事诉讼法司法解释》第 131 条、《排非规程》第 14 条之规定，上述撤回的行为对双方的庭审行为都具有约束力，即没有新理由或新线索不得再次提出，即便提出法院也可不再审查。依据《排非规程》第 15 条之规定，如果控辩双方在庭前会议中对证据收集的合法性达成一致意见，除有正当理由外，法庭一般不再审查。《刑事诉讼法司法解释》第 133 条对前述正当理由进一步明确，即"新的线索或材料表明可能存在非法取证的"。依据《排非规程》第 12 条第 1 款第 4 项、第 15 条第 2 款之规定，如果控辩双方对证据收集合法性不能达成一致意见，由"审判人员归纳争议焦点"，"应当在庭审中进行调查"。

（3）依据《刑事诉讼法司法解释》第 133 条、《排非规程》第 17 条之规定，法院在庭审中也可以审查排非申请和"相关线索和材料"，但必须说明理由，并且启动调查程序的前提是法院"对证据收集的合法性有疑问的"，具有一定的自由裁量权。

（二）相关法条可能存在的问题

（1）审查标准统一的问题。根据上述相关规定，法院在庭前会议中对

"线索和材料"的审查只是形式审查，召开庭前会议要求"线索"内容具体、指向明确，要求"材料"是能够反映非法取证的相关材料。在庭审阶段作实质审查，要求提供的"线索和材料"能使法院"对证据收集合法性有疑问"。笔者认为，如果"线索"内容具体、指向明确，有证据材料能够反映非法取证情形，法院一定会对"证据收集合法性产生疑问"。从法理上讲，"对证据收集合法性产生疑问"的标准是一个多元的、有弹性的主观标准，法院可能会以此作为借口行使自由裁量权。如果要切实保障辩方的合法权益，严格执行非法证据排除规定，应当统一庭前审查和庭审审查的审查标准，只要辩方提出排非申请，有内容具体指向明确的线索和证据材料，就应当启动非法证据调查程序。

（2）审查程序安排问题。根据上述相关规定，法院召开庭前会议审查排非申请及相关线索和材料，对不能就证据收集合法性问题达成一致意见的，只能够归纳争点，不能够进行实质性处理，应在正式庭审中启动调查程序。易言之，在非法证据排除问题上，庭前会议只具有形式功能而没有实质功能。这是一个学界争议已久的问题。

笔者认为，一方面，庭前会议与庭审的调查实际上只存在调查方法的区别，在举证方法、质证方法、证据合法性收集证明责任分配方面没有明显的不同。并且，对于庭前会议中的调查方法也处于不断丰富的过程中，从最开始的"核实情况、听取意见"到现在的检察院"出示有关证据材料""可以通知调查人员、侦查人员或者其他人员参加庭前会议"。下文中笔者还将探讨庭前会议调查方法的进一步丰富。因此，庭前会议的非法证据调查从外在形式方法上来说完全可以替代庭审中非法证据调查。另一方面，非法证据排除本身即属于程序性问题，而庭前会议的本质功能是在庭前解决程序性问题，比如管辖、回避等。如果仅仅是对线索、材料进行审查，调查程序放在庭审阶段，那么庭前会议实际上并未对非法证据排除问题进行处理，反而会增加程序负担。因此，法院有条件也有义务在庭前会议中解决排非问题，这也是最高人民法院要求加强庭前会议功能的必然要求。

（3）审查方法问题。目前，在庭前会议中，法院的审查方式基本属于"听审"式，即控辩双方进行举证、说明，法院只负责居中听取意见，现有对于庭前会议中公诉人的举证方式、法院的调查方式的规定并不统一。《2017严格排非规定》规定的公诉人举证方式是"出示有关证据材料"，并未对法院依职权调查进行规定。《排非规程》增加了控辩双方申请播放讯问录音录像的权利。最新修订的《刑事诉讼法司法解释》专门对庭前会议的审查方法进行改动，增加了公诉人"可以通知调查人员、侦查人员或者其他人员参加庭前会议，说明情况"的规定，但未将播放讯问录音录像的审查方法规定吸收进司法解释，这将使在庭前会议是否可以播放讯问录音录像产生分歧。笔者认为，法院在庭前会议的非法证据排除审查中可以更富有主动性，有利于聚焦争点、查清事实。因此，可以增加控辩双方申请调查、法院依职权调查的方式多样性，明确控辩双方有权申请或法院可以依职权在庭前会议讯问被告人、询问证人、播放讯问录音录像等。

四、非法证据调查启动规则的立法建议

我国非法证据调查的启动规则已经基本形成，但仍有部分问题应予完善。对此，笔者建议如下：

（1）关于辩方重复提出排非申请的审查问题。由于检察院和法院系不同的审查机关，辩方在审前阶段提出非法证据排除申请被驳回后其有权在审判阶段再行提出申请，即使没有新线索、新证据，人民法院也不应径直作出驳回结论，应当进行审查。建议在《刑事诉讼法司法解释》第 133 条之前增加一条："犯罪嫌疑人及其辩护人在审查起诉阶段提出排除非法证据申请的，在法庭审理过程中又提出申请，法庭应当作出审查。"

（2）应当统一非法证据排除申请庭前审查与庭审审查标准。建议将《刑事诉讼法司法解释》第 132 条修改为："当事人及其辩护人、诉讼代理人在开庭审理前未申请排除非法证据，在庭审过程中提出申请的，应当说明理由。人民法院经审查，对能够提供明确的线索或材料的，应当进行调查。"

（3）进一步加强庭前会议的功能，赋予庭前会议就非法证据调查具备实质审查的功能。建议将《刑事诉讼法司法解释》第 133 条、《2017 严格排非规定》第 26 条修改为："控辩双方在庭前会议中对证据收集是否合法未达成一致意见，人民法院对证据收集的合法性有疑问的，可以在庭前会议中进行调查。如果可以作出明确结论的，人民法院可以在庭前会议中作出是否排除该证据的审查结论。人民法院对证据收集的合法性没有疑问，且没有新的线索或者材料表明可能存在非法取证的，可以决定不再进行调查并说明理由。"

（4）为了确保庭前会议中非法证据调查的效果，应当丰富控辩双方举证以及法院依职权调查的方法。建议将《刑事诉讼法司法解释》第 130 条第 2 款修改为："在庭前会议中，人民检察院可以通过出示有关证据材料等方式，对证据收集的合法性加以说明。必要时，人民检察院可以播放讯问录音录像、通知调查人员、侦查人员或者其他人员参加庭前会议，当事人及其辩护人、诉讼代理人可以向法院申请播放讯问录音录像、通知调查人员、侦查人员或者其他人员参加庭前会议。"

第三节　非法证据调查的庭审规则

一、非法证据调查庭审的法规规范

关于庭审阶段如何调查非法证据，框架性质的法律规定主要是《刑事诉讼法》第 59 条。该条规定："在对证据收集的合法性进行法庭调查的过程中，人民检察院应当对证据收集的合法性加以证明。现有证据材料不能证明证据收集的合法性的，人民检察院可以提请人民法院通知有关侦查人员或者其他人员出庭说明情况；人民法院可以通知有关侦查人员或者其他人员出庭说明情况。有关侦查人员或者其他人员也可以要求出庭说明情况。经人民法院通知，有关人员应当出庭。"《2010 非法证据排除规定》《2017 严格排非规定》《排非规程》对此做了更为具体的规定。

二、庭审调查的程序安排

庭审调查的程序安排是指证据收集合法性调查在整个法庭调查过程中的顺序安排问题，《2017 严格排非规定》第 30 条首次明确了"先行调查原则"。即法庭经审查对证据收集合法性有疑问的，在程序安排上"应当先行当庭调查"，只有在"被申请排除的证据和其他犯罪事实没有关联，为防止庭审过分迟延"的情况下，法院才可以先调查其他犯罪事实，再对申请排除的证据进行调查。

这个规定在"立法"上没有任何问题，但是在实际操作中要注意区分"证据没有证据能力"和"证据是非法证据"两种调查方式。在我国刑事诉讼理论和实践操作当中，没有严格区分证据"没有证据能力"和"被排除"的法律意义。实际上，证据没有证据能力是指证据本身不能作为本案的定案依据，它包含了真实性、合法性和关联性等内容，不涉及以此证据作为线索获取的其他派生证据的证据能力问题，而证据被排除是指除证据本身没有证据能力以外，还涉及派生证据有无证据能力的问题。易言之，被排除的证据具有"波及效力"，而没有证据能力的证据没有"波及效力"。在调查方式上，证据有无证据能力是控辩双方举证质证的一般性内容，而证据是否被排除则需要专门启动非法证据调查程序。实务当中，辩方经常以公安机关收集证据存在程序上的瑕疵为由提出非法证据排除的申请，一些法院为此也启动了非法证据调查程序，这种操作是有问题的。正如龙宗智教授所言，非法证据排除规则的实质是一个"痛苦规则"，是要在庭审过程中明确审前证供是否是以肉刑或者变相肉刑的方法获取的。[1]

三、非法证据调查的举证责任分配

对于非法证据调查的举证责任分配问题，笔者以前作过详细研究。[2]尽管在法律规范上增加了《刑事诉讼法司法解释》《2017 严格排非规定》和《排非规程》，但是《2010 非法证据排除规定》所确立的关于非法证据举证责任分配的法律框架并没有改变，基本特点仍然是：

第一，"非法证据"证明的实质是对刑事诉讼中取证方法合法性的证明，证据种类不同证明方法就不同，因而举证责任分配会因证据种类的不同而存在差异。在非法搜查及其扣押之实物证据应否排除的问题上，美国学者认为，在有证搜查的情况下，应由辩方就有证搜查不合法承担证明责任。在有证搜查的情况下，司法机关在签发搜查证时已经审查过搜查是否具有"相当理由"，其合法性因搜查证而得到推定。因而，应由主张系争有证搜查之违法的被告人承担举证责任，而无证搜查的情况则正好相反。[3]

第二，将非法口供与非法证言、被害人陈述的证明责任及标准问题混合在一起加以规定，非法证言和被害人陈述根据《2010 非法证据排除规定》第13 条，"应当参照本规定有关规定进行调查"，包括举证责任的分配问题。

第三，非法口供举证责任的分配原则是"辩方履行提出责任建立争点+控

---

〔1〕 龙宗智："我国非法口供排除的'痛苦规则'及相关问题"，载《政法论坛》2013 年第 5 期。

〔2〕 张斌："非法证据证明责任及标准的实践把握"，载《国家检察官学报》2011 年第 3 期。

〔3〕 林辉煌：《论证据排除——美国法之理论与实务》，北京大学出版社 2006 年版，第 204~205 页。

方履行证明责任证明争点不存在"。辩方的提出责任相当于英美法证明责任中的"提出证据的责任",其完成标志是让法庭对审前供述的合法性存在"合理怀疑"。控方的证明责任相当于英美法证明责任中的"说服责任",其完成标志是让法庭对审前供述的合法性"排除合理怀疑"。

控方完成举证责任的标志,就目前的法律规范而言,已经可以用"回应型"证明方式,这与刚开始实施非法证据排除规则的情况有所不同。[1]所谓"回应型"证明,是指依据辩方履行提出责任时提供的证据与线索,要求控方有针对性地逐一说明辩方提供的非法刑讯事实情节的不存在,以此消除法庭对审前供述合法性的疑问。如果控方不能做到这一点,那么便可以认为控方就审前供述合法性的证明没有达到"确实充分"的程度。辩方没有提供相关的线索和材料的其他讯问情节,控方不必进行证明。例如,辩方声称自己在某时、某地被某讯问人员体罚,有血衣、有伤痕、有看守所室友的当时陈述,控方必须说明该讯问人员在该时、该地没有体罚被告人,其血衣与伤痕的生成不是由刑讯所致而是由室友的殴打所致,看守所的室友陈述是在撒谎等。至于辩方没有提及的其他时间、地点的讯问是否涉嫌刑讯问题,控方可以不去管它,法庭也不必去查明。这种证明标准的理解,是对辩方建立的争点内容与情节的回应,因此被称为"回应型"证明。

然而,现有法律规范并未明确控方必须采取"回应型"证明方式进行举证,导致控方或侦查人员仅仅以概括性的方式来否认不具有非法取证行为,甚至以一纸情况说明就"草率交差"。笔者建议,在现有非法证据调查规则中,明确规定控方在举证时必须对辩方提出的申请进行回应才能够有针对性地解决是否存在非法取证的问题。

四、录音录像资料的获取与播放

根据《刑事诉讼法司法解释》第 135 条之规定,公诉人在法庭上证明证据收集合法性的一般方法,主要有出示讯问笔录、提讯登记、体检记录、侦查终结前对讯问合法性的核查材料,有针对性地播放讯问录音录像,提请法

---

[1] 在侦查讯问制度没有完善之前,控方履行回应型证明责任是过高的要求,因此笔者原来的建议是当前实务把握控方完成非法口供证明责任的标准,应当是"控方的主要回应+排除法庭对非法程度的疑问"。参见张斌:"非法证据证明责任及标准的实践把握",载《国家检察官学报》2011 年第 3 期。

庭通知有关调查人员、侦查人员或者其他人员出庭说明情况。其中，讯问录音录像的播放一直是最有力的举证方法。

《刑事诉讼法司法解释》仅规定了检察机关播放讯问录音录像的情形，但辩方申请播放的权利已被《2017 严格排非规定》予以确立。根据第 22 条规定，辩方可以申请调取讯问录音录像、体检记录等证据材料，但法院是否同意需经审查是否与证明证据收集合法性有联系。播放录音录像作为非法证据调查的举证方法，现有规定仍存在以下问题：

第一，调查范围不全面。目前，侦查、调查阶段涉及取证合法性的录音录像有三种：一是讯问同步录音录像，它在可能判处无期徒刑、死刑的案件或者其他重大犯罪案件和监察机关办理的职务犯罪案件中都可能存在，有严格的录制要求，制作主体是监察机关、公安机关。二是依据《2017 严格排非规定》第 13 条第 2 款之规定，在对收押犯罪嫌疑人作身体检查时，如果发现犯罪嫌疑人有伤或者身体异常的，看守所应当拍照或者录像，分别由送押人员、犯罪嫌疑人说明原因，并在体检记录中写明，由送押人员、收押人员和犯罪嫌疑人签字确认，制作主体是看守所。三是依据《2017 严格排非规定》第 14 条第 3 款之规定，重大案件中人民检察院驻所检察人员应当在侦查终结前询问犯罪嫌疑人，核查是否存在刑讯逼供、非法取证情形，并同步录音录像，制作主体是检察院。《刑事诉讼法司法解释》只规定了讯问录音录像的获取与调查，没有提及入所体检时的伤情录音录像和检察机关讯问合法性核查录音录像。如果说讯问录音录像既有可能证明证据收集合法性，也有可能证明证据收集不合法，那么根据入所体检的伤情录音录像和检察核查录音录像则是最重要的证明证据收集不合法的录音录像材料，应当在法庭非法证据调查范围之内。

第二，《2017 严格排非规定》第 22 条辩方申请调取的材料，在上述入所体检拍照录像和检察核查录音录像问题上，不应当有与证据合法性是否有关联的主观判断标准。从这两种音像资料的制作过程来看，肯定是与证据收集不合法密切关联的音像资料。如果看守所对伤情没有拍照或者录像，检察院在核查时对刑讯逼供的控告没有录音录像，那就是看守所和检察院的失职。因此，如果辩方申请调取上述两种音像资料，法院应当调取，没有任何理由不予调取。

第三，讯问同步录音录像的调查问题。讯问录音录像是否属于辩护人查阅、复制的案卷材料范围？这个问题过去存在争议。《关于实施刑事诉讼法若干问题的规定》第 19 条规定，"人民检察院、人民法院可以根据需要调取讯问犯罪嫌疑人的录音或者录像，有关机关应当及时提供"。根据上述规定，尽管讯问录音录像不是一律随案移送，但是人民检察院、人民法院为审查讯问过程的合法性，核实讯问笔录记载的内容，可以向办案机关调取。目前实务部门多数意见认为辩护人申请查阅、摘抄、复制讯问录音录像资料，应当准许。[1]

讯问同步录音录像是否应当是犯罪嫌疑人的一项程序权利？《2017 严格排非规定》只赋予犯罪嫌疑人在讯问同步录音录像时的知情权，没有将其作为程序保护性权利来看待。笔者赞同实务部门和一些学者的主张，犯罪嫌疑人不得拒绝侦查机关讯问时的同步录音录像，不应将同步录音录像作为程序选择权来看待，[2]但是如果犯罪嫌疑人要求讯问时进行同步录音录像，笔者认为讯问人员应当同步录音录像。易言之，犯罪嫌疑人在讯问同步录音录像上不仅有知情权，而且也应当有程序请求权。

选择性录音录像的问题。尽管《2017 严格排非规定》第 11 条规定"对讯问过程录音录像，应当不间断进行，保持完整性，不得选择性地录制，不得剪接、删改"，但是实务中，尤其是在刑事立案以前，侦查机关将犯罪嫌疑人作为证人进行初查询问，打法律"擦边球"的刑讯现象屡禁不止。对此应当严格实施"录审分离"、讯问辩护律师在场等配套制度，完全寄希望于通过讯问录音录像来防止刑讯逼供，在当前制度环境下似乎不太现实。公安部在 2014 年 9 月颁布了《公安机关讯问犯罪嫌疑人录音录像工作规定》第 4 条至第 6 条对应当同步录音录像的案件范围、犯罪嫌疑人范围以及各种场合的讯问，以及制作要求等诸多内容，都作了严格规定，这是一个明显的进步。

五、通知调查人员、侦查人员等出庭说明情况

从《2010 非法证据排除规定》到《2017 严格排非规定》《排非规程》《刑事诉讼法司法解释》，都延续了公诉人提请法庭通知讯问人员出庭作证这

---

[1]　戴长林主编：《非法证据排除规定和规程的理解与适用》，法律出版社 2019 年版，第 97 页。
[2]　戴长林主编：《非法证据排除规定和规程的理解与适用》，法律出版社 2019 年版，第 64 页。

一特殊举证方法。但这三项规定又体现出不断变化的过程，其中有以下几个方面的问题值得关注：

1. 出庭人员身份的界定

刑事案件庭审过程中，只有审判人员、公诉人和诉讼参与人参与庭审，根据刑事诉讼法的规定，诉讼参与人为当事人、法定代理人、诉讼代理人、辩护人、证人、鉴定人和翻译人员，那么侦查人员出庭参与庭审，其身份应当如何确定？从刑事诉讼法和非法证据排除的三项规定来看，侦查人员出庭身份的认定是存在变化的。首先，《2010 非法证据排除规定》第 7 条第 1 款中直接规定"提请法庭通知讯问人员出庭作证"，这里非常明确是出庭作证，只有证人的身份才能够符合出庭作证的条件。其次，《刑事诉讼法》第 59 条规定："……人民检察院可以提请人民法院通知有关侦查人员或者其他人员出庭说明情况；人民法院可以通知有关侦查人员或者其他人员出庭说明情况。有关侦查人员或者其他人员也可以要求出庭说明情况。……"即刑事诉讼法对侦查人员或其他人员出庭的任务规定为"说明情况"，不再是出庭作证。再次，《2017 严格排非规定》第 31 条第 3 款中虽然只规定了"侦查人员或者其他人员出庭"，但第 27 条中规定了"被告人及其辩护人申请人民法院通知侦查人员或者其他人员出庭……确有必要通知上述人员出庭作证或者说明情况的，可以通知上述人员出庭"。这里侦查人员或者其他人员出庭任务同时包括了作证和说明情况，也就是说作证与说明情况是明显不同的，并且在《2017 严格排非规定》中认为二者兼具。而《排非规程》第 20 条规定"提请法庭通知侦查人员或者其他人员出庭说明情况"，这里直接将侦查人员或者其他人员出庭任务改为只有说明情况，实际上已经否定了出庭作证，与刑事诉讼法的规定相一致。最新的《刑事诉讼法司法解释》第 135 条、第 136 条同样采取的是"出庭说明情况"的表述方式。那么，出庭作证与说明情况有何不同？出庭任务的不同是否反映出侦查人员的身份不同？出庭作证是指证人就其了解的案件事实情况进行陈述。"说明情况"是指取证的侦查人员就证据材料的形成经过作客观性的描述和说明[1]。笔者认为二者在陈述内容上并无不同，但由于出庭人员的身份不同所以采取了不同的说法，司法机关不希望将调查

---

[1] 董坤："侦查人员出庭说明情况问题研究——从《刑事诉讼法》第 57 条第 2 款切入"，载《法学》2017 年第 3 期。

人员、侦查人员界定为证人，所以规定其出庭任务仅为说明情况。但事实上，调查人员、侦查人员就证据收集合法性进行陈述时，其本质仍然是证人，只是其证明的内容不是犯罪事实，而是程序性事实。另一方面，调查人员、侦查人员出庭的身份界定为证人后，其将受到证人的相关约束，比如签订承诺书、可能触犯伪证罪等。

2. 调查人员、侦查人员或者其他人员出庭的条件

《2010 非法证据排除规定》对公诉人提请讯问人员出庭作证设置了前置条件，即第 7 条第 1 款规定的公诉人"向法庭提供讯问笔录、原始的讯问过程录音录像或者其他证据""讯问时其他在场人员或者其他证人出庭作证"之后"仍不能排除刑讯逼供嫌疑的"，也就是说该规定将讯问人员出庭作证作为了最后一步的举证措施，言外之意是希望公诉人尽量通过提供笔录、录音录像等证据来证明供述取得的合法性，并不鼓励积极通知讯问人员出庭作证。《2017 严格排非规定》将侦查人员或者其他人员出庭与其他举证方式统一并列为公诉人对证据收集合法性的证明方式，不再设置前提条件。但是对于被告人及其辩护人申请法院通知侦查人员或者其他人员是有前提条件的，即第 27 条规定的，必须是"人民法院认为现有证据材料不能证明证据收集的合法性，确有必要通知"。《排非规程》第 21 条对辩方申请法院通知侦查人员或者其他人员出庭的条件进一步简化为"人民法院认为确有必要的"。《刑事诉讼法司法解释》延续了上述简化条件，但首次规定两个法院依职权通知有关人员出庭说明情况的权利，即第 136 条规定的，条件是"根据案件情况"。

3. 辩方申请的权利

对于辩方申请通知讯问人员等有关人员出庭的问题在《2010 非法证据排除规定》中已有涉及，但只是规定法庭认为有必要的，可以宣布延期审理。因此，实际直到《2017 严格排非规定》才明确赋予辩方申请侦查人员出庭的权利，对于维护控辩双方诉讼权利平等有着积极作用。但是这一突破仍然是保守的，采取的是必要性原则和法院最终裁量决定。辩方不仅要在法院认为其他证据不能证明时，而且要在法院认为确有必要的情况下才可以通知，这样一来辩方实际上是不享有侦查人员出庭作证的程序启动权的。《排非规程》对此作出了调整，只需要"人民法院认为确有必要"。但司法实践中通常法院对于"确有必要"的审查都趋于保守，一般来说不会轻易同意，辩方的程序启动权仍然存在着障碍。

4. 关于书面说明材料的效力

虽然立法趋势是提倡侦查人员出庭说明情况，但司法实践中侦查人员却鲜有出庭，而代替侦查人员出庭的惯用做法就是提供侦查人员的书面说明材料，那么书面说明材料是否具备证据效力呢？《2010 非法证据排除规定》实际上是允许公诉人就取证合法性提供说明材料进行举证的，只是对说明材料的形式要件进行了规定，只要"加盖公章"以及"有关讯问人员签名或者盖章"，则可以直接将书面说明材料用于证明取证合法性。直到《2017 严格排非规定》，删除了对书面说明材料的规定，即说明材料不再是用于证明取证合法性的证据类型。再到《排非规程》中直接否定，"不得以侦查人员签名并加盖公章的说明材料替代侦查人员出庭"（第 20 条）。但《刑事诉讼法司法解释》修订过程中笔锋一转，明确了说明材料的证据资格。第 135 条第 3 款规定："公诉人提交的取证过程合法的说明材料，应当经有关调查人员、侦查人员签名，并加盖单位印章。未经签名或者盖章的，不得作为证据使用。……"说明只要经过签字、盖章就可以作为证据使用，只是不能单独作为证明取证过程合法的根据。笔者认为上述说明材料的实质是调查人员、侦查人员等的"证言"，根据直接言词原则，上述书面"证言"应该由调查人员、侦查人员等出庭接受询问方能进行有效的质证，如果仅是书面材料，无法通过质证确定其真实性。因此，不宜在实践中推广采用书面情况说明，而应通过调查人员、侦查人员出庭的方式来证明证据收集的合法性。

六、辩方质证与发问

（1）辩方实现有效质证的前提是具有阅卷权，但现有规定中非法证据调查的辩方阅卷权是缺位的。根据《刑事诉讼法司法解释》第 129 条的规定："……人民法院应当在开庭前及时将申请书或者申请笔录及相关线索、材料的复制件送交人民检察院。"并在《排非规程》第 10 条中进一步明确，要求法院移送上述材料的时间限定于"召开庭前会议三日前"，充分保障了检察机关对辩方提出的申请内容、线索材料的举证准备时间。然而对比辩方，其对检察机关拟出示的证据一无所知，阅卷权是辩方行使质证权的基础，笔者认为为了保障控辩平衡，应当赋予辩方在召开庭前会议之前查阅检察机关拟举示的证据材料的权利，做好质证准备。其一，非法证据调查作为法院审理程序的一部分，既然辩护律师对案卷材料享有查阅、摘抄、复制的权利，其对非法证据调查中公诉人拟出示的证据材料也应当有权查阅、摘抄、复制。其二，辩护律师在非法证据调查进行前先行查阅证据材料有利于充分准备，做好质证工作。《刑事诉讼法司法解释》第272条规定，辩护律师对公诉人庭审中新出示的证据有权要求休庭进行辩护准备。该规定足以说明法院应当充分保障辩护律师的阅卷权，不允许公诉人"证据突袭"。同理，如果公诉人在非法证据调查中出示的证据未经辩护律师事先查阅也相当于"证据突袭"，因此，应当从立法上确认辩护律师就公诉人拟出示证据享有查阅、摘抄、复制的权利。同时，参考《刑事诉讼法》第39条第4款的规定，辩护律师有权向被告人核实上述证据。

（2）关于辩方的质证权。《2010非法证据排除规定》第7条第4款规定："控辩双方可以就被告人审判前供述取得的合法性问题进行质证、辩论。"《2017严格排非规定》第31条第4款在延续上述规定的基础上对文字表述进一步规范化，即"公诉人、被告人及其辩护人可以对证据收集的合法性进行质证、辩论"。《排非规程》对法庭调查证据收集合法性的步骤进行了规范，辩方质证问题则包含其中。该规程第19条第（三）项规定："公诉人出示证明证据收集合法性的证据材料，被告人及其辩护人可以对相关证据进行质证……"虽然三项规定均赋予了辩方质证权，但对质证的具体内容、规则未有涉及。那么，相较于普通犯罪事实证据[1]的质证，证据收集合法性的质证存在哪些特殊之处？是否应存在特殊的质证规则？

第一，从根本上来讲，对犯罪事实的质证与对证据收集合法性的质证都是围绕证据的"三性"来展开的，即合法性、真实性和关联性。

第二，从质证重点上来讲，二者显然存在着不同。公诉人就证据收集合法性举示的证据主要包括讯问笔录、提讯登记、体检记录、采取强制措施或者侦查措施的法律文书、侦查终结前对讯问合法性的核查材料等证据材料，以及讯问同步录音录像。可以看出，证据收集合法性的质证主要针对的是程序性问题，即讯问过程是否符合法律规定。而犯罪事实的质证主要针对的是实体性问题，即被告人是否实施了犯罪行为。

（3）关于辩方的发问权。这里的发问权特指对证据收集合法性调查中侦查人员或其他人员出庭时，辩方对侦查人员及其他人员就证据收集合法性问题进行发问的权利。这里需要注意的是，在一般意义上，辩方的发问是质证

---

[1]　这里包括量刑事实证据的质证，为了便于讨论分析，不再单列量刑事实证据的质证。

权的一种具体体现，但在现有法律框架下调查人员、侦查人员或其他人员的身份并非证人，其出庭的任务是说明情况，辩方进行的发问不同于一般的质证发问，存在一定特殊性。

《2017严格排非规定》首次明确了辩方发问权。其第31条第3款规定："侦查人员或者其他人员出庭，应当向法庭说明证据收集过程，并就相关情况接受发问。对发问方式不当或者内容与证据收集的合法性无关的，法庭应当制止。"该条对发问的内容、限制也作了基本规定。

根据上述规定我们可以归纳出对调查人员、侦查人员或其他人员发问的一般性要求：

第一，发问的内容只能针对证据收集的合法性。侦查人员和其他人员出庭的任务是就证据收集合法性说明情况，并非作证，所以其说明的情况内容仅限定于证据收集合法性问题，不涉及对案件犯罪事实调查或其他问题进行作证。比如，侦查人员在侦查阶段的讯问中是否采取了刑讯逼供的方式、是否超过了讯问时间的限制等。

第二，发问是在审判长的组织下进行的，且发问方式应当有所注意。虽然《排非规程》规定公诉人和辩护人的发问是"经审判长准许"后进行的，但是这里的审判长准许应当被理解为形式上的准许，目的是突出审判长在庭审过程中对庭审秩序的把控，并非必须经审判长实质审查，原则上审判长都应当同意公诉人、辩护人对侦查人员进行发问。公诉人、辩护人在询问侦查人员和其他人员时应注意发问的方式，公诉人在发问时不应诱导侦查人员等说出对公诉方有利的说明。而辩护人在发问时应当注意不能对侦查人员或其他人员提出侮辱性的问题。

（4）对侦查人员或其他人员发问的现有规定尚有部分问题亟待解决。

第一，发问主体的确定。《排非规程》第19条第3项明确了发问主体只有公诉人、辩护人，而被告人并非发问主体。但《刑事诉讼法司法解释》第136条第3款规定"接受控辩双方和法庭的询问"，被告人当然属于辩方，重新赋予了被告人发问的权利。笔者认为，在证据收集的过程中被告人才是真正的经历者，被告人是对讯问过程最了解的人。辩护人只是间接听到被告人转述，并不能完整地知悉所有讯问过程的细节，在面对调查人员、侦查人员的回应时无法准确地判断其作出的回应是否是真实的，更无法针对其作出的回应进行进一步的针对性发问。相反，如果是被告人对侦查人员直接询问，甚至是二者对质，那么讯问过程中的真实情况自然就能够"真相大白"。因此，为了提高证据收集合法性调查的有效性，应当赋予被告人发问权，准许被告人对调查人员、侦查人员进行发问。《刑事诉讼法司法解释》的改动更加有利于案件调查。

第二，发问的顺序。上述规定没有对发问顺序予以明确，但可参考质证中的发问顺序。如果调查人员、侦查人员或者其他人员是公诉人提请法庭通知出庭的，那么由公诉人先发问，再由辩护人发问。反之亦然。

第三，发问过程中是否可以进行辩论。一般来说，对被告人、证人的发问都是公诉人或者辩护人单方进行提问，被告人、证人只需要直接回答问题。对于普通质证中对证人的发问，笔者赞同上述方式，但是在证据收集合法性调查中似乎应当对上述方式的合理性进行思考。证据收集合法性调查与普通的犯罪事实调查有着明显的不同，基于调查、侦查行为的隐蔽性，讯问过程中只有调查人员、侦查人员和犯罪嫌疑人，最充分的调查方式就是允许发问人尤其是辩护人与侦查人员直接进行辩论。证据收集合法性调查中接受发问的基本都是调查人员、侦查人员，其具备足够的侦查专业能力，如果真的不存在违法取证行为，调查人员、侦查人员能够通过调查中的反问和反驳自证"清白"。因此，为了充分调查证据收集合法性、提升调查效果，笔者认为，在证据收集合法性的调查中可以适当地允许公诉人、辩护人与调查人员、侦查人员或者其他人员进行辩论。

七、延期审理与调查核实

在《2010 非法证据排除规定》《2017 严格排非规定》《排非规程》中，共有三处涉及延期审理（包括休庭），即法庭庭外调查核实、申请补充侦查或有关人员出庭和在庭后作出排除决定。鉴于本章系讨论非法证据调查的听审规则，此处先行讨论庭外调查核实和申请补充侦查或有关人员出庭的延期审理情形，关于作出排除非法证据决定的延期审理问题留待后文另行分析。

1. 关于庭外调查核实问题

《2010 非法证据排除规定》第 8 条规定："法庭对于控辩双方提供的证据有疑问的，可以宣布休庭，对证据进行调查核实。必要时，可以通知检察人员、辩护人到场。"《排非规程》则规定得更加具体。其第 24 条第 1 款规定："人民法院对控辩双方提供的证据来源、内容等有疑问的，可以告知控辩双方补充证据或者作出说明；必要时，可以宣布休庭，对证据进行调查核实。法庭调查核实证据，可以通知控辩双方到场，并将核实过程记录在案。"上述规定从三个方面进行了丰富：

（1）法院对证据存有疑问的地方主要限定于证据来源和内容。比如，公诉人提供了一份体检登记表，法庭对这份体检登记表的来源或者是体检内容存在疑问，那么可以告知公诉人就体检表上的内容进行说明。笔者认为，应当重点关注证据来源和内容，避免法庭在调查过程中需要核实证据来源和内容时，举证方无法准确地作出回应，待到庭外调查核实将会影响庭审流程的进行。

（2）法院对证据存在疑问时有了前置的解决措施，即法院可以告知公诉人或者辩护人补充证据、作出说明。这里就存在两个操作层面的问题：一是控辩双方补充证据是否应受到举证期限的限制，而期限又应当是多少？二是控辩双方作出说明是否应当当庭作出，如果是庭外作出是否同样应受到期限限制。笔者认为，从庭审效率的角度来看，控辩双方补充证据当然应该受到期限的限制，不过，具体期限可以由法官根据具体情况确定。而对于作出说明，控辩双方对于自己提供的证据有义务在庭前了解清楚，如果有需要作出说明最好是当庭能够作出，不必为此而影响庭审的顺利开展。

（3）法院调查核实证据应当将核实过程记录在案。虽然只是看似简单的"记录在案"，但这一程序性的规定标志着我国的程序规范日趋细致、日渐完善。这里存在一个问题，法院庭外调查核实的证据是否还需要经过庭审质证才能作为确定证据收集合法性的根据？

根据《刑事诉讼法司法解释》第71条之规定，证据未经当庭出示、辨认、质证等法庭调查程序查证属实，不得作为定案的根据。因此法院所有被用作定案根据的证据都应当经过庭审质证，法庭进行庭外调查核实只是一种例外情形，对于个别法官无法在法庭上调查核实需要亲自到现场进行调查核实的，但最终所有证据，包括调查核实的情况都需要经过控辩双方的质证。并且，根据上述规定，法庭庭外调查核实并不必然通知控辩双方到场。因此，法庭更有必要在庭审中告知双方调查核实的情况，再次听取双方的意见。

2. 关于申请补充侦查

《2010非法证据排除规定》第9条规定："庭审中，公诉人为提供新的证据需要补充侦查，建议延期审理的，法庭应当同意。"《排非规程》对补充侦查的条件进行了丰富，公诉人"当庭不能举证"需要补充侦查的也可以建议延期审理。但法庭不再是一律"应当"同意，而是改为了"可以"同意。笔者认为，法庭对于公诉人提出的延期审理建议进行审查是很有必要的。一是公诉人应当在庭审前完成证据收集工作，一般来说不应当出现"公诉人当庭不能举证"或者公诉人需要"提供新的证据"的情况，除非被告人当庭提出新的情况，公诉人需要就新证据予以回应。二是公诉人每进行一次补充侦查，对于羁押中的被告人来说都是更长一段时间的煎熬，被告人有权利在尽可能短的时间内接受公平、高效的审判，不能因为公诉人的举证不力而一再拖延庭审的开展。因此，对于公诉人不存在特殊情况的延期审理建议，法庭宜作出不同意的决定。并且，法庭对于公诉人的补充侦查时间、次数应当按照刑事诉讼法的规定进行。

八、非法证据调查听审规则的立法建议

根据以上分析可知，非法证据调查的听审规则尚有诸多问题需要解决，笔者将从立法完善的角度提出以下建议：

（1）完善公诉人在证据收集合法性调查中的举证范围，并且限制书面说明材料的使用。建议将《2017 严格排非规定》第 31 条第 1 款、《排非规程》第 20 条第 1 款和《刑事诉讼法司法解释》第 135 条第 1 款均修改为："公诉人对证据收集的合法性加以证明，可以通过宣读调查、侦查讯问笔录、出示提讯登记、体检记录、采取强制措施或者侦查措施的法律文书、侦查终结前对讯问合法性的核查材料等证据材料，有针对性地播放讯问录音录像、入所体检的伤情录像和侦查终结前对讯问合法性的核查录音录像，提请法庭通知调查人员、侦查人员或者其他人员出庭作证。不得以调查人员、侦查人员或者其他人员签名并加盖公章的说明材料替代调查人员、侦查人员或者其他人员出庭作证。"

（2）为了保障辩方的有效质证，应在现有的阅卷权规定中增加对证据收集合法性调查所涉证据材料的阅卷权。建议在《刑事诉讼法》第 40 条中增加第 2 款："辩护律师有权在证据收集合法性调查之前，就公诉人拟出示证明证据收集合法性的证据材料进行查阅、摘抄、复制，并有权向被告人核实上述证据材料。"

（3）犯罪嫌疑人、被告人及其辩护人向人民法院、人民检察院申请调取讯问录音录像、体检记录等材料时人民法院和人民检察院不应主观判断其是

否有联系，因为讯问录音录像等必然与证据收集的合法性存在联系。并且，该处仅规定人民法院、人民检察院应当予以调取，但未规定调取后辩护人有权进行查阅、复制。建议将《2017 严格排非规定》第 22 条和《排非规程》第 21 条第 2 款修改为："犯罪嫌疑人、被告人及其辩护人向人民法院、人民检察院申请调取公安机关、国家安全机关、人民检察院收集但未提交的讯问录音录像、体检记录等证据材料，人民法院、人民检察院应当予以调取。辩护人有权对调取的上述证据材料进行查阅、复制。"并在《刑事诉讼法司法解释》中增加上述规定。

（4）根据上文的详细分析，调查人员、侦查人员或其他人员出庭的身份应是证人，其出庭的任务应是作证而非出庭说明情况。建议将《2017 严格排非规定》第 27 条、《刑事诉讼法司法解释》第 136 条第 1 款修改为："控辩双方申请法庭通知调查人员、侦查人员或者其他人员出庭作证，人民法院认为确有必要的，应当通知上述人员出庭作证。"《刑事诉讼法司法解释》第 136 条第 2 款，《排非规程》第 20 条第 1 款、第 21 条第 3 款、第 23 条第 2 款所有涉及调查人员、侦查人员出庭说明情况的规定均应改为出庭作证。

（5）建议对调查人员、侦查人员或其他人员出庭作证时接受发问的主体予以统一，并且在发问过程中允许适当的辩论。建议将《排非规程》第 19 条第（三）项修改为："法庭决定对证据收集的合法性进行调查的，一般按照以下步骤进行：……（三）公诉人出示证明证据收集合法性的证据材料，被告人及其辩护人可以对相关证据进行质证，公诉人、被告人及其辩护人可以向出庭的侦查人员或者其他人员发问。经法庭允许，发问过程中发问人可与出庭的侦查人员或者其他人员就证据收集合法性展开辩论。"将《刑事诉讼法司法解释》第 136 条第 2 款修改为："调查人员、侦查人员或者其他人员出庭的，应当向法庭说明证据收集过程，并就相关情况接受控辩双方和法庭的询问。经法庭允许，发问过程中发问人可与出庭的调查人员、侦查人员或者其他人员就证据收集合法性展开辩论。"

第四节　非法证据调查的裁判规则

一、非法证据调查裁判的法律规范

对于非法证据调查的裁判规则，《刑事诉讼法》和《刑事诉讼法司法解释》并未具体涉及，仅规定了排除非法证据的标准，以及人民法院作出调查结论后应当告知公诉人、当事人和辩护人等。《刑事诉讼法》第 56 条规定："采用刑讯逼供等非法方法收集的犯罪嫌疑人、被告人供述和采用暴力、威胁等非法方法收集的证人证言、被害人陈述，应当予以排除。收集物证、书证不符合法定程序，可能严重影响司法公正的，应当予以补正或者作出合理解释；不能补正或者作出合理解释的，对该证据应当予以排除。在侦查、审查起诉、审判时发现有应当排除的证据的，应当依法予以排除，不得作为起诉意见、起诉决定和判决的依据。"第 60 条规定："对于经过法庭审理，确认或者不能排除存在本法第五十六条规定的以非法方法收集证据情形的，对有关证据应当予以排除。"2012 年《刑事诉讼法司法解释》第 102 条规定："经审理，确认或者不能排除存在刑事诉讼法第五十四条规定的以非法方法收集证据情形的，对有关证据应当排除。人民法院对证据收集的合法性进行调查后，应当将调查结论告知公诉人、当事人和辩护人、诉讼代理人。"2021 年《刑事诉讼法司法解释》删除了上述应当将调查结论告知公诉人、当事人和辩护人、诉讼代理人的规定。上述司法解释的改动是否代表证据收集合法性的调查结论不必告知控辩双方？笔者认为，当然不是，并且《刑事诉讼法司法解释》的上述改动与其他条文的规定自相矛盾。《刑事诉讼法司法解释》第 138 条规定人民检察院或者被告人、自诉人及其法定代理人不服第一审人民法院作出的有关证据收集合法性的调查结论，提出抗诉、上诉的，第二审法院应当对证据收集的合法性进行审查。如果人民法院不需要将证据收集合法性调查的结论告知控辩双方，其如何提出抗诉、上诉？因此，笔者认为，法院应当将证据收集合法性的调查结论告知控辩双方，并在裁判文书中予以说理，具体裁判方式及内容后文将进一步展开。针对非法证据调查的裁判规则，《2017 严格排非规定》《排非规程》有一系列具体的规定。

二、非法证据调查的裁判标准

非法证据调查的裁判标准是指法院在审查、调查证据是否存在非法取证情形并作出是否排除该证据时所采取的标准。

前所述及，《刑事诉讼法》和《刑事诉讼法司法解释》已经就裁判标准予以明确，即"确认或者不能排除存在以非法方法收集证据情形的，对相关证据应予排除"。笔者将此简称为"确认+存疑排除"裁判标准。

关于"确认+存疑排除"裁判标准的具体适用问题。其一,"确认排除"是指经过人民法院审理,根据现有证据已经可以确认存在刑讯逼供等非法取证情形,则直接排除该份证据。但在实践中能够达到确认标准的情况相对较少。其二,"存疑排除"是指人民法院经过调查后,根据现有证据会产生可能存在非法取证的怀疑,但是无法准确判断是否确实存在非法取证行为。然而,判断是否"存疑"是一个相对主观的标准,如果缺乏一定规则的指引或规范,法官可能会习惯性地认为不存在非法取证情形。毕竟,作出排除证据(尤其是某些关键证据)的决定对于法官来说是需要非常谨慎的。

对此,《排非规程》在总结实践经验的基础上列举了个别常见的"存疑"情形——"应当对讯问过程录音录像的案件没有提供讯问录音录像,或者讯问录音录像存在选择性录制、剪接、删改等情形,现有证据不能排除以非法方法收集证据的";"侦查机关除紧急情况外没有在规定的办案场所讯问,现有证据不能排除以非法方法收集证据的";"驻看守所检察人员在重大案件侦查终结前未对讯问合法性进行核查,或者未对核查过程同步录音录像,或者录音录像存在选择性录制、剪接、删改等情形,现有证据不能排除以非法方法收集证据的"。上述三种情形实际上是通过司法解释"拟制"的推定情形,即在上述情形下,侦查机关依法完全具备举证能力证明证据收集合法性时,却无法提供相关证据或对相关证据进行修改,那么可以"推定"其存在非法取证行为。

以讯问同步录音录像为例。侦查机关讯问时依法应当进行同步录音录像的,都应当保存录音录像文件。但是,如果侦查机关在非法证据调查中无法提供该录音录像文件,那么显然可以怀疑侦查机关虽掌握讯问录音录像文件,但由于该证据对其不利(可能会反映出非法取证),所以不敢提供,进而完全可以径直"推定"该次讯问系通过非法取证方法形成的。同时,侦查机关在讯问过程中进行的录音录像是不允许进行剪接、删改的,但如果侦查机关提供的录音录像文件存在明显的剪接、删改等情形,那么法院有权推定侦查机关对录音录像文件进行了修改,其目的就是掩盖其中可能暴露的非法取证,从而排除该份讯问笔录。上述三类特殊情形下的推定完全是法院从有利于被告人角度出发,降低其证明难度,并且极具可操作性。同时,这类实操性的规则将有效地提高侦查机关的专业能力,侦查人员将更加注意对讯问全程同步录音录像问题,不敢再选择性录音录像甚至剪接、修改录音录像文件,也会注意在规定的办案场所内对犯罪嫌疑人进行讯问等。

三、非法证据调查的当庭裁判规则

《2017 严格排非规定》和《排非规程》对于非法证据调查当庭裁判规则的规定完全一致，即"人民法院对证据收集的合法性进行调查后，应当当庭作出是否排除有关证据的决定"。上述规定存在三个问题需要重点分析：

（1）当庭裁判应当是原则性要求。在规定当中采用的是"应当"当庭作出是否排除有关证据的决定，所以，在一般情况下，合议庭均一律当庭作出。笔者认为，当庭作出非法证据排除裁判是符合刑事诉讼程序要求的。刑事诉讼程序中，首先进行法庭调查，对公诉人提供的指控证据进行质证，然后才是控辩双方就事实和法律问题展开辩论。而非法证据调查是对证据资格进行调查，只有证据具备证据资格了才能正式进入质证、辩论环节。非法证据调查后法庭当庭作出裁判结果，有利于后续质证、辩论环节的顺利开展，能够保障据以定罪的证据都已具备证据资格。

（2）当庭裁判作出的方式。非法证据调查的裁判方式理论上可被分为书面和口头两种。但笔者认为，非法证据调查结果宜采用口头裁判的方式作出，理由如下：一是人民法院所作出的法律文书应当具备法律依据，比如判决书、裁定书，而判决书和裁定书这两类法律文书并不适用于单独作出非法证据调查结果。二是法庭系当庭审查后作出结果，客观上缺乏充分的时间准备书面文书，采用口头的方式反而能够即时告知控辩双方结果，推进庭审高效开展。

（3）在法庭作出排除证据决定前有关证据如何处理。根据《2017 严格排非规定》和《排非规程》的规定，在法庭作出决定之前，不得对有关证据宣读、质证。这条规定属于新增条款，其目的在于确保可能被排除的证据在确认其证据资格之前不会因为被宣读、质证而实质地影响法官的内心确信，这凸显出了我国非法证据排除规则的程序保障。然而，笔者认为，仅仅是不得宣读、质证是不够的。因为在我国案卷中心主义的背景下，庭审开始前法官实际上已经查阅了案件的所有卷宗，当然包括可能会被排除的证据。那么即便是不宣读、质证，法官实质上也已经接触到了所有证据，可能已经产生了内心影响。因此，为了更进一步地实现非法证据排除的良好效果，在司法实践中应当更加大力推动庭审实质化改革，提倡法官在开庭前不再事先阅卷，而是真正做到以庭审为中心，所有裁判都以庭审中调查的内容为依据。

四、非法证据调查的休庭后裁判规则

关于非法证据调查的休庭后裁判规则，《2017 严格排非规定》和《排非规程》的规定仍然是一致的，即"必要时，可以宣布休庭，由合议庭评议或者提交审判委员会讨论，再次开庭时宣布决定"。

（1）对比上文中的当庭裁判规则，休庭后裁判应当是非法证据调查的例外情形，但很可惜的是，两项规定均未对何为"必要时"进行明确。笔者认为，这里的判断标准可以参照审判委员会讨论案件的标准，即"重大、疑难、复杂案件"，而且拟排除的证据属于案件的关键证据。比如，被告人的有罪供述或某位目击证人的证言等直接决定了被告人是否有罪的证据，而且排除后可能没有其他确实、充分的证据证明被告人有罪，这类关键证据的审查如果要求法官当庭作出显然是强人所难，而且是不够慎重的。

（2）休庭后裁判仍应适用不得宣读、质证未作出排除决定的证据的规定，也就是说，休庭后再次开庭时应先行宣布是否排除有关证据的决定，之后再继续法庭调查，对其他证据进行举证、质证。即便是不先行宣布是否排除的决定，也不得在法庭调查中宣读、质证该证据。

（3）休庭后裁判的案件中，法庭作出是否排除非法证据决定的方式仍然应当是口头作出，不宜采取书面的方式。

五、非法证据调查的裁判说理规则

针对非法证据调查裁判说理的规定，是《2017 严格排非规定》和《排非规程》新增的内容。其规定非常简明扼要——"人民法院对证据收集合法性的审查、调查结论，应当在裁判文书中写明，并说明理由"。其中反映出了以下四个问题：

（1）是否所有的裁判文书都必须对非法证据调查进行裁判说理？答案是肯定的。首先，根据《刑事诉讼法司法解释》第 300 条之规定，裁判文书应当写明裁判依据，还应当阐释裁判理由，反映控辩双方的意见，并说明采纳或者不予采纳的理由。而裁判依据就是据以定案的证据，证据收集合法性的调查则是裁判依据的大前提，因此对非法证据调查结果及理由在裁判文书中予以阐释是应有之义。同时，关于证据收集合法性中控辩双方都会发表相应意见，属于上述规定中的"反映控辩双方的意见"，因此法院在裁判文书中也

应当对该意见"说明采纳或者不予采纳的理由"。其次，在裁判文书中载明非法证据调查的裁判结果有利于监督非法证据排除规则的实施。一直以来，非法证据排除规则在实践中遭受冷遇，很多法官对于被告人提出非法证据排除"视而不见"。在这样的背景之下，如果要求所有的裁判文书都必须对非法证据排除申请的提出作出回应并进行阐释，对于重视非法证据排除申请有着积极的推动作用。

（2）裁判文书中写明的证据收集合法性调查情况应当包含哪些内容？现有规定仅写明"审查、调查结论"，那么审查、调查结论具体应包含哪些内容？对此，笔者对现有的裁判文书写明情况进行了查阅，证据收集合法性调查情况写明的内容大致上包括提出申请的情况、是否启动调查程序、公诉人提供证据的内容、法院审查分析的理由以及最终是否排除该证据的结论，但具体列明的情况五花八门。鉴于实践中裁判文书在证据收集合法性调查情况的说理部分如此混乱不一，我国应当对此进行统一规范。裁判文书应当完整地表现出非法证据排除的审查全过程。笔者认为，非法证据排除的全过程包括：①辩方提出排除申请的证据、线索或材料；②控辩双方对此提交证据材料及质证情况；③调查人员、侦查人员或其他人员出庭情况（如有）；④法院的分析意见；⑤法官是否排除证据的结论。

（3）如果在庭审过程中没有启动非法证据调查程序，裁判文书是否需要写明？笔者认为，即使没有启动非法证据调查程序，裁判文书也应当写明。一方面是对辩方提出排非申请有个明确的回应。实践中会存在法官对于被告人及其辩护人提出的非法证据排除申请置之不理，或者以决定性的方式直接通知不启动调查程序的情况，如果能够在裁判文书中对不启动的理由进行阐释，也能够使被告人及其辩护人充分理解法院的裁判结果，避免产生诉讼矛盾。而且，如果法院没有对其提出的排除非法证据申请进行审查，按照《2017严格排非规定》第40条之规定，第二审人民法院有权撤销原判，发回原审人民法院重新审判。

（4）非法证据调查裁判说理内容应当被载于裁判文书的哪个部分？一般来说，刑事判决书包含以下几个部分：当事人基本信息、公诉机关指控事实、法院查明事实、法院认定证据情况、法院说理部分、裁判结果。经调查，现有的裁判文书存在四种写法：一是在法院查明事实之后单独写明非法证据调查情况，将法院对辩护意见的分析放在法院的说理部分；二是在法院查明事实之后列明法院对辩护意见的分析，非法证据调查情况作为辩护意见的一部分进行列明；三是在"本院认为"部分作为辩护意见的一部分进行阐释；四是在列明的法院认定证据情况中，在某份证据的评析中直接分析是否构成非法证据。笔者认为，非法证据调查裁判说理是证据问题，应当放在法院认定证据情况部分，单独写明一段关于被告人或辩护人提出的非法证据排除的调查情况。

六、非法证据调查裁判规则的立法建议

针对非法证据调查裁判规则，笔者建议作出如下立法修改：

（1）将《排非规程》第 25 条修改为："人民法院对证据收集的合法性进行调查后，应当当庭作出是否排除有关证据的决定。如有下列情形时可以宣布休庭，由合议庭评议或者提交审判委员会讨论，再次开庭时宣布决定：（一）疑难、复杂、重大的案件，合议庭认为难以当庭作出决定的；（二）拟调查排除的证据系案件关键证据，如果排除后将导致被告人认定为无罪。"同时应将上述内容加入《刑事诉讼法司法解释》。

（2）将《排非规程》第 28 条修改为："人民法院对证据收集合法性的审查、调查结论，应当在裁判文书中证据认定部分写明，并且包括以下内容：（一）被告人及其辩护人申请排除的证据；（二）公诉人在调查过程中提供的证据；（三）调查人员、侦查人员或其他人员出庭作证情况[1]；（四）法院是否作出启动调查程序的结论，如未启动则说明理由；（五）法院是否作出排除非法证据的结论及理由。"同时应将上述内容加入《刑事诉讼法司法解释》。

第五节　非法证据调查的特殊情形

本章第一至四节分别对现有法律框架体系下非法证据的基本问题、启动规则、听审规则和裁判规则进行了论述，本节将重点就非法证据调查中的其他三种特殊情形及所涉法律完善问题进行论述。具体包括：①证人证言、被害人陈述参照适用问题；②实物证据调查问题；③职务犯罪中监察证据的调

---

〔1〕　本章第三节已专门论述侦查人员或其他人员在证据收集合法性调查中的身份应是证人，此处特将出庭说明情况改为出庭作证。

查问题。

一、证人证言、被害人陈述参照适用问题

（一）现有法律规范

（1）证人证言、被害人陈述进行非法证据排除的范围问题。《刑事诉讼法》第 56 条奠定了法律基础，"采用暴力、威胁等非法方法收集的证人证言、被害人陈述，应当予以排除"。其他多种"排非"法律文件对此亦作了规定并予以了细化。

这里专门需要说明的是，《死刑案件证据规定》对死刑案件中证人证言、被害人陈述的认定有着更加具体的规定（第 11~14 条），但这部分规定属于对特定案件中证据证明力的审查规定，并非非法证据排除规则的内容。以第 12 条第 2 款之规定为例，处于明显醉酒、麻醉品中毒或者精神药物麻醉状态，以致不能正确表达的证人所提供的证言，不能作为定案的根据。这显然不是证据合法性的问题，而是此种状态下的证言不具有真实性，无法真实表达证人的意思表示。因此，证人证言、被害人陈述的非法证据排除范围非常明确，限于法律规定的暴力、威胁以及非法限制人身自由等非法方法取得的。

（2）关于非法证据排除的程序性规定则存在着一定的变化。《2010 非法证据排除规定》针对提出排除犯罪嫌疑人、被告人供述与证人证言、被害人供述是分开规定的。针对审判前供述的非法排除，其第 4 条规定被告人提出时间是起诉书副本送达后开庭审判前。同时，其第 6 条规定："……法庭应当要求其提供涉嫌非法取证的人员、时间、地点、方式、内容等相关线索或者证据。"而针对证人证言、被害人供述，其第 13 条规定："庭审中，检察人员、被告人及其辩护人提出未到庭证人的书面证言、未到庭被害人的书面陈述是非法取得的，举证方应当对其取证的合法性予以证明。对前款所述证据，法庭应当参照本规定有关规定进行调查。"根据上述规定，非法证人证言和被害人陈述的排除是在庭审中提出的，但必须是书面证言和被害人未到庭的陈述，并且提出的主体包括控辩双方，而法庭具体的调查程序是参照被告人供述来进行的，需要重点注意的是这里并未规定法庭启动调查需要提出方提供线索或证据，可以理解为只要控辩双方申请排除存在非法取证的证人证言、被害人陈述，那么法庭就应当调查，不存在审查的过程。

《2017 严格排非规定》对非法证人证言和被害人陈述的程序性规定进行

了显著修改，不再单独对启动程序进行规定，而是采用"一刀切"的方式，无论是审查还是调查均统一参照适用被告人供述的《2010 非法证据排除规定》，即人民法院对证人证言、被害人陈述等证据收集合法性的审查、调查，参照上述规定。但《刑事诉讼法司法解释》并未规定证人证言、被害人陈述的排除参照适用。

（二）相关法条存在的问题及法律完善

根据上述规定的梳理，证人证言、被害人陈述进行非法证据排除存在两方面的问题：一是对非法证人证言、被害人陈述进行排除的范围确定问题；二是对非法证人证言、被害人陈述排除程序的程序问题。

（1）关于对非法证人证言、被害人陈述进行排除的范围是否参照适用的问题。《2017 严格排非规定》第 2 条规定："采取殴打、违法使用戒具等暴力方法或者变相肉刑的恶劣手段，使犯罪嫌疑人、被告人遭受难以忍受的痛苦而违背意愿作出的供述，应当予以排除。"即暴力方法是指采取殴打、违法使用戒具等方式，那么证人证言、被害人陈述中采用的暴力方法就可以参照该条内容适用，也就是说，在判断证人证言、被害人陈述是否非法取得要看侦查人员是否采取了殴打、违法使用戒具等情形。这里需要注意的是，对于采取暴力方法取得的犯罪嫌疑人、被告人供述要达到使犯罪嫌疑人、被告人遭受难以忍受的痛苦而违背意愿作出的供述，那么对证人证言、被害人陈述排除时是否也需要达到致使证人、被害人违背意愿作出陈述的程度？笔者认为是不需要的。理由有二：一是从条款本身来看，仅规定了采用暴力方法收集的证人证言、被害人陈述应当予以排除，并未附加任何程度上的规定。二是从权利保障角度来看，证人和被害人是协助侦查机关查清案件事实，其接受的是询问而非讯问，不应当以任何暴力的方式来进行取证，相对较低的排除条件会反向敦促侦查人员在取证时更加严格遵守法定程序，更有利于保障证人、被害人的权利。关于威胁和非法限制人身自由的方法参照适用问题与上述分析类似，此处不再赘述。

（2）非法证人证言、被害人陈述排除程序的启动规则。根据《2010 非法证据排除规定》，非法证人证言、被害人陈述的提出不需要提供相应的线索或证据，直接进入调查程序。而《2017 严格排非规定》《排非规程》则规定参照被告人供述的审查、调查规定，法院启动被告人供述的调查程序是需要被告人及其辩护人提供相关线索或证据的，并且法院会在对其提供的线索或证据进行审查后才决定是否启动调查程序。笔者认为，针对证人证言、被害人陈述提出非法证据排除申请不宜过高地要求被告人及其辩护人提供相关线索或证据，更不宜必须经过法院审查才能启动调查程序。因为在司法实践中，证人、被害人是否遭受暴力、威胁取证，被告人在一般情况下是不会知道的，但是被告人可能会根据证言、被害人陈述的内容提出合理的怀疑，认为证人、被害人受到了侦查人员的暴力、威胁等非法方法取证，而在一般的质证环节中，证人甚至被害人很少出庭接受询问，都是公诉人宣读书面证言、被害人陈述。如果能够更多地启动对证人证言、被害人陈述的非法证据排除调查程序，将会推动在庭审过程中对证人、被害人进行实质性调查，有利于查明案件事实。

二、实物证据调查问题

（一）现有法律规定

《刑事诉讼法》第 56 条奠定了物证、书证（简称实物证据）非法证据排除规则的法律基础，"收集物证、书证不符合法定程序，可能严重影响司法公正的，应当予以补正或者作出合理解释；不能补正或者作出合理解释的，对该证据应当予以排除"，被称为"自由裁量的排除规则"[1]。《2010 非法证据排除规定》《死刑案件证据规定》不仅延续了实物证据的"自由裁量的排除规则"，还设立了"可补正的排除规则"[2]。但是"自由裁量的排除规则"是针对非法证据的，而"可补正的排除规则"是针对瑕疵证据的[3]，因此本节只讨论"自由裁量的排除规则"。

《排非规程》有一定的调整。其第 3 条规定："采用非法搜查、扣押等违反法定程序的方法收集物证、书证，可能严重影响司法公正的，应当予以补

---

〔1〕 自由裁量的排除规则是指法院即便将某一证据确认为"非法证据"，也不一定否定其证据能力，而是要考虑非法取证行为的严重性、损害的法益、采纳该非法证据对司法公正的影响等若干因素，并对诸多方面的利益进行一定的权衡，然后再作出是否排除非法证据的裁决。详见陈瑞华："非法证据排除规则的中国模式"，载《中国法学》2010 年第 6 期。

〔2〕 "可补正的排除规则"主要体现在《死刑案件证据规定》对于取证程序瑕疵的实物证据允许补正或合理解释的规定中，比如该规定第 9 条第 2 款。

〔3〕 有学者指出，对于"自由裁量的排除"与"可补正的排除"，司法解释没有进行彻底的分离，这很容易造成认识上的分歧。详见陈瑞华："论瑕疵证据补正规则"，载《法学家》2012 年第 2 期。

正或者作出合理解释；不能补正或者作出合理解释的，对有关证据应当予以排除。"其中对于违反法定程序的方法有了一定的解释，即"采用非法搜查、扣押"收集的实物证据。

（二）相关法条存在的问题及法律完善

根据上述法条梳理，非法实物证据排除规则存在的问题有两个：第一个是排除对象，第二个是实际操作问题。

1.《刑事诉讼法》中的非法实物证据排除对象仅限定于物证、书证。虽然我们知道传统的实物证据是指物证、书证，但近几年来，实物证据中的视听资料、电子数据却逐渐成了大量案件的关键证据，那么违反法定程序收集的视听资料与电子数据是否涉及非法证据排除？笔者认为，视听资料与电子数据同样应当被涵盖在非法实物证据排除范围内。理由如下：

（1）从法理层面来讲，非法实物证据排除规则设置所保护的是实物证据的合法取证程序，如果物证、书证的取证程序存在不合法的情况，那么就应当通过补正、合理解释的方式进行补救，否则证据取证程序的正义便得不到保证。对于视听资料和电子数据来说，由于其更具技术性，严格的取证程序不仅保障的是其合法性更是真实性，因此对于违反法定程序收集的视听资料和电子数据应当适用非法证据排除规则。[1]

（2）从体系化角度来看，视听资料与电子数据都是实物证据，其证据属性与物证、书证是具有同质性、共通性的。既然违反法定程序取证的物证、书证会受到非法证据排除规则的规制，那么视听资料与电子数据同样也应当受到相应的规制。因此，笔者认为，视听资料、电子数据同样应被列为非法实物证据排除规则的排除对象。

2. 非法实物证据排除规则规定过于笼统，且赋予了法官过大的自由裁量权，缺乏相应的指引或限制规定。法律规定实物证据并非只要违反法定程序即为非法证据，而是必须"可能严重影响司法公正"。那么何为"影响司法公正"？法官在判断时需要考虑哪些因素？对于补正或者作出解释后的证据是否应当排除也是法官享有的自由裁量权，那么什么情况下属于完成补正或者解释合理？如果没有任何规范进行指引或限制，法官的自由裁量权将被无限放大，最终导致非法实物证据排除规则形同虚设，无法达到规范侦查机关侦查

---

〔1〕 关于视听资料和电子数据的详细论述可见第十章视听电子类证据调查规则。

活动的初衷。2012 年《刑事诉讼规则（试行）》第 66 条第 3 款规定："……可能严重影响司法公正是指收集物证、书证不符合法定程序的行为明显违法或者情节严重，可能对司法机关办理案件的公正性造成严重损害；补正是指对取证程序上的非实质性瑕疵进行补救；合理解释是指对取证程序的瑕疵作出符合常理及逻辑的解释。"但现行的《刑事诉讼规则》已经删除上述条款，笔者认为，可以在以后的司法解释中加入法官审查非法实物证据的因素，这样有利于落实非法实物证据排除规则。《刑事诉讼法司法解释》第 126 条第 2 款规定，认定"可能严重影响司法公正"，应当综合考虑收集物证、书证违反法定程序以及所造成后果的严重程度等情况。上述规定似乎对可能影响司法公正的因素进行了规定，但笔者认为，综合考虑违法程序及造成后果严重程度的规定仍然是不具有可操作性的，对于法官来说也只能根据经验法则进行判断，没有可指引性。因此，笔者建议，在后续司法解释中，可以在总结实务经验的基础上对可能严重影响司法公正的情形进行类型化总结。比如，无法提供原件的书证就属于影响司法公正的情况，应当进行合理解释，从而形成具体规则。

（三）非法实物证据调查规则的立法建议

根据以上分析，目前非法实物证据调查规则中可以直接通过立法进行完善的问题就是排除对象，因此笔者建议将《刑事诉讼法》第 56 条第 1 款修改为"采用刑讯逼供等非法方法收集的犯罪嫌疑人、被告人供述和采用暴力、威胁等非法方法收集的证人证言、被害人陈述，应当予以排除。收集物证、书证、视听资料和电子数据不符合法定程序，可能严重影响司法公正的，应当予以补正或者作出合理解释；不能补正或者作出合理解释的，对该证据应当予以排除"。

三、职务犯罪中监察证据[1]的调查问题

（一）现有法律规定

《监察法》涉及非法证据排除的只有第 33 条，即"监察机关依照本法规定收集的物证、书证、证人证言、被调查人供述和辩解、视听资料、电子数

---

[1]　监察机关的职能包括职务违纪调查和违法犯罪调查，在调查中均会收集到监察证据，但本部分仅讨论职务犯罪调查中的情况，以下所有提及监察证据的均特指监察机关在职务犯罪调查中所收集的证据。

据等证据材料，在刑事诉讼中可以作为证据使用。监察机关在收集、固定、审查、运用证据时，应当与刑事审判关于证据的要求和标准相一致。以非法方法收集的证据应当依法予以排除，不得作为案件处置的依据"。另有第 40 条第 2 款规定："严禁以威胁、引诱、欺骗及其他非法方式收集证据，严禁侮辱、打骂、虐待、体罚或者变相体罚被调查人和涉案人员。"最新出台的《监察法实施条例》关于非法证据排除的规定有第 64、65、66、225、229 条。主要针对以下三个方面：第一，对非法监察证据的范围进一步予以明确。在《监察法》规定的非法方式基础上明确增加了"暴力"这一非法取证方法，并对"暴力"、"威胁"的取证方法做出了更为具体的规定。即"暴力的方法，是指采用殴打、违法使用戒具等方法或者变相肉刑的恶劣手段，使人遭受难以忍受的痛苦而违背意愿作出供述、证言、陈述；威胁的方法，是指采用以暴力或者严重损害本人及其近亲属合法权益等进行威胁的方法，使人遭受难以忍受的痛苦而违背意愿作出供述、证言、陈述。"第二，《监察法》并未明确非法证据范围，本次《监察法实施条例》明确了非法方法收集的被调查人供述、证人证言、被害人陈述，不符合法定收集程序、可能严重影响案件公正处理的的物证、书证均纳入非法证据排除范围，与刑事诉讼法的有关规定基本协调一致。第三，明确赋予监察机关对于证据收集合法性作出说明、提供相关材料具有配合义务。

此外，最新修改的《刑事诉讼法司法解释》《刑事诉讼规则》对于监察证据有少量规定。《刑事诉讼法司法解释》第 76 条规定："监察机关依法收集的证据材料，在刑事诉讼中可以作为证据使用。对前款规定证据的审查判断，适用刑事审判关于证据的要求和标准。"第 73 条第 1 款规定："人民检察院经审查认定存在非法取证行为的，对该证据应当予以排除，其他证据不能证明犯罪嫌疑人实施犯罪行为的，应当不批准或者决定逮捕。已经移送起诉的，可以依法将案件退回监察机关补充调查或者退回公安机关补充侦查，或者作出不起诉决定。被排除的非法证据应当随案移送，并写明为依法排除的非法证据。"第 74 条规定："人民检察院认为可能存在以刑讯逼供等非法方法收集证据情形的，可以书面要求监察机关或者公安机关对证据收集的合法性作出说明。说明应当加盖单位公章，并由调查人员或者侦查人员签名。"

（二）相关法条存在的问题

根据上述法条的梳理，职务犯罪监察证据调查，存在的主要问题包括：

一是职务犯罪调查程序中如何进行非法证据排除；二是监察证据进入刑事诉讼程序后如何进行非法证据排除；三是监察证据收集合法性调查中的证明问题。

1. 根据《监察法》第 33 条第 3 款之规定，职务犯罪调查中非法证据排除规则的基本框架已经形成，即监察机关在调查过程中，如果发现有非法方法收集的证据应当依法予以排除，便不能作为案件处置的依据。同时，结合第 40 条第 2 款之规定，通过体系解释可以得出监察法中的非法证据排除规则的排除范围为采用威胁、引诱、欺骗等非法方式收集的证据。有学者指出，从《监察法》第 33 条第 2 款"监察机关在收集、固定、审查、运用证据时，应当与刑事审判关于证据的要求和标准相一致"的规定可以看出，监察机关关于非法证据的认定，适用的规则也应当与刑事诉讼中的非法证据认定保持一致。即同样适用《刑事诉讼法》《刑事诉讼法司法解释》《2017 严格排非规定》关于非法证据的规定。[1]申言之，刑事诉讼中非法证据排除规则关于排除范围的认定、重复性供述规则等都可以适用。[2]也有学者提出质疑，认为"此种表意不明的条款毕竟难以成为适用刑事诉讼法规范的依据"，建议监察法对职务犯罪调查中可采用的手段和措施作出授权性规定，同时对监察机关适用这些调查措施的特殊问题作出专门性规定，适用这些措施的具体程序、要求和审查标准，均准用刑事诉讼法的相关规范。[3]如前所述，《刑事诉讼法司法解释》第 76 条明确规定对监察证据的审查判断适用刑事审判关于证据的要求和标准。笔者认为，基于该条规定，刑事诉讼中非法证据排除规则均应适用于监察证据。

非法监察证据被排除的后果是不得作为案件定性处置、移送审查起诉的依据，但《监察法实施条例》第 66 条第 2 款规定，认定调查人员非法取证的，应当依法处理，另行指派调查人员重新调查取证。笔者认为这里的重新取证仅限于非法方法获取的被调查人供述，不适用于物证、书证。首先，根据《刑事诉讼法司法解释》第 124 条之规定，一般情况下"采用刑讯逼供方法使被告人作出供述，之后被告人受该刑讯逼供行为影响而作出的与该供述

〔1〕 刘艳红："职务犯罪案件非法证据的审查与排除——以《监察法》与《刑事诉讼法》之衔接与背景"，载《法学评论》2019 年第 1 期。
〔2〕 陈光中、邵俊："我国监察体制改革若干问题思考"，载《中国法学》2017 年第 4 期。
〔3〕 龙宗智："监察与司法协调衔接的法规范分析"，载《政治与法律》2018 年第 1 期。

相同的重复性供述，应当一并排除"，但如果更换调查人员再次讯问时告知有关权利和认罪的法律后果，被告人自愿供述的不得排除。也就是说，更换调查人员并告知相关法律后果后的讯问是不受之前非法取证行为的影响，那么如果被调查人供述被认定为非法证据予以排除后，监察机关重新安排调查人员进行取证是具有法理依据的，即重新获取的证据能够作为案件处置依据。其次，如果物证、书证被认定为通过非法取证行为获取，依法应当是作出合理解释或者进行补正，如果无法作出合理解释或者补正那么应当直接排除，不得重新进行取证。

2. 监察证据移送检察院、法院后如何进行非法证据排除？回答这个问题的前提是解决监察证据如何完成转换的问题。监察机关并非侦查机关，其收集取得的监察证据也并非刑事证据，本不必受到刑事诉讼法的约束，但监察证据一旦通过移送起诉进入审查起诉阶段，检察机关提起公诉以及审判机关作出判决所依据的证据便只能是通过正式的刑事诉讼程序所收集或移交的证据，监察程序作为独立于刑事诉讼之外的程序，由其收集的相关证据能否直接作为刑事证据使用？如若不能，是否可以通过一定的方式予以转换？[1]对此，监察法本身已有所回应。根据《监察法》第33条的规定，监察证据可以直接在刑事诉讼法中使用。实践中也已经贯彻落实了该条款，监察证据直接进入刑事诉讼程序并没有现实中的障碍，但是从法理上来说是否同样没有障碍呢？公诉机关提起公诉、审判机关作出判决时审查证据所依据的是《刑事诉讼法》，证据是否可以在刑事诉讼中使用应当由《刑事诉讼法》进行规定，不再属于监察程序，监察法无权对此作出规定。《刑事诉讼规则》第65条和《刑事诉讼法司法解释》第76条规定分别从检察院、法院的角度解决了监察证据在刑事诉讼中的证据转化问题，为监察证据进入审查起诉、审判阶段后就理所当然适用刑事诉讼中非法证据排除规则提供了依据。

3. 关于监察证据调查中收集合法性证明问题。以下分为两个阶段来进行分析：

第一个阶段是审查起诉阶段。检察机关在这一阶段可以依职权对证据合法性进行审核，如果存在非法证据应当予以排除。检察机关在审查监察案件过程中，如果认为监察证据可能存在非法取证行为，可以要求监察机关证明

---

[1] 陈卫东："职务犯罪监察调查程序若干问题研究"，载《政治与法律》2018年第1期。

其合法性吗？根据《刑事诉讼规则》的规定，检察机关可以书面要求监察机关对证据收集的合法性作出说明，说明应当加盖单位公章，并由调查人员签名。《刑事诉讼规则》系最高人民检察院单家所出的司法解释，并不必然约束与其相互独立的监察机关。本次《监察法实施条例》的出台亦未规定监察机关对于证据收集合法性承担证明责任，而是规定监察机关对于人民检察院认为可能存在以非法方法收集证据情形，要求监察机关对证据收集的合法性作出说明或者提供相关证明材料的时候"应当予以配合"。因此，监察机关在证据收集合法性证明责任方面并不承担刚性证明义务，只有柔性的配合义务，同时对于监察机关作出说明和提供材料的内容也没有详细的规定。

第二个阶段是审判阶段。在这一阶段，检察机关就证据收集合法性承担举证责任。对于侦查机关收集的证据来说，检察机关的举证方式包括出示讯问笔录、出示提讯登记、出示体检记录、出示采取强制的法律文书、侦查终结前对讯问合法性的核查材料、有针对性地播放讯问录音录像以及提请法院通知侦查人员或者其他人员出庭说明情况。[1]虽说监察证据已经转化为刑事证据，但由于其具有特殊性，检察机关在就监察证据收集合法性的举证中并不能完全适用前述举证方式。

（1）监察案件中采取的强制措施系留置，留置场所不一定是看守所，并非一定有提讯登记、体检记录。即使有这两类材料，也可能未移送至检察机关。对此，笔者认为，可以在后续立法中对留置的地点和提讯、体检等程序问题予以规定，同时提讯登记、体检记录这类材料也应当随卷移送，便于检察机关对取证合法性进行审查，即使不随卷移送，也应当赋予检察机关在必要时的调取权力。

（2）侦查终结前对讯问合法性的核查是刑事诉讼中特有的。在刑事诉讼中，检察机关作为法律监督机关有权对侦查行为实施监督，而检察机关无权对监察机关作出监督，监察机关的调查程序具有独立性，不受检察机关的监督，所以检察人员无法对监察程序中的被调查人员进行核查询问。

（3）一般来说，播放讯问录音录像是检察机关最有效的举证方式。《监察法》第41条规定监察机关讯问被调查人员均应当录音录像，这一规定本身对于证据收集合法性的举证十分有利。然而，该规定中还有一个关键词——

---

〔1〕 详见《2017严格排非规定》第31条。

"留存备查"。根据上述规定的官方释义，"检察机关认为需要调取与指控犯罪有关并且需要对证据合法性进行审查的录音录像，可以同监察机关沟通协商后予以调取"，说明检察机关有权调取录音录像，但前提是沟通协商，而法院的调取权力法律并未明确。本次《监察法实施条例》对调取监察机关讯问同步录音录像作出了进一步规定，第56条第2款规定"人民检察院、人民法院需要调取同步录音录像的，监察机关应当予以配合，经审批依法予以提供。"虽然该条规定监察机关"应当予以配合"，但是否履行配合义务很难准确界定，并且配合的限定条件是"经审批依法予以提供"，即讯问同步录音录像最终是否提供仍然是必须经过监察机关的内部审批，加上所谓的"依法予以提供"实际上并无相应的法律依据。

（4）关于调查人员出庭说明情况。最新修改的《刑事诉讼法司法解释》已经进行了修改，赋予控辩双方申请、法院依职权通知监察案件中调查人员出庭说明情况的权利。同时，《监察法实施条例》也作出了相应的规定，即第229条第2款规定"人民法院在审判过程中就证据收集合法性问题要求有关调查人员出庭说明情况时，监察机关应当依法予以配合。"

（三）职务犯罪中监察证据调查的立法建议

针对前文所述目前非法监察证据排除存在的问题，笔者认为在后续《监察法实施条例》修改中可以予以修改完善，具体建议如下：

（1）为了补充监察调查程序中监察证据非法取证审查与排除的内容，建议在实施细则中规定："监察机关在职务犯罪调查终结前，应对证据收集合法性进行审查，确认或不能排除存在以非法方法收集的证据应当排除，不得移送人民检察院。"

（2）为了强化监察机关在审查起诉阶段就证据收集合法性的证明责任以及在审判阶段配合人民检察院完成证据收集合法性的证明责任，建议将《监察法实施条例》第56条第2款修改为："人民检察院、人民法院需要调取同步录音录像的，监察机关应当提供。"

第十三章

诉讼异议的提出与裁断

所谓异议，按照《布莱克法律词典》对"objection"的定义，是指"一种针对已经或即将发生于法庭之上的事项，为寻求法官即刻裁断，而提出的正式反对意见"。[1]日本学者认为："异议制度是用以担保当事人的诉讼活动，特别是用以担保证据能力及严格遵守证据调查的程序，及时矫正程序上的瑕疵，促进程序公正进行，而为诉讼关系人的权利所设置的制度。"[2]诉讼异议制度，就是控辩双方对诉讼对方的举证和其他诉讼行为，以及法院对证据调查、程序展开的裁决提出异议，并由法院予以处置的制度。该项制度的建立有助于化解"审辩冲突"，维护诉讼秩序，保障庭审活动顺利开展。

以审判为中心的刑事诉讼制度改革正在积极推进，该项改革的突破口和着力点是庭审实质化改革。庭审实质化改革必然会使人证出庭作证的比例大幅上升，庭审中控辩对抗加剧，这会具体体现在双方提出诉讼异议问题上。但是，诉讼异议又是一项高度技术化的工作，控辩审三方一开始可能都不太适应。因此，庭审实质化改革既是对控辩审三方的挑战，也是对法官驾驭庭审能力的考验。

诉讼异议问题在《刑事诉讼法司法解释》及"三项规程"中均有规定。从上述规定来看：依据异议提出的时间不同，区分为庭前异议和庭审异议；依据异议对象的不同，区分为程序异议和证据异议。《日本刑事诉讼法》关于

---

〔1〕 See *Black's Law Dictionary*, 9th ed, West Group 2004, 1178.

〔2〕 ［日］土本武司：《日本刑事诉讼法要义》，董璠舆、宋英辉译，五南图书出版公司1997年版，第242页。

诉讼异议的规定，就采用了此种模式进行区分。根据异议应答主体的不同，又划分为三种类型：一是控辩双方相互之间提出异议；二是控辩双方向法官提出异议；三是控辩双方既向对方也向法官提出异议。诉讼异议主要发生在法庭场域内，庭审异议系诉讼异议的重心。在过去的法官职权主义或者超职权主义下，庭审中几乎不存在控辩双方的诉讼异议问题，对此问题的研究并未引起理论和实务人员的重视。但是，在被告人不认罪按照普通程序审理的案件中，随着法官中立地位的确立、控辩平衡原则的落实，控辩双方提出诉讼异议将会成为一种常态，该问题自然成了学界关注的一项新课题。[1]它事关庭审实质化改革能否深入发展，关涉检察官、律师、法官业务素养和专业技能的提高。本章中，笔者拟对诉讼异议的提起、应答和判定问题进行探讨，以期引起学界的重视，同时也能为当下正在进行的庭审实质化改革提供助益。

第一节　我国诉讼异议制度的发展脉络与制度特点

一、发展脉络

随着 1996 年《刑事诉讼法》修改和刑事审判方式的改革，我国刑事审判中的诉讼异议制度从无到有，再到范围、类型逐步扩大，形成了独特的制度雏形。在此，笔者将纵观其发展轨迹，以资佐证。

我国的刑事诉讼异议制度最早发轫于 1998 年最高人民法院《关于执行〈中华人民共和国刑事诉讼法〉若干问题的解释》（以下简称《1998 解释》）。该解释第 136 条规定："审判长对于控辩双方讯问、发问被告人、被害人和附带民事诉讼原告人、被告人的内容与本案无关或者讯问、发问的方式不当的，应当制止。对于控辩双方认为对方讯问或者发问的内容与本案无关或者讯问、发问的方式不当并提出异议的，审判长应当判明情况予以支持或者驳回。"该司法解释第 147 条将上述规定适用于证人、鉴定人，还针对公诉人出示证据目录以外证据的行为，赋予了辩护方提出异议的权利以及审判长的裁决权。

2012 年最高人民法院《刑事诉讼法司法解释》除了沿袭上述规定外，还针对 2012 年《刑事诉讼法》新增的庭前会议制度规定了庭前会议中的诉讼异

---

〔1〕　例如，备受国人广泛关注的"顾某军等人"再审一案，庭审中辩护方就数次提出诉讼异议。

议内容。该解释第 184 条第 2 款规定："审判人员可以询问控辩双方对证据材料有无异议，对有异议的证据，应当在庭审时重点调查；无异议的，庭审时举证、质证可以简化。"

为配合以审判为中心的刑事诉讼制度改革，最高人民法院于 2017 年出台了"三项规程"。其中，《庭前会议规程》和《庭审调查规程》大量增加了诉讼异议的内容，初步形成了中国式的刑事诉讼异议制度。例如，《庭前会议规程》第 11 条规定："被告人及其辩护人对案件管辖提出异议，应当说明理由。人民法院经审查认为异议成立的，应当依法将案件退回人民检察院或者移送有管辖权的人民法院；认为本院不宜行使管辖权的，可以请求上一级人民法院处理。人民法院经审查认为异议不成立的，应当依法驳回异议。"第 17 条第 2、3 款规定："控辩双方对出庭证人、鉴定人、侦查人员、有专门知识的人的名单有异议，人民法院经审查认为异议成立的，应当依法作出处理；认为异议不成立的，应当依法驳回。人民法院通知证人、鉴定人、侦查人员、有专门知识的人等出庭后，应当告知控辩双方协助有关人员到庭。"《法庭调查规程》第 13 条第 1、2、3 款规定："控辩双方对证人证言、被害人陈述有异议，申请证人、被害人出庭，人民法院经审查认为证人证言、被害人陈述对案件定罪量刑有重大影响的，应当通知证人、被害人出庭。控辩双方对鉴定意见有异议，申请鉴定人或者有专门知识的人出庭，人民法院经审查认为有必要的，应当通知鉴定人或者有专门知识的人出庭。控辩双方对侦破经过、证据来源、证据真实性或者证据收集合法性等有异议，申请侦查人员或者有关人员出庭，人民法院经审查认为有必要的，应当通知侦查人员或者有关人员出庭。"第 31 条第 2 款规定："对于控辩双方无异议的非关键性证据，举证方可以仅就证据的名称及其证明的事项作出说明，对方可以发表质证意见。"第 34 条第 1 款规定："控辩双方对证人证言、被害人陈述、鉴定意见无异议，有关人员不需要出庭的，或者有关人员因客观原因无法出庭且无法通过视频等方式作证的，可以出示、宣读庭前收集的书面证据材料或者作证过程录音录像。"第 37 条第 1 款规定："控辩双方申请出示庭前未移送或提交人民法院的证据，对方提出异议的，申请方应当说明理由，法庭经审查认为理由成立并确有出示必要的，应当准许。"

最高人民法院于 2020 年 12 月通过的最新《刑事诉讼法司法解释》在承继先前司法解释有关诉讼异议规定的基础上，充分吸收了前述"三项规程"

有关规定，并进行了若干微调。例如，针对庭前会议中的异议事项的处置，有别于《庭前会议规程》第 10 条第 2 款规定的"人民法院应当依法作出处置，在开庭前告知处理决定，并说明理由"，新《刑事诉讼法司法解释》第 228 条调整为"人民法院可以在庭前会议后依法作出处理，并在庭审中说明处理决定和理由"。

二、我国诉讼异议制度的特点

（1）效力层次低。我国刑事诉讼法并未规定诉讼异议的内容，相关规定散见于有关刑事诉讼法的司法解释和规范性文件中。在立法并无明确规定的情况下，司法解释和规范性文件对此作出规定，其效力层次未免较低，也难以引起学界和司法实务部门的重视。

（2）内容零散。我国关于诉讼异议的规定比较零散，系统性不够。例如，关于控辩双方向对方提出诉讼异议后，法庭如何进行判定，其实体标准和操作程序尚付阙如。又如，无论是向对方提出异议还是向法庭提出异议，如果控辩双方对法庭裁决不服，是否给予程序救济以及如何给予救济？再如，异议提出的时机是否有即时性要求？是否允许"过期不候"？这些均说明我国刑事审判中的异议制度内容简陋、规范性不足，有待进一步的规范、完善。

（3）操作性不强。当检察官和辩护律师业务能力都比较强时，庭审中可见有控辩双方提出诉讼异议展开对抗，但在大多数的庭审中难见有诉讼异议的现象。这一方面与我国长期以来的职权主义审理模式和书面化的审理方式有关，控辩双方缺乏提出诉讼异议的动力；另一方面也与我国诉讼异议的规定比较简单、粗疏不无关系。因此，尽管《1998 解释》已有关于诉讼异议的规定，但诉讼异议时至今日仍未成为一种审判常态。

（4）范围逐步扩大。自《1998 解释》确立诉讼异议制度始，诉讼异议适用无论是场域还是类型都有了显著变化。2012 年《刑事诉讼法司法解释》将诉讼异议由当庭提出提前至庭前会议当中提出，2017 年"三项规程"又将诉讼异议的类型由证据异议扩展至程序异议，并在 2021 年《刑事诉讼法司法解释》中进一步充实完善。从诉讼异议的发展脉络来看，呈现出适用场域和类型逐步扩大的趋势。相信随着庭审实质化改革的深入推进，庭审对抗将更加激烈，控辩双方以诉讼异议形式展开对抗将渐趋增多。

第二节　诉讼异议的理论基础

诉讼异议作为我国刑事诉讼的一项崭新且日益重要的制度，其理论基础何在，也是研究诉讼异议制度不可回避的问题。

一、控辩平等理论

平等武装是一项专门应用于审判阶段的原则、理念。美国学者西尔弗在解释"平等武装"原则时强调："在法庭上的决斗（battle），要求的是控辩双方所拥有的准备与提出自己案件（formulate and present her case）的程序性权利，应当是平等而旗鼓相当的。"[1]平等武装原则是正当法律程序的体现。如果说审前程序中的侦查、审查起诉阶段，控辩平等是"天方夜谭"的话，那么在审判阶段则完全有可能实现。而庭审阶段的诉讼异议则鲜明地体现了控辩双方地位平等、机会均等和手段对等之精神。无论是诉讼异议的提出还是应答，控辩双方均拥有相同的权利，体现为机会平等，同时也都负有"解释""说明"的义务。正是有了诉讼异议制度，才使得控辩双方在法庭上能够"平起平坐"，使辩方拥有了对抗控方的"武器"，从而实现了"武器平等"。提出异议是公诉人与被告人、辩护人平等享有的权利。[2]可以说，诉讼异议制度是控辩平等的题中应有之义。如果我们承认控辩平等，那么就必须承认诉讼异议的制度理性和实践理性。诉讼异议为控辩双方提供了一个理性对话、平等对抗的空间，在法庭这个场域内，诉讼异议制度成了容纳争议、解决争议的一项重要机制，这也是由现代刑事审判本身的结构和机制所决定的。但是控辩平等对抗的前提是律师参与，如果缺乏律师参与，异议声明机制所包含的各种高度技术化、对抗化、对等化的程序性规范便不可能得到顺畅、有效的适用，裁判者更不可能在庭审中保持中立。法官中立是控辩平等的重要保障。我国修改后的《法庭规则》要求裁判者应"平等对待诉讼各方"，其

---

〔1〕　Jay Sterling Silver, "Equality of Arms and the Adversarial Process: A New Constitutional Right", 1990 Wis. L. Rev. (1990). 1038, 1039.

〔2〕　龙宗智：《相对合理主义》，中国政法大学出版社1999年版，第338页。

实就是对法官中立性的要求。[1]

二、诉权保障理论

现代刑事审判呈现"对抗与判定"的三角形构造特点，特别强调对控辩双方的诉权保障。一方面，控辩双方有效、充分行使诉权，才能形成对审判方裁判权的制衡，由此避免审判方的恣意裁判和对程序进程的过度干涉，进而确保审判的整体公正性；另一方面，控辩各方平等、对等行使诉权，本属平等武装的题中之意，是保证控辩双方的对抗处于理性范围内，避免三角形程序构造过度倾向其中一方而有失偏颇的关键。诉讼异议制度是一项体现诉权保障理念的重要制度。异议的提出与裁断正是控辩双方的诉权与审判方之裁判权的互动过程。通过这一互动，审判中的程序性争议被纳入了诉讼化的语境中解决，这既体现了程序的公正性，也确保了各方在争议过程中的理性。对于控诉方而言，诉权保障理论要求公诉人在审判中适度当事人化，即把公诉人在审判中的诉讼行为定性为对控诉权的具体实施，而非对法律监督权的履行，进而确认公诉人有权就其所发现的程序性争议提出诉讼异议。对于辩护方而言，诉权保障理论要求辩护方尤其是辩护律师在审判中的辩护权得到更加实质化的保障，尤其是允许律师展开程序性辩护，容忍律师在一定范围内主动、积极地提出诉讼异议。

三、诉讼指挥理论

"法院，就遂行诉讼进行任务所实施之诉讼行为，得将之称为诉讼指挥。但是，法院的诉讼行为可以说皆与诉讼进行有关，故与当事人的关系、对法院具有一定异议及是否承担促进诉讼的责任等事项具有关联性者，始有诉讼指挥概念的适用。"[2]异议的提出与裁断，共同构成了刑事庭审中的异议现象。无论是何种诉讼异议，都必然要依靠法庭的裁断和处置加以解决。从这一意义上讲，诉讼异议系诉讼指挥的组成部分。为了保障庭审的顺利进行，法庭指挥权乃至法庭警察权必不可少。一旦诉讼异议被提出，为了防止庭审

---

〔1〕 龙宗智、韩旭："确立'平等对待'诉讼原则 维系程序公正庭审格局"，载《人民法院报》2016年4月27日。

〔2〕 ［日］土本武司：《日本刑事诉讼法要义》，董璠舆、宋英辉译，五南图书出版公司1997年版，第327页。

被中断，法庭指挥权便会被不断动用。在日本，对诉讼异议的处置被视为法官诉讼指挥权的重要内容。"法庭审判时的诉讼指挥，需要根据实际情况灵活而快速进行，这种权限由审判长行使。审判长在必要时可以要求诉讼关系人进行说明。"〔1〕异议提出之后，要求法庭"灵活而快速"作出裁断。当庭裁断和处置构成诉讼指挥权的基本内容。因此，诉讼异议以诉讼指挥的运作规律作为其内在逻辑，并以诉讼指挥权作为其理论基础。当然，针对法院以裁决方式所行的诉讼指挥命令，控辩双方仍可提出异议。

第三节　诉讼异议的庭审实践——基于典型案例庭审观察

笔者应邀观摩了一起典型案例的庭审，希望从中发现诉讼异议的实践运作状况。

一、基本案情介绍

2014年9月25日，何某（已判刑）之妻王某聘请詹某某作为何某涉嫌犯诈骗罪、行贿罪一案的辩护人。2014年11月5日，为了帮助何某减轻罪行，被告人詹某某、刘某一同找到该案中9名证人共制作了9份调查笔录，2014年11月18日，詹某某作为何某辩护人向浦江县人民法院提交了由其本人和刘某调取的9份调查笔录作为证明何某罪轻的证据。随后，公安机关再次对该9人进行调查，9人均称为何某之妻王某和詹某某、刘某要求他们改变证言，以帮助何某减刑，故做出与事实不符的证言。2016年1月13日，被告人詹某某、刘某在浦江县被公安机关抓获。2016年6月成都市青羊区人民检察院向成都市青羊区人民法院提起公诉，指控被告人詹某某、刘某在刑事诉讼中，引诱证人违背事实改变证言，应当以辩护人妨害作证罪追究其刑事责任。成都市青羊区人民法院于2016年8月16日公开开庭审理了本案，经被告人詹某某同意，变更了辩护人为斯某某、周某。本案于2017年7月12日依法召开庭前会议，同年7月18日、19日复庭进行了审理。

在本案中，詹某某辩护律师、刘某辩护律师均做了无罪辩护，二被告人

---

〔1〕　[日]田口守一：《刑事诉讼法》（第7版），张凌、于秀峰译，法律出版社2019年版，第372页。

均否认自己的行为构成犯罪，并提出了詹某某系依法履行辩护人职责，刘某不具有辩护人身份等辩护意见。经过审理后，成都市青羊区人民法院认定詹某某在取证过程中对引诱李某某违背事实改变证言，刘某协助詹某某制作调查笔录的事实清楚，证据充分，其余8笔指控事实证据不足，判决被告人詹某某犯辩护人妨害作证罪，免予刑事处罚；被告人刘某无罪。

本案于2017年7月12日召开的庭前会议和同年7月18日、19日的庭审中，出现了多次诉讼异议现象。

二、庭前会议中的诉讼异议

庭前会议笔录显示：诉讼异议现象共有3次。从异议提出主体来看，辩方仅提出1次诉讼异议，控方提出2次诉讼异议。辩方提出异议的理由为庭审中公诉人是否可以出示之前已经出示过的证据；控方的异议理由为辩方提出的出庭证人名单和庭审法庭调查重点。从异议裁断方面来看，法官未对控辩双方的异议作出明确处置。与庭审相比，庭前会议中的诉讼异议明显较少。

三、庭审中的诉讼异议

对于詹案庭审中的诉讼异议情况，笔者除在现场观摩庭审外，为便于研究还在闭庭后观看了庭审录像。据庭审录像资料显示：控辩双方共提出了40次诉讼异议。

（1）关于诉讼异议的类型。在40次诉讼异议中，有35次是控辩双方对诉讼对方对人证的讯问、发问方式不当，有2次是对其他证据的调查方式不当，有1次是对证据提出与否的异议，有2次认为审判方处置不当而提出异议。

（2）关于控辩双方提出异议的次数。据统计在整个庭审期间，控方提出诉讼异议次数为25次，辩方为15次。虽然控方提出的数量占据优势，但是辩方诉讼异议的质量相对较高。

（3）关于提出诉讼异议的理由。经庭审录像显示的"詹某某、刘某辩护人妨害作证案"中的40次诉讼异议，全部指向证据调查方式的合法性、妥当性问题。具体可划分为三类：其一，讯问、发问方式不当有27次，其中涉及诱导性发问11次、重复性发问9次、威胁性发问2次、无相关性4次、违反意见证据规则1次等。其二，被异议方不当展开证据调查、滥用证据调查程序有 10 次。如在发问时展示新证据，或者在发问时对证人证言进行推测性评价或曲意归纳。其三，审判长、公诉人不当干预异议方的证据调查活动有 3 次。例如审判方不当限制辩护方发问，公诉人介入辩方证人对辩护方提问的回答。

（4）从异议的对象来看，公诉人的 25 次诉讼异议均是对被告人及其辩护律师提出，而辩护律师的 15 次诉讼异议，其中 2 次是对审判长提出，其余 13 次是向公诉人提出。

（5）关于被异议方对异议的回应。公诉人对 13 次来自辩护方的异议，就其中 7 次作出了回应，回应比率约 53.8%；针对 25 次来自控方的异议，辩护方就其中 22 次作出了回应，回应比率高达 88%；针对 2 次来自辩护方的异议，审判长均有一定的回应。通过詹案庭审，我们发现高质量的回应会对异议裁断结果产生重要影响。例如，辩护方通过 22 次回应，使得审判方对其中 11 次异议的处置最终有利于辩方。换言之，辩护方的回应使得控方异议的实质成功率只有 56%。从回应的具体情况来看，辩方回应普遍比较积极主动，且逻辑清晰、理据比较充分。相比之下，控方的 7 次回应均显得比较被动，而且与辩方回应相比内容简单、表述不规范。结果，控方的 7 次回应均未能使审判方的异议裁断有利于己方。换言之，辩护方指向控方的异议全部取得了实质性的成功。

（6）关于诉讼异议的裁判和处置。据统计，审判长对其中 36 次诉讼异议未予判定，对其余 4 次则既未判定也未处分，审判方在面对来自控辩双方的异议时，虽然作出了一定处置，但却很少展开明确判定，"含糊其辞"是其处理异议的惯常方式。同时从调研情况来看，目前我国司法实践中，审判方在面对诉讼异议进行裁断时侧重于处置、化解争议，而相对不重视对支持或驳回异议的明确判定、表态。审判长 36 次处置证据异议，除有 1 次是为应对辩护方对审判方干预证据调查活动的异议而决定休庭外，均是采取口头发布诉讼指令的方式予以处置，而在多数情况下表述笼统。从处置效果来看，该案中控方比较尊重审判长的口头指令，但辩方在面临审判长不利于辩护的指令时则有较强的对抗性，甚至为促使审判长重新处置而不惜与其发生争辩。

四、基于庭审观察的思考

结合本案的庭审，笔者试图总结出目前我国诉讼异议制度存在的普遍问题及其成因。

（1）控辩审三方对诉讼异议的运用均不够娴熟，尤其是审判方"判定不明"的问题比较突出。这一方面说明诉讼异议作为一项高度技术化的制度，需要控辩审三方认真学习，逐渐适应；另一方面审判方之所以"判定不明"，既与我国证据规则、程序规则简约有关，也与对既有规则学习运用不够有很大关系。例如，什么是"诱导性问题"？什么是"意见证据规则"？"相关性"如何判断？等等。笔者一直认为审判长裁断和处置诉讼异议的能力是其驾驭庭审能力的集中体现。

（2）无论是控方还是辩方，诉讼异议的提出均不规范。提出诉讼异议相当于提出了一项程序性主张，异议方理应简洁表达异议理由，以便于审判长及时、准确地作出判定。例如，控辩双方可直接说明系"诱导性发问""重复性发问"或者"无相关性"等等。但是，据笔者观察，异议方在提出异议时只叙述事实而不提出理由的现象普遍存在。

（3）在对诉讼异议的回应上，控方明显弱于辩方。这主要是因为辩护律师越来越重视程序性辩护，并将诉讼异议作为程序性辩护的手段。而控方仍比较关注实体问题，对程序问题重视不够。同时，近年来，律师更加重视培训和业务提升工作，能较快接受新事物。

（4）诉讼异议的理由主要集中在"发问方式"上。证据规则和程序规则不完善，导致控辩双方提出诉讼异议把握不准，审判方在判定时"底气不足"。

（5）诉讼异议的处置并没有对后续的证据调查活动产生影响。在诉讼一方提出异议时，审判长通常以"请注意问话方式"对发问方进行提示，但是对诱导性、重复性、无相关性发问，并不会禁止人证回答。对违反意见证据规则的推测性、评论性证言，也不会通知书记员从庭审笔录中删除。

如此一来，诉讼异议的功用被减弱，并不会对证据调查活动产生实质性影响。这也是诉讼异议制度不被实务部门重视的重要原因。

第四节　我国刑事审判中的异议制度为何难受重视

对我国刑事审判实务中诉讼异议稀少和规范层面异议制度零散、粗疏的原因进行分析，不仅可以揭示我国诉讼异议制度存在的深层次问题，还预示着未来制度变革的方向。因此，原因的分析具有重要意义。

一、非对抗的刑事审判制度，减少了对诉讼异议的需求

我国刑事审判呈现出了较强的职权主义色彩，这在 1979 年《刑事诉讼法》中体现得特别明显。异议制度系对抗制审判的基础和保障，只有在强调"对抗"与"判定"的诉讼环境中才能得到较好发育。因为异议制度本身即体现了控辩平衡、证据裁判、审判中立等诉讼理念和原则。从域外经验来看，日本在从传统的职权主义向当事人主义转向的过程中，异议制度渐趋发达，异议适用的范围也逐步扩大。在当事人主义下，证据调查原则上依当事人申请为之，为确保证据调查的适法性，针对他造当事人申请证据调查的意见陈述，以及对法院所为之证据裁定不服所为声明异议，既是当事人的权利，也是其义务。可以说，异议制度是构成当事人主义构造的根本。[1]正如达玛斯卡所言："在由律师向法庭出示证据的诉讼中，……由于律师提出的这一类异议（反对使用某个不得采纳的证据）最终并不涉及对事实认定者——法官或正式的普通法审判中的陪审团——的批评，所以他们提出异议时相对轻松。相反，在大陆法系国家，就某信息源的特定利用方式提出异议则常常意味着对法官行为的直接挑战：因为诸多选择都是法官做出的。其结果是，积极提出异议的律师将面临使事实认定者反感的危险。"[2]

基于我国刑事审判的非对抗性，以及法官对刑事审判的深度介入和有力管控，控辩双方提出诉讼异议的积极性严重受挫。具体可从以下三点理解：一是由于异议的提出是一个高度技术化的"作业"，作为法律外行人士的被告人，没有律师的帮助，几乎不可能提出诉讼异议。在英美对抗制诉讼中，律

---

〔1〕　［日］大出良知等编著：《刑事辩护》，日本刑事诉讼法学研究会译，元照出版有限公司 2008 年版，第 232 页。

〔2〕　［美］米尔建·R. 达玛斯卡：《漂移的证据法》，李学军等译，中国政法大学出版社 2003 年版，第 120 页。

师参与是刑事审判的重要特征。美国联邦最高法院在判例中指出：对于对抗式审判，律师并不是奢侈品，而是必需品。[1] 二是法官在审判中并不被塑造为中立的"听证者"，而是能动的参与者，积极主导程序的进行，决定证据调查的范围、方式和顺序。且法官并非恪守客观中立的立场，对控辩双方"厚此薄彼"，由此限制了异议制度的预期功能，降低了控辩双方通过诉讼异议解决程序争议的动力。

二、证据制度中质证、认证制度的根深蒂固，削弱了诉讼异议的功能

以对诉讼相对方举示的证据提出质疑、挑战的质证活动，广为大家熟悉。不仅因举证、质证和认证构成法庭调查的基本环节，而且质证作为证据制度的重要组成部分在我国根深蒂固。与此形成鲜明对比的是，无论是对法官、检察官还是律师对诉讼异议制度都比较陌生。根据我国的制度规范和实务操作，质证既包括交叉询问、辨认、鉴真等审核、检验活动，也包括人证退庭后控辩双方发表的弹劾、质询意见。而在发表意见环节，控辩双方可能会提出涉及证据异议的观点，这就不可避免地与庭审中的诉讼异议产生了重合。

由于质证、认证制度为大家所熟悉，且操作起来"得心应手"，无论是司法实务人员还是刑辩律师都熟悉了这套"本土化"的规则，诉讼异议作为"舶来品"会受到天然排斥。诉讼异议要求裁判者应当庭即时裁断异议，这对我国刑事法官的专业素质提出了更高的要求，法官（尤其是审判长）在庭审中将面临更大的压力。而在目前针对质证的认证制度之下，法官不必当庭作出认证，相比在庭审中会轻松许多。在英美对抗制诉讼下，诉讼异议（尤其是证据异议）广受重视，与其没有我国这样成熟完备的质证制度不无关系。在英美，证据可采性问题均是通过诉讼异议提出。正是我国质证制度的存在降低了诉讼异议在法庭中的适用。

三、卷证书面调查模式，抑制了异议制度的适用空间

从异议制度比较发达的国家看，异议主要适用于人证调查的场合。我国刑事法庭上人证出庭率偏低，长期以来以卷证为中心，书面化的调查确认方

---

〔1〕 Gideon v. Wainwirght, 372 U. S. 335, 344 (1963).

式流行。在公诉人"分组举证"和"摘要式"宣读笔录类材料的情况下，针对人证调查中的"诱导性发问""无相关性发问"等不当发问方式以及普通证人回答问题带有"意见性"等的异议，自然很少有适用的空间。异议主要适用于控辩双方对人证交叉询问的场合，但是无论是 1979 年《刑事诉讼法》确立的法官职权询问模式还是 1996 年《刑事诉讼法》及其以后历次修法确立的控辩双方"交替询问"模式，都较少受到程序规则和证据规则的制约。这意味着控辩双方在对方或者法官发问时极少可以运用异议权。无论是检察官还是律师，都少有关于异议技巧的训练，实践中不去运用或者运用不规范也就不足为奇了。

四、现有的制度设计，进一步限制了异议制度的发育成长

我国刑事诉讼法确立的检察监督制度和辩护人、诉讼代理人权利遭受侵害后的"检察救济"制度，都是纠正违法和加强救济的措施。虽然它们具有事后性，但与诉讼异议中"针对裁判方的异议"和辩护方针对控方程序违法的异议产生了一定的冲突。正是由于检察机关具有法律监督职能，代表检察机关"受检察长委托"行使公诉权的检察官，在庭审中面对法官的程序违法和不利裁决结果，就难以及时提出诉讼异议。同样，当辩护律师在庭审中遭到公权机关代表的侵害时，其可能寄希望于"检察救济"中的"申诉、控告"权，而不会当庭提出异议，谋求争议事项的当庭解决。无论如何，既然已经有了"可替代"的其他制度，且不管其是否合理，那么在引进一项新制度时必然会遭到既有制度的"排斥"。如何处理好新旧制度之间的关系，应当是我国建立诉讼异议制度必须考虑的问题。

五、声明以及裁判异议

我国的证据规则，除了近年来为防范冤假错案而制定的非法证据排除规则较为完善外，没有传闻证据规则，而且没有品格证据规则，即便是最高人民法院司法解释规定的"意见证据规则"也比较抽象、操作性不强。且最高人民法院关于询问方式的规定中一概禁止"诱导性"询问，这一做法不符合交叉询问的基本规则，具有明显的不合理性。从域外立法和实践方面来看，对于诱导性询问，并非一概禁止。诱导询问在反询问中不被限制，即便是在

主询问中仍允许有一定的诱导性问题。在下列情况下可以诱导询问：一是涉及证人的身份、经历、朋友关系等准备性询问事项；二是没有争议的事项；三是有必要唤起证人回忆的事项；四是证人对主询问者表示敌意或者反感的（敌意证人）；五是证人回避作证的；六是证言前后矛盾的。[1]在美国，大多数证据的实体法都涉及可采性问题，对异议作出裁定的理由绝大部分都包含在证据规则之中。[2]一方面，我国程序规则和证据规则缺失、简约；另一方面，法官、检察官和律师缺乏基本的学习和训练，作为高度技术化的异议制度并不能顺利进入寻常的刑事法庭，似乎不难理解。即便勉强推进，也会因诉讼各方的"陌生感"而"变形走样"。我国刑事法庭上异议方在提出时不简单说明理由，相对方不进一步作出解释和说明，裁判方"含糊其辞"不做出明确的判定，均说明诉讼各方对异议制度运用的"底气不足"。当然，对诉讼异议"当机立断"的要求与法官耐心倾听之间会形成一定的矛盾，法官有一个逐步适应的过程。这就要求法官群体加强学习，尤其是对程序规则和证据规则的学习。只有学懂弄通相关规则，才能心中有"底气"，裁断才可能明确而及时。作为异议方乃至诉讼相对方和旁听群众都希望法官的异议裁决做到"快速不迟疑""准确无失误""妥当能接受""果断命续行"的程度。这对作为裁判者的法官提出了更高的要求。因此，异议制度的有效运作，必须解决诉讼各方"能力不足"的问题。

第五节　域外异议制度之镜鉴

笔者拟选取几个有代表性的国家进行介绍，在此基础上发现一些共通的做法，对我国刑事庭审中异议制度的构建颇具启示意义。

一、美国

美国是世界上贯彻对抗制较为彻底的国家，与此相对应，其异议制度也

---

〔1〕[日]田口守一：《刑事诉讼法》（第7版），张凌、于秀峰译，法律出版社2019年版，第461页。

〔2〕[美]罗纳德·J.艾伦等：《证据法：文本、问题和案例》（第3版），张保生等译，高等教育出版社2006年版，第125页。

较为发达。判例法是该国重要的法律渊源，审判中的异议制度也是其一系列判例发展和积累的结晶。成文法乃是对判例规则的确认。美国的异议制度集中反映在《美国联邦证据规则》当中。

美国庭审中异议的类型：既有控辩双方相互之间的异议，也有控辩双方针对裁判方的异议。就前者而论，又分为两种类型：一是对不适当提问形式的异议。包括"诱导性""复合问题""模糊问题""模棱两可""对证言的错误概括"等；二是对答复之可采性的异议。[1] 异议提出的主体：对抗制下证据的引出、程序的推进等都是当事人的职责。与此相适应，控辩双方无疑是异议提出的主体。在此，需要注意的是，虽然被告人可以提出异议，但是其辩护律师在异议事项上具有独立的权限，是否提出异议、以什么理由提出异议、在什么时机提出异议，均是由律师独立决定。美国律师协会《职业行为示范规则》也是区分"目标"与"手段"，将辩护"目标"的决定权交给委托人，而将为达致这一目标所采用"手段"的决定权分配给律师行使。律师在辩护中采用什么样的方式方法更多的属于一个专业技术性问题，而律师作为具有诉讼经验的专业人士在辩护手段的选择和运用上要比当事人更具优势，因此宜把这一权利交由律师来行使。[2]

异议提出的时机：对此，美国确立了"适时异议规则"（contemporaneous-objection rule）。适时提出异议是最难学的庭审技巧。在非常短的时间内——常常是在证人回答问题前的几秒钟时间内——你必须确定对这个问题是否可以提出异议以及根据什么提出异议，从策略上考虑是否值得提出异议。"即时性"要求一项针对提问形式的异议，必须在问题回答之前提出。[3]

关于异议的理由：《美国联邦证据规则》第 103（a）（1）条要求，提出异议必须阐明异议的具体理由。在法庭实务中，异议分为一般异议和特定异议两种，根据异议的不同，阐述理由也有区别。前者对说理要求较低甚至不需要说理，而后者则需要阐明基本理由。对诸如"提问形式不当"（objection to the form of the question）等没有详细说明理由的习惯短语，或者提出"不相

---

〔1〕　［美］罗纳德·J. 艾伦等：《证据法：文本、问题和案例》（第3版），张保生等译，高等教育出版社 2006 年版，第 125 页。

〔2〕　韩旭："被告人与律师之间的辩护冲突及其解决机制"，载《法学研究》2010 年第6期。

〔3〕　［美］罗纳德·J. 艾伦等：《证据法：文本、问题和案例》（第3版），张保生等译，高等教育出版社 2006 年版，第 127 页。

关、无效力和无关紧要"（irrelevant，incompetent and immaterial）等仅仅以笼统的和结论性的词语来表达异议理由，已为足够。特定异议只需简单说明基本理由即可。例如，"反对，传闻证据""反对，意见证据"。无论是一般异议还是特定异议，只要求"简洁"阐述异议理由。之所以有"简洁性"要求和法官不喜欢"冗长"的理由，是基于防止庭审拖延和诉讼效率的考虑。大多数法官讨厌"泛泛的异议"（speaking objections）——在阐述异议的过程中加以论证——而且甚至会在审判开始时明确告诫律师们不要这么做。如果需要进一步的辩论，提出异议的律师应该请求一次席旁磋商，目的是防止陪审团和证人听到辩论的内容，尤其是不可采的证据。

异议的失权：也是对抗制下异议制度的重要组成部分，意味着控辩双方一旦发现对方的提问方式不当或者欲引出的证据不具有可采性，应当及时提出异议，不提出或者不及时提出异议，都会导致证据失权，该项异议不会为上诉而得到保全。只有一项适格的异议才会"备档"而成为上诉审法官审查的依据。由于上诉法院不准"超出档案的范围"去考虑事实。所以，对异议方来说，在初审过程中关注审判笔录以确保异议记录的完整性至关重要。就裁判方而言，其应当对异议作出一项明确的裁断，或者使法官的裁断在审判记录中"备档"，否则也会导致异议失权。"与对证据的异议相关联的审判记录只有在获得审判法官的裁定之后才有效地完成。求得明确的裁定是提出异议之律师的职责。这对上诉复审来说是至关重要的，因为审判法官的沉默并不被认为相当于对异议的驳回。"[1]

当然，异议失权有一个例外，那就是"显见错误"。要构成"显见错误"，首先必须是有害错误，即该错误必须对上诉方的实质权利造成妨害。同时，"显见错误"还要求该错误是"显而易见"的。只有在该错误如此有害且明显，以至于上诉法院愿意以初审法院未能主动发现该错误为由推翻原裁判时，才能构成"显见错误"。作为异议制度基本环节的异议裁断，在美国是法官的一项职权，即便是在由陪审团审理的案件中也是如此。不仅陪审团不参与对所提异议的裁决，而且对陪审团实行隔离，防止其受到不可采证据对心证的"污染"。针对法官对异议的裁决，美国设置了附随于实体判决的上诉

---

〔1〕 ［美］乔恩·R. 华尔兹：《刑事证据大全》（第2版），何家弘等译，中国人民公安大学出版社2004年版，第75页。

审救济程序，但正如前述，复审以初审"备档"为前提。

二、日本

日本作为成文法国家，在第二次世界大战后其刑事诉讼制度逐渐向当事人主义靠近。日本刑事诉讼中的异议制度集中体现在《日本刑事诉讼法》第309条和《日本最高法院刑事诉讼规则》第205条和第206条。《日本刑事诉讼法》第309条规定："检察官、被告人或者辩护人，可以对证据的调查声明异议。检察官、被告人或者辩护人，除前款规定的声明异议以外，还可以对审判长作出的处分声明异议。法院应当对前二款的声明作出裁定。"《日本最高法院刑事诉讼规则》第205条规定："法第309条第1款的异议声明，可以以违反法令或者不适当为理由而提出。但对调查证据的裁定，不得以不适当为理由而声明异议。法第309条第2款的异议声明，限于以违反法令为理由时才能提出。"第205条之二规定："声明异议，应当对每个行为、处分或者裁定简洁说明其理由而立即作出。"第205条之三规定："法院对异议声明，应当不迟延地作出裁定。"第205条之四规定："法院对延误时机而提出的异议声明、明显以拖延诉讼为目的而提出的异议声明或其他不合法的异议声明，应当裁定驳回。但对延误时机而提出的异议声明，认为声明的事项重要而显示对其作出判断是适当的时，不得以延误时机为理由而予以驳回。"第205条之五规定："法院认为异议声明没有理由时，应当裁定不受理。"第205条之六规定："法院认为异议声明有理由时，应当作出与该声明相应的命令停止、撤回、撤销或者变更被声明异议的行为的裁定。法院认为以已经调查的证据不能作为证据为理由而提出的异议声明有理由时，应当作出排除该证据的全部或者一部分的裁定。"第206条规定："已经对异议声明作出裁定时，不得对该裁定已经判断的事项再次声明异议。"[1]

上述规定大致构成了日本刑事庭审中的异议制度。除了规定异议的类型、异议的时机和理由、异议失权和异议的效果外，还规定了异议裁判的及时性和作出相应的处分行为，特别是明确了异议裁断事项。即使不服，当事人也不能再次提出异议。在日本的异议制度中，有几点值得注意：①虽然《日本刑事诉讼法》第209条第1款将控辩双方之间的异议限定为"对证据的调

---

[1]　宋英辉译：《日本刑事诉讼法》，中国政法大学出版社2000年版，第71页、第183页以下。

查"，但是对证人的提问、对证言的概括总结等也属于"证据调查"的范畴。因此，诱导性、相关性规则等同样有适用的余地。②在异议理由方面区分对诉讼相对方的异议和对裁判者的异议，前者异议的理由既包括不合法，也包括不适当；而对法院裁定的异议仅限于不合法。这种区分主要是考虑到作为裁判官的法官拥有一定的自由裁量权，对法官自由裁量范围内的事项，控辩双方不得提出异议。"如果允许对属于审判长裁量范围的妥当性进行争议，会导致诉讼程序的拖延。"[1]③在裁判员参与的审判中，异议裁断的主体仍是法官，《日本刑事诉讼法》第 309 条第 2 款即明确规定处分的主体是"审判长"，第 3 款规定由"法院"作出相应的裁定。裁判员可以列席旁听，但不享有裁决权。④法官认为异议有理时，还可行使处分权，处分内容包括"命令停止、撤回、撤销或者变更被声明异议的行为"，这与美国的"法官指示"类似。"命令停止"主要是对诉讼对方存在"诱导性""无关性"发问等不当方式，法官命令证人停止回答该提问；"变更"主要是指改变发问方式。撤回、撤销主要是针对法院作出的相应裁定，例如证据排除与否，在发现"确有错误"时而予以撤回或者撤销。在诉讼行为理论较为发达的日本，所谓撤回，是使将来诉讼行为的效果消灭的行为，是导致诉讼行为后发无效的一种情况。所谓撤销，是以有瑕疵为理由认定诉讼行为无效的行为。法律上使用的"撤销"一词，在多数情况下是撤回的意思。[2]在日本学者看来，辩护律师提出异议可以引起法官、检察官的关注，以唤起法庭审判临场感受。至少也能传达辩护人对于事件的热情和投入，作为提醒法庭辩护人的存在之契机。还可使检察官感到紧张，进而发挥阻止其任意使用诱导询问之心理效果，检察官对于之后的询问亦会自我警惕，也可使证人获得喘息的机会。

尽管日本规定了较为完备的诉讼异议制度，但有研究表明，实务上提出异议者非常少见。[3]主要原因在于异议应于检察官询问后证人回答前这一极其短暂的时限内毫不迟疑地提出，这对于相关程序不够熟悉的辩护人来说比

---

〔1〕 [日] 土本武司：《日本刑事诉讼法要义》，董璠舆、宋英辉译，五南图书出版公司 1997 年版，第 243 页。

〔2〕 [日] 田口守一：《刑事诉讼法》（第 7 版），张凌、于秀峰译，法律出版社 2019 年版，第 261 页。

〔3〕 相关研究年代较早，近年来实务情况有可能变化。

较困难。其次，丧失异议声明的良机后则担心所提出的异议"偏离主题"，反而妨害法院心证，以致大多人选择沉默以对。[1]

三、德国、法国

具有职权主义传统的德国、法国在各自的刑事诉讼法中都确立了诉讼异议制度。例如，《德国刑事诉讼法》第238条第2款规定："参与审理者认为审判长所作有关主持案件的命令为不准许，而提出异议时，由法院裁定。"《法国刑事诉讼法》第316条规定："对于一切有异议的程序性事项，法庭都应当在听取控辩双方意见后作出裁断。"

四、对我国的启示

以上选取几个有代表性国家和地区刑事诉讼中的异议制度进行介绍，从中可以获得一定的启示。

（1）无论是英美法域还是大陆法域抑或是程序转型国家，均普遍建立了刑事诉讼异议制度。尽管职权主义国家和地区的诉讼异议制度不像当事人主义或者对抗制国家那样完备和发达，但毕竟在立法层面均有规定。由此可以考虑我国在刑事庭审调查环节对人证的调查引入异议制度，以更好地保障人证的质量。技术路径是将现有散见在司法解释和规范性文件中国际通行的异议规定经过整合，吸收进《刑事诉讼法》。

（2）从域外异议的类型来看，既有对诉讼相对方的，也有对法官的。我国目前尚无针对法官诉讼指挥权和法庭警察权的异议，从理论上讲，上述权利的行使也有存在错误的可能，法官是人不是神，已充分证明了这一点。"法官在法庭调查中对即时抗辩所作的即时裁决，并无反复斟酌余地，常常也无合议支持，出现某种失误也是在所难免。而从另一方面看，也需给当事人一个对法官（合议庭）决定提出异议的权利和机会，否则，没有一种合理、规范的异议管道，当事人就可能以不规范的方式宣示其不满。"[2]为此，需要设定控辩双方对法官不当指挥和处分行为的异议权。修改后的《法庭规则》第22

---

[1] ［日］大出良知等编著：《刑事辩护》，日本刑事诉讼法学研究会译，元照出版有限公司2008年版，第278页。

[2] 龙宗智："刑事庭审人证调查规则的完善"，载《当代法学》2018年第1期。

条规定："人民检察院认为审判人员违反本规则的，可以在庭审活动结束后向人民法院提出处理建议。诉讼参与人、旁听人员认为审判人员、书记员、司法警察违反本规则的，可以在庭审活动结束后向人民法院反映。"这样一种"行政化"的处置方式，从效果上看，难以与诉讼异议制度的"即时性"和"亲历性"相提并论。"庭审活动结书后"无论是"提出处理建议"还是"向人民法院反映"，均是在诉权之外寻求争议事项的解决。这不仅具有"事后性"的特点，而且因"时过境迁"，导致受侵害的利益难以恢复，程序也不可能重新开始。更何况，因为我们没有诉讼行为无效的制度设计，加之受理并处置事态的人员并非审判专业人员，智识上的不足决定了其难以胜任此类争议的事后处理。

（3）无论是美国的陪审团制度还是日本的裁判员制度，对异议作出判定和处置均是职业法官的职权范围。我国实行人民陪审员参审制度，区分事实和法律。对此可考虑即便是人民陪审员参与审判的案件，也应当由职业法官处理异议事项。在笔者看来，异议涉及的多是程序规则和证据规则问题，即法律专业问题。因此，由职业法官进行判定和处理，较能保障异议裁断和处分的质量。

（4）重视庭审笔录的制作，异议和裁判的内容应当被记载于该笔录。美国诉讼异议中的"备档"，就是为上诉审保留争点，以便从中获得救济。日本也不约而同地重视公审笔录的制作。《日本最高法院刑事诉讼规则》第44条规定公审笔录应记载的内容应包括"异议声明及理由"和法院作出的关于异议的"裁定和命令"。异议及其理由和法院裁定，是审判笔录必要记载事项，可成为上诉审的对象，在上诉中再次争执。[1]《日本刑事诉讼法》规定："若未及时声明异议，相关的违法争点，在上级审即完全无争辩余地。"[2]其实，一审的庭审笔录往往会成为二审审理的证据，据此可以对包括庭审异议在内的程序性争议进行二审处理。然而，在我国，不重视庭审笔录、庭审笔录记录不规范的问题均比较突出。我国要建立诉讼异议制度，就必须重视庭审笔录的内

---

〔1〕［日］大出良知等编著：《刑事辩护》，日本刑事诉讼法学研究会译，元照出版有限公司2008年版，第283页；［日］土本武司：《日本刑事诉讼法要义》，董璠舆、宋英辉译，五南图书出版公司1997年版，第244页。

〔2〕［日］大出良知等编著：《刑事辩护》，日本刑事诉讼法学研究会译，元照出版有限公司2008年版，第230页。

容记载，从而为二审保存一审中的争点。

（5）审判长或者合议庭应当及时对异议作出裁断。在美国，如果法官没有对异议作出裁判，提出异议的一方可以反复提出、重申异议。《日本刑事诉讼规则》第206条虽对异议方再次声明异议作出了限制，但是对该规定进行反向推导，可以认为"当法院尚未对异议声明作出裁定时"，异议方可以再次声明异议。"当法院没有作出决定时，才可以对该不作为提出异议。"[1]在我国刑事庭审中，若要有效解决"死磕"问题，法官也应及时裁断异议，从而化解程序性争议。

第六节 完善我国诉讼异议制度的构想

一、我国异议提出机制的完善

如前所述，我国司法解释和规范性文件中的异议提出机制零星、粗疏，因此，有必要从制度上予以完善。结合异议制度比较发达国家的经验，异议提出机制通常涉及异议提出的类型、主体、时机、理由、异议失权等要素。因此，完善我国异议提出机制，笔者认为应从这几个方面入手。

1. 异议类型

目前，我国关于诉讼异议的规定都是针对诉讼相对方的不当行为展开，尚未见到针对法官的异议。由于我国刑事庭审职权主义色彩比较浓厚，法官仍积极主动地对审判过程进行管控，享有诉讼指挥权和法庭警察权。控辩双方的异议权，不但不会损害法官的权威，而且有助于提升司法的公信力和裁判的可接受性。因此，制度完善首先应从完善异议类型出发，赋予控辩双方对法官处置行为（审判长和合议庭裁决、处分）的异议权。

2. 异议提出的主体

我国目前的制度设计是"控辩双方"，但未明确被害人及其法定代理人、诉讼代理人是否有异议权，以及辩护人与被告人作为"辩护阵营"提出异议权应如何分配。①被害人及其代理人也应享有异议权。理由如下：其一，被害人具有当事人的诉讼地位，除特殊情况外，对自己的被害经过非常熟悉，

---

〔1〕 ［日］大出良知等编著：《刑事辩护》，日本刑事诉讼法学研究会译，元照出版有限公司2008年版，第281页。

如果辩护人意图以不正方式诱导被告人、证人等人证作不实陈述或者歪曲其本意作不一致概括时，其不仅可以通过后续的质证反驳，也可通过及时提出异议予以阻止。虽然检察官也可提出异议，但是怎能保证其每次都会提出异议呢？因此，被害人及其代理人作为补充异议的主体，不会打破控辩平衡的诉讼格局，而且有助于及时纠正辩护人的不当诉讼行为，保障实体裁判的公正性。[1]其二，在公诉案件的法庭调查过程中，被害人及其代理人完全可以出庭表达意见，协助支持公诉。如果我们承认被害人不单单是证据的来源，而是作为当事人具有协助公诉人补充公诉的职能，那么我们就必须确认其享有异议权。其三，被害人作为当事人在刑事诉讼中"权利虚化"的问题比较突出，通过赋予其异议权，可以充实其作为当事人的权利，更好地调动其参与庭审的积极性。②由于异议仅是实现诉讼目的的"手段"，因此其更多地属于法律适用问题。加之辩护人具有"相对独立"而非"绝对独立"的诉讼地位。[2]从实际效果上看，辩护律师异议比作为法律外行的被告人更容易获得成功。因此，辩护人可以独立提出异议，而不受被告人意志约束。这也是域外的普遍做法。

3. 异议的时机和理由

异议原则上应当在诉讼一方发现对方或者法官诉讼行为不当时"立即"提出，才能达到阻止违法、提高效率、维护庭审秩序的效果。如果不能及时提出异议，不当乃至违法行为就难以被发现和阻止，人证可能作出询问者想要得到的"暗示性回答"，证言的可靠性难以保障，甚至使不该被采纳的证据成为定案根据。"一旦诱导、误导而来之证词成立后，对于证人之记忆及法院之心证亦会留下不好的影响，所以迅速且确切之异议是必要的。"[3]为了防止随意提出异议，避免滥用异议权，域外均要求提出异议必须说明理由。声明异议时若只是提出异议是不够的，故提出异议同时，应简单明确地陈述异议事由，使审判长能够知悉异议原因而决定如何处分。我国最高人民法院《庭前会议规程》第11条规定，"被告人及其辩护人对案件管辖提出异议，应

---

〔1〕 我国与域外立法实践情况有所差异，因为无论是美国还是日本，都不承认被害人及其代理人的异议权。日本理论一般认为，即使被害人参与审判，其也不得影响诉讼追行，否则会损害控辩制的诉讼构造。

〔2〕 韩旭："被告人与律师之间的辩护冲突及其解决机制"，载《法学研究》2010年第6期。

〔3〕 ［日］大出良知等编著：《刑事辩护》，日本刑事诉讼法学研究会译，元照出版有限公司2008年版，第281页。

当说明理由"。但是，理由应当简洁，不能长篇大论。如果过于冗长，将会损害庭审效率。控辩双方只需说明"反对，诱导询问"或者"反对，无相关性"即可。

4. 异议失权

异议失权是当事人主义下异议制度一项重要的制度设置，体现了"权利义务相统一"的基本法理，也是对异议方滥用异议权的制约。在日本，当事人若没有及时提出异议，则视为其放弃责问权而治愈瑕疵。[1]异议失权，具有"过期不候"的特点，在证据异议中，其实是证据失权。这与我国追求"实质真实"的诉讼理念和非当事人化的诉讼制度就会发生一个兼容问题。域外在建立异议失权原则时也都设置了例外规定。例如，前述的美国"显见错误"规则，日本的"重要事项"规则。

二、我国异议裁断和处置机制的完善

我国关于异议裁断和处置的机制相对不完备，不仅未明确裁判的主体是审判长还是合议庭，而且异议处置方式、救济机制亦相对不明确、制度设置相对不合理。完善我国的异议裁断和处置机制应当从裁判主体、时机、方式和救济等方面进行。

（1）裁判主体。虽然域外都是由职业法官裁断，但是既有对审判长的异议也有对法院的异议。在庭审期日，合议庭即代表法院。这就产生了审判长与合议庭在裁断异议事项上的权限分工问题。依笔者之见，我国并无必要依据一定的标准严格区分审判长与合议庭的职权。根据异议的复杂疑难程度，既可以由审判长独立行使也可由合议庭集体行使。我国相关规范性文件倾向于由合议庭行使。[2]笔者认为，在裁判主体问题上不宜作出"一刀切"的规定，应当保持适度的弹性，由法庭根据异议判定的难易程度自由裁量由审判

---

〔1〕 ［日］大出良知等编著：《刑事辩护》，日本刑事诉讼法学研究会译，元照出版有限公司2008年版，第281页。

〔2〕 例如，"两高三部"《关于依法保障律师执业权利的规定》第38条第1款规定："法庭审理过程中，律师就回避、案件管辖、非法证据排除、申请通知证人、鉴定人、有专门知识的人出庭、申请通知新的证人到庭、调取新的证据、申请重新鉴定、勘验等问题当庭提出申请，或者对法庭审理程序提出异议的，法庭原则上应当休庭进行审查，依照法定程序作出决定。其他律师有相同异议的，应一并提出，法庭一并休庭审查。法庭决定驳回申请或者异议的，律师可当庭提出复议。经复议后，律师应当尊重法庭的决定，服从法庭的安排。"

长行使还是由合议庭行使。但无论何种情形，均应当由审判长宣布并处置。既可以彰显法庭对此问题的重视，也可以体现法官对控辩双方的尊重。

（2）异议裁断的时机。虽然美国法官没有义务对异议声明立即处置，但是《日本刑事诉讼规则》第205条之三规定："法院对异议声明，应当不迟延地作出裁定。"上述"两高三部"《关于依法保障律师执业权利的规定》第38条规定，律师"对法庭审理程序提出异议的，法庭原则上应当休庭进行审查，依照法定程序作出决定"。并没有"不迟延"或者"立即"作出决定的要求。但是，笔者认为，法庭还是应该立即作出决定。一是立即裁决的要求，可以及时化解程序争议，避免程序的紊乱；二是及时对异议进行回应，可以增强控辩双方的被尊重感，有助于激发其声明异议的积极性；三是如果法官不及时作出裁决，控辩双方可能会反复提出同一异议，影响庭审效率，特别是不利于"审辩冲突"问题的解决，律师可能会反复纠缠该问题。

（3）异议裁决的方式。从域外经验来看，对异议进行裁决首先要作出"支持"或者"驳回"的明确表示，然后进行相应的处分。例如，《日本刑事诉讼规则》第205条之六规定："法院认为异议声明有理由时，应当作出与该声明相应的命令停止、撤回、撤销或者变更被声明异议的行为的裁定。"法院认为，以已经调查的证据不能作为证据为理由而提出的异议声明有理由时，应当作出排除该证据的全部或者一部分的裁定。在美国的庭审过程中，当异议涉及的是证据调查方式的争议时，法官在作出支持或驳回异议声明的判定后，控辩双方通常会迅速、自觉地调整证据调查方式，因而无须法官明确作出指示，但在控辩双方不自觉调整发问方式时，法官则需要作出相应的指示。除了对控辩双方的指示外，法官还可对陪审团、证人和书记官进行指示。例如，指示陪审团在评议时不应考虑该证言。当控辩双方向证人提出了一个不当问题时，法官指示该证人不要回答这一问题。对书记官的指示，通常是指示书记官对审判记录进行一定的增删。然而，反观我国的刑事法庭，审判长对裁断异议表现出了明显的不适应，经常以"请公诉人（辩护人）注意发问方式"进行提醒，而极少有作出明确判定的情形。只有在作出支持还是驳回的判定后，才有可能进行相应的处分。例如，对控辩一方发问方式不当，经对方异议后法庭予以支持的，应当制止证人就该问题的回答，同时要求询问方改变原来的发问方式。遗憾的是，我国的刑事庭审中既少见判定，更难见相应的处分措施。另外，在裁决方式中需要注意的一个问题是，法官的裁决如何作出？从比较法的研究上看，法官在作出判断前通常都会听取双方的意见。这就意味着当一方提出异议及其理由时，被异议方有反驳、解释、说明等回应性权利，也有学者将其称为"补正"权利。这就保证了法官裁断的"兼听则明"。

（4）对不服裁断的救济。域外对不服异议裁决都设置了救济程序，但是这种程序性救济都是附随于实体判决，对实体判决不服一并上诉以获得上级审法院的救济，没有针对异议裁决独立的即时上诉救济。在美国历史上，曾经要求律师通过对审判方的程序性裁判提出明确的"复议"（exception）来进行救济，这一要求现在已被废除。这主要是基于庭审的效率考虑的。如果允许提出"复议"，庭审必然会被中断，集中持续审理原则将无法贯彻。我国"两高三部"《关于依法保障律师执业权利的规定》第38条规定明确提出律师不服驳回异议决定的，可以当庭提出复议申请，对复议决定不能再行争辩。这一规定显然没有考虑到庭审效率的要求。因此，应当改变这种救济方式。比较可行的做法是待本案实体判决后若控辩双方对异议决定不服，可以通过提出上诉或抗诉的方式，在上诉状或者抗诉书中载明不服异议裁判的理由，通过二审法院的审查获得救济。为此，需要对2018年《刑事诉讼法》第238条第（五）项规定的兜底条款"其他违反法律规定的诉讼程序，可能影响公正审判的"作出解释。[1]将法官作出的异议裁决纳入该项，从而获得上一级人民法院的司法救济。

第七节 实务中需要把握的四个制度性问题

下述问题均关涉我国既有制度和实务操作与诉讼异议的关系，直接影响现行法庭调查的实务，因此有必要予以探析。

一、证据异议与质证的区分问题

证据能力是证据异议和质证共同关注的问题。对于侦查机关和监察机关

---

〔1〕 2018年《刑事诉讼法》第238条规定："第二审人民法院发现第一审人民法院的审理有下列违反法律规定的诉讼程序的情形之一的，应当裁定撤销原判，发回原审人民法院重新审判：（一）违反本法有关公开审判的规定的；（二）违反回避制度的；（三）剥夺或者限制了当事人的法定诉讼权利，可能影响公正审判的；（四）审判组织的组成不合法的；（五）其他违反法律规定的诉讼程序，可能影响公正审判的。"

收集的非法证据、不具有相关性的证据，辩护方当然可以提出"反对"的异议意见，如果异议成功，该项证据就不会接受法庭调查。从这一意义上讲，证据异议在前，而质证程序在后。质证是对已接受法庭调查的证据，控辩双方就其证据能力和证明力问题发表意见。在当前系统完备的异议制度建立之前，质证功能已经部分代替了诉讼异议的功能，控辩一方可能会在发表质证意见时提出合法性、相关性的反对意见。为了避免庭审内容的重复和效率的降低，在实务中应注意辩护方一旦提出证据异议，只要法庭已经裁断，即便是驳回，其在后续的质证环节就不能再重复提出。如果法庭支持了该异议，可能会禁止对该证据的法庭调查，也就不存在后续的质证问题了。为了使证据异议与质证之间泾渭分明，可以考虑在刑事审判实务中区分证据能力与证明力。凡是涉及证据能力的问题，均应在庭前或者庭上提出异议，阻止其接受法庭调查。而对于证明力的争议，则是质证重点解决的问题，证据能力问题无须在质证环节解决。对于证明力问题，世界各国均要求法官依据经验法则和逻辑法则进行"自由心证"。对于法官的"认证"结果，不能提出诉讼异议。如果控辩双方对实体裁判结果不服，控辩双方可以提出上诉或者抗诉。

二、检察机关法律监督权与当庭异议的关系

检察机关是我国宪法、法律确立的法律监督机关，因此我国历次《刑事诉讼法》都规定了检察机关对包括审判行为违法在内的法律监督权。虽然1996年《刑事诉讼法》修改以后建立了"庭后""集体"审判监督机制，这固然有助于维系控辩平衡的诉讼格局，甚至有助于树立审判的权威。但是，当我国刑事庭审中的异议制度建立之后，如何处理好检察官对法官的异议与检察机关审判监督权的关系，则是我们不能不面对的一项重大课题。实践中，有的检察官将当庭异议与审判监督相混淆，认为所有的法官程序违法活动都只能在事后以检察机关名义进行审判监督，因此在法庭上对法官明显的程序违法行为不能即时提出异议。就如何协调二者的关系，龙宗智教授指出："只有因庭审出现明显违法，导致庭审程序不公正，甚至可能妨碍实体公正，公诉人没有即时提出诉讼异议，或者当庭提出异议后法庭未予纠正，才能在闭庭后以审理案件程序违法为由，由检察机关向人民法院提出纠正意见。"[1]笔

---

[1] 龙宗智："刑事庭审人证调查规则的完善"，载《当代法学》2018年第1期。

者认为，这一建议不符合诉讼异议的基本法理，对"公诉人没有即时提出诉讼异议"的，原则上不能在闭庭后向人民法院提出纠正意见。因为除例外情形外，没有及时提出异议的，应当适用"异议失权"制度，以体现在法庭场域内的控辩平等。鉴于检察机关审判监督权在实践中较少使用，效果不彰，且打破了控辩平衡的诉讼格局，笔者建议对其予以废止，代之以及时提出的更为有效的诉讼异议制度。

三、律师寻求"检察救济"与当庭异议的关系

2018 年《刑事诉讼法》规定了辩护人、诉讼代理人的"检察救济"权。[1]当在庭审中辩护人、诉讼代理人的权利遭受法官的侵害时，究竟是当庭提出诉讼异议还是事后寻求"检察救济"，确实是一个需要厘清的问题。"检察救济"虽然是 2012 年《刑事诉讼法》新增加的制度，但从实施效果来看并不尽如人意。[2]"检察救济"本身是在诉讼程序之外寻求对律师权利保护的途径，并非以控辩平等、对抗为前提设计，也与诉讼异议制度作为当事人主义的"基础工程"格格不入，不符合诉讼异议制度的基本法理。仅仅压缩其在审判阶段的适用空间还远远不够，笔者建议从根本上予以废除。"不破不立"，也许只有破除了该项看起来好看却无实际效用的制度，才可能建立起诉讼异议制度。正如前述，辩护方异议声明制度是程序性辩护的体现，由于法官应及时作出裁断，予以回应，这一过程即体现了对辩护权的保障。这并非是要取消检察机关作为法律监督机关的宪法定位，检察机关对庭审中法官违法行为的监督可以通过即时的异议声明体现。同样，对辩护权保障的最好方式是控辩双方机会均等、手段对等和地位平等。

四、庭前异议与庭上异议的关系

庭前异议与庭审异议的关系，其实是如何看待庭前异议的效力问题。根据最高人民法院《庭前会议规程》的规定，控辩双方在庭前会议中的诉讼异

---

〔1〕 2018 年《刑事诉讼法》第 49 条规定："辩护人、诉讼代理人认为公安机关、人民检察院、人民法院及其工作人员阻碍其依法行使诉讼权利的，有权向同级或者上一级人民检察院申诉或者控告。人民检察院对申诉或者控告应当及时进行审查，情况属实的，通知有关机关予以纠正。"

〔2〕 关于"检察救济"不尽如人意的原因分析，参见韩旭："新《刑事诉讼法》实施以来律师辩护难问题实证研究——以 S 省为例的分析"，载《法学论坛》2015 年第 3 期。

议主要是对法院管辖和出庭人证名单这两项程序问题展开。案件管辖是对审判方的异议，人证出庭名单是对诉讼对方的异议。辩护方提出案件管辖异议，在我国的司法实践中不在少数。例如，在"李庄案"中，辩护方提出重庆法院集体回避，应由重庆法院以外的法院进行审理，否则难期审判的公正性。涉及案件管辖等问题，必须提前解决，否则庭审无法进行。涉及出庭人证名单，也必须在庭前解决，以保证人证能在庭审期日到达法庭。就上述两项内容赋予控辩双方诉讼异议，一方面可以促使审判方谨慎行事，甚至重新作出处置，另一方面可以避免庭审被打断和延误，符合庭前会议制度设立的初衷。对此，最高人民法院《庭前会议规程》第 10 条第 2 款规定："对于前款规定中可能导致庭审中断的事项，人民法院应当依法作出处理，在开庭审理前告知处理决定，并说明理由。控辩双方没有新的理由，在庭审中再次提出有关申请或者异议的，法庭应当依法予以驳回。"不过，2021 年《刑事诉讼法司法解释》第 228 条第 3 款并未原样吸纳《庭前会议规程》第 10 条，而是调整为"人民法院可以在庭前会议后依法作出处理，并在庭审中说明处理决定和理由"。这意味着法院在庭前对异议事项的处置，必须在正式庭审中得到确认方为完结。笔者认为，"规程"与"解释"的细微差别，折射出了立法层面就庭前会议功能定位规定的模糊性，以及对最高人民法院拓展庭前会议的异议处置功能的限制。在域外，非法证据排除涉及证据能力问题属于异议制度的重要内容。《排非规程》明确要求提出"排非"申请应当在开庭审理前提出。该《排非规程》第 14 条对辩护方在庭审中提出非法证据排除申请或者证据异议进行了一定的限制："在庭前会议中，人民检察院可以撤回有关证据。……被告人及其辩护人可以撤回排除非法证据的申请。撤回申请后，没有新的线索或者材料，不得再次对有关证据提出排除申请。"虽然庭前异议可对管辖、回避、非法证据排除等程序性事项和证据事项作出处置，但是除了非法证据排除外，其他程序性事项并非控辩双方"合意"所能解决，主持庭前会议的法官在正式庭审前作出决定十分重要。对此，《庭前会议规程》第 11 条规定："被告人及其辩护人对案件管辖提出异议，应当说明理由。人民法院经审查认为异议成立的，应当依法将案件退回人民检察院或者移送有管辖权的人民法院；认为本院不宜行使管辖权的，可以请求上一级人民法院处理。人民法院经审查认为异议不成立的，应当依法驳回异议。"该条属于典型的庭前异议，仅要求法院进行"审查"，对于是否必须作出正式的决定则语焉不详。为了赋予庭前异议一定的效力，防止在庭审中再次争辩，法院在审查后作出书面决定并通知控辩双方确有必要。笔者认为，除了涉及证据能力的非法证据排除外，其他程序性事项一旦在庭前发生争议，诉讼一方提出异议，法院应当作出裁断。对于控辩双方达成"合意"的事项和法院作出裁断的异议事项，如果没有新的理由，控辩双方均不得在庭审中再次提出异议。如此，才能保障庭前会议中法官的裁决具有"一锤定音"的效果，司法权威才能逐步提升。

第八节　操作中应当注意的四个实践性问题

一、诉讼异议不仅限于人证，还应包括物证、书证和其他证据

域外的证据异议是基于人证调查问题而设置的，我国司法解释和规范性文件中的异议制度也是针对人证的讯问、发问而设置的。但如前所述人证不出庭必然限制诉讼异议制度的适用空间。在短期内人证出庭作证率没有大幅度提高的情况下，异议制度仅适用于人证调查程序是远远不够的。从庭审实质化改革、增强法官心证角度来看，诉讼异议不应只适用于人证，控辩双方对物证、书证和其他证据的出示，同样允许诉讼相对方提出异议。以物证、书证为例，目前，"原件原物规则"或"最佳证据规则"在实践中被"多媒体示证"等智慧检务、智慧公诉的推行所替代，法庭上难见原物、原件，复制件、复印件、扫描件等替代性物证、书证出示成为常态。然而，在三维立体的物证原物被平面物证照片所取代的情况下，被告人诸如"防卫"辩护的当庭演示成为不可能，也给辨认带来了困难，对此举示方式辩护方即可提出诉讼异议，要求公诉人出示原物原件。龙宗智教授早已指出控诉方可以"对辩护方提出的物证以缺乏相关性或来源不合法提出异议"。[1]鉴于此，我国证据异议的范围应逐步扩大，不应仅限于人证。

二、加强辩护方庭审中诉讼异议权的保障

因法庭调查主要围绕侦控方证据展开，尤其是出庭人证大多是控方申请到庭的。在控诉证据占据优势的情况下，诉讼异议以辩护方提出为主便是不

---

〔1〕　龙宗智：《相对合理主义》，中国政法大学出版社 1999 年版，第 338 页。

言而喻的。控方应当积极进行解释、反驳，必要时甚至可以出示证据予以说明，以保障应答的高质量。当前，对律师辩护权的保障，重点是对辩护方异议权的保障。也许异议制度在我国的建立，可以使律师辩护权保障上一个新台阶。因为法庭是辩护权集中行使的地方，律师在庭审中的程序辩护权主要体现为异议问题的提出。需要注意的是，随着辩护律师申请权保障的逐步加强，辩方证人出庭作证将会增多，未来控方提出诉讼异议也会呈上升趋势。一般来说，诉讼异议主要体现在主询问当中。对此，检察官应当做好准备，否则在庭审中将会处于被动境地。

三、对"相关性"问题，检察官不应立即提出异议

相关性是证据法的基本概念，也是一项证据是否具有证据能力的基础。因此，诉讼异议中有许多是针对证据相关性的。根据《美国联邦证据规则》第 401、402 条之规定："相关证据，是指使任何事实的存在具有任何趋向性的证据，即对于诉讼裁判的结果来说，若有此证据将比缺乏此证据时更有可能或更无可能。"相关证据一般具有可采性，不相关的证据不可采。相关性的检验标准是，"如果一个理性人知道了已提出的证据，他是否能够相信要素性事实的真实性在可能性上存在差别"。[1] 实践中，辩护律师一旦对人证发问，检察官以"无相关性为由"提出异议，法官不待律师发问完毕就急不可耐地打断其发言，严重侵害了律师在庭审中的辩护权。有时从单个提问孤立地去看，也许相关性并不显著，但是若干个问题联系在一起，就具有相关性。基于相关性问题的特点，作为司法官应尽量保持"克制"，学会耐心倾听，让律师将所有问题提完，以保障律师在庭审中的发问权。对此，"两高三部"《关于依法保障律师执业权利的规定》第 31 条规定："法庭审理过程中，法官应当注重诉讼权利平等和控辩平衡。对于律师发问、质证、辩论的内容、方式、时间等，法庭应当依法公正保障，以便律师充分发表意见，查清案件事实。法庭审理过程中，法官可以对律师的发问、辩论进行引导，除发言过于重复、相关问题已在庭前会议达成一致、与案件无关或者侮辱、诽谤、威胁他人、故意扰乱法庭秩序的情况外，法官不得随意打断或者制止律师按程序进行的

---

〔1〕 ［美］罗纳德·J. 艾伦等：《证据法：文本、问题和案例》（第 3 版），张保生等译，高等教育出版社 2006 年版，第 148 页以下。

发言。"在法官作出裁决前，还应注意倾听律师的解释和说明。比较法上，在美国刑事审判中，当一方提出异议（包括但不限于相关性异议），被异议方有权进行补证（offer of proof），由此控辩双方可就异议事项展开及时有效又无碍效率的争辩，我国刑事审判可有条件地借鉴这一设置来保障异议裁断过程中的控辩平衡。

四、对重复性发问应当给予适度容忍

庭审实践中，控辩双方均以"重复性"为由提出异议，指明对方讯问、发问方式不当。然而，从《刑事诉讼法司法解释》和《法庭调查规程》关于人证的讯问、发问规则中我们可以看出，"重复性"并未作为讯问或者发问规则而被禁止。虽然控辩双方对同一问题进行讯问、发问，但是由于控辩立场的对立，角度不同，人证的回答可能有所差异；有时重复性发问，可能是为了引起审判方的注意，以示强调。这是诉讼中的正常现象，符合哲学上的"相对"原理。英国法官戴维林说："获得真相的最好方法是让各方寻找能够证实真相的各种事实，然后双方展示他们所得的所有材料。……两个带有偏见的寻找者从田地的两端开始寻找，他们漏掉的东西要比一个公正无私的寻找者从地中央开始寻找所漏掉的东西少得多。"[1]除了明显重复或者过于重复外，诉讼双方无须向对方提出异议，审判方也不应以重复讯问、发问为由，作出不利于被异议方的处断。对此，"两高三部"《关于依法保障律师执业权利的规定》第 31 条第 2 款规定，"法庭审理过程中，法官可以对律师的发问、辩论进行引导"，除发言过于重复等事项外，"法官不得随意打断或者制止律师按程序进行的发言"。

结　语

诉讼异议制度包括提出异议和裁断异议两个基本组成部分。其中，异议提出机制包括提出的主体、时机和理由、异议失权等要素；异议裁断机制涉及裁断的主体、方式及其相应的处分、不服异议裁断的救济等。尽管庭前控辩双方都可以提出异议，但是庭审异议最具代表性，是异议制度适用的主要

---

〔1〕 转引自英国文化委员会编：《英国法律周专辑——中英法律介绍》，法律出版社、博慧出版社 1999 年版，第 138 页。

场域。由于诉讼异议是支撑当事人主义的基础性制度，我国长期以来刑事诉讼中职权主义盛行，无论是司法人员还是律师都感到"陌生"，法庭上难见异议对抗现象，控辩双方即便提出异议，大多也不规范，法官基本不会对异议作出裁断。在我国建立并实施诉讼异议制度，需要处理好与质证、检察机关审判监督权、律师"检察救济"的关系。以审判为中心的刑事诉讼制度改革正在如火如荼推进，庭审实质化的深入推进，需要诉讼异议制度的完善和顺畅运行。因此，该问题的研究极富现实意义。但是，异议声明和裁断，是高度技术化的作业，没有律师的广泛、充分、有效参与，该项制度不可能在我国良性运转。我们应当以刑事案件律师辩护全覆盖为契机，积极推进庭审中的诉讼异议制度有序高效运转。

第十四章

认罪认罚案件证据调查

党的十八届四中全会通过的《中共中央关于全面推进依法治国若干重大问题的决定》明确指出，要"完善刑事诉讼中认罪认罚从宽制度"。从 2014 年开始，先后经过了为期两年的刑事案件速裁程序试点和认罪认罚从宽制度试点，至 2018 年我国修改《刑事诉讼法》，正式确立了此项制度，并以 17 个条文规定其制度框架。2019 年 10 月，最高人民法院、最高人民检察院会同公安部、国家安全部、司法部制定出台《指导意见》，以 60 个条文对这一重要制度进行了细化完善。《刑事诉讼法司法解释》对认罪认罚案件的审理进行了进一步规定。认罪认罚从宽制度的实施是我国在立法和司法领域推进国家治理体系和治理能力现代化的重大举措，标志着我国刑事诉讼法发展迈向了新的历程，开启了对抗性司法与协商性司法并行、案件繁简分流的刑事诉讼新格局。

在认罪认罚制度实施的一年时间（2018 年 10 月至 2019 年 9 月）里，成都市所属 21 个基层人民法院[1]适用认罪认罚从宽制度审理案件 3076 件，适用率不到 20%（低于试点时期，与其他地区同期相比适用率亦属较低）。[2]其中危险驾驶罪、掩饰隐瞒犯罪所得罪、盗窃罪、妨害公务罪、毒品类犯罪、赌博类犯罪、非法持枪罪、故意伤害罪、非法拘禁罪，9 类罪合计适用该制度 2871 件，占同期所有适用该制度数的 93.33%。[3]从案件繁简看，危险驾驶罪、盗窃罪、毒品类犯罪 3 类常见多发犯罪适用数最高，合计 2693 件，占同

---

[1] 2018 年 7 月成都市新成立一个基层法院，共 22 个基层法院。但在 2018 年 10 月至 2019 年 10 月间新成立的 T 区法院暂未将刑事案件纳入收案范围。

[2] 龙宗智、郭彦编：《刑事庭审证据调查规则实证研究》，法律出版社 2021 年版，第 413 页。

[3] 龙宗智、郭彦编：《刑事庭审证据调查规则实证研究》，法律出版社 2021 年版，第 416 页。

期所有适用该制度数的 87.55%，从单个罪名适用率看，危险驾驶罪适用率遥遥领先，为 1808 件，占同期该罪总数的 36.54%，占认罪认罚案件数的 58.77%。[1]而职务犯罪、重暴力犯罪、高刑期犯罪等复杂案件基本没有适用认罪认罚从宽制度。本章将结合上述案件办理的实践探讨认罪认罚案件审判的证据调查以及相关问题。而在这类案件审判中，保障被告人认罪认罚的自愿性，维系其程序正当性是实体公正性的基础，也是目前我国在司法实践中亟待解决的问题，因此本章将作重点研究。

第一节　认罪认罚案件庭审证据调查的要求

一、认罪认罚案件证据调查应明确"四性"

《刑事诉讼法》第 190 条第 2 款规定："被告人认罪认罚的，审判长应当告知被告人享有的诉讼权利和认罪认罚的法律规定，审查认罪认罚的自愿性和认罪认罚具结书内容的真实性、合法性。"《刑事诉讼法司法解释》第 351 条也规定了同样的内容。[2]《指导意见》第 28 条规定了自愿性、合法性审查的重点内容；第 29 条要求探索证据开示制度，保障犯罪嫌疑人的知情权，以及认罪认罚的真实性及自愿性。综合四个条款可以看出，认罪认罚案件的法庭审判，需要查明的重要问题，既包括被告人认罪认罚的"自愿性""明知性"，也包括认罪认罚内容的"合法性"与"真实性"。

还有的学者认为应"保障被追诉人认罪认罚的自愿性、符合性和充分性"。所谓"自愿性"，即认罪认罚反映了被追诉人的真实意思；所谓"符合性"，就是被追诉人所认的罪名符合客观事实与构成要件，所认的刑罚有法律依据；所谓"充分性"，则是指裁判确定的所有犯罪事实和刑罚，都得到了被追诉人的充分认可。[3]笔者认为，这种观点与"四性"是从不同角度提出问题，基本内容和基本精神是一致的。所谓"符合性"，涉及指控事实的真实存在以及法律适用包括量刑符合法律规定。所谓"充分性"，实际上也是自愿性

---

〔1〕 龙宗智、郭彦编：《刑事庭审证据调查规则实证研究》，法律出版社 2021 年版，第 416 页。

〔2〕 《刑事诉讼法司法解释》第 351 条："对认罪认罚案件，法庭审理时应当告知被告人享有的诉讼权利和认罪认罚的法律规定，审查认罪认罚的自愿性和认罪认罚具结书内容的真实性、合法性。"

〔3〕 左卫民："认罪认罚何以从宽：误区与正解——反思效率优先的改革主张"，载《法学研究》2017 年第 3 期。

的一种属性，被追诉人对指控事实和刑罚的认可，是自愿性的基础和基本内容，与自愿性具有重合关系。笔者主张的"四性"审查，既便于操作，更有利于把握此类案件审判要达到的目的。即以认罪认罚自愿性为法院审查的基本指标，而自愿性以明知性——明知指控内容、明知诉讼权利、明知认罪认罚的法律后果等——为自愿性的前提和基础。但自愿性并不代表一切，此类案件还应注意指控事实的真实存在，以及法律适用（包括量刑建议）的合法性。

就认罪认罚的自愿性这一重点问题，有研究者称："认罪认罚自愿性通常包括认识明知性、评估理智性和选择自由性三个要素。认识明知性需要被告人较为清晰地知悉控诉方所指控的犯罪事实及证据材料；评估理智性要求被告人具有辨别是非、利害关系以及控制自己行为的能力，能够有效评估认罪认罚所产生的法律后果；而选择自由性则要求被告人在认罪认罚的问题上可以自由选择认罪认罚，抑或不认罪认罚甚至还可以保持沉默，被告人选择时应免受司法机关工作人员和其他人员的外部干涉，可以根据其自由意志抉择。"[1]这种观点进一步扩展了自愿性的外延，增加了明智性和自由性。笔者认为，明智性可以合并在明知性中审查，自由性则可以合并在自愿性中审查，这是一个理解和操作的问题。

二、认罪认罚自愿性与签署具结书的关系

不少学者将其与具结书的自愿性、真实性、有效性一并论及，似乎只要签署具结书是自愿的就代表认罪认罚的自愿性，并没有阐述认罪认罚自愿性和具结书自愿性之间的关系。有学者认为，被告人认罪认罚的自愿性问题，可以被分解为三个方面的问题：一是被告人认罪认罚是否出于真实的意愿；二是被告人是否了解认罪认罚的法律后果；三是被告人签署认罪认罚具结书是否是真实的、合法的和有效的。[2]由于具结书的签署在一定程度上代表了犯罪嫌疑人认罪认罚的自愿性，因此有学者认为审查自愿性实际上就是审查具结书签署的自愿性。司法实践中不乏这种做法，但由于缺乏审查具结书自愿

---

〔1〕　谢登科、周凯东："被告人认罪认罚自愿性及其实现机制"，载《学术交流》2018 年第 4 期。

〔2〕　陈瑞华："刑事诉讼的公力合作模式——量刑协商制度在中国的兴起"，载《法学论坛》2019 年第 4 期。

性的方法，庭审中对具结书的自愿性调查也往往流于形式，仅是询问被告人"你是否自愿签署具结书"等几个问题，如果被告人回答"是"，就默认签署具结书的自愿性，进而认定认罪认罚的自愿性。如此简单的审查方式导致认罪认罚的自愿性并未得到真正保障。笔者认为，审查具结书的自愿性并不等同于审查认罪认罚的自愿性。在我国，具结书是犯罪嫌疑人与检察机关在量刑协商后达成的量刑建议结果、审判程序等内容的载体，而认罪认罚的自愿性则是指犯罪嫌疑人在这一过程中是自愿的，理想状态下，基于认罪认罚过程的自愿才产生了签署具结书这一结果的自愿，二者是过程与结果的关系，但实践中并非都能通过结果的自愿反推出过程的自愿。具结书是自愿性审查的对象，不能用对具结书自愿性、真实性、合法性的审查代替对认罪认罚自愿性这一过程的审查。

第二节　认罪认罚案件自愿性审查的内容

我国认罪认罚案件事实审查和自愿性审查流于形式的问题，已被一些学者所注意。在被告人认罪认罚的案件中，法院无论是按照速裁程序进行审理，还是按照简易程序进行审理，都只是从形式上询问被告人认罪认罚的自愿性问题，而极少将其作为独立的调查内容和裁判对象。尤其是在刑事速裁程序中，在长则十几分钟、短则三五分钟的快速庭审，甚至多案联审过程中，只要被告人不当庭提出异议，法院也就不会对这一问题进行任何审查，有关被告人认罪认罚的自愿性问题成了一种流于形式的裁判问题，[1]我国在"以审判为中心"的改革过程中想要解决的庭审虚化问题则变相在认罪认罚案件中体现了出来。其中一个重要的原因就是自愿性审查中证据调查的对象不明确、不充分。笔者认为，自愿性审查中证据调查的对象应当包括以下内容。

一、认罪认罚具结书

《刑事诉讼法》第 174 条第 1 款规定："犯罪嫌疑人自愿认罪，同意量刑建议和程序适用的，应当在辩护人或者值班律师在场的情况下签署认罪认罚

---

[1] 陈瑞华："刑事诉讼的公力合作模式——量刑协商制度在中国的兴起"，载《法学论坛》2019 年第 4 期。

具结书。"《刑事诉讼法司法解释》第349条规定了认罪认罚具结书是人民法院应重点审查的内容。[1]《指导意见》第31条规定，具结书应当包括犯罪嫌疑人如实供述罪行、同意量刑建议、程序适用等内容，由犯罪嫌疑人、辩护人或者值班律师签名。认罪认罚具结书是犯罪嫌疑人自愿如实供述犯罪事实，承认自己的罪行，对指控的犯罪事实没有异议，愿意接受处罚而签署的法律文书。就其性质而言，有学者认为："认罪认罚具结书应具有准司法契约的性质，主要功能在于约束犯罪嫌疑人和检察机关遵守承诺、履行协议，尤其是固定嫌疑人的认罪认罚态度，确保审判阶段采用简化方式审理案件，提高审判效率、避免诉讼风险。但在性质上，认罪认罚具结书不是求刑权的直接体现，对法院审判并不具有拘束力。"[2]这反映的问题在于，如果具结书仅仅具有准契约性质，那么其是否可以直接作为证明认罪认罚自愿性的证据。还是说，既然已经签署具结书，已将自愿性以法律文书形式予以固定，那么认罪认罚的自愿性就是不证自明的事实，开庭审理时仅作形式审查即可。针对这一问题，目前学界尚无清晰、准确的回应。

由于法律规定没有明确要求，司法实践中的普遍做法是仅对具结书作形式审查，法官在庭审中向被告人询问"自愿签署认罪认罚具结书是否属实""是否本人自愿签署"即可，被告人一般回答"属实""自愿"，整个庭审只需3分钟至5分钟。从目前的常态庭审情况可以看出，询问是否属实实际上是对真实性的审查，询问是否自愿则是对自愿性的审查。按照前述"四性"要求，这种形式审查还缺乏对合法性和明知性的审查。可知，目前司法机关在实践中并未将具结书作为证明认罪认罚自愿性的证据进行严格的审查。

笔者认为，自愿性是确保认罪认罚从宽制度程序正当性的关键要素，应有充分的证据予以证明，而具结书是最好的证据之一。其一，具结书虽然具有准契约性质，但其性质不能直接等同于民事合同，不能按照意思自治、遵守契约的原则来审视具结书，更不能将签署具结书的自愿性等同于认罪认罚的自愿性。因此，就保障自愿性而言，实践中对具结书仅进行形式审查的做

---

[1]《刑事诉讼法司法解释》第349条："对人民检察院提起公诉的认罪认罚案件，人民法院应当重点审查以下内容：……（四）需要签署认罪认罚具结书的，是否随案移送具结书。未随案移送前款规定的材料的，应当要求人民检察院补充。"

[2] 马静华、李科："新刑事诉讼法背景下认罪认罚从宽的程序模式"，载《四川大学学报（哲学社会科学版）》2019年第2期。

法存在很大风险。其二，就目前具结书的形式而言，基本是格式化内容，虽然《指导意见》规定了具结书应至少载明罪行、量刑、适用程序三项内容，但如何载明并未规定，实践中做法不一，总体上是简单的格式条款，特别是对罪行的描述也仅是"认可检察院指控的犯罪事实"这样笼统的一句话。在具结书载明内容已被形式化的情况下，若庭审审查也流于形式，那么整个认罪认罚从宽制度的合法性、程序正当性将受到很大的质疑。因此，有必要明确具结书是认罪认罚案件的重要证据这一性质，从而进行严格、规范、充分的审查。

二、权利义务告知书及告知笔录

《刑事诉讼法》第 120 条第 2 款规定："侦查人员在讯问犯罪嫌疑人的时候，应当告知犯罪嫌疑人享有的诉讼权利，如实供述自己罪行可以从宽处理和认罪认罚的法律规定。"《指导意见》第 22 条、第 23 条、第 26 条、第 27 条则进一步规定，侦查机关不仅要履行告知义务，还应当听取犯罪嫌疑人及其辩护人或者值班律师的意见，并将这些告知过程记录在案、随案移送，同时还可以开展认罪教育工作，也应记录在案，检察机关在必要时还应履行释明义务。权利告知是程序正当性的必然要求，是认罪认罚自愿性和明知性的重要保障。虽然具结书中有一条格式化声明载明了犯罪嫌疑人、被告人已阅读了《认罪认罚从宽制度告知书》，但仅凭这条声明还不足以证明认罪认罚的明知性。在司法实践中，法官在庭审时也没有专门审查权利告知的具体情况，在随案证据中权利告知笔录也未被作为证明明知性的证据加以使用。

被告人是否自愿，首先取决于他对控辩协商的内容是否确实明知，这也是美国法院对控辩协商进行审查的重点之一。根据《美国联邦刑事诉讼规则和证据规则》第 11 条的规定，[1]第一审法官应在公开的法庭上，主动告诉被告人，并保证被告人能够明白与认罪认罚答辩内容有关的各种问题、明白答辩后的责任，以及被告人将要放弃的相关诉讼权利。可见，在美国的辩诉交易中，法官在采纳被告人有罪答辩之前，须在法庭上直接询问被告人，保证被告人明知指控的犯罪事实，明知自己的诉讼权利，明知有罪答辩之后的法律后果。

---

〔1〕 卞建林译：《美国联邦刑事诉讼规则和证据规则》，中国政法大学出版社 1996 年版，第 43 页。

笔者认为，在我国认罪认罚案件庭审中法官也应该通过权利义务告知书及告知笔录，审查侦查机关、公诉机关是否对被告人进行了相应的告知义务，是否进行了全面告知，是否将告知与释明相结合，是否听取了律师、被害人的意见，被告人是否已经形成对自己案件的了解，相关过程是否记录，是否附卷。如果审查发现整个流程出现程序错误或不公正环节，法官应认定被告人的认罪认罚不具备"自愿性"条件。

三、认罪情况记录

《刑事诉讼法》第162条第2款规定："犯罪嫌疑人自愿认罪的，应当记录在案，随案移送，并在起诉意见书中写明有关情况。"为进一步确定认罪的自愿性，《指导意见》第28条和第39条分别规定了审查起诉阶段和审判阶段对自愿性审查的重点，概括起来主要是以下几个方面：一是自愿性审查。应审查被告人是否因受到暴力、威胁及引诱，从而违背意愿认罪认罚。二是明知性审查。应审查被告人的认知能力，审查其精神状态是否正常，这实际上是审查其理智性。同时应审查被告人是否理解认罪认罚的性质，以及可能导致的法律后果，这实为审查其明智性。三是合法性审查。应审查公安机关、人民检察院是否履行了告知义务并听取了意见。四是真实性审查。应当审查值班律师或者辩护人是否与检察机关进行了沟通，是否在场见证了认罪认罚具结书的签署，以及是否提供了有效法律帮助或者辩护。以上就"四性"进行审查的过程均应形成记录。

然而，从成都市人民法院实施认罪认罚从宽制度一年的情况看，司法实践中几乎没有形成可供审查的较为完整的审查笔录，导致庭审中除了对具结书作形式性审查外，没有更多的证据材料以证明认罪认罚的"四性"问题。对此，笔者认为，应当借鉴国外尤其是德国实施类似程序的经验，强化协商主体的记录义务，将认罪认罚过程笔录作为证据，在庭审中出示并予以审查，同时对违反记录义务的，规定一定的法律后果。

四、听取意见记录

《指导意见》规定检察机关应听取三方面的意见，并要求应当作出记录，而该记录具有证明犯罪嫌疑人认罪认罚自愿性和从宽处罚的法律效力。由于我国认罪认罚从宽制度的价值之一就是促进犯罪嫌疑人与被害人达成和解，[1]因此听取意见对于从宽处罚后的结果是否符合社会群众的公正期待具有重要作用。

（1）听取被害人意见。《指导意见》第16条规定："听取意见。办理认罪认罚案件，应当听取被害人及其诉讼代理人的意见，并将犯罪嫌疑人、被告人是否与被害方达成和解协议、调解协议或者赔偿被害方损失，取得被害方谅解，作为从宽处罚的重要考虑因素。人民检察院、公安机关听取意见情况应当记录在案并随案移送。"该条明确规定了被害人的谅解是从宽量刑的重要影响因素。

（2）听取犯罪嫌疑人意见。《指导意见》第27条第1款规定："听取意见。犯罪嫌疑人认罪认罚的，人民检察院应当就下列事项听取犯罪嫌疑人、辩护人或者值班律师的意见，记录在案并附卷：（一）涉嫌的犯罪事实、罪名及适用的法律规定；（二）从轻、减轻或者免除处罚等从宽处罚的建议；（三）认罪认罚后案件审理适用的程序；（四）其他需要听取意见的情形。"可见，检察机关在办理认罪认罚案件时应当至少从实体、量刑、程序三个方面听取犯罪嫌疑人的意见并予以记录，以验证其自愿性。

（3）听取辩护人或值班律师意见。由于律师的法律帮助常常是被告人理解犯罪事实、刑事程序和证据状况的前提，因此听取律师的意见也是检验被告人具有"明知性"、维持控辩平衡的重要考虑因素。基于我国认罪认罚从宽制度的"权力型"设计，以及检察机关在认罪认罚从宽制度中的主导性地位，认罪认罚从宽制度本身即有一种压迫性力量，使得我国本不平衡的控辩格局进一步加剧。[2]为解决这一问题，我国刑事诉讼法及《指导意见》专门新增规定了值班律师制度。但遗憾的是，司法实践中值班律师仅起到见证人作用，并未实质发挥法律帮助功能，对保障犯罪嫌疑人认罪认罚的"明知性"作用不大。在这种情况下，法院庭审的审查功能非常关键，法官应以意见记录为证据，重点审查检察机关听取意见的情况，从而判断认罪认罚是否具备"明知性"。但从目前庭审实践看，我国尚未对听取意见记录进行普遍的有效审

---

〔1〕 胡云腾："正确把握认罪认罚从宽 保证严格公正高效司法"，载《人民法院报》2019年10月24日。"两个和解"指被追诉人与办案机关和解、与被害人和解，"两个参与"指被追诉人参与程序适用选择、参与量刑协商，"两个节约"指节约司法资源，节约当事人诉讼成本，"两个减少"指减少国家改造罪犯的成本，减少罪犯自我改造的成本。

〔2〕 龙宗智："完善认罪认罚从宽制度的关键是控辩平衡"，载《环球法律评论》2020年第2期。

查，导致"明知性"的保障有所缺失。

五、社会调查评估意见

除具结书外，《指导意见》第 35 条至第 37 条确立了社会调查评估制度，在侦查阶段、审查起诉阶段、审判阶段对可能判处管制或宣告缓刑的犯罪嫌疑人、被告人均应进行社会调查。《指导意见》第 37 条第 2 款第 1 句规定："社区矫正机构出具的调查评估意见，是人民法院判处管制、宣告缓刑的重要参考。"该规定借鉴了美国的量刑前报告制度。美国量刑前报告是法院内部的缓刑官针对是否适用缓刑进行调查所形成的报告。缓刑官系政府官员，法律地位独立，而且要求敬业、具备职业素养和一定的社会经验。在量刑之前，缓行官应对影响量刑的因素，包括个人因素和社会因素，进行全面调查。其中包括与被定罪者面谈，了解其生长史、违法犯罪史、成长经历、受教育状况、职业、身体包括心理健康状况，以及家庭背景、亲属情况等。缓刑官继而将通过查询学校文件、雇工记录、医疗记录，以及社会管理与服务部门的记录等，核实相关情况。必要时，缓刑官还会同了解犯罪人情况的人进行面谈，进一步核实信息。某些案件，缓刑官还应到犯罪现场及与犯罪有关的场所，了解案件情况。在美国，缓刑官作出的调查评估报告作为量刑证据使用，具有较高的权威性和法律上的可采性，因其属于国家公权力行使的产物，法官在量刑裁判时必须考虑调查评估报告的分量。[1]

目前，审前社会调查评估意见的性质在《指导意见》中没有被明确，在司法实践方面也鲜见卷宗材料中有社会调查评估意见，因此庭审自然也没有将评估意见作为审查对象。调研反映，仅有少数基层人民法院对被告人可能被判处非监禁刑的，要求公诉机关在庭前移送社会调查评估报告。[2]笔者认为，既然《指导意见》已有关于社会调查评估的规定，在司法实践中便应将评估机制作为认罪认罚从宽制度的重要内容之一予以运用，评估意见应当作为认罪认罚案件的证据使用，其主要目的是证明被告人认罪认罚后刑罚适用的合法与适当性，同时，也可以借此全面了解被告人的相关情况，从而有助于判定被告人在认罪认罚过程中的明智性与自愿性。

---

〔1〕　王敏远等：《刑事诉讼法修改后的司法解释研究》，中国法制出版社 2016 年版，第 281~282 页。
〔2〕　如成都市某区人民法院在部分案件中，要求公诉方提供并由法院审查社会调查评估意见。

六、起诉书和量刑建议书

《刑事诉讼法》第176条第2款规定："犯罪嫌疑人认罪认罚的，人民检察院应当就主刑、附加刑、是否适用缓刑等提出量刑建议，并随案移送认罪认罚具结书等材料。"同时，《指导意见》第32条规定："提起公诉。人民检察院向人民法院提起公诉的，应当在起诉书中写明被告人认罪认罚情况，提出量刑建议，并移送认罪认罚具结书等材料。量刑建议书可以另行制作，也可以在起诉书中写明。"然而，司法实践中，检察机关的起诉书除载明犯罪基本事实外，对认罪认罚的情况通常并未具体说明，一般仅仅是一句结论性的表述——"被告人对犯罪事实和证据没有异议，并自愿认罪认罚"。仅从这句表述，法院在审查起诉书时很难判断认罪认罚的过程是否符合"四性"要求。由于《指导意见》允许量刑建议书可以另行制作，也可以在起诉意见书中载明，实践中两种做法皆有。检察机关制作的起诉书和量刑建议书，对于非认罪认罚案件而言，其性质只是控诉材料，但对于认罪认罚案件而言，其除了作为控诉材料外，还是关于审前检察机关和犯罪嫌疑人协商过程和结果的重要载体，庭审时应对照"四性"要求予以重点审查。

如果被告人承认被指控的犯罪，但不赞成公诉机关关于量刑的建议，也就是说"认罪不认罚"的，应当认定其缺乏必要的认罪认罚的自愿性。如果法官认为建立在协商同意基础上的检察机关量刑意见明显不当，则应首先要求公诉机关修改量刑建议，公诉机关若不修改，或修改后被告人、辩护人仍不同意，法官应依法裁判。

以上是我国法律规定的六种认罪认罚案件中应当进行庭审调查和审查的对象，但在认罪认罚从宽制度的实施过程中，这些调查要求并未全面落实。随案证据材料中缺少相关应审查的材料，卷宗材料中基本没有专门、规范的权利义务告知笔录、听取意见记录、认罪情况记录、社会调查评估意见等重要证据，卷宗中可以查到的材料仅有具结书、起诉意见书和量刑建议书，权利义务告知书则是以格式化条款在具结书中被一并载明的。从普遍情况来看，庭审中只审查具结书，并且还通常只作形式审查。总的看来，由于一些规定不明确，以及操作中存在的误区，实践中证明认罪认罚"四性"的重要材料并未引起足够的重视，导致认罪认罚案件庭审"虚化"或"形式化"问题严重。笔者认为，应进一步明确以上六种材料在认罪认罚案件法庭调查中的地位，加大庭审审查力度，确保被告人认罪认罚的"自愿性""明知性""合法性"与"真实性"，从而确保此类案件的程序正当与实体公正。

第三节　认罪认罚案件的证明标准与证据规则

认罪认罚案件的庭审功能发生了变化，由以查明犯罪事实和定罪量刑为目的的调查功能，演变为以确保认罪认罚自愿性为目的的审查功能。在某些案件的庭审中，这两种功能并重，而在一些简单案件中，由于案件事实清楚已经是前提条件，庭审则主要是审查自愿性问题。由于庭审功能出现二元化特征，庭审中的证明对象也是二元化的，由此产生了两个方面的证明标准：一是案件基本事实的证明标准，二是自愿性的证明标准。

一、案件事实的证明标准

（一）关于证明标准是否降低的两种观点

由于被告人认罪认罚，案件事实的证明标准可否降低问题引发了学界较大的争议。陈瑞华教授认为，对此应区分定罪事实和量刑事实，并指出不能降低定罪事实的证明标准。因为确立最高证明标准的三个根据并没有因为被告人的认罪认罚而消失，无罪推定原则和实质真实原则应继续发挥作用，避免冤假错案仍然是一项不容回避的诉讼目标。但是，对量刑事实证明标准的降低，既不会破坏无罪推定和实质真实原则，也不会造成冤假错案，只会使案件得到快速审理，诉讼效率得到提高，司法资源得到合理配置。[1]左卫民教授则认为，无论将认罪认罚归为程序事实还是量刑事实，设定此类案件的证明标准时，都可以考虑使其适当低于定罪事实证明所设定的标准。还有的学者认为，在此类案件中，沿用"两个基本"，即基本事实清楚、基本证据确实之证明标准即可。[2]前述学者代表了证明标准降低的观点。

另有学者认为，认罪认罚从宽制度中的证明标准不应被降低。坚持严格要求的学者认为应当坚持"案件事实清楚，证据确实、充分"，[3]在具体细

---

〔1〕　陈瑞华："认罪认罚从宽制度的若干争议问题"，载《中国法学》2017年第1期。

〔2〕　汪建成："以效率为价值导向的刑事速裁程序论纲"，载《政法论坛》2016年第1期。

〔3〕　王敏远："认罪认罚从宽制度疑难问题研究"，载《中国法学》2017年第1期。

节的松动上，有的学者认为可以适当减轻控方审查起诉、准备公诉活动、参与庭审举证、质证等方面的负担。[1]还有学者认为，对被告人有罪的证明可以从严格证明转变为自由证明，或者对于证明标准中的程序条件作出与被告人不认罪案件不同的要求，从而实现认罪认罚案件中证明标准的"隐性降低"。[2]

（二）两种观点分歧的核心问题

两种观点虽截然不同，但其争论核心点实际上具有一致性。也就是说，不管证明标准是否降低，其隐含的前提是在庭审中调查或审查的待证事实都需要有一个证明标准，而这个证明标准所指向的待证事实在庭审未予查证之前都是不清楚的，需要以一定的标准去界定这个待证事实是否清楚，是否达到了定罪量刑的标准。这两种观点的争议表面上看是发现了认罪案件在证明标准上的一个矛盾，但这个矛盾使证明标准陷入两难境地。

一方面，如果不降低证明标准，仍然依据《刑事诉讼法》第55条规定的证据确实、充分的标准去衡量认罪案件的事实，在庭审中与非认罪认罚案件一样经过严谨的举证、示证、质证、认证程序，那么便会导致认罪认罚从宽制度追求的简单案件快办、优化审判资源配置的价值受到影响，同时因被告人认罪，在适用速裁程序或简易程序时，根据《刑事诉讼法》第224条之规定，速裁案件的法庭审理一般不进行法庭调查和法庭辩论。如果庭审的核心程序都被简化，又如何充分地调查事实进而达到事实清楚的标准呢？司法实践中为解决这一困境，还是按照普通程序，对认罪认罚案件进行事实调查和法庭辩论。为规避刑事诉讼法关于速裁程序无须法庭调查的规定，有的法院办理认罪认罚案件，以简易程序代替速裁程序，导致在认罪认罚案件的程序处理机制上，适用速裁程序、简易程序、普通程序并无实质性区别。

另一方面，《指导意见》第3条明确规定了坚持证据裁判原则，要求办理认罪认罚案件，应当以事实为根据、以法律为准绳，严格按照证据裁判要求，全面收集、固定、审查和认定证据。坚持法定证明标准，侦查终结、提起公诉、作出有罪裁判应当做到犯罪事实清楚，证据确实、充分，防止因犯罪嫌疑人、被告人认罪而降低证据要求和证明标准。此外，如果降低证明标准，

---

〔1〕 陈卫东："认罪认罚从宽制度研究"，载《中国法学》2016年第2期。
〔2〕 魏晓娜："完善认罪认罚从宽制度：中国语境下的关键词展开"，载《法学研究》2016年第4期。

则直接违反了《刑事诉讼法》第 53 条关于公安机关提请批准逮捕书、人民检察院起诉书、人民法院判决书，必须忠实于事实真相的规定，违背了我国诉讼结构之下追求实质真实的诉讼目标，而且认罪的事实基础不足，容易导致冤假错案发生，司法公正将会因此受到质疑。

产生以上两难境地的原因在于：①论者的思维依然是以非认罪认罚案件的诉讼逻辑思维来评判认罪认罚案件，要求在认罪认罚案件的庭审过程中查明事实；②没有注意到认罪认罚案件庭审机制与非认罪认罚案件的不同，没有看到案件事实的阶段性和前置性，没有看到审前的证明标准与审判的证明标准之间的关系；③没有注意到证明难度、证明方式与证明标准之间的关系，以案件事实查明的同等难度、同等方式来设定证明标准，忽略了案件因认罪答辩与否、罪名类型所导致的证明难度和证明方式的差异。

（三）公诉证明标准与庭审证明标准的一致性及其具体要求

公诉证明标准即提起公诉、支持指控时，控诉证据应当达到的法定标准。[1]在认罪认罚案件的办理过程中，《指导意见》第 3 条对证据标准的要求是："坚持法定证明标准，侦查终结、提起公诉、作出有罪裁判应当做到犯罪事实清楚，证据确实、充分，防止因犯罪嫌疑人、被告人认罪而降低证据要求和证明标准。"因此可以看出，认罪认罚案件中公诉证明标准与审判证明标准具有同一性，也可以说是并列同等性。亦即在审前阶段，证明标准就已经达到了与审判证明标准同样的"证据确实、充分"的要求。

比照一般理解的"证据确实、充分"的五个要素，[2]认罪认罚案件在证据构成上具有以下特点：

（1）具备证据能力。起诉、裁判所依据的证据，都应当具备证据资格，不能使用以非法方法收集的证据以及其他不具备证据资格的证据，如缺乏鉴定资格的人所做的鉴定结论等。认罪认罚案件虽因犯罪嫌疑人已认罪，自愿作出有罪供述，一般不会存在以非法方法收集证据的问题，但也要注意审查办案人员是否用法律禁止的威胁等手段获取有罪供述等情况，在保障认罪认罚自愿性的同时，防止将违法证据作为指控或裁判的依据。

---

〔1〕 孙长永：《探索正当程序——比较刑事诉讼法专论》，中国法制出版社 2005 年版，第 263 页。

〔2〕 孙长永：《探索正当程序——比较刑事诉讼法专论》，中国法制出版社 2005 年版，第 303～304 页。

（2）证据已经被查证属实。这就要求指控、裁判所依据的证据经法定程序检验，证明属真实可靠的证据材料。

（3）从全案证据看，证据间相互印证，已达充分性要求，足以认定犯罪事实。为此，要求证据间相互引证、协调一致，不存在不能解决、不能合理解释的矛盾。这就要求证据仍应达到一定的量，足以支持需要证明的指控事实。以认罪认罚适用比例最高的危险驾驶罪为例，公安机关移送的证据，应有犯罪嫌疑人讯问笔录、道路交通事故现场勘验笔录、酒精呼气仪测试结果单、血样提取登记表、卡扣视频资料提取记录、道路交通事故认定书、赔付收据等。

（4）能够建立对案件事实的内心确信，并排除合理怀疑。这是证据确实、充分的主观标准。就认罪认罚案件，这一点尤其值得重视。因为此类案件因嫌疑人、被告人认罪认罚，为节约司法资源，在证据量上可能略有减少，但仍应按照证据确实、充分的要求把握，而是否确实、充分，此类案件应当更为注重主观标准，即建立内心确信与排除合理怀疑。

（5）从证据体系中得出的结论具有排他性。即全部指控证据结合起来，能够得出犯罪嫌疑人犯罪的唯一结论，排除其他可能性。虽然犯罪嫌疑人自愿承认自己所犯罪行，降低了证明的难度，但仍需综合审查证据体系，保证犯罪的唯一性和证明上的排他性。

（四）对认罪认罚案件中证明标准的理解

按照《刑事诉讼法》第55条以及《指导意见》第3条的规定，认罪认罚案件也应当坚持证据裁判原则。因此，笔者认为，就认罪认罚案件而言，其证明标准与非认罪认罚案件是一致的，也就是不因认罪而降低证明标准，我国刑事诉讼法规定的证明标准与认罪与否没有直接关系，即使被告人认罪，"案件事实清楚，证据确实、充分"也是定罪的基本依据。

笔者认为，认罪认罚案件中的犯罪事实证明标准问题并非在于标准本身，而是证明难度在一定程度上降低，而且随着证明方式的简化，证明阶段也有适当的前移。

（1）导致这些变化的根本原因是，被告人一旦认罪就放弃了某些权利，而这些权利中最重要的就是庭审和举证示证认证，这也决定了庭审审查自愿性时对权利义务告知进行审查的必要性。由于被告人认罪，做出了有罪答辩，在存在合法有罪供述的前提下，庭审不再需要对抗性而仅需查明案件事实，证明难度自然降低。

（2）已有学者跳出证明标准问题而注意到了证明难度问题，认为"认罪认罚从宽制度中的证明标准并没有降低，只是因为案件证明难度降低而促成了程序简化"。[1]由于证明难度降低，速裁程序的庭审省略法庭调查和法庭辩论具有了程序正当性。

（3）审前阶段之证据审查是"证明准备"，则对其所应达到的程度不应适用证明标准之概念。申言之，《刑事诉讼法》对于侦查终结、提起公诉设置"证据确实、充分"之标准，因为缺乏司法证明的三方构造，也难以划入证明标准之理论范畴，毋宁称之为"证据标准"或"证据要求"。对于审查起诉阶段已达到了证据确实、充分的，在庭审中确认即可，对此有学者提出了确认式庭审。[2]这也导致了证明方式的转变，由非认罪案件的举证质证，转变为确认。

（4）与以审判为中心的诉讼制度改革的庭审实质化中证明标准不同的是，庭审实质化要求从侦查到起诉再到审判，三阶段的证明标准呈递进状态，也就是审前阶段的证明标准要求还不到审判阶段的"案件事实清楚，证据确实、充分"这一标准，所有的证据在庭审这个时空场所内汇集后，按照最高证明标准判断事实是否清楚，证据是否充分。而认罪案件在三个阶段的证明标准是并列状态，从《指导意见》第 3 条中我们也可看出这个特点，也就是要求审前的侦查或审查起诉阶段的证明标准已经达到审判阶段的要求，审判阶段证明方式转变为确认即可。而司法实践中也是遵循这一规则操作的，这也就是本章第一部分归纳的事实清楚是认罪认罚从宽制度的前提条件。不过，也要注意程序不同，对认罪认罚案件进行实质审查的要求也不同。如适用速裁程序，则不需要再在庭审中查明案件事实，庭审的功能也会随之发生变化，重点由调查事实转变为审查自愿性问题。

二、自愿性的证明标准和证明方法

在谈及认罪认罚案件证明标准的时候，学界的讨论眼光集中在案件事实

---

[1]　谢澍："认罪认罚从宽制度中的证明标准——推动程序简化之关键所在"，载《东方法学》2017 年第 5 期。

[2]　李奋飞："论'确认式庭审'——以认罪认罚从宽制度的入法为契机"，载《国家检察官学院学报》2020 年第 3 期。

的证明标准，然而由于自愿性审查可能成为庭审的主要内容（尤其是适用速裁程序的案件），因此对自愿性的证明标准也应是认罪认罚案件重点关注的问题。由于自愿性是一种主观状态，对其加以证明有一定难度。对此，笔者认为应当坚持主客观相统一的证明标准与方法。

（一）关于被告人认罪认罚自愿性判断的主观判断

所谓自愿性判断的主观标准，是考察其认罪、悔罪的心理态度。即以被告人在认罪认罚过程中的主观表现和客观行为，考察被告人的自主意愿。着重注意以下几点：

（1）考察犯罪嫌疑人对涉嫌犯罪事实的具体陈述。重点考察有罪供述是否受到侦查机关的逼迫利诱或者暴力，防止刑讯逼供等违法取供造成冤假错案。

（2）以犯罪嫌疑人的悔罪态度为判断点。考察被告人是否意识到自己行为的犯罪性质，是否意识到行为的社会危害，是否意识到自己的行为将引起的法律责任后果并愿意接受刑罚处罚，是否真诚悔过，向受害者道歉并积极予以赔偿、补偿等。将悔罪情节纳入被告人认罪认罚自愿性的判断标准的意义：其一，可以预防二次犯罪，发挥刑法的预防功能；其二，因为被告人真诚悔罪，有利于修复法律关系，安抚受害人及其亲友，防止二次伤害；其三，根据被告人的悔罪态度，可以判断其认罪认罚的自愿性，从而确认认罪认罚程序制度使用的合法性与正当性。

（二）关于被告人认罪认罚自愿性判断的客观标准

所谓自愿性判断的客观标准，是以案件证据的状况、司法机关的行为、被告人认罪的时点及认罪后的表现为主要对象进行考察的。此种客观性判断，强调证据事实中显现的客观行为，以其行为来推断其主观意愿。而此过程中离不开司法人员对经验法则的运用。人的行为是其主观意识、意愿的反映，也是更为可靠的判断其主观意愿的依据。

（1）以司法机关是否强迫认罪为判断标准。"两高三部"《2017 严格排非规定》第 2 条、第 3 条、第 4 条分别规定："采取殴打、违法使用戒具等暴力方法或者变相肉刑的恶劣手段，使犯罪嫌疑人、被告人遭受难以忍受的痛苦而违背意愿作出的供述，应当予以排除。""采用以暴力或者严重损害本人及其近亲属合法权益等进行威胁的方法，使犯罪嫌疑人、被告人遭受难以忍受的痛苦而违背意愿作出的供述，应当予以排除。""采用非法拘禁等非法限制人身自由的方法收集的犯罪嫌疑人、被告人供述，应当予以排除。"因此，客观性判断标准首先要求司法机关不能以刑讯逼供，以及冻、饿、晒、烤、疲劳审讯等变相刑讯逼供的方法强迫犯罪嫌疑人认罪。此外，办案机关还不能采取违法威胁、非法拘禁等法律禁止的方式获取口供和认罪，否则不能认定犯罪嫌疑人认罪认罚的自愿性。

（2）考察司法机关是否履行以及如何履行告知义务，同时考察律师参与状况。犯罪嫌疑人可能受知识限制，还可能受人身被拘束状况处于孤立状态的限制，常常难以正确理解认罪认罚从宽制度及该制度使用对自身的影响。加之可以尽快从案件中获得解脱，因此如无司法机关的适当告知以及律师的法律帮助，其即使表达自愿，也可能缺乏明知与明智性。因此，需要考察司法机关如何履行告知义务以及律师的法律帮助情况，作为判断当事人自愿性的依据。

（3）考察当事人认罪认罚的过程和表现。包括考察当事人何时认罪，在何种情况下认罪，认罪后供述是否存在反复与矛盾，为何出现反复与矛盾，以及认罚的过程和态度，等等。有的犯罪嫌疑人一开始不认罪，但随着审讯的深入以及办案人员的教育产生悔罪心理，从而选择认罪认罚。但也有的可能是因办案人员的威逼利诱，同时也期待早日解脱而认罪认罚，类似的变化过程，正是自愿性的判断依据。

（三）认罪认罚案件相关证据规则的完善

目前我国适用认罪认罚的案件多数为简单案件。这从成都市人民法院的数据中也可看出，如危险驾驶这一种罪名，适用此项制度1808件，占同期适用此项制度的案件总数3076件的58.77%。[1]而危险驾驶属于典型的简单案件。然而，与简单案件数量很大的状况不协调的情况是，目前我国缺乏专门针对简单案件的证据规则。我国目前适用的各种证据规则，如证据开示规则、非法证据排除规则、直接言词证据规则、意见证据规则，以及各类证据的审查和适用规则，基本上都是针对普通程序案件尤其是有争议案件的证据事实问题而设定的。而认罪认罚案件司法实践则反映出了一个突出问题，即认罪认罚案件的程序适用已经有一定规则，但证据规则不太清晰。无论是采用速裁程序、简易程序，还是采用普通程序审理认罪认罚制度案件，基层人民法院多是按照各自对制度的理解进行一定程度的证据规则简化，与非认罪认罚案件在证据规则适用上无明显区别。

---

[1]　龙宗智、郭彦编：《刑事庭审证据调查规则实证研究》，法律出版社2021年版，第413页。

因此，笔者认为有必要建立符合简单案件特点的证据规则。首先，建立简单案件证据开示规则。在庭前阶段对进行证据开示，有利于实现被告人的证据知悉权。现行庭审中告知或确认证据目录的普遍做法仅具有形式意义，被告人很难清楚证据目录中证据归纳项下的具体含义和内容，因此应明确简单案件证据开示的具体规则。其次，建立刑事简单类案证据标准指引规范。明确常见多发简单案件的主要证据类别及标准，认罪认罚案件还应当进一步统一附卷的被告人认罪认罚印证材料，以便立案法官或法官助理在受理案件后的第一时间就能确认案件基本犯罪事实，被告人认罪认罚自愿性、合法性、真实性，以及相关量刑情节等方面的证据是否具备进行初审的条件，以判定是否符合速裁程序适用条件，尽量避免庭审中途转换程序。

第四节　认罪认罚案件庭审证据调查程序

在庭审程序中进行认罪认罚自愿性审查，需要以充分的庭前准备程序为基础。《指导意见》第 29 条规定：“证据开示。人民检察院可以针对案件具体情况，探索证据开示制度，保障犯罪嫌疑人的知情权和认罪认罚的真实性及自愿性。”这为建立证据开示程序作出了方向指引。目前可考虑由控方全面开示证据，辩方有条件地开示证据后，犯罪的时间、地点、动机、目的和罪过、手段、结果等的证据，影响被告人量刑法定、酌定情节的证据等都在正式开庭审理之前让犯罪嫌疑人知晓。根据证据开示情况，被告人可以选择是否自愿认罪，也可以在征求辩护人的意见后，作出是否认罪的答辩，以使认罪答辩最大限度地符合“明知性”要求。

一、速裁程序案件的事实确认

《刑事诉讼法司法解释》第 348 条[1]和《指导意见》对办理认罪认罚案件规定了三种正式的审判程序，即速裁程序、简易程序和普通程序，并对三种程序的适用条件逐一进行了明确。总体来看，三种程序依案情繁简不同，其程序的繁简程度呈递增状态，其中速裁程序是认罪认罚案件的主要适用程

---

[1]《刑事诉讼法司法解释》第 348 条：“对认罪认罚案件，应当根据案件情况，依法适用速裁程序、简易程序或者普通程序审理。”

序，以成都市人民法院在《刑事诉讼法》修改生效后的一年实践为例，适用率达到 72.53%。且适用速裁程序的案件，100% 当庭宣判。

（一）速裁程序中的案件事实确认

《刑事诉讼法司法解释》第 369 条[1] 和《指导意见》第 42 条规定，基层人民法院管辖的可能判处 3 年有期徒刑以下刑罚的案件，案件事实清楚，证据确实、充分，被告人认罪认罚并同意适用速裁程序的，可以适用速裁程序，由审判员一人独任审判。人民检察院提起公诉时，可以建议人民法院适用速裁程序，将案件事实清楚，证据确实、充分的可能判处 3 年以下有期徒刑的案件作为适用速裁程序的必要条件之一。对于审前阶段已达到证据确实、充分要求的案件，在同时又省略了法庭调查和法庭辩论的情况下，由于经过审前证据开示和认罪答辩后依然需要经过正式庭审来确定案件事实，因此速裁程序应如何推进庭审是值得考虑的问题。笔者认为可通过案件事实确认环节来解决事实认定问题，对此有学者将这一程序称为"确认式庭审"，并将之称为与"实质化庭审"相对的另外一种庭审方式。[2]

对于认罪认罚案件，庭审的变化体现在以下方面：①庭审内容发生变化。非认罪认罚案件，庭审内容具有一元性，就是通过庭审查明案件事实，进而定罪量刑。而认罪认罚案件，庭审内容具有二元性，在查明事实的基础上增加了对自愿性的审查。②庭审方式发生变化。非认罪认罚案件，庭审的方式就是调查，庭审的重点环节是法庭调查和法庭辩论，在庭审中控辩双方举证质证。而认罪认罚案件，由于被告人放弃了一系列诉讼权利，包括不被强迫自证其罪的权利，为争取无罪判决而适用程序的权利，与不利证人进行对质的权利，传唤本方证人的权利等，庭审失去了通过对抗性查明事实的基础，加之庭前已有有罪供述，因此庭审方式实际上已由调查转变为对已认罪事实的审查确认。与此同时，针对认罪认罚自愿性问题，庭审还增加了一种审查的方式。③庭审功能发生变化。非认罪认罚案件的庭审功能重在查明事实，

---

〔1〕《刑事诉讼法司法解释》第 369 条第 1 款："对人民检察院在提起公诉时建议适用速裁程序的案件，基层人民法院经审查认为案件事实清楚，证据确实、充分，可能判处三年有期徒刑以下刑罚的，在将起诉书副本送达被告人时，应当告知被告人适用速裁程序的法律规定，询问其是否同意适用速裁程序。被告人同意适用速裁程序的，可以决定适用速裁程序，并在开庭前通知人民检察院和辩护人。"

〔2〕李奋飞："论'确认式庭审'——以认罪认罚从宽制度的入法为契机"，载《国家检察官学院学报》2020 年第 3 期。

而认罪认罚案件的庭审功能则重在对"四性"的审查。因此，在速裁程序中，首先应有一个相对独立的环节对案件事实进行确认。

（二）速裁程序中的自愿性审查

李奋飞教授指出了认罪认罚案件庭审的缺陷，认为这种"确认式庭审"，其隐患在于，对认罪认罚的自愿性和具结书的真实性、合法性无法进行有效的审查。这就可能导致自愿认罪认罚的被告人难以得到应有的宽大处理，还有可能发生量刑结果畸轻畸重的情况，甚至还会加大刑事误判的风险。[1]对此，笔者的理解是，确认式庭审应仅针对认罪认罚案件中犯罪事实部分的确认，不能用确认式庭审概括整个认罪认罚案件的庭审功能。因为对"自愿性""明知性""合法性""真实性"这四性的审理，是通过对六种证据性法律文书的审查来判断是否具有认罪认罚自愿性的。确认与审查是两个不同的概念，也是两种不同的审理方式，确认是对开庭审理前侦查机关、检察机关已经查明的犯罪事实进行法律确认，通过庭审确认赋予犯罪事实作为定罪量刑依据的法律效力。审查则是庭审对自愿性进行实质调查的一种方式，其与非认罪认罚案件采用庭审调查方式的区别是，对认罪自愿性问题的调查，只有被告人本人是自愿这一主观状态和选择的亲历者，无须证人、鉴定人等进行对质。因存在协商过程，被告人已签署具结书，对"合法性""真实性"也是通过各种文书笔录进行证明，在证明自愿性这一问题上不具有控辩双方的对抗性，相反是控辩双方协商的结果。因此，是采用审查而非调查的方式。需要强调的是，此处的审查是实质性审查，而非形式性审查。与庭审调查采用交叉询问、质证询问[2]这种对抗性询问方式不同的是，对自愿性审查的具体方式，笔者概括为"问答式询问"。诉讼结构由控、辩、审三方，转变为"控辩"及"审"两方，因此是对控辩共同的询问，通过询问实质审查自愿性。

（三）速裁程序中的简化举证方式

据调研，部分基层人民法院对证据收集标准问题参照要素式审判要求，将某类案件所需证据名称以清单方式予以固定，侦查、起诉、审判都严格按照证据清单进行，以确保案件不因认罪认罚而降低证据标准。在庭审中，很

---

〔1〕 李奋飞："论'确认式庭审'——以认罪认罚从宽制度的入法为契机"，载《国家检察官学院学报》2020 年第 3 期。

〔2〕 龙宗智：《刑事庭审制度研究》，中国政法大学出版社 2001 年版，第 290 页、第 319 页。

多简单案件不再举证、质证，对需要举证的公诉人可仅就证据的名称及所证明的事项作出说明，不再详细宣读或出示证据内容。对控辩双方无异议的证据一般简要出示、概括举证。

（四）速裁程序中集中开庭及其对事实认定的影响

《刑事诉讼法司法解释》第372条〔1〕和《指导意见》第44条规定，人民法院适用速裁程序审理案件，可以集中开庭，逐案审理。人民检察院可以指派公诉人集中出庭支持公诉。公诉人简要宣读起诉书后，审判人员应当当庭询问被告人对指控事实、证据、量刑建议以及适用速裁程序的意见，核实具结书签署的自愿性、真实性、合法性，并核实附带民事诉讼赔偿等情况。这实际上认可了审判实践中的多案联审方式，且部分基层人民法院对认罪认罚案件的速裁程序创新使用多案联审方式，尤其是对危险驾驶罪等特定类型案件使用得较多。

多案联审主要有以下步骤：①公诉机关在审查起诉阶段讯问被告人时，先行就起诉犯罪的事实、罪名按照要素式进行讯问、核实。②公诉机关尽可能集中移送起诉。③开庭前法官通过充分的庭前阅卷，通过书面审查，分析案件事实、证据、量刑建议、适用程序，确保在庭前案件各种材料具备完整性、证据具备确实充分性，并按要素式方法草拟判决书。④开庭前书记员集中批量核实被告人身份信息、前科情况、强制措施情况，并在送达起诉书时告知权利义务。⑤庭审中对多个案件的被告人统一告知诉讼权利、逐一审查认罪认罚自愿性、合法性，各被告人依次最后陈述，集中宣判。"多案联审"一次开庭可同时审理多达几十个案件，较之"一案一审"其庭审时间由平均每件20分钟优化到平均每件最快5分钟审完，庭审效率显著提高。

然而，需要注意的是，多案联审可以称为适用"极简程序"，这使得事实证据以及自愿性审查更容易形式化。因此，开庭审理前法官应做好阅卷准备工作，审查案件类型是否适合以及案件事实是否清楚，做好庭前筛查，这是多案联审防止出错的基础。而且，对多案联审的程序问题，还有必要出台相关规范以指导操作。

（五）最后陈述与事实认定

无论速裁程序如何简化程序，被告人的最后陈述环节都不可省略。《指导

---

〔1〕《刑事诉讼法司法解释》第372条："适用速裁程序审理案件，可以集中开庭，逐案审理。公诉人简要宣读起诉书后，审判人员应当当庭询问被告人对指控事实、证据、量刑建议以及适用速裁程序的意见，核实具结书签署的自愿性、真实性、合法性，并核实附带民事诉讼赔偿等情况。"

意见》第 44 条明确规定了被告人的最后陈述权。与非认罪认罚案件所不同的是，因为被告人已经认罪，放弃了辩护无罪的权利，理论上讲其最后陈述不应是"认为自己没有违法犯罪"的无罪陈述。然而，司法实践中也存在一些案件，被告人最后陈述不认罪或实际上不认罪，但因签署了具结书，法院依然按照认罪认罚进行从宽处理。此种做法欠妥。在最后陈述时，被告人一旦表示或实际上表达出不认罪的态度，尤其是对指控的犯罪事实不认可或者提出重大辩解，便属于认罪认罚的反悔情形。此时，应按照非认罪认罚案件的程序审理，将程序转换为简易程序或普通程序，且前期因适用认罪认罚制度所形成的有罪供述，不能当然地作为后续程序中定罪量刑的证据。

二、认罪认罚案件审判的简易程序

（一）简易程序中的有限调查和辩论

《刑事诉讼法司法解释》第 359 条[1]和《指导意见》第 46 条第 1 款规定，基层人民法院管辖的被告人认罪认罚案件，事实清楚、证据充分，被告人对适用简易程序没有异议的，可以适用简易程序审判。与速裁程序一样，《指导意见》将案件事实清楚、证据充分作为简易程序的适用条件之一。与速裁程序的案件适用条件的区别在于：第一，证据要求不同，简易程序对证据的要求是"充分"，而不是"确实、充分"，少了证据确实这一要求。换言之，简易程序允许控辩双方对证据有一点争议。第二，刑罚要求不同，由于可能判处 3 年以下有期徒刑的案件才能适用速裁程序，以 3 年有期徒刑为界分，可能判处 3 年以上有期徒刑的案件应适用简易程序。第三，庭审程序不同，速裁程序原则上不进行法庭调查和辩论，是因为其证据已经达到了确实、充分的程度，而简易程序对证据没有确实的要求，因此对存在争议的证据可以按照《指导意见》第 46 条第 2 款的规定，进行简化的法庭调查和法庭辩论，即不对全案进行调查和辩论，而仅对有争议的事实和证据进行调查和辩论。

从制度设计上看，简易程序与速裁程序主要存在以上三点区别。但在司法实践中，由于"证据确实、充分"与"证据充分"之间的区别不好把握，

---

〔1〕《刑事诉讼法司法解释》第 359 条第 1 款："基层人民法院受理公诉案件后，经审查认为案件事实清楚、证据充分的，在将起诉书副本送达被告人时，应当询问被告人对指控的犯罪事实的意见，告知其适用简易程序的法律规定。被告人对指控的犯罪事实没有异议并同意适用简易程序的，可以决定适用简易程序，并在开庭前通知人民检察院和辩护人。"

同时争议事实和证据也难以明确界分，法官在开庭审理时，大多将简易程序的有限调查和辩论变通为"全案简单调查和辩论"。此变通做法使速裁程序与简易程序有了明显差别，但其可能产生的不良后果是：第一，简易程序中的自愿性审查反而不如速裁程序。在速裁程序不进行法庭调查和法庭辩论的情况下，法官如果不着重审查自愿性，将面临整个庭审"无事可审"的境地，导致庭审"空化"，因此在速裁程序中，即使仅仅在形式上审查自愿性，也是相对正式和充分的。而实践中的简易程序基本延续了法庭调查、法庭辩论的传统模式，庭审内容已较为丰富，反而弱化了自愿性审查的关注度，挤压了自愿性审查的时间。第二，程序功能发挥不充分。《指导意见》并未规定可能判处 3 年以下有期徒刑的案件不能适用简易程序。以成都市人民法院为例，777 个适用简易程序的认罪认罚案件中，量刑建议为判处 3 年以上有期徒刑的仅有 47 个，占比仅为 6%。[1]其余 94%可能判处 3 年以下有期徒刑的案件，按《指导意见》规定应适用速裁程序的，也适用了简易程序，这部分案件在制度实施一年来成都市人民法院 3076 件认罪认罚案件中的占比为 23.73%。[2]从成都市实践来看，简易程序案件基本不对自愿性作实质性审查而直接当庭宣判。这也就意味着超过 20%的认罪认罚案件没有在庭审中进行有效的自愿性审查。鉴于此，笔者建议将自愿性审查作为一个相对独立的环节，与法庭调查、法庭辩论处于同等程序地位，法官应在庭审中宣布"下面进行自愿性审查"，以此保障自愿性审查的充分性。

（二）简易程序中的程序转换

《刑事诉讼法司法解释》第 375 条[3]和《指导意见》第 48 条用三个条款对速裁、简易、普通三个程序之间的转换关系进行了明确。其中，《指导意见》第 48 条第 1 款规定："程序转换。人民法院在适用速裁程序审理过程中，发现有被告人的行为不构成犯罪或者不应当追究刑事责任、被告人违背意愿认罪认罚、被告人否认指控的犯罪事实情形的，应当转为普通程序审理。发

---

〔1〕　龙宗智、郭彦编：《刑事庭审证据调查规则实证研究》，法律出版社 2021 年版，第 418 页。

〔2〕　龙宗智、郭彦编：《刑事庭审证据调查规则实证研究》，法律出版社 2021 年版，第 418 页。

〔3〕　《刑事诉讼法司法解释》第 375 条："适用速裁程序审理案件，在法庭审理过程中，具有下列情形之一的，应当转为普通程序或者简易程序审理：（一）被告人的行为可能不构成犯罪或者不应当追究刑事责任的；（二）被告人违背意愿认罪认罚的；（三）被告人否认指控的犯罪事实的；（四）案件疑难、复杂或者对适用法律有重大争议的；（五）其他不宜适用速裁程序的情形。"

现其他不宜适用速裁程序但符合简易程序适用条件的，应当转为简易程序重新审理。"第2款规定："发现有不宜适用简易程序审理情形的，应当转为普通程序审理。"第3款规定："人民检察院在人民法院适用速裁程序审理案件过程中，发现有不宜适用速裁程序审理情形的，应当建议人民法院转为普通程序或者简易程序重新审理；发现有不宜适用简易程序审理情形的，应当建议人民法院转为普通程序重新审理。"

从程序转换的规定可以看出：首先，适用速裁程序的案件中，被告人不应否认犯罪事实，不应作无罪辩护，而速裁程序又不进行法庭调查和辩论，因此，这再次说明在当前的制度设计下，速裁程序的案件事实应通过确认方式固定。其次，程序的转换具有梯度性，当庭审中出现被告人否认事实的情形时，应立即转换程序，仅是对部分事实和证据有争议，那么转换为简易程序，如果作无罪辩护的应转换为普通程序。最后，允许两次转换。对转换为简易程序的，如果庭审发现被告人不仅仅是对个别事实和证据有争议，而是对全案事实的否认，那么应再转换为普通程序。可以说，简易程序在三个程序中起到了承上启下的作用。

三、认罪认罚案件审判的普通程序适用

（一）普通程序的庭审简化方式

《指导意见》第47条规定："普通程序的适用。适用普通程序办理认罪认罚案件，可以适当简化法庭调查、辩论程序。公诉人宣读起诉书后，合议庭当庭询问被告人对指控的犯罪事实、证据及量刑建议的意见，核实具结书签署的自愿性、真实性、合法性。公诉人、辩护人、审判人员对被告人的讯问、发问可以简化。对控辩双方无异议的证据，可以仅就证据名称及证明内容进行说明；对控辩双方有异议，或者法庭认为有必要调查核实的证据，应当出示并进行质证。法庭辩论主要围绕有争议的问题进行，裁判文书可以适当简化。"从该条规定可以看出，较《刑事诉讼法》规定的普通程序而言，认罪认罚案件的普通程序在法庭调查的事实查明上进行了简化，在证据的调查方式上也有所简化。对无异议的证据，仅说明证据名称和内容即可，无须出示和质证，而对有异议的证据才进行质证。成都市人民法院3076件认罪认罚案件中，适用普通程序的案件仅36件，普通程序适用率仅占1%。可以说，普通程序是认罪认罚案件在特殊情况下才适用的程序，因此，笔者认为极个别情

况下的争议证据并不能动摇一般情况下认罪认罚案件事实清楚、证据确实充分这一前提条件。由于在权利义务告知环节，已告知被告人选择认罪认罚答辩后将放弃举证质证等重要权利，在速裁程序和简易程序中也不存在需要举证质证才能查明事实的问题，实践中在速裁程序和简易程序中也的确没有进行举证质证。但《指导意见》规定普通程序中的争议证据在法庭认为必要时应当质证，这就造成了被告人权利放弃与法庭查明事实的矛盾。笔者认为，权利放弃并不影响法庭查明事实的职责，在特殊情况下，经被告人申请、法庭准许，被告人可以恢复质证等权利。

（二）普通程序的自愿性审查

认罪认罚案件中有较多事实和证据争议的才适用普通程序，这不符合一般情况下认罪认罚的事实状态，因此被告人的"自愿性""明知性"等将受到质疑。在这种情况下，对自愿性的审查较速裁程序和简易程序而言应当更加严格和谨慎，《指导意见》对此也进行了着重强调。若庭审中发现不符合自愿性的，应按照庭审实质化要求依法审理案件。

四、一点建议：设立认罪认罚案件的书面审理程序

除我国《刑事诉讼法》和《指导意见》现有规定外，借鉴域外国家认罪案件办理经验，结合我国实际，可增设书面审理程序，从而形成普通、简易、速裁、书面四个层次的程序机制。

在我国，目前可仅对危险驾驶罪认罪认罚案件试点运行书面审理机制。

1. 该类犯罪案件特点使书面审理具有可行性

（1）实践中多为醉酒型危险驾驶，绝大部分案件皆因临检、违章以及事故而案发，事故多为单车事故，造成的他人人身损害和财产损失较轻。

（2）案件事实清楚，证据确实、充分，基本没有犯罪事实争议。

（3）涉案人员主观态度较好，认罪伏法积极且希望尽早结束诉讼程序。

（4）审前强制措施多采取取保候审，判决结果实刑率较低且刑期较短。在样本统计期间，成都市基层人民法院判处拘役 3 个月以下刑罚的案件，危险驾驶罪占 93.72%；在适用缓刑的案件中，危险驾驶罪占 64.22%。[1]综合以上特点，危险驾驶罪案件在查明犯罪事实、审查认罪认罚自愿性、审查量

---

[1]　龙宗智、郭彦编：《刑事庭审证据调查规则实证研究》，法律出版社 2021 年版，第 456 页。

刑情节等方面对开庭审理的需求不大，法官一般仅需考虑被告人的刑罚惩戒。

2. 该类犯罪发案数量使书面审理具有必要性

醉驾、追逐竞驶、严重超载等原本适用行政处罚的危险驾驶行为自 2011 年正式入刑后数量不断攀升，已超过盗窃罪而跃居刑事犯罪数首位。全国基层人民法院刑事案件中，危险驾驶罪占比由 2018 年的 21.86%上升至 2019 年的 27.08%。[1]可以说，危险驾驶罪案件的办理对提升整个刑事审判的质量和效率具有关键作用。若有更为简化、科学的速裁程序对危险驾驶罪等微罪案件进行快速处理，无疑可实现更为多层的案件分流，进一步提升司法效率。因此，现阶段对危险驾驶罪借鉴德国处罚令申请程序进行书面审理意义重大。

3. 确立书面审理主要步骤

其一，检察院在审查起诉阶段依法充分保障被告人相关权利，提出精准合理的量刑建议并与被告人达成量刑协议；其二，被告人经过程序选择及许可，可以向法庭提交有关量刑的证据材料，该材料与现在的卷宗材料基本一致，包括被告人犯罪事实证明材料、认罪认罚具结书、记录协商过程、值班律师意见等书面材料；其三，法官依据卷宗材料进行书面审理，若对材料有疑问，可视情况通知值班律师、被告人、检察官进行询问，认为该案存在较明显问题对形成准确判断有障碍的，可以直接通知检察院及被告人转为速裁程序开庭审理；其四，法官书面审理案件后，选择采纳或不采纳量刑建议，采纳的可直接作出相应刑罚裁判，不予采纳的转为速裁程序开庭审理；其五，裁判结果送达被告人及检察院，被告人不服该结果的，应在收到处罚令 1 周内向法庭提出异议，1 周届满未提出异议的处罚令即生效，由法院通知公安机关或社区执行刑罚。

---

〔1〕 数据来源于元典智库查询计算。首先，统计口径为关键词"刑事""结案时间 2018 年 1 月 1 日~2018 年 12 月 31 日""基层人民法院"，查询到 2018 年全国基层人民法院刑事案件总数 966 684 件，加关键词"危险驾驶罪"后，查询到 2018 年全国基层人民法院危险驾驶罪案件数 211 162 件，后者除以前者，得出占比为 21.84%，系当年刑事案件量排名第一的犯罪。其次，统计口径为关键词"刑事""结案时间 2019 年 1 月 1 日~2019 年 12 月 31 日""基层人民法院"，查询到 2019 年全国基层人民法院刑事案件总数 613 214 件，加关键词"危险驾驶罪"后，查询到 2019 年全国基层人民法院危险驾驶罪案件数 166 055 件，后者除以前者，得出占比为 27.08%，仍系当年刑事案件量排第一的犯罪。查询时间为 2020 年 2 月 24 日。

第十五章

未成年人刑事案件证据调查[*]

《刑事诉讼法》第五编第一章专章规定未成年人刑事案件诉讼程序。与一般刑事案件相比，未成年人刑事案件独有两大制度：未成年人社会调查制度和合适成年人在场制度。前者规定，人民法院、人民检察院和公安机关（以下简称"公检法"）可以就涉罪未成年人的成长经历等开展社会调查；后者则指在讯问或审判未成年犯罪嫌疑人、被告人时，如果无法通知其法定代理人或法定代理人无法到场，可以通知其他合适的成年人在场。这两项制度构成未成年人刑事案件特别诉讼程序的重要内容。但法律及司法解释并未明确未成年人社会调查报告的法律属性及庭审运用规则，也未对合适成年人应在场而未在场的情形规定制裁后果。除此之外，对未成年人的年龄认定也是刑事庭审的重难点。庭审实质化背景下，为准确认定涉罪未成年人刑罚，发挥两大制度的作用，研究社会调查报告的属性及庭审运用和合适成年人未在场的程序制裁措施、梳理年龄认定规则是十分必要的。

第一节　未成年人社会调查报告的庭审调查

《刑事诉讼法》第 279 条确立了未成年人社会调查制度，其司法解释明确了经调查制作的社会调查报告（以下简称"社调报告"）发挥"办案和教育

＊　本章实证调研部分，得到了四川大学博士研究生胡佳的协助，特此致谢。

的参考"及"量刑参考"作用。[1]实践中,未成年人刑事案件大多集中于盗窃、抢劫、故意伤害等传统类型犯罪,且犯罪手段简单,事实争议不大,案件审理主要在于量刑问题,因而社调报告的作用更加凸显。但由于"参考"一词不明晰,以致实务中对未成年人社调报告的庭审调查问题操作不一。

一、未成年人社调报告的证据属性探讨

关于社调报告的证据属性,主要有两种观点。肯定说认为,社调报告当然是法定的证据,理由在于:①根据广义的证据裁判原则,定罪量刑都必须有证据证明,社调报告作为未成年人平时表现、监护教育、犯罪原因的详细材料,在一定程度上代表着未成年人的人身危险性及回归社会的可能性,对于裁判量刑具有重要作用,应当被认定为一种量刑证据。②"两高三部"在其颁布的《关于规范量刑程序若干问题的意见》中明确规定,社调报告应当当庭宣读,并接受质证。而"质证"一词则代表着控辩双方对证据的属性及证明过程进行质疑,进而影响裁判者对案件事实的内心确信,是一种证明活动,为举证的后续、认证的前提和基础。既然质证是针对证据的一种证明活动,而社调报告需要质证,那么社调报告便属于证据。③肯定说认为社调报告能够归结到刑事诉讼法封闭式的八种证据形式中,但对于具体的证据种类并没有达成统一意见。具有代表性的有证人证言说和鉴定意见说。证人证言说认为社调报告是具有辨别是非能力的自然人作为被调查主体,通过其感知、记忆等作出陈述,以书面的方式记录并最终形成的报告,应当视作证人证言。[2]鉴定意见说认为,社调报告具有证据的相关性,从形式、内容和形成的程序来看,符合鉴定意见。且诸如日本、美国也有类似立法规定,将社调报告视作关于社会学、心理学、教育学等专门知识的鉴定结论。[3]

否定说认为,社调报告不属于刑事诉讼证据,理由在于:①证据裁判原则作为证据法的"帝王原则",指的是犯罪事实应当有证据予以证明。《刑事

---

〔1〕《刑事诉讼规则》第461条规定,人民检察院可以将未成年人社会调查报告作为办案和教育的参考;《刑事诉讼法司法解释》第575条规定,对未成年被告人情况的调查报告,以及辩护人提交的有关未成年被告人情况的书面材料,法庭应当认真审查并听取控辩双方对未成年人社会调查报告的意见,充分发挥报告的量刑参考作用。

〔2〕王蔚:"未成年人刑事案件中社会调查报告的证据属性",载《青少年犯罪问题》2010年第1期。

〔3〕陈立毅:"我国未成年人刑事案件社会调查制度研究",载《中国刑事法杂志》2012年第6期。

诉讼法司法解释》第 69 条规定，"认定案件事实，必须以证据为根据"，社调报告是针对未成年犯罪嫌疑人、被告人的成长经历、监护教育等情况进行的调查，与案件发生的起因、经过、结果没有必然联系。在此意义上，社调报告证明的对象并非犯罪的事实，不具有证据的相关性，因而不属于证据。最高人民法院相关人员在就刑事诉讼法司法解释答记者问中曾表示："针对实践困惑，2012 年《刑事诉讼法司法解释》明确调查报告并非证明案件事实的材料，不属于证据。但调查报告……有重要参考作用。"[1]由此，最高人民法院也持社调报告非法定证据的观点。②肯定说试图解释社调报告的证据形式，却漏洞百出。如证人证言说忽略了被调查主体并不具有证人的亲历性，被调查对象并非作为亲历者对案件情况进行描述。而鉴定意见说则忽略了鉴定主体需要具有法定资质和条件，我国社会调查主体往往是司法社工、公益律师、司法行政工作人员，并不符合鉴定人资格。③如果将社调报告视作法定证据，则开展社会调查的行为即可被视作取证行为，而法定的调查取证主体为公安机关、人民法院、人民检察院、律师及特定情形下的行政单位，且法定调查取证权不能委托给公益律师或司法社工，这显然与以委托社会调查为主的司法实践互相矛盾。

就社调报告是否为证据这一问题，笔者赞同肯定说的观点，认为社调报告当然属于刑事证据。且笔者认为社调报告的开展和制作为任意性取证，并不受法定取证主体之限。在现行法律制度下，可将其视为笔录类证据进行制度构建。

（1）社调报告属于法定证据，为量刑证据范畴。庭审实质化要求全面贯彻落实罪刑法定、证据裁判、程序公正等原则，规范法庭调查程序、完善法庭辩论等制度规范，确保"四个在庭"。确定相关材料是否属于法定证据，是实现这一目标的前提步骤。社调报告在未成年人刑事诉讼的各个阶段发挥着刑事处遇个别化的重要作用，应属量刑证据。

另一方面，证据裁判原则作为一种理性的证明方式，最早是伴随着自由心证制度的确立而建立的，其终结了口供中心主义阶段，是现代法治精神的重要体现。1876 年《日本断定依证律》规定"凡断罪，依证据"，证据裁判

原则在法律形式上被真正确立。[1]我国《刑事诉讼法司法解释》第69条及《死刑案件证据规定》第2条释明了证据裁判原则的基本内容，即没有证据不能认定案件事实。《刑事诉讼规则》第399条规定："在法庭审理中，公诉人应当客观、全面、公正地向法庭出示与定罪、量刑有关的证明被告人有罪、罪重或者罪轻的证据……定罪证据与量刑证据需要分开的，应当分别出示。"该条明确指出我国刑事证据中认定案件事实的证据包括定罪证据与量刑证据。社调报告主要致力于了解涉罪未成年人的人身危险性和回归社会的可能性，是法官对未成年被告人采取从轻、减轻、免除处罚或决定是否适用缓刑的重要依据，虽与犯罪行为的实施无直接关系，但对量刑却能产生实质性影响，具有证据的相关性。"法律一经制定，则与立法者分离而成为一种独立的存在，立法者于立法时的意图或目的并不具有约束力，具有约束力的是存在法律文本内部的合理意义。"[2]否定说将最高人民法院答记者问的内容作为社调报告非法定证据的论据，武断且经不起推敲。

（2）可将社调报告视为笔录类证据或新型的法定证据形式。笔者同意否定说对证人证言说、鉴定意见说的反驳观点，但这并不代表社调报告不是证据。若只将社调报告作为参考材料，则将导致社调报告适用和使用的随意性，使得对社调报告进行质证、辩论成为无源之水，与证据法基本原理相悖。对此，笔者认为有两条解决路径：

第一，将其视为法定证据种类中的笔录类证据。2012年《刑事诉讼法》新增了笔录类证据，后被理论界诟病为继书证之后的又一"口袋证据"。根据陈光中教授的评析，新增笔录类证据的缘由在于实践中所适用的系列笔录类材料证据属性不明，不利于司法人员的审查判断，[3]实际上是立法向司法现实妥协的产物。笔录类证据是特定人员在刑事诉讼过程中，围绕案件事实调查而通过相应行为予以制作完成的，具有书面性的特征，强调制作的及时性、全面性和合法性。社调报告是法定主体基于刑罚个别化目的而对被调查对象开展社会调查所形成的书面报告，为量刑提供依据，符合笔录类证据的法律特征。

---

〔1〕 陈光中、郑曦："论刑事诉讼中的证据裁判原则——兼谈《刑事诉讼法》修改中的若干问题"，载《法学》2011年第9期。

〔2〕 张志铭：《法律解释学》，中国人民大学出版社2015年版，第29页。

〔3〕 陈光中主编：《〈中华人民共和国刑事诉讼法〉修改条文释义与点评》，人民法院出版社2012年版，第50页。

第二，将其视为新型的法定证据形式。国外几乎不对证据的法定形式作出限制性规定，而主要对证据的合法性或证据能力予以规定，辅之以相应的证据规则。我国立法试图穷尽法定证据的种类形式，不仅是人的理性无法实现的目标，还成了某些新型"证据"成为法定证据形式的障碍，使得证据认定更为僵化。反观，电子数据在被纳入法定证据形式之前，也曾为实践所用、被理论所争议，与社调报告的现状极其相似，但 2012 年《刑事诉讼法》的修改最终将电子数据接纳为新的法定证据形式。因此，笔者相信，随着我们在理论上和实务中对社调报告作用的认识不断加深，社调报告成为新型法定证据形式也是可预期的将来。但考虑到 2018 年《刑事诉讼法》（修正案）刚刚通过，短期内再次修法的可能性不大，笔者认为，当前采取第一条路径更能尽快解决实践中的问题。

（3）对否定说质疑社调主体的回应——对取证主体合法性的批判。否定说否定社调报告之证据资格的主要论据在于司法实践中的社调主体（如司法社工、司法行政机关工作人员、公益律师等）并不具有法定取证主体地位。简言之，否定说认为取证主体合法性是证据的必然要素，这实际上是错误理解刑事诉讼法而形成的惯性认识，学界批评声不断。[1]在证据法理论中，根据取证行为是否适用强制力，可将取证分为任意性取证和强制性取证。由于任意性取证无须使用强制力，不会侵犯被取证主体的基本权利，原则上不限于公检法工作人员，而人人均可采用合法手段为之，所获证据当然具有证明能力。

结合未成年人刑事案件办案实际，由于未成年人异地犯罪逐渐增多，加之本职工作强度较大，法官对亲自调查未成年人相关成长经历等流程实在"心有余而力不足"，将社会调查的重任委以其他具有调查能力且愿意开展社会调查的主体，辅之以调查方法、调查时限、调查内容、调查对象等配套制度建设，既能保证社调报告的全面、真实，也能构成对司法人员强制取证的重要而有益的补充。

二、未成年人社调报告的庭审调查安排

庭审实质化的核心在于证据调查的实质化。如何在庭审中运用社调报告，是发挥社调报告作用，实现庭审实质化的关键。

---

〔1〕　代表文章如，龙宗智："取证主体合法性若干问题"，载《法学研究》2007 年第 3 期；万毅："取证主体合法性理论批判"，载《江苏行政学院学报》2010 年第 5 期。

根据笔者于 2018 年 3 月至 6 月在成都市 C 区人民检察院的调研可知，社调报告由社调报告总结及附属材料组成。社调报告总结主要是社会调查主体对涉罪未成年人的社会调查情形所做的概括性总结，常见"犯罪嫌疑人×××平时表现良好，具有良好的父母监管条件，再犯可能性小……"附属材料则是调查主体对被调查对象的陈述所做的笔录材料，根据被调查对象的多寡，附属材料有明显差异。庭审中，检察机关一般仅就社调报告总结进行出示，而相应附属材料只附卷查看。控辩双方不会对社调报告总结进行质证，被调查对象亦不会出庭。在裁判文书中，往往没有明确提及社调报告这一证据种类，但在量刑说理部分隐晦地引用了社调报告中关于被告人社会危险性和再犯可能性的论述。[1]这一做法，系因我国法律或司法解释并未给予社调报告明确的证据属性，但审判中确需将该报告作为定罪量刑的必要考量因素，致使审判者只能隐晦地使用该报告，而无法将其明确地列举于裁判文书之中。

审判环节中，社调报告是人民法院决定是否对未成年被告人处以非监禁刑及免除刑罚的重要依据，也是对未成年被告人进行法庭教育和跟踪帮教的重要参考，体现了刑罚个别化理念。但是就如何在庭审中对社调报告的运用予以操作规范，一直是实践的难点、疑点。笔者认为，在明确社调报告证据性质的前提下，还应当从以下方面予以构建：

（一）社调报告之庭前开示

全面的证据开示制度是充分保障被告人辩护权、防止恶意证据突袭和提高诉讼效率的重要条件。若缺乏充分的证据开示，法庭调查程序将会流于形式。笔者认为，社调报告的所有材料都应当按照庭前阅卷的法律规定，在诉讼各方阅卷时予以开示。以成都市 C 区的实践来看，社会调查均在审查起诉之前即告完成，[2]调查主体为侦查人员或委托的第三方社工机构。辩护律师

---

〔1〕 在一未成年人贩卖毒品案判决书中，法院在认定基本犯罪事实后写道："根据《最高人民法院关于审理未成年人刑事案件的若干规定》的规定，××××人民检察院委托××××社会工作服务中心对被告人×××、×××、×××进行了社会调查。社会调查报告反映三被告人因家庭疏于管教、自身法律意识淡薄、缺乏正确的人生观和价值观，加之生活毗邻毒品交易猖獗地区，禁毒宣传力度不够深入，导致了三被告人走上毒品犯罪道路。"随后，即对三被告人的具体刑事责任进行了裁判。

〔2〕 根据《刑事诉讼法》第 279 条的规定，未成年人社会调查主体多样，启动时间未有限制性规定，因而实践中出现侦查及审查起诉阶段，公安机关及人民检察院开展未成年人社会调查；审查起诉后，法院自行开展未成年人社会调查的情形。实际上各地已有社会调查启动早、全覆盖的趋势，即由公安机关或人民检察院开展社会调查，故正文均以审查起诉前已开展社会调查为基础进行分析。

可根据《刑事诉讼法》第40条查阅社会调查相关材料。根据司法解释，辩护方还可以针对未成年人社会调查准备相应材料。因社会调查内容有助于辩方争取对涉案未成年人的不起诉处理或从轻量刑，故辩方及时提交社调报告材料的积极性较高。如此，控辩双方都能够及时掌握对方关于未成年人社会调查的相应情况，进而在庭审正式开始前做更为充分和富有针对性的准备工作，提升庭审效率。

（二）社调报告之庭审出示

"两高三部"《关于规范量刑程序若干问题的意见》第18条规定要求社调报告应当庭宣读并接受质证。

（1）举证形式。举证方式直接关系着质证认证效果，不容小视。据调研，实践中控方多将社调报告列为八大法定证据之外的单列证据予以出示。对此，笔者认为是可取的。一方面，社调报告是涉罪未成年人刑罚个别化的重要且关键的证据，单列证据出示能够彰显其重要性，体现对涉罪未成年人的特殊诉讼关怀，而且一证一举也有利于对社调报告进行全面审查与评价，提升质证实效。另一方面，也有利于发挥社调报告"参考作用"的独特证据地位，避免因对其证据性质和功能的不同认识而带来的操作混乱。

（2）举证方式。若将社调报告视作笔录类证据举证，则其举证方式为当庭宣读。至于宣读之内容固然以社调报告总结为主，但是否包括附属材料，存在争议。笔者认为，宣读的内容限于社调报告总结，因为社调报告所附材料大多是涉罪未成年人的老师、邻居、同学和父母亲戚等的调查笔录，主体繁杂，内容较多，一一宣读不利于庭审高效化。只宣读社调报告总结，并辅之以对应的支撑材料内容，更适合当前的法庭现状。[1]至于宣读之主体，多数学者提出应当由社会调查员予以宣读，[2]笔者认为并不妥当。原因在于，社调报告绝大多数由公安机关或人民检察院委托法定主体取得，不论是公安机关委托还是人民检察院委托，相关案卷材料实际上都由人民检察院掌握且庭前已经开示，在案证据若非作为辩护证据，原则上应当由公诉方进行宣读。由公诉人直接宣读既能彰显人民检察院对未成年人利益的保障，也可避免由

---

〔1〕 这样实际上是对社调报告的制作提出了更高要求。根据笔者自2018年3月到6月在成都市某区人民检察院的调研来看，个案的社调报告总结呈现出高度相似性，多为"套话"，如"犯罪嫌疑人系缺乏家庭管教所致……"

〔2〕 李国莉："未成年人刑事案件社会调查制度研究"，吉林大学2015年博士学位论文。

社会调查员必须出庭宣读带来的资源浪费，更符合诉讼经济性。

从长远来看，笔录类证据举证方式改革的突破口是制作笔录之主体应当出庭作证，因此，对于社调报告的举证方式而言，应当逐步落实社会调查员出庭作证规则。庭审实质化的关键在于人证调查实质化。社会调查员出席法庭并接受控辩双方的质证是实现对社调报告有效质证的必然要求，也是社会调查员的法定义务之一。社会调查员作为社调报告的制作主体，清楚了解社调报告内容，应对社会调查的真实性、科学性负责。社会调查员在质证过程中对控辩争议之量刑事实进行释明，有利于查明案件情节，也代表着接受控辩双方乃至受害人方的监督，有效保证了社会调查的科学性。为保证庭审的有效性和效率，社会调查员的具体出庭规则可以借鉴《法庭调查规程》第13条之证人出庭中"有异议""有重大影响"的二要件。

（3）举证之顺序。社调报告应当在相对独立的量刑程序中予以出示并接受质证。实践中，社调报告通常在定罪调查阶段就已经出示，这可能造成法官有罪推断，违反程序公正。社调报告作为一项量刑证据，只能作为量刑的依据，在定罪的前提条件下予以适用，使得未成年人在认识到行为的违法性后，感受到来自社会的关怀，真诚悔罪并接受教育改造，实现"教育、感化、挽救"的目的。因实务中绝大多数庭审并未在法庭调查中明确划分定罪阶段和量刑阶段，也未严格区分定罪证据与量刑证据，故具体操作中社调报告的出示与质证应在法庭调查阶段中尽量靠后。例如，[2017]川01刑初24号刘某故意杀人一案中，被告人社会调查报告的出示和举证即法庭调查的最后一项，报告内容中被告人的家庭情况和性格特点既解释了案件发生缘由，也反映了被告人的后续监管条件，有利于审理者综合判断被告人的社会危险性，准确量刑。

（三）社调报告之裁判说理

根据最高人民法院《关于加强和规范裁判文书释法说理的指导意见》的要求，加强裁判文书释法说理，应当强化证据说理。未成年人刑事判决书应当对社调报告内容、控辩双方对社调报告的质证意见及采纳、采信与否的理由和相关争点进行繁简适度、逻辑清晰的说理，以保证社调报告真正发挥实效，增强法院判决的说服力和公信力。成都市C区2018年《未成年人刑事案件社会调查工作实施办法》已规定法院在制作法律文书时，应当反映社调报告内容。裁判文书中体现社调报告内容已经成为社调报告具体运用必不可少的环节和体现，并为司法实践逐渐重视。下文列举两份判决书中的社会调查报告部分，予以参考。

沈某强奸一案一审判决书摘录（川 0191 刑初 207 号）

根据最高人民法院《关于审理未成年人刑事案件的若干规定》的规定，在法庭审理过程中，本院了解到被告人沈某家中现有父亲、母亲、弟弟，其初中毕业后一直四处打工，未能接受良好教育。此次犯罪前未受过刑事、行政处罚……

被告人沈某由于文化程度较低，加之自身过早进入社会，法律意识淡薄，故而走上了犯罪道路。本着"教育为主、惩罚为辅"的原则，贯彻"教育、感化、挽救"的方针和宽严相济的刑事政策，且根据本案被告人沈某的犯罪事实和情节、认罪态度和悔罪表现等，对其依法减轻处罚。

曾某贩卖毒品一案一审判决书摘录（川 01 刑初 119 号）

在法庭审理过程中，公诉机关还出示了《社会调查报告》，载明被告人曾某自小父亲即外出务工，青春期时母亲亦外出务工，其长期随奶奶共同生活，缺乏父母关怀与管教，但其较为孝顺，在校期间学习成绩中等。其参与贩毒是因家庭教育缺失，缺乏辨别是非能力，交友不慎、法律意识淡薄。上述证据经当庭听取控辩双方意见，控辩双方均没有提出异议，本院予以采信，并作为本案参考。

第二节　合适成年人不在场所获口供与庭审之效力

《刑事诉讼法》第281条规定法定代理人无法通知或无法到场时，"可以"通知合适成年人到场。对于这里的"可以"是否代表着侦查机关行使裁量权，学界的争议较大。[1]一方观点认为，从语义上看，"可以"通知合适成年人到场包含"可以不"的意思。讯问或审判时律师在场即可，可以不通知合适成年人在场。[2]另一方观点认为，律师在场权与合适成年人在场权分属不同的权利性质，功能不同。[3]这里的"可以"作为对公权力机关的授权性规范，应当理解为"应当"。[4]笔者赞同后一观点，原因在于律师在场权和合

---

〔1〕　对此实务部门关注颇多。因为对"可以"的理解关涉到讯问笔录的合法性，进而涉及非法取证问题。

〔2〕　汪建成："论未成年人犯罪诉讼程序的建立和完善"，载《法学》2012年第1期。

〔3〕　姚建龙："论合适成年人在场权"，载《政治与法律》2010年第7期。

〔4〕　万毅："刑事诉讼法文本中'可以'一词的解释问题"，载《苏州大学学报（法学版）》2014年第2期。

适成年人在场权在权利性质、选任条件、具体功能上有较大差异，属完全不同的两项权利，不应混同。若理解为"可以不"，在实际上剥夺了涉罪未成年人之合适成年人在场权。从规范法学角度解释，对于公权力而言，"可以"一词在表意授权时，不能轻易地解释为"可以不"。这是因为，对于公权力机关而言，法律的授权既是职权也是职责，既是权力又是义务，公权力必须履行而不得放弃。[1]加之合适成年人在场权具有对涉罪未成年人保护的特殊目的及功能，因而《刑事诉讼法》第 281 条中的"可以"应被理解为有"应当"之意。

由此，合适成年人在场权是未成年犯罪嫌疑人、被告人的一项基本权利。然而，因法律规定的原则性和程序性制裁手段的缺乏，合适成年人制度作用发挥不足，乃至被忽略。庭审中，常常会出现合适成年人应在场而未在场时获取的涉罪未成年人供述，这类证据属非法证据或瑕疵证据吗？应如何认定？审判阶段，合适成年人未在场又应如何处理呢？这些问题十分具体化、技术化，在《刑事诉讼法》及其司法解释中均未提及，实务操作中也存有困惑。虽然看似问题很小，甚至有些"不值一提"，但事关涉罪未成年人的基本诉讼权利，与口供证据的正确运用及审判活动的顺利开展密切相关，是看得见的正义的重要体现。故在庭审实质化背景下，有必要对这些问题进行理论探讨和回应。

一、合适成年人未在场时所获口供之效力

实务审理中对合适成年人应到场而未到场所获取的涉罪未成年人供述的证据能力，主要有两种观点：一是认为严重违反了程序公正，属于非法证据，依法应当直接予以排除。二是认为该口供在取证程序上具有瑕疵，属程序性违法，但并不直接侵犯未成年犯罪嫌疑人、被告人的基本权利，应适用瑕疵证据补正规则，[2]即只有在不能补正或者无法作出合理解释时，才予以排除。两种观点的根本分歧在于未经合适成年人在场取得的未成年犯罪嫌疑人、被告人的供述和辩解是"非法证据"还是"瑕疵证据"。根据陈瑞华教授的观

---

〔1〕 万毅："刑事诉讼法文本中'可以'一词的解释问题"，载《苏州大学学报（法学版）》2014 年第 2 期。

〔2〕 何挺："'合适成年人'参与未成年人刑事诉讼程序实证研究"，载《中国法学》2012 年第 6 期。

点，"非法证据"与"瑕疵证据"是对不同违法程度的证据的划分。主要区别在于取证手段是否违反了"实质性程序规范"，侵犯了被告人的重大权益，进而影响了证据的真实性，违背了程序正义原则。[1]如果答案是肯定的，则属于非法证据，反之则为瑕疵证据。

这两种观点的主要区别在于，是将合适成年人在场权看作一项基本权利，还是仅仅将其作为讯问过程有效性的担保手段。前者正如犯罪嫌疑人在讯问过程中享有的基本生存权利，如拥有身体健康权而不允许严刑拷打、挨饿受冻等，一经违反，则侵害犯罪嫌疑人的基本权利，属非法证据。后者正如对讯问进行同步录音录像，仅作为讯问合法有效性的重要保证，即使缺少，也不一定属非法证据。

合适成年人在场权对于防止不公正讯问和产生不可靠供述具有重要的预防作用，是未成年犯罪嫌疑人、被告人的一项基本权利，在权利性质上与未成年人的人身权同样重要，理应得到贯彻和执行。应通知而未通知合适成年人到场的情形，不同于未依法签名等带有形式上的法律手续的性质，属于程序实质违法，极易造成心智不成熟的未成年人作出非自愿的供述或者陈述，应严格适用非法证据排除规则，形成的讯问笔录、审理笔录等不作为证据使用。即侦讯人员明知讯问对象为未成年人，应当通知合适成年人到场但未通知，恶意规避程序，所获供述应当依法予以排除，给予程序性制裁。在"李某强奸、强制猥亵妇女案"中（［2013］旬阳刑初字第 100120 号），被告人李某系未成年人，在公安机关五次讯问及人民检察院的讯问中，其监护人或基层组织的代表均未到场，后人民法院对收集的供述进行了相应排除。虽并未影响被告人最后的定罪量刑，但仍对合适成年人未在场的供述进行了相应程序性制裁。这也是合适成年人在场制度的起源案例——"肯费特（Confait）案"意欲表明的理念。

鉴于实践的复杂多样性，庭审中对合适成年人未在场时所获口供进行证据调查时，还应当注意以下特殊情况：

（1）如果侦讯人员已在合理时间内通知合适成年人到场，但合适成年人因故未能到场，则应当综合考虑未成年人的年龄、合适成年人未到场的理由、是否进行讯问的全程同步录音录像等决定是否予以排除。对于合适成年人未

---

〔1〕　陈瑞华："论瑕疵证据补正规则"，载《法学家》2012 年第 2 期。

到场具有合理理由，通知机关根据案件讯问需要，又无法及时通知其他合适成年人到场，且有讯问过程的全程同步录音录像的情形，笔者认为，从诉讼经济和实体真实角度考虑，法院应当认真审查该份供述的自愿性和真实性，谨慎予以排除。

（2）对于有成年人在场，但发现并不属于"合适成年人"的情形，应当结合个案具体情况、讯问人员的讯问方法、嫌疑人的理解能力及精神状况和身体状况、在场成年人的具体情况进行综合考虑，决定是否排除该所获供述。

（3）对于有合适成年人在场，但该合适成年人拒绝在讯问笔录上签字且有正当理由的，该份讯问笔录不得作为证据使用。正当理由包括但不限于：有初步证据证明讯问人员存在侵犯未成年人合法权益的讯问行为，根据《刑事诉讼法》第281条提出异议但未改正的。

（4）若未成年人明确拒绝讯问时合适成年人在场，那合适成年人未在场时取得的供述应该如何认定呢？笔者认为，合适成年人在场制度是国家亲权的体现，面对这种情况，办案人员应当耐心地向未成年人解释合适成年人参与其中的诉讼目的和意义。经解释后，未成年人仍拒绝合适成年人在场的，可以借鉴拒绝指定辩护的相关规定，[1]为其更换另一名合适成年人，更换后仍拒绝合适成年人在场的，不予准许，以防止涉罪未成年人随意滥用合适成年人在场权，阻碍司法程序运行，浪费司法资源。

二、合适成年人审判时未在场之程序后果

按照《刑事诉讼法》及相关司法解释的规定，当未成年犯罪嫌疑人被起诉至人民法院后，人民法院应当在开庭前通知合适成年人到场。庭审开始前，审判长应告知合适成年人相关权利义务。庭审结束后，合适成年人有权查阅庭审笔录，就笔录记载的正确性、完整性提出意见，并在庭审笔录上签名，填写《合适成年人在场书》。要想明确合适成年人应在场而未在场时的庭审效力，应当首先明确这里的"在场"所指何意。是法庭调查环节在场？法庭辩论环节在场？抑或庭审全程在场？笔者认为，审判中合适成年人在场的主要

---

〔1〕 虽然辩护权与合适成年人在场权在权利属性、适用范围、人员条件和工作方式等存在差异，但均为未成年犯罪嫌疑人、被告人的基本权利，具有可借鉴性。《刑事诉讼法司法解释》第311条规定，被告人当庭拒绝辩护人辩护，要求另行委托辩护人或者指派律师的，合议庭应当准许。重新开庭后，被告人再次当庭拒绝辩护人辩护的，除被告人属应当提供法律援助的情形，可以准许。

目的是确保未成年被告人能够受到公平、公正的对待，所以应当理解为合适成年人应当全程在场。

但这会带来两个相关的问题：一是合适成年人自始至终没有参加的庭审认定；二是合适成年人未全程参与的庭审认定。原则上，合适成年人不在场的情况下，人民法院不得开庭审理。如果人民法院坚持开庭，则笔者认为，这两种情形均属于严重的程序违法行为，出庭支持公诉的检察人员应当根据《刑事诉讼规则》第 572 条履行审判监督职能，提出纠正意见。已进行的庭审不发生既定效力，应当在休庭后重新通知合适成年人到庭并择日重新开庭审理。

第三节　未成年人年龄证据的调查方法

未成年人刑事案件中年龄认定根据主体的不同，分为被告人刑事责任年龄认定和被害人受害时的年龄认定，前者常见于八大类犯罪中，[1]后者常见于性侵案件中。[2]根据证明目的的不同，分为被告人是否承担刑事责任的年龄认定和被告人适用法定量刑情节的年龄认定，一般涉及 14 周岁、16 周岁和 18 周岁三个节点，对个案审理意义重大。实体法意义上，年龄认定不仅影响着行为的犯罪性质认定，还决定着涉案未成年人是否对其行为承担刑事法律责任、是否适用法定量刑情节。程序法意义上，被告人的年龄认定影响着该案是否适用未成年人刑事案件特别诉讼程序，适用特殊的办案方针、原则及制度。据此，未成年人刑事庭审应格外重视对未成年人年龄证据的审查和认定。

据调研，涉案未成年人的年龄认定主要有以下几种证据：①人口户籍登记信息及法定身份证明，包括人员姓名、出生年月、家庭住址等个人基本身份情况，这类证明由国家机关按照法定程序和要求出具，能让审理者对被告人的刑事责任年龄作出初步判断。②出生医学证明。证明中会记载新生儿姓名、出生时间、父母亲姓名和医疗机构名称等，证明具有唯一的编号，加盖

---

〔1〕《刑法》第 17 条第 2 款："已满十四周岁不满十六周岁的人，犯故意杀人、故意伤害致人重伤或者死亡、强奸、抢劫、贩卖毒品、放火、爆炸、投放危险物质罪的，应当负刑事责任。"

〔2〕《刑法》第 236 条第 2 款："奸淫不满十四周岁的幼女的，以强奸论，从重处罚。"

医疗机构出生医学证明专用章后生效。③相关言词证据。如涉案未成年人的自述、同学家长的证言、父母的证言、近亲的证言等，这些言词证据能侧面反映涉案未成年人的年龄状况，且因主体是否存在利害关系而具有证明力差异。④学生登记表或学生档案。这类材料中既有学生的入学时间，也有学生的基本个人信息。审理者可以通过对学生入学时间的常理推断来确定其作案时或受害时的年龄。如小学一年级学生通常应达到 7 周岁。⑤其他书面材料证明，如一些案件中辩护方会提交街道办或居委会出具的"年龄证明"以争取有利裁判结果。又如新生儿免疫预防接种证会记载新生儿的出生年月。⑥骨龄鉴定意见。骨龄鉴定就是通过医学、生物学的理论和技术，以个体骨骼生长发育程度来判断个体的生物学年龄，是法医物证鉴定的一种。通过骨龄鉴定可以判断鉴定时涉案未成年人的年龄范围，为年龄认定提供参考。

当前年龄认定的困境主要源于我国户籍制度的管理混乱和滞后性。信息瞒报、谎报现象突出，加之我国民间采用阴历和阳历两种时间记录方式，户籍证明信息常常缺失或者错误，年龄证据之间也时常存有矛盾。如被告人供述、亲属陈述与户籍证明相冲突，户籍证明和骨龄鉴定意见相冲突等。对此，笔者认为，庭审证据调查中对涉案未成年人年龄证据的审查认定应当注意以下几点。

一、年龄证据的证明力顺序

根据《死刑案件证据规定》第 40 条的规定，对于被告人实施犯罪时是否已满 18 周岁，一般应以户籍证明为依据。若对户籍证明有异议，以有查证属实的出生证明文件或无利害关系人证言为依据认定。若无户籍证明或出生证明文件，则应根据人口普查登记、无利害关系人证言等证据综合判断，必要时还可参考骨龄鉴定。具言之，户籍证明是认定被告人年龄的第一证据，除非有足够的证据证明户籍信息可能出现不真实的情况，否则，原则上应当采信户籍证明信息。这是因为户籍证明是由公安机关派出所出具的法定年龄证明，户籍制度和相关法律条文为其内容真实性提供了制度保障，较其他书证证明价值更高。在"苟某故意杀人案"中，司法鉴定意见书、利害关系人苟某父亲证言和被告人苟某供述均指向苟某在案发时系未成年人，但户籍原始档案显示其案发时已成年，且未调取到相关出生医学证明、无利害关系人证言及宗谱、就学情况等证据材料，故法院认为"现有证据不足以推翻户籍登

记的证明效力"，[1]最终认定被告人苟某在案发时系成年人，不适用未成年人
法定从轻、减轻的量刑情节。

户籍证明信息证明价值较高，法庭调查中应首先对其进行举证质证，这
与实践中被告人户籍信息通常作为第一组证据予以举证相吻合。证明力仅次
于户籍证明材料的是出生医学证明和无利害关系人证言。这是因为出生医学
证明具有机构特定性、编号唯一性和时间原始性等特点，较之其他年龄认定
的主观证据更具证明价值。无利害关系人证言则一般是邻居的证言、学校老
师的证言等。如邻居亲眼看见被告人被其父母捡拾，可通过当时被告人脐带
处的伤口，身长、体重等推断其出生日期。这虽然是证人的推断性证言，但
属于《刑事诉讼法司法解释》第 88 条第 2 款"但根据一般生活经验判断符合
事实"的例外，可以作为证据使用。最后，证明力最低的是人口普查信息、
骨龄鉴定及其他证据。如骨龄鉴定只能作为年龄认定的参考，不能作为年龄
认定的唯一证据。此外，个案审理中年龄证据类型各异，可能还会有独生子
女证、原始接生记录、户籍迁移记录等，审理者在证据审查和认定中还应坚
持"物证、书证优于言词证据""直接证据优于间接证据"的一般证据采信
原则，在各年龄证据证明力排序基础上综合全案判断。

二、骨龄鉴定的审查认定

根据最高人民检察院《关于"骨龄鉴定"能否作为确定刑事责任年龄证
据使用的批复》和《死刑案件证据规定》，骨龄鉴定能够准确确定犯罪嫌疑人
实施犯罪行为时的年龄的，可以作为判断犯罪嫌疑人年龄的证据使用，并将
结果作为判断年龄的参考。但若骨龄鉴定意见不能准确确定年龄，且又表明
年龄在应负刑事责任年龄上下的，应当慎重处理。据此，审理者在证据审查
时应首先明确"准确确定"的内涵。虽然骨龄鉴定是随着科学技术的发展而
产生并逐步推广的，但因技术的不完善，以及科学的非 100% 确定性，骨龄鉴
定通常是一个年龄范围值。依据《中国青少年骨龄鉴定标准图谱法》和《中
国人手腕骨发育标准—中华 05》骨龄鉴定的精确度约 90%，可信区间准确度
范围为±1 年之间，故骨龄鉴定结果通常表现为 18.5 周岁±1 周岁。根据个案
差异，准确度范围也会小于或大于 1 年，如［2019］京 0114 刑初 93 号中骨

---

［1］［2017］闽 0582 刑初 2625 号。

龄鉴定结果为 14 周岁 6 个月 ±6 个月，川 0114 刑初 349 号中骨龄鉴定结果为 13.6 周岁至 15.2 周岁之间。但无论如何，骨龄鉴定意见结果均不会是唯一数值，而是以区间范围形式呈现。"准确确定"的汉语词义理解应是"明确或肯定"，在此种意义下，骨龄鉴定结果显然不能也不可能符合。那是否昭示着骨龄鉴定意见无法发挥证据实效呢？笔者认为并不尽然。"准确确定"应理解为骨龄鉴定意见区间范围未跨越刑事责任临界年龄值。如测得涉案未成年人年龄中位值为 20.5 周岁（不低于 19.5 周岁，不大于 21.5 周岁），这样的年龄区间鉴定不会影响被告人刑事责任承担和法定量刑情节，不会影响实质判断，能够提供年龄认定的重要参考。若测得涉案未成年人年龄中位值为 15.5 周岁 ±1 周岁，则是跨越了 16 周岁的年龄临界点，这在八大犯罪案件中涉及被告人是否应负刑事责任，应结合其他证据认定。从反面来看，不属"准确确定"的有以下情况：对未成年被告人来说，在所有案件中，跨越 18 周岁的骨龄鉴定；在除八大类案件的普通案件中跨越 16 周岁的骨龄鉴定意见；在八大类案件中跨越 14 周岁的骨龄鉴定；前一种涉及被告人是否适用法定从轻减轻量刑情节，后两种涉及被告人是否承担刑事责任。对未成年被害人来讲，跨越 14 周岁或 18 周岁的骨龄鉴定，因影响犯罪的成立及法定量刑情节，不属"准确确定"。

此外，审理者还应准确把握骨龄鉴定的"参考"作用，司法解释之所以这样规定，实际上就是在给法官判案"提醒"——要慎重对待此类证据。实务中存在未成年被告人在前案中拒不交代姓名和身份，采信骨龄鉴定定罪，但在二次犯罪归案后交代了真实姓名和身份，推翻了前罪中据以认定年龄的骨龄鉴定，导致错案的情况。[1]这暴露出个别实务人员对"参考"作用认识不到位。笔者认为，"参考"代表着骨龄鉴定不能作为年龄认定的唯一依据，若没有其他在案证据佐证鉴定结果，不应采信骨龄鉴定。如"谢某某强奸案"中，骨龄鉴定虽显示被害人在发生关系时年龄为 14 周岁 6 个月 ±6 个月，但多名无利害关系人的证言、户籍证明及在校情况均表明被害人当时不满 14 周岁，故法官未采信骨龄鉴定。[2]相反，在"任某某抢劫案"中，户籍证明、

---

〔1〕 四川省成都市武侯区、河南省巩义市人民检察院课题组，古剑、张阳杨："刑事案件审查中未成年人年龄证据采信问题探析"，载《中国检察官》2013 年第 6 期。

〔2〕 [2019] 京 0114 刑初 93 号。

学籍证明均能证明其案发时为成年人，但被告人及其父母均提出户籍登记错误，因年代久远未能查实。且骨龄鉴定结果显示被告人案发时为大于 18 周岁（不包括 18 周岁），能够印证被告人户籍证明和学籍证明，应采信户籍证明、学籍证明和骨龄鉴定。[1]

三、未成年人年龄认定规则

1. 举证顺序的安排

在未成年人刑事案件中，只要控辩双方对年龄认定存有争议，特别是涉及被告人是否承担刑事责任的年龄认定，法官便应在法庭调查环节首先组织双方对被告人年龄进行举证，以确保庭审开展的必要性，节省诉讼资源。对于涉及被告人量刑情节的年龄认定，属于量刑证据，应在法庭调查环节中尽量后置，这样能防止有罪预断，也符合"定罪→量刑"的办案逻辑。

2. 质证的实质化

庭审实质化改革中要求实现控辩平等对抗，提高质证实效。在未成年人案件办理过程中，因涉案未成年人年龄涉及程序终止及实体结果，侦控机关对此十分敏感。这体现在侦查阶段公安机关就会调取人员户籍资料、开展亲友走访调查、委托骨龄鉴定等，案件移送审查起诉至人民检察院后，人民检察院也会对涉案未成年人年龄认定是否达致"准确"进行再次审查，并自行搜集年龄证据或退回补充侦查。应当说，未成年人刑事案件一旦进入法庭审理环节，认定年龄的证据已被侦控机关搜集得完全而充分，就基本无疑义。法庭调查环节中，辩护方虽对控方年龄认定提出质证意见，但除被告人供述及其亲属证言外，一般难以提出其他证据予以佐证，而被告人供述及其亲属证言均属证明力较弱证据，这会导致辩方庭审质证的被动性和虚无化。这固然源于我国侦控权力所塑造的单方性、有罪偏向性的证据体系，[2]然而在此背景尚未变更的当下，为实现控辩平等武装、法官兼听则明的目的，辩方一方面可以提供其他年龄证据的线索，请求法院调取证据。如被告人系接生婆接生，但限于辩方能力无法找到接生婆并提取证言的，可以提交能证明接生

---

[1] ［2019］甘 0102 刑初 296 号。

[2] 左卫民："'印证'证明模式反思与重塑：基于中国刑事错案的反思"，载《中国法学》2016年第 1 期。

婆确系存在的相关证据以请求法院依职权调取。另一方面还应对控方年龄证据提出合理质疑。如在案年龄证据存在冲突和矛盾，出生日期区间不能完全排除案发时被告人没有达到刑事责任年龄的情况；又如控方错误使用骨龄鉴定"参考"价值的诉讼行为；等等。

3. 认证的综合性

庭审调查中的年龄证据运用就如同团队体育比赛一般，不仅与每位队员的个人能力有关，也与团队成员间的相互协作有关，前者指各年龄证据的证明力，后者指证据间的相互印证。我国特色刑事诉讼"印证"证明模式强调的是证据群的"组合拳"，而非证据的"单打独斗"，因此法庭审理中应综合全案证据进行年龄认证。如对证人证言采信时应考虑到证人的辨别能力，实务案件中通常采信被告人同学证言。如在"刘某某抢劫案"中，其同学证实被告人比一般同学大4岁或5岁。由于未成年人缺乏社会经验，可能被外表所蒙蔽，若被告人平时打扮得较为成熟，易使身边同学产生错误认识。又如对骨龄鉴定结果应考虑被鉴定人的身体情况，酌情参考。如在"谢某某强奸案"中，被害人的骨骼鉴定结果为14周岁以上，但因鉴定时被害人已怀孕数月，怀孕会分泌激素加快骨骼发育，影响骨骼鉴定结果，但影响程度不能明确，该案法官综合全案证据未采信骨骼鉴定结果，而采信户籍登记和证人证言认定被害人被性侵时未满14周岁。最后，审理者在年龄认证时还应遵循"就低不就高""存疑有利于被告人"的基本原则。

结　语

以审判为中心的庭审实质化改革已经进入攻坚克难的深水区，但相关研究集中于普通程序案件和认罪认罚案件的讨论，较少关注未成年人案件诉讼程序。未成年人社会调查制度和合适成年人在场制度属未成年人案件特殊程序设计，是保护涉罪未成年人诉讼权利，贯彻"教育、感化、挽救"方针的重要保障。对此，应明确社调报告的法律地位，着力构建社调报告庭审运用的技术化操作模式。并视情节轻重，对合适成年人未在场的行为给予程序惩戒。未成年人年龄认定中既要全面取证，又要合理安排举证顺序、平衡控辩力量、综合认证，以求在具体诉讼程序中将"三个在法庭"的改革要求与未成年人特殊保护原则有机结合，全面、理性地推进庭审实质化改革。

第十六章

环境污染刑事案件证据调查[*]

为进一步强化生态文明建设司法保障、贯彻"环境司法专门化"理念，各地法院纷纷开展环境诉讼"三审合一"改革，通过整合资源对所有涉及环境的案件进行统一的专门化审理，达致审判的专业性、高效化。在环境案件数量不断激增的当下，"三审合一"改革在组建专业审判队伍、提高审判质效，特别是探索环境公益诉讼方面取得了良好成绩。但由于欠缺对"三审合一"的精细化把握，环境三大诉讼案件统一归口管理后，产生了行刑证据衔接不规范问题。且基于环境问题本身所具有的复杂性、专业性、关联性和交叉性等特点，环境监测数据和监测报告证据属性有待明确，环境司法鉴定缺乏有效审查和实质认定，严重影响案件事实审理，亟待厘清思路。笔者拟从环境刑事案件中较为常见的环境污染案件特点出发，探讨案件审理中的证据认定与调查规则，以期消除争议，为促进庭审实质化改革建言献策。

第一节　行、刑证据转化的审查问题

环境污染刑事案件以行政违法为前提，具有行政从属性。通常是行政执法部门在行政处罚中发现案件涉嫌犯罪后移送至公安机关。因此，常出现行政证据向刑事证据的转化。但由于立法及司法解释规定粗疏，实务操作尚不规范。

[*] 本章实证调研部分，得到了四川大学博士研究生赵亮、胡佳，硕士研究生张兵、庄睿的协助，特此致谢。

从表 16-1 所列法律及司法解释可以看出，一方面我国立法对于行政证据向刑事证据转化的种类规定不一，如公安部规定中明列了检验报告，而这在《刑事诉讼法》及司法解释中均未提及。另一方面，行政证据向刑事证据的转化规则极为原则，难以把握。

表 16-1　证据转化法律法规总览

条文	《刑事诉讼法》第 54 条	《刑事诉讼法司法解释》第 75 条	《刑事诉讼规则》第 64 条	《公安规定》第 63 条	《环境污染刑事案件解释》第 12 条
可转化的证据类型	物证、书证、视听资料、电子数据等证据材料	物证、书证、视听资料、电子数据等证据材料	物证、书证、视听资料、电子数据、鉴定意见、勘验、检查笔录	物证、书证、视听资料、电子数据、鉴定意见、勘验笔录、检查笔录等证据材料	环境保护主管部门及其所属监测机构在行政执法过程中收集的监测数据、公安机关单独或者会同环境保护主管部门提取污染样品进行检测获取的数据
转化条件		经法庭查证属实，且收集程序符合有关法律、行政法规规定的，可以作为定案的根据	经人民检察院审查符合法定要求的	经公安机关审查符合法定要求的	

一、证据转化的现实要求及问题

环境污染刑事案件的行政从属性决定了其证据转化的必然性。几乎所有案件都附有环保行政部门移送的证据材料，主要为案件移送函、执法记录、书面说明等执法检查材料。表 16-2 列举了 [2018] 川 0113 刑初 368 号案件中的证据移送情况：

表 16-2 　[2018] 川 0113 刑初 368 号环境保护局移送的相关执法检查资料

①涉嫌环境刑事犯罪案件线索的函、现场排查照片、水质检测报告 证实 2017 年 12 月 8 日由成都市 Q 区环保局初步查明有人在成都市 Q 区羊叉河恶意倾倒废水，经检测水体汞浓度超出国家排放标准 3 倍以上，认为该次环境污染涉嫌刑事犯罪，故请求公安机关介入调查。 ②立案登记审批表 2017 年 12 月 7 日上午 10:30 时，成都市 Q 环保局对祥福镇羊叉河部分河段出现水质异常现场调查后予以行政立案。 ③青环监字 [2017] 第 1066 号检测报告 证实被检测河流多处点位检出锌、铁，怀疑为电镀废水造成的污染。

　　行政证据向刑事证据转化的法理基础在于行政违法与刑事犯罪具有行为表现的统一性和侵犯法益的共同性，证据转化具有审判的经济效益性等，理论界对此研究颇多，此处不再赘言。[1]允许行政证据向刑事证据转化在惩戒犯罪、统一执法尺度方面作用明显，但在庭审实质化改革中也显露出了不少问题。

　　庭审实质化改革最核心、最关键的即为"证据"，强调严格证据的审查、认定与非法证据的排除。由于行政执法具有主动性，刑事司法具有被动性，允许行政证据向刑事证据转化在一定程度上是变相将主动权交给行政机关，容易造成司法权受制于行政权。特别是在上述立法及司法解释尚未精准明确证据转化审查规则的背景下，证据转化会使得本无刑事证据能力的证据进入刑事诉讼程序，与非法证据排除的本意——禁止不具有证据能力的证据材料进入庭审相互矛盾，实有架空非法证据排除规则之嫌。[2]如在 [2018] 川 0182 刑初 537 号判决书中，控方认为对环保局在行政执法过程中所作检测报告取样瑕疵不应以刑事立案后"司法鉴定的取样标准对其苛求"，该检测报告仍具证据效力。

---

　　[1]　黄世斌："行政执法与刑事司法衔接中的证据转化问题初探——基于修正后的《刑事诉讼法》第 52 条第 2 款的思考"，载《中国刑事法杂志》2012 年第 5 期；高通："行政执法与刑事司法衔接中的证据转化——对《刑事诉讼法》（2012 年）第 52 条第 2 款的分析"，载《证据科学》2012 年第 6 期；张晗："行政执法与刑事司法衔接之证据转化制度研究——以《刑事诉讼法》第 52 条第 2 款为切入点"，载《法学杂志》2015 年第 4 期；戴浩飞："行政执法与刑事司法衔接的理性审视"，载《北方法学》2015 年第 5 期。
　　[2]　万毅："证据'转化'规则批判"，载《政治与法律》2011 年第 1 期。

二、对转化证据的审查程序

(一) 查明是否符合证据移送条件

《行政处罚法》第 27 条规定，违法行为涉嫌犯罪的，行政机关应当及时将案件移送司法机关，依法追究刑事责任。行政机关发现查处的行为涉嫌犯罪时，应当将案件及在案证据材料移送至司法机关。移送的证据需要满足三点要求：一是行政机关意欲转化的证据需要具有关联性、客观性和真实性的基本特征，能够证明案件事实。二是该证据形式应当符合刑事诉讼法的证据形式要求，符合刑事诉讼法八大证据种类之一。三是该证据必须经行政法定程序取得。此外。法律及司法解释还对移送的证据材料范围予以具体界定。《环境保护行政执法与刑事司法衔接工作办法》第 6 条规定，环保部门向公安机关移送涉嫌环境犯罪案件时，应当附带移送案件移送书、案件调查报告、涉案物品清单、监测、检验报告等七大类，对于已经作出行政处罚决定的，还应当附行政处罚决定书。其中，还具体规定了各类材料应当包括哪些内容，是否需要加盖公章等。[1] 由于环境犯罪的行政从属性强，相关行政执法与刑事司法的衔接规范较为细致、完善，对其他类型案件的证据转化具有参考和借鉴意义。

(二) 严格证据转化审查

1. 不同的证据转化方式

主观性较强的证据，如证人证言等言词证据，来源于自然人的言词陈述，受证据收集的方式、取证人的主观认识和外界环境的影响较大，原则上应当由刑事司法机关重新收集、制作。若出现被取证人死亡或其他无法取证情形，

---

〔1〕《环境保护行政执法与刑事司法衔接工作办法》第 6 条第 2 款、第 3 款："环保部门向公安机关移送涉嫌环境犯罪案件时，应当附下列材料：（一）案件移送书，载明移送机关名称、涉嫌犯罪罪名及主要依据、案件主办人及联系方式等。案件移送书应当附移送材料清单，并加盖移送机关公章。（二）案件调查报告，载明案件来源、查获情况、犯罪嫌疑人基本情况、涉嫌犯罪的事实、证据和法律依据、处理建议和法律依据等。（三）现场检查（勘察）笔录、调查询问笔录、现场勘验图、采样记录单等。（四）涉案物品清单，载明已查封、扣押等采取行政强制措施的涉案物品名称、数量、特征、存放地等事项，并附采取行政强制措施、现场笔录等表明涉案物品来源的相关材料。（五）现场照片或者录音录像资料及清单，载明需证明的事实对象、拍摄人、拍摄时间、拍摄地点等。（六）监测、检验报告、突发环境事件调查报告、认定意见。（七）其他有关涉嫌犯罪的材料。对环境违法行为已经作出行政处罚决定的，还应当附行政处罚决定书。"

司法机关只有在该份证据涉及基本案件事实或关键争议焦点，且与在案其他证据相互印证的前提下才能将其作为刑事证据予以使用。客观稳定性较强的证据，如物证、书证、勘验笔录等，受主观因素影响极小，并不会因为取证主体或取证方法而改变自身属性。行政执法对实物证据的取证程序和方式与刑事侦查取证程序和方式基本一致，故行政实物类证据无须刑事司法机关重新收集、提取，只需要进行形式上的合法性审查即可，如程序是否合法。[1]

2. 瑕疵证据的补正或合理解释

《刑事诉讼法》第 56 条、《排非规程》第 3 条规定了我国瑕疵证据补正和解释规则，即侦查人员收集物证、书证不符合法定程序的，经补正或者合理解释可以承认其证据能力。这体现了我国"实体真实优先"的诉讼理念。行刑证据转化中大量使用的便是物证、书证等实物证据，当其收集存在瑕疵时，也应当适用刑事诉讼的证据补正和合理解释规则，[2]如办案人员或当事人没有在行政执法相关记录上签字或者盖章的。但是，对于行政执法和查办案件人员借助于补正瑕疵证据而伪造证据，尤其是"倒签时间""无中生有地增加行政执法或者办案人员与见证人"等弄虚作假的所谓补正，法庭审理中应予以绝对排除。[3]

3. 落实办案人员出庭作证制度

庭审实质化的改革重点之一即在于提高人证出庭作证率，做到"应出尽出"。证据转化涉及行政执法与刑事司法的衔接，极易出现取证程序漏洞，证据的审查认定难度更大。贯彻"人证贯通主义"，[4]有利于揭示矛盾，揭穿谎言，辨别真伪。根据《刑事诉讼法》第 59 条之规定，侦查人员出庭意在"说明情况"。这一方面是出于效率考虑的技术处理，侦查人员多为一线办案民警，案件任务重。若规定为一般证人，则受证人强制出庭义务之限，既可能影响日常工作的开展，又可能因实际不能而致使立法目的落空。另一方面是保护人身安全和维护职业尊严的考量，侦查人员的职业决定着其特殊性，

---

〔1〕 张晗："行政执法与刑事司法衔接之证据转化制度研究——以《刑事诉讼法》第 52 条第 2 款为切入点"，载《法学杂志》2015 年第 4 期。

〔2〕 李清宇："行政证据在刑事诉讼中的应用疑难问题研究"，载《青海社会科学》2015 年第 4 期。

〔3〕 郭泰和："行政证据与刑事证据的程序衔接问题研究——《刑事诉讼法》（2012 年）第 52 条第 2 款的思考"，载《证据科学》2012 年第 6 期。

〔4〕 龙宗智："刑事庭审中的人证调查（中）——证人等人证调查"，载《中国律师》2018 年第 8 期。

"说明情况"代表着法庭发问应当注意方式方法。侦查人员的庭审地位是由其庭审中的权利义务决定的。侦查人员出庭就案件信息和证据合法性作证，是提供案件证据信息。即使具有身份特殊性，也应为证人。最高人民法院出台的《法庭调查规程》也规定对侦查人员的发问，参照适用证人的有关规定。这也表明虽然侦查人员相比普通证人具有特殊性，但亦符合证人作证的基本规律和规范要求。当控辩双方对行政证据的合法性存有争议时，人民法院也应当通知行政执法人员或者办案人员出庭，以对行政证据的合法性作必要说明解释。

（三）加强证据转化的指导监督

除明确证据转化的条件和审查规则外，应加强对证据转化的监督。一方面应当规范案件移送，构建行政机关与司法机关的工作交流机制。如原国家食品药品监督管理局、公安部《关于做好打击制售假劣药品违法犯罪行政执法与刑事司法衔接工作的通知》规定，行政部门发现相关药品生产、经营企业和医疗机构涉嫌犯罪的，应当及时移送公安机关，公安机关应当积极调查，及时侦破。公安机关在依法查处制售假劣药品涉嫌犯罪行为时，相关行政部门应当积极配合。类似的工作机制还有《环境保护行政执法与刑事司法衔接工作办法》、国家工商行政管理总局（现为国家市场监督管理总局）、公安部、最高人民检察院《关于加强工商行政执法与刑事司法衔接配合工作若干问题的意见》等。通过涉嫌犯罪案件的及时报告，使公安机关提前介入对案件的侦办，指导取证，形成公安机关与行政机关互相制约和监督的良性互动，促进取证合法化。另一方面要强化检察机关对联合执法证据的审查监督。联合执法中行政证据的收集与刑事证据的收集，证据收集与证据转化具有一体性。检察机关应严格排除"假借行政调查之名行刑事侦查之实"的取证行为。从调查手段、调查目的等方面综合决定所获证据能否作为刑事证据使用。此外，检察机关应通过检察建议、发出纠正违法通知等方式纠正行政机关故意遗漏、拒绝移送案件证据材料的行为和公安机关应重新收集而未重新收集证据的违法证据转化行为，并根据情节轻重给予惩戒，如适用非法证据排除规则。对相关负责人违法乱纪、徇私舞弊的行为，还应加强与监察机关的协调配合，加强责任追究和惩戒。

第二节 环境监测的证据属性及其调查

环境监测是环境科学和环境工程的一个重要组成部分，是在环境分析的基础上发展起来的一门学科。它是运用各种分析、测试手段，对影响环境质量的代表值进行测定，取得反映环境质量或环境污染程度的各种数据的过程。主要目的在于运用监测数据表示环境质量受损程度，探讨污染的起因和变化趋势，[1]以此确立环境控制的整体管理方案。因此，在环境保护工作中，环境监测常被比喻为"耳目"。根据环境监测的职能，其可以被分为两类：行政职能性监测（监督性监测）、社会服务性监测（服务性监测）。[2]前者的主体主要是县级以上环境保护部门设置的监测机构，后者则包括提供有偿监测服务的具有相应监测资质的社会监测机构。

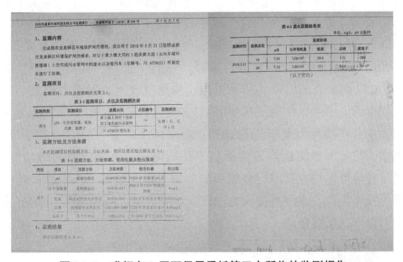

图 16-1　成都市 L 区环保局委托第三方所作的监测报告

在环境污染刑事案件中，环境监测数据与环境监测报告常常相伴出现。但两者是有区别的：环境监测报告是指按照规定的环境监测技术规范，对环境监测活动中取得的环境监测数据进行汇总、分析和评价，以此形成的对各

---

〔1〕　崔树军主编：《环境监测》（第 2 版），中国环境出版社 2014 年版，第 1~2 页。
〔2〕　唐忠辉："论环境损害赔偿中的强制监测义务"，载《政治与法律》2009 年第 12 期。

环节要素状况的评估和预测的文字材料。[1]可见，环境监测数据是环境监测报告的基础，环境监测报告是对环境监测数据分析的结果。前者表现为具体的监测数据，后者则是汇总、评估的材料。两者对于了解环境污染情况、确定污染源及预测污染发展趋势至关重要。当前对于环境监测的研究多从环境监测法或环境法角度出发，以完善监测方法、制定监测标准等技术性问题为落脚点，在刑事诉讼法领域中涉及较少。要想在审理环境污染刑事案件中使用环境监测数据及监测报告，首先面临的是其是否属于刑事证据、属于何类证据类型以及应当适用何种证据审查认定规则。

一、监测数据的证据属性

2013 年《环境污染刑事案件解释》第 11 条第 2 款规定："县级以上环境保护部门及其所属监测机构出具的监测数据，经省级以上环境保护部门认可的，可以作为证据使用。"此种认可程序一直饱受争议，一方面是由于上下级环保部门属领导关系，认可只是形式审查，且所需时间长、效率低下。另一方面是随着环境刑事案件的增多，繁冗复杂的认可程序不再符合实践需求。因此，2016 年《环境污染刑事案件解释》进行了修订。其第 12 条第 1 款规定："环境保护主管部门及其所属监测机构在行政执法过程中收集的监测数据，在刑事诉讼中可以作为证据使用。"该款明确了环境监测数据无须转化或重新取证，可直接作为刑事诉讼证据，力图解决环境污染犯罪的取证难题。在实践中，第三方监测机构虽然不属于环境保护主管部门所属的监测机构，但只要是在环境保护主管部门或者所属监测机构的主持下从事相关监测活动或者提供技术支持，也应当被认为符合该解释第 12 条第 1 款之规定，在刑事诉讼中可以作为证据使用。

二、监测报告的证据属性

参与起草 2016 年《环境污染刑事案件解释》的法官在其文章中提出，关于该解释第 12 条第 1 款，第三方监测机构虽不属于环保主管部门所属的监测机构，但只要在环保主管部门或所属监测机构的主持下从事及相关监测活动或提供技术支持，以环保主管部门或所属监测机构名义作出的监测报告，也

---

〔1〕《环境监测管理条例（意见征求稿）》第 75 条，但并未出现在正式文件中。

应当认为符合第 12 条第 1 款之规定，在刑事诉讼中可以作为证据使用。[1] 2019 年 2 月 20 日，最高人民法院、最高人民检察院、公安部、司法部、生态环境部印发的《纪要》[2] 第 15 点明确规定："……地方生态环境部门及其所属监测机构委托第三方监测机构出具的监测报告，地方生态环境部门及其所属监测机构在行政执法过程中予以采用的，其实质属于《环境解释》第十二条规定的'环境保护主管部门及其所属监测机构在行政执法过程中收集的监测数据'，在刑事诉讼中可以作为证据使用。"这将官方生态环境部门委托的第三方监测机构出具的报告等同于环境监测数据，虽是以座谈会纪要的体例发布，但在司法实务中效力等同于司法解释，因而环境监测报告（特别是第三方出具的）属于刑事证据。

三、监测数据及监测报告的证据归类

（1）监测数据应属于物证。理由在于：①从证据表现形式来看，虽然监测数据通常以书面形式呈现，但是以其存在状态、物质属性证明案件事实，具有物证特性。这与书证以文字、符号或图画等证明不同。②从证据内容来看，环境监测数据通常涉及环境专业术语，一般人需要借助专门的技术手段才能理解，符合物证对科学技术的依赖性，与书证表达和记载的内容易被理解不同。③从证据获取方式来看，环境监测对监测仪器科学性和灵敏度的要求远高于监测工作人员。甚至可以说，甲、乙或其他符合要求的某一监测工作人员用同一监测仪器监测出来的数据并不会有大的差异，这恰巧表明了监测数据的客观性较强，符合物证客观性较强，具有"哑巴证据"特性。④从证据证明范围来看，物证的一大缺陷就在于证明范围的狭窄性，即一个物证通常只能证明案件的某个环节，其内的与案件事实的关联性需要由人加以解释。环境监测数据反映的是特定时期内某地区的环境质量及污染程度，在环境污染刑事案件中用以证明污染结果。环境污染犯罪案件的办理，需要确认污染源、污染结果以及因果关系等构成要件事实。监测数据只是证明环境污染犯罪行为的局部事实。

---

〔1〕　周加海、喻海松："《关于办理环境污染刑事案件适用法律若干问题的解释》的理解与适用"，载《人民司法（应用）》2017 年第 28 期。

〔2〕　即《关于办理环境污染刑事案件有关问题座谈会纪要》。

（2）监测报告应被视为鉴定意见。《纪要》将第三方监测报告纳入刑事证据范畴，并不意味着以此定义监测报告证据种类（事实上，某项证据材料属于何种证据常常为实践所忽略）。监测报告与监测数据之本质不同在于监测报告往往带有主观成分，如监测报告中会出现"测出有疑似化工染色助染剂原料苯甲酸甲酯"等猜测性、意见性表述。环境监测数据为物证，环境监测报告是对环境监测数据的技术性分析，应被视为鉴定意见。根据刑事诉讼理论，鉴定意见的特征可被归结为科学性、诉讼性、主观性与客观性四大特性的统一。[1]环境监测报告作为环境保护部门依据法定职责出具的关于相关环境的报告，是该环境专家对案件中的环境专门性问题所出具的专门性意见，用以证明环境污染是否造成等案件事实，符合鉴定意见的四大特性。如此，在庭审实质化改革中，当控辩双方对环境监测报告有异议时，可以请求环境监测员出席法庭接受询问，实现质证有效性。结合上文论述，环境监测数据为物证，环境监测报告是对环境监测数据的技术性分析，当然应被视为鉴定意见。反之，如果将监测报告视为书证：一是既不符合书证来源于案件发生过程中的特性，也无法体现监测报告的专业化特征。二是与鉴定意见鉴定人承担出庭义务不同，书证制作人一般无须出庭，无法实现对报告内容的实质审查。在"陈某、李某甲污染环境案"一审中，法院就将淄博市博山区环境监测站出具的博环（监）字2013年第028号监测报告纳入了鉴定意见范畴。[2]在"靳某镇污染环境案"一审中，法院也将涉案的武环鉴字2014年第052号监测报告纳入了鉴定意见范畴。[3]

四、环境监测数据及报告的调查

环境监测数据及环境监测报告既然属于刑事证据范畴，则符合刑事证据一般的审查认定规则，在法庭上审查其"三性"（真实性、关联性和合法性）、"两力"（证据能力和证明力），听取控辩双方意见自不待言。笔者主要讨论环境监测数据及报告在证据调查中所具有的特殊性问题，调查中值得注意以下几个方面：

---

〔1〕 苏青："鉴定意见概念之比较与界定"，载《法律科学（西北政法大学学报）》2016年第1期。
〔2〕 ［2014］博刑初字第42号刑事判决书。
〔3〕 ［2015］武刑初字第6号刑事判决书。

（1）取证主体的合法性。监测人员是否符合国家及省级环境监测人员持证上岗考核实施办法之规定，通过考核持有上岗合格证。并且，不论是生态环境部门及其下属监测机构出具的，还是社会第三方经委托出具的，其实验室应符合《实验室资质认定评审准则》等要求。在监测报告中，还应盖有机构"检验检测专用章"及"CMA 认证"。[1]

（2）监测方法的科学性。除了须满足刑事证据之取证合法性要求，适用非法证据排除规则外，还要满足环境科学之技术要求，如监测方法、标准和规范要求，以及数据的留痕性。包括但不限于：①报告内容应体现"人员、机器、物料、方法、环境"五要素的质量保证措施；[2]②监测应当符合国家采集环境数据的相关标准和技术规范；③采样点位布设的位置正确，符合相应技术规范，如采集水样应按规范要求在现场添加固定剂。[3]

（3）监测数据的真实性。实践中常常出现篡改、干预、伪造监测数据的情况，导致数据失真。故在证据运用中应注重监测数据真实性的审查判定。国家曾出台《环境监测数据弄虚作假行为判定及处理办法》，其第 4 条至第 6 条列举了篡改、伪造数据以及指使篡改、伪造数据的多种情形，法庭在审查时可以参考适用。

（4）调查样品的同一性。即通过了解样品运输和保存情况确保样品与案件所涉物质的同一性。在这一点上需要尤为注意，因为样品的同一性是环境监测的根本基础，否则监测内容将无从谈起。实践中，控辩双方常常对此争议较大。笔者从调研所搜集的［2018］川 0113 刑初 368 号案件的庭审笔录得知，辩护方提出检测报告与监测报告中样本重金属含量出现数百倍差异，认为样品不具有同一性。控方对此补充出示一份水样采集与交接记录，最终得

---

〔1〕　CMA 是"China Metrology Accreditation"的缩写，中文含义为"中国计量认证"。它是根据《中华人民共和国计量法》的规定，由省级以上人民政府计量行政部门对检测机构的检测能力及可靠性进行的一种全面的认证及评价。拥有此章即表明该机构已经通过了国家认证认可监督管理委员会或各省、自治区、直辖市人民政府质量技术监督部门的计量认证。笔者在实地调研时从审理环境刑事案件的一线法官处得知，一般只要盖有 CMA 章即推定具有真实性和可靠性，法律依据在于《环境行政处罚办法》第 35 条监测报告必须载明的事项规定。甚至在实务的一部分环境司法鉴定中，即使鉴定机构未在鉴定机构名录中，只要加盖了 CMA 章，在经审查认定后都可作为定罪量刑的依据。

〔2〕　夏京等："从司法证据角度谈环境监测报告的规范性研究"，载《环境科学与管理》2015 年第 5 期。

〔3〕　沈丽娟："执法环境监测数据的有效性审核要点"，载《环境监控与预警》2018 年第 6 期。

以认定采集样品与原件的同一性。因此，在存有争议时，样品采集的过程性材料应当予以出示并听取控辩双方意见。

（5）必要时人证应当出庭作证。尽管上文提及了环境监测数据及报告调查中的几个重要方面，但不得不承认的是，限于专业知识壁垒和审判压力，法官只会对其进行形式而非实质审查。辩方限于证据搜集能力的局限性，即使提出针对性质证意见，也会因缺乏具体依据而无法得到法院支持，致使质证虚化、有效性不高。对此，笔者认为，确有一定的现实因素限制，但可以以人证出庭为重要抓手，提高审查高效化和质证有效性。在存有争议时，通过参与监测的侦查人员和环保部门工作人员，以及有专门知识的人出庭予以解决。这既符合人证"应出尽出"的以审判为中心的庭审实质化改革要求，也能从上述人员的询问或相互对质中厘清案件专门性问题，减轻法官的专业知识负担，查明事实真相。

第三节　环境污染损害司法鉴定的调查

环境污染损害是指环境污染事故和事件造成的各类损害。环境损害司法鉴定，是指在司法案件中，鉴定人运用环境科学技术或专门知识，采用监测、检测、现场勘察、实验模拟或综合分析等专业技术方法，对环境污染或者破坏生态的诉讼涉及的专门性问题进行鉴别和判断，并提供鉴定意见的活动。[1]环境污染损害司法鉴定为广义的司法鉴定范畴，适用司法鉴定意见审查、鉴定人出庭等一般规定。但与普通司法鉴定不同的是，环境污染损害司法鉴定能对诉讼中的因果关系进行评定，并可采非法定鉴定机构之非鉴定人出具的检验报告认定专门性问题。

一、环境损害鉴定事项之范围

2015 年司法部、原环境保护部联合出台的《关于规范环境损害司法鉴定管理工作的通知》第 2 条鉴定事项提到，环境诉讼中需要解决的专门性问题包括：①确定污染物的性质；②确定生态环境遭受损害的性质、范围和程度；③评定

---

〔1〕　司法部、原环境保护部联合出台的《关于规范环境损害司法鉴定管理工作的通知》第 2 条。

因果关系；[1]④评定污染治理与运行成本以及防止损害扩大、修复生态环境的措施或方案等。从语义上看，第三项"评定因果关系"更倾向于法律判断而非事实认定，且法律上的因果关系与事实上或科学上的因果关系并不等同，将其纳入鉴定事项似有篡夺法官法律审判权之嫌。这主要是因为环境污染损害中污染源和污染结果复杂多样，污染发生的作用原因复杂，科学机理较强。绝大多数法官在缺乏专业环境鉴定的支撑下无法作出正确的法律判断，因而将因果关系鉴定纳入环境污染损害司法鉴定事项乃是现实需要。

在"魏某、姜某污染环境案"中，[2]魏某的辩护人辩称："倾倒行为与损害之间的因果关系并未查清，也就无法查清环境污染造成的损失。"一审法院在判决时认为，公诉机关并未提交证据证实倾倒的废酸与龙泉水务有限公司设备损坏之间是否具有因果关系，因而支持了辩护人的该辩护意见。对比之下，在"盛某等人污染环境案"中，[3]江苏省环境科学学会对涉案环境污染损害作出技术鉴定，并由鉴定人出庭说明情况，对环境污染损害评估的方法及结论进行了详细解释。出具的《淮安市淮阴非法倾倒废事件环境污染损害技术鉴定报告》补充说明了倾倒行为与损害结果的因果关系，有力地反驳了辩护意见。

可见，因果关系为各环境污染损害刑事案件中的重点问题，因果关系鉴定并非对案件审判盖棺定论，而是作为科学证据以证明案件事实，形成和增强法官心证，真正的法律判断权仍全然掌握在法官手中。与此相似的还有医疗损害司法鉴定中医疗过错行为与损害结果之间的因果关系鉴定。

二、环境检验报告的庭审运用及调查

2013 年《环境污染刑事案件解释》第 11 条第 1 款规定："对案件所涉的环境污染专门性问题难以确定的，由司法鉴定机构出具鉴定意见，或者由国务院环境保护部门指定的机构出具检验报告。"实行环境污染刑事案件中鉴定意见与检验报告并用，主要是考虑到当时具有环境污染鉴定资质的机构较少、

---

〔1〕《环境损害鉴定评估推荐方法》（第Ⅱ版）第 7 条确定了因果关系判定的内容及方法，包括环境暴露与环境损害间的因果关系判定和环境污染物从源到受体的暴露路径的建立与验证两部分，并针对这两大因果关系判定内容确立了不同的原则。

〔2〕［2015］岱刑初字第 80 号刑事判决书。

〔3〕［2014］淮中环刑终字第 0003 号刑事裁定书。

费用昂贵，难以满足办案实践需求。作为应对，该解释还规定，可以指定不具有环境污染司法鉴定资质的机构出具检验报告，可以说，由此形成的是司法鉴定和检验体制从多元化局面向规范管理的一种过渡状态。[1]从证明力来看，无论是鉴定意见还是检验报告，都是证明案件事实的证据材料，不能因为鉴定意见与检验报告的形式区别，当然采纳鉴定意见而忽略检验报告的意见，而是应当在进行实质审查后决定是否采纳。[2]由此可知，2013年的司法解释规定"检验报告"，只是受限于司法鉴定资质要求的不得已之举。[3]而实际上，从语义解释及立法目的出发，第11条中的检验报告的功能与作用与鉴定意见类同，甚或可看作"准鉴定意见"。2016年，该解释修订后第14条规定，对于环境污染专门性问题出具的鉴定意见或报告，应结合其他证据作出认定。将"检验报告"改为"报告"，加之"应结合其他证据作出认定"，使表意更加不明，并未解决环境监测报告证据类型的认定困惑。笔者认为，考虑到检验报告特定的立法背景及在案件中的具体作用，对检验报告的性质及证据功能应当作出更为明确的规定。《刑事诉讼法司法解释》第100条对检验报告的证据适用作出了规定，即要求参照鉴定意见，审查判断检验报告的真实性、关联性和合法性，对检验机构和检验人员的资质、检验对象的有关情况、检验过程的科学性、检验报告的形式等进行综合判断，经查证属实的，才能作为证据使用。经人民法院通知，出具报告的人拒不出庭作证的，有关报告不得作为定案的根据。

第四节　完善"有专门知识的人"出庭制度

上文所论均涉及人证出庭问题，鉴于环境污染案件的专业特性和文章篇幅，此部分将详述有专门知识的人出庭相关制度构建。之所以认为有专门知

---

〔1〕 胡云腾主编：《最高人民法院 最高人民检察院环境污染刑事司法解释理解与适用［解释·案例·文书］》，人民法院出版社2014年版，第91~95页。

〔2〕 胡云腾主编：《最高人民法院 最高人民检察院环境污染刑事司法解释理解与适用［解释·案例·文书］》，人民法院出版社2014年版，第95页。

〔3〕 据官方统计，截至2019年1月底，全国经省级司法行政机关审核登记的环境损害司法鉴定机构达109家，鉴定人有2000余名，基本实现省域全覆盖，环境损害司法鉴定的供给能力大大提升，为打击环境违法犯罪提供了有力支撑。既然当前环境损害司法鉴定已能基本满足实践需求，未来修法时是否可将"检验报告"这一用语删掉，值得思考。

识的人出庭问题值得单列论述，一是有专门知识的人是人证中较为特殊的群体，具有超过普通人的专业知识、业务能力和技术水平；二是在我国公权力主导庭审，司法鉴定缺乏制约的审判结构下，有专门知识的人出庭是准确认定案件专门性问题、强化鉴定意见审查的重要手段；三是从我国刑事诉讼权利配置角度来看，辩护方无权启动司法鉴定程序，只能申请补充鉴定或重新鉴定，且在很大程度上会被司法机关以缺乏必要性驳回。有专门知识的人出庭制度具有保障控辩平等、提高辩护有效性的关键作用。［2019］豫 0581 刑初 499 号"沈某涉嫌污染环境案"直观地体现了有专门知识的人出庭发挥的强大作用。该案中经被告人及辩护人申请，江苏省环境科学学会的首席专家贺某作为证人出庭，对案件中检测公司资质、取样过程、采样要求、认定危险废物的量等提供了当庭证言。法官经审查后采纳专家意见，认为被告人沈某违法提供危险废物的量为 51.90 吨，而非控方指控的 381.43 吨，因而未达环境污染之"后果特别严重"情节。由此可见，在环境污染刑事案件中，专门性问题的认定直接关系罪与非罪、罪轻罪重，相关制度构建的重要性不容小觑。

一、有专门知识的人的法庭功能

就笔者理解，从《刑事诉讼法》第 197 条及其司法解释的规定来看，有专门知识的人出庭可以"就鉴定人作出的鉴定意见提出意见"，又需"适用鉴定人的有关规定"，既是质证人员，又是作证人员。[1]这导致实务操作中存在一些疑惑：有专门知识的人出庭可以就哪些问题发表意见？对此，笔者认为，就质证范围而言，有专门知识的人仅能就鉴定意见提出质疑，不得另下结论。[2]有专门知识的人出庭应依照《刑事诉讼法司法解释》第 97 条和第 98 条之规定对鉴定意见进行质证。一些学者主张有专门知识的人出庭可以就案件涉及的专门问题提供独立证明意见，在实务中也出现了个别实务案例，这是不妥当的。一方面，从意见的科学性角度来看，有专门知识的人通过庭前阅卷或者当庭依据书面材料形成自身观点，乃以"二手书面"材料为基础，欠缺可靠性。特别是在环境污染案件中，鉴定人需要采集样本后在实验室利

---

［1］　龙宗智："刑事庭审中的人证调查（中）——证人等人证调查"，载《中国律师》2018 年第 8 期。

［2］　刘玫、韩瀚："刑事诉讼中'有专门知识的人'的诉讼地位、证据效力及质证范围"，载《中国政法大学学报》2016 年第 2 期。

用各类专业仪器检测形成意见。有专门知识的人既提出对鉴定人之鉴定程序、方法或结果的质疑，又依据鉴定意见的基础材料信息，仅凭肉眼和专业推测另下结论，实无可信度可言。另一方面，从有专门知识的人的意见效力来看，其只能发挥对鉴定意见的"弹劾"作用。即使其在对鉴定意见进行质疑过程中不免提及个人观点或科学推测，亦不能发挥独立证明作用，而只是揭露鉴定意见存有不当之处。法庭应在综合全案证据后，决定补充鉴定或重新鉴定，甚至作出"存疑有利于被告人"的判决。最高人民检察院出台的《关于指派、聘请有专门知识的人参与办案若干问题的规定（试行）》佐证了笔者的观点，在征求意见时有专家和单位建议将该规定第 10 条明确为"就案件涉及的专门问题"提出意见，但立法者认为这"已超越现行法律规定"，故正式文本中仍遵循《刑事诉讼法》第 197 条之规定。[1]然而，不得不关注的是，实务案例涉及的专业性问题类型各异，以鉴定意见框定有专门知识的人的作证范围，不仅会造成对"非典型鉴定意见"无法质证，而且也不利于全面查明案件专门性问题。对此，已有一些有益探索。如上述《关于指派、聘请有专门知识的人参与办案若干问题的规定（试行）》第 14 条第（五）项规定"需要指派、聘请有专门知识的人的其他办案活动"，进行柔性处理。又如，在全国首例同居关系涉家暴重大刑事案件中，家庭暴力问题研究专家出庭并非对鉴定意见或某个具体问题提出意见，而是对家暴的特点规律、家暴是否也包括同居关系等提供专业意见供法庭参考。此案中，专家出庭意见并非"弹劾作用"，而是协助法庭查明案情。

二、有专门知识的人出庭作证的调查规则

根据《刑事诉讼法司法解释》第 260 条、《法庭调查规程》第 12 条至第 27 条的规定，有专门知识的人出庭作证规则参照适用证人的有关规定，即先向法庭陈述意见，然后先由举证方发问，发问完毕后，对方发问。根据案件审理需要，也可由申请方发问。控辩双方在发问完毕后可以发表质证意见，如有新的问题，经审判长准许，可以再行向有专门知识的人发问。审判人员认为必要时，可以询问有专门知识的人。细化来说，有专门知识的人出庭作

---

[1] 赵志刚等："《关于指派、聘请有专门知识的人参与办案若干问题的规定（试行）》理解与适用"，载《人民检察》2018 年第 10 期。

证规则可分为两种情形：一是鉴定人出庭。在此情形下，鉴定人出庭一般早于有专门知识的人出庭，故法庭应侧重于关注有专门知识的人的意见及有专门知识的人与鉴定人的相互发问。有专门知识的人陈述意见后，经法庭许可，可以询问鉴定人，就鉴定意见进行说明、提出意见。随后控辩双方及审判人员可以按上述规则对有专门知识的人发问。最后，鉴定人可向有专门知识的人发问。二是无鉴定人出庭。无鉴定人出庭情形缺乏鉴定人与有专门知识的人的"交锋"，故与一般证人出庭规则无异。还需提及的是，控辩双方发问完毕后发表质证意见时，有专门知识的人是否应退庭以减少顾虑呢？如上文提及，有专门知识的人具有超过常人的专业技能和技术水平，质证意见的发表不会对其造成打击或刺激。[1]相反，允许有专门知识的人当庭听取控辩双方质证意见，还有利于其更好地把握案件事实争议焦点，从而增强发问和回答的针对性，更具效率。

---

〔1〕 龙宗智："刑事庭审中的人证调查（中）——证人等人证调查"，载《中国律师》2018 年第 8 期。

第十七章

知识产权刑事案件证据
调查*

知识产权刑事保护是知识产权保护的最后一道防线，在规范市场秩序，激发发明创造和文化创作方面发挥了重要作用。随着现代化传播技术的发展，近年来侵犯知识产权犯罪案件的基数大，并呈快速增长趋势。据检索，仅2016年到2019年4年间审结的侵犯知识产权犯罪案件数量已是2001年至2015年的1.18倍。近三年间，每年审结案件数约4000件。其中，假冒注册商标罪案件占比最高。由于侵犯知识产权刑事案件涉案物证数量多、真假混杂，限于司法资源的有限性，具有抽样取证的必要性。但当前法律对抽样规则规定得过于原则，对抽样笔录的制作语焉不详，带来了实务操作难题。此外，知识产权刑事案件中存有大量复杂的技术性、专业性问题需要查明，对司法鉴定具有一定的依赖性，但"需鉴定事项"的范围、鉴定意见的审查认定规则等还需进一步厘清。下文将简要从知识产权抽样取证规则和司法鉴定难题两部分着手，对相关原则、范围、规则等进行论述，希望对规范知识产权案件办理，提高庭审证据调查质效有所帮助。

第一节　抽样取证规则的运用及其证据调查

侵犯知识产权刑事案件办理中，因涉案物证数量大且物证中"有真有

---

　　* 本章实证调研部分，得到了四川大学博士研究生宋东、胡佳，硕士研究生欧阳辰虹、尹莲富的协助，特此致谢。

假"，限于侦查资源的有限性，无法将所有物证移送或者进行鉴定，只能抽取一部分样本进行移送和鉴定。如［2017］粤03刑终2714号"朱某某等假冒注册商标、销售假冒注册商标的商品、侵犯知识产权案"中，公安机关总共当场缴获320箱假冒百威啤酒、65箱假冒青岛啤酒、36箱假冒小麦啤酒、60箱半成品假冒百威啤酒及28 600枚涉案啤酒瓶盖等，公安机关显然无法将查获并扣押的啤酒全部送去检验或鉴定，只能进行抽样。最高人民法院、最高人民检察院、公安部印发的《意见》第3条规定了公安机关可以根据工作需要进行抽样，明确授予公安机关抽样取证的权力。但是，对于在什么情况下可以抽样、如何进行抽样、抽多少才能达到刑事证明标准，司法解释仍一片空白。根据笔者调研，成都市人民检察院某分院曾有一知识产权刑事案件，涉案硬盘有16个，然而公安机关抽样时随意选取样本，只抽取了其中1个硬盘进行鉴定，后移送审查起诉至人民检察院，人民检察院认为16件硬盘中只抽取1件进行鉴定，不足以证明案件事实，遂将案件退回公安机关补充侦查。此案暴露出了各机关对抽样取证使用条件、抽样程序和抽样方法的理解分歧，可能造成"出入人罪"。

实务中抽样取证的法庭调查还面临抽样笔录制作任意性强，相关内容缺乏统一，无规范性文件供参考，导致无法展现抽样过程及其科学性，影响证据认定等问题。明确抽样取证运用规则已迫在眉睫。对此，笔者建议从以下四个方面予以完善。

一、坚持抽样取证的三大基本原则

抽样取证是在刑事诉讼审限及"证明资源有限性"背景下，针对基数较大的物证的一种取证方法和证明方法。它与传统刑事取证方法和证明方法不同，只提取具有代表性的样本物证进行移送或鉴定，以证明涉案之全部物证的属性，暗含着刑事诉讼中事实推定的证明理念。因此，只有在坚持刑事诉讼基本证据规则的前提下，在特定情形中才能适用抽样取证。

（1）抽样取证应当坚持罪刑法定原则。抽样取证可以用于证明被告人的犯罪行为，并可以结合证人证言等其他在案证据推断被告人的主观状态，但不得以抽样取证推定犯罪构成要件及量刑标准，防止错案。在知识产权案件中，许多犯罪均是以犯罪金额为入罪标准和量刑标准的。如《刑法》第214

条规定的销售假冒注册商标的商品罪等类型犯罪,[1]刑法及司法解释作出了明确的金额和数量规定,意味着不论侦查机关与公诉机关面临多大的取证困难,都应当对于金额、数量等予以证明,达到证据确实充分程度,以此方能完成证明任务,否则无法给被告人定罪或适用相应法定量刑。

(2)抽样取证应当坚持必要性原则。抽样取证虽然能节约证明成本,但实际上是以案件实体真实为代价的,通过经验法则进行的高度盖然性推定可能存在例外,因此应当严格适用。对此,有学者指出抽样取证应当满足物证数量较大且具有同质性,确实存在证明困难无法用其他方法解决的适用条件。[2]笔者十分赞同。上文提到的重庆抽样取证案例显然不符合"物证数量较大"的前提,公安机关适用抽样取证并随机抽取 1 件进行鉴定,实有"偷懒"之嫌。同样的还有〔2017〕川 1502 刑初 17 号烟草局对扣押的涉嫌为假烟的"硬玉溪"41 条、"软玉溪"3 条、"硬中华"6 条、"大重九"7 条各抽取 1条送检,这样的抽样显然无法满足"确实存在证明困难无法用其他方法解决"的适用条件。

(3)抽样取证应当坚持科学性原则。抽样取证是刑事诉讼依据统计学原理确定的取证方法,除需要满足刑事诉讼规则外,还应运用统计学意义上的规范抽样方式,确保抽样过程和抽样方法的科学性,保证抽样结果的精确性。

综上,法庭调查中对不符合上述三原则的抽样取证结果,应视情节只予以部分认定或不予认定。[3]根据我国公检法三机关"相互配合、相互制约、相互监督"的关系和司法现状,各机关及办案人员可以通过专项座谈、联席会议等形式加强审前沟通,明确刑事抽样的边界,以形成统一认识。

二、明确抽样取证的审查规则

司法解释并未明确提及抽样取证的证据能力。而抽样取证所得证据主要是样本物证和鉴定意见。要使这些证据获得证据能力,不仅需要符合普通刑

---

〔1〕 销售假冒注册商标商品罪的入罪标准为:违法所得数额较大或者有其他严重情节的,处 3年以下有期徒刑,并处或单处罚金;违法所得数额巨大或者有其他特别严重情节的,处 3 年以上 10 年以下有期徒刑。根据相应解释,"数额较大"是指销售金额 5 万元以上,"销售数额巨大"是指销售金额在 25 万元以上。

〔2〕 万毅、纵博:"论刑事诉讼中的抽样取证",载《江苏行政学院学报》2014 年第 4 期。

〔3〕 部分认定的情况如正文中所指缺乏必要性的抽样。对于此类情况,审理者应只认定抽样送检部分,而不予认定未抽样送检部分。当然,还需满足抽样审查规则。

事证据的特性要求以及不违反证据排除规则，还应符合专门规范抽样所得证据的证据规则。人民法院、人民检察院在审查案件时也应当按照以下规则对抽样取证所获取的证据进行审查认定。

（1）样本必须符合抽样取证要求，否则缺乏抽样取证的合理性基础。即物证数量大且总体具有同质性。例如，被告人既有假冒注册商标商品若干，又生产伪劣产品若干，这些商品混合在一起，是无法进行抽样的。因为，"同质性是确保发现总体规律的基础"，[1]这些货物混合在一起，已缺乏同质性，不得直接进行抽样。侦查机关在侦查过程中应当注意保证物证保管链条的完整性。检察机关应当依据搜查笔录、扣押笔录等证据对物证数量大、物证总体具有同质性承担证明责任。被告人也可对此提出异议。

（2）抽样取证应当确保抽样方法的科学性。这与上文所述抽样取证的科学性原则是一脉相承的。只有抽样方法不具有偏见或倾向性，所得样本数量足够且具有整体代表性，才能反映物证总体的真实属性。否则抽样取证所得证据没有证据能力。具体的抽样方法应当根据物证特征进行选择。如在销售假冒注册商标的商品罪中，被告人真假参半进行销售，若真假商品之间有明显差异，可以直接识别的话，应当采用抽签法、随机数表法、等距抽样等方法保证抽样的随机性和代表性。[2]若被告人销售的假冒注册商标商品已经达到以假乱真程度，用肉眼根本无法辨别，则可以采用简单随机抽样中的直接抽取法进行抽取。至于抽取数量具体量化到多少才能达到证明物证总体性质的程度，《意见》并未明确。在知识产权领域中，学界更关注实体法问题，如入罪标准、"相同商标"概念、"同一商品"概念等。侵犯知识产权案件专门司法解释对抽样取证规定较少且较为原则化，[3]怎么操作似乎变成了难题。

---

〔1〕　万毅、纵博："论刑事诉讼中的抽样取证"，载《江苏行政学院学报》2014年第4期。

〔2〕　万毅、纵博："论刑事诉讼中的抽样取证"，载《江苏行政学院学报》2014年第4期。

〔3〕　2004年最高人民法院、最高人民检察院《关于办理侵犯知识产权刑事案件具体应用法律若干问题的解释》对《刑法》中的"违法所得数额较大""情节严重""以营利为目的"等进行具体化和量化，并未规定抽样取证问题。2007年最高人民法院、最高人民检察院《关于办理侵犯知识产权刑事案件具体应用法律若干问题的解释（二）》对"有其他严重""不适用缓刑情形"等细化规定，也未提及抽样取证问题。2011年最高人民法院、最高人民检察院、公安部印发的《意见》第3条第1款提到抽样取证问题，规定"公安机关在办理侵犯知识产权刑事案件时，可以根据工作需要抽样取证，或者商请同级行政执法部门、有关检验机构协助抽样取证。法律、法规对抽样机构或者抽样方法有规定的，应当委托规定的机构并按照规定方法抽取样品"，同样较为原则化、缺乏可操作性。

笔者调研过程中，有检察官提出，知识产权刑事案件中，抽样取证可以借鉴毒品抽样取证规则。根据《办理毒品犯罪案件毒品提取、扣押、称量、取样和送检程序若干问题的规定》第 25 条之规定，对同一组内 2 个以上包装的毒品，少于 10 个包装的，抽取全部；10 个以上包装且少于 100 个包装的，随机抽取其中 10 个；100 个以上包装的，随机抽取与包装总数的平方根数值最接近的整数个。此外，侵犯公民个人信息刑事案件中对"批量"公民个人信息的数量认定也采用了抽样取证以鉴别信息真假的方法。[1]笔者认为，这些抽样规则都为知识产权实务操作提供了有益参考，但适用于知识产权案件中是否仍具科学性，有待进一步考究。

（3）抽样取证应当遵循程序规范性。"只有规范的取证程序，才能保证收集到确实、充分的合法证据，也才能保证当事人的合法权利。"[2]《意见》第 3 条规定，"法律、法规对抽样机构或者抽样方法有规定的，应当委托规定的机构并按照规定方法抽取样品"。由此，抽样取证可以分为两类：一类是侦查机关自行抽样取证，一类是委托法定机构进行抽样。对于前者，侦查机关应当遵循与物证提取、保管相同的程序规定，如抽样应由 2 人以上进行、应确保抽样过程中物证的同一性等。对于需要送交鉴定的，还应遵循相应鉴定的程序规范。针对后者，则应当依据具体的法律法规进行。如国家出台了《假冒伪劣卷烟鉴别检验管理办法（试行）》《假冒伪劣卷烟鉴别检验规程（试行）》等。

（4）抽样取证需要得出精确的抽样结果。对于刑事诉讼而言，公诉方审查起诉需要达到确实充分、排除合理怀疑的程度。抽样取证虽使用了推定方法，但也应当计算出相对精确的抽样结果，为法官提供具有参考价值的数值或数值区间。且公诉机关需要就样本物证抽样结果与抽样取证最终结果之间的高度盖然性承担证明责任，如此方能有助于法官自由心证，实现法律正义。

---

〔1〕 付玉明："侵犯公民个人信息案件之'批量公民个人信息'的数量认定规则——《关于办理侵犯公民个人信息刑事案件适用法律若干问题的解释》第 11 条第 3 款评析"，载《浙江社会科学》2017 年第 10 期。但文中并未详细阐明批量公民个人信息抽样取证以鉴真的具体规则，可见抽样取证并非是知识产权刑事案件中的特殊问题，而是刑事诉讼中的取证通病。

〔2〕 陈卫东、谢佑平主编：《证据法学》，复旦大学出版社 2005 年版，第 335 页。

三、重视抽样笔录的审查

抽样笔录能够对抽样取证的过程事实发挥证明作用，属理论上"过程证据"概念范畴。[1]具体到知识产权刑事案件的审理过程，审理者可以通过抽样笔录审查认定抽样过程的合法真实性，以及方法和规则的科学性。审理者在法庭调查环节应充分重视笔录的审查，以确保抽样结果的正确采信。

关于抽样取证的笔录制作散见于一些部门规定中，不成体系。《专利行政执法操作指南（试行）》第2.2.4.1条规定，现场检查时，执法人员应当制作现场检查笔录，有抽样取证的，应当将抽样情况记入笔录并制作抽样取证清单，载明抽取样品的名称、数量、规格、型号及保存地点等，一式两联：第一联附卷，第二联交被检查人。即在专利行政执法中，抽样取证笔录分为两种模式：一是单独制作抽样取证笔录和清单；二是笔录作为现场检查笔录的一个组成部分，并制作抽样取证清单。《公安机关执法细则》（第3版）第52-04.3条规定，抽样取证时，应当对抽样取证的现场、被抽取物品及被抽取的样品进行拍照或者对抽样过程进行录像。

结合上述规定，笔者认为：①抽样取证的过程记录是必要的，这是证据合法性和结论真实科学的重要保证；②在记录的表现形式上不应过多限制，只要能够证明抽样的方式、方法、过程和程序等实质内容即可；③在具体操作上，抽样取证笔录应包括抽样笔录和抽样清单两个部分。在抽样笔录中，必须对抽样方式的选择及具体内容进行必要说明。且当前侦查机关信息化水平显著提高，对抽样过程进行全程录音录像较为便捷可行。就抽样清单，《专利行政执法操作指南（试行）》已提供了范本参考，内容包括被抽样取证物品名称、规格型号、数量、单价、保存地点等，被取证人和案件承办人签章。这虽然服务于民事侵权纠纷，但民事侵权具有转化为刑事案件的可能，且民事抽样取证与刑事抽样取证具有相通性，故可相互借鉴。相关部门也可以通过修订司法解释等形式，确立制作抽样取证笔录的刚性要求。并可以如《专利行政执法操作指南（试行）》一样，刊印"知识产权刑事案件抽样取证笔录"的文书表格，确定抽样笔录的必要组成部分，以提高笔录制作的规范性，供各地执法机关结合本地实际参照执行。

---

[1] 陈瑞华："论刑事诉讼中的过程证据"，载《法商研究》2015年第1期。

专利侵权纠纷案件抽样取证清单

案号：

案由							
被取证人	姓名或者名称			法定代表人（负责人）			
	住所			电话			
序号	被抽样取证物品名称		规格型号	数量	单价	保存地点	备注

被取证人（签章）：_____
　　　　年____月____日

案件承办人（签章）：_____
　　　　年____月____日

案件承办人（签章）：_____
　　　　年____月____日

备注：

注：本抽样取证清单一式两份，一份交被取证人，一份由知识产权局保存。

四、必要时抽样取证相关主体出庭作证

如前所述，抽样取证的方法和程序往往决定了抽样结果的准确性，因而庭审中调查抽样取证的结果，必须反溯抽样的过程和方法。而目前能够反映抽样过程和方法的唯一证据形式是抽样笔录，庭审调查的重点往往会放在对抽样笔录的调查之上。然而，上述传统操作模式其实是存在一定问题的：其一，抽样笔录虽然能够客观反映抽样过程和方法，但对于为何选用抽样取证、为何采用抽签法而不使用随机数表法等偏主观的事实内容，显然无法通过抽样笔录来证明，但这些事实对于判断抽样取证的合法性来说又是非常重要的依据；其二，抽样笔录系案发后由执法人员人工制作的证据，这种人工制作的证据，首先面临着自身如何"验真"的问题。正是基于上述原因，在庭审中对抽样取证进行调查时，必要时应当通知制作抽样笔录之人、实施抽样取证行为之人等相关主体出庭作证，并接受对方的询问、质证。

第二节　知识产权鉴定意见的调查问题

司法鉴定的主要任务，是解决诉讼中依靠一般经验法则难以回答的专门性问题并提供作为证据的鉴定意见，针对的是当事人确有争议且对案件裁判有影响的专门性事实问题。因知识产权刑事案件审判专业性强，通常需要司法鉴定以证明案件基本事实。因为"事实问题"与"法律问题"的区分一直是法学研究的重点难题。纯粹的"事实问题"或"法律问题"当然存在，但"法律向下滋生进事实的根部，而事实持续不断地向上延伸进法律"。[1]而更为复杂的是，这两个方面存在一定程度的交融性，尤其是在裁判心理形成过程中可能融为一体，在性质上有时难以区别，在裁判形成时间上也往往难以区分先后。或者说，认定事实本身就可能包含对该事实的法律评价，从而形成所谓"要件事实"，即与法律评价相结合的自然事实或客观事实。[2]不过，在一般情况下，二者仍然可以做一个大致的区分。因而，在审理知识产权刑事案件时，法院应当注意审查哪些事项是应当通过鉴定予以确认的，哪些事项是不能通过鉴定予以确认的，进而谨慎认定针对不能鉴定事项开展鉴定的证据材料的证明力。

一、知识产权司法鉴定的范围

知识产权司法鉴定，是指运用相关学科专业的基本原理、专门知识、技术方法和执业经验，对诉讼案件及相关纠纷中涉及知识产权争议的事实问题进行鉴别并提出判断意见的活动。[3]2011年最高人民法院、最高人民检察院、公安部印发的《意见》第3条第2款、第3款规定，对于办理侵犯知识产权刑事案件中需鉴定的事项，公检法应当委托国家认可的有鉴定资质的机构进行鉴定，并听取权利人、犯罪嫌疑人、被告人对鉴定结论的意见，可以要求鉴定机构作出相应说明。但该条并未明确"需鉴定事项"之范畴。

正如上文所提及的，认定事实和适用法律是知识产权案件审判的两项基

---

〔1〕　Dichinson，"Administrative Justice and the Supremacy of Law"，in Ray A. Brown，"Fact And Law in Judicial Review"，*56 Harvard Law Review*，904（1943）.

〔2〕　陈杭平："论'事实问题'与'法律问题'的区分"，载《中外法学》2011年第2期。

〔3〕　霍宪丹主编：《司法鉴定学》，北京大学出版社2014年版，第394页。

本任务。适用法律是法官的职责，只有法官难以认定的专业技术事实问题，才可以委托鉴定。各地人民法院曾试图通过地方知识产权诉讼技术鉴定规则等明晰"事实问题"与"法律问题"的界限，[1]虽有利于区域内知识产权鉴定的规范化，但地方性的局限又使得其收效甚微。笔者认为，意欲明确哪些事项为"需鉴定事项"，首要是确立一个普遍适用的判断标准，具体包括第一层级"事实问题"与"法律问题"的区分，第二层级"事实问题"中普通事实与专门性、技术性问题的区分。针对第一层级，学界探索出了两种方法。一是以该问题是否重复出现、是否影响广泛作为区分标准。如甲在自产商品上使用的商标是否为注册商品，只具有个案意义。尤其是在我国非判例法制度下，此判断对他案并无广泛影响。故为事实问题。二是根据待定事实的结论是否随法律规定而变化来区分事实问题与法律问题。[2]如是否属于商业秘密固然也会受到《知识产权法》对商业秘密的定义影响，但更多地在于技术性认定。并不存在完全不受法律影响的司法事实。第二层级的区分标准则较为简单，取决于一般理性人是否能够理解、分析该事实，若答案是否定的，则为专业性事实。如专利犯罪中对专利的同一性认定。

据此，常见的知识产权司法鉴定有如下几类：

（1）"同一性"鉴定：包括专利权中被诉侵权产品或方法的技术特征与专利的必要技术特征的相同或等同分析；商标权中被诉侵权商标与注册商标是否相同或近似，足以造成消费者混淆误认或误购；著作权中被诉侵权作品与已取得著作权的作品是否相同或实质相同。如在"罗某某侵犯著作权案"中（［2016］粤0305刑初228号），上海硅知识产权交易中心有限公司司法鉴定所将案涉软件与被侵害软件进行统一性比对，发现共计13万个数据信息位置中只有4位数据不同，相似度为99.998%，这就是对著作权进行的同一性鉴定。

（2）商业秘密鉴定：商业秘密是否构成"不为公众所知悉"的非公知

---

〔1〕 如江苏省高级人民法院在2001年10月出台了《知识产权诉讼案件技术鉴定规则》。该规则明确人民法院在下列专门性技术范围内委托鉴定：①权利人的技术与公知技术对比是否实质上相同；②被诉侵权的技术与权利人的技术是否实质上相同；③技术开发失败或部分失败，是否因为无法克服的技术困难；④专利侵权案件中，被诉侵权的产品或方法的技术特征是否与专利必要技术特征相同或等同；⑤技术转让合同标的是否完整、无误、有效；⑥其他需要鉴定事项。上海市高级人民法院曾发布《关于知识产权民事诉讼中涉及司法鉴定若干问题的解答》，提到专利侵权诉讼中的鉴定范围。

〔2〕 石必胜："知识产权诉讼中的鉴定范围"，载《人民司法》2013年第11期。

性、"能为权利人带来经济效益"的价值性以及"经权利人采取保密措施"的保密性。

（3）数额鉴定："非法经营数额"中侵权产品没有标价或者无法查清其实际销售价格的，按照被侵权产品的市场中间价格计算。如在"张某侵犯商业秘密案"中，对其销售产品的平均单位销售单价和利润进行会计鉴定，用以确定该案犯罪情节是否属"给商业秘密的权利人造成重大损失"。

还有一种特殊情形，实践中被侵权主体常常会出具对涉诉侵权产品的"鉴定意见书"，如在"邵某某等人销售非法制造的注册商标标识案"中，佳能公司授权佳能（中国）有限公司对涉案的佳能商标标识进行鉴定。结果均为假冒佳能公司名称、地址及注册商标的假冒产品。鉴定数量共计 43 918 个。[1]笔者认为，在一般情况下，被侵权主体并无司法鉴定资格，是以"鉴定意见书"之外观表现"被害人陈述"之实质，应当认定为被害人陈述。

二、知识产权司法鉴定的庭审调查

对于知识产权司法鉴定的庭审调查，实践中应当重点关注以下要素或事项：

（1）调查鉴定事项的适用与鉴定机构和鉴定人的资质。委托鉴定事项只能是专业技术性问题，而非法律问题，否则将造成审判权"旁落"，损害审判合法性与正当性。人民法院应当基于法律或在法律缺位情况下基于鉴定事项判断标准：首先，应判断该鉴定事项是否为"需鉴定事项"。其次，我国知识产权的司法鉴定，要求鉴定机构和鉴定人必须具备相应职业资格和执业资格，实行鉴定人名册管理制度。人民法院应当对资质进行审查。

（2）调查鉴定实施程序的科学性。正当的鉴定程序是鉴定意见合法性和权威性的重要保障。人民法院应当注意审查鉴定程序的启动、鉴定机构的选定等。

（3）调查鉴定方法、鉴定意见的逻辑推理。知识产权司法鉴定具有主观性，为防止鉴定人恣意妄为，司法鉴定需要依据一定的鉴定技术和标准，这也是鉴定意见客观真实的重要保证。人民法院应审查鉴定所依据的技术标准、鉴定方法是否准确。如一些鉴定机构在对商业秘密中的"秘密性"进行鉴定

---

〔1〕 ［2017］川 0132 刑初 34 号。

时，针对委托技术信息在国家知识产权局进行检索形成的检索报告作出鉴定意见。实则是将商业秘密的"秘密性"等同于专利的"新颖性"，[1]忽视了一项技术在一国公开发表，而在另一国仍可能"不为公众所知悉"，应当受到商业秘密的保护。如此"检索"式的鉴定方法缺乏科学性依据，背离了商业秘密的根本定性，混淆了案件事实。对于此类意见，人民法院应当不予采信。此外，人民法院也应当审查司法鉴定文书逻辑推理的合法性和规范性。

（4）鉴定人和有专门知识的人出庭作证。从本质上说，知识产权鉴定意见属于言词证据的一种，对其最好的审查方式就是人证出庭，即鉴定人出庭制度，这也是庭审实质化的重点内容。《法庭调查规程》相比于《刑事诉讼法》，增加了法院依职权通知鉴定人出庭情形，细化规定了鉴定人出庭后的发问顺序、审查内容等。但鉴定人不敢、不愿、不想或消极出庭的情形仍普遍存在，严重影响了鉴定意见质证的实质化和高效性，仍待进一步完善落实。

三、知识产权司法鉴定审查的配套制度建设

（1）统一立法体系。目前，我国尚无关于知识产权司法鉴定的专门司法解释或规范性文件，建议借鉴环境污染损害司法鉴定相关解释，整合当前司法鉴定的实践经验，加快制定《知识产权司法鉴定条例》。对知识产权司法鉴定的鉴定资质、鉴定的具体事项、鉴定的具体方法、违法鉴定的惩戒后果等予以规定，使知识产权司法鉴定逐步规范化。

（2）完善鉴定人出庭制度。一是增加不出庭的制裁措施。对于鉴定人无正当理由拒绝出庭的情形，除不将该鉴定意见作为定案依据外，还应增加对鉴定人和鉴定机构的程序性或实体性制裁措施，最好纳入鉴定人管理的考核评价系统中。[2]二是落实专家证人出庭制度。通过利用专家证人的专业知识和技巧对案情进行剖析，对鉴定意见提出意见和质疑，使"专家证人出庭常态化"，以形成专家证人与鉴定人之间的有效制约与抗衡，确保鉴定意见的科

---

〔1〕 邓恒："商业秘密司法鉴定之实践检讨"，载《知识产权》2015年第5期。

〔2〕 对此，《鉴定人出庭作证规定（征求意见稿）》第25条规定："对于无正当理由拒不出庭作证的鉴定人，人民法院应当通报司法行政部门或者有关组织。司法行政部门负责调查处理。由省级人民政府司法行政部门对无正当理由拒不出庭作证的鉴定人，予以警告，责令改正；给予停止从事司法鉴定业务三个月以上一年以下的处罚；情节严重的，撤销登记。人民法院可以暂停委托鉴定人或者鉴定机构，从事人民法院的司法鉴定业务。"

学性和质证的实质化。这能够在一定程度上减少重复鉴定的发生，节约诉讼资源，提高审判工作效率。三是重视鉴定人与专家证人出庭的配套制度建设，如人身安全保护措施、补偿费用的支付等。

（3）完善知识产权司法鉴定管理体系。全国人民代表大会常务委员会《关于司法鉴定管理问题的决定》第2条未明确将知识产权司法鉴定纳入登记管理范围，造成了知识产权准入无序、监督薄弱的尴尬局面。[1]根据司法鉴定体制改革趋势，构建全国统一的司法鉴定鉴定管理体系势在必行，有必要对知识产权司法鉴定类的鉴定人和鉴定机构实行登记管理制度，实现"统一的鉴定主管部门和适用范围；统一的准入管理；统一的执业活动监督管理；统一的职业伦理要求和技术标准体系；统一的违规处罚管理和统一的管理规范要求"。[2]实践中，已有部分省份根据辖区实际情况制定了专门的司法鉴定条例，并将除传统法医类鉴定、物证类鉴定、声像资料鉴定以外的其他鉴定事项纳入登记管理范围。如2019年1月1日实施的《辽宁省司法鉴定条例》第3条，将环境损害司法鉴定纳入了司法鉴定管理体系。由此看来，对知识产权司法鉴定进行统一、有效的管理并非遥不可及。

结　语

在以审判为中心的庭审实质化改革背景下，知识产权刑事案件的数量特殊性和专业技术性是查明案件事实的关键，也是知识产权刑事诉讼现实困境的源头。对此，应当严格坚持抽样取证中的罪刑法定原则、必要性原则和科学性原则，寻求保护被告人合法权利和追求办案效率的关键平衡点。庭审中还应重视对抽样笔录的审查认定，严格把握抽样取证的各程序环节，确保抽样取证的科学性和精确性。在知识产权司法鉴定方面，应以是否重复出现、是否影响广泛、是否为一般理性人所理解的标准来界定鉴定事项，并以加强鉴定人出庭和鉴定管理体系为重要抓手，促进鉴定意见的审查认定。

---

〔1〕　全国人民代表大会常务委员会《关于司法鉴定管理问题的决定》第2条："国家对从事下列司法鉴定业务的鉴定人和鉴定机构实行登记管理制度：（一）法医类鉴定；（二）物证类鉴定；（三）声像资料鉴定；（四）根据诉讼需要由国务院司法行政部门商最高人民法院、最高人民检察院确定的其他应当对鉴定人和鉴定机构实行登记管理的鉴定事项。法律对前款规定事项的鉴定人和鉴定机构的管理另有规定的，从其规定。"

〔2〕　王平荣："重塑我国知识产权司法鉴定制度的建议"，载《中国司法鉴定》2008年第1期。

第十八章

被告人缺席审判的法庭调查

　　2018 年《刑事诉讼法》在"特别程序"一编中增加了"缺席审判"一章，这标志着我国缺席审判制度已基本确立。然而，从该章规定的内容看，缺席审判似为被告人的一项义务，"权利性"不足则已成为我国缺席审判制度的基本特征。综观域外缺席审判制度理论和立法例，可以发现缺席审判既是被告人的义务，也是被告人的权利。[1]事实上，缺席审判是对被告人诉讼权利的克减，诸如辩护权、对质权等，只有被告人到庭"在场"方可实施。从此意义上讲，缺席审判只能是审判制度的一种例外，我国刑事诉讼法的体例安排是最好的明证。"在刑事诉讼中，只有少数情形下得为缺席判决。此乃为真实发现及为被告之利益着想之故，因为法院如未亲自加以讯问，即无法完成一公正之判决，而被告人缺席时，即无法做最完善的辩护。"[2]域外虽然普遍赋予被告人以沉默权，但仍要求其到庭。被告人直接到庭，通常是审判程序合法进行的前提。被告人有到场权，而法官或检察官经被告人的到庭，才能获得对被告人的直接印象。就适用严格证明的审判程序而言，被告人到庭

──────────

　　〔1〕　在审判日出庭是被告人的权利，原则上，被告人不出庭，不得开庭进行诉讼程序。但是，被告人不行使其"权利"，相反，采取不出庭态度的时候，就出现了出庭义务的问题。参见［日］松尾浩也：《日本刑事诉讼法》（上卷），丁相顺译，中国人民大学出版社 2005 年版，第 247 页。在场，既是被告人的权利，也是被告人的义务；在审判期日，除少数的特别规定，如许用代理人之轻罪案件及得不待被告人到庭陈述径行审判者之外，被告人不到庭者不得审判，否则即属判决当然违背法令。参见林钰雄：《刑事诉讼法》，中国人民大学出版社 2005 年版，第 133 页。

　　〔2〕　［德］克劳思·罗科信：《刑事诉讼法》（第 24 版），吴丽琪译，法律出版社 2003 年版，第 403 页。

尤为重要。被告人到庭无论陈述与否，都不能否定其对质权利和义务，而到庭是对质的前提。[1]尽管《刑事诉讼法》修改初步建立了该项制度，为实践操作提供了法律依据。但是，制度不完善的问题仍相当突出：①完全的缺席审判制度种类不完整，遗漏了重要的缺席审判种类，例如轻罪案件和未成年人犯罪案件。这与前述的"权利性"不足有关。②不完全的缺席审判制度阙如。对于司法实践中共同犯罪案件的审判、被告人因扰乱法庭秩序被驱逐出庭后审判的进行、庭审实质化背景下"人证"因被告人在场而作证不能或产生恐惧心理等情形，均未作出相应规定，导致实践操作无章可循。③被告人因"缺席"而应给予的程序"补偿"和权利"救济"未能得到体现，亦即被告人缺席下法庭调查如何展开，则是一个新课题。如前所述，缺席审判只能是一种例外，在很多情况下是价值权衡的结果，因此在制度设计上应当注意缺席审判是一种不得已的选择，以将对被告人诉讼权利的损害降至最低为原则。因此，在被告人不能亲自到场的情形下，对于轻罪案件和未成年人犯罪案件，应允许被告人选任代理人或由其法定代理人代为陈述和回答问题；对于在不完全的缺席审判情形下被告人的知情权、辩解辩护权和最后陈述权等权利应予以保障，法庭不仅应履行告知义务，还应当认真倾听，做到"兼听则明"。我国的缺席审判制度虽然体现了"以被告人为中心"的理念，尤其是在反腐败国际追赃追逃案件中体现得比较鲜明，但是即便是刑事诉讼法已经规定的被告人因失去受审能力和被告人死亡的案件，法庭调查如何展开也语焉不详。在不完全的缺席审判中，作为常见情形的被告人因扰乱法庭程序被驱逐出庭后的缺席审判程序如何进行问题，并没有得到关注。上述问题不能不说是我国缺席审判制度的一个缺憾。基于前述分析，笔者拟对缺席审判制度进行类别区分，分别论述完全的缺席审判和不完全的缺席审判适用的具体情形及其理由，在此基础上提出不同的程序"补偿"和权利"救济"方式以及法庭调查程序。

第一节　完全的缺席审判制度之完善

我国《刑事诉讼法》规定了四种情形的缺席审判：一是贪污贿赂犯罪案

---

[1] 林钰雄：《刑事诉讼法》，中国人民大学出版社 2005 年版，第 134 页。

件；二是需要及时进行审判，经最高人民检察院核准的严重危害国家安全犯罪、恐怖活动犯罪，犯罪嫌疑人、被告人在境外的案件；三是被告人患有严重疾病无法出庭，中止审理超过 6 个月，被告人仍无法出庭且符合法定条件的案件；四是已经进入诉讼程序，被告人死亡，但有证据证明被告人无罪的，以及按照审判监督程序重新审判的，被告人死亡的案件。从上述情形可以看出，我国刑事诉讼法规定的缺席审判是一种被告人完全缺席的审判，笔者将其称为"完全的缺席审判"。通过上述情形，我国初步构建起了缺席审判制度。不可否认的是，我国缺席审判制度建立的初衷是适应反腐败国际追赃追逃的需要，这是与域外制度的最大区别。虽然缺席审判制度也兼顾了其他情形，但是从排序和条文数量即可看出，其仍是以前者为中心，附带解决其他情形的缺席审判问题。尽管如此，我国的缺席审判种类并不周延，例如域外普遍确立的轻罪案件和未成年人犯罪案件在我国并未规定为可以缺席审判的案件种类，这可能导致司法资源的浪费，也难以适应司法办案的需要。以下笔者将分析这两类案件纳入缺席审判的必要性。

一、轻罪案件

随着我国社会治理成效的显现和刑法的历次修改，我国犯罪结构发生了显著变化，其中大案要案和恶性暴力犯罪案件呈下降趋势，而法院可能判处 3 年以下有期徒刑的案件则呈上升趋势，并且已占法院判处案件总量的大多数。尤其是随着认罪认罚从宽制度的实施，适用速裁程序审理的判处 3 年以下有期徒刑案件大量涌入法院，给司法审判带来较大压力。

为此，可以考虑将适用速裁程序审理的部分案件，如可能判处有期徒刑 1 年以下的适用速裁程序审理的案件，纳入缺席审判的案件范围。理由如下：①适用速裁程序审理的案件，由于一般不再进行法庭调查和法庭辩论，庭审时间大大缩短，很多法院数分钟内即审结一个案件，庭审对查明案件事实的意义并不大，被告人出庭似乎仅是确认认罪认罚具结书的真实性和作最后陈述。庭审，对被告人而言更多的具有一种象征意义。②解除部分被告人的路途奔波之苦。认罪认罚案件中的被告人大多并未被采取羁押措施，不仅出庭受审增加其心理负担，而且往返于法院的路途奔波损耗其时间和金钱，徒增其压力。若允许缺席审判，此类负担即可解除，体现了对其权利的人文关怀和司法保障。③适用速裁程序审理的案件，被告人在庭审前已经认罪认罚并签署认罪认罚具结书，被告人在庭审中的辩护动因大大降低，辩护空间也不大。如果能够保障认罪认罚具结书签署的自愿性、真实性和明智性，被告人出庭与否意义不大。认罪认罚从宽案件，在审查起诉阶段已经提前决定了其在审判阶段的命运。④可以节约司法成本，提高审判效率。对于那些羁押在看守所的被告人，法院不必提出带入法庭，可以降低诉讼成本，同时安排庭审时间也较为灵活，庭审效率由此得以提高。⑤3 年有期徒刑是轻罪与重罪的分水岭，这既是司法实践中的传统做法，也便于操作。例如，《刑法》规定判处 3 年以下有期徒刑的，才可以考虑宣告缓刑。⑥域外普遍建立了轻罪案件缺席审判制度。例如，《美国联邦刑事诉讼规则和证据规则》第 43 条（c）项规定："被控犯罪的法定刑是罚金或者一年以下监禁或者两者并处，经被告人书面同意，法庭可以允许传讯、答辩、课刑在被告人缺席的情况下进行。"[1]《德国刑事诉讼法》第 232 条规定："对被告人已经依法传唤，并在传票中已经指明可以在其缺席情况下进行法庭审理时，如果预期仅单处或并处一百八十日以下日额罚金、保留处刑的警告、禁止驾驶、收缴、没收、销毁或废弃，可以进行被告人缺席的法庭审理。"[2]《日本刑事诉讼法》第 285 条第 2 款规定："相当于最高刑期为 3 年以下的惩役或者超过 50 万元罚金的案件的被告人，除在开头程序和宣告判决时在场外，在其他审理程序中有免除到庭的义务。"[3]根据《俄罗斯联邦刑事诉讼法》第 247 条第 4 款之规定，在轻罪或中等严重的犯罪案件中，如果受审人申请缺席审理他的案件，则允许在受审人不出庭时进行法庭审理。[4]按照《法国刑事诉讼法》的规定，即使违警罪或轻罪被告人"不到庭"，仍然可以受到"对席审判"。[5]《韩国刑事诉讼法》第 277 条规定："对于应科以一百万韩元以下罚金或罚款，或者明显属于作出驳回公诉或免诉裁判的案件，不要求被告人到庭。但被告人可以使代理人到庭。"[6]

〔1〕　卞建林译：《美国联邦刑事诉讼规则和证据规则》，中国政法大学出版社 1996 年版，第 84 页。

〔2〕　宗玉琨译注：《德国刑事诉讼法典》，知识产权出版社 2013 年版，第 189 页。

〔3〕　宋英辉：《日本刑事诉讼法》，中国政法大学出版社 2000 年版，第 65 页。

〔4〕　黄道秀译：《俄罗斯联邦刑事诉讼法典》（新版），中国人民公安大学出版社 2006 年版，第 223 页。

〔5〕　[法]贝尔纳·布洛克：《法国刑事诉讼法》，罗结珍译，中国政法大学出版社 2009 年版，第 523 页。

〔6〕　马相哲译：《韩国刑事诉讼法》，中国政法大学出版社 2004 年版，第 81 页。

二、未成年人犯罪案件

与成年人相比，未成年人的认知能力受限，且受审能力较低，这也是我国刑事诉讼法规定未成年人受审时应有合适成年人在场的原因。例如，我国《刑事诉讼法》第281条规定，对于未成年人刑事案件，在讯问和审判的时候，应当通知未成年犯罪嫌疑人、被告人的法定代理人到场。我国《刑事诉讼法》于2012年修改时在特别程序一编增加未成年人刑事案件诉讼程序一章，体现了对未成年人的特别保护，但这种保护不够彻底，其中之一便是没有将出庭受审作为一项权利赋予未成年人。事实上，即使按照现有的程序，未成年被告人出庭受审，也是由其法定代理人代为行使诉讼权利。例如，我国《刑事诉讼法》第281条规定，"到场的法定代理人可以代为行使未成年犯罪嫌疑人、被告人的诉讼权利"。由于法定代理人参与了前期的侦查讯问程序，对案情有一定了解，面对指控其代为陈述和辩解辩护具有一定的优势。既然其法定代理人出庭代为行使诉讼权利更有利于保护未成年被告人的利益，那么就没有必要强制未成年被告人出庭。另外，赋予未成年被告人缺席审判的权利，既体现了对未成年人的保护，也彰显了我国司法的人文关怀。

第二节　不完全的缺席审判制度之完善

也许立法者认为，缺席审判只是完全的缺席审判，或者是认为立法应当"分步走"，先规定完全的缺席审判，待下次《刑事诉讼法》修改时再对不完全的缺席审判进行规定。然而，不完全的缺席审判，有的在司法实践中早已存在，需要立法予以确认；有的在司法审判中经常发生，需要在制度层面作出应对；有的需要进行改善，以适应以审判为中心的刑事诉讼制度改革的需要。

一、共同犯罪案件

为了防止各被告人串供，共同犯罪案件中对被告人的讯问、发问都分别进行，这已经成为司法惯例。这样一种调查方式，并不影响案件事实的查明，且于"法"有据。[1]因为，各被告人被指控的犯罪均是一个相对独立的单元，当对其中一人进行法庭调查时，其他被告人不应在场，不仅是为了防止串供，更是基于必要性的考虑。仅当各被告人对共同参与的犯罪事实供述不一致，而有对质必要时，才会传唤其他被告人在场，以方便对质的进行。这种做法，有其实践合理性。但是，我国刑事诉讼法并未将其视为缺席审判方式予以规定。在笔者看来，这是一种不完全的缺席审判方式。域外刑事诉讼法对此均有所规定。例如，《德国刑事诉讼法》第231条c规定："对数名被告人进行法庭审理时，法院可依申请，裁定准予个别被告人，不参加不涉及他们的个别审理部分。裁定中应当写明准许不参加审理的部分。"[2]如果于共同被告人不在场下继续进行的审判程序内容仅局限在某一问题上，而该问题与被告无关时，则得将被告人隔离之而进行缺席审判。[3]

二、被告人因扰乱法庭秩序被驱逐出庭

2016年修改的《法庭规则》在对被告人等诉讼参与人违反法庭纪律的处罚上采取"谦抑原则"，[4]但是随着"审辩冲突"的加剧，被告人因扰乱法庭秩序而被驱逐出庭的事例不断增多。2012年《刑事诉讼法司法解释》仅对作为诉讼参与人的被告人因扰乱法庭秩序被驱逐出庭作出规定，[5]但是被告人离开法庭后庭审能否继续进行以及如何进行尚无相应的规定。根据域外的立法

---

〔1〕《刑事诉讼法司法解释》第243条："讯问同案审理的被告人，应当分别进行。"

〔2〕宗玉琨译注：《德国刑事诉讼法典》，知识产权出版社2013年版，第189页。

〔3〕［德］克劳思·罗科信：《刑事诉讼法》（第24版），吴丽琪译，法律出版社2003年版，第408页。

〔4〕《法庭规则》第19条第1款："审判长或独任审判员对违反法庭纪律的人员应当予以警告；对不听警告的，予以训诫；对训诫无效的，责令其退出法庭；对拒不退出法庭的，指令司法警察将其强行带出法庭。"

〔5〕2012年《刑事诉讼法司法解释》（已失效）第250条："法庭审理过程中，诉讼参与人或者旁听人员扰乱法庭秩序的，审判长应当按照下列情形分别处理：（一）情节较轻的，应当警告制止并进行训诫；（二）不听制止的，可以指令法警强行带出法庭；（三）情节严重的，报经院长批准后，可以对行为人处一千元以下的罚款或者十五日以下的拘留；（四）未经许可录音、录像、摄影或者通过邮件、博客、微博客等方式传播庭审情况的，可以暂扣存储介质或者相关设备。诉讼参与人、旁听人员对罚款、拘留的决定不服的，可以直接向上一级人民法院申请复议，也可以通过决定罚款、拘留的人民法院向上一级人民法院申请复议。通过决定罚款、拘留的人民法院申请复议的，该人民法院应当自收到复议申请之日起三日内，将复议申请、罚款或者拘留决定书和有关事实、证据材料一并报上一级人民法院复议。复议期间，不停止决定的执行。"

例，此种情形亦被作为缺席审判的情形之一予以明确。首先，在被告人扰乱法庭秩序而被带出法庭的场合，庭审仍然可以继续进行。例如，《美国联邦刑事诉讼规则和证据规则》第43条规定："被告人在法庭警告扰乱法庭将会被逐出法庭后，仍坚持其行为以至被押出法庭。此时应视为放弃到庭的权利，庭审仍可继续进行。"[1]《德国刑事诉讼法》第231条b规定："被告人因违反秩序行为被带离审庭或拘留时，如果法院认为其无必要继续出席，且其出席可能有严重妨碍法庭审理进程之虞，则可以在其缺席情况下进行审理。在任何情形中，都应当给予被告人就公诉陈述的机会。"[2]《法国刑事诉讼法》第322条规定："如被告人扰乱法庭秩序，审判长得命令将其驱逐出审判庭。被告人被驱逐出庭后交公共力量看守，直至庭审结束，以听候法庭处理。"[3]《俄罗斯联邦刑事诉讼法》第258条第3款规定："受审人扰乱审判庭秩序的，可以勒令退出审判庭，直至控辩双方辩论结束。但在这种情况下他仍然有权进行最后陈述。"[4]目前，司法实践中对被告人因扰乱法庭秩序被带离法庭时间的长短做法不一。笔者认为，俄罗斯的"直至庭审结束"，时间太长，不利于被告人辩护权的实现。立法上宜作出授权性规定，由各法院根据被告人在庭外的悔过情况以及重返法庭后的继续扰乱庭审秩序之虞，斟酌裁量。一般应保障被告人的最后陈述权。因为，即便是适用速裁程序审理的认罪认罚案件，也保留了被告人的最后陈述权。[5]关于被告人被驱逐出庭后的法庭调查问题，笔者将在下文进行分析。为了合于法律规定，也为了保障律师积极履行代理职责，如由辩护律师担任代理人，被告人应签署并提出授权委托书于律师和法院。因为，代理职能毕竟不同于辩护职能，辩护律师在案件事实问题上并不具有明显的优势。

---

〔1〕 卞建林译：《美国联邦刑事诉讼规则和证据规则》，中国政法大学出版社1996年版，第84页。

〔2〕 宗玉琨译注：《德国刑事诉讼法典》，知识产权出版社2013年版，第189页。

〔3〕 罗结珍译：《法国刑事诉讼法典》，中国法制出版社2006年版，第240页。

〔4〕 黄道秀译：《俄罗斯联邦刑事诉讼法典》（新版），中国人民公安大学出版社2006年版，第228页。

〔5〕 《刑事诉讼法》第224条第1款："适用速裁程序审理案件，不受本章第一节规定的送达期限的限制，一般不进行法庭调查、法庭辩论，但在判决宣告前应当听取辩护人的意见和被告人的最后陈述意见。"

三、人证作证时被告人不宜在场的情况

以审判为中心的刑事诉讼制度改革正在如火如荼地推进，庭审实质化作为该项改革的题中应有之义，要求证人、鉴定人、侦查人员和有专门知识的人等人证出庭。但是，人证出庭既不是让法庭看起来热闹，也不是为了完成考核指标，而是为了使法官形成准确的心证，从而正确认定案件事实，防止误判的发生。但是，当被告人在场会妨碍这一目标实现时，可以在缺席情况下让人证出庭作证。对此，《日本刑事诉讼法》第 304 条之二规定："法院在询问证人时，认为证人在被告人面前会受到压迫而不能充分供述的，以有辩护人在场时为限，可以在听取检察官和辩护人意见后，在该证人供述时，使被告人退庭。在此场合，当供述完毕后，应当使被告人入庭，告知其证言的要旨，并向他提供询问该证人的机会。"〔1〕《德国刑事诉讼法》第 247 条规定："如果在被告人在场的情况下，共同被告人或证人在询问时将有不说出真相之虞，法院可以命令被告人在此询问期间离开审庭。如果在被告人在场情况下询问未满十八周岁的证人，对该证人身心有重大不利之虞，或者如果在被告人在场情况下询问其他证人，对该证人健康构成严重不利的急迫危险，此同样适用。"《韩国刑事诉讼法》第 297 条第 1 款规定："裁判长认为证人及鉴定人在被告人及任何在庭人面前不能充分陈述时，可以使其退庭陈述。认为被告人在其他被告人面前不能充分陈述时，也同样。"〔2〕

从各地试点来看，职务犯罪案件基本不被纳入庭审实质化的范围，除了担心被告人翻供会增加指控犯罪的难度外，一个很重要的原因就是人证出庭作证问题比较棘手。例如，在贿赂犯罪案件中，让行贿人作为证人，指证原来帮助过自己的领导确实有点"强人所难"。为将该类案件纳入庭审实质化的范围，从而使以审判为中心的刑事诉讼制度改革走向深入，解决之道在于当行贿人出庭作证时不要面对被告人，将被告人短暂带离法庭，从而解除其顾虑和精神压力，为人证作证提供一个较为宽松的环境。除此之外，鉴于未满18 周岁的未成年证人心智发育尚不成熟，当未成年证人出庭作证时，同样可以考虑在被告人缺席的情况下进行。

---

〔1〕　宋英辉译：《日本刑事诉讼法》，中国政法大学出版社 2000 年版，第 69 页以下。

〔2〕　马相哲译：《韩国刑事诉讼法》，中国政法大学出版社 2004 年版，第 85 页。

第三节 程序"补偿"和权利"救济"
——缺席审判中的法庭调查问题

我国的法庭调查程序根据被告人到庭情况下的对席审判而设计，实践中法庭调查基本上是"以被告人为中心"而展开的。因此，在缺席审判中，法庭调查如何进行，确实是一个新课题。综观域外缺席审判制度，在被告人缺席情况下的法庭调查，是区分被告人完全缺席与不完全缺席，从而采用不同的调查方式。我国《刑事诉讼法》并未对缺席情况下的法庭审理作出规定，因此只能借鉴域外共同做法，尝试进行探讨。笔者认为，我国缺席制度中的法庭调查，亦应区分完全的缺席审判和不完全的缺席审判而分别设置。

一、完全缺席审判中的法庭调查

在被告人全程完全缺席审判下，被告人委托代理人出庭代为行使诉讼权利已经成为域外的共同做法。《日本刑事诉讼法》第314条第2款规定："被告人因病不能到场时，法院应当听取检察官和辩护人的意见，以裁定停止公审程序，直到其能够到场为止。但依照第284条及第285条的规定，已经使代理人到场的场合，不在此限。"该法第42条规定：被告人的法定代理人、保佐人、配偶、直系亲属及兄弟姐妹，可以随时成为辅佐人。辅佐人，以不违反被告人明示的意思为限，可以进行被告人有权进行的诉讼行为。[1]根据2004年修改后的《法国刑事诉讼法》第411条之规定："不论被告人当处何种刑罚，轻罪被告人可向审判长写信请求在其不出庭情况下受到判决，并由其律师或依职权指定的代理人出席庭审。在此场合，被告人的律师可以参加庭审，并应听取其辩护陈述。"[2]《德国刑事诉讼法》第234条规定："只要法庭审理可以在被告人缺席情况下进行，被告人有权让持有全权委托书的辩护人代理。"该法第286条规定："辩护人可以代理被告人出席，被告人的亲属，即使无全权委托书，也应准许作为代理人。"[3]

---

[1] 宋英辉译：《日本刑事诉讼法》，中国政法大学出版社2000年版，第12页。
[2] 罗结珍译：《法国刑事诉讼法典》，中国法制出版社2006年版，第286页。
[3] 宗玉琨译注：《德国刑事诉讼法典》，知识产权出版社2013年版，第190页。

代理人，是指受本人之委任，于审判程序中为本人代行诉讼行为之人。代理人所作诉讼行为的效力，与本人亲自所为具有同一效力。委托代理人，应提出委托书交予法院。代理人在审判中可以查阅卷宗材料并可以抄录或摄影。[1]

就我国而言，虽然同为完全的缺席审判，在代理人选任问题上，应注意区分未成年人犯罪案件与其他案件。对于未成年人犯罪案件，可由其法定代理人充任其代理人出庭，无须提出专门的委托。主要是考虑到法定代理人因在侦查讯问时在场，对案情有一定了解，且其职责使命在于保护未成年被告人的合法权益，由其担任未成年被告人的代理人，较其他人更为合适，未成年被告人的利益能得到最大限度的保护。[2]《韩国刑事诉讼法》第26条规定："对于不适用刑法第九条至第十一条规定的犯罪案件，被告人或嫌疑人无意识能力时，其法定代理人代理诉讼行为。"[3]对于其他案件，由缺席被告人的辩护律师担任代理人较为合适。不但因为其熟悉法律和具有较为丰富的诉讼经验，更重要的是其享有会见权、阅卷权等项辩护权利，这为其了解案情、申请排除非法证据以及进行"趋利避害"的陈述和应答提供了便利。"辩护人首先是被指控人的辅佐人，维护其权利。"[4]大陆法系国家和地区大都规定了辅佐人制度，被告人的配偶、直系血亲、三亲等内旁系血亲、家长、家属、被告人的法定代理人均可被选任为辅佐人。此时，该人既具有辩护人的身份，又履行代理人的职责，系"一身兼两任"，既可以行使辩护职能也可以行使代理职能。但是，鉴于辩护与代理是两种完全不同的职能，如果由辩护律师担任诉讼代理人的，应当由被告人签署授权委托书。对于法定代理情形下，基于身份关系的，可不必签署授权委托书。关于缺席审判，我国《刑事诉讼法》虽规定了通知辩护制度，但为了保证代理的效果，建议最好通知在侦查和审

---

〔1〕　林钰雄：《刑事诉讼法》，中国人民大学出版社2005年版，第175页以下。

〔2〕　《刑事诉讼法》第281条第1款、第4款，"对于未成年人刑事案件，在讯问和审判的时候，应当通知未成年犯罪嫌疑人、被告人的法定代理人到场。无法通知、法定代理人不能到场或者法定代理人是共犯的，也可以通知未成年犯罪嫌疑人、被告人的其他成年亲属，所在学校、单位、居住地基层组织或者未成年人保护组织的代表到场，并将有关情况记录在案。到场的法定代理人可以代为行使未成年犯罪嫌疑人、被告人的诉讼权利。""审判未成年人刑事案件，未成年被告人最后陈述后，其法定代理人可以进行补充陈述"。

〔3〕　马相哲译：《韩国刑事诉讼法》，中国政法大学出版社2004年版，第13页。

〔4〕　宗玉琨译注：《德国刑事诉讼法典》，知识产权出版社2013年版，第60页。

查起诉阶段犯罪嫌疑人已经委托的律师或者法律援助机构已经通知的律师作为审判阶段的辩护律师，同时兼任诉讼代理人。

需要注意的是，既然由代理人代行被告人的诉讼行为，那么有关被告人权利义务的法律规定，同样适用于代理人。代理人在法庭调查时可以进行陈述、回答提问、提出证据、发问、质证等诉讼行为，以此保障被告人缺席情况下法庭调查的顺利进行。被告人与代理人之间的关系，适用民法有关"代理"的规定进行调整。

在被告人不能到庭的场合，法院应当在法庭之外听取被告人的意见，并制作笔录，以作补救。对此，《法国刑事诉讼法》第416条规定："如轻罪被告人因健康状况不能出庭，并且存在重大理由不能推迟案件审判时，法庭以专门说明理由之特别决定，命令为此指派的法官在书记员的陪同下到被告人住所或其受羁押的看守所听取陈述。此种讯问，应制作笔录。"[1]《德国刑事诉讼法》第233条第2、3款规定："如果被告人被免除法庭审理时的到场义务，其必须就公诉接受受命或受托法官的询问。询问时，对其告知在其缺席审理情况下所准许的法律后果，并询问他是否坚持免除到场义务的申请。法庭也可以代替第一句的受命或受托询问，在法庭审理外以此方式就公诉进行询问，即被告人处于与法院不同的地点，询问同时以音像传递到被告人所在地和审庭。询问笔录应当在法庭审理中宣读。"

无论被告人在境外还是心神丧失、已经死亡，都准予辩护律师担任代理人代为参与诉讼活动，接受法庭调查等。在代理制度实行前，法院应当将起诉书副本送达被告人，在庭外听取其辩解辩护意见，并对此活动制作笔录以进行固定，从而弥补被告人缺席审判之不足，保证最低限度的程序公正。[2]

在被告人因患有严重疾病而缺席审判的场合，在缺席审判开始前，应当由审判长宣读缺席审判的原因，此时应当宣读的是医院的诊疗证明，该诊疗证明应具体说明6个月后被告人是否能够恢复受审能力。对此问题，不应由法官的判断代替医生的专业判断。《日本刑事诉讼法》第278条规定："公审期日受到传唤的人，由于患病或其他事由不能到场时，应当依照法院规则的

---

〔1〕罗结珍译：《法国刑事诉讼法典》，中国法制出版社2006年版，第287页以下。

〔2〕"被告人在境外"的情况，《刑事诉讼法》第292条规定："人民法院应当通过有关国际条约规定的或者外交途径提出的司法协助方式，或者被告人所在地法律允许的其他方式，将传票和人民检察院的起诉书副本送达被告人……"

规定，提出医师的诊断书或其他材料。"〔1〕《韩国刑事诉讼法》第271条也作出了类似规定。〔2〕上述规定，值得我国借鉴。

既然是缺席审判，在法庭席位的设置上，开庭审理时就应该使被告人席位空着，无论是法定代理人还是诉讼代理人代理，代理人均不必坐在被告人席上，而应该紧邻辩护人而坐。一是便于与辩护人协商沟通；二是当作为辩护律师的诉讼代理人在行使辩护职能时，例如举证、质证和发表意见时可以面向控诉一方，在法庭这个场域内体现"控辩平等"。如果行使代理职能时坐在被告人席上，而行使辩护职责时再坐回辩护人席上，在法庭上来回奔波，也不严肃。

缺席审判对法院采信证据也会带来一定的影响。我国《刑事诉讼法司法解释》有关被告人供述的采信规则是在被告人出庭的背景下制定的。该解释第96条第2款规定："被告人庭审中翻供，但不能合理说明翻供原因或者其辩解与全案证据矛盾，而其庭前供述与其他证据相互印证的，可以采信其庭前供述。"第3款规定："被告人庭前供述和辩解存在反复，但庭审中供认，且与其他证据相互印证的，可以采信其庭审供述；被告人庭前供述和辩解存在反复，庭审中不供认，且无其他证据与庭前供述印证的，不得采信其庭前供述。"在被告人缺席的情况下，不存在庭审供述问题。由于被告人陈述、质证和辩论的不能，其庭前供述的真实性也无法予以查明。此时，从为维护审判公正这一底线出发，笔者认为，不应采信其庭前供述，而应在"零口供"下看其他证据能否相互印证并形成一个完整的证据链条。在代理人制度实行前，该问题对我国缺席审判制度下的证据采信具有一定的意义。

在轻罪案件中，因被告人缺席，不得判处比控诉方的量刑建议更重的刑罚。例如，适用速裁程序审理的案件不得对被告人判处1年以上有期徒刑。完全的缺席审判中，因被告人在庭审中诉讼权利的克减，庭审效率将会得以提高。作为"补偿"，在量刑时"打折"给予"优惠"更能体现司法的公正。审判人员应当树立这样的理念。

二、不完全缺席审判中的法庭调查

不完全缺席审判下，无论是因扰乱法庭秩序被驱逐出庭还是因被告人在

---

〔1〕　宋英辉译：《日本刑事诉讼法》，中国政法大学出版社2000年版，第63页。
〔2〕　马相哲译：《韩国刑事诉讼法》，中国政法大学出版社2004年版，第80页。

场而使人证作证不能被暂时带离法庭，都是对被告人出庭受审权利的限制，这在因扰乱法庭秩序被驱逐出庭情形中体现得尤为明显。无论何种情形下的不完全缺席审判，都应保证被告人的资讯获取权、表达意见权、对质权、最后陈述权和律师辩护权，这是查明案件事实真相、被告人获得公正审判权的基础。所谓资讯获取权，是指被告人可以获得充分的诉讼资讯，包括指控的罪名、证据和法律依据。[1]例如，《德国刑事诉讼法》规定："在任何情形中，都应当给予被告人就公诉陈述的机会。""被告人一旦恢复庭审能力，只要尚未开始宣告判决，审判长应当告知其缺席时审理的主要内容。"在不完全缺席审判的情形下，被告人再回到审判程序中时，审判长应立即告知其在此期间所发生事项之重要内容。[2]《日本刑事诉讼法》规定："被告人在场会使证人作证感到不适的场合，应使被告人退庭，当证人作证完毕后，应让被告人入庭，告知他证言的要旨，并向他提供向该证人询问的机会。""向证人询问"，其实就是对质的主要表现形式，与不利证人进行对质的权利，通常被视作宪法性权利，不能克减。"对质是发现真实的手段之一，既是被告人的权利，也是被告人的义务。"[3]对质，是被告人重要的防御权利。不但是被告人之权利，而且只要在调查原则的范围之内，也是法院的义务。[4]《韩国刑事诉讼法》第 297 条规定，在被告人退庭的情况下，在证人、鉴定人及共同被告人陈述终了时，应当命退庭的被告人入庭之后，命书记告知陈述的要旨。[5]《俄罗斯联邦刑事诉讼法》规定，对于扰乱法庭秩序被驱逐出庭的被告人，有最后陈述的权利，判决应当在被告人在场时宣读或在宣读后立即向他宣布，由他本人签收。

综合域外的做法，我国不完全的缺席审判庭审调查程序应注意以下六点：[6]①应将起诉书副本送达被告人，给其就起诉指控的罪名、证据材料和法律适用进行陈述、表达意见的机会。②应当告知其缺席期间的程序进展、

---

〔1〕 林钰雄：《刑事诉讼法》，中国人民大学出版社 2005 年版，第 132 页。

〔2〕 ［德］克劳思·罗科信：《刑事诉讼法》（第 24 版），吴丽琪译，法律出版社 2003 年版，第 407 页。

〔3〕 林钰雄：《刑事诉讼法》，中国人民大学出版社 2005 年版，第 135 页。

〔4〕 林钰雄：《刑事诉讼法》，中国人民大学出版社 2005 年版，第 133 页。

〔5〕 马相哲译：《韩国刑事诉讼法》，中国政法大学出版社 2004 年版，第 85 页。

〔6〕 笔者的基本观点亦参见张璐、罗海敏："中国刑事诉讼法学研究会 2019 年年会综述"，载《中国司法》2020 年第 3 期。

所进行的诉讼活动以及人证的主要内容。如果是在法庭调查阶段，还应当告知其控方举证情况，包括证据目录、证人名单以及证明事项，被告人可以就此发表意见。③在人证作证的场合，应当保障其与不利人证对质的机会，同时可申请有利人证到庭接受调查。④在被告人被驱逐出庭的场合，至迟应当在法庭辩论终结前令其到庭，以保障其最后陈述权的实现。⑤在被告人离开审判庭的场合，应当保证其辩护人在庭，目的是为了保障其辩护权的实现。因此，法庭不能同时将被告人和其辩护人一同逐出法庭。⑥应当保障被告人获知裁判结果的权利。不仅因为被告人是裁判结果的承受主体，而且在于刑事庭审的主要功能是解决被告人的刑事责任问题。因此，他理应知道裁判的结果。在被告人死亡的情形下，其法定代理人、近亲属或者辩护人应当被及时告知裁判结果，以便于决定是否行使上诉权利。

结　语

缺席审判，是相对于对席审判而言的。2018 年《刑事诉讼法》正式确立了我国的缺席审判制度。但因修法较为仓促，来不及详细论证，致使缺席审判制度尚有不完善之处。不仅缺席审判的种类仅限于完全的缺席审判，对域外立法普遍确立的不完全的缺席审判并未列入缺席审判种类之中，而且对被告人缺席期间的法庭调查如何进行，也未有相应的规定。因此，我国的缺席审判制度需要从种类和法庭调查程序方面进行完善。对缺席审判应当视被告人是全程不能到庭还是部分审理程序不能到庭，而将其分为完全的缺席审判和不完全的缺席审判。根据我国司法实际，应当将被告人可能被判处 3 年以下有期徒刑的轻罪案件和未成年人犯罪案件，纳入完全的缺席审判之中；同时，将目前实践中的共同被告人犯罪案件、被告人因扰乱法庭秩序而被驱逐出庭和因被告人在场时人证不能充分作证而暂时将被告人带离法庭这三种情形，作为不完全的缺席审判从立法上予以确认。法庭调查也应当根据完全的缺席审判和不完全的缺席审判而分别设置。对于完全的缺席审判，应当准许法定代理人或辩护律师作为诉讼代理人，代为进行诉讼行为。未成年被告人缺席审判案件，宜由其法定代理人担任诉讼代理人，其他案件，则由辩护律师充任代理人。在通知辩护的情形中，尽量通知在侦查或者审查起诉阶段已经介入的律师，从而保障代理的效果。在不完全的缺席审判中，应当保障被告人就起诉进行辩解辩护的权利、获知缺席期间程序进展和诉讼内容的权利、与不利人证对质的权利、最后陈述权利、获得律师辩护的权利和及时获悉裁判结果的权利。尤其是在被告人因扰乱法庭秩序被驱逐出庭的场合，至迟应在法庭辩论终结前令其入庭，以保障其最后陈述权的实现。总之，缺席审判作为一种例外，应当将对被告人诉讼权利的减损降至最低作为原则。

第十九章

刑事二审案件证据调查 *

"以审判为中心"的诉讼制度改革，是强调刑事审判环节和阶段在整个刑事诉讼流程中具有决定性的重要作用。但刑事审判本身又可分为不同审级，刑事一审程序固然应当成为侦查、起诉以及执行程序之中心，然刑事二审程序呢？是否仍应为中心？是否仍应坚持庭审实质化改革？实际上，所谓"以审判为中心"即庭审实质化改革，指的是在影响案件走向和命运的所有诉讼阶段中，包括从立案、侦查、起诉、审判到执行的整个刑事诉讼程序中，审判都应当处于决定案件走向和命运的关键阶段。因此，无论案件的审级系一审还是二审，都应当坚持庭审实质化的改革走向。然而，虽然同为审判程序，但一审与二审程序的地位与功能毕竟不同，因此二审实现庭审实质化的目标和方向虽然不变，但在具体实现路径方面应该与一审有所区别，而这主要就体现在庭审证据调查的模式与方法上。

《刑事诉讼法》第 242 条 [1] 仅简略地规定了二审案件的审理程序 "参照"一审程序进行，所谓 "参照" 并非 "完全依照"，二审程序自有其特殊的功能与作用，因而其程序运行包括庭审证据调查也必然呈现出不同于一审程序之特点，故，对于二审程序而言，一审程序虽可参照，但不可照搬。在我国现行刑事诉讼体制下，二审兼具纠错、救济及统一法律适用的功能，可能正是因为程序功能的多元化和复杂化，立法上对于二审程序的法律构造几乎无法进行具体、细致的设计，而只能委诸法官根据具体案件的情况自由裁

---

* 本章实证调研部分，得到了四川大学博士研究生刘亦峰的协助，特此致谢。

〔1〕《刑事诉讼法》第 242 条："第二审人民法院审判上诉或抗诉案件的程序，除本章已有规定的以外，参照第一审程序的规定进行。"

量，灵活选择具体的审理方式。根据刑事诉讼法的规定，若不属于必须开庭审理的案件，二审法官认为该案"事实清楚"，便可以直接决定书面审理。即使案件开庭进行审理，出于诉讼效率之考量，对于有些程序性事项或控辩双方无异议之事项亦可以简化程序。从诉讼法理上讲，刑事二审的审理重点着眼于控辩双方对原判决所质疑之处，以及该案所出现的新事实、新情况。从某种意义上讲，刑事二审并非完全的控辩双方的交锋与对抗，亦为上诉（或抗诉方）对于原一审裁判所认定的事实或法律适用问题的抗争。

从宏观上看，正因为刑事二审程序在刑事诉讼全过程中具有独特的功能，审理形式较为灵活，其功能供给侧重于为控辩双方提供程序救济，故二审的庭审证据调查更侧重于对争点与焦点的二次审查，以及对新事实、新证据的审查判断。笔者基于刑事二审程序的特殊地位和功能，分析、研判实践中刑事二审庭审证据调查的模式和方式，尝试探寻适合我国刑事二审庭审证据调查的普遍性方法，并对若干具体证据调查问题进行分析，以寻找刑事二审庭审实质化改革的妥当方案与实现路径。

第一节　二审庭审证据调查的模式

关于二审的庭审证据调查模式，理论上和实务中存在两种不同的观点和做法，即全面调查模式和案件争点调查模式。

一、全面调查模式（详细调查模式）

该种模式以二审全面审理的法律规定为基础，[1]认为二审庭审中应当对在案的所有证据都进行重新举证、质证，这样才能全面掌握案件事实，准确定罪量刑。在全面调查模式下，证据调查环节，控辩双方要重新针对所有证据进行一一举证、质证。即使有些证据已经在一审中经过了充分的辩论和质证，没有任何争议，二审中仍要重新进行举证、质证。客观而言，全面调查模式确实有利于二审法院重新梳理全部案情，对所有证据进行全面把握，从

---

〔1〕 此模式系"复审制"下的二审证据调查模式，将二审理解为"第二次的一审"，第二审法院完全依照第一审的审理方式对案件进行重复审理，通过还原刑事诉讼的全部程序，再一次查明事实真相，并作出第二次的法律判断。复审制诉讼构造模式下，原一审判决并无过多的参考价值，必须完全贯彻控诉原则、直接原则和言词原则，二审法官通过重新审查全部证据材料作出相应的裁判。

而查清案件真相。但是，这种模式的弊端也很明显，对于一审中已经确定的事实证据不能直接认定，而是重新展开调查，无异于"重开一审"、重复做功，实属浪费国家司法资源。在当前法院系统普遍面临案多人少矛盾的背景下，二审庭审证据调查推行全面调查模式，无疑将会极大地激化人案矛盾，并导致二审疲于应付各类上诉、抗诉案件。

二、案件争点调查模式

该种模式以刑事庭审实质化改革为依据，认为在二审的证据调查中，应当以争点为标准确立其证据调查之范围。[1]虽然依照刑事诉讼法的规定，二审应当对案件进行全面审理，但全面审理不等于在庭审中对全部在案证据一一进行重新举证、质证。从诉讼法理上讲，一案不二审、一事不再理，对于一审法院经过充分举证、质证，审理认定且双方并无争议的证据，二审程序实际上无须再进行重新举证、质证，而应当将二审庭审证据调查的重点集中于控辩双方有争议的证据、二审中出现的新证据以及二审法院认为有必要进行调查的证据，这就是所谓的案件争点调查模式。客观地讲，案件争点调查模式是以问题为导向的争点审、焦点审，这与庭审实质化改革的目标和走向是一致的，二审庭审证据调查范围的合理界定，有利于控制庭审节奏、节省庭审时间，实现庭审效率。应当说，在我国当前的审判实务中，案件争点调查模式是为法官所普遍采用的二审庭审证据调查模式。

对于上述两种证据调查模式的价值选择与判断，并不宜采取简单的"一刀切"的方式处理，而应当在具体评估、权衡、考量不同的因素后再作选择：

第一，从二审庭审证据调查的范围与程序上的全面审理原则的关系来审视。有观点认为，既然我国刑事诉讼法规定了全面审理原则，那么，在庭审证据调查时也应当贯彻该原则，对在案证据实行全面调查。笔者认为上述观点不正确，因为，所谓全面审理原则，指的是二审的审判对象可以覆盖一审审理和判决的所有事项，即原审的所有裁判事项都构成二审的审判对象。因此，法理上、程序上的全面审理原则，所指向者系审判对象，而非证据调查

---

〔1〕 此模式系"续审制"和"事后审查模式"相结合背景下的证据调查模式，刑事二审主要针对控辩存在争议的焦点以及新证据、新意见进行继续审和重点审，同时兼顾判决的正确性与二审的纠错与保障、救济的功能，要求二审法院对于一审判决进行事后审查。这样的续审和事后审查相结合的"混合制"模式，可以有效兼顾公正与效率，同时做到对被告人权益的有效救济。

之对象。亦因此，即使二审法院决定对案件实行全面审理，也并不意味着必须对一审的全部在案证据进行重新调查。由此可见，全面调查模式与全面审理原则之间并无必然联系，而实务中奉行的争点调查模式与全面审理原则之间亦并无冲突、抵牾之处。同时，全面审理原则所强调者，乃二审之审理对象和范围，不受上诉或抗诉对象之限制，而不意味着一旦启动全面审理，则必须将整个一审判决全部推倒重来、重新审理。实际上，全面审理仍以二审法官对一审裁判事项的公正性存疑为前提，即使二审法官对案件启动全面审理，实务中仍是以其存疑的裁判事项中的争点或焦点问题作为其审理重点，而不可能面面俱到，甚至完全推倒重来。换言之，即使二审法院对案件启动全面审理，在上诉或抗诉对象之外审理事实，仍然可能实行争点审或焦点审。

第二，从二审庭审证据调查的范围与庭审实质化改革的目的的关系来观察。一审庭审实质化改革的核心和本质是庭审证据调查程序的实质化，殆无疑问。但同时，由于现实中司法资源的有限性，一审庭审证据调查程序的实质化改革，并不能真正做到在庭审中对所有证据的调查皆贯彻实质化，而只能根据"详略得当"的资源分配原则，对其中的重要（关键）证据、有争议的证据进行实质化调查。从性质上讲，虽然二审程序的构造与功能与一审不同，但审判资源的有限性仍然持续作用于二审，并制约甚至锁定了二审庭审实质化改革的目标同样只能是争点审、焦点审及其实质化，区别仅仅在于二审的争点、焦点可能与一审不同。例如，二审中出现了新证据、新事实。正是基于上述分析，二审庭审证据调查不可能以全面调查或详细调查模式为原则，只能是以争点调查模式为原则。这也是当前实务中普遍采用争点调查模式的根本原因所在。

第三，从二审庭审证据调查的范围与案件类型的关系来分析。由于根据刑事诉讼法的规定，被告人有上诉的权利，因而实务中二审审理的案件类型几乎可以涵盖一审审理的所有案件类型。对于二审的案件类型，可以从不同角度进行分类，但二审最具特殊性的案件类型无疑是死刑案件，之所以称其为最特殊的案件，是因为死刑案件的审理需要贯彻"少杀""慎杀"的刑事政策，因而对于死刑案件的审判程序的实质化程度和要求较之一般刑事案件更高，换言之，死刑审判程序（包括二审程序）对正当性和合法性要求更高，并明显区别于其他刑事案件。正是根据二审程序的实质化程度和要求，我们可以将二审案件分为死刑案件和其他案件，分别采用不同的证据调查模式，具体而言：

（1）对死刑案件的二审庭审证据调查实行全面调查模式。死刑案件本身属于罪行特别严重和刑罚特别严厉的案件，刑罚一旦执行便不可逆转，因而，刑事政策上贯彻"少杀""慎杀"的原则，要求程序上对死刑案件秉持最慎重、最严格的态度。为确保死刑案件判决的正确性，慎重适用死刑，避免冤假错案的发生，二审程序上应当实行全面审查原则，证据调查上则奉行详细调查模式，对于所有在案证据，不论控辩双方是否存在争议，亦不论控辩双方对一审判决中认定的事实是否存在争议，都要求控辩双方在法庭上进行重新举示与质证。二审死刑案件实行全面调查模式的根本原因在于防范冤案错案、慎用死刑这一价值出发点。为了确保死刑判决的正确性，立法者通过两次审判来反复确认案件事实认定的正确性，同时彰显判决的慎重性。

（2）对死刑案件之外的其他案件的二审庭审证据调查主要实行争点调查模式。除死刑案件之外的其他案件的二审庭审证据调查，原则上实行争点调查模式，即二审围绕控辩双方争议的焦点问题展开调查。二审庭审证据调查的争点、焦点可能与一审相同，系一审控辩双方针对一审法院判决不服而提起上诉，进而将一审中的争点问题"拖入"二审继续成为争点。当然，二审庭审证据调查的争点，也可能是一个全新的争点，如二审中出现了新证据、新事实等。但无论如何，二审的有效审理应当建立在一审庭审充分实质化审理的基础之上，保证并强化一审程序的事实调查功能，尊重一审所认定的且控辩双方无争议的裁判事项，在此基础上，二审充分审理争议点和新事实、新情况，修正或改变原审中存在争议的问题，进而形成新的裁判。[1]

但上述分类并非绝对，因为，将二审案件分为死刑案件与其他案件，并不意味着只有死刑案件的二审庭审证据调查才能够实行全面调查原则，实际上，其他案件中疑难、重大、复杂的案件，如果一审事实认定存在比较大的问题，那么即使控辩双方对证据无争议，二审仍然可能实行全面调查模式。因此，其他案件的二审庭审证据调查究竟采用何种模式，实际上还取决于一审庭审证据调查的质量。

---

〔1〕　龙宗智："论建立以一审庭审为中心的事实认定机制"，载《中国法学》2010年第2期。

第二节　二审庭前会议与证据调查准备

前文已经述及，庭前会议乃庭审证据调查重要之准备阶段，二审亦然。二审庭审证据调查主要奉行争点调查模式，那么，庭前的证据调查准备工作就相当重要，而相关准备工作的完成主要依赖于二审庭前会议。但从司法实务中的运行情况来看，二审庭前会议的适用情况可谓相当不理想，其实际适用率（详见表19-1）比一审更低，实践中，法官几乎不愿意在二审前召开庭前会议。其中的主要原因在于：一方面，二审依法可以不开庭审理而是采用书面审，实务中二审的开庭率普遍不高，[1]由于二审普遍不开庭，自然也就不可能召开庭前会议，因为庭前会议是开庭审理的准备程序，不开庭自然无须召开庭前会议；另一方面，二审法官在庭前获取案件信息的渠道较多，一审判决书、庭审笔录、抗诉书或上诉状等都构成了二审法官了解、掌握案情的重要信息来源，这就导致二审法官习惯于通过研析案卷了解案情、通过一审裁判文书与上诉（抗诉）状来整理争点，[2]并降低了其通过召开庭前会议来了解案情、整理争点的积极性。

表19-1　成都市人民法院刑事二审庭前会议的召开数量及比例
（以实质化审理案件作为统计依据）

统计年度	庭前会议召开数量（件）	召开比例
2016 年	1	小于 1%
2017 年	2	小于 1%
2018 年	3	小于 1%

但是，虽然二审的庭审争点较一审更为明显，但庭前会议的召开对于二审庭审证据调查而言，仍然具有非常重要的平台作用和准备程序的价值：

（1）控辩双方可能在二审中提出新证据、新事实，这使得召开二审庭前会议，组织双方开示新证据，整理证据、归纳新争点，仍属必要。我国二审

---

〔1〕　刘菁："二审庭审方式的实践与反思——兼评《刑事诉讼法》第234条"，载《黑龙江省政法管理干部学院学报》2019年第2期。

〔2〕　龙宗智："庭审实质化的路径和方法"，载《法学研究》2015年第5期。

司法实务对于新证据的提出时间并没有作出严格的限制，允许二审开庭前或者开庭审理时提出，即在追求实体真实和查明犯罪真相的价值观引导下，为保证裁判的正确、公正性，我国采用"新证据随时提出主义"模式。但鉴于"新证据"对案件事实认定及裁判结果可能产生重要影响，[1] 故原则上应当要求一审控辩双方所提交的"新证据"在庭前到案，并在庭前会议中进行展示；提交新证据的一方应当说明新证据的具体名称、来源以及拟证明的对象和内容，并征求对方的意见，法官在此基础上进行证据整理后归纳本案新争点。例如，在一起合同诈骗上诉审的庭前会议中，一审辩护意见因证据不足未被支持，故提起上诉。在二审中，辩护人坚持继续作无罪辩护，并在庭前会议中提交了新证据 3 份，用以证明被告人无法履行合同系为不可抗力所致，被告人应当被宣告无罪。基于此，法官在庭前会议中要求控辩双方重新梳理证据并陈述相关意见，并确定 3 份新证据在法庭调查阶段优先举示，作为调查之重点，确保庭审集中审理争点、焦点。

（2）被告人及其辩护人可能在二审提出非法证据排除的申请，需要先行召开庭前会议解决。《刑事诉讼法司法解释》第 138 条规定："具有下列情形之一的，第二审人民法院应当对证据收集的合法性进行审查，并根据刑事诉讼法和本解释的有关规定作出处理：（一）第一审人民法院对当事人及其辩护人、诉讼代理人排除非法证据的申请没有审查，且以该证据作为定案根据的；（二）人民检察院或者被告人、自诉人及其法定代理人不服第一审人民法院作出的有关证据收集合法性的调查结论，提出抗诉、上诉的；（三）当事人及其辩护人、诉讼代理人在第一审结束后才发现相关线索或者材料，申请人民法院排除非法证据的。"对于这三种情形，二审法院原则上都应当召开庭前会议听取双方意见。

对于"排非"事项，二审庭前会议仍可适用《庭前会议规程》中确立的"合意排非"＋"两步走"的模式，在法庭主持下先由控辩双方协商。辩方依照法律规定应当提供非法取证的相关线索或者材料的，人民检察院应当在庭前会议中通过出示有关证据材料等方式，有针对性地对证据收集的合法性作出说明。人民法院可以对有关证据材料进行核实；经控辩双方申请也可以有

---

[1] 新证据对二审裁判的影响主要有三种：①新证据影响到事实认定和定罪量刑，应当发回重审；②新证据仅影响量刑，可以改判；③新证据对原事实认定补强或与案件事实无关，可以维持原判。

针对性地播放讯问录音录像。若双方能达成一致意见，或者控方撤回该证据或者辩方撤回"排非"申请；不能达成一致意见的，则区分不同情形予以处置：其一，对于第一种情形，即一审对当事人等"排非"申请漏查、漏判的，属于一审程序严重违法。二审法庭召开庭前会议听取意见、对有关材料进行核实后，认为可能涉嫌非法取证的，为保护被告人的审级利益及上诉权，应当将全案发回一审法院重审。其二，对于后两种情形，人民法院应当在庭前会议中决定在庭审中启动排非程序，在庭审调查环节解决"排非"事项。但公诉人提供的相关证据材料确实、充分，能够排除非法取证情形，且没有新的线索或者材料表明可能存在非法取证的，庭审调查举证、质证可以简化。在后两种情形下，庭前会议的主要功能转向为庭审排非预先做好准备和安排。

（3）控辩双方可能在二审申请通知人证出庭，对此有必要召开庭前会议，确定新的人证出庭名单。庭审实质化改革对于人证出庭问题始终坚持的是"应出尽出"的原则，但因二审程序属于救济程序，虽然仍应当坚持庭审实质化改革对于人证"应出必出"的调查原则，但其人证出庭条件显然不可能与一审完全雷同，但具体哪些人证应当在二审中出庭，在条件把握上不能仅限于控辩双方有异议，而必须重点考量人证出庭的必要性，程序上则需要法庭召开庭前会议组织双方发表意见后确定二审出庭人证名单。

由此可见，二审庭前会议对于二审庭审证据调查而言，仍然具有重要的平台作用和程序准备价值。借助于二审庭前会议，一方面，法庭可以完成对非法证据排除等可能中断二审庭审的程序性事项预先进行处置；另一方面，法庭可以借助二审庭前会议对新证据进行证据展示、证据整理并归纳新争点，为庭审证据调查做好准备工作。

第三节　二审庭审证据调查的方式

一、二审庭审证据调查之对象与范围

我国刑事二审的证据调查模式可以被归纳为：对于一般刑事案件以争点调查模式进行，对于特殊案件按照一审的审理方式进行，适用全面调查模式。但即便是全面调查模式，其调查之对象与范围，也仍然应当有所限制。但究竟哪些证据属于二审庭审证据调查的对象和范围呢？

具体而言，二审庭审的证据调查范围包括：

（1）一审期间的在案之证据与一审法院作出之相关裁判文书及笔录。主要包括：起诉机关、自诉人、被害人在一审期间向法庭提交的指控被告人有罪、罪重、罪轻的证据；附带民事诉讼当事人双方提交的关于民事责任的证据；被告人及其辩护人提交的证据；当事人申请一审法院调取的证据或一审法院依职权调取的证据。有人主张，二审庭审证据调查的对象和范围，限于一审法院判决定案的证据。但从二审贯彻全面审理原则、查明案件事实真相的角度来看，不应将二审证据调查的范围限制于一审法院判决定案的证据，因为有的证据一审法院未予采信，可能正是其造成错判的原因。因此，从二审立足于查明案件真相并纠错的功能出发，一审中在法庭上出示但法院未予采信之证据，仍属二审庭审证据调查之范围。此外，还有研究者主张，除了二审期间提交的新证据之外，二审庭审证据调查的对象和范围应当限于一审之在案证据。但这种观点显然存在一定的遗漏。例如，一审庭前会议笔录和庭审笔录并不属于一审在案证据，也不是一审法院判决定案依据之证据，但在二审中却是重要的证据种类。同时，对于一审判决，二审还要审查其程序是否合法，而审查、判断一审程序是否合法，最重要的证据就是一审的裁判文书。因此，一审裁判文书也应当属于二审庭审证据调查的对象与范围。

（2）二审期间的新增证据。包括：上诉人或被告人及其辩护人提交的新证据或申请二审法院调取的证据；二审法院依职权主动收集的证据；侦查、公诉机关补充的证据等。关于侦查、公诉机关在二审中还能否补充新证据，理论上存在争议。有观点认为，一审庭审结束之后，控方（包括侦查、公诉机关）即不应再行补充证据，否则有违控辩平等原则，属于控诉权的过度使用。但实际上，一审辩方在二审中同样有权提交新证据，侦查、公诉机关补充提交证据，并不违背控辩平等原则。此外，二审既然启动，那么不管二审是续审还是复审，都意味着诉讼程序尚未终结，一审的指控也尚未获得生效的判决。此时，为继续支持指控，控方（包括侦查、公诉机关）自然有权再行补充证据。但另一方面，侦查权的启动确实不应当无期限、无节制，否则被告人的权利始终处于不确定状态。所以，为节制侦查权的随意发动，可以考虑限制二审中侦查机关补充取证的手段，即不允许二审中侦查机关再采取以限制人身自由和财产自由的强制性手段收集证据。换言之，侦查机关在二审中仍可补充提交证据，但该证据只能是通过任意性侦查手段所收集的证据，包括以对方自愿配合为前提收集、调取的证据。

二、二审庭审证据调查的举证顺序

但凡诉讼与纠纷，庭审的基本举证原则都是"谁主张、谁举证"，由于案件的原告或控方是诉讼的发动者、审判程序的开启者，因而，庭审证据调查时的举证顺序一般安排为"原告先举证"或"控方先举证"。然而，二审程序与一审不同，二审程序的发动者，可能并非一审中的原告或控方，此时即会产生一审控方与辩方在二审程序中何方先举证的问题，尤其是对于其中检察机关的角色定位，一直是理论和实务中的一个难题。对此，笔者认为，必须区分二审程序启动的原因而分别探讨：

（一）仅被告人一方上诉的二审案件

在上诉审中，公诉人出庭主要履行其法律监督，在纯上诉审程序中即仅被告人一方提起上诉而控方并未抗诉的二审程序中，程序的发动者并非检察机关，而是被告方，系被告方因为对一审判决不服而提起上诉，故而启动二审程序予以救济。因此，在这类二审程序中，被告方才是程序的发动者。而作为一审控方的检察机关，在二审中履行的职责是评价一审判决、裁定正确与否，监督原审审理程序有无违法，上诉人的上诉是否有理，抗诉是否恰当，原审当事人的合法权益是否得以充分的保障，国家的刑事法律是否在原审中得到统一、正确的实施等。[1]因此，就纯上诉案件的二审程序而言，检察机关并非程序的发动者，其所履行的亦非一审的控诉职能，而是法律监督职能。基于此，在纯上诉案件的二审证据调查程序中，应当由二审程序的启动方即上诉方先行举证。

具体程序设计上，因一审全案证据已作为案卷材料移送二审法庭，辩护人若对一审之证据认定存在争议，应当先由辩护人向法庭提出，并说明不认可一审认定的具体理由，之后再由公诉人针对辩护人提出的不服意见进行回应。若辩护人在二审开庭前调取有利于被告人的新证据，亦应当先行举示，并接受公诉人的质证。

（二）仅检察机关一方抗诉的二审案件

在纯抗诉案件（即仅有检察机关提起抗诉）的二审案件中，检察机关仍

---

〔1〕 石柏非："检察官在刑事上诉审中的职能作用"，载《政治与法律》2008 年第 5 期。

为该二审程序之发动者。纯抗诉案件，系公诉人基于一审裁判有误而采用抗诉的方式启动二审程序。其目的：一是阻止一审判决生效；二是希望二审判决予以纠错。在这类二审程序中，检察机关提起抗诉是基于法律监督职能，即对一审判决实施监督的结果。但同时，一旦提起抗诉，显然又是在请求二审法院再次对其指控进行审理，希望其在一审中的指控能够在二审中最终得到支持，以完成其未尽之职责。因此，对于检察机关而言，这种纯抗诉案件实际上是一审指控的继续，此时检察机关仍扮演程序发动者（即控方）的角色，公诉人肩负着法律监督和起诉指控的双重职责。

是故，纯抗诉案件的二审庭审证据调查应当延续一审的证据调查方式，由作为程序发动者的二审公诉人在庭上第一顺位先出示证据。当然，二审并不是一审的简单重复，二审庭审证据调查应根据争点调查模式，围绕二审的争点问题举证，对于一审中双方没有争议的证据，则不再予以出示。例如，在一起贪污、诈骗抗诉案中，法庭调查伊始，公诉人即提出：赞同一审公诉机关在一审开庭时举证出示的证据，故不再重新举示，现仅对存在争议的《A某某证言》《银行账户流水单》《被告人B某某、C某的4次供述》进行出示，证明被告人主观恶性极大，对社会正常秩序产生严重不良影响，一审裁判畸轻，应当对被告人B某某从重处罚。针对公诉人的举证，辩护人认为一审认定完全正确，对被告人定罪量刑恰当，应当予以维持。

（三）既有上诉又有抗诉的二审案件

对于所谓混合式二审案件，即既有上诉又有抗诉的二审案件，公诉人和辩护人均居于二审程序发动者的地位，都是基于认为一审裁判结果有误而启动二审程序，区别仅在于双方所持立场及观点截然相反。此时，控辩双方的诉讼地位与一审相同，即公诉方代表国家对被告人提起诉讼，是整个案件的发动者，其在二审程序中继续承担指控犯罪的责任，希望其指控最终能够得到二审法院的支持，作出终审判决；而被告人及其辩护人因为继续面临控方的指控，因而在二审程序中仍居于防御地位，根据事实和法律提出对被告人有利的辩护意见。在混合式二审案件中，被告方的上诉和检察机关的抗诉在程序后果上相互抵消、清零，控辩双方的诉讼地位并未发生改变，此时应当继续一审的证据调查方式，由二审公诉人在法庭上先行举证。

综上所述，刑事二审庭审中举证的先后顺序表明了检察机关和被告方在二审中所承担的责任和角色的不同，二审审理重点在于审理控辩双方之争议以及对一审裁判不服之事项，对于二审证据调查举证顺序的安排，本质上是由检察机关与被告方双方在二审程序中的诉讼地位所决定的，应当根据案件启动原因的不同而选择采用不同的证据调查顺序。

三、二审庭审证据调查的举证方式

（一）一审在案证据的出示方式

结合刑事二审的定位及特殊性分析，对于一审期间已提交且经过庭审调查的证据，笔者认为：需通过审查控辩双方提交之上诉、抗诉理由以及庭前会议的证据整理环节的梳理，根据某个（或某些）证据是否存在争点，分为"无争议的证据"和"有争议的证据"两组。[1]控辩双方在庭审中出示的证据，应当重点围绕与上诉、抗诉理由相关的，对一审审理认定事实存在异议的内容或者双方仍然存在争议的内容进行，对于这些证据进行重点调查、详细举证并听取对方意见。而对于那些在一审中已调查、二审中双方不存在争议的证据，审判长只需要宣读证据名称、来源以及证明目的，向双方核实其对该组证据有无异议，便可以直接予以采信，作为二审裁判的根据，而不再在二审中组织证据调查。实务中，法庭对于无争议的证据，往往在庭审中一语带过："合议庭在庭前确认下列证据……不存在争议，控辩双方无新的意见需要阐述，合议庭予以采纳。接下来，请控辩双方对庭前确定的争议证据发表证据意见……"例如，在一起抢劫案[2]的上诉审中，庭前会议阶段辩护人提出对于一审采信的 7 份证据仍存争议。承办法官通过归纳整理全案证据，确认本案无争议证据 26 份、辩护人存在争议的证据 7 份，无新证据出示。庭审中对于无争议的 26 份证据不再组织调查，公诉人重新对存在争议的 7 份证据一一举证，听取辩护人的意见，对于双方争议较大的《被告人 A 某第二次讯问笔录》《被告人 B 某第一次讯问笔录》以及《被害人 C 某第一、二次陈述》等 3 份证据，给予双方多次发言的机会，进行了详细调查。本案的法庭

---

〔1〕 必须注意的是，这里的"证据"并非数量上的一个证据，司法裁判之事实认定必须形成证据锁链，单个证据无法充分地证明案件事实，一个证明目的（或对象）往往通过若干证据的组合而形成，此处的"证据"应当以一个证明对象为一个计算单位，解释为证据组。

〔2〕 本案来源于笔者在成都市人民法院调研过程中收集到的庭审实质化改革示范庭（二审）案件。选取该案的目的在于：二审庭审中，辩护人对一审采纳的被告人 A 某第二、三次讯问笔录、被告人 B 某第一、三、四次讯问笔录以及被害人 C 某的第一、二次陈述仍存有质疑，本案二审法庭调查较为详细，可以从中归纳出二审证据调查的普遍性方法。

调查，持续时间约 40 分钟，因庭前已经对全案证据进行了梳理，故庭审仅对重点问题进行详细调查，重点突出、层次分明，切实做到了对二审证据调查的实质化审理。

根据庭审实质化的改革目标，刑事二审应当坚持争点审、焦点审，故在案证据中的争议性证据才是二审庭审证据调查的重点。对此，应当沿用一审的证据调查模式，由审判长依据庭前会议双方发表的意见，以及就上诉、抗诉意见整理出争点，概述双方存在争议的事实，在庭审中要求举证方对有争议的证据进行逐一式举证，然后组织双方质证，重点进行调查。

（二）新证据的出示方式

依据《刑事诉讼法》第 197 条第 1 款、第 253 条的规定，[1]二审中的新证据是指双方在二审期间向法庭提交的足以证明原判决、裁定认定的事实确有错误，可能影响定罪量刑的证据。这里的新证据，既有可能是被告方在二审期间向法庭所提交的新证据，也有可能是检察机关在二审中向法庭补充的新证据。无论该新证据系何方所提交，因为该证据具有足以证明原判决、裁定认定的事实确有错误，可能影响定罪量刑的性质，因而，对于二审庭审证据调查而言，其自然会成为庭审中的重要争点，进而成为庭审调查的重点。据此，提交新证据之一方，应当在庭前将证据提交于法庭并说明拟证明的对象及内容，进行充分的证据展示，并在二审法庭调查环节单独出示、逐一举证，并接受对方质证。当然，如果新证据的种类和证明对象一致，亦可打包举证。例如，在一起贪污罪的上诉案件[2]审理中，控辩双方当庭表示对一审认定之事实无异议，辩护人认为一审裁判量刑过重，并在二审开庭前收集到 3份《情况说明》，用以证明被告人属初犯、平日表现较为良好的事实。故法庭结合案件具体情况后决定仅对新证据进行调查，因 3 份证据证明目的较为一致、证据内容篇幅较短，故采用打包举证的方式进行举示，并听取公诉人的意见。

总而言之，基于刑事二审续审与事后审查相结合的诉讼构造，二审法庭调查环节应当充分围绕争议焦点进行重点举证、详细质证，对于二审提交的新证据，更应该作为重点关注的对象，进行详细调查。笔者认为，为切实发

---

〔1〕《刑事诉讼法》第 197 条第 1 款规定，法庭审理过程中，当事人和辩护人、诉讼代理人有权申请通知新的证人到庭，调取新的物证，申请重新鉴定或者勘验。第 253 条规定，当事人及其法定代理人、近亲属认为有新的证据证明原判决、裁定认定的事实确有错误，可能影响定罪量刑的。

〔2〕本案来源于笔者亲历观摩的成都市人民法院审理的二审案件，本案未召开庭前会议。

挥二审的目标与功能，应当强化法官在证据调查环节的主动性，通过庭前阅卷以及召开庭前会议的方式，对案件的整体情况进行充分了解，明晰双方的争议焦点，在庭审中引导并组织双方针对重点的争议事实进行有效调查，发挥二审的应有作用，促进二审证据调查的实质化展开。

第四节　一审庭审笔录在二审中如何调查

庭审笔录系用于描述和证明庭审过程中发生的具有法律意义的事实状况的书面记录，[1]以文字的方式全面记录法庭审理的全过程，包括记载在庭审中发生的全部程序性事项、对被告人的讯问、举证与质证的内容、控辩双方发表的法庭辩论意见以及被告人最后陈述等事项。庭审笔录旨在还原审判的进程，记录并展示具体的审理内容。一般而言，因为一审庭审笔录属于上诉卷的部分内容，系法院依职权调取的证据。因二审要求法官在开庭前进行阅卷，故并不会经控辩双方举证而出示，属法官依职权调取，用以了解一审的审判情况，以及检查原判决合法性的基础性文件。对于庭审笔录的证据属性问题，主要存在以下几种意见：

第一种观点认为，庭审笔录不具有证据属性。其理由在于：①我国刑事诉讼法并没有将庭审笔录明确归入八大证据种类的任何一种，由于不符合既有的法定证据形式，因此应当不具有证据属性。②庭审笔录系对庭审过程的记录，系将庭审时"口头意见"转为"文字意见"的书面记载，其对于法庭调查环节的记录或许被理解为"对已有证据的转述"更容易令人接受。③庭审笔录的形成时间是在审判阶段，而证据一般应当形成于庭审之前。此外，庭审笔录由法院主持制作，法定证据的制作、收集主体大多是侦查机关。虽然我国法律允许法院依职权调取证据，但未明确规定法院可以直接制作证据。故庭审笔录不应具有证据属性。

第二种观点认为，庭审笔录仅能证明审判程序是否合法，不得证明实体问题。其理由在于：因庭审笔录对于开庭方式、开庭时间、合议庭组成、被告人权利告知以及具体的审理程序开展均有所记载，对一审庭审内容予以全

---

〔1〕　孙道萃、张礼萍："刑事庭审笔录的性质与运用初探"，载《江西警察学院学报》2012 年第 5 期。

面的记录，系证明程序正当性的有效文件，可以用于证明审判程序的合法性，对审判中程序性事项的证明作用是毋庸置疑的。但因为庭审笔录的形成时间为庭审阶段，制作主体为法院，证明对象仅指向审判程序而非案件事实，故不得证明案件实体问题。

第三种观点认为，庭审笔录具有完全的证据属性。其理由在于：①刑事诉讼法将证据定义为可以证明案件事实的材料。庭审笔录记载着一审审判的全过程，包括一审的具体审判程序开展情况，法庭调查及辩论环节的具体内容以及被告人在庭审中的陈述，可以被归为"笔录类证据"。②若二审中辩护人对一审程序的合法性提出质疑，那么判断一审程序是否合法的依据便是该案一审的庭审笔录。同时，若审查被告人在一审中是否认罪、当庭的供述与侦查卷宗是否一致等实体性问题时，也需要依据一审庭审笔录来进行具体的判断。因此，庭审笔录所记载的内容兼顾实体问题与程序性问题，具体的证据形式也与笔录类证据所要求的形式具有一致性，应当肯定其证据属性。

既然庭审笔录反映了各个不同诉讼主体在法庭审理中的各种诉讼行为，即围绕证据出示、辩论，事实认定、法律适用等进行的举证、质证以及认证情况等活动，成为审查判断一审证据调查程序、事实认定和法律适用以及程序遵守情况的重要载体，具有证明价值是肯定的。[1]笔者认为，因庭审笔录记载着庭审过程中的实体与程序的内容，应当属于综合性笔录类证据，对于一审的实体和程序问题均有证明作用。具体理由如下：

（1）从二审"续审"定位分析，一审庭审笔录记载的内容可作为二审"查漏"之依据：对于控辩双方无异议之程序或实体问题，二审可以不再进行审理；对于一审遗漏、认定瑕疵、认定错误或二审新增之争议问题，作为二审审理的重点。二审法官可通过庭前阅读一审庭审笔录，有效地了解案件存在的争议点，亦可辅助其确定二审重点审理对象。

（2）从刑事二审"检查原判决正确性、合理性"任务的角度分析，通过一审庭审笔录中所记载的被告人、证人以及控辩双方针对事实认定、法律适用等方面所陈述的具体意见，通过庭审笔录还原一审程序的全过程，二审法官可将其作为检查原判决合理性以及一审法官证据采信正确性的有效根据。

（3）从庭审笔录记载的具体内容分析，如若一审开庭时，被告人当庭翻

---

[1]　邓陕峡："我国刑事笔录类证据制度探析"，载《证据科学》2013年第1期。

供或证人当庭作出与审前相反的陈述，此时其陈述之意见只有庭审笔录能够固定，庭审笔录作为"新供述""新证言"内容的存在载体，其相关部分就相当于"被告人供述与辩解""证人证言"本身。如庭审笔录对于一审出庭之证人证言的记载，可以作为评判其二审是否有必要出庭的重要依据。若控辩双方对一审出庭证人所作证言无异议，则此证人在二审中可以不再出庭，二审法官可以将一审所作证言作为二审裁判事实认定的依据。

综上所述，一审庭审笔录可被用于证明一审程序的内容以及程序的合法性，成为二审"检查原判决"的重要依据。且一审庭审笔录对于若干实体性问题，亦具有证明作用。但一审庭审笔录在二审中的作用能否实现，还取决于其自身记录内容的丰富性。笔者坚持认为，庭审笔录必须对一审庭审中发生的全部程序性事项以及控辩主张之意见进行详细记录。

从目前司法实务中庭审笔录的制作来看，对于讯问和询问被告人和人证出庭作证环节，庭审笔录的记载较为完善；但对于具体的证据出示环节，记录内容不尽完善，只是举示出若干的证据名称，少有对其证明意见以及证据具体内容进行详细记录的。一般而言，公诉人举证的规范性语言为：下面公诉人出示第 N 组证据，共 N 份，为证人证言、被告人供述等，第一份证据为某某证人的书面证言，其中第 N 页第 N 行内容为……根据该内容，可以证明某某案件事实确实存在。正确的庭审笔录记录方法应当是：对控辩双方所提出的证据名称、证据内容以及举证（质证）意见进行全盘记录，而不能仅凭庭前提交于合议庭的书面举证清单进行简略处理。庭审笔录详细记载的重要意义在于：其一，将庭审全过程予以固定，证明审判的实体有效性与程序合法性；其二，为后续可能开启的二审程序提供更为详细的材料，通过阅读庭审笔录的记载，二审法官可以清晰地了解一审中控辩双方所提出的重要意见，同时辅以对一审审理报告的查阅，了解一审合议庭作出裁判的"心路历程"。其三，通过一审庭审笔录所记载的内容，二审法官可以清楚地了解该案的争议焦点问题，并结合控辩双方提出的异议确定二审的审理重点，牢牢把握案件核心。

第五节　二审中的"新证据"

一、刑事二审新证据的内容与类型分析

结合我国刑事诉讼法对"新证据调取"的规定以及二审程序参照一审适用的规定，[1]为了追求实体正义，二审对于新证据的提出条件限制较少，采用"随时提出主义"。在法庭辩论终结前，当事人可以随时提出与本案相关的新证据，法庭亦应组织控辩双方进行举证质证。表 19-2 为成都市人民法院自 2016 年至 2018 年刑事二审新证据的提出情况介绍：

表 19-2

	有新证据提出	无新证据提出
比例	52.5%	47.5%
新证据提出主体情况		
	辩方提出	控方提出	双方均提出
比例	66.7%	9.5%	23.8%

从新证据的作用上看，新证据可被分为"能够改变原审认定的证据"和"对原审认定起补充作用的证据"。笔者经调研发现，在有新证据出示的 22 件案例中：新证据的出现改变原审事实认定的有 1 件；提出新证据但对原审事实认定未产生影响的有 6 件；新证据的证明内容用以补充证明原审事实认定的有 15 件，其中因新证据而改判的案件有 6 件，维持原判的有 9 件。刑事诉讼法对于刑事二审中的"新证据"并没有明确的定义或清晰的范围框定，只是提出了这一具体的称谓，允许控辩双方在二审时提交新证据，法院可以依职权调取新证据。但具体为何"新"，并没有给出明确的阐释，需要进行具体的分析理解。

（1）从时间维度上分析，根据"证据随时提出主义"理论，二审中的新证据应当为在一审程序完结后，二审程序中所提交于法庭的证据。该证据并

---

〔1〕《刑事诉讼法》第 197 条第 1 款："法庭审理过程中，当事人和辩护人、诉讼代理人有权申请通知新的证人到庭，调取新的物证，申请重新鉴定或者勘验。"

未在一审过程中出现过，亦未经过相应的法庭调查，需要二审对其进行第一次调查。

（2）从内容上分析，二审的"新证据"并不要求具有"新的内容"，即便该证据内容已被一审中出示的证据内容所涵盖，只要制作时间、制作主体、形式和证据内容之一有异于原审呈交之证据，则亦可作为"新证据"由控辩双方提交于二审之中。即便该份证据的证明力并不会改变原一审判决，法庭为优先保护被告人的诉讼权利，也会允许提交，并开启相应的证据调查环节。

（3）从提出缘由上分析，若该证据在一审期间已经于控辩之一方收集，但直到二审才呈交于法庭，至于为何原因而未及时提交，是故意还是过失，是否属于证据突袭，法庭在所不问。只要在二审期间向法庭提交了新证据，法庭均要予以审查。[1]我国追求绝对的案件真实，不可能使该证据"失权"。该证据提供方可能仅仅会受到训诫等司法惩戒之非难，并不会降低该证据对案件事实的证明作用。

综上所述，我国对于新证据的界定，应当为相对于法庭的新证据，且对于控辩双方在二审所新提交的证据，二审合议庭一般都会允许该证据进入庭审，证据的"准入门槛"较低。具体而言，二审中的"新证据"有以下几类：第一，一审时便已被控辩一方所知悉的证据，掌握主体基于某种特殊想法未提交于一审的证据，但在二审提出；第二，一审后才形成或发现的证据，在二审提交；第三，一审当事人申请法院调取的证据，而并未被准许，二审合议庭认为确有必要而依职权调取的新证据；第四，二审合议庭认为需要依职权调取的证据。

二、刑事二审新证据的判断与认定

对于不同的诉讼主体，其对于新证据的把握立场不同，控辩双方为了充实其观点，稳固其提出的相关意见，在二审中往往会积极地向合议庭呈交新证据，以期二审法官支持其公诉或辩护意见。而对于审判者而言，其在刑事诉讼过程中肩负着查明案件事实、作出正确裁判的任务，对于当事人的诉讼权利必须尊重，但其更看中的是提交新证据是否会切实对一审的裁判结果产

---

[1] 张燕龙："论刑事二审程序中新证据的采信"，载《南华大学学报（社会科学版）》2015年第5期。

生冲击。

（1）从被告人（辩护人）的角度思考。只要是一审中未提出的证据，在二审中需要提交的，其便被认为是"新证据"。这一观点主要是从时间维度出发进行理解的，即在一审结束以后，二审审判结束前向法庭提交的证据。凡是之前没有向法庭提交的证据，即可当作新证据。二审提交新证据，是当事人重要的诉讼权利，为获得对其更为有利的判决结果，当事人必然会积极行使这项法律赋予的权利。即便该份证据并不能对定案起到决定性作用，当事人也会怀着"试一试"的心态作出努力。例如，在一起职务侵占罪的上诉审中，被告人当庭提出了一份《情况说明》，用以证明涉案款项的一部分属于他发给自己的近3年的加班费，并不属于犯罪所得；并提出了一份《公司打卡记录》，证明自己10年工作任劳任怨，提出涉案款项应当作为自己的辛苦费等。虽然这两份证据无法对其定罪量刑产生影响，但为保证被告人提交证据的权利，法官依旧允许其在庭审中出示，并接受公诉人的质证。

（2）从二审法官的角度思考。大陆法系职权主义诉讼，法官探知真相，依职权查明很多问题，而非单纯由控辩双方来推进。由于二审法官庭前经过阅卷，对于该案有关的证据进行了第一次接触，通过一审的庭审笔录、判决书也可以还原一审法官对于案件的判断过程，从而准确地把握一审定案的证据锁链。因此，从裁判者角度思考，二审中出现的新证据一定是可以修正或改变原一审认定事实的新证据。若辩护人（或公诉人）提出的"新"证据已被原审中已有的证据内容所覆盖或者与本案定罪量刑并无直接的关系，在其内心并不会认为该证据属于本案的"新证据"，该证据只会起到稳固定案事实的补强作用（即对一审定案根据的"加固"），而不会起到"颠覆"作用。

综上所述，控辩双方和二审法官对于新证据的理解，可能并不相同。究其根本，我们必须明确，新证据是一个程序法的概念还是实体法的概念，换言之，新证据的"新"是形式上的"新"，还是实质上的"新"？法律允许当事人在二审期间提出新证据，这只是一项诉讼权利，但提交新证据的目的在于通过对新证据的调查，获得合议庭的采信，从而证明被告人的上诉理由成立，最终使其上诉请求得到支持。笔者以为，二审中所涉之"新证据"，应当是一个实体法概念，实质意义上的"新证据"应当是那些可以对一审案件事实的认定具有"修正"甚至"颠覆"作用的证据。目前，司法实务中的做法也与笔者所认同之观点相契合，对于被告人一方二审所"新提出的"证据，会在二审法庭调查过程中进行出示，并听取控辩双方的意见，支持当事人的诉讼权利。但至于该份证据能否发挥重要的作用，还要细查该证据的具体内容与原判决之认定事实的具体样态为何，具体而言：

（1）新证据的证明内容与原判认定之事实相一致，则可作为补强证据加固原审事实认定的正确性。

（2）新证据的证明内容与原判认定之事实相左，则二审需要详细调查该证据的"三性"，并结合全案的证据形成新的证据锁链，此种情况便为"新证据"在二审作用的重要体现，用于修正或改变原判认定之事实，作为二审改判或发回重审的重要依据和理由。

（3）新证据的证明内容与本案事实认定无关，这样的证据从实质解释角度来讲，并非二审所涉之"新证据"，由于与该案审理无关，并不会起到应有的证明作用，因此，判断某证据是否为新证据，应当从实体角度进行实质解释，即考察该证据会不会对案件认定进行修正或颠覆。"新"是内容新，看重的是其实体证明作用，而非形式。

第六节　二审中人证出庭必要性审查

根据《刑事诉讼法》第 192 条的规定，证人出庭的条件为：一是控辩双方对证言有异议；二是对案件定罪量刑有重大影响；三是人民法院认为证人有必要出庭。在庭审实质化改革背景下，为体现庭审中证人"应出尽出"规则，相关司法解释性文件将其限制为两要件：第一，控辩双方对证言有异议；第二，人民法院经审查认为证人证言对案件定罪量刑有重大影响。因此，对于控辩双方存在异议的案件关键证人申请出庭作证，一审法院没有其他的酌定选择权，必须支持控辩双方的申请。[1] 刑事二审重在调查争议问题，对于二审控辩双方因对证人证言存在争议并提出人证出庭申请的，笔者认为，仍应考量人证出庭之必要性，至于人证是否有必要出庭，最终的决定权仍在法院。具体而言，主要有两种情形：

（1）对于一审已出庭的人证，若在一审已经进行了较为详细、全面的调

---

〔1〕 龙宗智："刑事庭审中的人证调查（中）——证人等人证调查"，载《中国律师》2018 年第 8 期。

查，作出的证言一贯稳定，并与其他证据相互印证，原则上不再通知其出庭。虽然此时控辩之一方对该人证所做陈述仍存在争议，但基于诉讼成本与效率的考量，庭审亦可通过考察一审庭审笔录的记载等书面证言的方式，通过判断能否与其他证据相互印证，解决案件事实之争议。

（2）一审中未出庭的人证，控辩双方对其陈述存在较大争议，且对定罪量刑有重要影响的，此时，鉴于该人证对案件事实认定的重要性以及二审纠错、救济的功能，防范错案出现，应当通知其在二审中出庭接受调查。如在一起过失致人重伤案的审理中，因一审辩护方要求本案鉴定人之一的 Z 某出庭未果，在二审中又一次提出要求其出庭接受询问。上诉人及其辩护人认为，"造成受害者二级重伤的原因是其自身病变所致，并非由被告人行为所致"，确实有必要要求 Z 某出庭，对若干专业问题进行详细说明。因该鉴定人对本案定罪量刑具有重大影响，且控辩双方争议较大，确有必要通知鉴定人 Z 某出庭接受询问，故法官予以批准。

表 19-3　成都市人民法院实质化审理案件二审人证出庭情况

刑事二审人证出庭比例介绍		
人证出庭案件数量	占实质化审理案件比例	情况说明
7 件	11.9%	均为一审未出庭人证，未出现同一人证在一审、二审均出庭的情况
成都市人民法院实质化审理案件二审出庭人证种类介绍			
人证类型	一般证人	侦查人员	鉴定人或专家证人	其他
数量	9 人	1 人	2 人	0

从司法现状来看，刑事二审人证出庭数量较少，出庭比率较低（详见表19-3），且随着庭审实质化改革的开展，一审中对于证明案件事实有重要作用的人证"应出尽出"，在证言一贯稳定的情况下，二审证人并无必要要求该证人必须再次出庭。因此，我们必须以二审"续审"之性质作为出发点，并结合其纠错与救济之功能对二审人证出庭必要性审查标准进行特殊考量。具体理由如下：

（1）刑事二审的庭审时点距案发时间较一审更远，对案情的记忆随着时间流逝而减弱，证人直接出庭完整叙述案件难度较大，难以准确、详细地还原事实。若一审证人已出庭，且做出较为稳定的、与其庭前书面证词无实质差别的陈述，二审再次提请该证人出庭，则可能出现以下几种状况：①证人重复其一审之证言，控辩双方均无异议，不符合二审的争点审、焦点审的目标与功能，将已调查明确之事实再次询问，易降低庭审效率，笔者认为并无必要；②由于案发与二审时间存在较长的间隔，证人对于案件事实详细情况的记忆通常会更模糊，易作出较一审更为模棱两可的证言，易影响庭审的正常走向，带偏争议重点的审理。例如，在一起集资诈骗案的上诉案审理中，辩护人为再次证明被告人不属于涉案公司的股东，不应承担刑事责任，申请一审已出庭的证人 A 某再次出庭。庭审中 A 某所做出的证言与一审陈述并无实质不同，回答的内容基本与一审证言一致，且对于控辩双方所询问的几个问题均表示："时间过了太久，记不清了"。这使得人证出庭的意义大大降低，对庭审调查的帮助十分有限。

（2）从作证环境方面看，庭审中的作证环境较为单纯，其证言受到外界不良影响和干扰较小，可以在法官的亲历下，接受控辩双方的质询，且庭审笔录经各个诉讼参与人确认签字，一审庭审中的证言相比庭前证言的客观性更强，有着较高的证明力，相比二审再次出庭所作证言，内容的完整性、叙述的清晰性更强。

笔者认为，不是证人出庭的数量越多，就越能更好地查明案件事实，而应当重点着眼在要求"关键的证人、控辩双方有异议及审判者认为有必要的证人"出庭接受调查，对案件事实的查明、争议问题的解决才有帮助，才能切中庭审实质化的根本。尤其是在二审中，使证人出庭完全服务于"争点""焦点"的审理才是最关键的。因此，若证人的审前证言与一审当庭陈述相一致，控辩双方均无异议，则基于诉讼经济，并不要求该证人必须出庭。若为唯一的、特别重要的目击证人以及控辩双方对证人的言词具有重大异议的，则应当出庭。侦查人员出庭的问题，若涉及非法证据排除问题，则应当出庭进行陈述。若为还原到案经过、抓捕过程等，也应结合其在案件事实证明的地位进行判断，理由亦同。而对于鉴定人来讲，其自身具有较高的职业素质，通过其专业知识对具体案情进行分析，形成意见，且鉴定材料是客观存在的，具有稳定性，并不会随着时间流逝而使其意见的证明能力减弱。

基于上述分析，对于一些案件，审判者应当重视证人在一审程序中当庭所做之证言，从时间维度上看，所作证言的时点距案发较近，准确、完整还原案件事实的可能性较大，即便存在瑕疵，若可与其他证据相互印证，便可采信。若一味地坚持证人必须出庭接受法庭询问，则可能会导致庭审的混乱、法官的迷茫，易影响对案件进行公正、高效的审理。笔者认为，考虑到二审程序的特殊性，应当就二审证人出庭必要性制定明确的考察标准：对于证人多次证言有较大矛盾、一审证言仍需要进一步核查、控辩双方对影响定罪量刑的证人证言有异议以及二审出现的新证人可能影响定罪量刑的情况，应当要求在二审中出庭作证。对上述证人，应严格按照《刑事诉讼法》第 192 条规定的条件，对证言有争议待判定，且对定案有重要作用的证人，必须要求出庭；必要时，法院应当强制其出庭。如果证人不出庭，不能以书面证言代替作证。

第七节　二审中非法证据排除程序

非法证据调查程序纵贯庭前会议、一审、二审，甚至再审程序，因我国法律未特别给予针对一审排非处理的独立救济程序，被告人对一审排非结果不服的，只能通过提起上诉的渠道，要求二审法院对该案的实体与程序问题一并进行审理。诚然，对于非法证据的认定、证明规则以及排非程序具体该如何进行，一审与二审的操作方式并无实质的不同。但鉴于二审争点审与焦点审的特性，二审排非程序的启动审查问题与一审而言存在着较大的特殊性，应当予以重点关注，具体论述如下：

（1）从数量上看，二审非法证据排除程序的申请与启动较一审更低。一般而言，如若该案的证据中存在疑似为非法之证据，辩护人均会在一审审理中提出，一审法院应当就该证据形成的具体情况进行详细调查，并作出是否为非法证据之判断，故该问题在一审中已经得到了第一次解决。只有控辩双方对一审所做之排非结论不服或一审应当启动而未启动的时候，才会提交于二审法院再次审查判断。经调研统计，2017 年至 2019 年成都市人民法院开庭审理的二审案件中，提出"排非"申请的有 43 件。其中，辩方在二审庭审开始前撤回申请的有 9 件；在一审申请排除未果以此为上诉理由再次申请的有 21 件；在二审中当庭提出新的排非申请的有 13 件。经过庭审调查的有 34 件，其中二审法院认定一审结论正确，驳回排除申请的有 21 件，对于二审提出排非申请（第一次提出），经调查驳回排除申请的有 13 件。

（2）二审非法证据排除申请的审查内容，应着眼于刑事二审的模式与特点。在保证被告人申请排非的权利的同时，如因一审被告人怠于行使该权利，导致排非问题遗留至二审，出于防止滥用诉权，避免随意启动排除非法证据程序的考量，二审法院对此类排非申请不予支持。若确属发现新证据、证据线索的，有非法取证之嫌的情况，则应在庭审进行重点审查。在续审和事后审查相结合的"混合制"模式下，二审排非程序主要存在下列两种情形：

情形一：如控辩之一方对一审排非问题的处理不服，以此作为上诉理由提交二审法院，则二审法院应当着眼于控辩双方之争议根本，即"一审排非程序未启动是否存在问题"与"排非与否的结论是否正确"，根据不同情况作出是否影响最终裁判结果的有效判断。如在一起涉嫌非国家工作人员受贿案的上诉审中，辩护人在二审中依然认为《被告人第一次讯问笔录》存在着疲劳审讯、非法限制人身自由的情形，且讯问地点不合法，虽然公诉人在一审中阐述了理由，但未提交相应的证据，属于事实不清的情形，故在二审庭审中再次申请排非。

情形二：在一审中并未提出排非申请，而在二审中第一次提出，即应考虑是否属于新的诉讼请求，审查控辩双方是否针对排非问题提出了新的证据或线索，是否可能冲击到原审所认定之结论的正确性。如在一起非法吸收公众存款案的上诉审中，辩护人当庭对《被告人第三、四次讯问笔录》申请排非（一审中未申请），理由为：存在诱供的可能性，且讯问笔录存在漏记、篡改，与实际情况不符。庭前会议中，辩护人将被告人的几次讯问笔录一一列举，认为有若干涉及被告人罪与非罪的重点问题在第一、二次讯问笔录中未涉及，但在第三次以后的笔录中大量涉及，与前序笔录内容明显脱节。并说明：一审中未注意到这个问题，该情况系与被告人在沟通上诉事项时发现的，故申请排除。该案在庭审中启动排非程序，但最终排非理由未获得支持。

（3）法院作出排非程序启动与否的处理，应遵循刑事二审的固有规律。如果有符合法律规定的新证据或证据线索或材料，那么应当启动排非程序；反之，则不能启动。如果一审不启动程序或不排除争议证据的处理正确或基本正确，那么理应不再启动排非程序；反之，即使没有新证据或证据线索或材料，但经审查原判，认定原处理确有错误，亦应考虑启动再审程序中的排非程序或直接发回重审。

综合来看，刑事二审排非程序的申请与启动、内容的审查与结论的作出，较一审而言有更大的特殊性。我国二审的具体审查模式为"争点审"与"焦点审"。对一审之认定再次进行审查与判断，作出维持、部分修正抑或发回重审的不同判决结果，并容许控辩双方在合理范围内提出新的事实、证据，发表新的意见，用以保证判决的正确性。依据不同情况，对于非法证据排除的结果，处置程序不同：

（1）对于一审法院没有审查排非申请，且以该证据作为定案根据的情形，二审法官应当及时查阅全部案卷材料，结合庭审笔录对于一审审判程序的记载，判断是否系属裁判遗漏，若确为对排非申请未予以审查，则属于严重的程序违法情形。故此时无须再对其他的争议问题进行审理，直接认定一审程序严重违法，裁定发回重审。

（2）控辩双方不服一审法院作出的排非调查结论，提出抗诉、上诉的，则应当作为二审重点审理对象，即重新审查判断一审所作证据合法性结论是否正确，允许控辩双方提交新证据、针对系争证据的合法性发表意见。经调查，如认为一审对证据合法性认定正确，则应维持原裁定；若经审查发现一审所作结论确系有误，应作出相应的改判，体现二审"纠错"之功能。

（3）对于一审结束后才发现相关线索或者材料，从而申请排非的情形，笔者认为，不宜直接在二审中对排非问题进行审查判断。此时，因一审未对排非问题进行审查判断，系争证据是否为非法证据亦未被作出第一次认定。此时，被告人及其辩护人申请排非的目的是：因线索、材料发现之际，一审已经结束，故只能寄希望于二审法庭对该证据的合法性问题进行调查并作出相应的判断。如二审法官径直启动调查，作出终审判决或裁定，系对被告人上诉权的实质侵害，不符合二审终审制的基本原则。因此，对于该情形，原则上应当裁定发回重审。

非法证据排除程序是为了确保规则落实而由立法者设计的规则运行载体，主要针对证据合法性问题的争议，即对侦查人员取证行为的合法性及对所取证据是否具有证据能力的司法判断。由于我国《刑事诉讼法》对二审的规定较为粗略，易在实践中产生较多疑难、复杂难解之问题，因此必须牢牢把握二审之特殊地位与属性，分析若干具体诉讼程序的特征与任务，并结合一审操作之方式综合判断，在法律未作详尽规定之时，依据不同情况作出合理处置，确保二审程序的规范运行。

第二十章

刑事再审案件的审理方式
与证据调查

近年来，我国刑事诉讼较为重视对生效判决的纠错，无论是普通刑事犯罪，还是经济犯罪，都出现了一系列再审纠错案例。然而，对再审案件的法庭审判，在制度供给方面，无论是刑事诉讼法还是司法解释，均十分简略，并未充分反映不同案件刑事再审的实际情况和需要。有关的学术研究也很欠缺。[1]而在推动"以审判为中心"及"庭审实质化"改革的过程中，各方面对刑事再审庭审的实质化问题也缺乏探究。本章拟探讨再审案件的审理方式与证据调查问题，兼论刑事再审的"庭审实质化"，希望对相关制度的完善及司法实践的改善提供参考。

第一节　刑事再审案件法庭审判的基本制度框架

针对刑事再审适用的审判程序，《刑事诉讼法》第256条规定："人民法院按照审判监督程序重新审判的案件，由原审人民法院审理的，应当另行组成合议庭进行。如果原来是第一审案件，应当依照第一审程序进行审判，所作的判决、裁定，可以上诉、抗诉；如果原来是第二审案件，或者是上级人

---

〔1〕　查阅"中国知网"关于刑事审判监督程序及刑事再审审判的学术资料，可以发现问题研究集中于申诉权的保障、"新证据"的界定、再审发动的主体与权力、再审开庭与不开庭审理、对被告不利再审的限制等再审法律制度问题，但缺乏研究再审法庭审理与证据调查如何展开即再审技术层面问题的学术文献。

民法院提审的案件，应当依照第二审程序进行审判，所作的判决、裁定，是终审的判决、裁定。人民法院开庭审理的再审案件，同级人民检察院应当派员出席法庭。"第297条2款规定："人民法院按照审判监督程序重新审判的案件，被告人死亡的，人民法院可以缺席审理，依法作出判决。"

为了提供具有可操作性的再审审判程序规范，最高人民法院制定了《关于刑事再审案件开庭审理程序的具体规定（试行）》，并于2002年1月实施。该司法文件对原审审判人员的回避、再审开庭与不开庭、同案当事人到庭、原裁判的执行或中止、审判准备等问题作了具体规定。该文件限制了再审案件开庭审理的范围，规定应当依法开庭审理的再审案件包括：依照第一审程序审理的；依照第二审程序需要对事实或者证据进行审理的；人民检察院按照审判监督程序提出抗诉的；可能对原审被告人（原审上诉人）加重刑罚的等。同时规定部分再审案件可以不开庭审理。主要包括原判决、裁定认定事实清楚，证据确实、充分，但适用法律错误，量刑畸重的；原审被告人（原审上诉人）、原审自诉人已经死亡或者丧失刑事责任能力的等。

该文件就开庭审判的再审案件作出程序规定：准备程序后，首先由合议庭宣读再审决定，或由公诉人宣读抗诉书。因当事人及其法定代理人、近亲属提出申诉的，由原审被告人（上诉人）及其辩护人陈述申诉理由。而后，该文件第19条规定："在审判长主持下，控辩双方应就案件的事实、证据和适用法律等问题分别进行陈述。合议庭对控辩双方无争议和有争议的事实、证据及适用法律问题进行归纳，予以确认。"第20条规定："在审判长主持下，就控辩双方有争议的问题，进行法庭调查和辩论。"第21条规定："在审判长主持下，控辩双方对提出的新证据或者有异议的原审据以定罪量刑的证据进行质证。"而后进入辩论阶段。此外，该文件第7条还规定，人民法院审理共同犯罪再审案件，如果人民法院再审决定书或者人民检察院抗诉书只对部分同案原审被告人（同案原审上诉人）提起再审，其他未涉及的同案原审被告人（同案原审上诉人）不出庭不影响案件审理的，可以不出庭参与诉讼；部分同案原审被告人（同案原审上诉人）死亡或丧失责任能力，或因在交通十分不便的边远地区监狱服刑，提押到庭确有困难的，不出庭不影响案件的开庭审理。

《刑事诉讼法司法解释》对再审审理作了原则性规定。其第465条规定："依照审判监督程序重新审判的案件，人民法院应当重点针对申诉、抗诉和决定再审的理由进行审理。必要时，应当对原判决、裁定认定的事实、证据和适用法律进行全面审查。"第466条则对另行组成合议庭，依法按一审程序、二审程序进行审判，以及符合法定条件的，可以缺席审判作出了规定。第467条规定，依照第一审程序进行审判的过程中，发现原审被告人还有其他犯罪的，一般应当并案审理，但分案审理更为适宜的，可以分案审理。第468条规定，开庭审理再审案件，再审决定书或者抗诉书只针对部分原审被告人，其他同案原审被告人不出庭不影响审理的，可以不出庭参加诉讼。

根据上列最高人民法院司法解释，理解目前在再审审判中适用的程序规范，主要包括以下几点：其一，刑事诉讼法关于再审程序分别适用第一审或第二审程序审理的规定，主要指再审裁判是否生效，是否可以上诉或抗诉，并引起再次审理，上列"具体规定"对再审庭审程序实际上已作具体安排，并未要求完全按照法律规定的第一审或第二审的审理程序进行审理。其二，再审审理方式，并不仿效一审审判的全面审理，而是采取争议点审理的基本方式。包括无异议的同案原审被告人（原审上诉人）可以不出庭；庭审首先应当在审判长的主持下，由控辩双方就事实、证据和适用法律等问题分别进行陈述，然后由合议庭进行归纳，确定争议点，法定调查和辩论围绕争议问题进行。仅在"必要时"才进行全面审查。其三，质证程序，亦非全面举证质证，而是一般要求控辩双方针对新证据或者有异议的原审据以定罪量刑的证据进行质证。同样是在"必要时"才进行全面举证、质证。

2012年《刑事诉讼法》增加了刑事审判庭前会议程序，同时设立了排除非法证据的程序，根据立法意旨，这两种程序于再审审判程序中亦可容纳。

第二节　再审案件审理的条件和特点

刑事再审，是以纠错为目的，对已生效甚至已执行裁判案件的重新审判。因此，再审审判程序的设定，应当针对刑事再审的审判条件，体现刑事再审的特点，以有效实现刑事再审的功能。

梳理刑事再审的审判条件，需注意以下三个方面的情况：

（1）再审针对的刑事案件，已经过一次或二次审判，并有生效判决。因此，再审不是"白板审判"，而是在先前审判基础上的重新审判。而且审判的前提是裁判已生效，通常已交付执行，有的甚至已执行完毕。

对生效裁判案件提起再审，首先将面临裁判的安定性与公正性两种价值的冲突。决定再审意味着在冲突之中对公正价值的优先选择。但在作出此种选择后，法院在审理内容确定和程序展开中，仍然应当注意协调裁判公正性与安定性的矛盾，在保障公正价值的同时，尽量降低对裁判安定性的影响。同时，对于原审审理已经取得的成果，尤其是案件实体审理的成果，也不应一概存疑乃至否定，而应依循再审所发现及排除的问题进行必要的选择，承继利用部分乃至大部分审理成果。这样做，一方面是为了节约诉讼资源，维系裁判适度稳定。另一方面，也是因为再审审理因审理时间和审理条件不同，在一定程度上已不具备原审审理的有利条件，如因时间久远证人的记忆可能模糊，因原审审判的相关信息影响，证人证言已不再具有"干净性"等。因此，需要尽量发挥原审审判成效。

（2）再审启动主体不同、缘由不同，案件特性与类型不同，审级不同，亦将影响程序适用。再审程序与原审程序尤其是一审程序有较大不同，突出体现于案件相关要素的多样化。

就启动主体看，检察机关与法院均可启动再审程序，因此有别于原审法院不能自行发动审判程序。就启动缘由看，检察院的抗诉或再审建议、当事人及其近亲属的申诉、法院自己发现等均可成为再审启动缘由。就案件特性与类型看，除可区分为公诉案件与自诉案件外，还可区分为事实审案件与法律审案件以及事实法律综合审案件，以及区分有争议案件与无争议案件。就审结效力看，再审根据原生效裁判的审级，分别适用一审程序或二审程序，并因此决定再审审判后裁判的效力——是可上诉、抗诉的未生效裁判，还是终审裁判。上述再审审理要素的多样化，对程序的设置具有重要影响。

（3）除检察院抗诉引起的再审外，其他再审程序发动，包括法院自行发动再审或根据申诉、检察建议等决定再审，已有先期裁判初步认定原判"确有错误"，或其他需要重新审判的情况，并以此作为再审前提。

根据《刑事诉讼法》第253条、第254条的规定，人民法院决定再审，无论是决定本院再审、提审，或是指令下级人民法院再审，均需经过审查，认为原判在认定事实、使用证据、适用法律上"确有错误"，或存在其他应当提起再审的情况。[1]这一再审决定，对再审审判并不具有预决效力，再审合议庭经过审理有权独立作出改判或维持原审裁判的决定。然而，如果再审裁判维持原判，会出现再审启动决定所认定的事实与再审裁判的事实认定相矛盾的情况，这可能损害法院的公信力，还可能使那些因启动再审而满怀希望的当事人产生被戏弄的感觉。且由于我国实行人民法院而非法官独立行使审判权的原则，以法院名义作出的裁判发生这种形式上的矛盾，更容易使法院的公信力受到损害。为尽量避免这种矛盾，一旦法院决定再审，再审案件即将进入趋于改变（包括部分改变）原判的轨道；如果再审审理后仍然维持原判，需提供较充分的理由，包括就再审启动决定与再审判决之间的矛盾做出合理解释，以避免或减少对法院公信力的损害。

在我国现行刑事审判制度中，基于再审审判的不同条件和审理对象，决定再审审理及证据调查可能具有以下特点：

（1）审理方式与证据调查呈现出多样化的操作特点。虽然缺乏具体规定，但案件相关要素的多样化决定了审判实践中法庭审理与证据调查方式的多样化。如根据审理条件的不同，在一般开庭审理的同时，也可以进行书面审而不开庭。对有争议案件进行实体审理的同时，对于无争议案件则可主要进行程序性审理与形式审查。即为了维持裁判正当性，推动必要的审判程序，对控辩双方已形成一致的纠错意见进行合法性、有据性、意思表示真实性的一般审查，而非举证质证的实体审理。开庭审理，亦可根据不同的启动主体、案件来源和审理对象，确定举证、质证的不同顺序和方式。同时，根据案件争议问题的不同类型，法庭证据调查亦可采取与之相适应的不同方式。而就法院依职权调取的新证据或就法院自行决定再审时的法庭调查，也根据情况采取不同的证据调查方式。

---

[1]《刑事诉讼法》第253条："当事人及其法定代理人、近亲属的申诉符合下列情形之一的，人民法院应当重新审判：（一）有新的证据证明原判决、裁定认定的事实确有错误，可能影响定罪量刑的；（二）据以定罪量刑的证据不确实、不充分、依法应当予以排除，或者证明案件事实的主要证据之间存在矛盾的；（三）原判决、裁定适用法律确有错误的；（四）违反法律规定的诉讼程序，可能影响公正审判的；（五）审判人员在审理该案件的时候，有贪污受贿，徇私舞弊，枉法裁判行为的。"第254条第1款、第2款："各级人民法院院长对本院已经发生法律效力的判决和裁定，如果发现在认定事实上或者在适用法律上确有错误，必须提交审判委员会处理。最高人民法院对各级人民法院已经发生法律效力的判决和裁定，上级人民法院对下级人民法院已经发生法律效力的判决和裁定，如果发现确有错误，有权提审或者指令下级人民法院再审。"

（2）围绕争点的法庭审理与证据调查。这一点是再审程序与一、二审程序最突出的区别。一审普通审判程序，须针对起诉书的指控，围绕犯罪构成和量刑进行全面审理和裁判；二审虽在实践中实行重点审理，但在法律上也要求全面审理，不受上诉、抗诉范围的限制。[1]但再审审判则是较为典型的争议点审理而非全面审理。主要缘由是在裁判公正性与安定性的矛盾冲突中，选择公正性价值优先的同时，应尽量兼顾裁判安定的要求。同时，也是考虑前述再审较之原审的审理条件不同，如时过境迁等，在不损害公正性的情况下，需要尽量利用原审审判成效。争议点审理的特征要求在庭审前或庭审时梳理争议点，在此基础上，对无争议问题不予审理包括不进行法庭调查和辩论，对无争议的证据可不再如原审那样举证质证。

（3）法官主导性增强。由于实行争点审理，对争点的梳理以及调查和辩论围绕争点展开，均需要合议庭进一步发挥在审理中的主导作用。尤其是法院因申诉、检察建议，或自己发现而决定再审的案件，由法院提起再审的决定作为审判前提并确定审理对象，法官更应把握特定审理事由展开程序。这就需要法官更主动地介入证据调查，把握调查方向，限定调查内容，规制调查方法，同时通过释明敦促和引导控辩双方举证、质证，提高审理的有效性。对此，前引最高人民法院《关于刑事再审案件开庭审理程序的具体规定（试行）》已有体现。如在关于法庭调查辩论程序的前引三个条文（第19条、第20条、第21条）中，均要求控辩双方的诉讼行为，"在合议庭的主持下"展开，从而强调了再审审判程序中法官的主导作用。

（4）简化举证、强化质证，且二者关系的处理趋于灵活。先举证，披露证据信息，再质证，即就证据的相关性、客观性与合法性，或证据的证据能力和证明力进行质辩，这是证据调查的一般规律。但因再审案件已经过原审的全面举证，各种证据已经为当事人所了解，辩护律师经过阅卷也已知悉，因此，除新证据外，原审证据举证趋于简化，证据调查重在控辩双方对原审证据的解读，即质证。而且可能不再遵循先举证后质证的要求，而是使二者关系灵活化——在质证中包含证据信息提示的举证内容，在举证时即发表质

---

〔1〕《刑事诉讼法》第233条："第二审人民法院应当就第一审判决认定的事实和适用法律进行全面审查，不受上诉或者抗诉范围的限制。共同犯罪的案件只有部分被告人上诉的，应当对全案进行审查，一并处理。"

证意见，包括对原审裁判用证、认证的意见。最高人民法院《关于刑事再审案件开庭审理程序的具体规定（试行）》就证据调查，未明确规定举证，仅规定"在审判长主持下，控辩双方对提出的新证据或者有异议的原审据以定罪量刑的证据进行质证"。应当说，该条规定正是体现了再审证据调查的这一特点。

（5）书面化证据为主要内容的证据调查。为实现"庭审实质化"，在原审程序，尤其是一审程序中，需要贯彻"直接言词原则"，使法庭能够直接审查原始人证。但在再审庭审时，因时过境迁及原审程序影响，原审中证人出庭的必要性降低。且原审案件的全部证据信息已沉淀为书面化的侦查、检察、审判卷宗材料，尤其是原审判决已经详细开列被作为定案依据的证据，除了发现新的证人或需要原审未出庭证人出庭等少数情况外，再审庭审调查中的举证、质证较之原审，更多地使用和针对侦查、检察、审判卷宗里书面化的证据材料，从而形成了以书面化证据为主要内容的证据调查。当然，少数案件亦因其特殊性而有例外。

（6）容纳新证据的两步式证据调查。在裁判安定性价值的影响下，出现足以影响原判的"新证据"是启动再审最重要的理由。但新证据需要被纳入案件证据群乃至全案证据体系进行分析理解，从而促使法院做出合理判断。因此，再审法庭证据调查，不能孤立地调查"新证据"，还需对原审证据进行质证并在必要时举证，从而形成新证据调查和原审证据质证的两步式证据调查这一常见特征（少量没有新证据，仅因原判证据不确实充分而进行再审的案件除外）。再审法庭审理，需要清晰地界定"新证据"，同时区别新证据的举证质证与原审证据的质证。这种区别，一方面使法庭能够明确哪些是首次接触的"新的"证据，哪些不是新证据，从而采取不同的证据调查方式；另一方面，也便于法庭准确适用法律——再审案件事实审，审理和裁判的法律根据是《刑事诉讼法》第 253 条第（一）项即新证据条款，还是第（二）项，即原审证据未达到证据标准，抑或兼用第（一）项和第（二）项。

第三节　再审案件事实审的矛盾和基本方式

再审案件的事实审，包括有争议案件与无争议案件两种事实审类型。因检察机关为被判刑人利益建议再审或提出抗诉，或因发现无可置疑的颠覆原判的新证据,如故意杀人案件中的"被害人"复活、"真凶"被确认等,再审审判前,错案的确认及改判已无争议,那么再审时的事实审便可简略进行,此处不赘。我们需要探讨的是有争议再审案件的事实审审理。笔者探讨再审案件事实审模式与证据调查问题,即主要针对此类案件。

鉴于前述特定审理条件,再审案件事实既不能背离原审事实审的证据调查方式,又难以直接套用原审方式,这种"非驴非马"式的证据调查在实践中可能会制造一些矛盾。其中较为突出的有以下两种:

(1)仅对争议证据举证、质证,还是组织证据群展开举证、质证。对原审证据进行调查应针对"有异议的证据"进行质证,是最高人民法院《关于刑事再审案件开庭审理程序的具体规定(试行)》所规定的基本方法,也是实践中经常采用的证据调查方法。但是,有异议的证据并非孤立地存在,它必然与其他证据有机联系,其"三性"难以自证而明,因此有效质证常常不可避免地需要使用其他证据。而且,证据异议所涉及的事实认定问题,尤其是犯罪构成要件事实的证明,也不可避免地需要分析证据群乃至全案证据体系。这常常会引发就争议证据举证质证的法庭要求,与控辩一方对证据群乃至证据体系的全面举证、质证的实际做法的冲突。

2018年6月,由最高人民法院第一巡回法庭提审的"顾某军等人虚报注册资本,违规披露、不披露重要信息,挪用资金再审案"(以下简称"顾某军案"),在证据调查环节就出现了上述冲突。该案开庭前,法庭召开了庭前会议,以原审生效裁判为依据,确认了三个罪名的各项事实中无争议证据与有争议证据的范围。庭审中,合议庭宣布决定:"对于检辩双方有争议的证据,本庭将在开庭审理中分组进行质证,没有异议的不再进行质证。"然而,在证据调查中,检察机关就该案中部分事实的质证,采用了体系性论证的方式,将能够证明该项事实的基本证据均举出并以放幻灯片方式在法庭展示,在此基础上进行事实论证。这一做法引起了辩方的诉讼异议,认为检察官的全面举证方式违背了庭前会议的约定及合议庭的要求。这一异议为合议庭所支持,审判长明确表示辩方意见有理,要求检察员"跟随法庭规定发表意见"。[1]

---

[1] 参见"原审被告人顾某军等虚报注册资本,违规披露、不披露重要信息,挪用资金再审一案庭审录播",载 http://tingshen. court. gov. cn/live/2357527,最后访问日期:2018年11月30日。

（2）证据调查是以诉讼案卷为基础，还是以裁判文书为基础。再审如依照原审程序进行，就应当以诉讼案卷为基础进行证据调查，因为在审判实际运行中，一审程序是以诉讼卷（基本上是侦查卷宗）为司法审查的中心及证据调查的基础。但再审如强调原审审判及其成果——生效裁判，而且主张仅对新证据以及有争议的原审证据进行质证，则通常是以原审生效裁判为基础，就生效裁判列示的证据界定有异议的证据和无异议的证据，从而明确质证范围。同时，是否作为新证据也常以原判是否列出作为一项判断标准。

从现实操作情况看，以诉讼卷宗为基础的证据调查及以裁判文书为基础的证据调查都是被法院于再审实践中实际应用的方式。如前述"顾某军案"再审，本系典型的以裁判文书为基础进行证据调查的实例。审判员在法庭上归纳的有异议及无异议的证据项，均为生效裁判文书列示证据项。但控方在为论证其法律观点而举证时，部分内容并未引用裁判文书列示证据，而直接采用诉讼卷宗中所列的证据。而在中国庭审公开网所载"山西省平乐县人民法院再审莫某连盗窃案"，控方在定罪调查阶段中举示证据，则基本按照一审时的举证方式，即以诉讼卷宗为基础，分别举出犯罪主体，物证与书证，被害人陈述，被告人供述与辩解，勘验、检查、侦查实验笔录，鉴定意见等六组证据。但因系再审，控方做概括举证，很快完成。[1]此外，实践中还存在控方用诉讼卷宗举证并发表证据意见，同时合议庭要求辩方以生效裁判为据，明确哪些是有异议的证据，并发表对这些证据的质证意见，即两种举证逻辑同时运行的情况。

受上述矛盾以及不同法官对审判程序及所办案件的认识等因素的影响，法院当前的刑事再审的事实审理，呈现出不同的方式与形态。可以概括为以下三种基本类型：

（1）以新证据为中心的事实审理。刑事再审的证据调查，法院普遍重视原审审理中未出现的"新证据"的举证质证。一些合议庭将证据调查的举证范围限于"新证据"。如果证据调查涉及原审证据，也无需举证（或只需提及证据名称），而直接发表质证意见。有的再审案件，在控辩双方没有明确提出对原审证据异议的情况下，法庭仅调查"新证据"，不再对原审证据进行

---

[1] 参见"［2018］桂0330再审1号案视频"，载http://tingshen.court.gov.cn/live/2007118，最后访问日期：2018年11月30日。

质证。[1]

（2）以原审有异议证据与新证据质证为基本内容的事实审理。这是按照最高人民法院《关于刑事再审案件开庭审理程序的具体规定（试行）》要求的方法进行的证据调查，也是当前刑事再审实践中较为普遍使用的方法。不过，如前所述，这种将原审证据调查局限于有争议证据的做法，可能使证据调查范围过窄。有时会产生争议证据调查与证据群调查的冲突。

（3）仿效一审程序的事实审理。如对构成犯罪有争议，则可按照一审的方式，由检察官围绕犯罪构成全面举证，控辩双方展开质证。不过在实践中，因系再审，举证过程比较简略，通常采取批量举证方式，而且举证、质证着重于争议点上。根据《刑事诉讼法》第256条的规定，原则上要求再审审判按照原一审、二审程序进行。而根据《刑事诉讼法》第242条的规定，除法律作出专门规定的外，二审审判，"参照第一审程序的规定进行"。因此，再审审理参照一审程序展开有一定的法律根据。

对以上较为典型的证据调查方式需作两点说明：

第一，再审实践中，有一部分案件审理并非典型的方式，而可能具有"混合"性质。如对多项定罪或量刑事实进行调查，或对一项事实的多个争议点进行调查，根据合议庭的要求或控辩双方准备的证据调查方式，有的争议点对证据群进行举证质证，有的争议点则仅对争议证据进行质证，或仅对新证据进行调查。

第二，听取原审被告人（或原审上诉人）的陈述，是再审程序的重要内容。这一点系目前普遍的再审庭审实践。因为再审审判以再审当事人的刑事责任为审判对象，再审当事人既是再审法律关系的主体，又是再审审判结果的承受者，是重要的证据来源，还可能是再审的实际启动者（法院根据当事人的申诉决定再审），加之再审当事人通常是再审法庭上的唯一人证，因此听取再审当事人的陈述是再审证据调查的重要内容。有一部分再审案件，听取当事人陈述并发问后，因没有新证据，对原审证据亦无异议，证据调查即告

---

〔1〕　如吉林市中级人民法院审判的赵×慧贪污罪再审一案，该案因同级人民检察院抗诉而提起再审，争议点是自首是否成立、原审否定的1.5万元贪污是否成立、量刑是否失当。在双方发表意见并向原审被告人发问后，审判长询问控辩双方有无新证据，双方均答没有，审判长即行宣布法庭调查结束。载 http://tingshen.court.gov.cn/live/2096203，最后访问日期：2018年11月30日。

结束。〔1〕不过，听取当事人陈述的方式有区别。一种比较规范和典型的方式是在证据调查阶段专门安排检察官、辩护律师及合议庭法官向当事人发问的环节。这与法律规定的一审程序相似。再审实践中，也有其他的听取当事人陈述的方式。如有的案件，系因当事人申诉启动再审程序，法庭听取当事人当庭陈述的理由后不再安排向当事人发问的程序，直接进行证据调查。〔2〕

第四节　再审案件的"庭审实质化"问题

一、再审案件"庭审实质化"的意义

努力实现刑事庭审的"实质化"是推动"以审判为中心"的诉讼制度改革的重要内容。但目前的改革措施及对庭审实质化的研究集中于一审庭审程序，对再审程序则少有关注。然而，笔者认为，在注意再审审判特点的情况下，实现再审案件"庭审实质化"仍然是一个有意义的改革命题。

（1）从原审程序和再审程序的关系看，刑事诉讼法规定再审按照原一审程序或二审程序进行，同时要求二审程序除法律有专门规定的之外，参照一审程序进行。依此逻辑，一审庭审的实质化要求也应适用于刑事再审审判。

（2）从再审的实际需要看，再审是对原审的救济，因为原审已经存在经过审判检验，确定的（至少在形式上看较为合理、有据的）证据体系和事实框架，要打破这种体系与框架，实现有效的法律救济，需要实质化的审判，包括新证据的发现，以及对原有证据"三性"及证据体系矛盾和证据不足的深入分析等。

（3）从再审审判实践看，庭审实质化是实现公正的再审审判的必要路径。

---

〔1〕　吉林中院再审的"赵某慧贪污案"（〔2018〕吉02刑再2号案），涉及事实认定和法律适用的三个争议点，法庭在检辩双方对原审被告人发问并由合议庭发问后，询问双方有没有新的证据，辩护人答没有；检察员回答没有新证据，是根据抗诉书提供的证据。而后审判长不再组织举证质证，直接宣布法庭调查结束。参见 http://tingshen.court.gov.cn/live/2096203，最后访问日期：2018年11月30日。

〔2〕　如顾某军再审审判，听取顾某军申诉再审理由后即进行证据调查，不再安排对顾和其他当事人发问的程序。此案证据调查的重点放在原审有异议的证据质证和新证据的举证质证方面，没有安排向原审被告人发问的调查环节。这是根据该案具体情况所做的证据调查安排，并无不当。

在近年来对争议案件进行实质化再审审判的案例中，笔者认为"顾某军案"具有典型意义。[1]在庭审时间上，"顾某军案"再审长达二十多个小时，与原"中国庭审公开网"上所公布的再审案例通常一两个小时即审理完毕大不相同。而庭审时间主要被用在证据调查环节。在证据调查中，除了对有异议的证据展开质证以外，还有辩方申请的两名证人出庭，以及检察方面申请的一名有专门知识的人出庭。两人出庭，应当说都发挥了重要的作用。这种作用，是书面材料不可替代的。如在开庭前，控方提供了《技术性证据审查意见书》，对证明挪用资金罪有重要意义的两份"付款通知书"的同一性提出专家审查意见。由于两份材料即使以肉眼看也有一定区别，辩方即认为该意见书缺乏客观性，顾某军则情绪激动地指责控方伪造证据，并因检察员提供这种证据给法庭而要求出庭检察员回避。但在最高人民检察院司法鉴定中心文痕室专家刘烁出庭，以视频演示两份材料的重合性并指出某些不重合是由于复印比例不同的原因后，控辩双方实际上已无争议，顾某军也不再坚持这份证据是伪造的意见。而辩方申请的两名证人，尤其是当时参与相关案件处理的原全国工商联副主席谢伯阳出庭作证，对顾某军未挪用上市公司资金的辩护观点也产生了重要的支撑作用（可查记录，此处不赘）。应当说，"顾某军案"再审的庭审实质化，无论对社会还是对案件当事人都产生了积极影响。

（4）长期以来，我国刑事审判的一审及二审程序，存在一定程度的审判虚化、形式化情况，证人通常不出庭，审判完全依赖侦查案卷，从而形成侦查中心而非审判中心的诉讼格局。这也正是推动"以审判为中心的诉讼制度改革"的现实原因。在原审庭审虚化的情况下，适当加强再审的实质化审理有弥补和救济之功效。这也是推进再审庭审实质化的现实缘由。

（5）再审审判中推动庭审实质化，需要注意再审的特点。如再审审理的实质化，不是全案审理的实质化，而是围绕再审争议问题展开实质化审理；再审程序中贯彻直接言词原则，也应当根据再审的条件进行。可见，再审庭审实质化，是在前述再审条件约束之下，体现再审审判特点的实质化审判。

---

　　[1]　近年来法院再审纠正的冤假错案，多数是控辩审三方对事实认定已经没有争议，甚至有些是检察机关基于客观义务启动的再审。顾×军案中检察员在证据调查阶段对各项原审有罪认定事实进行全面抗辩，这在提起再审的重大案件中是少见的。不过，在辩论阶段，控方提出多项指控事实依法不构成犯罪，与证据调查中的姿态与作为似乎不够协调。

二、正确处理再审案件的"争议点"审理与"有异议证据"质证的关系

从近年来的再审实践看，围绕争议点进行再审证据调查和辩论，应当说是普遍的实践。对于不得已而启动的生效裁判再审，基本上没有法官会去触碰各方无争议、再审决定或抗诉书中未要求审理的事实，这种争议点审理，体现了再审程序的基本要求，也可以说是司法被动性的本性使然。然而，围绕争议点进行法庭调查，除了新证据的举证质证外，是否因此只能对原审案件证据中有争议的证据进行调查，亦即"争议点审理"配合"争议证据调查"模式？笔者认为，二者之间并无必然的逻辑联系。因为争议问题与争议证据之间有不同的关系。一种情况是争议证据决定争议事实。如关于被告人自首的证明材料是伪造的，自首事实因此而不成立。另一种情况是，争议事实，如被告人构成犯罪的事实，由一个证据群或整个证据体系所决定，而在这个证据群或证据体系中，只针对部分证据的"三性"（相关性、客观性与合法性）控辩双方有争议，那么仅凭争议证据，不能决定争议事实。只有将争议证据与其他证据结合起来，才能证实或证伪争议事实。这是就犯罪构成发生争议时普遍出现的情况。在这种情况下，对争议问题的有效审理，不应当局限于对"有异议证据"的质证，而应允许控辩双方或一方重点对有争议证据进行质证的同时，将其他证据纳入证据分析，以证明控诉或辩护的观点。

证据调查不局限于"有异议的证据"，另一个理由是，有异议证据的"三性"，有时难以自证其明，而需其他证据予以印证或佐证，此时，也应当允许有证明需要的一方援引其他证据，包括无争议证据。

由此可见，实质化的再审证据调查，就原审证据虽然可以要求着重调查和审查有异议的证据，但在必要时，也应当允许控辩双方根据争议问题的性质和证明必要性，以证据群包括部分无争议证据举证、质证（以整个证据体系论证，一般放在法庭辩论阶段），从而在争议问题上展开全面、有效的证据调查。

三、正确处理裁判文书列示证据的举证与诉讼卷证据材料举证的关系

再审证据调查，通常是以原审生效裁判文书列出的作为定案依据的证据为基础；合议庭厘清有异议的证据与无异议的证据，列出证据调查清单，通常围绕原审裁判文书进行。笔者认为，此种做法是合理与必要的。其一，这

些证据均经过原审控辩双方举证质证并经法院认证，获得了被检验性，且根据裁判要求列示的证据，具有个体的相关性和整体的全面性，以此为举证质证基础，可以利用原审审判成果，节约诉讼资源，同时保证证据调查的集中性。其二，再审审理期间，原判并未撤销（仅能视情况被中止执行），因此依靠原判证据体系进行举证质证亦有法理依据。然而，裁判文书列示证据并非证据调查的唯一证据来源。至少在两种情况下，控辩双方可以对原审诉讼卷宗或辩方在原审中提交的证据材料进行调查：一是原审判决未作认证亦未列出作为定案依据的证据，诉讼一方认为对本方的主张有证明作用而举示；二是判决书虽列示该项证据，但因审判观点或证据内容概括方式限制，对诉讼一方观点有证明作用的部分证据内容未在判决书中显示，诉讼一方因此作为遗漏信息举证。如多次人证笔录，判决书仅概括了某次或某几次笔录内容；一次笔录，判决仅使用了部分内容，未使用其他相关内容等。

在以生效裁判列示的证据为基础进行证据调查的同时，允许对裁判文书未反映的原审证据进行举证质证，是有利于实现再审庭审实质化的证据调查安排。

四、加强再审案件证人、鉴定人等作证人员出庭

证人、鉴定人、侦查人员、有专门知识的人等人证出庭，是打破案卷决定论，实现庭审实质化的重要途径。但再审案件的人证出庭问题有其自身特点。由于案件已经经过一审乃至二审，而且再审时间距离案发时间较为久远，对于人证出庭，则要审查其必要性和证明作用，并注意审查证言的可靠性。根据法律和司法解释以及再审审判实践，针对人证出庭问题应注意以下几点：①人证出庭，主要是指原审未出庭的人证出庭，即调查"新的出庭人证"。不过，这种"新的出庭人证"又包括两种情况：一种是原来没有做过证的证人，另一种是有证言笔录在卷，但未曾出庭的证人。[1]原则上只要控辩双方对证言有争议、该证言对认定事实有重要意义，均允许证人作为新的出庭人证到庭作证。②有的证人已经出庭，如要求再次出庭，需提供必要的理由。如再

---

〔1〕"顾某军案"再审庭审调查中，辩方申请出庭并经法庭允许的两名证人，其中谢某阳是未作过证的新的证人，而魏某洲（原科龙电器公司冰箱冷柜营销本部总监）则是在案卷中有笔录，但首次出庭的证人。控方对辩方申请两名证人出庭无异议。出庭后，魏对当庭证言与侦查卷中的证言不一致的原因作了说明。

次出庭可能提供新的证据信息，或证言很重要，但控辩双方对证言真实性分歧很大需要再审法庭当庭审查等。③鉴定人和有专门知识的人不是凭记忆而是凭专门知识作证，因此受时间迁延影响不大，有别于普通证人，只要原审时未出庭，且有出庭必要和可能，则应尽量安排出庭作证。④应确认有以下几种情况，只要诉讼一方有异议或法庭有疑问，且具备出庭条件，作证人必须出庭：一是同一证人、被害人在判决生效后改变原证人证言或被害人陈述的；二是开庭前提供的证人证言或被害人陈述等书面材料，可能存在虚假内容的；三是新的鉴定意见或有专门知识的人的意见推翻原鉴定意见的。对于上述情形，证人、被害人、鉴定人、有专门知识的人如拒不出庭作证，其提供的书面言词证据和意见不具有法律效力。⑤因时过境迁，普通证人、被害人记忆清晰度可能不如当初，加之原审的信息影响，再审法庭应注意审查证人出庭作证证言的客观性。

五、合理界定与使用"新证据"

是否存在再审法律制度所要求的"新证据"，是再审程序启动和再审判决需要着重审查的问题，也是再审庭审证据调查需关注的重点。因为某一证据材料是否被认定为"新证据"并进行调查，既关系调查方法，也关系法律适用［是否适用《刑事诉讼法》第253条第（一）项即"新证据"条款］。根据《刑事诉讼法》和《刑事诉讼法司法解释》第458条的规定，"新证据"应具有两个特性，即"新"和"重要性"。前者包括几种情况，即：①原判决、裁定生效后新发现的证据；②原判决、裁定生效前已经发现，但未予收集的；③原判决、裁定生效前已经收集，但未经质证的；④原判决、裁定所依据的鉴定意见，勘验、检查等笔录被改变或者否定的；⑤原判决、裁定所依据的被告人供述、证人证言等证据发生变化，影响定罪量刑，且有合理理由的。后者则被解释为"可能改变原判决、裁定据以定罪量刑的事实"。

应当说，《刑事诉讼法》和最高人民法院的司法解释对"新证据"已经基本界定清楚，但在执行过程中，有一个问题仍需进一步明确，即上引"新证据"解释的第③项，已收集但未经质证的证据，何谓"未经质证"。这里的分歧在于，如果原审举证时举出某项证据，但没有提出该项证据中被主张"新证据"者认为有证明价值的内容，当然也未专就此项内容进行质证，而诉讼一方于再审证据调查中提出，是否应当认为是"未经质证"的证据。由于目前刑事庭审控方普遍采用"批量举证"即"分组举证"方式，因此庭审中未展开对某些证据尤其是人证的质证是较为普遍的情况。对此，笔者认为，对再审新证据判定中的"未经质证"应当区别情况处理：凡是原审举证中已经提到该项证据，而该项证据的内容与举证者的举证要旨相一致，即使未宣读或说明具体内容，或者只举出某些证据内容而未提及其他的与指控有关联性的证据内容（如仅举出被告人有罪供述而未提及被告人无罪辩解），就应视为对其已经质证而不能视为"未经质证"。因为此种举证方式，在对方当时无异议的情况下，也是被司法实践和相关规则所认可的一种有效的举证方式。[1]但是，如果原审举证虽然提到某一证据，但该证据的部分内容与举证要旨不具备关联性又未经特别举示，则应当认为该部分证据内容"未经质证"。[2]

对控辩一方提出并经法庭确认的"新证据"，按照一审庭审证据调查的要求，首先由持有证据一方举证，然后对方发表质证意见，并进行证据辩论。

第五节　再审审理适用"三项规程"问题

为深入推进以审判为中心的刑事诉讼制度改革，最高人民法院制定了刑事审判的"三项规程"，即《庭前会议规程》《排非规程》《法庭调查规程》，并于2018年1月施行。"三项规程"根据刑事诉讼法及相关改革文件，总结实践经验，细化了刑事审判程序，对于深化庭审实质化改革，构建更加精密化、规范化、实质化的刑事审判制度，具有积极意义。这些规程如可适用于刑事再审案件，则可在一定程度上弥补再审审判程序制度供给不足的问题。但"三项规程"就刑事再审案件审理中能否适用其规范并未作出明确具体的

---

〔1〕《法庭调查规程》第31条第1、2款："对于可能影响定罪量刑的关键证据和控辩双方存在争议的证据，一般应当单独举证、质证，充分听取质证意见。对于控辩双方无异议的非关键性证据，举证方可以仅就证据的名称及其证明的事项作出说明，对方可以发表质证意见。"《出庭指引》第5条："公诉人可以根据被告人是否认罪，采取不同的举证质证模式。被告人认罪的案件，经控辩双方协商一致并经法庭同意，举证质证可以简化。被告人不认罪或者辩护人作无罪辩护的案件，一般应当全面详细举证质证。但对辩方无异议的证据，经控辩双方协商一致并经法庭同意，举证质证也可以简化。"第21条第1款："根据案件的具体情况和证据状况，结合被告人的认罪态度，举证可以采用分组举证或者逐一举证的方式。"

〔2〕例如，举证目的是证明伪证罪的事实，但证据内容包含伤害罪的事实，举证一方对伪证罪的内容简要举证，而关于伤害罪的证明内容未专门举示，涉及伤害罪的内容，应认为"未经质证"。

规定，而且各项规程对适用范围的规定亦有不同。因此，"三项规程"于再审案件中能否适用及如何适用，仍然需要探讨。

一、关于《庭前会议规程》的适用

关于该规程的程序适用范围，第26条专门规定："第二审人民法院召开庭前会议的，参照上述规定。"但就审判监督程序适用该规程问题，未作具体规定。不过，《庭前会议规程》第1条第1款作了原则性的规定："人民法院适用普通程序审理刑事案件，对于证据材料较多、案情疑难复杂、社会影响重大或者控辩双方对事实证据存在较大争议等情形的，可以决定在开庭审理前召开庭前会议。"笔者认为，该款规定实已明确，适用普通程序审理的刑事案件，无论是一审、二审，还是再审程序，符合规定的条件，均可召开庭前会议并适用本规程。因此，根据前引第1条的规定以及《刑事诉讼法》第256条关于再审审判程序分别依照第一审审判程序和第二审审判程序审判的规定，《庭前会议规程》是刑事再审审判应当依照执行的有效规范文件。这一点亦有最高人民法院审判案例佐证。如"顾某军案"再审审判，开庭后审判长即宣布："合议庭组织检辩双方召开了庭前会议，就与审判相关的问题了解情况，听取意见。根据《庭前会议规程》第23条、第24条的规定，合议庭制作了庭前会议报告。"可见，再审案件直接适用了《庭前会议规程》。

不过，鉴于再审审判条件和任务的不同，再审案件适用《庭前会议规程》，可能形成再审的特点：其一，鉴于再审为争议点审判，梳理控辩双方在案件事实和法律适用上的争议点，从而明确庭审调查、辩论的对象，是庭前会议需要着重解决的一个问题；其二，鉴于再审关注"新证据"的存否，对"新证据"的提出和认定，是再审庭前会议的又一重点；其三，由于再审已有原审的审判基础，证据调查虽然可以采取不同方式，但对双方有异议的证据进行重点调查，体现了再审特点，因此梳理已有证据，明确"有异议"的证据范围，也是庭前会议需讨论的一个重点问题；其四，再审审判因案件启动的不同类型、审判程序适用的不同审级、审判对象和内容的不同性质等，可能采取不同的审判方式尤其是证据调查方式，而且因为各法院每年审理的刑事再审案件数量很少，对于不同的再审案件如何操作尤其是如何进行证据调查，诉讼各方不一定熟悉。因此，在庭前会议中明确证据调查的方式、步骤是需要着重解决的问题。这一点有别于一审程序。一审中部分庭前会议并未专门讨论证据调查方式与步骤并形成一致意见。但对一审庭审不一定形成妨碍，因为一审公诉案件来源单一（检察机关提起公诉），而且法庭审理依法应围绕被告人刑事责任全面审理，控方的举证有明确的规范和惯常的方式，[1]因此庭前会议讨论举证质证方式的程序意义不似再审那样突出。[2]

二、关于《排非规程》的适用

就该规程的适用范围，《排非规程》第35条作出了明确规定："审判监督程序、死刑复核程序中对证据收集合法性的审查、调查，参照上述规定。"这是"三项规程"中唯一明确规定审判监督程序参照执行的规范文件，其可适用性已无疑问。然而，如前所述，审判监督程序即再审程序毕竟有自身特点，"参照执行"应与"遵照执行"有所区别。那么，再审程序中《排非规程》的适用有何特点，执行规程与一审程序有何区别，便仍系可探讨的问题。

应当看到，《排非规程》关于非法证据范围的实体性规定，以及全部程序性规定，再审程序中均可适用，但再审程序适用这一规程时，有一些特殊的要求，并应通过完善制度形成有效的规范。其中有两点较为重要：①法院对"排非"的审查应体现再审特点。对"排非"问题的庭前审查，应当在《法庭调查规程》第7条所规定的承办法官对证据合法性进行庭前审查的基础上，增加再审程序的特别要求。法官的审查，至少应当增加三项审查内容：其一，审查"排非"要求，是否属于新的诉讼请求，即在原审程序中是否提出。其二，审查是否就"排非"提出了新证据或新的证据线索和材料。其三，审查原审对"排非"问题的处理是否正确。②法院就"排非"的决定也应体现再审特点，符合再审规律。如有符合法律和规程要求新的证据或证据线索和材料，应当启动"排非"程序，反之则不能启动。如原审不启动程序或不排除争议证据的处理正确或基本正确，则不再启动"排非"程序；反之，即使没有新证据或证据线索或材料，但经审查原判，认定原处理确有错误，亦应启

---

〔1〕　2018年7月，最高人民检察院下发《工作指引》，更加细化了检察官出庭举证质证的方式和规范要求。

〔2〕　"顾某军案"的再审庭前会议体现了再审的特点。其庭前会议分三个阶段，内容包括：一是处理与当事人诉讼权利有关的程序性事项；二是就控辩双方提交新的证据材料、申请调取证据材料、申请证人出庭等事项了解情况，听取意见；三是对原生效裁判列举的证据进行全面梳理并听取控辩双方意见。

动再审程序中的"排非"。

三、关于《法庭调查规程》的适用

该规程的名称为"第一审普通程序法庭调查规程",文件名即标明适用范围,不同于其他两个规程,而且在文内也没有其他程序参照适用的规定。可见,该规程能否参照适用于一审普通程序以外的程序更需分析确认。

笔者认为,根据《刑事诉讼法》第 242 条的规定,除法律作出专门规定的外,二审审判"参照第一审程序的规定进行",因此,二审审判在注意二审特殊性的情况下,可参照适用该规程。而《刑事诉讼法》第 256 条要求再审审判程序分别依照第一审审判程序和第二审审判程序审判的原则性规定,一审普通程序的法庭调查规程,于再审审判中应可参照适用。然而,该规程就一审普通程序证据调查的规定,与最高人民法院《关于刑事再审案件开庭审理程序的具体规定(试行)》的要求有区别,而两份规范性文件均为有约束力的司法规范性文件,虽然《法庭调查规程》是最新文件,而再审开庭的"具体规定"是十多年前制定的文件,但毕竟后者是专门对再审程序作出的规定,在其效力尚存的情况下,再审的程序适用,首先应当适用"具体规定"。然而由于"具体规定"对于法庭调查的规定较为简略,而根据再审案件的具体情况,需要按照一审或二审审判程序展开法庭调查时,则可参照适用《法庭调查规程》的有关规定。

《法庭调查规程》与"具体规定"的主要区别是:第一,前者证据调查是围绕定罪与量刑进行全面调查,而后者仅围绕案件中可能"确有错误"的问题(即争议问题)展开调查;第二,前者证据调查方式是针对指控事实全面举证质证,而后者则主要针对"新证据"及有异议的原审证据进行调查;第三,因处于不同的诉讼阶段及程序提起的不同主体,再审调查的具体程序和顺序与一审普通程序有一定区别。如因原审被告人(上诉人)申诉而提起再审的案件,法庭调查将围绕经申诉审查程序审查的原审被告人(上诉人)的申诉进行,作为审理对象的"诉"以及证据调查顺序与一审普通程序不同。就上述问题,再审案件的证据调查不适用《法庭调查规程》的有关规定。但《法庭调查规程》全面规定了刑事审判法庭调查的原则与规范,包含五个方面的内容:法庭证据调查应遵循的原则,开庭程序和讯问、发问程序,出庭作证程序,举证、质证程序,认证规则。这些原则和规范,除不符合再审要求与"具体规定"相冲突的以外，于再审案件的证据调查中均可参照适用。如法庭调查应遵循"证据裁判""程序公正""集中审理""诉权保障"等原则，调查当事人及证人等人证以及其他证据举证、质证的方法，合议庭认证的规则等，目前均可于再审审判中参照适用。而在司法刑事审判实务中参照适用这些规定，有利于丰富完善再审审判的程序规则和证据规则，满足再审"庭审实质化"的现实需要。

第六节　再审案件事实审的制度完善

再审案件审理，尤其是对于以证据调查为内容的事实审审理，亟待完善相关法律制度。必要性主要体现于两个方面：一方面，《刑事诉讼法》的规定语焉不详，且不能反映再审案件审理需要，亟待完善法律规范。就再审案件的审理方式，《刑事诉讼法》第256条第1款仅规定根据生效裁判性质，分别依照一审、二审程序审判，并由此决定是否终审。这一规定的问题在于：依照一审、二审程序审判，是仅指其审判的性质——是否属于终审审判，还是包括适用一审、二审程序审理，可作不同理解。如从文义上解释，似可理解为适用一审或二审审判程序审理再审案件。然而，如前所述，再审审判有其自身特点和规律，审理对象确定、审理方式与方法的使用，均难以"依照"一审或二审程序。法律使用"依照"而非"参照"一词，似乎更应理解为依照一审或二审程序确定是否可以上诉（抗诉）。而且，我国《刑事诉讼法》并未规定独立的二审审理程序，根据《刑事诉讼法》第242条的规定，第二审判程序，除"第二审程序"作出具体规定的以外，"参照第一审程序的规定进行"。比较之下，将上述"依照"理解为由此确定是否终审更为适当。然而，如此理解，又造成《刑事诉讼法》中的再审审理缺乏可适用的程序规范。因此，《刑事诉讼法》即使保留第256条第1款的规定，也应当对再审审理程序作出具体规定。

另一方面，最高人民法院就再审程序作出的"具体规定"试行了近二十年，需要总结司法实践经验，体现司法改革精神，予以完善。《刑事诉讼法》于1979年制定颁布后，最高人民法院曾下发两个直接规范再审审理程序的司法文件，即最高人民法院办公厅于1990年1月下发实施的《关于刑事再审案件开庭审理程序的意见（试行）》（法办〔1990〕2号，已失效），以及最高人民法院于 2001 年 12 月下发，次年 1 月实施，目前仍然在执行的《关于刑事再审案件开庭审理程序的具体规定（试行）》。后一文件明确规定："本规定发布前最高人民法院有关再审案件开庭审理程序的规定，与本规定相抵触的，以本规定为准。"因此，"法办〔1990〕2 号"文件实已不再于适用于再审实践。比较两份规范文件，可以看到所规定的二审审理程序尤其是法庭调查有较大区别："法办〔1990〕2 号"文件规定法庭调查参照一审程序进行，即宣读法律文书、宣布或陈述申诉理由（因申诉提起再审的案件）后，首先调查原审被告人。法官对原判认定的事实，应逐项进行讯问。检察官、辩护人、被害人等可以讯问、发问。然后对其他证据进行调查，包括询问证人、鉴定人；出示物证让原审被告人辨认；对未到庭的证人的证言笔录、鉴定人的鉴定结论、勘验笔录和其他作为证据的文书，当庭宣读，并且听取当事人和辩护人的意见；在审理过程中，当事人和辩护人有权申请通知新的证人到庭，调取新的物证，申请重新鉴定或者勘验。

但 2002 年 1 月施行的最高人民法院《关于刑事再审案件开庭审理程序的具体规定（试行）》，调整再审程序规范，规定了整理争议点及围绕争议问题审理的审理方式，以及围绕新证据或者有异议的原审据以定罪量刑的证据进行质证的证据调查方式，从而使再审审理程序成了相对独立的，与一审程序有明显区别的审理程序。这一调整体现了"深化刑事庭审方式改革"的精神，有利于"提高审理刑事再审案件的效率"，同时也在一定程度上体现了再审审判的特点和规律。但结合前文的分析，从实现庭审规范化、实质化的要求看，该规定至少在三个问题上仍需完善。其一，对争议点的有效审理，并不意味着证据调查应当仅仅针对新证据和有异议的原审证据进行，而应当拓宽举证渠道，允许必要的证据论证（允许在论证必要性前提下的体系性举证质证）。其二，应当注意不同再审案件的多样性，因此容纳不同的证据调查方式。其三，对讯问原审被告人（上诉人）以及新证据调查，乃至法院依职权调取的证据在法庭上进行调查的程序与方法，作出具体的规定，包括规定在何种条件下应当或允许适用一审普通程序证据调查规范。

为体现再审审判的特点与规律，实现公正有效的再审审理，需要修改刑事诉讼法和司法解释文件的相关规定，改变再审审判方式，充实审判程序尤其是庭审程序。制度完善主要包括以下内容：

（1）建立更为独立的再审程序。我国刑事诉讼法中的再审程序，在立法体例上系独立程序，但就其审判，则要求依照判决生效时的原一审或二审程序进行，并由此决定是否终审，因此使其在规范适用上在一定程度上依附于一审、二审程序，减损了再审程序的独立特性，同时妨碍了再审程序有效体现再审的特点和规律。为此，需修改相关规范。首先可以考虑删除依照原一审或二审程序进行的规定，明确规定再审案件一律实行一审终审。[1]因为对生效裁判再审，法院均十分慎重，如系因申诉提起再审，则还有再审审判前决定提起再审的前置审查程序，加上再审审判，在法院已属"双重审查"。如因再审适用原一审程序，裁判后由可因上诉、抗诉引起二审，则徒增诉累。而且，原审裁判已经生效，案件再审时，原生效裁判系一审还是二审裁判，对于案件再审改判及改判后是否应享有救济权，并无实质意义。但如按一审程序审理，裁判后又可能引起二审审判，由于人为添附二审诉权，形成不同案件程序适用的不平衡及救济权赋予的不公平。其次，如果仍然保留救济权依附于原审程序类型的规定，则应将其解释为依照原审程序审判，仅指向审判结果是否具有终局性。同时充实再审审判程序并使其体现再审特点，从而更加独立于一、二审程序。

（2）废除全面审理原则，实行争议点审理。刑事一审审判应根据起诉书对指控的犯罪事实及法律适用进行全面审查；二审程序亦要求实行全面审查原则，不受上诉或者抗诉范围的限制。再审程序如适用原一审或二审程序，当然亦应进行全面审查。然而，再审案件的全面审查不符合对生效裁判应于公正性与安定性之间寻求平衡的要求，因此再审不应实行全面审查原则，而应明确规定实行重点审理，即争议点审理。对于诉讼双方无争议事实，除受争议点审判影响的以外，应不再审查，从而在追求裁判公正的前提下，维系裁判的适度稳定。据此，《刑事诉讼法》应明确规定，再审审判应当针对申诉请求及法院提起再审决定所确定的范围进行，抗诉案件应当针对检察机关抗诉的内容进行。同时可以规定，如果裁判改变可能影响到生效裁判的其他部分，亦应一并予以审理。

（3）根据案件的不同类型确定审理与证据调查方式。对不同类型的案件

---

〔1〕　参见刘计划、李大伟："评最高人民法院关于刑事审判监督程序的两个司法解释——兼论我国刑事审判监督程序的改革与完善"，载《法商研究》2004年第3期；顾永忠："关于刑事冤案再审程序的几个问题——以刑事冤案应当专设再审程序为研究重点"，载《法学杂志》2016年第1期。

采取不同的审理及证据调查方式，是刑事审判的基本原理。一是区分再审中"诉"的性质。再审案件按其实质上的来源划分，有源于申诉、源于抗诉，以及因法院发现而决定再审的，诉与启动再审的主体不同，证据调查程序应有区别。二是区分再审案件的有争议和无争议。有的再审案件，具有"真凶发现""被害人复活"等无争议的颠覆原判的新证据，这些案件，在诉讼法律关系上已无"控诉方"，即使开庭，也不过是一种冤案平反的仪式。然而，对于这类"无控诉案件"如何审理，刑事诉讼法并无明确规定。笔者认为，有必要设立一种冤案平反的特别程序，在无争议的情况下，完成公开化法庭审查程序，在庭前审查的基础上，法庭证据调查只是一种形式审查，由此保障冤案平反程序的正当性与效率。但就有争议案件，则按照程序正当性要求，以法庭为中心展开证据调查，实现庭审实质化，保证审判有效性。三是区分再审审理对象的性质。有争议案件再审，以争议点为审理对象。而争议点可以区别为定罪问题及量刑问题、整体争议还是局部问题争议等。是否构成犯罪的问题，从根本上影响定罪量刑，必要时应当允许全面举证质证；如仅涉及犯罪严重性、自首等量刑情节，则应限制范围，重点调查新证据及影响该事实情节的有异议证据。此外，区别有无新证据的再审，是确定证据调查方式是否采用"两步式"的依据。

（4）调整、充实证据调查程序。有争议案件的审判，应调整、充实证据调查程序，主要包括：其一，在争点整理、明确审判对象的基础上，证据调查应当重点调查新证据或者有异议的原审据以定罪量刑的证据，同时允许控辩双方采用为证明或论证其争议问题必要的举证及质证方式，包括采用体系性举证和论证（质证）。[1]其二，对原审证据的调查，应针对生效裁判列为定罪量刑依据的证据进行；为论证其事实主张，亦应允许控辩双方利用原审案卷中的证据材料、证据信息举证质证。其三，对原审被告人的调查，可以规定较为灵活的调查方式。根据案件来源和具体情况，可以安排对原审被告人发问的程序，也可以不安排这一程序；可以安排发问于其他证据调查之前，

---

[1] 进行质证新证据和控辩双方有异议的证据。允许诉讼双方采用对证明或论证其观点必要的举证及质证方式与方法。这里需要注意，对单个证据以及某一证据群的质证，以及为证明某一具体事实情节所进行的证据论证，包括其证明力论证，均应当允许在法庭调查阶段展开。只有对基本争议点的全面证据论证，才应当被限制于法庭辩论阶段进行。

如一审普通程序的法律规定，也可以安排在证据调查中或在调查结束前。[1]
其四，对证人、被害人、侦查人员、鉴定人、有专门知识的人出庭作出符合
再审特点的规定。证人等人证出庭，一般适用一审普通程序的出庭规范，但
应参照前文就证人出庭问题的分析，对再审程序中的人证出庭问题作出具体
规定。如新证人的界定，包括原审未提供的证言的证人及已提供书面证言的
证人，其出庭必要性审查及证据调查方法应有区别；新证人出庭，应当审查
新证人出现的原因及原审未发现或未出庭的原因；原审已出庭证人的再次出
庭，需要审查其是否有新的信息或是否改变原审陈述；应当明确证人、鉴定
人等人证在何种情况下必须出庭，否则其书面证言不能作为定案依据等。其
五，进一步明确"新证据"的内涵与外延。如参照前文的分析意见，对证据
"未经质证"作出明确界定等。其六，明确规定，除对再审证据调查有特别规
定以外，参照适用《法庭调查规程》。

---

[1]　根据《法庭调查规程》第7条的规定，宣读起诉书并听取被告人意见后，在审判长主持下，
公诉人可以就起诉书指控的犯罪事实讯问被告人。为防止庭审过分迟延，就证据问题对被告人的讯问
可在举证、质证环节进行。